TRAITÉ THÉORIQUE ET PRATIQUE

DE LA

LÉGISLATION

SUR LES

ACCIDENTS DU TRAVAIL

PAR

ADRIEN SACHET

Président du Tribunal civil de Vienne

TROISIÈME ÉDITION

Entièrement refondue et mise au courant de la législation
et de la jurisprudence

TOME PREMIER

PARIS

LIBRAIRIE DE LA SOCIÉTÉ DU RECUEIL GÉNÉRAL DES LOIS & DES ARRÊTS

FONDÉ PAR J.-B. SIREY, ET DU JOURNAL DU PALAIS

Ancienne Maison L. LAROSE & FORCEL
22, rue Soufflot, 5e arrond.

L. LAROSE, Directeur de la Librairie

—

1904

TRAITÉ THÉORIQUE ET PRATIQUE

DE LA

LÉGISLATION

SUR LES

ACCIDENTS DU TRAVAIL

—

TOME I

IMPRIMERIE
CONTANT-LAGUERRE

LVX VITAM

BAR·LE·DUC

TRAITÉ THÉORIQUE ET PRATIQUE

DE LA

LÉGISLATION

SUR LES

ACCIDENTS DU TRAVAIL

PAR

ADRIEN SACHET

Président du Tribunal civil de Vienne

———

TROISIÈME ÉDITION

Entièrement refondue et mise au courant de la législation
et de la jurisprudence

———

TOME PREMIER

PARIS

LIBRAIRIE DE LA SOCIÉTÉ DU RECUEIL GÉNÉRAL DES LOIS & DES ARRÊTS
FONDÉ PAR J.-B. SIREY, ET DU JOURNAL DU PALAIS

Ancienne Maison L. LAROSE & FORCEL
22, rue Soufflot, 5e arrond.

L. LAROSE, Directeur de la Librairie

—

1904

AVANT-PROPOS

DE LA TROISIÈME ÉDITION

———

Si l'auteur a cru devoir donner à la présente édition une ampleur en rapport avec les progrès de la jurisprudence, il a du moins conservé, dans ses grandes lignes, le plan général du traité, dont quelques chapitres seulement ont été dédoublés et il n'a modifié en aucune façon sa méthode d'exposé et de discussion. Comme dans les éditions précédentes, le commentaire du texte de la loi a été, à propos de chaque question, éclairé par des considérations d'ordre économique et par une étude comparative et historique des législations étrangères et des travaux préparatoires. Toutefois, — et c'est sur ce point que nous appelons tout spécialement l'attention du lecteur — une disposition typographique nouvelle a permis de concilier ce mélange de théorie et de pratique, dont l'intérêt et l'utilité ne sont plus à démontrer, avec la rapidité indispensable des recherches

auxquelles se livrent journellement les hommes d'affaires préoccupés avant tout des solutions jurispru-
dentielles. La partie pratique de l'ouvrage a été
seule imprimée en gros caractères, ce qui l'a déta-
chée nettement des caractères moyens réservés à la
partie théorique et en a fait un véritable manuel de
jurisprudence facile à consulter. De cette façon le
lecteur, tout en ayant sous les yeux le sujet qui l'in-
téresse traité sous ses différents aspects théorique et
pratique, pourra, à son gré et sans la moindre peine,
limiter son étude à l'un seul de ces aspects. Ses
moyens d'investigations seront, au surplus, facilités,
non seulement par les tables analytiques afférentes à
chaque volume, mais encore par une table alphabétique générale placée à la fin du tome II.

INTRODUCTION

PREMIÈRE PARTIE

**La loi sur les accidents envisagée dans ses rapports
avec le droit civil
et dans ses principales innovations.
Plan de l'ouvrage.**

1. — Le premier soin du botaniste, qui étudie une plante rare, est d'en déterminer la famille, le genre et l'espèce, de rechercher en un mot le rang qu'elle occupe dans l'échelle des êtres organisés. Cette classification méthodique, reconnue nécessaire dans les sciences naturelles, n'est pas inutile dans l'ordre juridique. Au moment d'aborder l'examen d'une loi nouvelle, il est bon de connaître la place qui lui conviendrait dans une refonte générale de nos Codes.

Envisagée à ce point de vue, on peut dire que la loi du 9 avril 1898 deviendrait, dans le Code industriel, une section du chapitre consacré au contrat de travail ou de louage d'ouvrage. Section importante en vérité et qui aurait pour titre : *Des effets du contrat de travail en cas d'accident survenu à un ouvrier.* Il est vrai que notre loi ne s'applique pas, en ce moment du moins, à toutes les professions industrielles. Elle a été faite spécialement en vue de celles qui présentent des dangers pour la vie des employés; mais le législateur a témoigné maintes fois l'intention d'en étendre peu à peu les bienfaits à toute l'industrie sans exception.

J'ai parlé du Code industriel. Le Code industriel est en effet en voie de formation, et notre loi est une de celles qui en marquent la rupture avec le Code civil. J'ajoute que cette scission présente la plus grande analogie avec celle qui s'est produite, il y a plusieurs siècles, entre le droit civil et le droit commercial.

Favorisé dans son développement d'abord par les croisades et plus tard par les grandes découvertes du début des temps modernes, le commerce français se trouvait, dès le moyen âge, trop à l'étroit dans les règles formalistes de la procédure et du droit civil. Ne pouvant les élargir, il s'en dégagea peu à peu et y substitua des usages qui, nés au fur et à mesure de ses besoins, constituèrent bientôt un corps de doctrine (voir divers recueils de l'époque sur le droit maritime : le *Consulat de la mer*, le *Guidon de la mer*, les *Jugements ou rôles d'O-léron*), et finirent par trouver une expression législative dans plusieurs ordonnances royales, notamment dans celles de 1673 sur le commerce en général et de 1681 sur le commerce maritime. Ces ordonnances servirent elles-mêmes de fondement à notre Code de commerce de 1807.

Ne semble-t-il pas que, de nos jours, l'industrie nous offre le même spectacle que le commerce du temps de Colbert? L'asservissement par la science des forces de la nature lui a donné un tel essor et lui a permis tout à coup de faire appel à l'effort de telles masses que nos lois, faites en vue des rapports d'individu à individu, se sont trouvées déformées lorsqu'on a voulu les appliquer aux rapports des grandes collectivités entre elles. Le législateur, comme l'industriel, se voit dans la nécessité de renouveler son outillage. Il faut que les lois suivent les progrès de l'industrie, comme l'industrie profite des découvertes de la science.

2. — Est-ce à dire que cette scission entre le droit industriel et commercial d'une part et le droit civil d'autre part soit définitive? Nous ne le pensons pas. L'industrie et le commerce représentent l'activité dans le monde. L'industriel et le commerçant sont les pionniers de la civilisation. Obligés par la concurrence de progresser pour vivre, ils innovent sans cesse dans la voie de la célérité, de la simplification, de la sécurité des relations; l'équité et le sens pratique, qui engendrent leurs usages et les introduisent peu à peu dans nos lois à l'état d'exception, doivent finir, à mon sens, par les imposer à tous comme des règles de droit commun. La transmission par la voie de l'endossement, l'assurance et bien d'autres pratiques d'origine commerciale ne tendent-elles pas chaque jour à s'étendre dans le domaine des relations civiles? Les sociétés civiles ne font-elles pas fréquemment des emprunts aux règles de forme des sociétés de commerce (loi du 1er août 1893)? On pourrait trouver mille exemples de l'influence exercée par la législation et les usages commerciaux sur l'évolution du droit civil. Le même phénomène se produira à l'avenir dans les rapports du droit industriel et du droit commun.

3. — Le premier contrat, dont le moule civil a été brisé par le machinisme, est le contrat de louage d'ouvrage. Fait pour régler les rapports d'un artisan et de son ouvrier, il n'a pu suffire aux besoins des grandes exploitations industrielles. Une règle, excellente pour un ouvrier pris isolément ou pour une réunion de deux ou trois ouvriers, est insuffisante pour une armée de travailleurs.

Le salaire a subi des transformations que les rédacteurs du Code civil ne pouvaient prévoir; les formes multiples et si variées de la rémunération du contrat de travail attendent encore une réglementation législative.

Nous ne nous attarderons pas à signaler les lacunes qui restent à combler dans le droit industriel. Le législateur a commencé avec raison par s'intéresser à la santé et à la vie de l'ouvrier : les lois sur le travail des enfants et des femmes dans les manufactures (1874-1892), celles relatives aux mines (1890), à l'hygiène et à la sécurité des travailleurs (1893), etc., témoignent de cette préoccupation.

Mais si des mesures intelligentes et des précautions minutieuses diminuent sensiblement le nombre des accidents, elles sont impuissantes à les prévenir tous. Il faut régler le sort des victimes. Tel a été le but de notre loi.

4. — On dit communément qu'elle a été rendue nécessaire par la multiplicité des accidents dus au développement du machinisme. Cette considération n'est pas absolument exacte.

Il est contestable que le nombre des victimes du travail soit relativement plus élevé qu'autrefois. La vérité est que les accidents se produisent sous une forme plus saisissante : d'individuels ils tendent à devenir en quelque sorte collectifs. Si des ouvriers continuent encore à être frappés isolément, l'attention se porte surtout sur ces grandes catastrophes où les travailleurs tombent parfois en rang serré comme des soldats sur un champ de bataille.

La prévoyance et l'humanité du petit patron ne suffisent plus, à l'état de qualités morales, pour secourir toutes les infortunes de la classe ouvrière; elles ont dû, dans les grandes sociétés industrielles, obéir à des règles nouvelles et se transformer en obligations précises et limitées.

C'est encore avec le concours de la science que cette transformation s'est opérée : les actuaires, à l'aide de la statistique et des calculs de probabilité, sont parvenus à enchaîner le hasard dans des formules mathématiques comme les physiciens avaient dompté les éléments. La valeur exacte des dangers courus par les ouvriers ayant été calculée d'avance, il est devenu possible de la faire rentrer dans les frais généraux de l'industrie au même titre que la réparation du matériel.

A la base de l'évolution économique d'où sont sortis les principes de notre nouvelle législation, nous trouvons donc la centralisation de l'industrie entre les mains des grandes sociétés, la découverte du calcul de l'évaluation des risques et enfin la connaissance plus exacte et plus précise des droits et des obligations qui dérivent du contrat de travail.

L'industrie française n'a pas attendu un vote législatif pour entrer dans cette voie nouvelle. Depuis longtemps d'importantes exploitations ont pris l'initiative d'assurer à leurs ouvriers, en cas d'accidents, des indemnités au moins aussi élevées que celles édictées par notre texte. De telle sorte que nous voyons ici une confirmation de l'axiome que nous avons formulé plus haut, à savoir que les lois commerciales ou industrielles ne font généralement que consacrer des usages adoptés déjà, sinon par tous, du moins par quelques-uns.

Au surplus le commerce maritime qui, ainsi que nous avons déjà eu l'occasion de le constater, a été le premier à se développer, avait depuis longtemps donné l'exemple : dès avant Colbert, il était dans les coutumes de la marine marchande de « payer de ses loyer, traiter et panser aux dépens du navire le matelot qui tombe malade ou qui est blessé dans le service ». Conservé par l'ordonnance de 1681, cet usage a fait l'objet des dispositions de l'art. 262 du Code de commerce, dispositions aujourd'hui élargies par une loi toute récente du 23 avril 1898 qui a créé au profit des marins français une caisse de prévoyance contre les risques et accidents de leur profession.

5. — Le problème, dont le législateur avait à trouver la solution, est intéressant à étudier au point de vue juridique. Nous l'exposerons en quelques mots.

6. — Les accidents industriels peuvent avoir, abstraction faite du dol, cinq causes distinctes : 1° la faute du patron ; 2° la faute de l'ouvrier; 3° un cas fortuit; 4° un cas de force majeure; 5° un fait inconnu. Il importe de ne pas confondre le cas fortuit avec la force majeure. Si ces deux causes d'accidents sont de celles que l'homme est impuissant à prévenir, elles présentent cette différence essentielle, sur laquelle nous aurons à revenir, à savoir que la force majeure est une cause extérieure à l'industrie, indépendante du travail, telle que la foudre, un tremblement de terre, une inondation, tandis que le cas fortuit est inhérent à la chose qui blesse ou qui tue, au fonctionnement de l'exploitation industrielle, par exemple l'explosion d'une chaudière, la rupture d'un volant ou d'un arbre de transmission, lorsque les précautions les plus minutieuses et les mesures les plus intelligentes n'auraient pas pu les empêcher.

On a calculé qu'un quart des accidents est dû à la faute du patron, un quart à la faute de l'ouvrier et une moitié aux trois autres causes.

D'après le droit commun, la victime d'un accident ne pouvait obtenir une indemnité qu'à la condition de démontrer la faute du patron. Il en résultait que les trois quarts des accidents restaient à la charge des victimes; de là mécontentement des ouvriers. Comme le quart restant donnait lieu à une réparation intégrale dont le montant et les garanties étaient laissées à la libre appréciation des tribunaux, les incertitudes et les variations inévitables de la jurisprudence soulevaient les protestations des chefs d'entreprise. L'assurance en général, à l'exception de celle qui avait été admise par quelques grandes industries, n'apportait à cet état de choses qu'un remède insuffisant. Si l'on ajoute à ces inconvénients, les lenteurs traditionnelles de la procédure civile, on s'explique sans peine la nécessité d'une réforme.

Dans le contrat de travail industriel, le patron et l'ouvrier qui sont, sinon des associés, du moins des cocontractants également intéressés au succès de l'entreprise, ont besoin de certitude; le patron, dont la fortune et la considération sont engagées, doit connaître à l'avance l'étendue de ses obligations envers l'ouvrier dans toutes les éventualités susceptibles de se produire; l'ouvrier, qui expose sa vie, doit être assuré de recevoir une juste indemnité, si un accident le met hors d'état de subvenir à ses besoins et à l'entretien de sa famille.

7. — Notre législateur s'est efforcé de donner satisfaction à l'une et à l'autre des parties; il a décidé en substance que l'ouvrier tué ou blessé par le fait de son travail ou à l'occasion de son travail aurait toujours droit à une réparation, mais que cette réparation, au lieu d'être intégrale, consisterait dans une fraction déterminée du salaire (moitié du salaire quotidien pour les accidents suivis d'incapacité temporaire, trois quarts du salaire annuel pour les invalidités permanentes et totales, moitié de la réduction du salaire annuel pour les incapacités définitives mais partielles, enfin tant pour cent du salaire annuel à la veuve, aux enfants et, à défaut, aux ascendants et autres descendants dont la victime était le soutien). Cette solution est elle-même le résultat de la combinaison de deux principes : l'un tout récemment imaginé, celui du *risque professionnel*, l'autre celui du forfait qui, sans être nouveau, reçoit une application originale.

En second lieu, les dispositions de notre texte donnent à l'ouvrier la certitude du paiement de son indemnité, sans cependant obliger le patron à fournir des sûretés sur sa fortune personnelle, mais en augmentant la sécurité des assurances volontaires et en instituant une caisse générale de garanties alimentée par toute l'industrie française. Enfin la procédure de droit commun, dont les lenteurs et les frais sont si justement critiqués, a été remplacée pour la circonstance par des formalités moins coûteuses et plus expéditives.

8. — Quatre innovations en définitive caractérisent notre loi : 1° le risque professionnel ; 2° le forfait ; 3° le fonds industriel de garantie ; 4° la simplification de la procédure.

Chacune de ces innovations mérite quelques explications.

1

Risque professionnel.

9. — Avant de définir les principes sur lesquels repose notre loi, il est bon d'exposer brièvement les différents moyens proposés par les jurisconsultes pour faire plier les anciens textes aux exigences de la situation actuelle.

10. — La jurisprudence, appliquant à la matière des accidents les dispositions des articles 1382 et suivants du Code civil, plaçait l'idée de faute à la base de toute responsabilité. Un accident survenu à un ouvrier n'obligeait le patron à le réparer que si la victime démontrait que la cause en était imputable au patron ou constitutive d'une faute[1].

---

[1] Il est vrai que si l'idée de faute était restée le fondement de la responsabilité dans les accidents du travail, les tribunaux en avaient singulièrement élargi le sens et la portée par la sévérité avec laquelle ils étaient arrivés à apprécier les obliga-

Il en résultait, avons-nous dit, que les victimes restaient privées de tout secours, non seulement lorsque les accidents étaient dus à leur propre faute, mais encore lorsque la cause en restait indéterminée et dans tous les cas fortuits et de force majeure.

11. — En 1884, deux éminents jurisconsultes, MM. Sauzet en France[1] et Sainctelette en Belgique[2], imaginèrent simultanément de faire dériver la responsabilité du patron, non d'un quasi-délit, mais du contrat de louage d'ouvrage, de substituer en un mot la faute contractuelle à la faute délictuelle. Le contrat de louage, disaient en substance les partisans de ce système, impose au chef d'entreprise l'obligation de veiller à la sécurité de ses ouvriers et par suite celle de les rendre sains et saufs à la sortie des ateliers, comme le voiturier est tenu de remettre intact à destination le colis confié à ses soins. Tout accident survenu à l'un des ouvriers pendant la durée du travail fait peser sur le patron une présomption de faute, que celui-ci est tenu de détruire par la preuve du cas fortuit ou de la force majeure s'il veut échapper à l'obligation de payer une indemnité.

Ce système aboutissait directement à l'interversion de la preuve; il mettait à la charge du patron les accidents dus à des causes inconnues et ne faisait supporter par la victime que les conséquences de ses propres fautes, ainsi que les cas fortuits et de force majeure; mais il laissait subsister l'arbitraire du juge dans la fixation des

---

tions du patron envers ses ouvriers. Au fur et à mesure que les chefs d'industrie augmentaient en rapidité et en puissance leurs procédés de fabrication, la jurisprudence leur faisait un devoir de doter leurs appareils protecteurs des derniers perfectionnements de la science et en outre de prendre toutes les mesures propres à prémunir les ouvriers contre les effets de leur propre imprudence. L'inobservation de l'une de ces prescriptions contribuait-elle plus ou moins directement à rendre possible un accident survenu à un ouvrier, on y voyait les éléments d'un quasi délit à la charge du patron. Mais, quelque légère que fût cette omission ou cette faute, il fallait en démontrer à la fois l'existence et la relation avec l'accident; et c'est à l'ouvrier qu'incombait le fardeau de cette double preuve. Sans doute lorsque l'accident était dû à un vice de construction du matériel, la faute du patron était présumée de plein droit (art. 1384 et 1386, C. civ.); mais encore, dans ce cas, la victime avait-elle à établir le vice générateur de l'accident, et cette démonstration ne laissait pas parfois que d'être fort difficile (Cass., 19 avr. 1887, S. 87. 1. 217, Cass. civ., 16 juin 1896, S. 97. 1. 17; Cass. req., 29 mars 1897, S. 98. 1. 65). Ces deux dernières décisions, qui ont eu un certain retentissement, ont été considérées par quelques auteurs comme le commencement d'une évolution de la jurisprudence vers la théorie du risque professionnel et de la faute objective. C'était, je crois, donner à des décisions, qui ne faisaient qu'appliquer avec ampleur les dispositions de l'art. 1386 du Code civil, une portée et une signification qu'elles n'avaient pas.

[1] Sauzet, *Resp. des patrons*, *Rev. crit.*, 1883, p. 596 et 608.

[2] Sainctelette, *Resp. et garantie*, Bruxelles, 1884.

indemnités, ainsi que dans les mesures de garantie, et ne remédiait en rien aux lenteurs de la procédure.

Très en faveur dans la doctrine la plus autorisée, accueilli même par une partie de la jurisprudence belge, il fut toujours repoussé par la jurisprudence française, qui se refusa à assimiler l'ouvrier à une chose inanimée.

12. — Après cet échec sur le terrain de la faute contractuelle, certains auteurs, notamment deux savants professeurs M. Saleilles[1] et M. Josserand[2], entreprirent de chercher de nouveau une solution dans le domaine délictuel. Par la généralisation des dispositions des articles 1384 et 1386 concernant la responsabilité à raison des choses qu'on a sous sa garde, ils construisirent une nouvelle théorie connue sous le nom de *théorie objective.*

Le dommage causé par un objet doit être supporté par le propriétaire de cet objet, c'est-à-dire par celui qui en profite, abstraction faite de toute idée de faute. La responsabilité cesse d'avoir son fondement dans la faute de celui qui agit ou qui possède, c'est-à-dire dans la *faute subjective;* le simple dommage causé par une chose ou par un acte, ou plus simplement le fait de la chose appelé la *faute objective* suffit à l'engendrer. En d'autres termes, tout accident dû à une cause inhérente à une chose, cette cause fût-elle purement fortuite, engage la responsabilité du propriétaire de la chose; car « entre le propriétaire de la chose et la victime, il est juste, disait dans un de ses motifs le tribunal de Bourgoin, que le premier supporte les conséquences de l'accident plutôt que celle-ci qui n'a rien à se reprocher[3] ».

Toute la théorie objective tient dans ces quelques lignes. Elle met en dernière analyse à la charge du propriétaire les conséquences des cas fortuits. Qu'est-ce en effet que la faute objective, si ce n'est le cas fortuit, tel que nous l'avons défini plus haut. Tout au plus pourrait-on y faire rentrer à la rigueur quelques cas de négligence ou de fautes subjectives très légères imputables à la victime ou au patron.

Sous l'apparence séduisante d'une mesure d'équité et de bon sens, une telle conception de la responsabilité ne serait rien moins que le point de départ d'une révolution juridique : les notions admises jusqu'à ce jour sur le droit de propriété s'en trouveraient modifiées :

---

[1] *Revue Bourguignonne,* 1894 et broch. sur les accidents du trav., 1897.
[2] Broch. sur la responsabilité du fait des choses inanimées, 1897.
[3] Jugement du 10 juin 1891, rendu sous la présidence de M. Charvet.

« La propriété, dit l'art. 544 du Code civil, est le droit de jouir et de disposer des choses de la manière la plus absolue, pourvu qu'on n'en fasse pas un usage prohibé par les lois ou par les règlements ». La théorie objective conduirait logiquement à apporter à cette définition la restriction suivante : ...... et à la condition de réparer le dommage causé fortuitement par les choses dont on est propriétaire.

13. — Appliquée à notre matière des accidents industriels, c'est-à-dire au contrat de travail, cette théorie devient celle qu'on appelle communément le *risque professionnel*. Suivant la remarque de M. Saleilles, « c'est parce que le chef de l'exploitation profite des bonnes chances que la loi met à sa charge les mauvaises chances, les risques de l'industrie, de la profession. Le risque professionnel, tel est le fondement de l'obligation qui pèse sur l'industriel, sur l'entrepreneur : l'individu qui groupe autour de lui d'autres activités, qui s'entoure d'ouvriers et de machines, crée un organisme dont le fonctionnement ne va pas sans frottements et peut causer des dommages, abstraction faite de toute faute à la charge de celui qui le dirige : ces dommages, ces accidents inévitables qui constituent des dangers inhérents à l'entreprise, qui n'ont d'autre cause que le développement dans une direction licite de l'activité humaine, constituent précisément dans leur ensemble le risque professionnel ; et qui donc supporterait ce risque sinon celui dans l'intérêt duquel fonctionne l'organisme qu'il a créé ? » (Josserand, *op. cit.*, p. 103).

De tous temps le travail a eu ses dangers inévitables. La théorie objective n'a pas la prétention de les avoir découverts ni même de leur avoir donné la dénomination de *risque professionnel* ; mais on ne saurait lui refuser le mérite d'en avoir étudié les caractères à un point de vue différent et d'être ainsi arrivée à en déplacer l'incidence. Un accident, dont la cause est impersonnelle, ne peut en bonne justice être laissé ou mis à la charge d'une personne, pas plus de l'ouvrier que du patron. Produit par une entreprise ou par une exploitation, il doit en définitive retomber sur elle. Or, qu'est-ce qu'une entreprise ou une exploitation, abstraction faite du patron et des ouvriers, du chef et des subordonnés ? C'est une valeur propre dont l'administration comporte des recettes et des dépenses, des bénéfices bruts et des frais généraux. Les charges pécuniaires résultant des accidents corporels sont un des éléments du passif périodique, comme la réparation de l'outillage, la rémunération du travail et de la direction, l'amortissement, etc. Quant à l'étendue du risque, la jurisprudence l'a elle-même implicitement déterminée, en imposant au patron l'obligation de prémunir ses ouvriers contre les effets de leur propre imprudence. Tant il est vrai que la force même des choses l'a amenée à reconnaître que les imprudences ne sont pas toutes imputables à leur auteur, qu'il en est d'inhérentes à l'exercice de certaines fonctions et que l'ouvrier le plus attentif est exposé à commettre. L'obligation ainsi définie du patron étant devenue dans la théorie objective le rôle de l'entreprise, les frais généraux ont dû faire face aux conséquences pécuniaires de tous les accidents issus du travail, même de ceux auxquels l'imprudence de la victime n'est pas étrangère. En un mot, comme fondement du droit à la réparation, on a substitué à la faute du patron, dont la preuve incombait à la victime, la relation de cause à effet entre l'accident et l'exercice du travail, indépendamment de tout fait subjectif autre que le dol ou la faute non inhérente au travail.

Nous avons dit que notre législateur avait adopté le principe du risque professionnel. S'il ne l'a pas écrit expressément dans son texte, les dispositions de l'art. 1er de la loi de 1898 ne sauraient laisser subsister aucun doute sur ce point[1]. Au surplus pendant le cours des

---

[1] Dans une note remarquable (sous Cass., 21 janv. 1903, D. 1903. 1. 105), M. l'avocat général Sarrut a montré quelle transformation l'idée première du risque professionnel avait dû subir pour pénétrer dans notre législation. « Tandis que, d'après une jurisprudence fermement établie, dit le savant magistrat, l'ouvrier victime d'un accident ne pouvait, conformément au principe général de l'art. 1382 du Code civil, obtenir de dommages-intérêts que s'il établissait la faute du patron et la relation entre la faute et le préjudice, la loi du 9 avril 1898 confère à l'ouvrier victime, dans un des établissements industriels qu'elle énumère, d'un accident par le fait du travail ou à l'occasion du travail, le droit à une indemnité. L'accident est la cause génératrice du droit à l'indemnité, l'accident vaut titre; il n'y a pas à rechercher s'il procède d'une faute ou d'un cas fortuit ou de force majeure. Cette théorie nouvelle est basée sur le risque professionnel. Mais ces termes, risque professionnel, sont détournés de leur acception ordinaire. Tandis qu'en général on entend par risque professionnel la conséquence nécessaire, inévitable, du genre de travail, la cause de danger permanente, indépendante des mesures de sécurité qui peuvent être prises, le risque inhérent à la nature même du travail, tels que l'intoxication par l'effet des couleurs pour les peintres, par l'effet du phosphore pour les ouvriers fabriquant des allumettes, l'anémie dans les établissements qui exigent un calorique élevé, etc. Le risque professionnel, au sens de la loi nouvelle, n'est plus le risque couru par l'ouvrier, mais le risque du patron; de même qu'il doit prévoir la destruction, l'usure de son matériel, le patron doit prévoir les accidents de son personnel, les blessures, la mort des ouvriers, étant donnée surtout la complication du mécanisme industriel. Il y a là un passif éventuel à la charge de son industrie. La faute de l'ouvrier, l'absence de faute du patron, les cas fortuits ou de force majeure ne sont pas à considérer ».

débats parlementaires, les rapporteurs des diverses commissions du Sénat et de la Chambre des députés ont été unanimes à le déclarer. Je m'empresse de faire remarquer que ce principe ne contient pas, à lui seul, la solution du problème. Il laisse à la charge des victimes les accidents dus à des causes inconnues, ainsi qu'une partie de ceux causés par leur propre faute ; et il n'apporte aucune limite au pouvoir des tribunaux touchant la fixation du chiffre de l'indemnité et la détermination des garanties.

Pour donner satisfaction aux ouvriers et aux patrons, il a fallu le compléter par une fixation forfaitaire de l'indemnité et ensuite par l'organisation d'un nouveau mode de garantie.

II

Fixation forfaitaire.

14. — Les rédacteurs de notre loi ont tenu le raisonnement suivant : sur les cinq causes d'accidents, l'équité et le droit obligent le patron à réparer intégralement les conséquences de sa propre faute et celles des cas fortuits, la victime à supporter aussi celles de sa faute et celles de la force majeure, et enfin commandent de mettre par égales parts à la charge du patron et de l'ouvrier, les suites d'accidents dus à une cause inconnue. Eh bien, établissons un forfait : décidons que tous les accidents, sauf ceux de force majeure qui sont étrangers au travail, donneront droit à une réparation, non intégrale, mais partielle, et que le taux en sera fixé d'avance suivant un tarif et proportionnellement au montant du salaire, de façon à prévenir toute contestation. En d'autres termes, limitons les dommages-intérêts auxquels l'ouvrier a droit en cas d'accident dû à la faute du patron ou à un cas fortuit, et donnons-lui en échange le droit à l'allocation d'une indemnité dans les accidents dus à sa faute, ainsi que dans tous ceux dont la cause reste indéterminée. Telle a été en substance l'œuvre du législateur [1]. On y voit une application du risque professionnel et du forfait.

[1] V. disc. de M. Maruéjouls, rapp. de la commission de la Ch. des dép. (28 oct. 1897, *J. Off.*) (Ch., p. 2219). Toutefois l'honorable député, considérant que les accidents dus à des causes inconnues sont à la charge de l'entreprise, arrive à cette conséquence que 75 0/0 des accidents devraient être réparés intégralement par le patron et 25 0/0 supportés par la victime, et c'est sur cette base qu'il établit la transaction forfaitaire.

Le risque professionnel a été défini; nous ne reviendrons pas sur ce que nous avons dit.

15. — Quant au forfait, il n'est lui-même qu'une assurance de l'ouvrier par le patron, assurance qui, au lieu d'être conventionnelle, est légale : le patron est légalement tenu de payer à l'ouvrier victime d'un accident du travail une indemnité fixée d'avance par la loi. Quel est le prix de cette assurance? Si on l'envisage à la lueur du principe nouveau qui rend le patron responsable des cas fortuits, le prix de cette assurance sera la réduction légale de l'indemnité due à la victime, non seulement dans les accidents imputables à la faute du patron, mais encore dans ceux dont la cause est fortuite. Se place-t-on au point de vue de la responsabilité ancienne dérivant des art. 1382 et s., du Code civil, le prix ne consistera que dans la limitation légale de la réparation à laquelle la victime a droit dans les accidents causés par la faute du patron.

Quel que soit le point de vue auquel on se place, on trouve dans notre loi une assurance. Assurance qui diffère sur des points essentiels, je m'empresse de le dire, de celle qui a été consacrée par les législations étrangères sur les accidents du travail.

16. — En Allemagne, en Autriche, en Norvège, l'assurance a été proclamée obligatoire : l'ouvrier en est, comme en France, le bénéficiaire; mais ce sont des corporations professionnelles ou des associations régionales qui remplissent le rôle d'assureur. Le patron n'est qu'un intermédiaire entre l'ouvrier et la corporation ou association d'assurance; tenu de payer de ses deniers les primes ou cotisations, il se trouve, en cas d'accident, déchargé de toute obligation. Notre loi le fait au contraire débiteur de l'indemnité envers la victime, lui laissant la liberté de s'assurer, comme bon lui semble, à une compagnie ou à une mutuelle ou de s'affilier à un syndicat de garantie et lui donnant même la faculté de ne pas s'assurer du tout.

Au fond des systèmes allemand, autrichien et norvégien on trouve en réalité une double assurance légale et obligatoire : 1° assurance de l'ouvrier par le patron, en ce sens que les risques courus par l'ouvrier sont mis à la charge du patron dans des conditions limitées d'avance; 2° réassurance du patron par une association ou une corporation placée sous la surveillance de l'État, réassurance dont le patron paie les primes ou cotisations et qui a pour effet de le décharger de toute obligation. En France nous avons adopté législativement la première as-

surance de l'ouvrier par le patron ; mais nous avons rejeté le principe
de l'obligation de la réassurance du patron.

Si notre loi a fait de larges emprunts aux législations étrangères
pour tout ce qui concerne le champ d'application de son texte à l'industrie, ainsi que le tarif et le calcul des indemnités, elle a dû innover
en matière de garanties. A l'étranger, les corporations ou les associa-
ciations d'assurances, derrière lesquelles se trouvent l'État, donnent
à la victime la certitude du paiement de son indemnité. En France,
le patron n'est pas tenu de s'assurer. Il peut devenir insolvable. Qui
répondra de lui? La question des garanties met aux prises deux intérêts divergents qui paraissent inconciliables : il faut assurer à la victime le service de sa pension, sans imposer au patron des sûretés qui
soient de nature à entraver son industrie.

III

Des garanties.

17. — Pour résoudre ce problème sans recourir à l'assurance d'État,
notre législateur a accordé à l'ouvrier deux sortes de garanties :

1° Un des privilèges généraux de l'art. 2101 du Code civil pour
les indemnités afférentes aux accidents suivis d'incapacité temporaire,
ainsi que pour les dépenses de traitement médical et pour les frais
funéraires ;

2° Le cautionnement d'une caisse nationale alimentée par toute l'industrie française à l'aide d'une majoration de l'impôt des patentes et
d'un supplément de taxe sur les mines.

Je n'insisterai pas sur le privilège qui rappelle les principes de droit
commun.

Quant à la caisse nationale de garantie, elle ne doit être, dans l'esprit de la loi, qu'une ressource suprême pour les victimes d'accidents.
Des dispositions ont été édictées pour que les indemnités soient payées
par ceux qui en sont redevables, c'est-à-dire par les chefs d'entreprise.
Si ceux-ci ne sont pas obligés de s'assurer, le législateur les convie
du moins à entrer dans cette voie, en augmentant leur confiance dans
les diverses institutions d'assurance; c'est dans ce but qu'il a donné
pouvoir et mission à l'État d'exercer sur les compagnies et sociétés
mutuelles d'assurances, ainsi que sur les syndicats de garantie, une
surveillance plus étroite et de leur imposer des statuts, des caution-

nements et des réserves, de façon à mettre leur solvabilité à l'abri de toutes les éventualités et de tous les aléas. Il a même fait plus : voulant montrer quelle foi entière il avait en l'efficacité de ces mesures de surveillance et de contrôle, il a disposé que les patrons qui auraient contracté une assurance, ne pourraient être l'objet d'aucun recours de la part de la caisse nationale.

18. — Si nous envisageons l'institution de cette caisse nationale de garantie, nous devons rendre hommage à l'intention de ceux qui l'ont imaginée. Vouloir solidariser l'industrie française en vue de secourir l'infortune des victimes du travail, tout en respectant dans la plus large mesure la libre initiative de chacun, c'est, à coup sûr, une pensée généreuse et libérale. Mais le résultat répondra-t-il à l'attente de ses auteurs? Un doute naît à ce sujet dans mon esprit.

Parmi les chefs d'entreprise, il faudra considérer deux classes distinctes : ceux qui sont assurés à une compagnie ou à une mutuelle, ou affiliés à un syndicat de garantie et ceux qui n'auront pas contracté d'assurance. Grâce aux mesures prises par le législateur, les premiers seront toujours en mesure de faire face à leurs obligations envers les victimes d'accidents. En ce qui concerne les seconds, on doit mettre aussi de côté les grands établissements qui, ayant constitué de leurs deniers une caisse spéciale d'assurance, seront placés dans les meilleures conditions de solvabilité. Il restera les patrons imprévoyants, négligents, souvent peu scrupuleux et d'une solvabilité douteuse. Ceux-là seuls seront, le cas échéant, dans l'impossibilité de payer aux victimes les pensions dont ils sont débiteurs. C'est pour eux que l'industrie française va voir s'accroître les centimes additionnels qui pèsent déjà si lourdement sur elle. N'y a-t-il pas là une injustice, peut-être même un danger? Cette taxe nouvelle est, en définitive, une prime destinée à couvrir un risque d'insolvabilité auquel les patrons assurés ou syndiqués ne sont pas exposés au même degré que les autres. Pourquoi la faire peser également sur tous? L'exonération, sinon totale, du moins partielle, des premiers ne satisferait pas seulement l'équité, elle serait pour les autres le plus efficace des stimulants. De là à l'assurance obligatoire, il n'y aurait, j'en conviens, qu'une faible distance. Mais cette objection n'est pas pour m'effrayer, j'y trouve au contraire un argument de plus en faveur de ma thèse.

19. — Au moment de la discussion de la loi de 1887, le prince de Lichtenstein avait fait devant le Parlement autrichien une déclaration nettement socialiste. « Le travail, avait-il dit, n'est pas une affaire privée, mais une fonction déléguée par la société à chacun de ses membres. Le paysan qui laboure son champ, l'ouvrier qui travaille dans un atelier est un fonctionnaire de la société aussi bien que l'employé du Gouvernement dans son bureau ou l'officier sur un champ de bataille. Le travail, comme toute fonction, crée donc une série d'obligations réciproques entre celui qui le fournit, la société, et celui qui l'exécute, l'ouvrier. Auprès de cette conception, combien paraît étroite la définition qui a cours aujourd'hui en économie politique et qui fait du travail une marchandise soumise à la loi de l'offre et de la demande[1] ». C'est le socialisme d'État dans toute sa simplicité : l'État répartit le travail et assure le bien-être de chacun. Les rédacteurs de notre loi ont toujours protesté de leur intention de répudier cette doctrine ; et c'est par crainte de glisser dans la voie du socialisme qu'ils ont rejeté tous les projets proclamant l'obligation de l'assurance et l'institution d'une assurance nationale. Ont-ils vraiment évité cet écueil ?

Le socialisme repose sur cette idée que la collectivité doit légalement garantir le bien-être de l'individu. Suivant que cette collectivité est l'État, la commune ou tel groupe, le socialisme s'appelle socialisme d'État, socialisme communal ou socialisme de tel groupe. Or qu'a fait notre loi ? A l'individu blessé dans un accident, elle ne s'est pas contentée de reconnaître un droit à indemnité sur son patron, elle y a ajouté, ce qui est plus significatif, la garantie de toute l'industrie française. Si ce n'est pas là du socialisme d'État, on ne saurait nier que ce soit du socialisme industriel : la différence de qualificatif ne change rien au fait. Ce genre de socialisme est-il préférable à l'autre ? Je n'oserais l'affirmer. A première vue, j'ai constaté que le mécanisme financier de garantie, organisé par notre loi, est injuste, peut-être même dangereux ; je conviens que le socialisme d'État pur et simple serait encore plus gros, sinon de périls, du moins d'inconnu.

Est-il bien sûr, au surplus, que notre loi, telle qu'elle est, ne conduise pas, le cas échéant, au socialisme d'État ? Dans une savante brochure sur les accidents du travail, p. 42, M. Pic, professeur à la faculté de droit de Lyon, fait remarquer, non sans quelque raison, que la surveillance et le contrôle de l'État, si sévère soient-ils, ne

---

[1] Gruner, *Loi du patronage et d'assistance en Autriche*, p. 5.

mettent pas nécessairement les sociétés d'assurances à l'abri d'une
faillite. « De telles éventualités, dit l'éminent auteur, sont toujours à
prévoir, surtout si les sociétés, redoutant une réorganisation de la
caisse nationale d'assurance-accidents provisoirement ajournée, mais
toujours imminente, croient devoir abaisser outre mesure leurs tarifs,
pour se concilier les industriels, et compromettent, par ces conces-
sions imprudentes, leur équilibre financier. Si les faillites dépassent
un certain taux, le fonds spécial de garantie constitué au moyen des
patentes majorées dans la proportion indiquée au texte, ne suffira
plus à assurer le service des indemnités ; il faudra donc bien, en pareil cas, combler le déficit à l'aide de ressources puisées dans le
budget général de l'État. Ce résultat, non certain, il est vrai, mais
possible du système qui a prévalu, suffit, selon nous, à le condamner ;
il est injuste que la masse des contribuables soit exposée à payer
pour les industriels, créateurs du risque dont il s'agit de garantir les
ouvriers. »

L'appréhension de M. Pic nous paraît surtout justifiée à raison de
la faveur exceptionnelle faite par notre loi aux patrons qui ont contracté une assurance, quelle qu'elle soit : sûrs de n'être poursuivis
en paiement d'indemnité ni par les victimes, qui ont la garantie de la
caisse nationale, ni par la caisse nationale, dont le recours est supprimé en cas d'assurance, ils n'auront aucun intérêt à se préoccuper
du degré de solvabilité de leur assureur et ils seront portés à traiter,
les yeux fermés, avec celle des sociétés qui leur demandera les primes
les moins élevées.

M. Pic, qui a la vision très claire des inconvénients et des dangers
de l'État caution, propose comme remède l'État assureur ; ou, plus
exactement, il paraît partisan de l'obligation de l'assurance et de la
création de vastes mutualités territoriales englobant toutes les exploitations industrielles d'une même région et rappelant, en un mot, le
système d'assurances en vigueur en Autriche.

20. — En ce qui concerne l'obligation de l'assurance seulement, je
me range volontiers à l'opinion de M. Pic ; je me suis attaché à démontrer combien il est injuste de tolérer que certains chefs d'entreprise ne soient pas assurés ; il faut que tous, sans exception, traitent
avec une société d'assurances ou qu'ils se constituent leurs propres
assureurs en fournissant des garanties équivalentes à celles d'une
société. Mais l'obligation de l'assurance n'implique pas nécessaire-

ment le monopole et la garantie de l'État. Entre l'obligation et le monopole, il y a un abîme que je me refuse à franchir; et, sur ce point, je n'hésite pas à me séparer de M. Pic.

Trois idées maîtresses dominent notre matière : la sécurité de l'ouvrier touchant le paiement de l'indemnité, la liberté du patron, et l'absence de toute solidarité de l'État soit avec les chefs d'entreprise, soit avec les assureurs. Ces trois principes me paraissent pouvoir se concilier dans un projet qui proclamerait l'obligation de l'assurance ou de l'affiliation à un syndicat de garantie, tout en laissant le chef d'entreprise libre dans le choix de son assureur ou de son syndicat, à la condition toutefois qu'il ne pût pas choisir en dehors de ceux ayant satisfait aux obligations imposées par les décrets d'administration publique. Les infractions des chefs d'entreprise seraient punies d'amendes très élevées, dont le montant servirait à constituer une caisse spécialement affectée à la garantie de paiement des indemnités irrécouvrables. De cette façon, pas de socialisme. L'État resterait dans son rôle de surveillant; il ne contracterait aucun engagement. L'industrie elle-même ne garantirait rien. Et cependant les ouvriers seraient assurés, autant qu'on peut l'être, de recevoir leur indemnité, puisqu'ils auraient pour garants leur patron d'abord, l'assureur ensuite et enfin, dans les cas exceptionnels où, au mépris de la loi, il n'y aurait pas d'assureur, le fonds de garantie alimenté cette fois, non injustement par la société industrielle, mais très équitablement par les seuls patrons négligents ou réfractaires.

Ici on ne manquera pas de nous arrêter en nous faisant remarquer que nous oublions de prévoir le cas de faillite d'une société d'assurances. Cette objection n'est pas irréfutable. Si, à raison du contrôle de l'État, la faillite d'un assureur est peu à redouter sous l'empire de notre loi, elle le serait bien moins encore dans notre projet, puisque les chefs d'entreprise y seraient responsables de leurs assureurs au regard des victimes d'accidents et par suite intéressés à ne traiter qu'avec ceux présentant les garanties les plus sérieuses de solvabilité.

Pour être complet, j'ajoute que rien ne s'opposerait à ce qu'on permît aux grandes exploitations d'être elles-mêmes leurs propres assureurs, moyennant certaines obligations qui seraient réglementées par les décrets d'administration publique.

21. — Une application de ce principe a été faite en Italie par la loi du 17 mars 1898. Si la caisse nationale d'assurance contre les accidents y fait concurrence aux compagnies privées, il ne s'ensuit pas qu'elle soit une institution nécessaire au fonctionnement de notre système. La caisse nationale italienne n'est pas, à proprement parler, un établissement d'État; fondée depuis 1883 par les caisses d'épargne et banques populaires des dix principales villes de la péninsule, elle était en pleine prospérité au moment du vote de la loi sur les accidents industriels. Le législateur de 1898 n'a touché en rien à son organisation; il l'a placée sur le même pied que les compagnies privées actuellement existantes, avec cette seule différence qu'il a obligé l'État, les provinces et les communes à la choisir de préférence comme assureur. Si elle n'eût pas existé, il aurait fort bien pu s'en passer et tout porte à croire qu'il n'aurait pas songé à créer une assurance d'État. Nous estimons aussi qu'en France une telle innovation est inutile même avec l'obligation de l'assurance, si du moins l'on permet aux exploitations industrielles d'être leur propre assureur et de s'affilier à des syndicats de garantie [1].

En Angleterre, pays de la libre initiative, la nouvelle loi du 6 août 1897 sur les accidents du travail ne se préoccupe nullement de la question des garanties. En cas de faillite du chef d'entreprise, la victime n'a qu'un privilège sur le montant de l'indemnité qui pourrait être due à son patron par une compagnie d'assurances. Mais l'assurance n'est pas obligatoire. Le législateur suppose que l'ouvrier est assez soucieux de ses intérêts pour ne s'embaucher que chez un patron assuré à un tiers ou ayant constitué de ses propres deniers une caisse d'assurance.

En France, une telle supposition serait téméraire. Si l'ouvrier français a des qualités techniques qui le font souvent préférer à ses collègues étrangers, on doit convenir qu'il est en général imprévoyant : la promesse d'un salaire un peu plus élevé ou d'un avantage matériel immédiat lui fait aisément perdre de vue la sécurité de l'avenir. Ce n'est donc pas sans raison que les rédacteurs de notre loi ont jugé à propos de prendre en mains ses intérêts ; mais il me semble

---

[1] Notre observ. n'a plus aujourd'hui qu'un intérêt rétrospectif. Depuis la loi du 24 mai 1899, la réorganisation de la caisse nationale contre les accidents est un fait accompli. Tout en déplorant cette mesure, je conviens qu'elle a été rendue nécessaire par les prétentions exorbitantes des compagnies privées d'assurances à la veille de la mise en vigueur de la nouvelle législation. Fort heureusement, à mon avis, les opérations de la caisse nationale ont été limitées aux accidents suivis de mort ou d'incapacité permanente.

qu'il suffit de faire législativement en faveur de l'ouvrier français ce que l'ouvrier anglais est présumé faire de lui-même, c'est-à-dire exiger du patron des sûretés suffisantes pour le paiement de l'indemnité en cas d'accident. L'obligation de l'assurance, telle doit être l'extrême limite des dispositions de la loi en matière de garanties. L'engagement légal de l'État ou d'une collectivité franchit cette limite et entre dans la voie du socialisme.

IV

Simplification de la procédure.

22. — Plusieurs innovations heureuses au point de vue de la procédure méritent d'être signalées : l'enquête faite d'office par le juge de paix immédiatement après l'accident, — la tentative de conciliation devant le président du tribunal civil, — la réduction des délais d'appel, — une réglementation nouvelle des délais d'opposition en matière de jugements de défaut contre partie, — des modifications profondes dans la compétence *ratione materiæ* et *ratione loci* des juges de paix et des tribunaux de première instance, — gratuité de la procédure sans formalité préalable, etc.

L'exemple des législations étrangères sollicitait notre législateur vers une réforme plus radicale encore; je veux parler de la substitution des tribunaux arbitraux aux juridictions de droit commun. Après de longues hésitations, il a résisté à cette tendance, comme il s'était refusé à admettre l'assurance obligatoire par l'État.

Telle est, esquissée à grands traits, l'économie de notre loi qui, envisagée dans son ensemble, marque un réel progrès sur la législation antérieure.

23. — Malheureusement les difficultés d'application abondent. Plus de quinze années de travaux préparatoires et l'expérience de plusieurs nations européennes permettaient d'espérer que le législateur aurait réglé les moindres détails de son œuvre et apporté dans la rédaction du texte une précision et une clarté décourageantes pour le juriste. Le chef d'industrie et l'ouvrier, avons-nous dit, ont besoin de certitude ; ils appréhendent avec raison les procès et veulent être fixés d'avance sur les conséquences pécuniaires des accidents qui surviennent dans une exploitation. Je crains bien que la mise en vigueur de la loi du 9 avril 1898 ne leur réserve, au début du moins, d'amères déceptions. Plusieurs années suffiront à peine à la jurisprudence pour

en combler les lacunes et pour en éclaircir les obscurités. Peut-être
même une intervention législative sera-t-elle nécessaire. Je n'en veux
pour preuve, sans parler de ce que nous avons dit sur le fonds de
garantie, que l'exemple suivant tiré de l'art. 1er.

Ce texte se borne à énoncer en termes généraux les industries
auxquelles la loi est applicable ; il mentionne entre autres l'industrie
du bâtiment. Quels métiers rentrent au juste dans cette industrie ?
Cette question est sujette à controverses. Les tribunaux de l'ordre
judiciaire ont seuls compétence pour la trancher. Or, comme ils ne
peuvent être saisis que par une action en paiement d'indemnité, il
s'ensuit que, dans les cas douteux (et ils seront nombreux dans la
petite industrie) un patron ne saura définitivement si la loi lui est ou
non applicable qu'après un accident au moment du règlement de l'indemnité. Dans cette incertitude comment pourra-t-il traiter avec une
compagnie d'assurance pour se mettre à l'abri de toute action en responsabilité [1].

Objectera-t-on que le patron et l'ouvrier peuvent librement convenir de se soumettre à l'application de la loi nouvelle ? Ce n'est pas
tout à fait exact. Sans doute rien ne s'opposera à ce qu'un chef d'exploitation prenne vis-à-vis de son ouvrier l'engagement de lui payer,
en cas d'accident, une indemnité établie sur les bases de la loi. Mais
cette convention sera sans effet sur les règles de la procédure et
spécialement sur les règles de compétence *ratione materiæ* qui sont
d'ordre public. A plus forte raison ne procurera-t-elle pas à l'ouvrier
la garantie de la caisse nationale de l'industrie. De telle sorte qu'une
convention de cette nature, loin de résoudre le problème, ne servirait qu'à le compliquer au détriment des deux parties.

Est-ce que du moins le versement des centimes additionnels dans
la caisse du fonds de garantie n'impliquera pas l'assujettissement au
nouveau régime du patron contribuable ? Nullement. Cette formalité
révélera seulement l'opinion de l'administration des finances ; mais

---

[1] Depuis la publication de notre première édition l'événement nous a donné raison. Sur l'interprétation de l'art. 1er, des divergences de vue se sont élevées entre
le ministre de la Justice, celui du Commerce et l'administration des Finances. La
confusion la plus grande n'a cessé de régner dans les décisions de l'ordre judiciaire
comme dans celles de l'ordre administratif. Enfin, au moment où le Conseil d'État
adoptait une jurisprudence ferme, la Cour de cassation est venue poser un principe
diamétralement opposé. Il est permis de penser que l'opinion de la Cour suprême
finira par prévaloir et mettra un terme à cette incertitude si préjudiciable aux intérêts de tous.

elle ne saurait constituer un préjugé pour les tribunaux de l'ordre judiciaire. Par suite, un patron, après avoir participé de ses deniers à l'alimentation du fonds de garantie, pourra se voir au lendemain d'un accident, évincé de l'application de notre loi et placé sous l'empire du droit commun par le tribunal appelé à statuer sur le règlement de l'indemnité.

Ce grave inconvénient n'existe pas chez les nations qui ont rendu l'assurance obligatoire : le patron assujetti au nouveau régime est à la fois tenu de payer les primes ou cotisations de l'assurance et déchargé de toute obligation relative à l'indemnité. Il ne peut donc avoir le moindre doute sur sa situation. L'oblige-t-on à contribuer à l'assurance, l'association ou la corporation qui perçoit la prime ou la cotisation se substitue de plein droit à lui pour le paiement de l'indemnité. Ne se trouve-t-il au contraire affilié à aucun établissement d'assurances, c'est pour lui la preuve irréfragable qu'il reste sous l'empire du droit commun.

Cette certitude est nécessaire en France, comme à l'étranger ; il faut que, quand un patron entreprend une profession ou embauche un ouvrier, il sache, à n'en pas douter, si oui ou non il est soumis aux dispositions de notre loi : la moindre hésitation à cet égard est pour lui une entrave à l'exercice de son industrie, je pourrais dire un péril. Sans doute, l'interprétation de la jurisprudence diminuera peu à peu le nombre des cas douteux. Mais cela n'est pas assez. En une matière aussi importante, une probalité ne suffit pas. Il faut un critérium absolu. Seule une modification de la loi peut nous le donner. La réforme que nous avons proposée plus haut au sujet du fonds spécial de garantie, obligerait le ministère public à rechercher les industriels atteints par la loi et permettrait à ceux-ci d'être renseignés presque en toute certitude sur leur situation.

Nombreuses et souvent graves sont les autres imperfections de notre texte. Une sèche énumération allongerait sans profit cet exposé. Au fur et à mesure qu'elles se présenteront à notre examen dans le cours de ce livre, nous les mettrons avec soin en relief et nous rechercherons les moyens les plus propres à les atténuer.

24. — Le plan de notre travail est, dans ses grandes lignes, conforme à celui de la loi elle-même. La division en cinq titres a été scrupuleusement respectée ; mais, tout en suivant autant que possible l'ordre des articles, nous n'avons pas cru devoir nous livrer seulement à une interprétation exégétique du texte. La connaissance d'une loi n'est complète et sûre qu'à la condition de pénétrer la pensée de ses rédacteurs. Cette pensée nous a paru devoir être recherchée tout spécialement dans le but qu'ils ont poursuivi, dans les exemples qu'ils ont eus sous les yeux ou qu'ils ont été à même de consulter et dans les débats parlementaires. Nous avons été ainsi porté à faire une part assez large : 1° à l'examen [de la doctrine et de la jurisprudence dans les matières d'assurances se rattachant à l'objet de notre loi ; 2° à l'étude comparative des législations étrangères qui nous ont précédés dans la voie des réformes industrielles ; 3° aux travaux préparatoires.

Si notre texte diffère essentiellement des lois allemandes et autrichiennes par le système de garantie et par l'organisation des juridictions chargées de statuer sur les litiges, il présente avec elles une grande analogie sur tous les autres points, notamment en ce qui concerne l'étendue de son application aux personnes, aux accidents et aux entreprises, la fixation des indemnités, la détermination du salaire de base, la prescription, l'action en revision, la constatation des accidents, etc. Il serait puéril de contester la valeur de l'expérience de l'Allemagne et de l'Autriche. Nous avons trouvé dans la jurisprudence de ces deux pays la solution de nombreuses difficultés qui ne manqueront pas d'être soulevées chez nous dès le début de la mise en vigueur de notre loi. Il nous a paru intéressant et utile de rechercher si nos textes conduisaient à des résultats identiques ou différents.

La loi anglaise sur les accidents du travail, qui a précédé la nôtre de quelques mois seulement, n'est entrée en vigueur que le 1er juillet 1898; nous ne pouvons encore en connaître les effets. Mais le simple rapprochement de son texte et de celui des autres nations européennes nous a semblé devoir être fort instructif. Les caractères si dissemblables du génie anglo-saxon et de l'esprit germanique s'en dégagent avec une vérité saisissante. En Allemagne, tout est prévu et réglementé par la loi : montant, forme et paiement de l'indemnité, assurance, cotisations du chef d'entreprise, etc. L'ouvrier blessé est comme un fonctionnaire retraité : sa pension est liquidée par l'État ou par la corporation et il n'a qu'à se présenter à une caisse publique pour en toucher le montant. De son côté le chef d'exploitation acquitte périodiquement sa prime d'assurance au même titre qu'il paie ses [impôts. Rouage administratif admirable de précision et qui fait honneur à la méthode et à la science du législateur, mais dans lequel chacun se meut, sans initiative, dans un cercle étroit et limité. Le législateur allemand attache si peu d'importance aux actes de l'individu et par suite à la responsabilité subjective, qu'il ne fait aucune distinction entre l'accident purement fortuit et celui qui est dû à une faute lourde de l'ouvrier. Son point de vue est impersonnel et, pour employer une expression familière aux Allemands, *objectif*. Tout autre est la loi anglaise : déterminer les cas dans lesquels l'ouvrier victime d'un accident a droit à une réparation et fixer en principe le chiffre de l'indemnité, telle en est toute l'économie. Pas d'assurance légale ou obligatoire, pas de garanties spéciales. Le législateur dit à l'ouvrier : voici tes droits, tu es raisonnable et libre, fais-les valoir au mieux de tes intérêts. Ton patron peut être, le cas échéant, ton débiteur de telles ou telles sommes. Ne traite qu'avec l'industriel qui t'offrira les garanties les plus sérieuses de solvabilité. Dans la législation danoise du 15 janvier 1898 on retrouve les mêmes principes [1].

Sur cette importante question des garanties, le législateur français a voulu tenir un juste milieu entre les deux systèmes opposés de l'Allemagne et de l'Angleterre. Nous estimons par les motifs énoncés plus haut que son œuvre trop hâtive devra être modifiée sur plus d'un point. Dans le cours de notre travail, nous avons cru devoir insister un peu sur les divers mécanismes financiers d'assurance adoptés en Allemagne et en Autriche. Non que nous voulions les proposer

---

[1] Cette comparaison entre les législations germanique et anglaise sollicite un rapprochement historique. On sait que l'assurance contre l'incendie commença à être connue dès la fin du XVIIe siècle. Au XVIIIe siècle, l'Angleterre et l'Allemagne la virent se développer en deux sens tout différents. « Chez les Anglais, dit M. Chavegrin, *Grande Encyclopédie*, vº *Assurance contre l'incendie*, p. 322, tout fut laissé à l'initiative privée; des sociétés se créèrent sans que l'État s'avisât de leur faire concurrence ou de prendre leur place et sans que la loi supprimât la liberté des conventions entre elles et leurs clientèles. En Allemagne, au contraire, les États organisèrent chacun sur son territoire des établissements ou associations dont ils se réservèrent la direction et auxquels les propriétaires furent généralement tenus d'adhérer, l'assurance revêtit ainsi un caractère public et obligatoire du moins pour les immeubles ». En France, le mouvement en faveur de l'assurance contre l'incendie, qui s'était aussi déclaré dans le courant du XVIIIe siècle, subit un temps d'arrêt pendant la Révolution pour ne reprendre qu'en 1816. A partir de ce moment se formèrent un grand nombre de sociétés par actions ou mutuelles, les unes locales, les autres embrassant toute l'étendue du territoire. L'absence de toute réglementation législative laissa, comme en Angleterre, la plus entière liberté à l'initiative privée et nous écarta de l'exemple des pays de langue allemande.

comme des exemples à suivre servilement. Mais nous pensons qu'on ne saurait trop profiter de l'expérience des autres.

Enfin les débats parlementaires, les rapports des nombreuses commissions du Sénat et de la Chambre des députés et la plupart des ouvrages écrits sur notre sujet ont été lus par nous avec la plus grande attention. Nous nous sommes efforcé d'en dégager les idées maîtresses et nous les avons exposées au fur et à mesure qu'elles avaient trait à notre matière.

Telle est l'étude pour laquelle nous demandons l'indulgence du lecteur. Si imparfaite qu'elle soit, nous avons le ferme espoir qu'elle ne sera pas inutile. Ce que nous pouvons affirmer du moins, c'est qu'elle est consciencieuse, indépendante et impartiale. A nos yeux, l'ouvrier et le patron sont, au même degré, dignes d'intérêt. Nous n'avons cherché ni à flatter l'un ni à plaire à l'autre. Notre but a été de tenir la balance égale entre eux et de leur montrer aussi exactement que possible les limites précises de leurs droits et de leurs obligations, telles qu'elles sont fixées par une loi nouvelle, excellente dans son principe et dont une application judicieuse est appelée, nous en sommes sincèrement convaincu, à rendre de grands services. Heureux si nous pouvons contribuer, ne fût-ce que pour une faible part, à dissiper un des malentendus qui menacent de troubler la collaboration si féconde des deux artisans de la fortune nationale.

DEUXIÈME PARTIE

Coup d'œil sur les législations étrangères comparées à la loi française.

25. — La place un peu large, que le droit comparé occupe dans le sujet de cette étude, nous a porté à penser que nos explications gagneraient peut-être en clarté, si nous les faisions précéder de quelques notions générales sur les législations étrangères, dont les dispositions de détail doivent être mises ultérieurement en parallèle avec les dispositions correspondantes de notre loi. Nous consacrerons en conséquence la seconde partie de cette introduction à un aperçu rapide de la situation juridique des ouvriers au-delà de nos frontières.

Les législations sur l'assistance et la prévoyance ouvrières peuvent se diviser en trois groupes.

1° Le groupe *germanique* ou de la contrainte administrative. Il comprend les nations dans lesquelles le régime corporatif a fait place presque sans transition à une organisation officielle de l'assistance et de la prévoyance, avec obligation et monopole. L'Allemagne, l'Autriche et la Norvège doivent être rangées dans cette catégorie[1].

2° Le groupe *anglo-saxon* ou du libéralisme absolu. Les ouvriers, après s'être détachés peu à peu du joug corporatif, ont pris l'initiative d'unir leurs efforts et sont arrivés par l'association à acquérir une autonomie qui leur permet, en matière d'assistance et de prévoyance, de se passer du concours des patrons et de l'intervention de l'État. La Grande-Bretagne est la nation-type de ce groupe. Les États-Unis marchent sur ses traces, à l'exception de l'État du Maryland.

3° Le groupe *français* qui est intermédiaire entre les deux précédents. Il comprend les nations qui, depuis le commencement du

---

[1] Un État de l'Union de l'Amérique du Nord, l'État du Maryland paraît aussi s'orienter dans cette voie.

siècle, ont adopté les principes de notre droit civil. Le régime corporatif, anéanti entièrement par la Révolution française, y a été suivi d'une période assez longue, pendant laquelle, le droit d'association n'étant pas reconnu, les œuvres d'assistance et de prévoyance ne s'y sont développées qu'avec l'aide des patrons et y ont pris une importance qui, sans répondre aux besoins de l'industrie actuelle, fait cependant hésiter à leur substituer le monopole de l'État[1].

I

Groupe germanique.

A. *Allemagne.*

26. — L'Allemagne est, avec l'Autriche, un des pays où les mœurs industrielles ont conservé les plus fortes empreintes de la féodalité. La proclamation de la liberté du travail, qui s'y est produite assez tardivement (elle n'est résultée en Prusse que d'une loi du 11 juin 1869), a eu pour effet, non d'anéantir, comme en France, le régime corporatif, mais seulement de supprimer les privilèges et monopoles qui y étaient attachés. Les corporations ont continué de subsister à l'état d'association libres; il est vrai que, dans cette atmosphère de liberté qui convenait mal à leur organisation, elles ont bien vite vu décroître leur prospérité; mais, bien qu'en décadence, elles n'en ont pas moins contribué à entretenir pendant quelque temps encore, dans les rapports de l'ouvrier et du patron, les traditions de hiérarchie et de réglementation qui avaient fait leur force pendant les siècles précédents. Sur leurs ruines se sont élevés d'immenses syndicats patronaux qui, groupant les industries similaires en vue de l'étude des questions d'intérêt général, répondaient mieux aux besoins résultant de l'extension de la grande industrie. Aux rapports d'homme à homme, ces vastes institutions ont substitué de plus en plus les rapports d'intérêts à intérêts, élargissant ainsi la distance qui séparait le travail du capital.

Les ouvriers, de leur côté, commencèrent à avoir conscience de

---

[1] Ces nations sont : l'Italie, la Belgique, la Suisse et l'Espagne. Elles ont proclamé les unes l'obligation, les autres la faculté de l'assurance, mais toutes s'accordent à exclure le monopole de l'État ou de corporations garanties par l'État. La Finlande, la Hollande, la Suède, la Grèce, la Nouvelle-Zélande et l'Australie se sont inspirées des mêmes principes.

leurs forces. Leur émancipation, un moment retardée par la guerre de 1870-71 contre la France, ne tarda pas à devenir alarmante par l'éclosion des idées socialistes.

27. — Deux lois, l'une du 7 juin 1871 sur la responsabilité civile des patrons, l'autre du 7 avril 1876 sur les secours en cas de maladies, ne furent que des palliatifs insuffisants. Devant l'effervescence de plus en plus grondante, le Chancelier de fer, dont les idées étaient partagées par l'Empereur, résolut d'atteindre le mal dans sa racine. Il commença par faire voter le 21 octobre 1878 une loi de répression rigoureuse contre les menées socialistes, puis il conçut un audacieux plan de réforme sociale en vue d'améliorer le sort des ouvriers et de consolider en même temps l'unité de l'Empire.

Ce projet, qui donna lieu à de longs et retentissants débats au sein du Parlement, avait pour but de régler par la voie législative les rapports des patrons et des ouvriers, de façon à assurer à ceux-ci, dans les différentes éventualités fâcheuses de la vie, l'assistance que le simple contrat de travail était impuissant à leur procurer; de là naquirent trois catégories d'assurances obligatoires : 1° l'assurance contre la maladie, votée le 15 juin 1883; 2° l'assurance contre les accidents du travail dont la loi fondamentale du 6 juin 1884 et plusieurs autres lois subséquentes ont été refondues et en quelque sorte codifiées le 30 juin 1900 dans un texte législatif divisé en cinq parties et entré en vigueur le 1er octobre de la même année; et enfin 3° l'assurance contre l'invalidité et la vieillesse qui a été instituée le 22 juin 1889.

Ces diverses assurances, qui sont toutes placées sous le contrôle, la tutelle et la dépendance d'une forte administration centrale appelée l'*Office impérial*, diffèrent entre elles par des traits caractéristiques qu'il convient de signaler.

28. — L'assurance contre la maladie a l'organisation la plus libérale : sept sortes de caisses différentes s'offrent au choix des ouvriers, la caisse communale destinée à ceux qui ne sont affiliés à aucune autre caisse, la caisse locale, les caisses de fabriques, les caisses minières, les caisses de corporations, les caisses d'entreprise de construction et enfin les caisses libres, (V. tit. I, chap. IX). Les patrons contribuent aux recettes pour 1/3, les ouvriers pour 2/3; ils nomment dans la même proportion les membres des conseils d'administration. La multiplicité de ces caisses et la prédominance de l'élément ouvrier dans la gestion de chacune d'elles ne sont pas, comme on pourrait le croire, un essai de décentralisation ou d'éducation de la classe ouvrière. Le législateur n'a pas eu des vues aussi élevées; il s'est contenté d'obéir à une préoccupation d'ordre purement matériel, celle de réduire dans la mesure du possible les fraudes et les simulations si faciles et si fréquentes dans les assurances contre la maladie; il lui a paru que le moyen préventif le plus efficace était la surveillance réciproque exercée par les associés eux-mêmes dans les groupements peu nombreux. Aussi bien les dépenses répétées, mais relativement faibles, des caisses de secours, ne comportent-elles pas d'importantes garanties financières.

29. — Au contraire l'assurance contre les accidents exige, à raison de ces opérations à long terme, des associations riches et puissantes ; le législateur allemand l'a organisée par mutualités professionnelles ou corporations, qu'il a constituées à l'aide des vastes syndicats de patrons dont nous avons parlé tout à l'heure. Les charges de cette assurance sont supportées entièrement par les chefs d'entreprise qui, seuls aussi, participent à la gestion des corporations sous le contrôle de l'Office impérial. Ce caractère exclusivement patronal était fondé, d'après le message impérial du 17 novembre 1881, sur des considérations d'ordre historique tirées de l'organisation ancienne de l'assistance des blessés. Depuis cette époque, la doctrine du risque professionnel en a donné l'explication économique et juridique.

30. — Quant aux établissements d'assurance contre l'invalidité et la vieillesse, ils sont constitués par associations qui revêtent la forme de groupements régionaux. A ce signe distinctif ils en joignent un autre encore plus important, c'est la part effective prise par l'État à l'alimentation de leurs ressources financières; les charges de cette assurance sont supportées non seulement par les ouvriers et par les patrons, mais encore par l'État qui verse une subvention annuelle de 50 marcs par chaque pension. Cette tendance de plus en plus marquée vers le socialisme d'État a trouvé une excuse apparente dans cette considération que la mise en œuvre de l'assurance contre l'invalidité et la vieillesse diminue les charges de l'assistance publique[1].

31. — Ce coup d'œil jeté sur l'ensemble des réformes sociales

[1] Ce qui est certain, c'est que la santé publique en a ressenti une influence bienfaisante : les établissements d'assurance ont intérêt à veiller à la stricte exécution des mesures d'hygiène dans les ateliers et manufactures, de même que les associations d'assurance contre les accidents contraignent les patrons à perfectionner leurs outillages et à multiplier les organes protecteurs.

entreprises par l'Allemagne demande à être complété par quelques indications plus précises sur l'assurance contre les accidents. Cette assurance a pour but de réparer, dans des limites et des conditions déterminées, les conséquences des accidents industriels. Obligatoire d'abord pour les travaux particulièrement dangereux, elle s'est généralisée peu à peu et s'étend aujourd'hui à toute l'industrie, même à l'agriculture.

Les effets en sont combinés avec ceux de l'assurance contre la maladie. En cas de blessure, la victime a droit au traitement médical et à une allocation périodique qui sont à la charge de la caisse de secours pendant les quatorzes premières semaines et supportés, à partir de cette date, par la caisse d'accidents. L'allocation, qui est égale à la moitié du salaire pendant les quatre premières semaines, s'élève ensuite aux 2/3 de ce salaire ou de la fraction de salaire correspondant à la diminution dans l'aptitude au travail[1]. En cas de décès, la caisse d'accidents prend à sa charge les frais funéraires et des rentes ou pensions de taux variables allouées à la veuve, aux enfants et, dans certains cas, aux ascendants de la victime.

Toutes ces indemnités sont calculées sur le salaire annuel dont l'évaluation est faite sur des bases déterminées. Elles ne consistent jamais dans un capital[2]. La loi les déclare incessibles et insaisissables. Les demandes d'indemnité doivent être formulées, à peine de prescription, dans les deux années qui suivent l'accident.

Tous les accidents industriels sont compris dans l'assurance, même ceux dus à la faute lourde de l'ouvrier; seul le dol est une cause de déchéance.

Le système financier des établissements d'assurances est connu sous le nom de répartition des indemnités annuelles : les cotisations, au lieu d'être fixes, sont progressives, de telle sorte que les charges de l'assurance, qui étaient relativement légères au début, sont devenues écrasantes (V. n° 1491 et s.)[3]. Une autre organisation financière, fondée sur la répartition des capitaux représentatifs, est adoptée pour certaines exploitations industrielles; mais elle accumule des

---

[1] Elle peut même, aux termes de la loi du 30 juin 1900 atteindre dans certains cas particuliers, l'intégralité du salaire.

[2] Toutefois depuis la loi du 30 juin 1900, la rente peut être capitalisée quand elle ne dépasse pas le 15 0/0 du salaire.

[3] La loi du 30 juin 1900 a essayé d'atténuer dans une certaine mesure ces fâcheux effets (V. n. 1199).

sommes énormes dans les caisses d'associations et de l'État (V. n° 1511 et s.).

Les mutualités professionnelles d'assurances ne s'occupent pas seulement de la réparation des accidents : elles ont aussi pour but de les prévenir et d'en diminuer la fréquence. A ce point de vue, elles ont organisé un mode de surveillance et d'inspection qui produit les plus heureux effets.

Les contestations, auxquelles donnent lieu la fixation ou le paiement des indemnités, sont portées devant des tribunaux spéciaux composés, moitié de patrons, moitié d'ouvriers, sous la présidence d'un magistrat inamovible; les décisions de ces tribunaux sont susceptibles d'être attaquées devant une juridiction supérieure, unique dans l'Empire, qu'on appelle l'Office impérial.

L'Office impérial n'est pas seulement chargé d'établir l'unité de jurisprudence; il a, comme nous l'avons déjà dit, la haute main sur tous les organes administratifs ou financiers des différentes branches d'assurances; il est le grand moteur de cette énorme et puissante machine à rouages si compliqués. Aucune mesure ne peut être prise sans son approbation. Tout est soumis à son contrôle : association de secours contre la maladie, mutualités professionnelles d'assurances contre les accidents, établissements régionaux contre l'invalidité et la vieillesse. Si l'on songe que chacune de ces assurances est soumise à des règles spéciales, on est effrayé de la complication qui en résulte dans les services administratifs et dans la comptabilité [1].

B. *Autriche.*

32. — L'Autriche, qui a suivi l'exemple de l'Allemagne dans la voie des réformes sociales, a institué l'assurance obligatoire contre la maladie et contre les accidents pour l'ensemble des travailleurs industriels; mais elle n'a édicté que pour les ouvriers mineurs des mesures relatives à l'assurance contre l'invalidité et la vieillesse.

L'assurance contre la maladie (30 mars 1888) est à peu près iden-

---

[1] La législation du 30 juin 1900 a coordonné et un peu simplifié cette œuvre gigantesque; elle a notamment supprimé les tribunaux arbitraux pour les accidents du travail et a donné pleine compétence pour toutes les contestations d'assurances ouvrières aux tribunaux arbitraux pour l'assurance contre l'invalidité qui prennent désormais le nom de « tribunaux arbitraux pour l'assurance des ouvriers ». (art. 3, tit. I).

tique à l'assurance allemande : l'obligation y est consacrée sans monopole de caisse, de telle sorte que l'ouvrier est libre dans le choix de plusieurs assureurs qui sont eux-mêmes astreints, comme en Allemagne, à des règles uniformes.

L'assurance contre les accidents (28 décembre 1887) tout en s'inspirant de la législation allemande, s'en est séparée sur deux points essentiels : l'organisation des associations et le principe financier.

Pour l'organisation des associations, l'Autriche a préféré au groupement professionnel le groupement régional qui répondait mieux à ses aspirations fédératives et décentralisatrices. Une autre considération n'a pas été moins déterminante dans son choix : en augmentant l'influence de la grande industrie qui, en Autriche, est entre les mains des sujets de race allemande et israélite, le groupement professionnel pouvait devenir une menace pour les catholiques et les slaves; l'union de ces deux partis l'a fait échouer.

En ce qui concerne l'adoption du principe financier, l'Autriche a été frappée des inconvénients du système de la répartition des indemnités annuelles qui dégrevait le présent au détriment de l'avenir; elle y a substitué l'assurance à primes fixées d'avance et révisables annuellement (V. n° 1316).

Une autre différence à signaler consiste dans la participation des ouvriers aux charges de l'assurance. Tandis qu'en Allemagne les cotisations sont supportées exclusivement par les patrons, en Autriche les ouvriers dont le salaire est supérieur à un florin (2 fr. 10) contribuent pour 1/10e à l'alimentation de la caisse.

D'autre part, si, comme en Allemagne, les caisses de maladies coopèrent dans une certaine mesure à la réparation des accidents du travail, elles n'ont à leur charge que les secours afférents aux quatre premières semaines, tandis que les obligations des caisses allemandes contre la maladie portent sur une durée de quatorze semaines.

Enfin l'Autriche, toujours favorable à la décentralisation, n'a pas créé d'Office impérial d'assurances; elle a simplement établi un contrôle administratif au ministère de l'Industrie et elle a laissé une autonomie complète aux tribunaux arbitraux qui jugent en dernier ressort.

Le rapprochement des législations allemande et autrichienne montre avec une grande netteté les tendances si différentes de ces deux peuples : l'un, sous l'hégémonie prussienne, n'a en vue que l'unité de l'Empire; l'autre, respecteux des traditions coutumières, fonde ses institutions sur la vie provinciale.

Si la révolution économique de la fin du xixᵉ siècle a atteint la classe ouvrière, elle n'a pas été moins dure pour la petite industrie : artisans et petits patrons luttent avec peine contre la concurrence des grands industriels. Dès 1883, l'Autriche a cru trouver un remède dans la réorganisation sur des bases nouvelles des anciennes corporations; l'Allemagne, par une loi récente du 26 juillet 1897, vient de suivre son exemple. Quels seront les effets de cette réforme? C'est ce que l'avenir nous dira.

C. *Norvège.*

33. — Par la loi du 23 juillet 1894, la Norvège a décrété obligatoire pour l'ensemble des ouvriers industriels l'assurance contre les accidents et elle en a confié le service à un établissement d'État. Les secours sont alloués à partir de la fin de la quatrième semaine qui suit l'accident; à défaut de caisse de maladie ou d'autre organe assurant au blessé les secours pendant les quatre premières semaines, le patron doit y pourvoir de ses propres deniers. Les ressources de l'établissement d'assurance sont fournies par des primes mises à la charge du patron seul. Le système financier repose sur les mêmes principes que celui adopté par la législation autrichienne.

D. *Maryland (États-Unis).*

33 *bis.* — Une loi entrée en vigueur le 1ᵉʳ juillet 1902, marque l'introduction du principe du risque professionnel aux États-Unis. C'est l'État du Maryland qui donne l'exemple; et, détail à noter, il répudie le système libéral anglais pour proclamer, comme les pays allemands, l'obligation de l'assurance par l'État : il est vrai que ce premier pas est encore très timide; le champ d'application de la nouvelle législation est restreint aux entreprises de mines, de transport et de travaux municipaux et aux seuls accidents occasionnant la mort dans un délai maximum d'une année. Les ayants droits des décédés reçoivent une indemnité uniformément fixée à mille dollars. La moitié des primes peut être retenue sur les salaires[1].

---

[1] V. *Bulletin off. trav.*, 1902, p. 894.

II

Groupe anglo-saxon.

34. — Un des traits caractéristiques de la civilisation anglo-saxonne est la libre initiative des ouvriers et leur esprit d'association qui leur assurent une entière indépendance vis-à-vis des chefs d'entreprise. Ce serait une erreur de croire que ces fortes et solides qualités tiennent uniquement à la race; elles sont plutôt l'œuvre du temps et des événements. Il suffit, pour s'en convaincre, de suivre l'histoire des *Trade's Unions.*

Ces associations ouvrières se sont formées au moyen âge, pour lutter contre la domination des patrons dont l'influence était devenue prépondérante dans les corporations; comme nos sociétés de compagnonnage, elles furent d'abord constituées pour le combat et la résistance; leur organisation se fortifiant, l'esprit de solidarité qui les animait y donna naissance à l'assistance mutuelle et les amena peu à peu à la prévoyance.

Les persécutions, dont elles furent l'objet, loin de les affaiblir, ne servirent qu'à leur donner plus de cohésion. On peut dire que l'égoïsme des patrons a fait la force des ouvriers; ceux-ci, habitués à ne compter que sur eux-mêmes, se sont unis plus étroitement entre eux et ont demandé à l'association l'aide et la protection dont ils avaient besoin. C'est ainsi que les *Trade's Unions* ont grandi.

Plus la lutte a été vive entre patrons et ouvriers, plus les *Tradè's Unions* sont devenues puissantes. Pour arriver à la liberté dont elles jouissent aujourd'hui, elles ont traversé trois phases successives : celle de la mise hors la loi ou de la prohibition absolue, qui précède 1824; celle de la tolérance qui commence en 1824 pour finir au 20 juin 1871, date à laquelle la reconnaissance de leur existence légale a ouvert l'ère nouvelle. Ces différentes étapes ont été marquées par de déplorables excès: affreux attentats de la part des ouvriers, répression impitoyable et persécution de la part des patrons. L'animosité était telle dans les deux camps que la loi du 20 juin 1871 (*Trade's Unions act*) qui plaçait les *Trade's Unions* à peu près sur le même pied que les *Friendly Societies*, fut impuissante à calmer les esprits. Admises à se faire inscrire au bureau du *Registrar* et à acquérir par l'accomplissement de cette formalité, les avantages de la person-

nalité civile, les *Trade's Unions* hésitèrent encore à déposer leurs statuts; le maintien dans la loi de plusieurs délits de coalitions leur paraissait être une menace contre leur libre fonctionnement. C'est
seulement en 1876 qu'une loi nouvelle appelée le *Trade's Unions
amendment act* leva ce dernier obstacle en reconnaissant aux unions
le droit de recourir à la coalisation, à la condition de ne pas user de
violence.

Il ne fallait pas compter que la reconnaissance de l'existence légale des *Trade's Unions* produirait un apaisement immédiat dans les
rapports du capital et du travail. Les grèves continuèrent pendant un
certain temps à être aussi nombreuses; mais les discussions au grand
jour et l'action de plus en plus grande des *Trade's Unions* sur le parlement anglais contribuèrent peu à peu a donner aux revendications
ouvrières une forme moins brutale. C'est par la voie législative
qu'aujourd'hui les *Trade's Unions* s'efforcent surtout d'agir; elles se
sont appliquées à la réforme de la législation industrielle et sont
déjà parvenues à faire voter par le parlement de nombreuses et importantes lois touchant la réglementation du travail et les rapports
juridiques des patrons et des ouvriers. La dernière de ces lois, et non
la moins importante, est celle du 6 août 1897 (*Workmen's compensations act*) sur la réparation des accidents du travail; nous l'analy-
serons plus loin.

Les *Trade's Unions*, avons-nous dit, n'étaient pas seulement des
associations de combat; tout en poursuivant contre les patrons les
revendications de la classe ouvrière, elles ne se sont jamais complètement désintéressées des infortunes de leurs membres; mais les subventions qu'elles consacraient aux grèves et aux coalitions, ne leur
laissaient que peu d'argent disponible pour les malades, pour les invalides et pour les vieillards. Aussi la pacification qui s'est produite
a-t-elle eu une heureuse influence sur le développement de leurs œuvres d'assistance et de prévoyance. Les caisses de secours et d'assurance se sont multipliées depuis quelques années au sein des *Trade's
Unions;* elles ont vu leurs ressources s'accroître et devenir presque
aussi importantes que celles dont disposent les *Friendly Societies.*
Rien n'est aussi instructif que de jeter les yeux sur un tableau com-
paratif publié (en 1898, p. 139, 140) par le Bulletin de l'Office du
travail et sur lequel se trouvent relevées les dépenses faites par les
cent principales *Trade's Unions* pendant les années 1892 à 1896. La

caisse de grève qui, en 1892, avait distribué plus de 9 millions de subventions et, en 1893, plus de 15 millions, a vu ses dépenses annuelles de 1894 et 1895 tomber à 4 millions et même au-dessous de ce chiffre en 1896[1].

L'expérience avait démontré depuis longtemps que le développement de la prévoyance et de l'assistance dans les *Trade's Unions* les prédisposait de plus en plus à résister à l'organisation des grèves; car les avantages, que les ouvriers retirent des caisses de secours, les font hésiter à en dépenser les fonds au profit des grévistes. Cette influence pacificatrice est confirmée une fois de plus par le résultat de la statistique la plus récente.

35. — Nous avons dit plus haut que les *Trade's Unions* avaient fini par obtenir des avantages à peu près équivalents à ceux dont jouissaient les *Friendly Societies*. Les *Friendly Societies* sont aussi de vastes mutualités ouvrières qui, à la différence des *Trade's Unions*, restent étrangères aux revendications des travailleurs pour ne s'occuper que de l'assistance et de la prévoyance; elles ne se contentent pas d'avoir des caisses de secours contre la maladie, elles assurent aussi leurs membres contre l'invalidité, la vieillesse, la mort prématurée et les autres éventualités fâcheuses de la vie.

Une des forces des *Trade's Unions* et des *Friendly Societies* réside dans leur organisation fédérative qui comporte une division hiérarchique à deux degrés : au premier degré, les sociétés locales appelées *court* ou *lodge*, au second degré, les sociétés régionales ou *districts*. Le principe fédéral, dit M. le *Chief Registrar* Ludlow, se prête seul à la mobilité qui caractérise de plus en plus les classes ouvrières dans les temps modernes. Rien de plus difficile dans une société restreinte que de fournir des secours à distance, quand un sociétaire quitte le voisinage de la société. Rien de plus facile pour une grande société fédérée dont le réseau embrasse tout le territoire. Chacune des loges agit au besoin comme mandataire de toutes les autres pour les examens ou certificats médicaux, pour le paiement des secours, pour la perception des cotisations. Toutes accueillent comme visiteurs

---

[1] Ces dépenses ont subi depuis cette époque de nouvelles oscillations : après être montées en 1898 à plus de 7 millions, elles sont retombées en 1899 au-dessous de 4 millions pour remonter en 1900 à 5 millions. Malgré ces variations, il est incontestable que la courbe descendante s'accentue de plus en plus, surtout si l'on considère que le nombre et les revenus des Trades-Unions vont toujours en augmentant (V. pour plus de détails, *Bullet. off. du trav.*, 1902, p. 333 et 1903, p. 121.

les membres du corps fédéral et, à de certaines conditions, les admettent comme sociétaires. Une fois affilié dans la fédération, un ouvrier
n'est pour ainsi dire jamais dépaysé; partout où s'ouvre une loge de
la société, il trouve des amis, aussi bien au delà des mers que dans
le Royaume-Uni. Puis l'étendue de la fédération ouvre de larges
horizons à la pensée, à l'ambition. Le moindre secrétaire de loge peut
parvenir de grade en grade aux plus hautes dignités de l'ordre. Les
réunions annuelles de ces fédérations sont de véritables parlements
composés de centaines de délégués.

Un autre avantage non moins appréciable est à signaler. Nous avons
vu que si l'assurance contre les accidents et contre la veillesse exige,
pour son fonctionnement, des capitaux considérables que les vastes
associations peuvent seules lui procurer, les caisses de secours ont au
contraire besoin d'une organisation par sociétés locales; car la surveillance intéressée des coassociés est la seule efficace contre les fraudes et les simulations si fréquentes dans l'assurance contre la maladie.
Le système fédéral répond précisément à ce double besoin : les groupements locaux (*court* ou *lodge*) pourvoient au secours en cas de
maladie de courte durée, tandis que les groupements régionaux ou
districts pratiquent les autres assurances.

Pour acquérir la personnalité civile, les *Friendly Societies* et les
Trade's Unions ont les mêmes formalités à remplir : elles déposent
leurs statuts et présentent une demande d'inscription au bureau du
Registrar. Avant de faire droit à la requête, ce fonctionnaire se contente de s'assurer que les statuts ne contiennent aucune clause contraire
aux lois et que les dispositions financières en sont conformes aux bases
scientifiques déterminées par les actuaires. Une fois inscrite, la société
reste soumise à certaines obligations destinées au contrôle et à la publicité de sa gestion financière et de sa comptabilité.

La surveillance de l'État sur les *Friendly Societies* a été réglementée par plusieurs lois votées successivement en 1875, 1876, 1887 et
1888. Malgré cette intervention officielle, ces associations n'ont pas
encore une gestion financière irréprochable : ils est deux principes
auxquels elles ont de la peine à se soumettre, à savoir la nécessité
d'une comptabilité distincte pour chaque objet d'assurance et l'obligation de proportionner les primes à l'importance des risques garantis. Quels que soient les efforts de l'autorité administrative, beaucoup
d'entre elles persistent à confondre plusieurs branches d'assurance

dans une seule et même caisse ; d'autre part, il en est peu qui aient consenti à renoncer à l'uniformité de la prime. Ces quelques imperfections n'ont pas empêché les *Friendly Societies* et les *Trade's Unions* de rendre à la classe ouvrière des services inappréciables.

36. — Parmi les lois récentes dues à l'influence des *Trade's Unions*, il faut placer en première ligne celle du 6 août 1897 sur les accidents du travail. La législation anglaise présentait, à ce point de vue, des lacunes regrettables : les ouvriers étaient placés vis-à-vis de leur patron dans une situation moins favorable que celle d'une personne quelconque étrangère à l'établissement industriel. On admettait que, par le contrat de louage d'ouvrage, ils avaient implicitement prévu, accepté et pris à leur charge tous les risques du travail, y compris ceux provenant d'une négligence ordinaire imputable à la direction. La loi Campbell de 1846, qui partait de ce principe aussi inhumain que peu juridique, en déduisait la conséquence qu'il ne fallait rien moins que la faute lourde du patron pour donner naissance au droit à indemnité. La rigueur d'un tel régime avait été, il est vrai, tempérée par une loi du 7 septembre 1880 qui étendait à plusieurs cas de négligence du chef d'entreprise ou de ses préposés le droit pour la victime d'obtenir une réparation. Mais la responsabilité du maître n'en restait pas moins l'exception ; et c'était à l'ouvrier qu'incombait la preuve de la faute génératrice de l'accident.

37. — La loi de 1897 a établi cette responsabilité sur des bases toutes nouvelles. Le principe du risque professionnel y a été implicitement admis. Tous les accidents industriels[1], même ceux dus à un cas fortuit ou de force majeure, obligent, en thèse générale, le patron à en réparer les conséquences dommageables, mais seulement dans une mesure déterminée et lorsqu'ils sont survenus dans une des entreprises énumérées par la loi. Exception n'est faite que pour les accidents dus à la faute lourde de la victime ou encore pour ceux qui entraînent une incapacité de travail d'une durée ne dépassant pas deux semaines. Dans ceux qui sont imputables à des sous-traitants, ouvriers, préposés ou à des tiers, le patron n'en est pas moins responsable, sauf son recours contre les auteurs.

En cas de décès, l'indemnité est fixée en capital ; tout en étant forfaitaire, elle varie entre un maximum et un minimun, laissant ainsi

---

[1] Une loi de 1900 a rendu la législation de 1897 applicable à l'agriculture.

une certaine latitude dans l'évaluation du dommage. En cas de blessures non mortelles, la réparation consiste dans une allocation périodique qui ne doit pas être supérieure à la moitié du salaire. Cette
allocation ne commence à courir qu'après l'expiration des deux premières semaines; au bout de six mois le patron peut exiger qu'elle
soit convertie en capital.

Telles sont les règles qui doivent présider aux rapports des ouvriers
et des patrons. Le législateur anglais, toujours respectueux de la liberté individuelle, a eu soin d'indiquer qu'il n'excluait aucun autre
système de réparation, prévoyance ou assurance qui serait préféré
par les parties, pourvu que les ouvriers y trouvassent des conditions
aussi favorables que dans les dispositions de la loi. C'est au *Registrar
of Friendly Societies* que le législateur s'en remet du soin d'apprécier
si cette condition est remplie. En conséquence, toute convention con-
clue entre patrons et ouvriers en vue de substituer au régime légal
une assurance volontaire ou tout autre mode de réparation n'est valable qu'autant qu'elle a reçu l'approbation du *Registrar*.

Comme on le voit, cette loi porte l'empreinte du libéralisme anglo-
saxon : pas d'obligation d'assurance, pas de garanties spéciales, pas
de mode de réparation absolument obligatoire, les deux parties sont
placées autant que possible sur un pied de parfaite égalité ; leurs droits
respectifs sont délimités dans leurs grandes lignes par des traits nets
et fermes qui ménagent cependant un espace suffisant pour le libre
jeu des initiatives.

III

Groupe français.

38. — En France, le régime corporatif avait donné lieu a de tels
abus que la loi des 14-17 juin 1791, qui a proclamé la liberté du travail, ne s'est pas contentée d'abolir les privilèges et les monopoles ;
elle a anéanti les corporations, et, dans la crainte de les voir renaître,
elle a prohibé sous les peines les plus sévères tout groupement professionnel de patrons, d'artisans ou d'ouvriers. Si cette disposition
législative, en paralysant toute tendance à l'association, a enlevé à la
classe ouvrière un moyen d'action d'une puissance incomparable,
elle a eu du moins cet heureux effet de donner aux rapports entre
ouvriers et patrons un caractère plus personnel et plus humain.

En Angleterre, l'association a fait naître chez les employés et chez les employeurs l'esprit de corps, c'est-à-dire l'égoïsme collectif qui est plus dur que l'égoïsme individuel. Une fois le travail fini et le salaire payé, le patron et l'ouvrier se considèrent comme libérés de leurs obligations respectives : ils sont étrangers l'un à l'autre, ils ne se connaissent plus. En France la situation est tout autre : l'ouvrier, ne pouvant compter sur l'appui de la collectivité, a cherché à assurer son avenir avec l'aide du patron : de là sont nés les rapports à long terme dans lesquels le patron ne se croit pas quitte envers l'ouvrier quand il a payé sa quinzaine ou son mois ; il comprend qu'il a d'autres devoirs à remplir ; les institutions patronales qui s'élèvent de toutes parts témoignent de sa sollicitude. Mais l'accomplissement de ces devoirs qui, dans la petite industrie, revêt une forme familiale, exige dans la grande industrie une organisation beaucoup plus complexe. Avec le progrès du machinisme et l'accroissement des agglomérations ouvrières, les institutions d'assistance et de prévoyance dues à l'initiative privée ne suffisent plus à tous les besoins. Au surplus, le droit d'association qui a été reconnu par la loi sur les syndicats professionnels, en facilitant le groupement des intérêts, tend à affaiblir les liens personnels. L'évolution, qui s'est produite sous ces diverses influences, rend nécessaire l'intervention du législateur. Placés entre les Germains et les Anglo-Saxons, de quel côté devons-nous nous orienter? Avant de répondre à cette question, il n'est pas inutile de se rendre compte de l'état des législations qui se trouvent dans la même situation que la France, notamment l'Italie, la Belgique et la Suisse. Nous dirons ensuite quelques mots des autres législations étrangères qui, tout en adoptant le principe de risque professionnel et en rendant l'assurance obligatoire ou facultative, ont cependant exclu le monopole de l'État ou d'associations garanties par l'État. Ces nations sont :

A. *Italie.*

39. — La législation italienne n'a proclamé l'obligation de l'assurance qu'en matière d'accidents de travail. Les assurances contre la maladie, contre la vieillesse et contre l'invalidité sont entièrement libres : elles rentrent dans les attributions des sociétés de secours mutuels qui ont été réorganisées par une loi du 15 avril 1886. Les dispositions de ce texte, dont quelques-unes rappellent la loi française, ont surtout admis les principes de la législation anglaise sur les *Friendly Societies* : la personnalité juridique est acquise par une formalité d'enregistrement qui est accomplie sous le contrôle du tribunal civil. Comme les sociétés françaises de secours mutuels, les sociétés italiennes sont en assez grand nombre; mais chacune d'elles n'a que peu d'adhérents et des ressources limitées, de telle sorte qu'en général elles se bornent à pratiquer l'assurance contre la maladie.

40. — La loi italienne sur l'assurance contre les accidents a une origine sur laquelle il convient de donner quelques explications. Dès 1863, il s'est fondé en Italie, avec les fonds des caisses d'épargne de plusieurs grandes villes, une institution d'assurance ayant un caractère semi-officiel; elle fonctionnait comme une compagnie d'assurances ordinaire; mais le patronage de l'État assurait aux ouvriers qui s'adressaient à elle des conditions réellement avantageuses tant au point de vue des primes qu'à celui des indemnités allouées et des facilités accordées. Cette caisse d'assurance était en pleine prospérité, lorsque le 17 mars 1898 fut votée la loi sur les accidents du travail. Cette loi proclama le principe de l'obligation de l'assurance; mais, à la différence des lois allemande, autrichienne et norvégienne, elle ne créa aucun monopole; chaque patron est libre dans le choix de son assureur; la caisse nationale, qui continue de subsister, est placée sur le même pied que les autres compagnies ou sociétés d'assurances. Celles-ci d'ailleurs sont soumises à la surveillance et au contrôle de l'État. Enfin les chefs d'entreprise peuvent être eux-mêmes leurs propres assureurs sous certaines conditions déterminées par la loi et par les règlements.

La loi italienne présente, au point de vue des indemnités, plusieurs particularités intéressantes. Tout d'abord, l'assurance ne comprend pas les premiers secours médicaux et pharmaceutiques qui restent à la charge des chefs d'entreprise. Ceux-ci ne peuvent s'en décharger qu'en organisant, à leurs frais, un service régulier d'assistance médicale et pharmaceutique approuvé par le préfet du département. En second lieu, l'indemnité due par l'assureur est un capital, excepté dans les accidents suivis d'incapacité temporaire qui donnent lieu à une allocation périodique payable seulement à partir du sixième jour. En cas d'invalidité permanente absolue, l'indemnité en capital est versée dans une caisse d'assurance sur la vie qui la transforme en rente viagère. Enfin, lorsqu'une victime décédée ne laisse pas d'héritiers, l'indemnité revient à un fonds spécial de garantie contre les insolvabilités des assureurs.

Les charges de l'assurance sont supportées par les patrons seuls. Les chefs d'entreprise, qui omettent de contracter une assurance, sont passibles d'une amende de 5 lires par ouvrier et par chaque jour de retard; en cas d'accident, ils sont en outre tenus de payer l'indemnité qui est à la charge de l'assureur.

Ne sont exclus du bénéfice de l'assurance que les accidents dont le fait générateur donne lieu à une condamnation pénale; dans ce cas, l'auteur du fait est seul responsable et, s'il est un préposé du patron, celui-ci a sa responsabilité engagée dans les termes du droit commun.

B. *Belgique.*

41. — Comme la France, la législation belge est restée soumise, en matière d'accidents industriels, aux principes du droit civil. Nous avons déjà dit que la jurisprudence avait cherché une solution plus équitable dans l'application de la thèse contractuelle de la responsabilité; il ne semble pas que le résultat en ait été satisfaisant. Quoi qu'il en soit, de nombreux projets de loi ont été discutés au parlement; aucun n'a été encore adopté définitivement.

C. *Suisse.*

42. — C'est à la Suisse que revient l'honneur d'avoir la première modifié sa législation sur les accidents du travail. Dès 1881, elle consacrait législativement, dans les rapports du patron et de l'ouvrier, le système connu sous le nom de *renversement de la preuve*, celui même dont quelques années plus tard MM. Sauzet et Sainctelette proposaient la savante théorie et qu'ils s'efforçaient de rendre applicable en France par une nouvelle interprétation jurisprudentielle du Code civil. Malheureusement cette réforme ne donna satisfaction à aucun des intéressés : les patrons se plaignaient des difficultés qu'ils éprouvaient à établir la faute génératrice des accidents; de leur côté, les ouvriers n'avaient souvent, pour toute indemnité, qu'un droit de créance purement illusoire, la loi n'ayant stipulé en leur faveur aucune garantie. Les uns et les autres voyaient les procès se multiplier, les procédures traîner en longueur et les frais augmenter.

On était unanime à reconnaître l'insuccès de cette première réforme;

mais il fallait trouver mieux. Deux nations seulement avaient fait une application un peu prolongée d'une nouvelle législation ouvrière, c'étaient l'Allemagne et l'Autriche. La Suisse, qui venait d'éprouver les inconvénients d'une innovation législative, fut donc portée à profiter de l'expérience de ses deux grandes voisines. Le 5 octobre 1899, les Chambres fédérales ont voté définitivement une loi en 400 articles qui comprend l'assurance contre la maladie, l'assurance contre les accidents et, détail à noter, l'assurance militaire. Cette loi devra probablement, avant d'être applicable, subir l'épreuve du référendum. Tous les salariés, âgés de plus de quatorze ans, même les domestiques et gens de service, dont le traitement ne dépasse pas 5.000 francs, sont soumis à l'obligation des deux premières assurances.

L'assurance contre la maladie est organisée par groupements régionaux, avec faculté pour les patrons de créer des caisses spéciales d'entreprise. L'assurance contre les accidents est au contraire centralisée à Lucerne dans une caisse unique appelée *Établissement fédéral d'assurance*. Détail caractéristique, l'État et les ouvriers contribuent, conjointement avec les patrons, à l'alimentation de ces deux caisses. Ce mélange de collectivisme et d'individualisme révèle les tendances contraires des auteurs de la loi. L'assurance militaire est entièrement à la charge de la Confédération.

Par sa position topographique, la Suisse subit à des degrés divers la double influence de la France et de l'Allemagne. La loi de 1881, paraissait avoir puisé son principe libéral dans le génie français, celle de 1899 procède d'une méthode et d'une organisation essentiellement allemandes. Si donc le référendum aboutit à un vote approbatif, la Suisse devra cesser de figurer dans les législations du groupe français pour être rattachée à celles du groupe germanique [1].

D. *Finlande.*

43. — La loi finlandaise du 5 décembre 1895, entrée en vigueur le 1er janvier 1898, astreint à l'obligation de l'assurance les chefs d'entreprise de la grande industrie et des transports, mais seulement pour

---

[1] Le référendum du 20 mai 1900 a été défavorable au projet de loi. Mais par un arrêté du conseil fédéral du 11 oct. 1901, le Gouvernement suisse assure contre la maladie et les accidents, les militaires et assimilés de tout grade pendant la durée de leurs services.

les accidents entraînant une incapacité permanente de travail. Les chefs d'entreprise sont libres de choisir, entre les compagnies d'assurance autorisées à cet effet par le Gouvernement, celle à laquelle il leur convient de s'assurer. Les indemnités sont les mêmes qu'en Autriche, mais les primes d'assurances incombent exclusivement aux patrons [1].

E. *Espagne.*

44. — La loi espagnole du 30 janvier 1900, tout en admettant le principe du risque professionnel, limite à trois mois le paiement de l'allocation journalière du demi-salaire et accorde des indemnités en capital tant pour les incapacités permanentes totales ou partielles que pour les accidents mortels. Les patrons ne sont pas tenus de s'assurer, mais ils ont la faculté de se substituer pour l'exécution de leurs obligations, une société d'assurance autorisée et surveillée par l'État. Il n'y a pas de caisse nationale d'assurance [2].

F. *Hollande.*

45. — En Hollande, une loi du 9 janvier 1901 a rendu l'assurance obligatoire, mais les chefs d'entreprise ont, comme en Finlande, la faculté de s'assurer à une compagnie de leur choix ou même d'être leur propre assureur, moyennant le versement d'un cautionnement à la caisse nationale. Une caisse nationale y fait concurrence aux compagnies privées qui sont elles-mêmes soumises à une autorisation préalable et à la surveillance de l'État. L'indemnité temporaire due pendant les quarante-trois premiers jours de l'accident et la rente pour incapacité permanente totale sont égales au 70 0/0 du salaire; la pension due en cas d'incapacité partielle est une fraction de 70 0/0. Les accidents mortels donnent droit à des rentes et pensions à peu près identiques à celles de la loi française.

Détail à noter : la législation hollandaise n'admet ni réduction ni majoration en cas de faute inexcusable, mais elle dispose que, si l'accident est dû à l'état d'ivresse de la victime, celle-ci n'a droit qu'à la moitié de l'indemnité en cas d'incapacité temporaire ou permanente

---

[1] *Bul. off. trav.*, 1900, p. 823.
[2] *Bul. off. trav.*, 1900, p. 375.

et les parents survivants sont déchus de tout droit, en cas d'accident mortel[1].

G. *Suède*,

46. — La législation suédoise sur les accidents du travail est du 24 avril 1901, postérieure de sept années à la législation norvégienne (V. n° 33), dont elle diffère d'ailleurs sur des points essentiels. Il existe une caisse nationale d'assurance; mais l'assurance y est facultative. L'indemnité n'est pas proportionnelle au salaire; pour les incapacités totales permanentes elle consiste dans une rente uniformément fixée à 300 couronnes, et dans une fraction de cette rente pour les incapacités partielles. En cas de décès une pension de 120 couronnes est allouée à la veuve jusqu'à son décès et à chacun des enfants jusqu'à l'âge de quinze ans, sans que le total puisse dépasser 300 couronnes[2].

H. *Grèce*.

46 *bis*. — Une loi du 21 février 1901 a rendu le principe du risque professionnel applicable aux mines, minières, carrières et établissement métallurgiques. L'allocation journalière du demi-salaire est pendant les trois premiers mois à la charge exclusive du chef d'entreprise et, après cette date, elle est supportée moitié par le patron, moitié par la caisse des mines. L'incapacité totale permanente donne droit à une rente égale à la moitié des salaires de la victime, l'incapacité partielle, qui est limitée à certaines infirmités déterminées, donne droit au tiers du salaire. La caisse des mines est alimentée par un prélèvement sur les bénéfices nets des mines ou des établissements métallurgiques, par le produit des amendes prévues par la loi et par la contribution des sociétés de secours mutuels[3].

J. *Russie*.

47. — Il n'existe en Russie aucune législation spéciale sur les accidents du travail. Mais il vient de se former à Inanovo-Yoznessensk, sous les auspices des autorités impériales, une association patronale

---

[1] *Bull. off. trav.*, 1901, p. 582.
[2] *Bull. off. trav,*, 1901, p. 794.
[3] *Bull. off. trav.*, 1901, p. 884.

'assurance dont les statuts rappellent dans leurs grandes lignes les
ispositions des autres législations sur la matière. La proportionna-
ité des indemnités mérite d'être signalée. En cas d'incapacité totale,
e blessé touche une pension égale à son salaire annuel, si ce salaire
'excède pas 791 francs, ou aux 3/4 si ce salaire est plus élevé et si
'ouvrier est marié, ou seulement aux 2/3 s'il est célibataire. En cas de
ort, la pension à la veuve et aux enfants est fixée à un taux plus ou
moins élevé suivant l'importance des salaires, le taux étant plus élevé
pour les salaires minimes[1].

K. *Nouvelle-Zélande* et *Australie du Sud.*

48. — Par une loi du 18 octobre 1900 la Nouvelle-Zélande et, par une
loi du 5 décembre 1900, l'Australie du Sud ont adopté l'une et l'autre
le principe de risque professionnel avec assurance facultative.

L. *France.*

49. — Avant de proclamer d'une façon générale la liberté du droit
d'association, le législateur français a commencé par en faire bénéficier l'industrie, l'agriculture et le commerce. La loi de 1884 sur les
syndicats professionnels a donné aux ouvriers et aux patrons français
des facilités de groupement identiques à celles dont jouissent leurs
collègues d'Outre-Manche.

Le même esprit libéral anime la loi du 1er avril 1898 sur les sociétés de secours mutuels : l'initiative la plus complète est laissée
aux associations qui se forment en vue de l'assistance et de la prévoyance.

Cependant le législateur semble n'avoir eu qu'une confiance limitée
dans les effets de ces deux textes. La loi du 9 avril 1898 sur les accidents du travail témoigne de préoccupations d'un autre ordre : deux
opinions différentes s'y sont trouvées aux prises, l'opinion libérale
qui s'inspirait des doctrines anglaises et l'opinion autoritaire qui pré-
conisait la méthode allemande. La faculté laissée aux chefs d'entreprise de ne pas s'assurer est un hommage rendu au libéralisme ; la
création du fonds national de garantie est une satisfaction donnée aux
partisans du monopole de l'État. Une disposition qui mérite d'être

[1] *Bull. off. trav.*, 1902, p. 409.

signalée est celle qui a pour but d'encourager le développement des sociétés de secours mutuels alimentées par des cotisations communes aux patrons et aux ouvriers (art. 5 et 6 de la loi). On doit rendre cette justice à notre législateur qu'il a parfaitement compris que, si les associations exclusivement ouvrières de l'Angleterre ont réalisé des prodiges en matière d'assistance et de prévoyance, nous pouvons en France, fonder sans témérité de plus belles espérances encore sur l'union des patrons et des ouvriers.

50. — La loi du 9 avril 1898 comprend cinq titres :

Tit.   I. — Indemnités en cas d'accidents.

Tit. II. — Déclaration des accidents et enquête.

Tit. III. — Compétence. — Juridiction. — Procédure. — Révision.

Tit. IV. — Garanties.

Tit. V. — Dispositions générales.

Telle est également la division de l'ouvrage qui a été mis au courant des modifications les plus récentes apportées à l'œuvre première du législateur.

TITRE PREMIER

INDEMNITÉS EN CAS D'ACCIDENTS.

51. — Les trois premiers chapitres de notre titre seront consacrés à l'étude de l'application de notre loi :

1° Aux industries ;

2° Aux ouvriers considérés comme créanciers de l'indemnité légale ;

3° Aux patrons considérés comme débiteurs de ladite indemnité.

Le chap. IV traitera des accidents en général et de leurs éléments constitutifs.

Le chap. V des accidents considérés dans leurs causes, c'est-à-dire dans leur rapport avec le travail.

Le chap. VI des accidents considérés dans leurs conséquences, c'est-à-dire dans leur rapport avec les lésions.

Le chap. VII, de la fixation des indemnités.

Le chap. VIII, du paiement des indemnités : incessibilité et insaisissabilité.

Le chap. IX, des caisses de secours et de leur influence sur les indemnités mises à la charge des chefs d'entreprise.

Le chap. X, des actions autres que celles de la présente loi.

Le chap. XI, de la détermination du salaire de base.

Le chap. XII, des accidents agricoles.

CHAPITRE PREMIER

DES EXPLOITATIONS SOUMISES A L'APPLICATION DE LA LOI.

PRÉLIMINAIRES.

52. — Une loi ne peut être bien interprétée que quand on en connaît les origines. Il est indispensable de remonter aux sources où le législateur a puisé les principes qu'il a introduits dans son texte. Or, les précédents de notre loi sur les accidents industriels se trouvent en grande partie à l'étranger. L'Allemagne a donné l'exemple : elle ne s'est pas contentée de consacrer législativement le risque professionnel; elle a décrété l'assurance obligatoire et en a fait une institution d'État; l'Autriche, puis la Norvège sont entrées dans la même voie. La Suisse, après avoir adopté quelques mesures conçues dans un esprit identique, vient de décréter l'obligation de l'assurance. Tout récemment, l'Angleterre, le Danemark et l'Italie ont modifié leur législation sur cette matière. Enfin, depuis plus de quinze ans, notre loi française est à l'étude : de nombreux projets ont été tour à tour discutés par le Sénat et la Chambre des députés avant le vote définitif. L'étude de ce long historique demanderait plusieurs volumes : nous nous bornerons à en faire un résumé aussi substantiel que possible à propos de chacun des articles que nous aurons à expliquer. C'est ainsi que nous faisons précéder le présent chapitre d'un préliminaire dans lequel nous traiterons sucessivement de la loi allemande, des autres législations étrangères et des divers projets français.

I. **De la loi allemande.**

53. — En dotant la classe ouvrière de l'assurance obligatoire, le législateur allemand de 1884 avait pris la précaution d'en restreindre les effets à des catégories déterminées d'exploitations industrielles, et il avait confié à l'administration la mission de procéder à une extension progressive au fur et à mesure que l'application de la loi entrerait dans les mœurs. L'Office impérial et le Conseil fédéral, à qui ce droit avait été délégué, ne tardèrent pas à en user largement. Les limites tracées au début furent bien vite reculées soit par des décisions administratives, soit par des lois récentes (28 mars 1885, 11 juill. 1887) qui continuèrent et complétèrent l'œuvre de généralisation.

Ce n'est pas seulement l'industrie proprement dite qui fut assujettie à l'obligation de l'assurance. L'agriculture et les exploitations forestières, qui en avaient été exceptées expressément en 1884, cessèrent d'en être exemptes à partir du 5 mai 1886. Une loi du 13 juillet 1887 y soumet même les gens de mer. Enfin les fonctionnaires tant civils que militaires furent astreints à une assurance présentant la plus grande analogie avec celle qui garantit les autres classes de travailleurs.

De mesure exceptionnelle qu'elle était à son origine l'assurance est devenue la règle générale [1]. Si on veut avoir une idée des progrès qu'elle a faits dans les mœurs allemandes, il convient de passer en revue chacune des branches d'industries auxquelles elle a été appliquée. A cet effet nous suivrons la classification généralement admise, c'est-à-dire la division des industries en six branches : 1° l'*industrie agricole*; 2° l'*industrie extractive ou minière*, qui prennent à la terre, l'une par la culture, l'autre par l'extraction directe, les substances immédiatement alimentaires et les matières premières destinées à être appropriées par les deux industries qui suivent; 3° l'*industrie manufacturière ou de production*; 4° l'*industrie du bâtiment ou de la construction* qui, l'une et l'autre transforment les matières premières en produits utiles, avec cette différence que les objets fabriqués par la seconde ont une affectation spéciale ; 5° l'*industrie voiturière ou des transports* qui seconde l'action de toutes les autres en supprimant les inconvénients résultant de la distance ; 6° l'*industrie commerciale* qui livre au consommateur les objets rendus aptes à son usage par les autres industries.

54. — Avant d'aborder l'examen de chacune de ces branches d'industrie, il importe de mettre en relief le but de la loi allemande que nous nous proposons d'étudier. Ce but se dégage avec netteté des termes de l'art. 1er. Le législateur allemand a voulu instituer une assurance contre les accidents qui menacent les employés de l'industrie : *œuvre d'assurance* et *œuvre industrielle*, tels sont les deux caractères généraux de la loi de 1884. De là deux conséquences :

55. — L'assurance implique un risque à courir. Quand une exploitation n'expose ses ouvriers à aucun danger, elle n'a nul besoin d'assurance; elle échappe dès lors à l'application de la loi. Les disposi-

---

[1] La loi du 30 juin 1900 applicable depuis le 1er oct. suivant y a astreint les dernières branches d'industrie ou parties d'exploitation qui avaient échappé aux lois ou décisions antérieures, en y englobant même les travaux domestiques accomplis par les ouvriers en dehors de leur travail industriel.

tions du § 7 de l'art. 1er le proclament expressément, en donnant au Conseil fédéral le droit de dispenser de l'obligation de l'assurance les industries qui se trouvent dans ce cas, alors même qu'elles y seraient assujetties par un texte législatif formel. J'ajoute que le Conseil fédéral n'a pas encore eu l'occasion d'user de ce droit.

56. — La loi de 1884 est encore, avons-nous dit, une œuvre exclusivement applicable à l'industrie. N'y sont donc soumises que les entreprises ou exploitations de nature industrielle. Or, une entreprise ne peut être classée parmi les industries qu'à la double condition de poursuivre un but lucratif, c'est-à-dire d'avoir en vue des bénéfices à réaliser et en second lieu de comporter une certaine continuité. Une entreprise purement philanthropique n'a point un caractère industriel. Il en serait autrement si son but humanitaire s'alliait à l'intérêt privé de ses fondateurs, par exemple : sont industrielles les sociétés constituées pour construire des maisons ouvrières dans les villes, lorsques les actionnaires touchent un dividende, alors même que ce dividende serait limité à l'intérêt de leur argent calculé à un taux très modique. Dans ce cas en effet, s'ils obéissent à une idée philanthropique, la part qu'ils se réservent dans les produits, si minime qu'elle soit, n'en constitue pas moins un profit suffisant pour donner à leur opération un caractère industriel[1].

57. — Ce même principe conduit à décider que les exploitations organisées en vue de l'ordre public ou de la défense nationale (lorsque toute idée de spéculation y est étrangère), échappent aussi à l'obligation de l'assurance, à moins toutefois que la loi ne les y ait assujetties expressément ; telles sont par-exemple l'administration militaire ou les administrations civiles qui ne s'occupent pas de la gestion des monopoles. Nous avons vu qu'une assurance spéciale leur est affectée.

58. — De même encore un asile d'aliénés ou d'épileptiques qui, dans un but thérapeutique, emploie ses malades à des travaux de menuiserie, de serrurerie, de cordonnerie, etc., n'est pas assujetti à l'assurance, pourvu que les malades ne soient occupés que dans l'intérieur des établissements. De même encore les maisons de détention et de correction qui occupent les prisonniers à des travaux divers ne sont pas des établissements industriels. Les détenus ne sont jamais assujettis à l'assurance, alors même qu'ils seraient occupés à l'extérieur des prisons, dans les entreprises publiques ou privées[2].

---

[1] Off. impérial., 28 janv. 1887, *Amtliche Nachrichten*, 1887, p. 51, n° 312.

[2] Off. imp., 27 févr. 1886, 12 mars 1888 et 8 mai 1895. *Handbuch der Unfallversioherung*, p. 13 et s., n° 16 et s.

59. — Enfin, il ne suffit pas qu'une exploitation ait en vue un gain à réaliser; il faut qu'elle comporte une certaine durée. Par suite ne devrait pas être considérée comme industrie une entreprise accidentelle et essentiellement éphémère, alors même qu'il en serait résulté un certain profit.

On trouve ces principes dans l'exposé des motifs de la loi d'assurance contre les maladies qui a précédé d'un an le vote de la loi contre les accidents et qui, comme celle-ci, est une institution destinée à favoriser exclusivement l'industrie. Une circulaire de l'Office impérial du 5 juin 1883, appelée à les interpréter, est d'avis que le caractère industriel d'une entreprise implique, non seulement un profit à retirer, mais encore un profit immédiat.

Le but du législateur allemand étant connu, voyons comment il en a poursuivi l'exécution.

60. — INDUSTRIE MINIÈRE. — C'est la première des industries qu'ait visées la loi de 1884. Les différentes exploitations qui la concernent ont été énumérées avec soin dans le premier paragraphe de l'article 1er. Ce sont les mines, les salines, les établissements concernant le traitement, la préparation ou le lavage des minerais, les carrières de pierres, les exploitations minières à ciel ouvert. Et comme le législateur craignait d'en avoir omis, il a laissé à l'Office impérial le soin de compléter cette liste. L'art. 1er de la loi du 30 juin 1900 a ratifié l'œuvre de l'Office impérial, de telle sorte que toutes ces entreprises sans exception sont soumises à l'obligation de l'assurance.

61. — INDUSTRIE MANUFACTURIÈRE OU DE PRODUCTION. — Cette branche d'industrie est divisée en deux catégories : la première, qui comprend les entreprises réellement dangereuses, est assujettie dans tous les cas à l'assurance. Les autres exploitations, présentant des risques moindres, sont classées séparément et ne sont tenues de s'assurer que si le nombre de leurs employés est supérieur à dix.

a) *Industries soumises à l'obligation de l'assurance, quel que soit le nombre de leurs ouvriers.* — Les industries de cette première catégorie sont :

1° Les ateliers de constructions mécaniques, les chantiers de constructions navales, les établissements métallurgiques et les bouchers.

2° Les fabriques, c'est-à-dire les établissements où il est fait emploi permanent de chaudières à vapeur ou de machines mues soit par une force élémentaire (vent, eau, gaz, air chaud, électricité, etc.), soit par une force animale. Par *chaudières*, il ne faut entendre que les générateurs proprement dits et non les récipients, surchauffeurs,

réchauffeurs[1]. De même la simple existence d'un moteur ne suffit pas
à déterminer l'obligation de l'assurance; il faut que le moteur ne constitue pas une installation distincte, mais qu'il soit une partie de l'é-
tablissement qui, tout en l'utilisant, puisse exister sans lui[2].

3° Les établissements qui fabriquent industriellement des matières
explosibles. L'emploi de matières explosives dans un établissement
industriel ne constitue pas, à lui seul, un motif d'assurance obligatoire pour cet établissement. La production est nécessaire; c'est pourquoi les pharmaciens ne sont pas assujettis[3]. Toutefois lorsque dans
une pharmacie, on fabrique de l'eau gazeuse, les employés préposés
à cette fabrication sont seuls assurés, à l'exclusion du personnel de
la pharmacie en général. Nous verrons que le simple emploi suffit
dans la législation autrichienne et suisse, tandis que notre texte
français exige la fabrication ou tout au moins la mise en œuvre. Il
est entendu que cette fabrication de substance explosive doit avoir un
caractère industriel dans le sens que nous avons donné plus haut.

4° Les établissements industriels (tels que les ateliers de réparation)
qui font partie intégrante de l'une des industries ci-dessus désignées.
C'est une application de l'adage *accessorium sequitur principale*.

b) *Établissements soumis à l'obligation de l'assurance quand le
personnel ouvrier employé régulièrement dépasse le nombre de dix.* —
Ces établissements sont tous ceux qui, n'étant pas compris dans la
liste précédente, confectionnent industriellement des produits ou participent à cette fabrication (art. 1, § 4). Cette définition englobe l'industrie manufacturière ou de production tout entière.

Bien plus, le législateur[4] a donné à l'Office impérial le droit de
rendre l'assurance obligatoire même pour les usines de cette deuxième
catégorie qui occuperaient un nombre d'ouvriers égal ou inférieur à
dix. L'Office impérial a eu maintes fois l'occasion d'user de cette
faculté. Il a établi à cet égard sa jurisprudence en tenant compte des
éléments suivants : — superficie de l'exploitation — importance et
valeur de la production annuelle — usage plus ou moins général de
mécaniques à bras d'hommes ou à traction animale — nature de la
fabrication (sur commande, pour la vente au détail ou pour la vente
en gros) — degré de répartition du travail — direction de l'entreprise suivant que le patron travaille de ses propres mains ou se
borne à la direction administrative de l'établissement et suivant aussi

[1] Déc. de l'Office impérial du 28 oct. 1885 : rapp. dans Bellom, *Lois d'assurances ouvrières à l'étranger*, t. II, p. 80, note 3.
[2] Déc. de l'Office impérial du 7 janv. 1883, Bellom, p. 80, note 2.
[3] Déc. de l'Office impérial du 15 oct. 1886.
[4] § 7 de l'art. 1er de la loi de 1884 et 4 de l'art. 2 de la loi du 30 juin 1900.

qu'il forme des apprentis ou qu'il occupe de jeunes ouvriers[1] —
degré de gravité des risques d'accidents, sans toutefois que la réduction de ces risques puisse être, à elle seule, un motif suffisant pour
enlever à une exploitation son caractère de fabrique[2].

62. — INDUSTRIE DU BATIMENT ET DE LA CONSTRUCTION. — Dans
l'industrie du bâtiment, l'art. 1er, § 2, de la loi allemande, a rendu
l'assurance obligatoire pour les travaux de maçonnerie, de charpente,
de toiture, de tailles de pierres, de construction de puits et de ramonage des cheminées.

Tout en faisant une énumération restrictive, le législateur n'a pas
voulu donner un caractère définitif aux limites qu'il traçait. Comme
il l'avait fait pour les industries minières et manufacturières, il a
délégué à une administration de l'Empire le pouvoir de les étendre
peu à peu jusqu'à ce que l'industrie du bâtiment fût comprise tout
entière dans le domaine de l'assurance. Le Conseil fédéral, à qui cette
mission avait été confiée, s'en est acquitté consciencieusement. Par
plusieurs décisions successives[3] il a assujetti à l'assurance : 1° les
entreprises de nettoyage et de peinture des bâtiments, de structure,
de vitrerie, de ferblanterie, de vernissage et d'installation ou réparation de paratonnerre; 2° les menuisiers et les serruriers en bâtiment[4];
3° les travaux de frottage des parquets, d'installation de fourneaux et
d'appareils de chauffage, de pose et réparations de stores et de venti-
lateurs de bâtiments, et il a compris d'une façon générale tous les travaux de construction qui, sans être déjà soumis à l'obligation de
l'assurance par les lois de 1884 et de 1885, ont plus d'analogie avec
les travaux du bâtiment proprement dit qu'avec les travaux de chemins de fer, de route, de navigation et les entreprises analogues.

Il arrive parfois que certains travaux dépendant de l'industrie du
bâtiment tels que la préparation des bois de construction, s'effectuent
dans des ateliers qui, ayant un personnel ouvrier inférieur à dix, ne
sont pas compris au nombre de ceux assujettis à l'assurance. Sous
l'empire de la loi de 1884 l'ouvrier travaillant dans ces ateliers n'était
assuré que pendant qu'il était chargé de ces travaux et il cessait de
l'être lorsqu'il était occupé à l'exercice de sa profession habituelle.
Cette situation qui donnait lieu à de fréquentes contestations, a été
régularisée par l'art. 3 de la loi du 30 juin 1900. Désormais quand un
ouvrier est assuré à raison de certaines natures de travaux, le béné-

---

[1] *Handbuch der Unfallversicherung*, p. 9.
[2] *Amtliche Nachrichten*, 1885, p. 82.
[3] Déc. du 22 janv. 1885, 27 mai 1886, 14 janv. 1888, Bellom, *op. cit.*, p. 86.
[4] La loi de 1900 (§ 1, n. 2), énumèrent expressément ces deux professions.

fice de son assurance s'étend à toutes les occupations, même aux services domestiques dont il peut être chargé par le chef d'entreprise.

La loi du 30 juin 1900 qui reproduit sur ce point les termes de
celle du 28 mai 1885 fait rentrer dans le domaine de l'assurance les travaux de construction que les administrations des Postes, Télégraphes,
des Chemins de fer, de la Marine et de la Guerre entreprennent à leurs
frais. D'autre part, la loi du 5 mai 1886, devenue la troisième loi du
30 juin 1900, qui institue l'assurance forestière et agricole, y rattache
toutes les exploitations accessoires des forêts et de l'agriculture, au
nombre desquelles il faut placer les réparations des bâtiments ayant
une affectation agricole ou forestière, ainsi que la construction des
chemins ruraux, digues, canaux, etc.

Enfin la loi du 11 juillet 1887, devenue la quatrième loi du 30 juin
1900, a complété cette énumération en assujettissant à l'obligation de
l'assurance tous les travaux de construction auxquels les lois antérieures n'étaient pas applicables. En même temps la loi de 1887 a
institué pour l'assurance de cette industrie une organisation financière
nouvelle qui est connue sous le nom de répartition des capitaux (V.
n°s 1511 et s.).

63. — INDUSTRIE VOITURIÈRE OU DES TRANSPORTS. — La loi de
1884 ne s'appliquait point à l'industrie des transports; ou du moins
elle ne prévoyait qu'un cas d'application tout à fait exceptionnel,
c'était celui où des entreprises de chemin de fer ou de navigation
faisaient partie intégrante de l'un des établissements assujettis à
l'obligation de l'assurance (art. 1er, § 6).

La loi du 28 mars 1885 est venue combler cette lacune. Elle a étendu
l'obligation de l'assurance : 1° à tout travail se rapportant aux administrations des Postes, Télégraphes et Chemins de fer, ainsi qu'à tout
travail dépendant des administrations de la Guerre et de la Marine,
y compris les constructions que ces administrations font faire à leurs
frais, ainsi que cela a été expliqué au paragraphe précédent; 2° aux
travaux de dragage ; 3° aux entreprises industrielles de voiturage [1],
de navigation intérieure, de flottage, de passage de cours d'eau par
bacs ou bateaux de remorquage; 4° aux entreprises industrielles
d'expédition, d'emmagasinage ou d'encavage ; 5° au travail industriel
d'emballeur, de chargeur, de peseur, de mesureur, de visiteur, etc.

La loi de 1900 y a ajouté : 1° les entreprises industrielles d'entrepôt
en général ; 2° spécialement les entreprises d'entrepôt, d'abatage de

---

[1] Il résulte de la définition du mot *industriel* que la voiture dont un boulanger se
sert en vue de l'exercice de son industrie sans en retirer un profit *immédiat* n'est
point soumise à l'obligation de l'assurance.

bois et celles qui servent au transport des personnes ou des marchandises, lorsqu'elles dépendent d'une exploitation industrielle, dont le
chef est inscrit sur le registre de commerce.

Cette énumération est limitative. Ni le Conseil fédéral, ni l'Office
impérial n'ont le droit de la compléter.

64. — Industrie agricole et forestière. — L'assurance agricole et forestière est la dernière que le législateur ait organisée. Incidemment certaines exploitations accessoires de l'agriculture et des
forêts rentrant dans la catégorie des industries visées par l'al. 1 de
l'art. 1 de la loi de 1884, avaient été dans l'obligation de s'assurer.
Mais c'étaient là des cas assez rares. La loi du 5 mai 1886 soumit à
l'assurance : 1° les travaux de l'agriculture et des forêts (art. 1, § 1) ;
2° Le jardinage d'art et de commerce (art. 1, § 5) ; 3° Les entreprises
agricoles et forestières accessoires qui n'étaient pas soumises à la loi
de 1884 [1].

Enfin, le législateur de 1886 a, comme celui de 1884, laissé à
l'Office des assurances de l'Empire le soin de compléter l'énumération.
Usant de ce droit, l'Office impérial a décidé [2] que : 1° Les battues
organisées en vue de la destruction des animaux nuisibles constituaient
des travaux accessoires à l'agriculture, lorsqu'elles étaient effectuées
à l'aide du personnel employé à la culture; 2° qu'il en était de même
de l'extraction de la tourbe et des exploitations de sable directement
rattachées à une exploitation agricole.

Il a en outre assimilé par des décisions successives [3] aux entreprises agricoles ou forestières : 1° Les entreprises d'élevage étrangères à toute culture du sol ; 2° les établissements où l'on entretient

---

[1] D'après la troisième loi de 1900 (art. 1) les entreprises agricoles et forestières
sont celles qui sont destinées exclusivement ou principalement : 1° à la culture ou
à l'emploi ultérieur des produits de l'exploitation agricole ou forestière de l'entrepreneur ; 2° ou à la satisfaction des besoins de son exploitation agricole ou forestière ; 3° ou encore à la production, ou à l'emploi des éléments du sol de son immeuble. Elle excepte expressément les mines, salines, fabriques, usines et d'une façon
générale toutes les exploitations déjà soumises par la loi générale à l'obligation
de l'assurance. Mais elle assimile aux exploitations agricoles et forestières : 1° les
réparations courantes aux bâtiments servant à l'exploitation rurale ou forestière :
2° les travaux de culture du sol dépendant de l'exploitation domestique et tous les
travaux de construction, spécialement la construction ou l'entretien des chemins,
chaussées, canaux, aqueducs, lorsque ces travaux sont exécutés par le chef de l'exploitation rurale ou forestière sur son propre terrain et sans la participation d'un autre
entrepreneur.
La loi de 1900 a en outre ajouté à l'énumération de celle de 1886 les pépinières
et les jardins de semences, tout en excluant l'administration des jardins purement
domestiques ou d'agrément.

[2] Déc. des 13 déc. 1891 et 4 juin 1889, Bellom, *op. cit.*, p. 468-469.

[3] Déc. des 2 juin 1889, 4 mars 1890, 9 oct. 1889, 29 août 1893, Bellom, *op. cit.*,
loc. cit.

des étalons sans procéder au dressage; 3° l'écorçage des arbres en pleine forêt; 4° la carbonisation du bois en meules effectuée en pleine forêt.

II. **Autres lois étrangères.**

65. — Loi autrichienne. — Comme l'Allemagne, l'Autriche a fait une loi d'assurance pour garantir les ouvriers de l'industrie contre les conséquences des accidents auxquels ils sont exposés. L'application en est subordonnée aux deux conditions dont nous avons parlé dans le paragraphe précédent, à savoir :

1° Que l'entreprise fasse courir un risque à l'ouvrier employé. Le ministre de l'Intérieur de l'Empire austro-hongrois est, comme l'office de Berlin, investi du droit de dispenser de l'assurance les industries qui, quoique spécialement visées par la loi, n'exposent leur personnel à aucun danger d'accident (art. 3, § 1 de la loi du 28 déc. 1887).

2° Que l'exploitation ait un caractère industriel, agricole ou forestier. Nous ne reviendrons pas sur la définition que nous avons donnée du mot « *industriel* ». Signalons une exception à cette règle en ce qui concerne les travaux dans lesquels on emploie ou on fabrique des matières explosives. Tous ces travaux, quel qu'en soit le caractère, alors même qu'ils ne se rattacheraient ni à l'industrie, ni à l'agriculture, sont assujettis à l'obligation de l'assurance (art. 1, § 3). C'est ainsi qu'un professeur qui, dans un but purement scientifique, emploierait des ouvriers pour la manipulation de substances explosives, devrait se conformer à la loi d'assurance. Il en est de même des pharmaciens qui, sans fabriquer des matières explosives, en emploient dans l'exercice de leur profession. Cette disposition concernant les matières explosives est beaucoup plus extensive que la partie correspondante de la loi allemande, qui s'applique exclusivement aux fabrications industrielles de ces substances, exceptant ainsi les fabrications non industrielles et les entreprises qui, sans les produire, en font seulement usage. Elle est aussi un peu plus extensive que le texte de notre loi française, lequel exige comme nous le verrons plus loin, la fabrication ou la mise en œuvre. A noter que, comme dans la loi allemande, les entreprises industrielles, agricoles et forestières en général ne sont soumises à l'application de la loi que dans le cas où elles font usage de machines à vapeur ou de toute autre machine mue par une force élémentaire (vent, eau, vapeur, gaz, air chaud, électricité, etc.), ou par des animaux. Ne sont pas compris dans cette énumération les travaux dans lesquels on n'emploie que d'une façon transitoire une machine motrice n'appartenant pas à l'exploitation (art. 1, § 5). A la différence de la législation allemande, la loi autrichienne assimile la force animale à une force élémentaire.

66. — La loi autrichienne ne s'applique qu'aux *entreprises agricoles et forestières* qui emploient des moteurs dans les conditions qui viennent d'être exposées (art. 1, § 3). Elle contient la disposition restrictive suivante : « Si, dans un travail agricole ou forestier, dit le § 4 de l'art. 1, soumis à l'obligation de l'assurance, la machine motrice spéciale à cet établissement peut être utilisée de façon qu'un nombre restreint d'ouvriers soient exposés aux dangers de son emploi, dans ce cas, l'obligation de l'assurance peut être limitée aux personnes exposées à ce danger ».

67. — L'Autriche, comme la France, a un *régime minier* qui a été institué par la loi du 23 mai 1854. Les art. 210 à 214 ont rendu obligatoire la création d'associations mutuelles de secours en faveur des ouvriers, de leurs veuves et de leurs orphelins; ils ont été complétés par une loi du 28 juillet 1889. Toutes les mines soumises à cette législation échappent à l'application de la loi d'assurance de 1887. Elles ont fait depuis lors l'objet de la loi spéciale du 28 juillet 1889. La loi de 1887 n'assujettit à l'obligation de l'assurance que les mines non soumises au régime minier et notamment les carrières ainsi que leurs dépendances (art. 1, al. 1).

68. — *L'industrie manufacturière* tout entière rentre dans le domaine de l'assurance. La loi de 1887 la définit en termes généraux ; elle se contente d'énumérer les fabriques, les chantiers de constructions navales, les chantiers de travaux publics et toutes les dépendances de ces diverses exploitations (art. 1, al. 1). Elle excepte toutefois les *ateliers* dont l'ordonnance du 3 avril 1888 donne une définition précise[1]. Les ateliers tombent eux-mêmes sous l'application de la loi sur les accidents s'ils contiennent des moteurs à force élémentaire ou animale, ou encore s'ils fabriquent ou emploient des matières explosives.

69. — La loi d'assurance vise tous les *travaux de construction* et les métiers qui se rapportent à cette industrie. Elle excepte toutefois de son application :

1º Les ouvriers qui, sans appartenir à un corps de métier, exécutent seulement quelques réparations à une construction;

---

[1] Les ateliers se distinguent des fabriques en ce qu'ils occupent moins de vingt ouvriers et que le patron prend part de ses propres mains au travail de ses ouvriers.

2° L'édification des bâtiments sans étage, pour habitation ou exploitation, lorsque les travaux sont exécutés à la campagne par le propriétaire, aidé seulement de ses parents et de ses voisins et que les constructeurs ne sont point des ouvriers de profession (art. 1, § 2).

La loi du 20 juillet 1894 a étendu, en outre, l'obligation de l'assurance aux entreprises de ramonage, à celles de dragages, de travaux d'égouts, de taille de pierres, de forage de puits et de travaux de construction en fer.

70. — *L'industrie des transports* impliquant nécessairement l'usage d'une traction animale ou mécanique se trouve soumise tout entière à l'obligation de l'assurance. Les chemins de fer et le service de la navigation intérieure furent seuls exceptés par la loi de 1887 à raison de la législation spéciale qui les régissait. Cette exception a été supprimée par la loi du 20 juillet 1894 qui a également assujetti les magasins de dépôt et les entrepôts. La navigation maritime est seule restée régie par une législation particulière.

Enfin le législateur autrichien, craignant des omissions ou des inexactitudes, a suivi l'exemple du législateur allemand et délégué à l'autorité administrative le pouvoir de les réparer. C'est ainsi qu'il a chargé le ministre de l'Intérieur de compléter, suivant les besoins, la liste des industries qui paraîtraient entraîner des dangers d'accidents, notamment des dangers d'incendie (art. 3, § 2).

71. — LOIS SUISSES. — Les premières lois ouvrières de 1875 et de 1881 sur le renversement de la preuve étaient applicables, sans condition, aux entreprises de chemins de fer et de bateaux à vapeur, ainsi qu'aux *fabriques*, c'est-à-dire aux établissements industriels où un nombre plus ou moins considérable d'ouvriers sont occupés simultanément et régulièrement hors de leur demeure et dans un local fermé. Dans l'industrie minière, dans celle du bâtiment et dans les industries de transport autres que les chemins de fer et les bateaux à vapeur, n'y étaient assujetties que les entreprises occupant plus de cinq ouvriers. La nouvelle loi de 1899 sur l'assurance obligatoire étend son champ d'application à tous les salariés, à quelque profession ou industrie qu'ils appartiennent; mais elle a été rejetée par le referendum, V. n° 42.

72. — LOI NORVÉGIENNE. — La loi norvégienne du 23 juillet 1894 a la même extension que la loi autrichienne, avec cette différence qu'elle s'applique même aux chemins de fer.

73. — LOI ANGLAISE. — La loi anglaise du 6 août 1897 s'applique :
Dans l'*industrie minière*, à toutes les exploitations régies par les lois sur les mines de charbon (1872), les mines métallifères (1872) et

es carrières (1894), c'est-à-dire à tous les établissements dépendant de ce genre d'industrie ;

Dans l'*industrie manufacturière*, aux fabriques. La loi anglaise du 27 mai 1878, à laquelle renvoie la loi de 1897, distingue dans son rt. 93 deux sortes de fabriques. Les fabriques *textiles* et les fabriques *non textiles*. Les fabriques textiles (*textile factory*) s'entendent de tout local dans lequel ou dans les dépendances closes duquel des machines mues par la vapeur, l'eau ou toute autre force mécanique ont employées à la préparation, à la fabrication, au finissage ou à toute autre opération relative à la mise en œuvre du coton, de la laine, du poil, de la soie, du lin, du chanvre, du jute, de l'étoupe, de la ramie, des fibres de noix de coco ou de toute autre matière du même genre ou d'un mélange de ces matières entre elles ou avec d'autres ou d'un produit obtenu à l'aide de ces matières. — Les fabriques non textiles (*non textile factory*) s'entendent : 1° des établissements d'impressions ou d'étoffes de blanchiment, de teinture, des fabriques de produits céramiques, d'allumettes chimiques, d'amorces fulminantes, de cartouches, de papiers peints, des ateliers de ciselage du velours, des hauts-fourneaux, des usine de métallurgie, du cuivre, du fer, des fonderies, fabriques de caoutchouc et de gutta-percha, papeteries, verreries, fabriques de tabac, imprimeries typographiques, établissements de reliure et de teillage de lin; 2° des établissements de chapellerie, corderie, boulangerie, ateliers pour l'ornementation du tulle, chantiers de constructions de navires, carrières et carreau des mines de houilles, lorsque la fabrication se fait au moyen de machines à moteur mécanique; 3° des locaux dans lesquels ou dans les dépendances desquels se fait, en vue d'un gain, et avec le secours d'une force motrice mécanique, un travail manuel consistant à fabriquer, modifier, réparer, orner, finir ou approprier un article pour la vente.

Dans l'*industrie du bâtiment et de la construction* : 1° à tous *les travaux d'art*, c'est-à-dire à tous les travaux de construction, de modification ou d'entretien des chemins de fer, rades, ports, canaux ou égouts et tous les autres ouvrages pour la construction, la modification ou l'entretien desquels on fait usage d'un matériel mû par la vapeur, l'eau ou une autre force mécanique ; 2° aux travaux ayant pour but la construction, la réparation à l'aide d'échafaudage ou la démolition d'une bâtisse excédant trente pieds de hauteur (9^m,12) ou à tous travaux de construction, de réparation ou de démolition dans lesquels on emploie un matériel mû par la vapeur, l'eau ou autre force mécanique.

Dans l'*industrie des transports* : aux chemins de fer et en général à toutes les voies ferrées (art. 1 et 2 du titre VII de la loi de 1897).

· 74. — Loi danoise. — La loi danoise du 15 janvier 1898 présente cette particularité, que d'une façon générale, l'application en est restreinte aux établissements industriels dans lesquels s'effectue un travail mécanique et le bénéfice n'en peut être invoqué que par les ouvriers qui participent directement à la partie mécanique de l'exploitation.

75. — Loi italienne. — La loi italienne du 17 mars 1898 est applicable sans condition : 1° A toute l'*industrie minière :* mines, carrières et tourbières, qui comprend non seulement la recherche et l'extraction du minerai, mais aussi la manutention des produits sur place et leur transport aux lieux de chargement, ainsi que, dans l'exploitation des carrières de marbre ou d'autres pierres, la recoupe, l'équarrissage, l'ébauchage et la taille à la scie des matériaux extraits (art. 1er du règlement du 25 sept. 1898) ; 2° Dans l'*industrie manufacturière*, aux seules entreprises de production de gaz ou de force électrique et aux entreprises téléphoniques ; 3° Dans l'*industrie du bâtiment* et *de la construction,* aux entreprises de construction de maisons et aux arsenaux ou chantiers de constructions maritimes, c'est-à-dire à toutes les entreprises qui exécutent des travaux de construction, réparation, achèvement, modification ou démolition de bâtiments soit dans la ville, soit dans la campagne (art. 2 du règl.) ; 4° Dans l'*industrie en général*, aux seules entreprises qui fabriquent ou emploient des matières explosives.

Elle est applicable, à condition que le nombre des ouvriers soit supérieur à cinq : 1° Dans l'*industrie des transports* et dans *celle de la construction,* aux constructions ou exploitations de chemins de fer, de moyens de transports sur les fleuves, canaux et lacs, de tramways à traction mécanique, y compris les chemins de fer funiculaires ; travaux de drainage, construction et réparation de ports, canaux et digues ; construction et réparations de ponts, de tunnels et de routes ordinaires, nationales et provinciales ; 2° Dans l'*industrie en général*, aux établissements industriels dans lesquels il est fait usage de machines mues par des agents inanimés ou par des animaux. Pour ces établissements l'obligation de l'assurance s'étend aux ouvriers qui travaillent dans des locaux séparés de ceux où fonctionne la machine, même s'ils sont occupés à des travaux complémentaires et auxiliaires de l'industrie principale (art. 5 du règl.).

Toutefois ne sont pas compris au nombre de ces établissements : 1° ceux où les machines ne sont employées que d'une façon transitoire et non périodique ; 2° ceux où les machines ne servent pas directement aux opérations relatives à l'exploitation de l'industrie faisant l'objet de ces établissements ; 3° les ateliers qui sont annexés à es écoles industrielles et professionnelles ou autres, ayant pour but l'instruction et les exercices pratiques des élèves; 4° les ateliers annexés aux hospices, hôpitaux ou autres institutions publiques de bienfaisance, pour le service intérieur de ces institutions ou pour les travaux auxquels se livrent les pensionnaires. Néanmoins dans tous les cas ci-dessus mentionnés les ouvriers attachés au service des machines doivent être assurés (art. 6 du règl.).

III. **Projets français qui ont précédé le vote de notre loi.**

76. — Les opinions les plus diverses ont été soutenues dans les nombreux projets de loi dont le parlement français a été saisi depuis une quinzaine d'années. Nous nous contenterons de les résumer en les groupant par systèmes :

Les uns ont voulu faire une loi générale applicable à toute la classe ouvrière sans distinction entre l'industrie, le commerce, l'agriculture et même les professions affectant un caractère purement civil. Ceux-là ont abandonné la thèse du risque professionnel pour ne considérer que l'assurance ; ils ont proclamé l'assurance obligatoire pour tous les employés. Est-ce que, disaient-ils à l'appui de leur opinion, la veuve et les orphelins d'un ouvrier tué dans la moins dangereuse des professions ne sont pas aussi intéressants que les représentants de l'ouvrier qui a péri dans les mines où la vie humaine est continuellement en péril. Cette généralisation de l'assurance se trouve inscrite dans deux projets : l'un de M. Pierre Richard [1], l'autre de MM. Vian, Hubbard, Farjon, etc. [2].

Un second système pose le principe du risque professionnel et lui donne immédiatement les limites les plus étendues ; il l'applique à toutes les entreprises industrielles, commerciales et agricoles. C'est celui qu'on trouve développé dans la proposition de MM. Félix Faure, Lyonnais et Siegfried [3].

Quelques membres du parlement, tout en partageant l'opinion des auteurs du précédent projet de loi, ont estimé qu'il serait inopportun d'appliquer brusquement le risque professionnel à toute la classe des travailleurs. Pour introduire utilement le principe nouveau, disent-ils, il faut procéder avec ordre, avec méthode et avec une certaine lenteur. En précipitant à l'excès, on compromettrait le sort de cette

---

[1] Dépôt du 27 janv. 1891, *J. O.*, Doc. parl., Ch., 1891, p. 312.
[2] Dépôt du 20 juin 1891, *J. O.*, Doc. parl., Ch., 1891, p. 1495.
[3] Projets du 11 févr. 1882, *J. O.*, Doc. parl., Ch., 1882, p. 357, et du 26 juin 1886, *J. O*, Doc. parl., Ch., p. 978.

réforme qui peut être considérée comme une des plus importantes. Ils ont proposé de commencer par soumettre à la loi les usines et toutes les exploitations présentant, pour ceux qui y sont employés, des dangers manifestes et en quelque sorte inévitables. Mais comment désigner ces industries réputées dangereuses? Les uns étaient d'avis (comme MM. Dron et Jules Roche[1], la Chambre des députés en 1888 et 1893[2], M. Ricard rapporteur en 1892[3]) de rédiger un texte suffisamment compréhensif pour atteindre toutes ces industries, sauf à étendre plus tard les limites de la loi. D'autres préféraient une rédaction plus sobre et estimaient qu'il convenait de laisser au Conseil d'État le soin de dresser, sous forme de règlement d'administration publique, la liste des industries soumises à la loi. Le Sénat s'est prononcé une fois dans ce sens, le 24 mars 1890[4]; telle était aussi l'opinion formulée dans les projets de loi présentés : 1° par M. Jules Grévy, alors président de la République et M. Lockroy, ministre du Commerce et de l'Industrie[5]; 2° par MM. Le Cour, de Mun, etc. ; 3° par MM. Maurice Rouvier et Francis Laur[6].

Enfin, un dernier système plus restrictif n'admettait le risque professionnel que pour les industries qui emploient des moteurs actionnés par des forces élémentaires. Il est développé dans le projet de MM. de Mun, Freppel, de Balizal, Thellier et de Poncheville[7].

77. — La loi actuelle a consacré une opinion intermédiaire. Son texte s'est efforcé d'être assez compréhensif pour atteindre, suivant l'expression de M. Ricard[8], en même temps que les usines, toutes les industries, entreprises et exploitations présentant pour ceux qui y sont employés des dangers manifestes et en quelque sorte inévitables. Si actuellement son interprétation doit être *restrictive*, l'extension est, dans l'esprit de ses rédacteurs, la règle de l'avenir.

78. — L'art. 1er de la loi de 1898 est ainsi conçu : « *Les accidents survenus..... dans l'industrie du bâtiment, les usines, manufactures, chantiers, les entreprises de transport par terre*

---

[1] Projet Roche du 28 juin 1890, J. O., Doc. parl., Ch., 1890, p. 1427, et projet Dron, 2 févr. 1891, J. O., 1891, Doc. parl., Ch., p. 346.

[2] Séances du 22 mai 1888, J. O., Déb. parl., p. 1465, et du 3 juin 1893, J. O., Déb. parl., p. 1587.

[3] Rapport Ricard. 25 févr. 1892, J. O., Doc. parl., Ch., 1892, p. 301.

[4] J. O., Déb. parl., Sénat, 25 mars 1890, p. 327.

[5] Projet du 2 févr. 1886, J. O., Doc. parl., Ch., 1886, p. 978.

[6] Dépôt, 29 déc. 1885, J. O., Doc. parl., Ch., 1886, p. 85.

[7] Amendement, Séance, Ch. dép., 25-26 juin 1888, J. O., Déb. parl., p. 1889 et 1897.

[8] Rapport, du 25 févr. 1892, *loc. cit.*

et par eau, de déchargement, les magasins publics, mines, minières, carrières et en outre dans toute exploitation ou partie d'exploitation dans laquelle sont fabriquées ou mises en œuvre des matières explosives ou dans laquelle il est fait usage d'une machine mue par une force autre que celle de l'homme ou des animaux donne droit, etc. »

Les dispositions de cet article prévoient deux sortes d'exploitations : 1° celles qui sont assujetties de plein droit et sans condition au risque professionnel ; 2° les autres exploitations en général, auxquelles notre loi n'est applicable que dans le cas où une circonstance spéciale (emploi d'un moteur à force élémentaire, fabrication ou mise en œuvre d'une matière explosive) les rend particulièrement dangereuses.

De là deux sections [1].

PREMIÈRE SECTION.

Des exploitations auxquelles le risque professionnel est applicable de plein droit et sans condition.

79. — Ce sont, dit l'art. 1, *l'industrie du bâtiment, les usines, manufactures, chantiers, les entreprises de transport par terre et par eau, de déchargement, les magasins publics, mines, minières et carrières.*

80. — La question de savoir si cette énumération était limitative ou énonciative a divisé la jurisprudence et les auteurs. Après une lutte des plus vives entre la théorie de la limitation littérale [2], les partisans de l'extension illimitée et les nombreux systèmes intermédiaires [3], c'est la doctrine largement énonciative, englobant l'industrie tout entière, qui a fini par triompher devant la Cour de cassation [4].

---

[1] L'agriculture qui, depuis la loi du 30 juin 1899, est placée sous un régime spécial, fera l'objet du chap. XII du titre I (n° 904 et s.).

[2] Conseil d'Etat, 28 févr. 1902, D. 1902. 3. 17; C. Rouen, 11 avr. 1900 sous Cass., 8 mai 1901, D. 1901. 1. 372; Aix, 17 nov. 1900, Bourges, 4 juin 1901, S. 1902. 2. 140; Rennes, 26 nov. 1901, S. 1902. 2. 233. — C'est aussi la thèse que nous avions soutenue dans nos précédentes éditions, n. 80 et s.

[3] Rouen, 6 févr. 1901, S. 1902. 2. 203; Nîmes, 19 juill. 1901. Besançon, 11 déc. 1901, Bourges, 17 juill. 1901, S. 1903. 1. 140 et 143. — V. aussi Lecouturier, *Accid. du trav.*, n° 18; Loubat, *Tr. du risque professionnel*, n° 99.

[4] Cass., 3 août 1903, *Gaz. Pal.*, 1903. 2. 501; Douai, 24 juill. 1901, S. 1902. 2. 233. — V. aussi, *Circul. du ministre du Commerce*, du 25 août 1899.

81. — Les deux arrêts du 3 août 1903 et du 27 octobre suivant résument et expliquent avec une lumineuse clarté la thèse de la Cour suprême. « Avec les entreprises qu'il désigne nommément, dit la première de ces décisions, l'art. 1er de la loi du 9 avril 1898 assujettit à la responsabilité du risque professionnel, sous l'appellation d'usines et de manufactures, tous les ateliers industriels. Le législateur, en effet, a renoncé à limiter cette responsabilité soit à l'industrie dangereuse, soit à la grande industrie ; il a soumis l'industrie tout entière à la loi nouvelle et il considère tellement que toutes les victimes du travail industriel ont des droits égaux qu'il a dû, pour les faire échapper à l'application de la règle qu'il posait, préciser que la collaboration accidentelle d'un ou de plusieurs de leurs camarades n'assujettissait pas à la loi l'ouvrier qui d'ordinaire travaille seul ». On lit d'autre part dans l'arrêt du 27 octobre 1903[1] : « Les entreprises commerciales *non mentionnées à l'art. 1er* ne sont assujetties à la loi sur la responsabilité du travail que si des matières explosibles y sont fabriquées ou mises en œuvre, ou encore s'il est fait usage d'une machine mue par une force autre que celle de l'homme ou des animaux ».

82. — Ainsi, extension de la loi à toutes les exploitations *industrielles sans exception* et au contraire application restrictive aux seules entreprises *commerciales ou plus exactement non industrielles qui sont nommément désignées à l'art. 1er*, tels sont les deux principes de la Cour suprême dont nous avons à faire application dans la présente section, nous réservant de traiter dans la section suivante, de la fabrication et de la mise en œuvre des matières explosibles et de l'usage des moteurs inanimés. Nous passerons successivement en revue les cinq branches de l'industrie, comme nous l'avons fait en traitant de la législation étrangère. Nous consacrerons toutefois à l'expression « *chantier* » un paragraphe spécial immédiatement après avoir traité de l'industrie du bâtiment.

[1] *Monit. judic. de Lyon*, 8 nov. 1903, *Gaz. Pal.*, 1903. 2. 546.

I

Industrie minière.

83. — L'art. 1er cite dans la première partie de son § 1er, les *mines*, *minières* et *carrières*.

Ces trois termes ont été empruntés à la loi du 21 avril 1810, qui en donne dans ses quatre premiers articles une définition précise.

Sont considérées comme *mines* celles connues pour contenir en filon, en couches ou en amas, de l'or, de l'argent, du platine, du mercure, du plomb, du fer en filons ou couches, du cuivre, de l'étain, du zinc, de la calamine, du bismuth, du cobalt, de l'arsenic, du manganèse, de l'antimoine, du molybdène, de la plombagine ou autres matières métalliques, du soufre, du charbon de terre ou de pierre, du bois fossile, des bitumes, de l'alun et des sulfates à base métallique.

Les *minières* comprennent les minerais de fer dits d'alluvion, les terres pyriteuses propres à être converties en sulfate de fer, les terres alumineuses et les tourbes.

Les *carrières* renferment les ardoises, les grès, pierres à bâtir et autres, les marbres, granits, pierres à chaux, pierres à plâtre, les pozzolanes, le trass, les basaltes, les laves, les marnes, craies, sables, pierres à fusil, argile, kaolin, terres à foulon, terres à poterie, les substances terreuses et les cailloux de toute nature, les terres pyriteuses regardées comme engrais, notamment les phosphates et les cendres noires, le tout exploité à ciel ouvert ou avec des galeries souterraines.

Une observation mérite d'être faite en ce qui concerne les minières définies par l'art. 3 de la loi de 1810. La loi du 9 mai 1866, qui a son plein effet depuis le 1er janvier 1876, les a simplement classées parmi les mines ou parmi les carrières selon que l'exploitation en doit être faite par galeries souterraines ou à ciel ouvert. Il suit de là que la « minière » a légalement disparu. Le législateur aurait donc pu se dispenser de la faire figurer dans l'énumération de notre article 1er.

84. — Doit-on comprendre les *salines* dans cette nomenclature? Une distinction s'impose : L'exploitation d'une mine de sel soit à l'état solide par puits ou galeries, soit par dissolution au moyen de trous de sonde ou autrement constitue sans aucun doute une mine ou minière; toutes les lois et les règlements généraux sur les mines lui sont applicables (art. 2 de la loi du 17 juin 1840 et 3 du décret du 7 mars 1841). Notre loi sur les accidents ne doit pas faire exception à la règle. Mais il en est tout autrement en ce qui concerne les exploitations de sources ou de puits d'eau salée naturellement ou artificiellement et de marais salants ou salines. Ces entreprises, quoique dépendant de l'industrie extractive, ne peuvent pas être confondues avec les mines, minières et carrières; elles sont hors du champ d'application de notre loi.

85. — Parmi les ouvriers de l'industrie minière, on distingue les ouvriers *du fond* qui travaillent dans les galeries et ceux du *jour* qui sont employés à l'extérieur. Ceux-ci se subdivisent eux-mêmes en trois catégories qui comprennent: 1° les ouvriers dont les travaux se rattachent exclusivement à l'extraction, comme les receveurs ou machinistes des puits; 2° ceux occupés à des opérations accessoires qui s'exécutent dans des lieux, ateliers ou chantiers formant les dépendances légales de la mine, par exemple au lavage des combustibles ou à la préparation mécanique des minerais; 3° ceux employés dans les exploitations annexes, par exemple à la fabrication du coke ou à celle des agglomérés. Notre loi ne s'applique qu'aux ouvriers du *fond* et aux ouvriers du *jour* appartenant aux deux premières catégories. Quant aux exploitations annexes, elles ne sont pas comprises dans les expressions de « mines, minières ou carrières »; elles pourront cependant être assujetties au risque professionnel lorsqu'elles constitueront des *usines*, *manufactures* ou *chantiers* dans le sens des définitions qui seront données plus loin ou encore lorsqu'elles rempliront l'une de ces conditions : usage d'un moteur à force élémentaire, fabrication ou mise en œuvre de matières explosives.

86. — Enfin, lorsque la partie commerciale de l'entreprise est distincte de l'exploitation technique, les employés attachés au commerce, préposés aux écritures et à la comptabilité ne sauraient être admis à se prévaloir de la garantie de notre loi (V. nᵒˢ 96 et 173).

II

Industrie manufacturière ou de production.

87. — L'industrie manufacturière ou de production est la branche maîtresse de toute l'industrie : c'est elle qui transforme, pour les approprier aux besoins de l'homme, les matières premières que l'industrie minière et l'agriculture lui fournissent avec le concours de l'industrie des transports. Sous l'appellation d'*usines* et de *manufactures*, le législateur de 1898 a entendu, dans son art. 1ᵉʳ, assujettir au risque professionnel tous les ateliers industriels[1], c'est-à-dire l'industrie de production tout entière, sans distinction entre les grandes et les petites exploitations, entre les travaux dangereux et les autres.

88. — Avant la décision de la Cour suprême qui a posé ce principe, la jurisprudence et la doctrine étaient très divisées sur le point de savoir si les ateliers étaient assujettis à notre loi[2]. L'affirmative est désormais certaine, mais à la condition que l'atelier soit industriel, tout atelier commercial étant exclu de la sphère d'application du risque professionnel.

89. — Le caractère industriel d'un atelier se distingue à la nature du travail qui y est exécuté. L'industrie transforme l'objet auquel il s'applique, à la différence du commerce où ne se font que des échanges. Dans chaque affaire le juge doit donc rechercher les conditions dans lesquelles s'effectue le travail qui a été la cause ou l'occasion de l'acci-

---

[1] Cass., 3 août 1903, *Gaz, Pal.*, 1903. 2. 501.

[2] Les ateliers, admis dans tous les cas au bénéfice de la loi par les partisans de l'énumération largement énonciative, en étaient au contraire complètement exclus par la théorie strictement limitative, tandis que les systèmes mixtes subordonnaient leur assujettissement à certaines conditions d'importance ou à la nature des travaux qui y étaient exécutés (V. les décisions rapportées aux notes 2, 3 et 4 du nᵒ 80).

dent et en faire mention dans sa décision pour permettre à la Cour de cassation d'exercer son contrôle[1].

90. — Envisagés dans leur grandes lignes, l'industrie et le commerce ont deux rôles distincts : l'une fait subir à la matière première des transformations plus ou moins complexes en vue de l'approprier aux besoins de l'homme, l'autre sert d'intermédiaire entre le producteur de la matière première et l'industriel ou livre au consommateur la matière transformée qui prend alors le nom de marchandises. Par exemple, le marchand de cuirs fournit la matière première au fabricant de chaussures qui vend ensuite ses confections au marchand en détail. Seul le fabricant est un industriel assujetti; la loi de 1898 ne s'applique ni au négociant en cuirs ni au marchand de chaussures. Mais en achetant la matière première et en revendant ses produits fabriqués, l'industriel fait, lui aussi, œuvre de commerçant; et, dans la sphère de ses opérations de commerce, il échappe à l'action du risque professionnel, en ce sens que les accidents survenus à ses employés par le fait ou à l'occasion de travaux d'ordre exclusivement commercial ne sont pas garantis par la législation nouvelle.

91. — Tels sont les principes. Occupons-nous tout d'abord de rechercher les professions comportant, à coup sûr, des travaux de transformation, et, par suite, dans lesquelles les accidents, dont ces travaux sont la cause ou l'occasion, donnent droit à l'indemnité légale. Parmi ces professions, on peut citer les suivantes[2] : 1° les distilleries et fabriques de liqueurs[3]; 2° les maréchaux-ferrants[4]; 3° les forgerons[5]; 4° les carrossiers-charrons[6]; 5° les fabricants de malles;

---

[1] Cass. civ., 3 août 1903, *Gaz. Pal.*, 1903. 2. 501.

[2] L'énumération complète des exploitations assujetties, sera donnée, dans l'ordre alphabétique, au tit. IV, chap. V, n° 1719.

[3] Cass. civ., 18 févr. 1903 (sol. impl.), D. 1903. 1. 376. Bourgoin, 29 mars 1901, *Rec. min. comm.*, n° 3, p. 551.

[4] Cass. civ., 3 août 1903 (sol. impl.), *Gaz. Pal.*, 1903. 2. 501. Comité consult., 24 janv. 1900, D. 1900. 3. 28. *Contrà*, C. Nîmes, 19 juin 1901, C. Aix, 17 nov. 1900, D. 1902. 2. 68, C. Bourges, 4 juin 1901; Besançon, 11 déc. 1901, S. 1903. 2. 140, S. 1903. 2. 307.

[5] C. Angers, 13 mars 1901, S. 1901. 2. 140, D. 1903. 2. 309.

[6] *Contrà*, Just. Paris, 20 déc. 1900, *Gaz. Trib.*, 17 janv. 1901.

6° les serruriers-mécaniciens[1]; 7° les ateliers de fabriques ou de réparations de bicyclettes[2]; 8° les ferblantiers, même s'ils ne font pas de la ferblanterie de bâtiment[3]; 9° les cordiers[4]; 10° les fabriques de colle, à clarifier[5]; 11° les fabriques de fleurs artificielles[6]; 12° les imprimeries, alors même qu'on y emploierait seulement des presses à bras[7]; 13° les tonneliers[8]; 14° les ateliers de fabrication ou de réparation d'horlogerie; 15° les ateliers de fabrication ou de réparation de bijouterie[9]; 16° l'atelier d'ébénisterie[10]; 17° les entreprises de fabrication de caisses pour emballage[11]; 18° les fabricants de dentelles et de broderies à la main[12]; 19° les fabricants de chaussures en gros et les cordonniers sur mesure.

92. — Les *bouchers*, qui transforment la matière vivante en denrées alimentaires, sont assujettis à la loi[13]. Quelques décisions judiciaires en ont limité l'application à la tuerie ou à l'abattoir, à l'exclusion du magasin de vente[14]. Nous ne pensons pas que cette distinction soit fondée : car le découpage de la viande qui s'effectue dans le magasin est la continuation nécessaire et en quelque sorte inséparable des opérations de la tuerie.

93. — Pour la même raison nous pensons qu'une *charcuterie* tout entière[15] aussi bien le magasin de vente et le

---

[1] Reims, 16 août 1900, *Rec. min. comm.*, n° 3, p. 80. — *Contrà*, C. Bourges, 17 juill. 1901, *Rec. min. comm.*, n° 3, p. 844.

[2] *Contrà*, Trib. Fontainebleau, *Rec. min. comm.*, n° 3, p. 149.

[3] T. Remiremont, 17 juill. 1902, *Rec. min. comm.*, n° 7, p. 114.

[4] T. St-Etienne, 8 mars 1902, *Rec. jud. accid. trav.*, 1902, p. 255.

[5] Just. paix Lille, 12 févr. 1902, *Rec. min. comm.*, n° 7, p. 6.

[6] *Contrà*, Conseil d'État, 28 févr. 1902, D. 1902. 3. 17.

[7] *Contrà*, Conseil d'Etat, 17 mars 1902, D. 1902. 3. 49.

[8] T. Seine, 14 sept. 1900, *Gaz. Pal.*, 1901. 1. 385. C. Rouen, 15 févr. 1902, *Rec. min. comm.*, n° 7, p. 178. — *Contrà*, Evreux, 2 juill. 1901, *Gaz. Pal.*, 1901. 2. 246.

[9] C. Paris, 27 févr. 1901, *Rec. min. comm.*, n° 3, p. 755.

[10] *Contrà*, C. Orléans, 6 févr. 1902, *Rec. min. comm.*, n° 3, p. 844.

[11] Comité consult., 9 mars 1900, *J. O.* 4 avr. 1900, p. 2113.

[12] Comité consult., 9 mars 1900, *loc. cit.*

[13] Comité consult. avis du 10 janv. 1900, *J. O.* 16 févr. 1900, p. 1008. — *Contrà*, T. Limoges, 2 janv. 1903, Mayenne, 23 mai 1902, *Gaz. Pal.*, 1903. 1. 202. C. Agen, 14 mars 1903, S. 1903. 2. 96.

[14] Saint-Gaudens, 12 mars 1900, D. 1901. 2. 81. Caen, 31 oct. 1900, D. 1902. 2. 68, S. 1902. 2. 211.

[15] Comité consult. avis du 10 janv. 1900, *loc. cit.*

laboratoire que la tuerie, est assujetti au risque professionnel.

94. — Le garçon boucher ou charcutier, blessé en conduisant des bestiaux à l'abattoir ou à la tuerie ou encore en rapportant à la boucherie ou à la charcuterie les animaux abattus ou égorgés, a droit à l'indemnité légale; car ce double transport dépend du service industriel de l'exploitation. Mais il en serait autrement, ainsi que nous le verrons plus loin n° 98, si ce même garçon était blessé en portant de la viande au domicile d'un client, une telle commission ayant un caractère exclusivement commercial.

95. — Souvent un patron exerce deux professions distinctes, une profession industrielle et une profession commerciale; par exemple un marchand de vin est en même temps à la tête d'une distillerie et d'une fabrique de liqueurs. S'il a des employés spéciaux pour chacune de ces professions, le bénéfice de la loi est réservé exclusivement à ceux qui sont attachés à l'industrie. Mais il peut arriver que les mêmes employés aient à prêter leur concours aux travaux des deux exploitations; en pareil cas, ils sont fondés à se prévaloir de la garantie légale, mais à la condition d'établir que l'accident dont ils ont été victimes est survenu par le fait ou à l'occasion des opérations industrielles [1].

96. — Le même principe est applicable aux professions dans lesquelles la partie commerciale est nettement distincte de la partie industrielle. Cette division existe généralement dans la grande industrie où les magasins de vente, les bureaux de comptabilité, etc., n'ont rien de commun avec l'usine ou la manufacture. On en trouve aussi de fréquents exemples dans les professions plus modestes.

97. — Ainsi dans une *boulangerie,* seuls les mitrons qui fabriquent le pain sont protégés par notre loi, à l'exclusion des personnes préposées à la vente dans le magasin [2]. Il en est de même des ouvriers *pâtissiers* ou *confiseurs* qui travail-

---

[1] Cass. civ., 18 févr. 1903, D. 1903. 1. 376.
[2] Comité consultatif, 10 janv. 1900, *J. O.,* 16 févr. 1900, p. 1008. Douai, 24 juill. 1901, S. 1902. 2. 233. — *Contrà,* Montauban, 7 déc. 1900, *Gaz. Pal.,* 1901. 1. 481; C. Rennes, 26 nov. 1901, S. 1902. 2. 233; Saint-Calais, 23 mars 1902, *Gaz. Pal.,* 1902. 2. 40.

lent dans le laboratoire de la pâtisserie ou de la confiserie, tandis qu'on ne saurait étendre le bénéfice du risque professionnel aux demoiselles de magasin dont les occupations ont un caractère exclusivement commercial.

98. — La question est plus délicate lorsque dans une même profession le personnel a des fonctions tantôt industrielles, tantôt commerciales. Nous estimons que, dans ce cas, la garantie légale est restreinte aux seuls accidents survenus par le fait ou à l'occasion d'une occupation industrielle. Par exemple, le garçon boulanger ou pâtissier, qui a droit au bénéfice de la loi de 1898 s'il est blessé en pétrissant le pain ou en préparant des pâtisseries, ne pourrait s'en prévaloir pour l'accident dont il serait victime en portant des marchandises au domicile d'un client (V. n° 339).

99. — Chez les *tailleurs*[1], les *couturiers*, les *corsetiers*[2], les *modistes*[3] *dans les maisons de confection*, etc., les ateliers de couture, de coupe et d'essayage, rentrent dans la catégorie des manufactures, à raison de la nature des travaux qui s'y exécutent; mais il en est tout autrement des magasins de vente dont le caractère commercial est incontestable; et les employés ne peuvent se prévaloir du risque professionnel que pour les accidents survenus par le fait ou à l'occasion des travaux inhérents aux ateliers.

100. — Une distinction identique doit être faite pour les bijoutiers, horlogers, ferblantiers, etc.

101. — La cuisine *d'un restaurant et ses dépendances*[4] nous paraissent également assujetties au risque professionnel; car les substances alimentaires y subissent, par la cuisson et par les multiples préparations de l'art culinaire, des transformations qui revêtent un caractère industriel; et les employés attachés à cette partie de l'établissement, cuisiniers, marmitons, etc., sont, dans l'exercice de leurs fonctions spéciales, placés sous la protection de notre loi. Il en est autrement des

[1] Comité consultatif, 7 mars 1900, *J. O.*, 4 avr. 1900, p. 2113. — *Contrà*, Conseil d'État, 3 mai 1902, D. 1902. 2. 49.

[2] *Contrà*, Conseil d'État, 23 avr. 1902. D. 1902. 3. 49.

[3] *Contrà*, Conseil d'État, 28 févr. 1902, D. 1902. 3. 18.

[4] *Contrà*, Comité consultatif, 7 mars 1900, *J. O.*, 4 avr. 1900, p. 2113.

garçons de salle qui servent les consommateurs, leur emploi étant purement commercial.

102. — La cuisine d'*un café*, où se préparent des boissons chaudes, café, thé, chocolat, etc., doit être rangée, pour les mêmes motifs, au nombre des établissements assujettis. Au contraire les simples *buvettes* qui se contentent de vendre des boissons toutes préparées échappent à l'application de notre loi.

103. — *Le pharmacien*, lui aussi, fait subir aux substances médicamenteuses des transformations d'ordre industriel soit en exécutant les ordonnances des médecins soit en fabriquant des produits destinés à être vendus sous le nom de *spécialités*. Son laboratoire est donc assujetti et les employés qui y travaillent ont droit à la garantie légale contre les accidents dont ils peuvent être victimes dans les manipulations inhérentes à l'exercice de leur profession[1].

104. — Au contraire, le marchand de prunes, qui achète des prunes confites chez des propriétaires et se contente de leur faire subir un étuvage complémentaire, de les trier et de les emballer avant de les vendre, ne se livre à aucune opération industrielle susceptible de l'assujettir à la loi de 1898[2].

105. — Certaines opérations agricoles comportent elles aussi des transformations de matières premières; telle est la fabrication du beurre, du fromage, le sciage des arbres abattus en forêt, etc. Est-ce que les transformations de cette nature ne sont pas, dans certains cas, susceptibles, de revêtir un caractère industriel et par suite d'assujettir à notre loi les exploitations qui s'y livrent? Ces questions seront étudiées nos 916 et 921.

106. — Enfin, il arrive quelquefois que des ouvriers ou employés d'une profession industrielle sont victimes d'accident au cours de travaux domestiques. Le point de savoir

---

[1] D'après le Comité consultatif, les pharmaciens ne sont assujettis que lorsqu'ils fabriquent des matières premières pharmaceutiques ou des spécialités. Avis du 24 oct. 1900, *J. O.*, 1er nov. 1900. — *Contrà*, C. Chambéry, 21 avr. 1902, *Rec. min. comm.*, n° 7, p. 216 qui exempte dans tous les cas les pharmaciens de l'application de la loi.

[2] Cass. civ., 26 oct. 1903, *Gaz. Pal.*,1903. 2. 522.

s'ils peuvent se prévaloir du bénéfice de notre loi sera étudié n° 385.

107. — La question s'est posée de savoir si les usines et manufactures appartenant à l'État, aux départements, aux communes et aux établissements publics sont soumises, comme les exploitations privées, à la règle du risque professionnel. La réponse à cette question était expressément affirmative dans la plupart des projets de loi qui ont précédé le vote de notre texte. Elle faisait l'objet d'un paragraphe spécial dans toutes les propositions votées par l'une ou par l'autre des Chambres jusques et y compris celle du 5 décembre 1895. Ce paragraphe a été supprimé dans le projet adopté par le Sénat le 24 mars 1896; il n'a pas été rétabli dans la loi définitive. Doit-on en conclure que les exploitations privées soient seules assujetties à notre loi? Nous ne le pensons pas, et cela pour deux motifs : D'abord notre loi a un caractère d'ordre public; les termes de l'art. 30 l'attestent suffisamment. Elle doit donc recevoir l'application la plus large; il ne faut en excepter que les établissements spécialement désignés par le législateur lui-même. Or, une seule exception est inscrite dans la loi; on la trouve à l'art. 32 et elle ne concerne que les ouvriers, apprentis et journaliers appartenant aux ateliers de la marine et les ouvriers immatriculés des manufactures d'armes dépendant du ministère de la Guerre. Il en résulte que toutes les autres manufactures ou usines tombent sous l'application de la loi, sans qu'il y ait lieu de distinguer si elles appartiennent à l'État ou à une personne morale quelconque[1].

Un argument de texte fortifie cette opinion; il est tiré des termes de l'art. 13 sur les enquêtes et expertises. Les dispositions de cet article indiquent les procédures à suivre en matière d'expertise pour certains établissements appartenant à l'État. On doit en conclure que les établissements de l'État sont, eux aussi, assujettis au risque professionnel. A plus forte raison en est-il de même pour ceux qui appar-

---

[1] Ainsi un ouvrier blessé en service commandé dans un arsenal militaire est fondé à se prévaloir contre l'État du bénéfice de la loi. — Besançon, 11 juill. 1900, D. 1901. 2. 457.

tiennent aux départements, aux communes ou aux établissements publics [1].

108. — Une des conséquences de cette mesure est de faire disparaître la compétence des tribunaux administratifs, compétence fort peu justifiée d'ailleurs, en matière d'accidents survenus aux ouvriers qui travaillent dans les manufactures de l'État et à ceux qui sont employés à l'exécution de travaux publics [2].

III

Industrie du bâtiment et de la construction.

109. — La première partie du § 1 de l'art. 1, vise expressément « *l'industrie du bâtiment* ».

Sous le terme générique d'industrie du bâtiment, on englobe tous les différents métiers, toutes les entreprises qui concourent à la construction, à la réparation et à l'entretien des édifices. Telles sont tout d'abord la taille de la pierre, la marbrerie, la maçonnerie, la plâtrerie, la charpenterie, la couverture, la menuiserie, la peinture, la vitrerie, la pose de papiers peints, la plomberie, la zinguerie, la tôlerie, la serrurerie, le pavage, le dallage, le carrelage, la parquetterie, le badigeonnage, le ramonage des cheminées, les gravatiers, etc. [3].

110. — Cette industrie comprend aussi toutes les professions qui s'occupent de la fabrication ou de la réparation des objets destinés à être incorporés aux bâtiments, par exemple, celles qui ont trait à la fabrication ou à l'installation des calorifères, des conduites d'eau ou de gaz, des appareils d'acétylène, des sonneries électriques, des fils électriques, les fabricants de bardeaux, les entrepreneurs de fosses mobiles inodores.

111. — Tout ouvrage en maçonnerie, quelle qu'en soit la destination, a le caractère de bâtiment. Ainsi un puits est une construction souterraine. Par suite, l'ouvrier qui le creuse ou

---

[1] Trib. Seine, 7 juill. 1900, *Gaz. Pal.*, 1900. 2. 497; Trib. Narbonne, 27 nov. 1901, *Gaz. Pal.*, 1902. 1. 142.

[2] Rapport de M. Ricard, 25 févr. 1892, *J. O.*, Doc. parl., 1892, n° 301. Besançon, 11 juill. 1900, *loc. cit.*

[3] La liste complète des exploitations assujetties sera donnée, dans l'ordre alphabétique au tit. IV, chap. V, n° 1719.

le perfore, aussi bien que le maçon qui en construit les parois appartient à l'industrie du bâtiment[1] ; il en est de même du puisatier qui procède à des travaux de réparation ou de simple nettoyage.

112. — Les mêmes motifs nous portent à admettre dans cette catégorie le curage des égouts[2].

113. — Les constructions en bois ou en planches ressortissent aussi au bâtiment ; c'est ainsi qu'on doit appliquer la loi de 1898 aux entrepreneurs de construction ou de location de baraquements pour expositions, fêtes, concours, etc., aux constructions de barques, bateaux, canots, aux entrepreneurs de docks, cales ou forme pour la réparation des navires, etc. Au surplus la plupart des travaux de cette nature constituent aussi des chantiers assujettis (V. n[os] **120, 126** et s.).

114. — L'entreprise de vidanges peut-elle être classée dans cette industrie? La question est controversée[3].

115. — Certaines professions n'appartiennent que pour partie à l'industrie du bâtiment ; tels sont les tapissiers, les menuisiers, les serruriers, les ferblantiers, etc., qui fabriquent tantôt des objets destinés à être incorporés à des édifices tantôt des objets ayant une toute autre destination. Dans tous les cas, ces professions, opérant des transformations d'ordre industriel, tombent sous l'assujettissement de la loi de 1898, tout au moins à titre de manufacture, dans le sens large que la Cour de cassation a donné à ce mot[4].

IV

Des chantiers.

116. — Le chantier est, en principe, à l'industrie du bâtiment et de la construction ce que l'usine, la manufacture ou la fabrique sont à l'industrie de la production : pris dans son

---

[1] C. Bourges, 17 juin 1901, *Rec. min. comm.*, n° 3, p. 820. Avranches, 22 mai 1901. *Mon. jud. Lyon*, 24 nov. 1901.

[2] Seine, 31 déc. 1900, *Fr. jud.*, 1901. 2-151.

[3] Pour l'affirmative, C. Rouen, 18 févr. 1900, *Rev. jud. acc. trav.*, 1900, p. 341. — *Contrà*, Pontoise, 21 mars 1900, *Rec. min. comm.*, n° 3, p. 260.

[4] V. plus haut n°s 81, 87 et s. Dans le même sens, Com. consultatif, avis du 7 mars 1900, *J. O.*, 4 avr. 1900, p. 2113.

acception première, il signifie l'emplacement où des ouvriers
sont occupés à travailler le bois, la pierre, la terre et les différents matériaux destinés à l'édification de bâtiment ou à la
construction de routes, chemins, chaussées, travaux d'art, etc.
Mais peu à peu le sens de cette expression s'est élargi
et a fini par englober, du moins dans le langage courant,
tous les lieux de travail un peu vastes, ainsi que les dépôts
de marchandises des négociants en gros, quelle que soit la
nature des travaux qui y sont exécutés. Ainsi, indépendamment des chantiers du bâtiment et de terrassement proprement dits, il y a des chantiers où les ouvriers se livrent à des
transformations d'ordre industriel; dans d'autres au contraire
les manipulations ont un caractère exclusivement commercial;
enfin l'agriculture et l'exploitation des forêts ont aussi leurs
chantiers.

Parmi ces différents chantiers, quels sont ceux que notre
art. 1er a entendu viser? Il importe tout d'abord d'écarter
les chantiers agricoles, le risque professionnel n'étant applicable à l'agriculture que dans les cas limitativement spécifiés
par la loi du 30 juin 1899. Nous nous bornerons à dire quelques mots des exploitations forestières appartenant aux
marchands de bois n° 127, nous réservons de traiter au
chap. XII, nos 904 et s. des travaux agricoles et forestiers en
général.

117. — Nous n'avons donc à nous occuper pour le moment
que des trois autres sortes de chantiers : chantiers de terrassements, chantiers industriels et chantiers commerciaux. La
Cour de cassation a, sur ce point, facilité singulièrement
notre tâche : avec sa précision habituelle, elle a montré que
le législateur n'avait nullement songé à viser les chantiers
commerciaux et que seules les deux autres catégories de
chantiers rentraient dans la sphère d'application du risque
professionnel. « Si les ouvriers et employés occupés dans
les chantiers sont nommément appelés à bénéficier de la loi
de 1898, dit-elle dans son arrêt du 27 octobre 1903 [1]. le
mot « chantiers » ne doit pas être séparé des mots « usines

---

[1] *Monit. jud. de Lyon*, 8 nov. 1903 — *Gaz. Pal.*, 1903. 2. 546.

et manufactures » qui le précèdent et en précisent le sens ; il désigne l'endroit où des ouvriers travaillent ensemble, soit à *des terrassements*, soit à la *préparation industrielle de matériaux* ; il ne saurait s'appliquer aux magasins ou entrepôts, quelque considérables qu'ils soient, dans lesquels le commerçant dépose des marchandises qui en doivent sortir sans y avoir subi aucune transformation ».

Ainsi les terrassements ou la préparation industrielle des matériaux, tels sont les travaux caractéristiques des chantiers assujettis. Nous les étudierons séparément.

a) *Terrassements.*

118. — Par terrassements, il faut entendre tous les travaux de creusement ou de déplacement de terres ou de pierres dans un but autre qu'un but agricole[1] ; tels sont ceux qui sont relatifs à la construction, à la réparation ou à l'entretien des routes, chemins, chaussées, voies ferrées, canaux, digues, ouvrages d'art, etc., ainsi qu'aux fondations d'édifices, maisons, murs, etc.

119. — Un chantier de terrassement ne comporte pas nécessairement la réunion de plusieurs ouvriers comme semble l'indiquer l'arrêt rapporté plus haut de la Cour de cassation. Le creusement d'une fondation, la réparation d'un chemin rural n'exigent souvent que la présence d'un seul manœuvre : le lieu de travail de ce terrassier n'en est pas moins un chantier assujetti. Tel est le cas du cantonnier préposé à l'entretien d'une chaussée ou encore des casseurs de pierres espacés de loin en loin sur le bord des routes.

120. — Le chantier ne doit pas, non plus, être limité aux seuls terrassements ; il s'étend aussi à tous les travaux inhérents à la construction des édifices, maçonnerie, charpenterie, plâtrerie, etc., sans, pour cela, faire nécessairement double emploi avec l'industrie du bâtiment. Il arrive souvent, en effet, qu'un particulier quelconque, un rentier par exemple, qui veut édifier une maison ou un bâtiment, prend plaisir à diriger lui-même les travaux de construction, embauche les

[1] L'agriculture est, en effet, régie par une loi spéciale qui sera étudiée au chap. XII du titre I, nos 904 et s.

ouvriers, leur donne des ordres et se comporte, en un mot, comme un véritable entrepreneur agissant pour son propre compte. Comme il n'appartient pas à l'industrie du bâtiment il ne peut être, à ce titre, assujetti à la loi; mais alors c'est en qualité de créateur et directeur de chantier que la législation du risque professionnel lui est applicable.

Les mêmes principes seraient applicables aux propriétaires de ménageries ou autres exhibitions foraines à raison des accidents qui surviendraient à leurs employés pendant la construction ou la démolition de leurs baraquements[1].

b) *Préparation industrielle des matières.*

121. — Nous arrivons aux chantiers que nous avons appelés chantiers industriels et qu'il importe de ne pas confondre avec les entrepôts de commerce improprement qualifiés de chantiers. La *préparation industrielle*, dont parle la Cour de cassation, implique une transformation ayant pour effet de changer la nature de la matière ou de lui donner une propriété nouvelle. Tous les chantiers de cette catégorie étant déjà compris sous le terme générique de manufacture, tel qu'il a été défini plus haut, nous nous bornerons à traiter ici des entrepôts de commerce qui peuvent exceptionnellement ou incidemment revêtir le caractère de chantiers.

122. — Il est tout d'abord des entrepôts de commerce qui, par leur nature même, ne comportent aucune manutention autres que celles nécessitées par les entrées, les sorties, le classement ou le triage des marchandises : ceux-là ne sont, dans aucun cas, considérés comme des chantiers visés par notre art. 1er. Tels sont : 1° les marchands de charbons[2]; 2° les marchands de chiffons[3] ; 3° les négociants en grains[4]; 4° les négociants en pailles et fourrages[5] ; 5° le négociant en cuirs qui ne fait subir aux cuirs aucune préparation[6];

---

[1] T. Nancy, 13 mars 1901, *Rec. min. comm.*, n° 3, p. 545.
[2] Cass., 27 oct. 1903 (*Mon. jud. de Lyon*, 8 nov. 1903. *Gaz. Pal.*, 1903. 2. 546.
[3] Cass. Ch. cr., 10 juin 1902. C. Lyon, 20 juin 1902, *Rec. min. comm.*, n° 7, p. 289 et 241.
[4] T. Amiens, 3 avr. 1900, *Rec. min. comm.*, n° 3, p. 273.
[5] T. Apt, 6 mars 1901, *Rec. min. comm.*, n° 3, p. 222. T. Melun, 7 févr. 1902, *Rec. min. comm.*, n° 7, p. 47.
[6] C. Rouen, 18 mai 1901, *Rec. min. comm.*, n° 3, p. 819.

6° le marchand de métaux qui se borne à l'achat et à la vente des métaux[1] ; 7° les commissionnaires en bestiaux[2] ; 8° les mareyeurs[3] ; 9° les marchands d'eaux minérales[4] ; 10° le marchand de denrées alimentaires ou coloniales[5] ; 11° le marchand ou l'entrepositaire de bicyclettes, s'il n'a aucun atelier de fabrication ou de réparation[6] ; 13° l'épicier en gros ou en détail[7], etc.

Le fait de faire subir à des prunes déjà confites un étuvage complémentaire, de les trier et de les emballer ne constitue pas une préparation industrielle susceptible de donner à l'entrepôt, où ces opérations sont effectuées, le caractère de chantier assujetti[8].

Les sécheries de morues comportent-elles des transformations industrielles ? La question est controversable[9].

123. — En principe, le simple mélange de matières ne constitue pas une préparation d'ordre industriel, car il ne produit pas de transformation ; c'est ainsi que les entrepôts de marchands d'engrais chimiques, dans lesquels on ne procède qu'à des mélanges ne doivent pas être classés au nombre des chantiers assujettis[10].

124. — Il en est de même des caves et entrepôts des marchands de vins en gros[11]. La manipulation et le nettoyage des fûts, le coupage des vins, leur mise en bouteille, etc., sont des opérations purement commerciales. La question me paraît plus délicate en ce qui concerne la pasteurisation qu'on fait subir aux vins fins avant leur mise en bouteille et aussi en ce qui concerne la champagnisation des vins blancs ; nous ne pensons pas cependant que ces préparations constituent des

---

[1] T. Seine, 30 avr. 1901, *Rec. min. comm.*, n° 3, p. 566.

[2] C. Paris, 18 nov. 1902, *Rec. min. comm.*, n° 7, p. 270.

[3] T. Boulogne, 7 déc. 1900, *Rec. min. comm.*, n° 3, p. 467.

[4] T. Seine, 19 juill. 1902, *Rec. min. comm.*, n° 7, p. 116.

[5] Paris, 16 nov. 1901, *Gaz. Pal.*, 1901, 2 tabl., v° *Responsabilité*, n° 96.

[6] T. Fontainebleau, 29 nov. 1900, *Rec. min. comm.*, n° 3, p. 459.

[7] T. Nantes, 25 avr. 1901, *Rec. min. comm.*, n° 3, p. 563 ; T. Condom, 26 déc. 1901, *Rec. min. comm.*, n° 7, p. 34.

[8] Cass. civ., 26 oct. 1903, *Gaz. Pal.*, 1903. 2. 522.

[9] Pour l'affirmative, avis Comité consult., 24 oct. 1900, *J. O.*, 1er nov. 1900.

[10] T. Bordeaux, 15 févr. 1901, *Fr. jud.*, 1901. 2. 156.

[11] C. Dijon, 13 juin 1900, D. 1901. 2. 253. Bourges, 25 nov. 1901, S. 1902. 2. 213. — *Contrà*, Paris, 12 janv. 1901, S. 1902. 2. 68, D. 1901. 2. 253.

transformations industrielles les faisant tomber sous l'application de notre loi, si du moins il n'y est fait usage d'aucun moteur inanimé. Tout au contraire les ateliers de tonnellerie annexés quelquefois aux commerces des marchands de vins ont un caractère nettement industriel qui met hors de doute leur assujettissement[1].

125. — Les coulisses d'un théâtre constituent-elles un chantier assujetti? L'affirmative ne me paraît pas douteuse[2] car, en admettant qu'il ne s'y fasse pas de transformation d'ordre industriel proprement dit, la pose, l'enlèvement et les changements de décors relèvent de l'industrie du bâtiment; par suite, tous les ouvriers machinistes sont protégés par notre loi. Il est bien entendu que cette protection ne s'étend pas au personnel des artistes. Un artiste ou un pompier blessé par la chute d'un décor ou par suite de l'effondrement d'un plancher n'aurait que le recours de droit commun.

126. — Les travaux de transformation du bois donnent aussi au lieu où ils s'exécutent le caractère de chantier assujetti. Dans cette catégorie on peut citer les fabricants d'échelles, les équarrisseurs de bois, etc., et beaucoup d'autres professions qui appartiennent déjà à l'industrie du bâtiment (V. n° 113).

Les entrepôts des marchands de bois sont soumis aux mêmes règles. Si le bois n'y subit aucune transformation telle que équarissage, sciage en planches, etc., ils ont un caractère exclusivement commercial qui leur permet d'échapper à l'application de notre loi. L'importance du commerce est ici sans intérêt[3].

127. — Il arrive souvent qu'indépendamment de ses entrepôts, un marchand de bois exploite des coupes en forêt. En principe, une exploitation forestière est exclue de la sphère d'application du risque professionnel, à raison de sa nature agricole; mais, par exploitation forestière, on doit entendre exclusi-

---

[1] C. Dijon, 13 juin 1900, Paris, 12 janv. 1901, précités. — *Contrà*, Bourges, 2 nov. 1901, *loc. cit.*

[2] C. Montpellier, 20 mars 1902, *Rec. min. comm.*, n° 7, p. 201. — *Contrà*, Paris, 5 juill. 1902, *Rec. jud. acc. trav.*, 1902, p. 323.

[3] Conseil d'Etat, 28 févr. 1902, D. 1902. 3. 18; 17 mars 1902, D. 1902. 3. 49. — *Contrà*, Paris, 16 févr. 1901, *Rec. min. comm.*, n° 3, p. 748.

vement les travaux exécutés pour assurer l'abatage du bois et pour en permettre l'enlèvement, c'est-à-dire l'abatage proprement dit, l'ébranchage, l'écorçage, le sciage en bûches, l'empilage [1]. Il n'importe que ces travaux soient exécutés pour le compte du propriétaire du sol ou pour le compte d'un marchand acquéreur de la coupe [2]. Mais tous les autres travaux de transformation de bois, tels que le sciage en planches, l'équarrissage, etc., cessant d'avoir un caractère agricole, feraient de l'exploitation un chantier assujetti.

V

Industrie des transports.

128. — L'industrie du transport est représentée dans la première partie de notre paragraphe par trois sortes d'entreprises : 1° les entreprises de transport par terre et par eau ; 2° les entreprises de chargement et de déchargement ; 3° les magasins publics.

a) Entreprises de transport par terre et par eau.

129. — Ces entreprises embrassent tous les transports sans distinction entre ceux qui concernent les personnes et ceux qui s'appliquent aux marchandises [3].

130. — *Dans les transports par terre*, on comprend le roulage, le camionnage, la traction sur voie ferrée (chemins de fer à vapeur, à électricité, à pétrole, à air comprimé, à force animale), entreprises d'omnibus, de tramways, de fiacres [4], de diligences, de pataches, de voitures de remise, de location de voitures suspendues, de cabriolets, de charrettes [5], de bau-

---

[1] Cass. civ., 4 août 1903, 26 oct. 1903, *Gaz. Pal.*, 1903. 2. 539, Conseil d'État, 28 févr. 1902, précité. Saint-Dié, 17 juin 1900, *Gaz. Pal.*, 1900. 1. 130. Nancy, 15 nov. 1900, *Rec. min. comm.*, n° 3, p. 698. — V. aussi chap. XII, n°ˢ 921 et s. — *Contrà*, C. Paris, 2 avr. 1901, Pau, 17 mai 1901, *Rec. min. comm.*, n° 3, p. 785 et 816. Comité consultat., avis du 21 juin 1899, *J. O.*, 6 janv. 1900.

[2] Cass. civ., 26 oct. 1903, *Gaz. Pal.*, 1903. 2. 539.

[3] Cass. req., 23 juin 1903, *Gaz. Pal.*, 1903.2.130 ; qui reconnaît aux cochers de fiacre le droit de se prévaloir du bénéfice de notre loi. C. Paris, 15 févr. 1902, *Rec. min. comm.*, n° 7, p. 180.

[4] Mêmes décisions.

[5] Saint-Étienne, 11 févr. 1901, *Rec. min. comm.*, n° 3, p. 529.

deliers, de chaises à porteurs ou fauteuils roulants, entreprises de relais, exploitations de wagons ou de voitures pour
le transport des voyageurs ou marchandises par voies ferrées, entreprises des commissionnaires porteurs pour les fabricants de tissus, celles des porteurs d'eau, entreprises d'inhumation et de pompes funèbres[1], exploitations de pontons ou
débarcadères, entreprises de transport des détenus, entreprises d'enlèvement des boues, immondices et ordures[2], etc.[3].

131. — *Les transports par eau* s'appliquent à la navigation fluviale ou par canaux, aux entreprises de location de
canots et bateaux, de bêtes de trait pour le halage[4] et le ren-
fort, aux entreprises des chefs de ponts et pertuis, au flottage
par radeaux, au passage des cours d'eau par bacs et bateaux,
au remorquage, etc.

132. — Doit-on y comprendre aussi la navigation maritime? Non[5]; car dans le langage du Code de commerce l'expression « entreprises de transports par terre et par eau » ne
s'applique pas aux transports maritimes. Ainsi notamment
les articles de ce Code qui au titre I sont inscrits dans la section III du titre IV sous la rubrique « : Des commissionnaires
pour les transports par terre et par eau », ne concernent que
les transports terrestres et fluviaux; le livre II est spécialement consacré au commerce maritime et, pour l'action en
recours au cas de dommage arrivé à la marchandise, l'art. 435
qui fait partie de ce livre a formulé des règles autres que
celles qui ont trouvé place au livre I dans les art. 105 et 108.
Enfin, au titre de la compétence des tribunaux de commerce,
les art. 632 et 633 du même Code visent et énumèrent dis-
tinctement l'un, les entreprises de transport par terre ou par
eau, l'autre les entreprises maritimes et les engagements des
gens de mer pour le service des bâtiments de commerce. Or,

[1] *Contrà*, Seine, 30 mars 1901, *Rec. min. comm.*, n° 3, p. 554. Cette décision
se fonde sur ce que l'administration des pompes funèbres n'aurait pas le caractère
d'une entreprise.

[2] C. Angers, 12 mars 1902, *Gaz. Pal.*, 1902.1.728. — *Contrà*, C. Bordeaux,
28 mai 1901, *Rec. min. comm.*, p. 133.

[3] La liste complète des exploitations assujetties sera donnée, dans l'ordre alphabétique, au tit. IV, chap. V, n° 1719.

[4] Cambrai, 6 juin 1901, *Rec. min. comm.*, n° 3, p. 504.

[5] Cass. civ., 2 févr. 1903, *Gaz. Pal.*, 1903.1.238, D. 1903.1.180.

dans l'art. 1er de la loi de 1838, les mots « entreprises de transport par terre et par eau » n'ont pas un autre sens, ni une autre portée[1].

133. — On sait qu'une loi du 23 avril 1898 crée au profit des marins français une caisse nationale de prévoyance contre les risques et accidents de leur profession. Elle s'applique à la navigation maritime en général, c'est-à-dire à la navigation au long cours, au cabotage, à la grande et à la petite pêche, au pilotage, au bornage ainsi qu'aux bâtiments de plaisance munis de rôle d'équipage (art. 4 de ladite loi), mais le bénéfice en est limité aux inscrits maritimes. Par suite les accidents, dont sont victimes les non-inscrits maritimes employés à bord des paquebots, embarcation et tous bâtiments autres que les navires de guerre ou de plaisance, n'étant garantis ni par la loi du 23 avril 1898, ni par notre loi du 9 avril 1898, relèvent du droit commun. Ainsi un garçon d'hôtel blessé à bord d'un paquebot n'a que l'action en dommages-intérêts dérivant des art. 1382 et s. du Code civil[2].

134. — De même l'inscrit maritime blessé au cours d'une opération de déchargement ou de chargement ne peut invoquer le bénéfice de la loi du 9 avril 1898 ; car il fait acte de marin, la remise de la cargaison soit à quai, soit sous palan, incombant en principe au navire[3]. Mais alors la loi du 23 avril 1898 lui est applicable.

135. — Il est important de remarquer que les dispositions de l'art. 1er de notre texte visent, non tous les transports, mais seulement les *entreprises* de transport. L'entrepreneur de transport est celui qui, dans un but de lucre, transporte des meubles ou objets quelconques pour le compte d'autrui. Le commerçant ou l'agriculteur, dont l'exploitation n'est pas *de plano* assujettie à la loi, peut, à l'aide de ses

---

[1] Cass. civ., 2 févr. 1903, précité.

[2] Cass. civ., 2 févr. 1903, D. 1903. 1. 180. — *Contrà*, C. Rouen, 2 juill. 1901, *Gaz. Pal.*, 1901. 2. 311. C. Rennes, 17 déc. 1901, *Gaz. Pal.*, 1902. 1. 320. C. Aix, 2 avr. 1900, S. 1901. 2. 214. Comité consult., avis du 10 janv. 1900, *J. O.*, 1900, p. 1001.

[3] Cass. civ., 3 mars 1902, *Gaz. Pal.*, 1902. 1. 416, D. 1902. 1. 478. — *Contrà*, Bordeaux, 31 déc. 1901, *Gaz. Pal.*, 1901. 2. 311.

chevaux et de ses voitures et avec le concours de ses domestiques, effectuer le camionnage de ses produits ou de ses
marchandises, sans être pour cela à la tête d'une entreprise
de transport ; les charrois qu'il opère dans ces conditions
échappent donc à l'application de notre loi et les accidents
auxquels ils donneraient lieu resteraient soumis aux règles
de droit commun[1].

136. — Toutefois une entreprise de transport peut n'être
que temporaire. Ainsi un commerçant non assujetti, qui se
charge pendant un certain temps d'effectuer des transports
pour le compte des tiers, tombe à raison de ces transports
sous l'application de la loi[2].

137. — Mais un fait unique et exceptionnel de transport
pour le compte d'un tiers est insuffisant pour constituer l'entreprise de transport dans le sens de notre loi[3].

138. — Il est bien entendu que si les véhicules employés,
au lieu d'être à traction animale, empruntaient leur force
motrice à un élément (vapeur, pétrole, électricité), la
deuxième partie de l'art. 1er deviendrait applicable et les
victimes pourraient, en pareil cas, invoquer le bénéfice du
risque professionnel[4].

b) Entreprises de chargement et de déchargement.

139. — Ce sont les entreprises accessoires à l'industrie
des transports. Bien que, dans les discussions au parlement,
on paraisse avoir particulièrement visé les chargements et les
déchargements de navires, il est certain que notre texte est
beaucoup plus général et qu'il s'applique notamment aux
entreprises de chargement et de déchargement des voitures,
à celles de déménagement[5], aux dépéceurs de voitures et bateaux, aux arrimeurs, aux entreprises du déchargement et de
l'ensilage des betteraves, etc.

[1] T. comm. Troyes, 19 mars 1900, *Gaz. Pal.*, 1900. 1: 811. Rouen, 15 déc.
1900, *Rec. min. comm.*, n° 3, p. 474. C. Paris, 7 févr. 1902. *Fr. jud.*, 1902. 2.
174. C. Paris, 16 nov. 1901. *Gaz. Pal.*, 1902. 1. 264.
[2] T. Narbonne, 13 févr. 1900, D. 1901. 2. 82. C. Rennes, 26 nov. 1901, *Gaz.
Pal.*, 1901. 2. 709.
[3] Bordeaux, 28 mai 1901, S. 1902. 2. 236.
[4] Comité consult., avis du 29 mai 1899, *J. O.*, 20 déc. 1899, p. 8192.
[5] C. Bourges, 7 févr. 1901, *Rec. min. comm.*, n° 3, p. 744.

140. — Faut-il aller plus loin et y comprendre aussi les autres exploitations accessoires, telle que l'emballage, le pesage, le mesurage, etc? Je ne le pense pas. L'énumération de cette première partie a un caractère limitatif. Au surplus, on s'explique aisément la raison de cette distinction. Les manutentions de chargement et de déchargement présentent des dangers bien plus grands que celles d'emballage, de mesurage, de pesage, etc.

141. — Comme en matière de transport, l'art. 1er ne vise que les *chargements* ou *déchargements* qui ont le caractère d'*entreprise*[1].

Lorsqu'un particulier ou un commerçant aura recours à un entrepreneur de chargement ou de déchargement, il lui arrivera assez fréquemment de mettre à la disposition de celui-ci ses propres ouvriers ou employés. Si un accident survient, les ouvriers ou employés du commerçant ou du particulier pourront-il se prévaloir du bénéfice de la loi et à qui devront-ils demander une indemnité? à leur propre patron ou à l'entrepreneur de chargement ou de déchargement? Si l'ouvrier ou employé du particulier ou du commerçant a prêté son concours à l'entrepreneur de déchargement avec l'assentiment de celui-ci, il s'est formé entre eux un véritable contrat de louage d'ouvrage et dès lors c'est l'entrepreneur qui est en principe débiteur de l'indemnité. Dans le cas au contraire où l'assistance aurait été prêtée spontanément et malgré le refus de l'entrepreneur, celui-ci n'encourrait aucune responsabilité et les règles du droit commun seraient seules applicables (V. n° 191).

c) Magasins publics.

142. — On doit comprendre sous cette expression les magasins généraux qui sont soumis par les décrets de 1848 et les lois de 1858 et de 1870 à l'autorisation du Gouvernement, les monts-de-piété et les salles de ventes publiques[2] pour les-

---

[1] C'est ainsi qu'on ne saurait considérer comme tombant sous l'application de la loi les opérations de chargement ou de déchargement effectuées par les employés d'un négociant en grains et pour le compte de celui-ci. T. Saint-Brieuc, 24 août 1901, *Gaz. Pal.*, 1902. 1. 380.

[2] Par suite, les commissaires-priseurs qui ont des salles de vente sont assujettis au

quelles l'autorisation est également nécessaire (loi de 1851 et décrets de 1859), les entrepôts de douane énumérés dans le tarif des douanes (édition de 1855) et ceux qui ont été créés depuis, les bâtiments affectés aux Expositions lorsqu'ils ont été constitués en entrepôts réels des douanes (décrets du 25 août 1886)[1].

DEUXIÈME SECTION.

Des exploitations comportant la fabrication ou mise en œuvre de matières explosives ou l'usage d'un moteur inanimé.

143. — La partie de l'art. 1er qui nous occupe et ainsi conçue : « *Les accidents survenus ..... dans toute exploitation ou partie d'exploitation dans laquelle sont fabriquées ou mises en œuvre des matières explosives ou dans laquelle il est fait usage d'une machine mue par une force autre que celle de l'homme ou des animaux, donnent droit*, etc. ».

Pour qu'un établissement, ne rentrant pas dans la nomenclature du paragraphe précédent, soit soumis à l'application de la loi, il faut qu'il remplisse les deux conditions suivantes :

1° Qu'il constitue une exploitation ;

2° Qu'il y soit fabriqué ou mis en œuvre des matières explosives ou encore qu'il y soit fait usage d'un moteur à force élémentaire.

144. — *Première condition*. Il faut qu'il constitue une exploitation.

Par exploitation, on doit entendre un établissement ayant un caractère commercial ou industriel dans le sens que nous avons indiqué en traitant de la législation allemande, n° 56.

Il faut que l'exploitation ou l'entreprise ait un but de lucre, que le chef de l'établissement ait en vue de vendre ses produits ou d'en tirer profit. En un mot, quelque général ou extensif que soit le caractère de cette condition, ses limites ne dépassent pas le domaine industriel ou commercial. L'idée

risque professionnel. Ils y échappent au contraire s'ils font des ventes publiques à domicile.

[1] Observation de M. Ricard dans la séance du 26 juin 1888, *J. O.*, Ch., Déb. parl., p. 1302. Chardiny, *Comment. de la loi sur la resp. des accidents*, p. 67.

qui sert de fondement à la nouvelle législation[1], c'est que la
réparation des accidents industriels doit rentrer dans les frais
généraux et se répartir entre les objets fabriqués avec les
dépenses qui figurent dans ce compte; le patron ne fait qu'une
avance à l'ouvrier dont il se récupère sur le prix du produit.
Ce raisonnement suppose donc deux personnes associées dans
une œuvre de production industrielle.

Par suite, un laboratoire de chimie ou de physique dépendant d'une faculté, d'un lycée ou d'un établissement d'instruction, une école technique où les travaux des élèves ont
un but exclusif d'enseignement échappent à l'action de notre
loi. Alors même qu'on y fabriquerait des matières explosives
ou qu'on ferait usage de moteurs à force élémentaire, les
accidents en résultant ne seraient pas jugés d'après les règles
du risque professionnel.

La question serait plus délicate s'il s'agissait d'un asile d'a-
liénés; car beaucoup d'établissements de ce genre contiennent
de véritables exploitations susceptibles de procurer des gains.
Il en est de même des maisons d'arrêt ou de détention dans
lesquelles des entrepreneurs occupent les prisonniers à certains travaux et en retirent des bénéfices[2]. De même encore
les établissements municipaux d'assistance par le travail sont
soumis à notre loi toutes les fois que les chefs d'entreprise
faisant exécuter les mêmes travaux y seraient eux-mêmes
assujettis[3].

Par application des principes qui viennent d'être exposés,
l'emploi d'une automobile assujettit un commerçant au
risque professionnel, lorsque cet emploi a un but commercial[4],
il est au contraire sans effet pour le particulier qui s'en sert
par pur agrément (V. n° 135).

Une officine de pharmacie ou un laboratoire de droguiste
peut aussi constituer une exploitation dans le sens de notre
article.

145. — *Deuxième condition.* Cette condition se subdivise

---

[1] Tarbouriech, *Accidents du travail*, p. 247.
[2] Nous traiterons cette question, n°s 199 et s.
[3] Avis du comité consultatif du 20 déc. 1899, *J. O.*, 6 janv. 1900.
[4] Dans ce sens, Loubat, *op. cit.*, n° 123.

en deux branches qui sont alternatives : ou bien fabrication ou mise en œuvre de matières explosives, ou bien usage d'une machine mue par une force élémentaire.

a) *Fabrication ou mise en œuvre de matières explosives.*

146. — Si le risque professionnel s'étendait à toutes les exploitations qui emploient des matières explosives, on peut dire qu'aucune profession n'échapperait à l'application de la loi, tant sont nombreuses les substances qu'on peut qualifier d'explosives : le pétrole, l'acide picrique, le chlorate de potasse, le gaz acétylène, le gaz d'éclairage, le sulfure de carbone, etc.[1]. C'est cependant ce que le législateur avait admis dans son texte primitif. Aujourd'hui l'emploi ne suffit plus; il faut ou bien la *fabrication* ou bien la *mise en œuvre*. Le mot « fabrication » n'a pas besoin d'être expliqué. Mais qu'est-ce au juste que la « mise en œuvre »? Cette expression est susceptible d'un double sens. Le premier qui se présente à l'esprit, c'est que mettre en œuvre une matière explosible c'est s'en servir en vue d'utiliser la propriété explosive dont elle est douée.

Telle ne paraît pas cependant avoir été la pensée du rapporteur de 1898 qui a remplacé l'expression « *emploi* » par celle de « *mise en œuvre* ». Cette substitution de mots aurait été motivée par la crainte que le simple emploi du gaz ou de l'acétylène pour l'éclairage dans les ateliers, les ouvroirs ou les salles de réunion quelconque n'eût pour effet de soumettre ces établissements au risque professionnel; et le rapporteur ajoute : « Le seul emploi de ces substances ne doit évidemment pas donner lieu à l'application de la loi. Il faudra mettre en œuvre ces matières. En d'autres termes, l'article vise la fabrication, la manipulation industrielle, et seulement les accidents qui peuvent survenir dans l'usine où elles sont préparées pour la consommation ou à l'occasion de la consommation »[2].

---

[1] Le comité consultatif a émis l'avis que l'alcool, malgré les risques spéciaux de sa manutention, ne saurait être assimilé à une *matière explosive* au sens de la loi (avis du 31 mai 1899, *J. O.*, 6 janv. 1900).

[2] Rapport Thevenet du 25 janv. 1898. *J. O.*, Doc. parl., Sénat, 1898, p. 55.

Ainsi, le fait par un établissement industriel de s'éclairer au gaz ou à l'acétylène ne le range pas au nombre de ceux dans lesquels une substance explosive est mise en œuvre ; car, si le gaz d'éclairage et l'acétylène sont des substances explosives, les ouvriers et employés de l'établissement qu'ils éclairent ne sont pas appelés par leurs fonctions à les manipuler [1].

A l'inverse, dans un atelier de teinturerie où l'on fait usage d'acide picrique en tant que colorant, le risque professionnel est applicable ; car l'acide picrique, qui a des propriétés explosives, est livré à la manipulation industrielle des ouvriers teinturiers. Par suite, si un récipient renfermant de cet acide vient à faire explosion, la victime d'un tel accident pourra se prévaloir des dispositions de notre loi. Il en serait de même chez un dégraisseur qui, pour l'exercice de sa profession, fait manipuler par ses employés de l'essence de pétrole ou de l'essence de térébenthine. Par un motif identique, on devrait décider que, dans une pharmacie, l'employé qui, en manipulant du chlorate de potasse pour une préparation médicale, provoque une explosion et reçoit des blessures, est garanti par le principe du risque professionnel.

147. — Si maintenant nous admettons que, dans une exploitation on fabrique ou mette en œuvre des matières explosives, en résultera-t-il que tous les employés de cette exploitation soient appelés à bénéficier, le cas échéant, des dispositions de notre loi ? On doit faire sur ce point la distinction suivante : Quand la fabrication ou la mise en œuvre de cette substance est limitée à une partie de l'exploitation, cette partie seule est soumise au risque professionnel. Ainsi un droguiste adjoint à son exploitation un laboratoire de chimie pour la fabrication de plusieurs matières explosives, et il a eu soin de le séparer nettement des autres parties de son établissement. Seuls les employés attachés au laboratoire bénéficieront du risque professionnel. J'ajoute qu'ils en bénéficieront non seulement pour les blessures produites par une explosion, mais encore à raison des accidents de toute nature dont ils

[1] Dans ce sens, C. Chambéry, 22 avr. 1902, *Législat. nouv.*, 1902. 2. 78. C. Paris, 10 mai 1902. *Rev. jud. acc. trav.*, 1902, p. 251.

pourraient être victimes dans leur travail. Cette distinction, d'ailleurs fort équitable, a été formellement exprimée par le législateur qui, sur la proposition de M. Dron, a ajouté dans ce but aux mots « dans toute exploitation » ceux de « ou partie d'exploitation » [1].

b) *Usage d'une machine mue par une force élémentaire.*

148. — Comme dans l'hypothèse précédente, l'application de notre loi est limitée à la partie de l'exploitation qui emploie le moteur à force élémentaire; mais les ouvriers dépendant de cette partie de l'exploitation bénéficient du risque professionnel pour tous les accidents dont ils pourraient être victimes à raison de leur travail, alors même que la cause en serait étrangère au moteur. Ainsi, un négociant en vins, assujetti à la loi, non à raison de la nature de son commerce, mais seulement par suite de l'installation d'un moteur électrique dans une partie de son magasin, n'est pas garant, dans les termes de notre loi, d'un accident survenu à un de ses ouvriers voituriers, pendant le transport de marchandises au domicile d'un client [2].

149. — La loi ne fait aucune distinction entre l'emploi permanent et l'emploi temporaire d'un moteur à force inanimée. Il suffit qu'une exploitation fasse usage, même accidentellement d'une de ces machines pour tomber sous l'application de la loi dans les limites que nous venons d'indiquer. Si toutefois, c'est à titre exceptionnel que l'exploitation a recours à l'emploi d'une force élémentaire, elle ne sera assujettie à l'application de la loi que pendant la durée de l'emploi de cette machine. Par exemple, un commerçant fait pendant quelques jours l'essai d'un moteur à gaz ou à pétrole pour actionner un monte-charge, puis il renonce à ce procédé. Son magasin ne sera soumis à l'application du risque professionnel que pendant le laps de temps où le moteur aura fonctionné.

150. — Parmi les moteurs à force élémentaire on peut citer

---

[1] V. exposé des motifs de la proposition de M. Dron, *J. O.*, Doc. parl., Ch., 1891, n° 346.
[2] C. Chambéry, 17 juin 1903, *Mon. jud. Lyon*, 17 sept. 1903.

les machines à vapeur, à pétrole, à gaz, à air comprimé, à électricité, les moulins à vent ou à eau, les turbines, etc.

NOTA. — Le présent chapitre sera complété au tit. IV, chap. V, nᵒˢ 1719 et s., où nous donnerons la nomenclature complète et détaillée des professions passibles de la taxe spéciale du fonds de garantie, telle qu'elle a été dressée par l'administration des contributions directes.

CHAPITRE II

DES OUVRIERS ET EMPLOYÉS APPELÉS AU BÉNÉFICE
DE LA LOI SUR LES ACCIDENTS.

151. — Notre loi met à la charge des *chefs d'entreprise* la réparation partielle des accidents survenus par le fait ou à l'occasion du travail aux *ouvriers et employés* occupés dans une des exploitations visées par l'art. 1er.

Le précédent chapitre ayant été consacré aux exploitations assujetties, il convient de rechercher et de préciser les personnes à qui le risque professionnel est applicable, c'est-à-dire, d'une part les *ouvriers et employés* qui, en cas d'accidents, deviennent créanciers de l'indemnité légale, d'autre part les *chefs d'entreprise* appelés à devenir débiteurs de cette indemnité.

Dans le présent chapitre nous nous occuperons exclusivement des *employés et ouvriers*, nous réservant d'étudier les chefs d'entreprise dans le chapitre suivant.

PRÉLIMINAIRES. — HISTORIQUE.

152. — LOI ALLEMANDE[1]. — L'art. 1er de la loi de 1884 modifiée par la loi du 30 juin 1900 rend l'assurance obligatoire pour « tous les ouvriers et employés d'exploitation qui sont occupés dans les établissements assujettis et dont le gain annuel en salaire ou en traitement ne dépasse pas 3.000 marcs ». Il n'est fait aucune distinction d'âge, de sexe ou de nationalité[2]. Les quatre conditions suivantes sont seulement exigées, à savoir :

---

[1] Les renseignements qui suivent sont tirés de la jurisprudence de l'Office impérial des assurances de l'Allemagne recueillies dans *Handbuch der Unfallversicherung*, nos 10 et s. Leipsick, *Verlag von Breitkopf und Hærtel*, 1897. V. aussi Bellom, *Lois d'assurances ouvrières à l'étranger*, t. II, p. 79.

[2] En ce qui concerne la nationalité, il importe de faire une réserve. Si tous les ouvriers étrangers sont assujettis à la loi d'assurance comme les ouvriers allemands, ils n'en retirent pas dans tous les cas le même profit. Leurs parents survivants n'ont droit à aucune part d'indemnité, si au moment de l'accident ils ne demeuraient pas sur le territoire allemand (§ final de l'art. 6 de la loi de 1884).

1° *Que les ouvriers soient occupés dans un des établissements assujettis.* — L'occupation implique un séjour effectif dans l'établissement, c'est-à-dire sous la surveillance du chef d'entreprise. La durée de ce séjour importe peu. L'ouvrier engagé pour un jour seulement est soumis à l'assurance aussi bien que si le contrat de louage d'ouvrage le liait pour un mois ou pour un an. Il n'est pas nécessaire que les fonctions de l'ouvrier ou de l'employé soient rétribuées. L'apprenti est assimilé à un ouvrier. De même, un homme dont la faiblesse de corps ou d'esprit limite l'activité à des travaux insignifiants uniquement rémunérés en nature est, comme un ouvrier, assujetti à l'assurance.

2° *Qu'ils soient « des ouvriers ou employés d'exploitation », c'est-à-dire qu'il concourent par leurs fonctions à l'exploitation de l'établissement qui les occupe.* — Pour concourir à l'exploitation d'un établissement industriel, un ouvrier doit être lié envers son patron par un contrat de louage d'ouvrage. Ce contrat se prête à mille formes multiples dont quelques-unes soulèvent des controverses, notamment celles qui sont empruntées plus ou moins au contrat de société, telles que le marchandage, la participation aux bénéfices.

Les liens de parenté qui unissent l'ouvrier et le patron (ascendants, enfants, frères et sœurs, etc.), ne font pas obstacles à l'application de la loi, à la condition toutefois qu'il existe un contrat de louage d'ouvrage. Mais en pareil cas, l'Office impérial n'exige pas qu'il y ait eu stipulation d'un salaire; il suffit que le travail d'un parent pour le compte de l'autre ait été effectué avec une certaine régularité. Toutefois les droits et obligations dérivant du mariage s'opposent à ce qu'un époux puisse être considéré comme l'ouvrier ou l'employé de l'autre époux.

Les prisonniers ne peuvent être considérés comme des ouvriers dans le sens de la loi d'assurance, alors même qu'il travailleraient en dehors de l'établissement pénitentiaire.

Les aliénés ou faibles d'esprit ne sont pas assujettis à l'assurance tant qu'ils sont employés dans l'intérieur de l'asile, mais ils deviennent de véritables ouvriers si l'établissement hospitalier les fait travailler chez des particuliers.

3° *Que leur gain annuel ne dépasse pas 3.000 marcs.* — Tous les ouvriers et employés (qu'ils appartiennent à une exploitation agricole, à une entreprise de travaux de construction ou à une autre industrie assujettie) sont dispensés de l'assurance, s'ils reçoivent un traitement supérieur à 3.000 marcs (c'est-à-dire 3.750 fr.). Toutefois l'assurance est facultative pour eux dans certains cas. Aux termes de la loi de 1884, ils peuvent user de cette faculté, à la condition que les statuts des corporations les y autorisent. Dans les industries agricoles et dans les entreprises de travaux de construction, les

patrons sont, aux termes des lois de 1886 et 1887, investis du droit
d'assurer leurs ouvriers et employés dont le traitement dépasse
2.000 marcs.

*4° Que les ouvriers ou employés ne cumulent pas l'assurance con-
tre les accidents avec une autre résultant de l'exercice de fonctions
publiques et susceptible de leur donner, en cas d'accident, le droit de
puiser à deux caisses.* — Cette condition sera étudiée, chap. VIII,
n° 683.

153. — AUTRICHE. — Au point de vue des ouvriers et employés,
les dispositions de la loi autrichienne sont à peu près identiques à
celles de la loi allemande. Deux différences de détail méritent seulement d'être signalées.

Tous les ouvriers et employés, quelque soit leur gain, sont assurés;
mais dans les salaires supérieurs à 1.200 florins (2.520 fr.), l'excédent
n'entre pas en ligne de compte (art. 6, al. 6).

D'autre part, les ouvriers étrangers ou leurs ayant-droit survivants
ont droit au bénéfice de la loi sans distinction entre le cas où ceux-ci
habitent le territoire autrichien et celui où ils demeurent hors de
ce territoire. Mais les établissements d'assurance sont autorisés à
payer immédiatement à ces derniers l'indemnité sous forme de capital
(art. 42).

Comme la loi allemande, la législation autrichienne n'exige pas que
l'ouvrier ou l'employé soient rétribués; elle s'applique également
aux apprentis, pratiquants et à toutes les autres personnes qui, à
raison de l'insuffisance de leur instruction technique ou par suite de
leur apprentissage incomplet ne sont pas payées ou ne reçoivent
qu'un salaire très modique.

154. — AUTRES NATIONS. — La *loi anglaise* ne se préoccupe ni de
la nationalité de l'ouvrier, ni du montant de son salaire. Elle exige
seulement que l'ouvrier bénéficiaire ait été occupé dans l'établissement assujetti ou dans une de ses dépendances, ou pour le service de
cet établissement, et qu'il ait été employé à un des travaux prévus
par la loi (art. 2, al. 8, tit. VII).

La *loi danoise* ne s'applique qu'aux ouvriers employés directement
aux artifices mécaniques de l'établissement et elle exclut ceux dont
le gain dépasse 2.400 couronnes (3.000 fr. environ).

Les bénéficiaires de la *loi italienne* sont, aux termes de l'art. 2 de
ce texte : 1° toute personne employée à des travaux qui s'exécutent
en dehors de sa propre habitation d'une façon permanente ou passagère, moyennant rémunération fixe ou à la tâche; 2° toute personne
qui, dans les mêmes conditions, sans prendre directement part au
travail, surveille le travail d'autrui, pourvu que son salaire fixe ne

dépasse pas 7 francs par jour et soit payé au moins tous les mois ; 3° l'apprenti, salarié ou non, qui participe à l'exécution du travail.

155. — DIVISION DU CHAPITRE. — Le présent chapitre sera divisé en trois sections. La première traitera de l'ouvrier dans le sens de notre loi et des conditions auxquelles il doit satisfaire : louage d'ouvrage et concours effectif à l'exploitation sous les ordres du patron. La deuxième appliquera ces principes à quelque cas particuliers où l'existence de l'une de ces conditions peut être contestée. La troisième exposera la situation des ouvriers de nationalité étrangère et de ceux dont le salaire dépasse 2.400 francs.

PREMIÈRE SECTION.

De l'ouvrier ou employé. — Conditions auxquelles il doit satisfaire d'après notre loi.

156. — La théorie du risque professionnel repose sur cette idée que, dans une exploitation, les deux facteurs qui concourent à la fabrication des produits, le facteur humain ou *personnel ouvrier* et le facteur-machine ou *matériel*, doivent être assimilés au point de vue de la réparation des accidents qui blessent les personnes ou détériorent les choses ; le coût en incombe au patron à titre de frais généraux de l'entreprise.

Ainsi envisagé l'ouvrier peut être défini un collaborateur de la production sous l'autorité et la surveillance du chef d'entreprise. Cette collaboration implique à la fois un lien juridique unissant l'ouvrier au patron et un fait matériel.

Le lien juridique est le contrat de louage d'ouvrage ou d'apprentissage [1].

Le fait matériel consiste dans l'occupation effective de l'ouvrier au lieu de travail qui lui est assigné par le patron [2].

Ces deux conditions ont été exprimées dans l'art. 1er de notre loi qui autorise tous les *ouvriers, employés* et *apprentis*

---

[1] Dans ce sens, Toulouse, 1er mars 1900, *Gaz. Pal.*, 1900. 1. 594. C. Bourges, 7 févr. 1901. T. Bourges, 30 déc. 1900. T. Seine, 2 juill. 1900, *Gaz. Pal.*, 1900. 1. 773, *Pand. fr.*, 1902. 2. 307. C. Paris, 21 juill. 1900. D. 1900. 2. 157. Cass. req., 2 déc. 1900, S. 1902. 1. 404, D. 1902. 1. 181.

[2] Dans ce sens, Amiens, 20 mars 1900, D. 1900. 2. 268. Toulouse, 3 déc. 1900, S. 1901. 2. 216.

occupés dans une des industries énumérées à se prévaloir, le cas échéant, du bénéfice du risque professionnel.

157. — Ce droit leur appartient, quel que soit leur âge, leur sexe, leur nationalité, ou le montant de leur salaire. Toutefois les ouvriers étrangers et ceux dont le salaire est supérieur à 2.400 francs sont soumis à une réglementation spéciale qui fera l'objet de la troisième section. Dans la présente section nous étudierons successivement chacune des deux conditions auxquelles doit satisfaire l'ouvrier ou l'employé bénéficiaire de l'indemnité légale.

I

Louage d'ouvrage et apprentissage.

158. — *Le contrat de louage d'ouvrage*, tel que nous l'entendons ici, est celui dont traite le législateur à l'art. 1780 du Code civil, et qu'il appelle le louage des ouvriers. Le louage de services dont nous nous occuperons tout à l'heure est celui qu'il dénomme le louage des domestiques. On peut définir le louage d'ouvrage un contrat par lequel une personne appelée ouvrier ou employé s'engage, moyennant un prix convenu d'avance et appelé salaire, soit à mettre son activité pour une certaine durée dans un but industriel, commercial ou agricole au service d'une autre personne appelée patron, soit à exécuter pour le compte de celui-ci et dans le même but une œuvre fixée d'avance. Dans le premier cas, le salaire est proportionné à la durée du travail ; dans le deuxième, il est fixé à la tâche ou à forfait.

159. — Le louage d'ouvrage étant un contrat à titre onéreux, une rémunération doit avoir été convenue expressément ou implicitement. Qu'elle soit élevée ou minime, fixe ou variable, déterminée à forfait ou proportionnée à la durée du travail, il n'importe. En général, elle est payable en argent et porte le nom de salaire, traitement ou appointement ; elle peut aussi consister en nature, c'est-à-dire en logement, nourriture, fournitures diverses, services réciproques, etc. La circonstance qu'un ouvrier n'en a ni reçu ni réclamé à son patron n'implique pas nécessairement qu'il n'en ait pas stipulé. On peut admettre qu'il en a abandonné le montant, à titre de libéralité (V. plus loin, n° 196). Tel sera, par exemple, le cas, lorsque les deux parties contractantes sont unies par des liens de parenté.

160. — La durée du contrat de louage d'ouvrage est sans influence sur l'application de la loi de 1898. Un ouvrier n'eût-il loué ses services que pour quelques heures à un patron, celui-ci est tenu, en cas d'accident professionnel, de payer l'indemnité prévue par notre loi.

Les difficultés auxquelles peut donner lieu l'interprétation des rapports juridiques entre ouvriers et patrons, soit à raison de formes multiples du contrat de louage d'ouvrage, soit à raison de la personne de l'ouvrier ou de l'employé, seront étudiées dans la deuxième section (n°ˢ 184 et s.).

161. — *L'apprenti* a, comme l'ouvrier, le droit de se prévaloir des avantages de notre loi. A ce point de vue, l'art. 9 l'assimile à un ouvrier. Le contrat d'apprentissage a été défini par le législateur dans l'art. 1ᵉʳ de la loi du 21 février 1851 ainsi conçu : « Le contrat d'apprentissage est celui par lequel un fabricant, un chef d'atelier ou un commis s'oblige à enseigner la pratique de sa profession à une autre personne, qui s'oblige en retour à travailler pour lui : le tout à des conditions et pendant un temps convenus ». Le contrat d'apprentissage présente une grande analogie avec le louage d'ouvrage ; il est, en général, soumis aux règles qui régissent ce dernier contrat.

Avant de passer à l'examen de la deuxième condition, nous avons à nous demander comment la preuve du contrat de louage ou de celui d'apprentissage peut être faite et en second lieu ce qu'il adviendrait en cas de rescision ou de nullité de ces contrats.

a) *Preuve du contrat.*

162. — Si l'existence du contrat de louage d'ouvrage ou d'apprentissage est contestée par le patron, c'est à l'ouvrier demandeur qu'en incombera la preuve. Comment la fera-t-il ?

Le contrat de louage d'ouvrage est, à ce point de vue, sou-

SACHET.   7

mis aux règles du droit commun. La loi du 2 juillet 1890,
dans son art. 2, le proclame expressément. Le droit commun
en matière civile est contenu dans les art. 1341 et suivants :
nécessité d'une preuve écrite au-dessus de 150 francs, preuve
testimoniale ou par présomption au-dessous de cet somme,
à moins qu'il n'y ait commencement de preuve par écrit ou
que la partie demanderesse ait été dans l'impossibilité de se
procurer une preuve littérale. En matière commerciale, la
preuve testimoniale ou par présomption est toujours admissible. Dans les contestations issues du risque professionnel,
ce n'est jamais la victime qui contestera au patron l'existence
du contrat de louage ou d'apprentissage. Son intérêt lui com-
mandera généralement d'affirmer l'existence de l'un de ces
contrats ; et c'est le patron qui, dans certaines circonstances,
peut être porté à nier la convention. Comment la victime,
c'est-a-dire celui qui se prétend ouvrier, démontrera-t-elle
l'existence de l'un de ces deux contrats ? Si elle a en mains
une preuve écrite ou un commencement de preuve par écrit,
aucune difficulté ne peut surgir. Mais, en dehors de ce cas,
pourra-t-elle recourir à la preuve testimoniale ? Oui, du moins
en général ; car la plupart des industriels étant commerçants
et ayant traité dans l'intérêt de leur commerce, le contrat
dont il s'agira de faire la preuve aura un caractère commercial et se prêtera à une démonstration par témoins. Cependant
il est des industriels, à qui la jurisprudence refuse la qualité
de commerçants, ce sont ceux dont l'industrie a pour objet
des biens immobiliers ; les mines sont dans ce cas. De même,
les artisans ne sont pas classés au nombre des commerçants.
La victime, à qui un industriel non-commerçant contesterait
la qualité d'ouvrier ayant, au moment de l'accident, travaillé
pour son compte, devrait faire la preuve ou du contrat de
louage, ou du contrat d'apprentissage, conformément aux
dispositions de l'art. 1341 du Code civil. Je m'empresse d'a-
jouter qu'une pareille hypothèse se présentera rarement, les
obligations engendrées par le contrat de louage étant de celles
qui s'accomplissent au grand jour et qu'il est difficile de nier.
Toutefois, elle n'est point invraisemblable ; elle peut notamment se réaliser dans l'une des espèces citées plus haut : une

personne étrangère à l'exploitation de l'industrie s'introduit
dans l'usine et y est blessée. Elle prétend que son séjour
dans l'établissement a été motivé par l'exécution d'un contrat
de louage d'ouvrage passé avec le patron. Le patron conteste
cette allégation; si le patron est commerçant, elle pourra user
de la preuve testimoniale; s'il n'est pas commerçant, elle sera
tenue de recourir à la preuve littérale.

163. — En ce qui concerne le contrat d'apprentissage,
l'art. 2 de la loi du 20 janvier 1851 dispose que le contrat
d'apprentissage peut être fait verbalement, mais que la
preuve testimoniale n'en est reçue que, conformément au titre
du Code civil des contrats et des obligations conventionnelles
en général. D'après une opinion consacrée par quelques décisions judiciaires, les termes de cet article résisteraient à
l'admission de la preuve testimoniale dans le cas où le patron
serait commerçant [1]. Cette jurisprudence nous paraît très
contestable. Dans tous les cas, l'objet du contrat d'apprentissage ayant rarement une valeur supérieure à 150 francs, la
question perd une grande partie de son intérêt pratique, car
l'admissibilité de la preuve par témoins rentre alors dans les
termes précis de l'art. 1341 du Code civil et échappe aux
critiques des partisans de l'interprétation la plus restrictive.

b) Des contrats nuls ou rescindables.

164. — Nous n'avons à nous occuper ici que des causes de
nullité dont le patron peut se prévaloir, car en matière d'accident du travail le patron seul a intérêt à contester la validité du contrat qui le lie envers la victime d'un accident. Les
causes de nullité qui, dans ces conditions, peuvent affecter
un contrat de louage ou d'apprentissage, sont extrêmement
rares.

165. — Il importe tout d'abord d'écarter à peu près complètement celles résultant de l'incapacité légale du patron
(minorité, interdiction, qualité de femme mariée). L'art. 1308
du Code civil dispose en effet que le mineur commerçant,

[1] Dalloz, *Rép., Suppl.,* v° *Travail,* n° 25. T. Nogent-sur-Seine, 20 juill. 1887.
J. *La Loi,* 28 juill. 1887.

banquier ou artisan n'est pas restituable contre les engagements qu'il a pris à raison de son commerce ou de son art.
D'autre part, la publicité donnée à l'interdiction et l'état
d'esprit de celui qui est interdit rendent invraisemblable
l'hypothèse d'une exploitation dirigée par une personne
placée dans cette catégorie d'incapables. Quant à la femme
mariée, il lui suffit d'une habilitation même tacite de
son mari pour qu'elle puisse faire valablement tous les
actes relatifs à son commerce (art. 5, C. comm., et 220, C.
civ.).

166. — Parmi les vices du consentement le dol seul
paraît susceptible d'application à notre contrat. On pourrait,
en effet, difficilement concevoir que le consentement d'un patron ait été obtenu à l'aide de violences ou qu'il y ait eu de sa
part erreur sur la substance de la chose ayant fait l'objet de
la convention. Il en est de même en ce qui concerne l'erreur
sur la personne, celle-ci n'étant une cause de nullité que dans
le cas où la considération de la personne a été la cause principale de l'obligation; car dans un contrat de louage d'ouvrage
le but principal du patron est l'exécution du travail, la considération de la personne de l'ouvrier est, dans tous les cas,
secondaire, alors même que le patron aurait déclaré ne vouloir accepter que des ouvriers déterminés. Ainsi, un chef d'entreprise qui, ayant manifesté l'intention de n'embaucher que
des ouvriers français, aurait par erreur traité avec un ouvrier
de nationalité étrangère, ne pourrait pas se prévaloir de cette
erreur comme d'une cause de rescision du contrat, si du moins
il n'y avait pas eu dol ou manœuvres frauduleuses de la part
de l'ouvrier.

167. — Lorsqu'un contrat a été entaché d'un vice qui le
rend rescindable, la nullité peut ou bien être couverte par
une ratification expresse ou tacite du patron, ou bien être
prononcée en justice. Dans le premier cas, le contrat étant
censé avoir été valable dès l'origine, l'accident dont l'ouvrier
a pu être victime par le fait ou à l'occasion de son travail
donne lieu à l'application de notre loi. Dans le second cas,
au contraire, le contrat est censé n'avoir jamais existé, par
suite l'ouvrier prétendu, qui aurait été blessé en travaillant

dans l'entreprise, ne peut se prévaloir des avantages du risque professionnel.

168. — Le tribunal, saisi d'une demande de pension en exécution de la loi du 9 avril 1898, est compétent pour prononcer, à la requête du patron, la nullité du contrat de louage ou d'apprentissage ; car les conclusions tendant à la rescision du contrat sont présentées sous formes d'exception dans le but de faire proclamer l'irrecevabilité de la demande principale. Or, le juge de l'action est en même temps juge de l'exception.

169. — La jurisprudence a fait une intéressante application de ces principes à un cas de dol. Un ouvrier, pour être embauché sur un chantier où n'étaient admis que les ouvriers majeurs de dix-huit ans, avait pris un faux nom et s'était donné faussement comme ayant dix-neuf ans, alors qu'il n'en avait que dix-sept. Ces manœuvres frauduleuses étaient une cause de rescision (art. 1116). Le patron n'en avait eu connaissance qu'après un accident survenu à leur auteur. A la demande d'indemnité, il excipa de la nullité du contrat de louage. Le tribunal et successivement la Cour lui donnèrent gain de cause et décidèrent que, la nullité rétroagissant au jour de la formation des engagements respectifs des parties, la victime était irrecevable à se prévaloir du principe du risque professionnel. Le pourvoi formé contre cette décision, a été rejeté[1].

II

Occupation effective dans l'exploitation industrielle sous la dépendance du patron.

170. — Nous avons vu que, si l'existence d'un contrat d'apprentissage ou de louage d'ouvrage était nécessaire, cette condition n'était pas suffisante, à elle seule, pour permettre à un ouvrier employé ou apprenti d'invoquer le risque professionnel. Il faut encore qu'en exécution de cette conven-

---

[1] T. Seine, 19 mars 1900, Paris, 21 juill. 1900, *Gaz. Pal.*, 1900. 2. 483, D. 1901. 2. 157. Cass. req., 2 déc. 1901, S. 1902. 1. 181, D. 1902. 1. 404.

tion l'ouvrier ait été occupé effectivement dans l'établissement industriel, qu'il ait mis son activité au service du chef d'entreprise, de telle sorte qu'il ait été soumis à ses ordres pour l'exécution du travail et placé sous son entière dépendance au point de vue technique[1].

171. — Par établissement industriel, il faut entendre, non seulement les bâtiments de l'usine ou le chantier proprement dit, mais tout lieu où l'ouvrier travaille par ordre de son patron et sous la responsabilité de ce dernier. Nous entrerons sur ce point dans des détails plus complets en traitant des accidents soumis à l'action de la présente loi et en expliquant tout spécialement la portée de ces mots « par le fait du travail et à l'occasion du travail », nos 306 et s.

172. — Il se peut que l'exécution même du contrat ne nécessite ni même ne comporte la présence de l'ouvrier dans l'usine ou dans un lieu dont le patron puisse avoir la surveillance. Il en est ainsi dans certains travaux payés *à la tâche* ou à forfait ou dans des entreprises de marchandage. On ne saurait, dans ce cas, rendre un patron responsable des accidents survenus à son ouvrier[2].

De même, il peut arriver qu'un ouvrier se soit embauché dans une industrie, mais qu'il n'ait pas tenu son engagement. Le contrat de louage d'ouvrage serait, à lui seul, impuissant à faire naître au profit de l'ouvrier un droit à indemnité en cas d'accident.

173. — En principe, tous les ouvriers effectivement occupés dans les établissements visés par l'art. 1er sont appelés

---

[1] Amiens, 20 mars 1900, D. 1900. 2. 268. Toulouse, 3 déc. 1900, S. 1900. 2. 190 et 216, D. 1900. 2. 155.

[2] Ainsi, ne tombe pas sous l'application de la loi l'accident à un ouvrier (par exemple un bûcheron), qui est payé aux pièces, travaille à son gré, comme il l'entend, sans prendre l'avis de personne, sans recevoir les ordres de l'adjudicataire de la coupe qui vient seulement constater une fois par semaine, si le travail est fait conformément aux conditions stipulées. Cass., 6 août 1902, *Gaz. Pal.*, 1902. 2. 291. C. Agen (Chambres réunies), 1er avr. 1903, *Gaz. Pal.*, 1903. 1. 644, D. 1902. 2. 579. Dans le même sens, Cass. req., 10 déc. 1902, S. 1903. 1. 335.

Il n'importe qu'à un moment donné l'ouvrier ait accepté et suivi la direction de la personne pour le compte de qui il travaillait, s'il a accepté et suivi cette direction par un acte de pure volonté. On ne saurait, en effet, induire de là que le contrat intervenu entre les parties et qui assurait l'indépendance de l'ouvrier ait été modifié. Cass. civ., 6 août 1902, précité.

à bénéficier des avantages de notre loi, alors même que, par la nature de leurs fonctions, ils ne courraient aucun risque industriel ; tels sont les préposés aux écritures, les garçons de magasin, etc. On est allé jusqu'à dire à la Chambre des députés (séance des 28 et 29 juin 1888) que le scrible d'une usine qui se blesserait avec son canif aurait droit à une indemnité.

Cette règle souffre toutefois deux exceptions :

1° Dans les grandes entreprises où le travail technique est complètement distinct de l'administration et de la partie commerciale, les ouvriers préposés à l'exercice de l'industrie bénéficient seuls de la loi; par exemple, dans une compagnie de chemins de fer ou dans une société de transport maritime, les employés attachés à la section du contentieux ou au service de la comptabilité ne sauraient se prévaloir du risque professionnel. Il en est de même, dans nos grandes industries houillères, des agents préposés à la partie purement commerciale ou financière de l'exploitation. Les accidents dont ils pourraient être victimes dans leur service n'ont rien de commun avec les dangers inhérents à l'exploitation technique de l'entreprise (V. n⁰ˢ 85 et 96).

2° Certaines entreprises industrielles ne sont assujetties à notre loi que lorsque, pour des travaux déterminés, il y est fait usage d'un moteur à force inanimée ou mis en œuvre des matières explosives. Dans ce cas, les ouvriers occupés à ces travaux plus spécialement dangereux ont seuls droit, en cas d'accident, à une des indemnités prévues par notre loi. C'est ce que le législateur a formellement exprimé dans l'art. 1ᵉʳ; il avait d'abord disposé que les accidents du travail donneraient droit à une indemnité *dans toute exploitation* dans laquelle sont fabriquées ou mises en œuvre des matières explosives, etc.; il a modifié à dessein son texte en faisant suivre les mots « *dans toute exploitation* » de l'expression « *ou partie d'exploitation* » (V. n° 147).

DEUXIÈME SECTION.

Difficultés d'application provenant soit des formes multiples du contrat de louage d'ouvrage, soit de la personne de l'ouvrier.

174. — Dans la section précédente nous avons étudié les conditions qu'un travailleur doit remplir pour avoir la qualité d'ouvrier bénéficiaire de la loi sur le risque professionnel. Ces conditions consistent, avons-nous dit, dans l'existence d'un contrat de louage d'ouvrage ou d'apprentissage et dans un concours effectif au travail de l'exploitation sous l'autorité du chef d'entreprise. L'application de ces deux conditions soulève de nombreuses difficultés dont les unes sont dues aux variété de formes que revêt le contrat de louage d'ouvrage et les autres à la personne même de l'ouvrier. Nous étudierons successivement chacune de ces catégories de difficultés et nous consacrerons un troisième paragraphe aux travailleurs non libres (prisonniers, aliénés) et à ceux qui sont occupés dans un but non industriel (élèves de maisons d'éducation).

I

Difficultés inhérentes à la forme du contrat.

175. — La convention, qui lie un industriel à ses collaborateurs, se prête à mille formes variées ; elle emprunte souvent ses éléments à plusieurs contrats différents, combinant notamment les caractères du louage d'ouvrage avec ceux de l'association, du mandat, du louage de choses, de telle sorte qu'on hésite à lui donner une qualification précise. Telles sont notamment les contrats de marchandage, de participation aux bénéfices, d'association coopérative, de contrat à la moyenne, etc.

176. — Le *marchandage* est un travail rétribué à la tâche vec cette particularité qu'un prix unique est fixé pour une che nécessitant l'emploi de plusieurs ouvriers pendant une durée indéterminée. La convention est passée soit entre le chef d'industrie et un groupe d'ouvriers associés (c'est le marchandage par association dont le prix prend le nom de salaire collectif à la tâche), soit entre le chef d'industrie et un entrepreneur qui a lui-même sous ses ordres un certain nombre d'ouvriers [1].

177. — Si l'on considère le marchandage par association, on n'a pas de peine à s'apercevoir qu'il n'est qu'une variété du contrat de louage d'ouvrage. Bien que les ouvriers soient associés entre eux pour faire un travail déterminé, ils n'en restent pas moins les employés du chef de l'industrie. Il importe donc de déterminer si, pour l'accomplissement de leur tâche, ils sont occupés dans un établissement, un chantier ou autre endroit dont la direction et la surveillance continuent à appartenir au chef d'industrie, ou bien si, dans l'exercice de leurs fonctions, ils ont vis-à-vis de lui une indépendance entière. Dans le premier cas, le principe du risque professionnel pourra être invoqué contre le patron ; dans le second cas, ils seront eux-mêmes, dans leur sphère, de petits patrons indépendants et ayant leur responsabilité propre qui les exclut du bénéfice de notre loi. On pourrait alors les considérer comme constituant une véritable association coopérative et arriver peut-être à leur permettre de se prévaloir à l'encontre de l'association elle-même du bénéfice de la loi ; nous développerons ce point en traitant de l'association coopérative, n° 180.

178. — Dans le marchandage pur et simple, deux situations méritent d'être envisagées : celle des ouvriers au service de l'entrepreneur, celle de l'entrepreneur ou des entrepreneurs. Les ouvriers, qui travaillent pour un entrepreneur de marchandage, bénéficient de la loi sur le risque professionnel dans la même mesure et les mêmes conditions que les autres ouvriers. Mais quelle personne est, aux termes de la loi, responsable vis-à-vis d'eux des accidents auxquels ils sont exposés ? L'entrepreneur ou le chef d'industrie ? La réponse à cette question est subordonnée à la distinction que nous avons faite plus haut : si l'entrepreneur a pris à sa charge un travail pour l'exécution duquel il jouisse d'une entière indépendance vis-à-vis du chef d'industrie, il est lui-même

---

[1] Dans ce sens, Nancy, 13 juin 1901, *Gaz. Pal.*, 1901. 2. 363.

un patron[1]. Les avantages attachés à cette qualité ne vont
pas sans des inconvénients qu'on doit subir ; la responsabilité des accidents est le corollaire, la conséquence de l'autorité et de l'indépendance. Si, au contraire, l'entrepreneur, en
se chargeant d'un travail, est resté placé sous la surveillance
immédiate et l'autorité du chef de l'industrie, il n'est en définitive qu'un contremaître payé à la tâche ; sa responsabilité
est couverte par celle de l'industriel avec qui il a traité.
Quant à la situation personnelle de l'entrepreneur, elle comporte encore la même distinction : L'entrepreneur est-il indépendant, il ne peut pas bénéficier des avantages du risque
professionnel en cas d'accident dont il serait victime au cours
de son travail. Reste-t-il sous l'autorité du chef de l'industrie,
il est assimilé à un contremaître, et, comme tel, en droit de
se prévaloir du bénéfice de la loi[2].

179. — Les employés, appelés par leur patron à participer
aux bénéfices de l'entreprise à laquelle ils collaborent, ne sont
pas, par ce fait, des associés ; d'une part, ils n'ont aucun droit
sur le fonds social et, par voie de conséquence, ils ne sont pas
tenus de contribuer sur leurs patrimoines au règlement des
pertes[3]. D'autre part, ils restent les subordonnés du patron.
Celui-ci a le droit de leur donner des ordres, il peut les con-
gédier, sauf, bien entendu, à leur payer une indemnité si le
congé a été donné sans motifs et en dehors des cas prévus
par la convention. Il conserve en un mot son entière indépen-

---

[1] Se fondant sur ces principes, le comité consultatif des assurances a, avec raison,
émis l'avis que l'ouvrier ayant assumé à prix fait l'entreprise d'un ouvrage déterminé en dehors de la direction et de la surveillance de celui pour qui l'ouvrage se
fait n'est pas appelé, en cas d'accident, au bénéfice de la loi (avis du 30 juin 1901,
D. 1901. 4. 83).

[2] Dans ce sens, Amiens, 20 mars 1900, S. 1902. 2. 40, D. 1900. 2. 269. La jurisprudence antérieure à notre loi paraît avoir fait déjà la distinction que nous proposons ; elle décidait que le patron qui avait souscrit une police collective d'assurance
contre les accidents en faveur de ses ouvriers devait y comprendre les tâcherons et
leurs aides, lorsque lesdits tâcherons étaient, non de véritables sous-entrepreneurs,
mais des ouvriers restant, malgré la qualité dont ils étaient investis, sous la surveillance et l'autorité du chef d'entreprise. Seine, 21 mars 1887, J. La Loi, 4 mai 1887. Dijon,
13 août 1884, D. 1888. 2. 28. Elle consacrait une solution contraire en ce qui concernait les sous-entreprenenrs qui faisaient usage de leurs propres matériaux, de
leurs machines et de leurs outils et qui avaient autorité sur leurs ouvriers. Paris,
30 nov. 1867, D. 67. 5. 371. Douai, 21 mars 1887, S. 88. 2. 124.

[3] Aubry et Rau, t. IV, p. 546 ; Lyon-Caen et Renault, *Tr. de dr. comm.*, t. II,
n°s 58 et s. ; arg. *a contrario* de C. civ., 17 avr. 1893, S. 93. 1. 299.

dance dans la direction de l'exploitation. Si la participation aux bénéfices a l'apparence de l'association, on n'y trouve pas le caractère essentiel de ce contrat qui est l'égalité des associés, les parties contractantes n'ayant pas ce que les juristes appellent l'*affectio societatis;* elle n'est en réalité qu'un contrat de louage d'ouvrage à salaire variable. De là nous devons conclure que les employés participants peuvent, au même titre que les autres ouvriers et employés, bénéficier de la loi sur le risque professionnel. Il arrive parfois que, parmi les employés intéressés, quelques-uns placent dans l'exploitation le produit de leurs économies. Cette circonstance est-elle de nature à les élever à la hauteur d'associés? C'est là une question de fait qui sera, dans certains cas, délicate à trancher. En principe, un placement de fonds de la part d'un employé intéressé doit être considéré comme un prêt, peut-être même comme une commandite, mais non comme une association pure et simple. L'association ne se présume pas.

180. — L'association coopérative de production 'est-elle un contrat de louage d'ouvrage? Les coopérateurs mettent en commun, non seulement leurs forces physiques et intellectuelles, mais encore leurs capitaux en vue d'obtenir un résultat industriel ou commercial. Ils ont tous des droits égaux, et c'est souvent cette égalité qui devient, pour la société, une cause de dissolution. Une association coopérative n'est possible que lorsque tous ses membres sont unis entre eux, comme un faisceau, sous une gérance fortement constituée. Quels que soient les obstacles auxquels se heurte l'organisation d'une association coopérative de production, supposons qu'une manufacture rentrant dans l'énumération de l'art. 1ᵉʳ de la loi soit soumise à un régime coopératif, que tous les ouvriers et employés soient associés sous l'administration d'un gérant, c'est-à-dire d'un mandataire des coopérateurs. Ici pas de louage d'ouvrage, pas d'employés, ni d'ouvriers proprement dits. Qu'un accident industriel fasse des victimes parmi les coopérateurs, pourront-ils bénéficier de notre loi? Si oui, contre qui pourront-ils s'en prévaloir? J'estime pour ma part que ces coopérateurs devraient, comme les ouvriers des usines similaires, être admis à se prévaloir du risque professionnel à l'encontre des administrateurs mêmes de l'établissement et se faire payer une indemnité prise sur le fonds social. Le silence du législateur rend la question particulièrement délicate. Si l'on considère avec attention la situation d'un coopérateur, il semble qu'elle présente deux faces différentes : l'aspect coopératif, l'aspect industriel. En d'autres termes, le coopérateur a deux qualités : il est à la fois associé et travailleur. Comme associé, il est copropriétaire de l'usine et des bénéfices réalisés par l'entreprise ; comme travailleur, il est employé dans l'établissement, assujetti aux règles de la discipline, placé sous les ordres du gérant et, par suite, admis au bénéfice de la loi. Qu'importent la forme ou le montant de son salaire? Admettons même que l'usine ne réalise aucun bénéfice et que la rémunération du travail de l'employé se réduise au strict nécessaire, peut-être à néant. Cette considération est sans importance sur la solution, le législateur n'ayant pas fait de la fixation d'un salaire élevé la condition du droit à l'indemnité. Il est vrai que l'indemnité étant calculée sur le salaire, l'absence de celui-ci aura pour conséquence la suppression de celle-là. A l'appui de notre thèse, on peut invoquer un argument de texte *a contrario*. Le législateur a, dans son art. 1er, *in fine*, disposé expressément que les ouvriers qui, travaillant seuls d'ordinaire, ne pourront être assujettis à la présente loi par le fait de la collaboration accidentelle d'un ou de plusieurs de leurs camarades. Si donc le législateur a fait cette exception pour les collaborations accidentelles, c'est qu'il a entendu appliquer les dispositions de la loi aux collaborations habituelles, c'est-à-dire aux associations coopératives [1].

[1] Notre opinion a été partagée par le comité consultatif dans son avis du 31 mai 1899 (*J. O.*, 6 janv. 1900). Le comité consultatif ajoute que la responsabilité encourue par la société, personne morale, sera supportée en définitive par ses actionnaires dans les conditions et proportions déterminées au pacte social, certains sociétaires pouvant d'ailleurs se trouver à la fois creanciers de la société comme victimes d'accidents et débiteurs comme actionnaires, mais en vertu de dispositions législatives et contractuelles d'ordre différent. Par un avis postérieur du 29 nov. 1899 (*J. O.*, 20 déc. 1899, p. 8192), le comité estime que les sociétés coopératives de *consommation* ne lui paraissent soumises à l'application de la loi que si elles possèdent des chantiers d'approvisionnement, si elles se livrent à des fabrications ou si elles font emploi de moteurs inanimés.

181. — La situation du métayer ou colon partiaire sera étudiée au chap. XII, n° 960.

182. — Le contrat de louage d'ouvrage peut se combiner avec le mandat. Par exemple, dans le contrat dit « *à la moyenne* » passé entre des cochers et une entreprise de transport, le cocher ne s'oblige pas seulement à transporter des voyageurs pour le compte de son patron, il se constitue le mandataire de ce dernier pour la perception des recettes; mais, à raison de l'absence de tout contrôle, les recettes dont il tient compte sont évaluées *en moyenne* d'après des éléments variables, mais convenus d'avance. Sur cette *moyenne*, il prélève, à titre de salaire, une somme fixe, à Paris 4 francs par jour. Pour être le mandataire de son patron, le cocher à la moyenne ne perd pas sa qualité d'employé bénéficiaire de la loi[1].

183. — La jurisprudence nous offre encore l'exemple d'un cumul de louage d'ouvrage et de louage de choses. Un ouvrier avait loué, avec ses services et moyennant une rémunération supplémentaire, à un entrepreneur, sa voiture et son cheval, sans cesser pour cela de travailler sous les ordres de ce patron. Il a pu valablement se prévaloir des principes du risque professionnel[2].

II

Difficultés inhérentes à la personne de l'ouvrier.

184. — Dans une exploitation, tous les membres du personnel placés sous les ordres du chef, quel que soit leur rang dans la hiérarchie, sont des ouvriers ou employés dans le sens de la loi : les directeurs appointés par l'industrie ou l'entreprise, les ingénieurs, les contremaîtres, les surveillants aussi bien que l'ouvrier le plus modeste. Nous verrons même plus loin que le simple apprenti leur est assimilé. Tous auront droit à une indemnité en cas d'accident survenu dans les conditions prévues par la loi. Et rien n'est plus juste, car

[1] C. Paris, 15 févr. 1902, *Gaz. Pal.*, 1902. 1. 701. Cass. req. 23 juin 1903, *Gaz. Pal.*, 1903. 2. 130.
[2] Cass. civ., 25 juin 1902, S. 1903. 1. 268, D. 1902. 1. 341.

tous, quel que soit leur grade, sont exposés par l'exercice
même de leur profession à un danger commun. La menace
de ce danger est précisément ce qu'on appelle le risque
professionnel. En disant que toutes les personnes qui sont
liées envers le chef d'industrie par un contrat de louage
d'ouvrage sont des employés ou des ouvriers dans le sens de
la loi, nous n'entendons pas en conclure que tous les ouvriers
et employés sont fondés à se prévaloir, le cas échéant, du
risque professionnel; il faut en outre, comme nous l'avons vu,
que leurs fonctions d'employé et d'ouvrier les obligent à
rester dans l'établissement industriel sous la dépendance
du chef de l'industrie ou de ses préposés.

185. — Il n'est pas nécessaire que l'ouvrier ou l'employé
ait pour occupation exclusive son travail dans l'entreprise ou
qu'il se soit embauché pour gagner sa vie. Il suffit qu'il soit
un collaborateur effectif et rémunéré de la production. Ainsi
un élève d'une école industrielle qui accomplit son stage dans
une exploitation, par exemple dans une mine, peut être considéré comme ouvrier s'il travaille réellement comme tel,
moyennant salaire, sous l'autorité et la surveillance du chef
d'entreprise, en dehors de toute ingérence étrangère[1]. Il en
serait autrement si, n'étant admis que comme amateur, il restait sous la surveillance de ses maîtres et échappait ainsi à
l'autorité du chef d'entreprise.

186. — Il conviendrait de faire la même distinction en ce
qui concerne les reporters de journaux ou écrivains qui sé-
journeraient dans une exploitation avec l'autorisation du patron pour y faire des études, recueillir des documents, res-
sentir des impressions, etc. Suivant qu'ils s'embaucheraient
comme de vrais ouvriers ou qu'ils se mêleraient seulement en
amateurs au personnel de l'entreprise, la loi leur serait ou non
applicable.

187. — Ces principes serviront aussi à caractériser la
situation des militaires envoyés ou admis dans une entreprise. Si leur séjour est imposé par mesure d'ordre public
ou à raison des nécessités de la défense nationale, une telle

[1] Dans ce sens, Nîmes, 8 janv. 1902, *Gaz. Pal.*, 1902. 1. 437.

contrainte et l'absence de salaire sont exclusives de l'existence d'un contrat de louage d'ouvrage, alors même qu'ils se livreraient à des travaux utiles à l'exploitation; par suite, le risque professionnel est inapplicable. On ne comprendrait pas d'ailleurs qu'un patron pût être responsable d'ouvriers qu'il n'a pas librement choisis et qui durant leurs travaux, restent sous la dépendance de chefs hiérarchiques, étrangers à un établissement[1].

La solution contraire devrait être adoptée, lorsque la collaboration des soldats, au lieu d'avoir été imposée à un patron, a été sollicitée par lui dans l'intérêt et pour le service de son entreprise, par exemple, pour suppléer à une insuffisance momentanée du nombre de ses ouvriers ou pour faire des travaux présentant un caractère d'urgence extrême. En pareil cas, tous les éléments du contrat de louage d'ouvrage se trouvent réunis : l'accord des parties, le salaire, la subordination au chef d'entreprise.

188. — Les prestataires ne sont pas des ouvriers dans le sens de notre loi; car les prestations sont un service public, sans contrat de louage d'ouvrage entre les contribuables qui les exécutent et les communes qui les requièrent[2].

189. — La circonstance que l'ouvrier est indigent et que le patron l'a employé dans un but charitable n'est pas nécessairement exclusive de l'existence du contrat de louage d'ouvrage. Les institutions charitables qui font exécuter des travaux à des indigents ou à des infirmes sont en général de véritables chefs d'entreprise[3]; et c'est seulement dans des cas tout à fait exceptionnels qu'on pourrait considérer le contrat en vertu duquel elles font travailler ces indigents ou ces infirmes, comme étant un contrat de pure bienfaisance, n'ayant rien de commun avec le louage d'ouvrage[4].

---

[1] Dans ce sens, Trib. Vendôme, 16 févr. 19‸0, S. 1901. 2. 224, D. 1901. 2. 85.

[2] Avis du comité consultatif, rapp. *Bullet. minist. Intérieur*, 1900, p. 414.

[3] Avis du comité consultatif du 20 déc. 1899, *Journ. off.*, 6 janv. 1900.

[4] Il a été jugé, dans ce sens, que les indigents valides ou invalides qu'une commune emploie dans un but exclusivement charitable à des travaux présentant quelque utilité pour elle, ne sont pas protégés par la loi de 1898, si du moins ces travaux avaient pour cause essentielle de servir les indigents sous une forme recommandable (C. Poitiers, 16 juin 1902, *Gaz. Pal.*, 1902. 2. 392).

190. — Ne peut être considéré comme un ouvrier d'exploitation que celui qui a loué ses services au chef de l'entreprise dans laquelle il travaille. Ainsi, un ouvrier menuisier ou ébéniste va, sur l'ordre de son patron, réparer un meuble dans une usine de tissage ou dans une fabrique de matières explosibles ; il ne devient pas, par cela même, ouvrier de l'un de ces établissements, car il ne cesse pas de dépendre de l'autorité de son propre patron. Par suite, en cas d'accident industriel, c'est à celui-ci seul qu'il doit s'adresser ; et il n'aurait à l'encombre du chef de l'usine ou de la fabrique que l'action dérivant de l'art. 1383 du Code civil. Sans doute, la situation de cet ouvrier sera particulièrement digne d'intérêt, s'il n'appartient pas lui-même à une profession assujettie ; car il aura été, pendant quelque temps, exposé à des risques industriels graves sans être protégé par la loi de 1898.

191. — L'ouvrier d'une exploitation peut valablement, avec l'assentiment de son patron, être engagé dans une autre entreprise pour un temps limité ou pour un objet déterminé. Ainsi il arrive parfois qu'un chef d'entreprise met momentanément son ouvrier à la disposition d'un autre patron, pour un travail rentrant dans ses occupations habituelles. Cet ouvrier est placé sous la surveillance unique du nouveau patron qui emploie pour le moment ses services ; il est devenu son ouvrier. Si un accident survient au cours du travail prêté, c'est à ce second patron qu'il devra demander l'indemnité légale. La circonstance qu'il aurait continué à recevoir son salaire du premier patron n'est pas de nature à changer la solution ; car le principe même de notre loi veut que l'indemnité de la victime soit à la charge des frais généraux de l'entreprise dans laquelle l'accident est survenu. La jurisprudence ancienne était dans ce sens[1].

Il en serait autrement si l'ouvrier tout en exécutant un

---

[1] Douai, 5 mars 1895, *Gaz. Pal.*, 95. 2. 64. Paris, 25 févr. 1892 et Angers, 25 janv. 1892, D. 92. 2. 465. Nancy, 22 juill. 1895 et Rouen, 5 févr. 1895, *Gaz. Pal.*, 1896. Table, v° *Responsabilité civile*, n°s 18 et 102 ; Chardiny, *Commentaire de la loi sur la resp. des accidents*, p. 60. Cass., 7 janv. 1896, D. 97. 1. 207. Le cas peut se présenter assez fréquemment dans l'industrie des transports (V. n° 141) et dans les exploitations rurales (n°s 945 et s.).

travail pour une autre entreprise, restait cependant sous l'autorité du premier patron [1].

192. — D'une façon générale sont exclus du bénéfice de notre loi toutes les personnes étrangères à l'exploitation, telles que *magistrats, ingénieurs de l'État, inspecteurs du travail, préposés à la surveillance* du travail, que leurs fonctions pourraient appeler dans l'usine et qui se trouveraient victimes d'un accident[2], car aucun contrat de louage d'ouvrage ne les lie envers le chef d'entreprise.

193. — Que faudrait-il décider en ce qui concerne le médecin? Un médecin est mandé dans une usine auprès d'un malade ou d'un blessé. Pendant l'exercice de son art, un nouvel accident se produit et le blesse à son tour. Lui sera-t-il loisible d'invoquer le risque professionnel ou sera-t-il obligé de recourir au droit commun? On pourrait, à propos de cette question, faire revivre l'ancienne controverse sur la nature du contrat qui lie le médecin au malade. Je ne pense pas qu'il y ait lieu d'aller jusque-là. Un médecin ne saurait être assimilé à un ouvrier ou à un employé. Il est, à coup sûr, étranger à l'exploitation; il ne concourt pas à la production; dès lors au même titre que le magistrat, l'ingénieur du contrôle ou l'inspecteur du travail, il ne peut, en cas d'accident, que faire valoir l'action de droit commun.

194. — La situation des délégués mineurs institués par la loi du 8 juillet 1890 a préoccupé à plusieurs reprises les membres du parlement. Devant la Chambre des députés, on a paru vouloir les faire bénéficier de la loi; mais, après étude de la question, la commission a expressément déclaré au Sénat que la loi ne leur serait pas applicable, à moins qu'ils ne soient eux-mêmes des ouvriers.

195. — *Entre époux* il ne peut y avoir de louage d'ouvrage, car les obligations qui dérivent de ce contrat, spécialement l'état de subordination de l'ouvrier au regard du patron et la stipulation d'un salaire sont inconciliables avec la conception morale et juridique de l'union conjugale qui implique une

---

[1] C. Bourges, 7 févr. 1901. T. Seine, 2 juill. 1900, *Gaz. Pal.*, 1901. 1. 774.
[2] V. dans ce sens, déclaration du président de la commission à la séance du Sénat du 3 mars 1898 (*J. off.*, 4 mars 1898).

communauté d'existence et une indivisibilité d'intérêts dans des conditions de parfaite égalité[1].

En est-il ainsi, même en cas de séparation de biens judiciaire ou sous le régime de la séparation de biens conventionnelle? La question peut ici prêter à controverse, car dans ces deux situations les intérêts de la femme sont complètement distincts de ceux du mari. Mais la vie commune n'en existe pas moins sur un pied d'égalité, et d'autre part, si la femme à la jouissance de sa fortune, elle doit cependant contribuer avec ses revenus à l'entretien du ménage.

Après une décision définitive de divorce ou même de séparation de corps, ces causes d'incompatibilité disparaissent.

196. — Les autres liens de parenté entre patron et ouvriers ne font pas obstacle à la conclusion d'un contrat de louage d'ouvrage. Ainsi un père et un fils peuvent être respectivement ouvrier ou patron l'un de l'autre, il en est de même de deux frères, d'un oncle et d'un neveu, etc. Mais alors la difficulté naîtra en fait sur le point de savoir si les conditions du contrat de louage d'ouvrage ont été réellement remplies : généralement, en effet, la stipulation d'un salaire aura été sous-entendue, l'ouvrier travaillant dans l'exploitation de son parent se contentera d'une minime rétribution en nature et abandonnera le surplus à titre de libéralité. C'est, en pareil cas, la régularité, l'importance et l'utilité de son travail qui serviront surtout à caractériser sa situation juridique. Lui avait-on assigné une tache déterminée dans l'entreprise? S'en acquittait-il avec une certaine régularité? Occupait-il, en définitive, la place d'un ouvrier, de telle sorte que, sans lui, le patron aurait dû avoir un employé de plus? Ou au contraire, ne faisait-il que des travaux insignifiants par pure distraction et sans esprit de suite? Tels sont les points sur lesquels les juges pourront porter avec fruit leurs investigations[2].

197. — Nous ne pouvons quitter ce sujet sans parler des

---

[1] La jurisprudence allemande est en ce sens, *Handbuch der Unfallversicherung*, p. 12 n° 11. V. aussi T. administr. supér. du roi de Prusse, 23 déc. 1889. *Amtliche Nachrichten*, 1890, p. 150.

[2] Dans ce sens, plusieurs décisions de l'Off. imp. d'Allemagne des 16 févr. 1887, 15 mai 1887, 4 mars 1890 et 20 août 1891 (*Handbuch der Unfallversicherung*, p. 12, n° 13).

domestiques et des serviteurs attachés à la personne, c'est-à-dire du contrat de louage de services. Dans le louage de services, le serviteur prend l'engagement de donner à son maître des soins personnels et, d'une façon générale, d'obéir à ses ordres. Si les services domestiques sont, en eux-mêmes, étrangers à l'exploitation d'une industrie et, par suite, n'exposent pas aux dangers inhérents à cette exploitation, il peut arriver que le maître emploie, à des intervalles plus ou moins réguliers, son serviteur aux travaux de son industrie, lui faisant ainsi cumuler les fonctions de domestique attaché à la personne et d'ouvrier industriel. Dans ce cas, bien entendu, le serviteur sera fondé à se prévaloir du risque professionnel. On peut encore admettre l'hypothèse où un domestique au service d'un chef d'industrie, envoyé par son maître dans l'intérieur de l'usine pour faire une commission, y est blessé par le fonctionnement d'une machine. Là encore le risque professionnel sera opposable au patron. Mais, en principe, le domestique attaché à la personne d'un industriel n'est pas appelé à bénéficier de la loi nouvelle; il ne pourrait en invoquer les dispositions que dans le cas où, sur l'ordre de son maître, il se serait occupé du fonctionnement de l'exploitation.

III
Travailleurs non libres ou occupés dans un but non industriel.

198. — Nous traiterons successivement des prisonniers, des personnes internées dans un asile d'aliénés, et des ouvriers ou employés d'établissements non industriels.

199. — Les prisonniers ne peuvent, dans aucun cas, être considérés comme ouvriers et cela pour deux motifs : Tout d'abord aucun lien juridique ne les rattache à l'entrepreneur pour le compte de qui ils travaillent. Ils sont restés étrangers au traité passé entre cet entrepreneur et l'État et si, dans certains cas, on leur permet de toucher une certaine rémunération, celle-ci ne leur est pas remise à titre de salaire conventionnel, mais leur est abandonnée gracieusement par l'État comme encouragement. D'autre part, dans l'exercice de leur travail, ils ne cessent pas de dépendre de l'autorité de leurs gardiens et ils échappent pour partie du moins à celle du chef d'entreprise [1].

200. — De même, les aliénés, qui, dans l'intérieur de l'asile où on les a internés, sont occupés à des travaux visés par l'art. 1er (tels que ceux de menuiserie, de maçonnerie, etc.), ne sont pas protégés par notre loi; car ils restent placés sous la dépendance de leurs gardiens, en dehors de tout lien contractuel avec un chef d'entreprise [2].

Il en serait toutefois autrement, si l'exploitant d'une machine agricole se rendait dans l'intérieur d'un asile d'aliénés et acceptait des malades comme collaborateurs ; car la loi de 1899 sur les accidents agricoles s'applique à tous les aides, alors même qu'ils n'ont pas la qualité d'ouvriers [3].

201. — En principe, une maladie mentale n'est pas exclusive de la qualité d'ouvrier. Ainsi, lorsque le chef d'une industrie assujettie accepte d'un établissement d'aliénés ou d'épileptiques un ou plusieurs malades qu'il emploie comme ouvriers, il contracte un louage d'ouvrage qui le rend responsable, en cas d'accident, dans les termes de notre loi [4].

202. — A plus forte raison doivent être considérés comme des ouvriers ou des apprentis : 1° les *pupilles* que l'assistance publique place dans des entreprises assujetties, quelque modique que soit leur salaire et même en l'absence de toute rénumération, s'il s'agit d'apprenti [5].

2° Les *sourds-muets* occupés par des industriels à la demande d'établissements charitables [6].

203. — Au contraire, les élèves qui, dans une maison d'instruction, se livrent à des travaux visés par l'art. 1er, ne peuvent être considérés comme des ouvriers dans le sens de notre loi ; car ils ne sont liés par aucun contrat de louage

---

[1] La jurisprudence allemande est en ce sens, mais elle se fonde sur ce motif que la privation de la liberté est exclusive de la qualité d'ouvrier (*Handbuch der Unfallversicherung*), p. 14, n° 18.

[2] Dans ce sens, Off. imp., du 8 mai 1896 (*Handbuch der Unfallversicherung*), p. 13, n° 16.

[3] V. plus loin. Accidents agricoles, chap. XII, n° 945.

[4] Dans ce sens, Off. imp., 2 mars 1888 (*Handbuch der Unfallv.*), p. 13, n° 16.

[5] Dans ce sens, Off. imp., 28 avr. 1891 (*Handbuch der Unfallv.*), p. 13, n° 16.

[6] Dans ce sens, Off. imp., 10 oct. 1891 (*Handbuch der Unfallv.*), p. 13, n° 16.

d'ouvrage et l'établissement qui les fait travailler n'a aucun caractère industriel ou commercial. V. n° 144.

TROISIÈME SECTION.

Situation des ouvriers de nationalité étrangère et des employés dont le salaire est supérieur à 2.400 francs.

I

Ouvriers de nationalité étrangère.

204. — En ce qui concerne la nationalité, le législateur a inséré dans son art. 3, al. 14 et 15, une disposition de tous points identiques à la législation allemande :

« Les *ouvriers étrangers, victimes d'accidents, qui cesseront de résider sur le territoire français, recevront pour toute indemnité un capital égal à trois fois la rente qui leur avait été allouée. — Les représentants d'un ouvrier étranger ne recevront aucune indemnité si au moment de l'accident ils ne résidaient pas sur le territoire français* ». Cette disposition a été l'objet des plus vives critiques ; elle contient, disait-on, des avantages en faveur des chefs d'entreprise qui emploient des étrangers. Or, déjà les patrons n'étaient que trop disposés à recourir à la main-d'œuvre étrangère ; cette concurrence a même été souvent l'occasion de troubles. La nouvelle loi va encore aggraver la situation. Fort heureusement ces fâcheux pronostics ne se sont pas réalisés. Leur exagération était d'ailleurs manifeste ; il suffisait, pour s'en convaincre, de prêter l'oreille aux objections soulevées contre les projets antérieurs qui plaçaient sur un pied d'égalité les ouvriers étrangers et les ouvriers français. Comment, s'écriait-on, vous accordez aux étrangers les mêmes avantages qu'aux Français, alors qu'à l'étranger nos nationaux sont traités moins favorablement. Vous allez encore, par cette disposition prétendue égalitaire et humanitaire, favoriser le développement de la main-d'œuvre étrangère qui fait une concurrence si désastreuse à notre classe ouvrière. Il fallait cependant choisir entre les deux systèmes ; notre législateur a été, je crois,

bien inspiré en traitant chez nous les étrangers comme nos
nationaux sont traités dans les autres pays [1].

205. — Pour comprendre la portée de l'art. 3, il importe
de distinguer suivant que l'accident a été suivi d'incapacité
temporaire, d'incapacité permanente ou de mort.

206. — *a*) En cas d'*incapacité temporaire*, l'étranger est
traité comme le Français. Il a droit à l'indemnité temporaire
intégrale ainsi qu'aux frais médicaux et pharmaceutiques,
alors même qu'il irait résider à l'étranger [2]. Mais, en pareil
cas, le règlement des frais médicaux et pharmaceutiques peut
donner lieu à des contestations ; car les justifications seront
plus difficiles à produire.

207. — *b*) En cas d'*incapacité permanente*, la situation de
l'étranger sera, comme dans le paragraphe précédent, identique à celle du Français jusqu'à la date fixée pour le point
de départ de la rente viagère, c'est-à-dire jusqu'au jour où
l'état du blessé est devenu définitif. A partir de ce moment
le premier alinéa de notre art. 3 devient applicable ; c'est-à-
dire que si le blessé de nationalité étrangère continue à résider sur le territoire français, il a droit à la même rente que
s'il était Français ; mais s'il va s'établir à l'étranger, son droit
aux arrérages se transforme en un droit à un capital égal à
trois annuités.

208. — Le droit à cette capitalisation et l'obligation de la
subir prendront naissance à la date du départ de l'ouvrier
pour l'étranger, si du moins ce départ s'est produit après la
fin de la période du traitement médical, alors que la rente
viagère était exigible. Par suite, la conversion en capital
sera calculée au jour de son départ et les arrérages de la
rente lui seront comptés jusqu'à cette date. Toutefois, dans

---

[1] Un projet de loi, préparé par la commission du Sénat et déposé par son rapporteur le 15 déc. 1903, contient un paragraphe additionnel qui élargit encore l'application de ce principe, en permettant à notre législation de se mettre constamment
en harmonie avec les modifications qui pourraient survenir à ce point de vue dans
les législations étrangères. Ce paragraphe additionnel est ainsi conçu : « Les représentants d'un ouvrier étranger ne recevront aucune indemnité si au moment de l'accident ils ne résidaient pas sur le territoire français, *à moins qu'un décret en
Conseil d'État ou une convention internationale n'ait rendu applicables en
ce cas pour leur nationalité, à raison de la législation en vigueur dans leur
pays sur la matière les dispositions contenues dans l'alinéa précédent* ».

[2] Dans ce sens, Comité consultatif, 10 févr. 1900, *J. O.*, 1900, 16 févr. 1900, p. 1009.

le cas exceptionnel où une décision judiciaire aurait stipulé la pension payable d'avance, le terme, qui aurait dû être payé avant son départ en vertu de cette décision, serait acquis à l'ouvrier du jour où le paiement aurait dû en être fait (art. 1980-2°, C. civ.)[1].

209. — Il en serait de même s'il avait quitté la France après la période de traitement médical, mais avant la fixation du chiffre de la rente viagère; mais alors il pourrait y avoir un compte à faire entre les parties, dans le cas où le patron aurait postérieurement au jour fixé pour le point de départ de la rente, versé une provision ou continué à payer l'indemnité temporaire; les sommes versées en excédant s'imputeraient sur les arrérages échus de la rente et même au besoin sur le capital.

210. — Enfin, si l'ouvrier étranger était parti avant même que son état fût devenu définitif, c'est seulement au jour fixé pour le point de départ de la rente viagère que le calcul de la capitalisation devrait être effectué; jusqu'à cette date il devrait être traité sur le même pied qu'un Français, il aurait droit à l'indemnité temporaire ainsi qu'au frais de traitement médical, ainsi que nous l'avons vu plus haut pour les accidents entraînant seulement une incapacité temporaire.

211. — La conversion légale de la rente d'un ouvrier étranger sera prononcée par justice si l'une des parties soulève une contestation ; elle peut être aussi librement consentie par les intéressés sans intervention judiciaire, à la condition que la loi soit respectée. Si la condition exigée par l'art. 3 n'était pas remplie, une telle convention serait frappée d'une nullité d'ordre public (art. 30). Lorsqu'il y a accord des parties, le patron agira donc sagement en dressant un acte sous seings privés auquel il annexera une pièce officielle justificative de la résidence effective de l'ouvrier à l'étranger.

La circonstance qu'au moment de l'accident l'ouvrier étranger ne résidait pas sur le territoire français ne fait pas obstacle à l'application des dispositions de notre art. 3[2].

---

[1] Toulouse, 20 janv. 1902, *Gaz. Pal.*, 1902. 1. 782.

[2] Dans ce sens, T. Lille, 8 mars 1900, *Fr. judic.*, 1900. 1. 204. Douai, 18 juill. 1900, S. 1901. 1. 44.

Elle se produit assez fréquemment dans les départements frontières où l'on voit des ouvriers étrangers habitant dans leur pays venir chaque jour en France pour y travailler. En pareil cas, si après la fixation de l'indemnité définitive l'ouvrier continue à résider à l'étranger, il n'a droit qu'à un capital égal à trois fois la rente qui lui a été allouée [1].

212. — *c*) *En cas d'accident mortel*, l'alinéa 15 de l'art. 3 dispose : « Les représentants d'un ouvrier étranger ne reçoivent aucune indemnité si au moment de l'accident ils ne résidaient pas sur le territoire français ».

213. — Ce texte donne lieu à plusieurs difficultés d'application. La première qui se présente à l'esprit est la suivante : Pour que le droit à une indemnité s'ouvre au profit des représentants de la victime, il faut qu'au moment de l'accident ils aient leur résidence en France. Si à ce moment ils habitaient l'étranger, ils ne pourraient rien réclamer. Sur ce point aucune contestation n'est possible. Mais que décider si, résidant en France à l'époque où l'accident s'est produit, ils ont quitté notre territoire quelque temps après? Ici trois opinions peuvent être soutenues :

D'après un premier système, le motif, qui prive les représentants d'un ouvrier étranger de tout droit à une pension s'ils résidaient hors de France au moment de l'accident, doit leur faire perdre également ce droit à partir du jour où ils vont s'établir à l'étranger. Cette opinion méconnaît le principe que les déchéances sont de droit étroit et que même une parité de motifs n'en justifie pas l'extension à un cas non prévu par la loi. Nous nous refusons donc à l'admettre.

La deuxième opinion raisonne aussi par analogie; elle applique aux représentants de l'ouvrier étranger les dispositions de notre loi qui concernent exclusivement la victime; et elle propose de remplacer la pension périodique par le paiement d'une indemnité égale à trois annuités. Malheureusement les deux situations sont toutes différentes : la victime a droit à une rente viagère, tandis que la plupart de ses représentants ne peuvent réclamer qu'une pension temporaire;

[1] Cass. civ., 7 juill. 1903, *Gaz. Pal.*, 1er avr. 1903, qui casse un arrêt de Toulouse du 6 août 1901.

de telle sorte que ce système, appliqué rigoureusement, ne conduirait à rien moins qu'à permettre aux enfants de quatorze ans ou quinze ans de toucher, le jour où ils iraient à l'étranger, une indemnité supérieure à la totalité des pensions qui leur reviendraient, s'ils restaient en France. Reculant devant une telle conséquence, les partisans de ce système déclarent que l'indemnité ne devra pas dépasser la somme correspondant au temps restant à courir jusqu'à l'âge de seize ans[1]. Mais qui ne voit que c'est alors refaire la loi, et non plus l'appliquer? Rien dans les travaux préparatoires ou dans les discussions parlementaires n'autorise à penser que telle ait été l'intention du législateur.

Il nous reste l'interprétation littérale. Notre texte ne fait aucune différence entre les représentants d'un ouvrier français et les représentants d'une victime de nationalité étrangère, lorsque ceux-ci résidaient en France au moment de l'accident. Nous devons donc admettre qu'ils continuent à avoir droit à la pension légale, alors même qu'à une date ultérieure ils retourneraient à l'étranger. Sans doute, cette solution offrira certains inconvénients : si un ayant-droit venait à décéder, peut-être une substitution de personne serait-elle rendue plus facile. Mais il ne faut pas perdre de vue que la pension est payable au domicile du chef d'entreprise ou à l'agence de la société d'assurance et que le débiteur peut, avant de se dessaisir des fonds, exiger la production de toutes pièces justifiant de l'existence et de l'identité du créancier[2].

214. — Les représentants de l'ouvrier étranger qui, au moment de l'accident, ne résidaient pas en France, sont privés non seulement de l'action spéciale de notre loi, mais encore de celle dérivant du droit commun (art. 1382, C. civ.), à l'encontre de leur patron ou des préposés de ceux-ci; car, aux termes de l'art. 2, les ouvriers et employés désignés en

---

[1] Chardiny, *loc. cit.*, p. 124.

[2] Le projet de loi soumis au Sénat le 15 déc. 1903 rend applicable la conversion obligatoire en capital de la pension aux ayants-droit étrangers qui cessent de résider sur le territoire français ; mais il a soin d'ajouter la disposition suivante qui interdit la spéculation à laquelle exposait l'application pure et simple du deuxième système relaté plus haut : « *Toutefois pour les enfants ce capital ne pourra dépasser le total des annuités restant à courir jusqu'à seize ans* ».

l'art. 1er ne peuvent se prévaloir, à raison des accidents dont ils sont victimes dans le travail, d'aucune disposition autre que celles de la présente loi. Il est évident que cette prohibition vise aussi bien les représentants des ouvriers que les ouvriers eux-mêmes, les ayants-cause ne pouvant avoir plus de droits que leur auteur [1].

215. — Comment devra-t-on évaluer le montant de la pension, si, parmi les enfants de l'ouvrier étranger, quelques-uns seulement résidaient en France au moment de l'accident, les autres étant alors à l'étranger? Il y aura lieu, à mon avis, de procéder à une double opération : on calculera d'abord le montant total de la pension comme si tous les enfants y avaient droit, puis on divisera par le nombre d'enfants la somme obtenue et on en attribuera le quotient à chacun de ceux qui résidaient en France au décès de leur père. Par exemple, un ouvrier étranger est veuf et père de cinq enfants dont deux seulement habitent avec lui au moment où il est tué dans un accident industriel. L'ensemble de ces enfants aurait eu droit à 60 0/0 du salaire de leur père, s'ils avaient tous habité la France à l'époque de l'accident, de telle sorte que la part de chacun d'eux eût été de 12 0/0. Comme deux seulement sont appelés à bénéficier de la loi, ils toucheront le 24 0/0 du salaire.

216. — Le point de savoir si l'ouvrier a conservé sa résidence en France après l'accident dont il a été victime, ou si ses représentants résidaient en France au moment de l'accident devra être jugé en fait. Une déclaration de résidence ou l'absence de toute déclaration ne constituera pas une preuve décisive ; ce ne peut être qu'un élément dont la valeur est laissée à l'appréciation des magistrats. De ce qu'un étranger a fait une déclaration de résidence dans un lieu déterminé, on ne saurait en conclure en toute certitude qu'effectivement il réside dans ce lieu. A l'inverse, l'omission d'une déclaration ne démontre pas nécessairement la non-résidence ;

[1] Dans ce sens, T. Seine, 7 nov. 1900, et C. Paris, 16 mars 1901, *Gaz. Pal.*, 1901. 1. 283 et 507, S. 1901. 2. 23 et 143. V. aussi plus loin les mêmes principes posés à l'occasion des frères et sœurs et autres parents non appelés au bénéfice de la loi (nos 565 et s.).

tout au plus peut-elle être considérée comme une présomption de fait.

217. — Il est bien entendu qu'il ne s'agit pas ici d'un domicile légal, mais d'une simple résidence de fait [1], c'est-à-
dire de l'habitation [2]. Le lieu du travail n'est pas, à lui seul,
suffisant pour constituer une résidence, si l'habitation de
l'ouvrier est ailleurs [3].

II

Ouvriers dont le salaire dépasse 2.400 francs.

218. — Les ouvriers et employés « *dont le salaire annuel
dépasse 2.400 francs ne bénéficient de ces dispositions que jusqu'à concurrence de cette somme. — Pour le surplus, ils n'ont
droit qu'au quart des rentes stipulées à l'art. 3, à moins de
conventions contraires élevant le chiffre de la quotité* ».

Telles sont les dispositions du § 2 de l'art. 2, modifiées
par la loi du 22 mars 1902. Ce texte est assez clair pour ne
pas avoir besoin de longs commentaires. Quand la victime
touche un salaire supérieur à 2.400 francs, par exemple 3.000
francs, on procède à une double opération : on calcule d'abord
l'indemnité afférente à 2.400 francs, puis celle à laquelle
donnerait droit un salaire équivalent à la différence entre
2.400 et 3.000 francs, c'est-à-dire un salaire de 600 francs. Ce
dernier chiffre obtenu, on le divise par 4 et on ajoute le
quotient au montant de la première indemnité ; le total de
ces deux sommes représentera l'indemnité due à la victime
gagnant le salaire de 3.000 francs.

219. — Depuis la loi du 22 mars 1902 qui a supprimé les
mots « *et indemnités* » placés dans le précédent texte après
ceux de « *au quart des rentes* », il est certain que la limitation
de notre article ne s'applique pas aux indemnités temporaires.

220. — En ce qui concerne la part de rentes afférentes
au surplus des 2.400 francs, le législateur laisse aux parties
la faculté de convenir qu'elle sera calculée à un taux supé-

[1] Nice, 2 janv. 1901, S. 1901. 2. 223.
[2] Cass. civ., 7 juill. 1903, *Gaz. Pal.*, 1er août 1903.
[3] Cass. civ., 7 juill. 1903, précité.

rieur à celui du quart, qu'elle pourra, par exemple, représenter le tiers ou la moitié de cette portion du salaire annuel. Leur est-il permis aussi d'aller au delà de cette moitié qui est le taux légal, de stipuler notamment, pour l'excédent, une rente égale aux 2/3, aux 3/4 ou à l'intégralité du salaire annuel? La solution de cette question est devenue très douteuse depuis la loi du 22 mars 1902[1] qui interdit d'abaisser l'excédent de rente au-dessous du quart de la portion correspondante du salaire. Puisque le législateur a établi une limite minima, l'équité commande, semble-t-il, d'admettre comme limite maxima le taux légal de moitié : les parties n'ont ainsi la liberté de se mouvoir qu'entre ces deux points extrêmes.

221. — On ne saurait considérer comme valable la convention par laquelle les parties auraient stipulé une indemnité en capital pour la part afférente au surplus des 2.400 francs. Notre loi n'admet en effet que les indemnités sous forme de rentes ou pensions, excepté dans des cas limitativement déterminés et pour lesquels elle a établi des garanties spéciales.

---

[1] La disposition finale de l'ancien art. 2 qui était ainsi conçue : « *à moins de conventions contraires quant au chiffre de la quotité* », laissait en effet un champ illimité à la convention des parties aussi bien dans le sens d'une augmentation que dans celui d'une diminution du taux légal. Il est permis de regretter que le législateur de 1902, en remplaçant les mots « *quant au chiffre de la quotité* » par ceux de « *élevant le chiffre de la quotité* », n'ait pas cru devoir s'expliquer plus clairement sur la limitation maxima.

CHAPITRE III

DES PATRONS OU CHEFS D'ENTREPRISES

222. — Nous nous sommes occupés jusqu'à présent des personnes qui ont droit, en cas d'accidents industriels, à une des réparations prévues par la loi ; ce sont, avons-nous dit, les ouvriers et employés. L'indemnité qui leur revient est à la charge du *patron* ou *chef d'entreprise ;* elle peut aussi être payée par l'assureur qui s'est substitué aux lieu et place du dit *patron* ou *chef d'entreprise.*

Que faut-il entendre par *patron* ou *chef d'entreprise ?* Tel est l'objet de ce chapitre. Une étude préliminaire de la législation étrangère et de la jurisprudence antérieure à 1898 nous permettra d'aborder avec plus de sûreté et de précision l'interprétation de notre texte.

PRÉLIMINAIRES.

223. — ALLEMAGNE. — En Allemagne, l'assurance est obligatoire et monopolisée entre les mains des associations professionnelles qui constituent de véritables sociétés mutuelles. C'est à ces associations que l'indemnité doit être réclamée, et ce sont elles qui en versent le montant. Mais comme leurs fonds sociaux sont alimentés exclusivement par les cotisations des patrons ou chefs d'entreprises, on peut dire qu'en dernière analyse ceux-ci supportent seuls la charge du paiement des indemnités.

L'art. 9, 2ᵉ al. de la loi de 1884, devenu l'art. 28 de la deuxième loi du 30 juin 1900, définit le chef d'entreprise, celui pour le compte de qui l'exploitation est faite ; et l'Office impérial interprétant et précisant ce texte ajoute : le chef d'entreprise est celui à qui revient en profit ou perte le résultat économique de l'exploitation, la valeur ou la non-valeur des travaux exécutés dans l'exploitation, et qui tout spécialement réalise dans l'intérêt de son entreprise les productions du travail des ouvriers [1].

---

[1] *Handbuch der Unfallversicherung*, p. 198.

Pour être entrepreneur d'une exploitation dans le sens de la loi allemande, il ne suffit pas d'en tirer profit, il faut encore en avoir la direction ou la surveillance. Ainsi, dans une exploitation donnée en usufruit, ce n'est pas le nu propriétaire qui est l'entrepreneur; l'usu-fruitier seul a ce titre. De même, entre un propriétaire et un fermier, la qualité de chef d'entreprise appartient à ce dernier. Dans une société en commandite simple ou en commandite par actions, les associés qui sont tenus personnellement sont les entrepreneurs. Dans une exploitation déclarée en faillite, le syndic chargé de l'administration est l'entrepreneur [1]. Dans un contrat de location de force motrice, le chef de l'exploitation de la force motrice est le bailleur ou le loca-taire, suivant que les gardiens de la machine productrice, chauf-feurs, etc., sont placés sous les ordres et la dépendance de l'un ou l'autre [2].

Il est parfois difficile de distinguer un chef d'entreprise d'un ouvrier. L'Office impérial pose la règle suivante : lorsque, en raison de la nature du travail, une exploitation peut être considérée comme indé-pendante, le directeur de cette exploitation est un chef d'entreprise. La forme de la rémunération du travail (salaire à la tâche ou à la journée) ou le mode de paiement (paiement direct par l'entrepreneur ou paiement indirect par l'intermédiaire d'un tiers, d'un contre-maître par exemple), sont sans influence sur la désignation de la per-sonne qui, dans une exploitation, joue le rôle de patron.

Ainsi un maître-tonnelier à forfait, dans une entreprise de marchand de vins en gros, n'est pas un chef d'entreprise, bien que le travail de tonnellerie lui soit entièrement délégué et que les ouvriers soient em-bauchés et payés par lui-même. Il en est de même d'un maître-batelier qui transporte en radeaux des bois pour le compte d'un marchand de bois en gros, alors même qu'il engage et paie ses employés. En ce qui concerne les entreprises de transport pour le service des mines, l'Office impérial distingue suivant que leur exploitation est souter-raine ou à jour; dans le premier cas l'entreprise de transport est une dépendance de l'exploitation minière, dans le second cas elle est une entreprise complètement distincte et autonome [3].

La question de savoir si les personnes qui concourent à un même travail sont toutes des entrepreneurs ou si quelques-unes d'entre elles sont des ouvriers par rapport aux autres qui seraient des patrons, ne

---

[1] *Handbuch der Unfallversicherung*, p. 198. V. aussi Bellom, *op. cit.*, t. II, p. 138, note.

[2] *Handbuch der Unfallversicherung*, p. 211.

[3] *Handbuch der Unfallversicherung*, p. 199 et 201.

peut se résoudre d'après une formule générale : chaque espèce mérite d'être étudiée séparément.

224. — AUTRICHE. — En Autriche, comme en Allemagne, les chefs d'entreprise sont dans l'obligation légale de s'affilier à des associations d'assurances qui, au lieu d'être constituées par professions, sont régionales; ils ont, à la différence des patrons allemands, la faculté de prélever le 10 0/0 du montant de leurs cotisations sur le salaire de leurs ouvriers. Il suit de là que, si les associations sont débitrices envers les victimes d'accident du montant des indemnités fixées par la loi, les chefs d'entreprise n'en supportent en définitive que le 90 0/0.

En principe, le chef d'entreprise est, d'après la loi autrichienne (art. 11), celui au compte de qui l'industrie fonctionne. Spécialement, dans l'industrie de la construction, on considère comme patron celui qui est chargé de la direction des travaux; et s'il n'existe pas de chef de ce genre, c'est le propriétaire qui est regardé comme entrepreneur. Enfin, quand une industrie ou une exploitation (par exemple dans les travaux agricoles ou forestiers) n'emploient une machine que temporairement, la qualité de patron appartient au propriétaire de la machine.

225. — ANGLETERRE. — La loi anglaise ne proclame pas l'obligation de l'assurance; elle se contente de déterminer les cas dans lesquels l'entrepreneur ou le patron sont tenus de payer une indemnité aux victimes d'accidents. On y trouve la définition précise de l'*entrepreneur* et du *patron*.

« L'expression « entrepreneur », y est-il dit à l'art. 2, titre VII, de la loi de 1897, signifie la compagnie de chemins de fer dans le cas d'un chemin de fer; dans le cas d'une fabrique, d'une carrière ou d'une blanchisserie, elle signifie son exploitant aux termes des lois sur les fabriques et ateliers de 1878 à 1895; dans le cas d'une mine, elle signifie le concessionnaire aux termes de la loi pour la réglementation des mines de charbon de 1887, ou de la loi pour la réglementation des mines métallifères de 1872, selon les cas; dans le cas d'un travail d'art, elle signifie l'entrepreneur des travaux de construction, de modification ou d'entretien; et, dans le cas d'une bâtisse, elle signifie celui qui en entreprend la construction, la réparation ou la démolition.

« L'expression « patron » comprend toute collectivité de personnes jouissant ou non de l' « incorporation »; elle comprend aussi les ayants-droit d'un patron décédé ».

Il convient de rapprocher de ces définitions l'art. 99 de la loi industrielle du 27 mai 1878, dont la teneur suit : « Le propriétaire ou loueur de machines à moteur mécanique au moyen desquelles est utilisé directement ou indirectement le travail des enfants, adolescents ou femmes, dans une fabrique, s'il n'est pas le patron de l'usine et s'il emploie et rétribue lui-même ces personnes, est considéré comme leur patron en ce qui concerne les contraventions à la présente loi ».

226. — ITALIE, SUISSE ET ESPAGNE. — La loi *italienne* de 1898, (art. 3), impose l'obligation de l'assurance aux chefs ou exploitants des entreprises, industries ou constructions indiquées à l'art 1er. Dans le même sens, la loi *fédérale suisse* du 15 juin 1881 édicte des règles nouvelles de responsabilité applicables aux fabricants, c'est-à-dire à ceux qui exploitent une fabrique (art. 1er). Aux termes de l'art. 7 du règlement d'administration publique italien, le chef ou gérant d'entreprise ou d'industrie est la personne au nom et pour le compte de laquelle les entreprises ou les industries sont conduites. Le chef de la construction est celui qui s'est chargé de l'exécution, et, à son défaut, la personne au nom et pour le compte de laquelle la construction est exécutée.

Par patron, la loi *espagnole* du 30 janv. 1900 entend l'individu ou la société, propriétaire de l'entreprise, de l'exploitation ou de l'industrie où se fait le travail.

227. — JURISPRUDENCE FRANÇAISE ANTÉRIEURE A LA PROMULGATION DE NOTRE LOI. — En France, la jurisprudence faisant application des principes de droit commun inscrits dans les art. 1382 et s., du Code civil, a considéré comme patron celui qui prend en mains la conduite de l'ouvrage et en règle les détails d'exécution, celui qui impose à l'ouvrier tel ou tel procédé, tel ou tel outil, lui donne, au point de vue professionnel, des instructions et des ordres[1].

En un mot, est patron tout individu qui loue les services d'un autre pour un travail dont il *se réserve la direction et la surveillance*. C'est à ce caractère seul que la qualité de patron est attachée : peu importe que le preneur de services soit ou ne soit pas un entrepreneur de profession. Un propriétaire conserve la direction et la surveillance des manœuvres qu'il emploie ; il est patron. Le cultivateur, qui pourtant n'est ni commerçant, ni entrepreneur, est le patron des moissonneurs qu'il embauche, parce qu'il conserve la haute main sur son ouvrage. Est également patron le propriétaire d'un bois qui a une coupe à

---

[1] Douai, 25 juin 1841, S. 42. 2. 49. Paris, 24 nov. 1842, S. 42. 2. 251. Douai, 16 déc. 1855, S. 66. 2. 123. Dijon, 7 août 1868, S. 68. 2. 315. Toulouse, 3 mars 1883, S. 84. 2. 161. Cass., 20 août 1847, S. 47. 1. 855. Cass., 17 févr. 1868, S. 68. 1. 148. Cass., 30 déc. 1875, S. 76. 1. 91. Cass., 4 févr. 1880, S. 80. 1. 463. André et Guibourg, *le Code ouvrier*, p. 243.

faire, alors que le choix des ouvriers, le droit de donner les ordres et les instructions, le droit de surveillance lui appartiennent et sont exercés par lui[1].

Au contraire, n'est pas patron le propriétaire s'adressant à un bûcheron pour faire émonder les peupliers de ses prés, ou à un couvreur pour faire réparer la toiture de sa maison et qui, étranger au métier et n'exigeant que la bonne et prompte exécution de la besogne, laisse à l'ouvrier, dans les deux cas, l'entière liberté de son initiative et de son activité[2].

En principe, la circonstance que l'ouvrier est payé, non pas à la journée mais à la tâche, n'a par elle-même aucune importance. C'est un mode de paiement que les parties sont maîtresses de choisir. Cependant, réuni à d'autres, ce fait peut déterminer le juge à décider que l'ouvrier avait conservé son indépendance au point de vue de l'exécution de l'ouvrage, et, par conséquent, à ne pas reconnaître au preneur de services la qualité de patron[3].

Tel était l'état de la jurisprudence au moment de la mise en vigueur de notre texte.

I

Définition du patron ou chef d'entreprise.

228. — Le législateur de 1898 s'est servi indistinctement des expressions « *patron* » et « *chef d'entreprise* » sans les définir. Éclairé déjà par les lois étrangères et par la jurisprudence française antérieure à 1898 sur le sens et la portée de ces dénominations, nous allons demander aux principes, qui ont servi de fondement à notre texte, un critérium encore plus précis et plus sûr.

De ce que le patron est la contre-partie de l'ouvrier dans le contrat de louage d'ouvrage, on serait tenté de dire qu'il n'est autre en définitive que le débiteur du salaire. Cette définition, vraie en général, n'est pas cependant absolument exacte; elle pourrait même dans la pratique devenir une cause d'erreur. En effet celui qui embauche et paie l'ouvrier n'est souvent, à l'insu de celui-ci, qu'un mandataire du pa-

---

[1] Gaudoin, *Des accidents du travail*, p. 17. Toulouse, 3 mars 1883, S. 84. 2. 161. André et Guibourg, *loc. cit.*

[2] André et Guibourg, *loc. cit.*, p. 244

[3] Gaudouin, *loc. cit.*, p. 17.

tron. Dans certains cas même, tout en s'obligeant personnellement envers l'ouvrier au paiement du salaire, il peut ne
pas être celui qui, en cas d'accident, est tenu de l'indemnité
légale. Tel est, par exemple, l'entrepreneur de marchandage
dans ses rapports avec les ouvriers à sa solde, lorsqu'il ne
jouit pas lui-même d'une indépendance entière pour l'exécution du travail (V. n° 177).

En réalité, dans le contrat de louage d'ouvrage, le patron
ne se contente pas de promettre un salaire, il prend aussi
l'engagement d'assurer la sécurité de l'ouvrier dans son travail, c'est-à-dire de le garantir contre le risque professionnel.
C'est de cette obligation que dérive le droit de l'ouvrier à l'indemnité légale en cas d'accident industriel. Il peut arriver
que, par suite d'un traité à forfait avec un sous-traitant, le
patron se décharge sur celui-ci de l'obligation de payer le
salaire; mais il ne pourra se décharger de l'obligation de
sécurité tant qu'il conservera autorité sur le sous-traitant. La
dette du salaire et celle de l'indemnité légale peuvent donc
reposer sur deux têtes différentes; mais le débiteur de l'indemnité est seul le chef suprême, c'est-à-dire le patron.

229. — Si maintenant nous envisageons le principe du
risque professionnel au point de vue économique, nous
voyons qu'il consiste à mettre à la charge des frais généraux de l'entreprise la réparation des accidents industriels.
On peut donc définir le patron, celui qui profite des bénéfices, défalcation faite des frais généraux et qui, par voie de
conséquence, supporte les pertes. Rien n'est plus juste d'ailleurs : étant chef suprême, il doit être seul responsable. Or, sa
responsabilité implique deux droits : 1° la direction et la surveillance; 2° l'indépendance. C'est, en effet, à ces deux caractères qu'on reconnaît un patron.

a) *Direction et surveillance.*

230. — Cette condition permet de distinguer dans une
entreprise le patron des autres travailleurs. Tout collaborateur placé en sous-ordre n'a pas la qualité de patron. En
traitant plus haut de la participation aux bénéfices, nous
avons fait remarquer que le participant, tout en ayant des

droits sur les gains réalisés par l'entreprise, n'en restait pas moins un subordonné, que dès lors il ne devait pas être assimilé à un patron. De même, dans une association coopérative, chaque coopérateur, bien que copropriétaire de l'entreprise, est placé sous l'autorité et la surveillance d'un gérant, il ne peut donc se considérer comme le chef d'entreprise. Le patron est alors l'association elle-même prise abstraction faite de ceux qui la composent; elle est représentée par un mandataire en la personne du gérant.

Dans un contrat de louage d'ouvrage, il peut arriver que l'ouvrier s'engage à faire le travail sous sa propre responsabilité en dehors de la surveillance et de la direction de celui pour le compte de qui il est occupé. C'est ce que le législateur du Code civil appelle le louage des entrepreneurs d'ouvrages par suite de devis ou marchés (art. 1779-3° et 1787 et s.). Dans ce cas, l'ouvrier devient entrepreneur; il cesse par conséquent de pouvoir invoquer le bénéfice de la loi sur les accidents[1], et, s'il a recours à la main-d'œuvre pour accomplir l'ouvrage dont il a pris l'entreprise, il est à son tour un patron au regard de ses employés.

b) *Indépendance.*

231. — Il ne suffit pas de diriger et de surveiller des travaux pour être patron; il faut encore avoir le pouvoir de les diriger à son gré, jouir en un mot d'une entière indépendance dans cette direction. C'est à l'indépendance que le patron se distingue de celui dans l'intérêt de qui les travaux sont effectués. Par exemple entre le propriétaire d'une usine et le locataire qui l'exploite, la qualité de patron appartient à ce dernier, si, du moins, maître absolu dans la direction et la surveillance de l'établissement, il ne dépend en aucune façon du premier. Est également un patron le couvreur qui traite avec le propriétaire d'une maison pour la réparation de la toiture; car seul il a la direction et la surveillance des travaux qu'il s'est engagé à faire.

232. — La circonstance qu'un chef d'entreprise aurait

---

[1] Cass., 6 août 1902, D. 1902: 2. 579 (V. chap: II, n° 172).

accepté l'ingérence toute accidendentelle et momentanée
d'une tierce personne dans la direction des travaux de l'exploitation ne lui enlève pas, même pendant ce temps, la qualité de patron responsable dans les termes de notre loi, alors
même que cette tierce personne serait le propriétaire avec
lequel il a traité à forfait pour l'exécution des dits travaux.
Un tel fait purement accidentel, auquel les parties n'ont attribué aucune valeur juridique, ne saurait avoir eu pour
effet de déplacer la responsabilité du chef d'entreprise [1].

II
Application à quelques cas particuliers.

233. — En allant du simple au composé nous avons déjà
pu attribuer la qualité de patron à l'usufruitier ou au locataire d'une exploitation industrielle, et non au nu propriétaire ou au bailleur. De même, quand le propriétaire d'un
immeuble traite avec un entrepreneur de maçonnerie pour
la construction d'une maison, c'est en principe l'entrepreneur
qui est le patron au regard des ouvriers maçons.

Mais si, de son côté, l'entrepreneur cède à un serrurier et à un
charpentier la sous-entreprise des travaux de leur spécialité,
il cesse d'être, pour l'exécution de ces travaux, un patron
dans le sens de notre loi [2].

234. — La division du travail dans une industrie arrive
ainsi à être la source principale des difficultés de notre matière.
Une exploitation comporte nécessairement des travaux variés
dont on est obligé de confier la confection ou la direction à
des spécialistes. Le contrat qui lie ces derniers au chef d'exploitation ne leur confère-t-il qu'une autorité purement technique ou bien leur donne-t-il au contraire une autonomie
complète? Telle est la question qui devra être résolue dans

---

[1] Dans ce sens, la Cour de cassation a décidé que, lorsque l'ouvrier travaillant pour
le compte d'autrui ne reçoit de celui-ci aucun ordre, que non seulement il travaille
à ses pièces, mais même à son gré, comme il l'entend, sans prendre l'avis de personne, le maître de l'œuvre ne saurait être déclaré responsable, en vertu de la
loi de 1898, pour avoir, à un moment donné, accepté ou suivi la direction du travail (Cass. civ., 6 août 1902, *Gaz. Pal.*, 1902. 2. 291).

[2] Dans ce sens, Loubat, *op. cit.*, n° 149.)

chaque cas particulier. En dehors de la convention des parties on ne trouve aucun critérium certain.

235. — La stipulation d'un salaire à forfait et la circonstance que le sous-traitant est propriétaire de ses outils de travail laissent supposer une certaine indépendance, mais n'impliquent pas nécessairement une entière autonomie. Ainsi, la jurisprudence allemande a pu, comme nous l'avons vu plus haut, refuser avec raison de considérer comme un patron le maître-tonnelier à forfait d'une entreprise de marchands de vins en gros, alors même qu'il embauchait et payait lui-même ses ouvriers et que le travail de tonnellerie lui était entièrement délégué.

Dans le même sens, la Cour de Douai a décidé que le fait par un individu d'avoir, dans une usine, la direction et la surveillance d'un certain nombre d'ouvriers qu'il embauche et dont il paie les salaires n'est pas exclusif de sa qualité d'employé, s'il effectue des paiements avec les sommes qui lui sont remises par le chef de l'exploitation[1].

236. — Le lieu du travail peut être, dans certains cas, un élément plus important à consulter. Si, par exemple, le travail est exécuté dans un local appartenant au sous-traitant et dont l'accès n'est pas légalement permis au chef de l'exploitation principale, le sous-traitant a certainement la qualité de patron, car l'exécution de son ouvrage échappe à toute surveillance et à tout contrôle étranger.

237. — Le transport des matières premières, du combustible et des marchandises est, à coup sûr, celle de toutes les branches accessoires d'une exploitation qui soulève les questions les plus délicates. Sur le point de savoir si le transporteur est un employé de l'exploitation ou un chef d'entreprise indépendant, il y a lieu de faire les distinctions suivantes :

Le transporteur a-t-il conclu avec l'exploitation un marché à forfait ou à prix d'unité et se sert-il d'un matériel lui appartenant et d'employés payés par lui, son indépendance au regard de l'exploitation est complète ; il est réellement patron. A l'inverse, si ses ouvriers et lui sont appointés par l'exploitation, sa dépendance vis-à-vis de celle-ci est non

---

[1] Douai, 25 juil. 1900, S. 1901. 2. 216. D. 1901. 2. 155.

moins manifeste; on doit le considérer comme un ouvrier[1].

La question devient plus délicate dans le cas où, ayant traité à forfait, il fait cependant usage du matériel de l'exploitation, véhicules, chevaux, etc. Cette dernière circonstance le soumettant en général à la surveillance et à l'autorité du chef de l'exploitation, est exclusive de la qualité de patron. Cependant on pourrait y voir aussi un contrat de louage de choses qui aurait été conclu parallèlement au contrat de transport et qui, par suite, ne serait pas inconciliable avec une autonomie complète; il en serait ainsi spécialement dans le cas où le transporteur serait le propriétaire ou tout au moins le locataire des remises et écuries.

238. — En ce qui concerne les *tâcherons*, le contrat de *marchandage* et la *participation aux bénéfices*, nous avons indiqué dans le chapitre précédent les éléments caractéristiques qui permettent de distinguer le patron et l'ouvrier ou employé (V. nos **176** à **180**).

239. — En traitant des accidents agricoles au chap. XII, nous définirons ce qu'on doit entendre par *exploitants*, n° 950, et nous examinerons les difficultés que présentent à cet égard le *fermage* et le *métayage*, nos 959 et 960.

240. — Appliquant les principes qui précèdent à la grande industrie, la loi anglaise a fait une énumération qui est fort juste : dans les chemins de fer le patron est la compagnie exploitante; dans les mines, il est le concessionnaire; dans les travaux d'art et dans l'industrie du bâtiment, il est l'entrepreneur des travaux de construction, de réparation, d'entretien ou de démolition; dans l'industrie manufacturière ou de production, il est celui qui exploite la fabrique, l'usine ou la manufacture.

241. — Le changement de patron est la conséquence nor-

---

[1] Dans le même ordre d'idées le Comité consultatif a émis l'avis : 1° que pour le transport des bois abattus confié à des transporteurs moyennant forfait ou sur prix d'unité, la responsabilité des accidents du travail incombe auxdits transporteurs, qui assument les *entreprises de transport* visées par l'art. 1er de la loi ; 2° qu'il en serait de même pour le flottage des bois s'il en était traité aux mêmes conditions; 3° qu'au contraire l'exploitant industriel des coupes de bois confiant le service du flottage à ses propres ouvriers est responsable des accidents à eux survenus au même titre que pour les ouvriers employés à l'exploitation proprement dite (avis du 12 juill. 1899. *J. O.*, 6 janv. 1900).

male de toute transmission régulière d'exploitation, telle
qu'une cession volontaire ou une cession par autorité de justice en suite de saisie. Dans certains cas, pour les exploitations dépendant de l'autorité administrative, le changement
de patron peut résulter d'un acte de l'autorité publique.
Ainsi l'arrêté préfectoral de mise en régie d'une carrière
exploitée par un adjudicataire, a pour effet de substituer le
service vicinal audit adjudicataire dont les obligations vis-à-
vis des ouvriers sont par suite mises à la charge de l'adminis-
tion qui seule a désormais la surveillance du chantier et est
devenue chef d'entreprise dans les termes de la loi de 1898.

III

Des collectivités envisagées comme patron
et de leurs mandataires.

242. — Le patron peut être soit un individu soit une collectivité. Dans ce dernier cas, la *collectivité est représentée par
un mandataire*[1]. Ce mandataire s'appelle *gérant* dans les sociétés en nom collectif et dans les commandites; il prend le
nom d'*administrateur* dans les sociétés anonymes. En principe le règlement des indemnités, pensions et rentes en exécution de notre loi rentre dans les pouvoirs d'administration
qui appartiennent au gérant ou aux administrateurs[2]. Toutefois il peut arriver que les statuts sociaux restreignent l'étendue de ces pouvoirs pour le règlement des rentes et pensions
afférentes aux accidents suivis de mort ou d'incapacité permanente. Cette limitation ne concerne jamais le règlement
des indemnités temporaires et celui des frais médicaux et

---

[1] C'est ainsi que le Comité consultatif a émis l'avis que les associations de propriétaires d'appareils à vapeur et autres sociétés de prévention contre les accidents
industriels semblent soumises, en ce qui concerne leurs inspecteurs et préposés à la
loi du 9 avr. 1898, soit qu'elles apparaissent comme agents collectifs des industriels
personnellement assujettis et prenant à frais communs les mesures qu'ils devraient
autrement prendre à leur compte, soit qu'elles apparaissent, au regard de ces industriels, comme des tiers ayant traité avec eux pour assurer la sécurité des appareils dans leurs exploitations respectives et, à ce titre, comme de véritables « chefs
d'entreprise » (avis du 12 juill. 1899, *J. O.*, 6 janv. 1900).

[2] Dans ce sens, arrêt de Besançon, 11 juill. 1900, S. 1901. 2. 193, qui décide
qu'un directeur technique n'a pas qualité pour traiter au nom d'une société anonyme.

pharmaceutiques, qui sont des actes d'administration de la vie courante.

243. — Il arrive parfois que dans une société en nom collectif, les statuts sociaux n'ont désigné aucun gérant. Cette qualité appartient alors à chacun des associés (art. 1859-1°, C. civ.).

244. — En cas de déclaration de faillite du patron, l'administration des biens du failli appartient au syndic soit dans la période qui précède la décision des créanciers, soit pendant l'état d'union. Dans ces deux hypothèses, le syndic a plein pouvoir pour régler amiablement le chiffre de l'indemnité temporaire. Il a aussi qualité pour représenter la faillite dans l'action intentée contre elle en paiement d'une rente ou pension afférente à une incapacité permanente ou au décès de la victime. Mais il ne pourrait alors, sans remplir les formalités de l'art. 487 du Code de commerce, accepter un règlement amiable qui pourrait être considéré comme une transaction.

245. — En cas de liquidation judiciaire, le patron a, avec l'assistance de son liquidateur, les mêmes droits que le syndic d'une faillite (art. 5, 6 et 7 de la loi du 4 mars 1889 et 4 avr. 1890).

Il est bien entendu que ni la déclaration de faillite, ni la liquidation judiciaire ne sauraient avoir pour effet d'empêcher ou de suspendre l'action de la victime d'un accident en exécution de notre loi, car la créance d'indemnité temporaire est garantie par un privilège et la créance de rente ou pension cautionnée par le fonds de garantie[1].

246. — Si le failli a obtenu son concordat, il a plein pouvoir pour défendre à l'action de la victime d'accident ou pour traiter.

247. — Enfin, le patron peut être l'État, un département, une commune ou un établissement public, suivant que l'exploitation appartient à l'une ou à l'autre de ces personnes

---

[1] En ce qui concerne le recours du fonds de garantie contre la faillite pour le remboursement des rentes et pensions qu'il a prises à sa charge, voir plus loin tit. III, chap. IV, sect. II, n°ˢ 1664 et s.

morales. Dans ce cas, comme en matière de société anonyme, il est représenté par son mandataire légal[1].

248. — Lorsque le chef d'entreprise est un département ou une commune, l'action de la victime d'un accident industriel n'a pas besoin d'être précédé du dépôt d'un mémoire à la préfecture. L'art. 55 de la loi du 10 août 1871 et 124 de celle du 5 avril 1884 ne sont pas applicables aux instances engagées en matière d'accidents du travail. La question, qui a été pendant quelque temps controversée, cesse de l'être depuis la promulgation de la loi du 22 mars 1902, qui a ajouté à l'art. 18 la disposition suivante : « *L'art. 55 de la loi du 10 août 1871, et l'art. 124 de la loi du 5 avril 1884, ne sont pas applicables aux instances suivies contre les départements ou les communes en exécution de la présente loi* ».

IV

Des patrons étrangers ayant des établissements en France et des patrons français ayant des établissements à l'étranger.

249. — Les dispositions de la loi de 1898 dépendent du statut réel (art. 3, C. civ.,) et ont un caractère d'ordre public (art. 30 de notre loi). A ce double titre elles régissent toutes les exploitations établies en France pour les accidents survenus sur le territoire français, alors même que ces exploitations appartiendraient à un patron de nationalité étrangère ou à une société dont le siège social serait à l'étranger. Il n'importe que ces exploitations soient établies à demeure sur le territoire français ou seulement d'une façon temporaire. Les termes de l'art. 1er ne laissent d'ailleurs, par leur généralité, subsister aucun doute sur l'intention du législateur; on en trouve encore une nouvelle preuve dans les art. 15 et 16 qui attribuent compétence aux tribunaux du lieu de l'accident.

250. — Certains accidents survenus sur le territoire étranger peuvent même donner lieu à l'application de notre loi, lorsqu'ils se sont produits par le fait ou à l'occasion de tra-

---

[1] Dans ce sens, avis du Comité cons., 29 nov. 1899, *J. O.*, 20 déc. 1899. V. égal. les décisions rapportées au n° 107, chap. I.

vaux exécutés pour le compte d'une exploitation ayant son
siège social en France et que les ouvriers qui ont été victimes,
ont été embauchés en France. Nous avons vu en effet que la
législation de 1898 a apporté une modification d'ordre public
aux règles du contrat de louage [1]. Il s'en suit que des exploitations assujetties, qui embauchent des ouvriers en France,
ne peuvent pas stipuler la non-application du risque professionnel [2]. Il en serait tout autrement pour les ouvriers étrangers embauchés à l'étranger par une exploitation française
pour des travaux à exécuter à l'étranger ; les accidents survenus au cours de ces travaux seraient régis par la loi du pays
où ils se sont produits.

V

Des ouvriers travaillant seuls d'ordinaire.

251. — Si la qualité d'ouvrier peut être éphémère et
même ne durer que quelques instants, celle de patron comporte généralement une certaine continuité, ainsi que nous
avons eu l'occasion de l'expliquer à la fin du chapitre I, en
traitant des exploitations et des entreprises. Spécialement le
législateur n'a pas voulu qu'*un ouvrier travaillant seul d'ordinaire pût être rangé au nombre des patrons par le seul fait
qu'il aurait eu recours accidentellement à la collaboration d'un
ou de plusieurs de ses camarades*. C'est ce qu'exprime le
§ final de l'art. 1er.

Cette disposition a été introduite dans notre loi sur un
amendement de M. Baudens qui en a très clairement mis
en lumière le sens et la portée. « Je viens vous demander,
disait l'honorable sénateur, dans la séance du 20 mars 1896,
de ne pas transformer un simple ouvrier par le fait de votre
loi en un patron malgré lui ». Il peut arriver en effet, ajoutait-il en substance, qu'un ouvrier travaillant seul habituellement, qui n'a ni chantier, ni atelier, ni capital d'exploitation

---

[1] C. Rennes, 22 déc. 1902, *Gaz. Pal.*, 1903. 1. 81.
[2] Dans ce sens, le Comité consultatif est d'avis que les entreprises assujetties qui
ont leur siège social en France et détachent des ouvriers en pays étranger pour des
travaux temporaires sont responsables, en conformité de la loi du 9 avr. 1898, des
accidents survenus à l'étranger auxdits ouvriers (*J. O.*, 1900, p. 2113).

soit, par suite d'un événement fortuit ou d'un travail im-
prévu, dans la nécessité de se faire aider pour quelques
instants ou pour quelques heures par un de ses camarades,
sous réserve de lui rendre à l'occasion un service identique.
Il ne faut pas que ce concours de circonstances ait pour effet
d'imposer à l'ouvrier ainsi assisté les obligations de chef
d'entreprise. Et M. Baudens citait l'exemple suivant : « La
plupart d'entre vous habitent la campagne. Si vous avez à
faire une réparation à un bâtiment de ferme, à une toiture,
vous envoyez chercher le charpentier du village et vous lui
montrez le travail. Il répond : « Je ne peux pas le faire tout
seul. Il y aura des pièces un peu lourdes à remuer. Je vais
aller chercher un ou deux camarades pour m'aider ». Il va les
chercher en effet et les dirige nécessairement, puisque c'est
lui qui a fait l'entreprise et en règle l'exécution. Vous n'avez
à faire qu'à lui. C'est un patron si vous voulez, mais un patron accidentel. C'est lui seul en tout cas que vous payez et
qui dirige ses ouvriers ».

252. — Les dispositions de ce texte, étant une exception
au principe de notre loi, doivent être interprétées restricti-
vement. Par suite, on ne saurait en étendre l'application à un
chef d'entreprise véritable qui, tout en ayant plusieurs ouvriers à son service, a recours d'une façon toute exceptionnelle
à l'assistance d'un ou de plusieurs manœuvres pour un travail déterminé. Les accidents, qui surviendraient à ces manœuvres par le fait ou à l'occasion de ce travail, donneraient
ouverture au droit à indemnité prévu par notre loi.

CHAPITRE IV

DES ACCIDENTS EN GÉNÉRAL.

253. — Les accidents méritent d'être étudiés à trois points de vue : 1° en eux-mêmes, c'est-à-dire dans leurs éléments essentiels; 2° dans leurs causes et spécialement dans celles qui les rattachent au travail professionnel, à l'effet de déterminer ceux qui sont survenus *par le fait ou à l'occasion du travail*; 3° dans leur conséquences c'est-à-dire dans les lésions traumatiques (décès, incapacité permanente, incapacité temporaire) qui donnent droit aux indemnités légales.

Les causes professionnelles des accidents et leurs effets sur la validité des victimes feront l'objet des deux chapitres suivants.

Le présent chapitre traitera de l'accident en lui-même; il sera divisé en quatre paragraphes : 1° définition et éléments constitutifs; 2° distinction avec les maladies professionnelles; 3° des hernies; 4° des insolations, lombagos, et autres lésions qui présentent tantôt les caractères d'un accident, tantôt ceux d'une maladie.

I

Définition de l'accident. Éléments constitutifs.

254. — Toutes les législations, qui ont adopté le principe du risque professionnel, en ont limité l'application aux accidents du travail, à l'exclusion des maladies dites professionnelles qui, elles aussi, sont occasionnées par le travail. En Allemagne et en Autriche les maladies professionnelles sont soulagées, comme les autres maladies des ouvriers, par les caisses d'assurances contre la maladie. Ces caisses d'assurances sont elles-mêmes complétées, en Allemagne seulement, par l'organisation de l'assurance contre l'invalidité qui paie une rente viagère aux malades dont l'infirmité est devenue incurable.

255. — La Suisse qui, sans adopter le régime du risque professionnel, a appliqué au travail industriel une loi spéciale dite loi sur le renversement de la preuve, en a étendu le bénéfice aux maladies professionnelles pour les industries dans lesquelles on emploie ou produit les substances suivantes : 1° plomb, ses combinaisons et alliages; 2° mercure et ses combinaisons; 3° arsenic et ses combinaisons; 4° phosphore; 5° gaz irrespirables; 6° gaz vénéneux; 7° cyanogène et ses combinaisons; 8° benzine; 9° aniline; 10° nitroglycérine; 11° virus de la variole, du charbon et de la morve (arrêté du conseil fédéral du 19 déc. 1887).

En France dans la séance de la Chambre des députés du 3 juin 1893, M. Favre proposa un amendement tendant à rendre les patrons responsables des conséquences des maladies dites professionnelles. Ce projet de loi fut rejeté. Dans la séance du 28 octobre 1897, M. le député Goujon demanda à étendre l'action de la loi aux exploitations qui feraient usage de matières toxiques. La Chambre repoussa son amendement.

256. — Malgré tout l'intérêt qu'il y aurait eu à définir l'accident, les législateurs français et étrangers se sont abstenus de le faire et ont préféré laisser ce soin aux tribunaux chargés d'appliquer et d'interpréter leur œuvre. D'après l'Office impérial d'Allemagne, l'accident est « *un événement qui, portant atteinte à l'intégrité du corps humain, se produit d'un seul coup et se trouve nettement limité par un commencement et une fin*[1] ».

M. Marestaing a exprimé la même idée sous une forme plus alerte. C'est, dit-il, *une atteinte au corps humain provenant de l'action soudaine et violente d'une cause extérieure*[2].

Définition de tous points exacte, qui va servir de fondement à nos explications. L'action soudaine et violente d'une cause extérieure, et la lésion de l'organisme, tels sont les deux caractères essentiels de ce qu'on est convenu d'appeler un accident corporel. Étudions chacun de ces caractères.

[1] Décis. du 24 sept. 1896, *Rekursentscheidungen des Reichsversicherungsamtes*, 11e vol., n° 22, p. 17.
[2] *Définition des accid. du trav. dans les divers pays*, p. 3.

a) Soudaineté et violence d'une cause extérieure.

257. — L'accident a toujours une cause extérieure et cette cause se manifeste d'une façon soudaine et violente. C'est à ce critérium qu'on distingue l'accident de la maladie. Généralement la maladie est un état lent et continu, né d'une cause également lente et durable[1]. Il peut cependant arriver qu'elle se déclare brusquement et avec violence, comme dans les apoplexies, les embolies, les ruptures d'anévrisme, etc.; mais alors sa cause réside dans la constitution organique du corps lésé. Est-elle déterminée par un agent extérieur, par exemple par l'insalubrité des logements par les intempéries, etc., son évolution est nécessairement lente et continue.

258. — Par *cause extérieure*, il faut entendre une cause étrangère à la constitution organique de la victime.

259. — La *violence* implique un événement susceptible de produire une lésion corporelle sans cependant qu'il en résulte une perturbation dans le fonctionnement de l'exploitation; ainsi un simple faux pas, un effort immodéré comportent une violence suffisante; il en serait autrement d'un effort ordinaire, proportionné aux forces d'un travailleur et qui serait un acte habituel de sa vie journalière.

260. — La *soudaineté* est la limitation d'un événement dans un espace relativement court: elle est le contraire de la *progressivité*. Ainsi, un coup, un choc, une chute, même un effort ont un commencement et une fin très rapprochés et nettement déterminés. A ce propos, il importe de remarquer que, si la cause génératrice d'une lésion est toujours soudaine dans les accidents, la lésion elle-même peut affecter une marche progressive. Par exemple, une commotion de la moelle épinière produite par un coup ou par une chute constitue un accident, malgré son évolution lente et graduelle; il en est de même de l'inoculation de substances morbides (n°s 271 et 272), etc.

261. — Les maladies professionnelles ayant, comme les accidents, leur cause en dehors de l'organisme, on ne peut les distinguer de ceux-ci qu'à la progressivité de leur appari-

---

[1] Disc. de M. Bourgeois (Ch. des députés, séance du 28 oct. 1897, *J. O.*, 29 oct.).

tion et de leur marche. La détermination de ce signe caractéristique unique soulève dans la pratique de nombreuses
difficultés, nous en ferons l'objet d'une étude spéciale au
paragraphe II ci-dessous.

262. — A l'inverse certaines lésions, dont l'apparition est
toujours soudaine et violente, sont dues tantôt à une altération
naturelle de l'organisme, tantôt à un événement extérieur;
tels sont les hernies, les insolations, les coups de fouet, les
ruptures musculaires, les tours de reins, les lombagos, sciati-
ques, ruptures de varices, etc. Ces affections seront considérées
tantôt comme des accidents, tantôt comme des maladies, suivant la cause qui les aura déterminées[1]. La recherche de
cette cause étant fort délicate, surtout dans les hernies, nous
consacrerons le paragraphe III aux lésions herniaires et le paragraphe IV aux autres affections à manifestations soudaines.

b) Atteinte au corps humain.

263. — Pour caractériser un accident, tel que nous avons
à l'envisager, il ne suffit pas de la manifestation soudaine et
brutale d'une force extérieure, il faut encore que cette force
ait eu une action nuisible sur le corps humain. L'action nuisible doit être interprétée dans son sens le plus large; elle
comprend toute lésion de l'organisme, apparente ou non apparente, interne ou externe, profonde ou superficielle. Ce
n'est pas à son importance et à son étendue qu'on juge de sa
nature, c'est uniquement à ses effets sur la durée et le degré
d'invalidité de la victime.

264. — Il n'est pas nécessaire que la lésion corporelle
suive immédiatement l'acte violent; il suffit qu'elle en soit
la conséquence. Ainsi un couvreur glisse du toit, sur lequel
il travaille, et tombe à terre. Le premier moment d'émotion
passé, il constate que tous ses membres sont intacts, ne res-

[1] La jurisprudence a eu l'occasion d'appliquer ces principes à une affection appelée « *bourse séreuse du genou* » dont un ouvrier menuisier s'était senti soudainement atteint au cours de son travail, mais en dehors de toute chute, de tout effort
ou de tout autre événement violent susceptible d'être considéré comme un accident.
La Cour de cassation a décidé avec raison que si cette affection avait une cause professionnelle, il lui manquait le caractère traumatique nécessaire pour donner lieu à la
garantie de notre loi. Cass. Req., 23 juill. 1902, D. 1903. 1. 275.

sent aucune douleur aiguë et croit en être quitte pour la peur. Jusqu'ici pas d'accidents dans le sens juridique du mot. Mais le lendemain ou quelques jours, après une lésion interne se déclare et entraîne la mort de la victime. S'il est démontré que cette lésion a été déterminée par la chute, tous les éléments constitutifs de l'accident se trouvent réunis.

265. — Une question plus délicate est celle de savoir si l'action de la force extérieure doit s'exercer directement, c'est-à-dire par un choc sur une partie quelconque du corps, ou s'il suffit qu'elle produise son effet par contre-coup, en déterminant sur l'esprit une impression profonde qui aura ensuite son retentissement sur l'organisme. L'exemple suivant fera comprendre ma pensée. La chaudière d'une usine fait explosion : plusieurs ouvriers, atteints par des éclats de fer ou des débris de matériaux, deviennent invalides à des degrés divers. Pour ceux-là pas de difficulté ; ils sont, sans conteste, victimes d'un accident du travail. Un de leurs camarades, qui se trouve au milieu d'eux, paraît tout d'abord avoir été plus heureux : il est épargné comme par miracle, aucun projectile ne le touche. Cependant cette catastrophe produit sur son esprit une impression si forte, si profonde que son caractère en est modifié. Après avoir été pendant quelque temps sombre et taciturne, il finit par perdre la raison. Les médecins consultés s'accordent à dire que le dérangement de ses facultés mentales est dû à l'émotion qu'il a éprouvée. Sa folie devra-t-elle être considérée comme une lésion constitutive de l'accident et lui donnera-t-elle droit, si les autres conditions sont remplies, à une indemnité. Je n'hésite pas à répondre affirmativement. La folie est une altération du cerveau, un traumatisme, au même titre que la rupture d'un muscle, la perforation d'une artère ou la fracture d'un os. Il n'importe qu'elle ait été produite par le choc d'un objet solide ou par des vibrations qui échappent encore à l'analyse. Ce n'est pas parce que la transmission de la cause à l'effet échappe à la perception de nos sens que le lien qui les rattache n'existe pas.

266. — D'une façon plus générale tous les troubles cérébraux ou nerveux, tels que la démence, l'hystérie, l'hypocondrie, etc., peuvent avoir une origine traumatique et par suite constituer l'un des éléments constitutifs de l'accident.

II

Distinction entre l'accident et la maladie professionnelle.

267. — Malgré tout l'intérêt qu'inspirent les malheureux ouvriers dont la santé est altérée par l'exercice d'une profession malsaine, il est certain qu'ils ne sont pas admis à se prévaloir des bénéfices de la législation sur le risque professionnel. Le texte de notre loi est formel, et les travaux préparatoires que nous avons rapportés plus haut ne laissent subsister aucun doute sur l'intention du législateur.

Nous avons déjà expliqué que, si l'accident et la maladie professionnelle ont tous deux une cause extérieure, ils se distinguent l'un de l'autre par la *soudaineté* ou par la *progressivité* de leur manifestation. Dans la séance du 28 octobre 1897, M. le ministre du Commerce, s'adressant à la Chambre des députés, a mis cette distinction en vive lumière : « Je suppose, a-t-il dit, que dans une usine où l'on emploie des matières toxiques, un ouvrier se trouve avoir absorbé accidentellement une substance toxique ou avoir été atteint par une éclaboussure d'acide ou de toute autre substance, qui ait déterminé la mort ou une incapacité de travail ; le caractère accidentel de l'événement apparaît nettement et ne saurait être confondu avec un empoisonnement lent, avec une diathèse résultant de la pratique normale de la profession ». — « Il peut arriver, ajouta M. le Rapporteur de la commission, que, par une intoxication lente, comme dans l'industrie des allumettes, il se produise non un accident, mais une maladie. C'est alors un tout autre ordre d'idées ».

268. — Les lésions d'origine professionnelle, qui sont susceptibles d'apparaître soudainement ou d'évoluer avec lenteur, peuvent se diviser en trois catégories différentes : les unes ont leur cause dans 'emploi de substances toxiques ou caustiques, d'autres sont dues à l'insalubrité des ateliers ;

enfin quelques-unes sont imputables à des conditions climatériques défavorables.

a) *Emploi de substances toxiques ou caustiques.*

269. — Tous les empoisonnement dus à l'action prolongée de substances toxiques sont des maladies, à raison de
leur formation lente et progressive. Parmi ces empoisonne-
ments il faut citer : 1° les *coliques de plomb*[1] : — 2° la *nécrose
phosphorique*, si fréquente dans l'industrie des allumettes ;
— 3° le *tremblement mercuriel* des ouvriers qui travaillent
dans les fabriques de glaces.

270. — Il en est de même des maladies des poumons provoquées par une respiration prolongée de *chaux vive* ou de
poudre de scories phosphoriques[2].

271. — Doivent être au contraire considérés comme des
accidents, à raison de l'action soudaine et violente de la
substance toxique : 1° l'absorption brusque d'une substance
toxique ; 2° la brûlure par un acide[3] ; 3° la destruction du
tissu pulmonaire d'un ouvrier par la brusque inhalation d'un
gaz délétère (par ex. vapeur de chlore, acide sulfureux, etc.[4]) ;
4° un empoisonnement du sang en suite de l'introduction
de phosphore dans une plaie ou blessure déjà existante ;
et, d'une façon générale la *contamination* d'une plaie par
l'introduction d'un corps étranger ; 5° l'empoisonnement par
une piqûre d'insecte[5].

272. — De même la loi de 1898 s'applique aux affections
pathologiques accidentelles, lorsque contractées dans l'accomplissement d'un travail industriel, elles prennent leur
origine et leur cause dans un fait déterminé ne rentrant pas
dans les conditions normales de l'exercice de ce travail ; par
exemple, à l'affection charbonneuse contractée par un ouvrier

---

[1] Comité consultatif, avis du 25 nov. 1900, *J. O.*, 2 déc. 1900.

[2] Off. imp., d'Allemagne, 17 mai 1889 et 2 déc. 1889, *Handbuch der Unfallversicherung*, p. 28, n° 33.

[3] V. plus haut, n° 267, discours du ministre du Commerce à la Chambre.

[4] Off. imp., 4 juill. 1888, *Enstcheidungen des Reichsverschiserungsamtes*, t. III,
p. 8.

[5] Sur tous ces points, nombreuses décisions de l'Off. imp., *Handb. der Unf.*,
p. 28, n° 33.

tanneur en manipulant des peaux contaminées dans l'usine de son patron[1].

273. — Une question plus délicate est celle de savoir si on trouve les caractères d'un accident ou ceux d'une maladie dans une surdité consécutive à de fortes détonations dans les mines et carrières. Si l'ouvrier est devenu sourd progressivement sous l'influence d'une série de détonations, son affection n'est qu'une maladie [2]. Mais on devait y voir un accident dans les cas où la rupture du tympan se serait produite brusquement à la suite d'une ou plusieurs détonations déterminées, soit que ces détonations fussent particulièrement fortes, soit que l'ouvrier se trouvât plus près du lieu de l'explosion.

b) *Insalubrité du lieu du travail.*

274. — Les causes les plus fréquentes d'insalubrité sont l'humidité, les courants d'air et l'insuffisance d'éclairage. Généralement ces causes exercent d'une façon lente et continue leur action nocive sur l'organisme ; elles engendrent ainsi des maladies. Ainsi la fluxion de poitrine que le puisatier contracte par un séjour prolongé au fonds d'un puits humide, l'ophtalmie dont est atteint un ouvrier forgeron exposé à un courant d'air constituent des maladies, à raison de la progressivité de leur cause, même si elles se manifestent, en apparence du moins, avec une certaine brusquerie.

Dans ce sens, l'Office impérial d'Allemagne a considéré avec raison, selon nous, comme une maladie et non comme un accident une paralysie de la vue survenue à un ouvrier dans la construction d'un pont par suite d'un courant d'air qui régnait *constamment* à sa place de travail[3].

275. — Il en serait tout autrement si la lésion avait sa cause dans un fait déterminé et soudain : tel serait le cas d'une hémorragie pulmonaire ou cérébrale survenue brus-

[1] Cass. req., 3 nov. 1903, *Gaz. Pal.*, 3 déc. 1903. Dans le même sens, Off. imp., 1886 (*Amtl. Nachricht*, 1886, p. 251, n° 213, car, dit la décision allemande, l'affection à laquelle la victime a succombé est due à l'introduction soudaine dans le corps d'une substance morbide.

[2] Off. imp., 1er juin 1889, *Handb. der Unfall.*, p. 28, n° 33.

[3] *Handbuch der Unfallversicherung*, n° 34, p. 29.

quement chez un ouvrier entrant dans l'eau pour se mettre au travail.

276. — La circonstance, qu'une maladie professionnelle a pour cause initiale un accident du travail, ne lui fait pas perdre pour cela son caractère de maladie. Par exemple un éboulement survenu dans une mine a produit une inondation qui oblige les ouvriers à travailler dans l'eau pour procéder au déblaiement; plusieurs d'entre eux tombent malades par suite des conditions défavorables de travail ; les uns contractent des rhumatismes, d'autres des fluxions de poitrine. Aucun ne peut bénéficier de la loi sur les accidents[1].

276 *bis*. — Le *nystagmus* ou tremblement d'yeux, que l'insuffisance d'éclairage des galeries de travail provoque souvent chez les mineurs, est aussi une maladie.

c) Conditions climatériques défavorables.

277. — Les insolations qui sont provoquées par une chaleur excessive, seront étudiées spécialement n°s 296 et s.

278. — L'action soudaine d'une basse température qui détermine la congélation d'un membre ou le décès de la victime présente les caractères d'un accident. Ainsi il y a lieu d'admettre au nombre des victimes d'accidents : 1° le casseur de pierres qui a eu les orteils gelés pendant le travail de sa profession en suite de l'action soudaine d'un grand froid; 2° le ramoneur qui, obligé par son travail professionnel de parcourir en hiver, par un froid rigoureux, un chemin long et difficile, meurt de froid en cours de route, alors surtout qu'il avait des vêtements de travail trop légers et qu'il était gêné dans ses mouvements par ses outils[2].

III

Des hernies.

279. — Les hernies abdominales (les seules dont nous ayons à nous occuper) sont caractérisées par l'issue d'une partie des

---

[1] Dans ce sens, Off. imp. d'Allemagne, 10 mars 1890, *Rekursentscheindungen des Reichsversicherungsamtes*, t. IV, p. 84, n° 206.

[2] Off. imp., décis. du 16 avr. 1892 et 18 déc. 1893, *Handb. der Unf.*, loc. cit.

viscères intestinaux à travers les parois de l'abdomen, le plus
souvent par le canal inguinal ou par un des points voisins
de son orifice externe; de là le nom de *hernies inguinales*.
En général, la formation des hernies est due, soit à un vice
congénital (persistance du canal péritonéo-vaginal non obli-
téré), soit à une dégénérescence morbide d'une partie des
tissus périphériques de l'abdomen. Elles sont appelées, dans
le premier cas, *congénitales* ou *constitutionnelles*, et, dans le
second cas, *spontanées* ou *de faiblesse*. Un traumatisme, tel
qu'un effort immodéré, une contusion de l'abdomen, etc.,
peut aussi déterminer une hernie chez un sujet en apparence
sain et bien constitué; c'est alors la *hernie de force*. La pression intra-abdominale qui résulte du traumatisme arrive à
rompre le péritoine, et à en expulser une portion de l'intes-
tin. La rupture se produit naturellement au point le moins
résistant. Or, la faiblesse de ce point est due en général, sinon toujours, à une malformation congénitale ou à une altération morbide plus ou moins avancée qui avaient pu jusqu'alors rester ignorées ou passer inaperçues. Il suit de là
que, si la hernie de force à sa cause déterminante dans un
traumatisme, on y trouve aussi, à des degrés variables,
l'influence d'une tare constitutionnelle ou d'une lésion morbide, quelquefois même le concours de ces deux éléments.

280. — Cette absence de ligne de démarcation précise
entre les hernies de force et les autres hernies est la source de
nombreuses difficultés. Dans tous les cas c'est au demandeur,
c'est-à-dire à l'ouvrier atteint d'une hernie qu'incombe la
charge de prouver : 1° l'existence d'un traumatisme susceptible de produire une hernie ; 2° la relation de cause à effet
entre le traumatisme et la hernie dont il est atteint; 3° le
degré d'incapacité de travail consécutif à cette lésion[1]. Il doit
aussi démontrer que l'accident ou traumatisme est survenu
par le fait ou à l'occasion du travail ; mais ce point spécial
sera étudié au chapitre suivant.

[1] Besançon, 3 déc. 1901, S. 1902. 2. 69. — Cass. req., 8 juill. 1902, *Gaz. Pal.*,
1902. 2. 181, D. 1903. 1. 252. Toulouse, 19 mars 1902, Amiens, 29 juin 1901, Rouen,
30 nov. 1901, D. 1902. 2. 435. Off. imp. d'Allemagne, 26 janv. 1894, 26 nov. 1897
et 13 juill. 1899, S. 1902. 4. 9 et la note de Sachet. *Handbuch der Unfallversicherung*, p. 31 et 35 (b).

a) *Traumatisme susceptible de produire une hernie.*

281. — De tous les mouvements du corps, l'effort en vue de soulever, de traîner ou de pousser est celui qui est le plus favorable à l'issue d'une hernie en général, aussi bien de la hernie de faiblesse que de la hernie de force[1].

L'effort ne revêt un caractère traumatique que quand il est immodéré, c'est-à-dire hors de proportion avec les forces du travailleur (V. n° 258)[2].

282. — Une série d'efforts résultant d'un travail particulièrement pénible peut, aussi bien qu'un effort isolé, réunir les conditions de violence et de soudaineté prévues par la loi[3]. Parfois l'effort se combine avec d'autres circonstances

---

[1] L'effort provoque, en effet, une contraction musculaire qui diminue la capacité de la cavité abdominale et en même temps comprime les viscères contre les parois de cette cavité. Sous l'empire de cette double action, les intestins cherchent à s'échapper par les points les plus faibles. Lorsque les parois sont bien constituées et solides, elles résistent facilement à la pression résultant d'un effort ordinaire, même répété ; et, loin d'en être incommodées, elles se fortifient de plus en plus par la gymnastique musculaire qu'il produit, c'est seulement un effort brusque et immodéré qui peut triompher de cette résistance en déterminant la rupture des fibres aponévrotiques ou la dilatation violente d'un anneau : un tel effort présente, à n'en pas douter, les caractères d'un traumatisme, et la hernie dont il est la cause constitue une hernie de force. Si, au contraire, les parois abdominales sont affaiblies en certains points par un état morbide ou par l'âge, il suffit souvent du moindre effort, surtout s'il est répété, pour occasionner une hernie ; mais alors celle-ci est une maladie, soit parce qu'elle est la dernière phase d'une modification anatomique à marche lente et évolutive, soit parce que l'effort, qui en a été seulement la cause occasionnelle, n'est qu'un acte habituel de la vie journalière et n'a rien de commun avec un traumatisme. Il arrive souvent (c'est même le cas le plus fréquent) que le point des parois abdominales où la hernie de force s'est frayé un passage était déjà un peu affaibli par une altération préexistante des tissus, tout en conservant encore une vitalité suffisante pour résister à la pression d'un effort ordinaire. La victime avait une prédisposition herniaire qui a facilité peut-être l'éclosion de la hernie de force, mais qui n'en a pas été la cause déterminante. La plupart des médecins pensent même qu'un traumatisme est impuissant à occasionner la formation d'une hernie en l'absence de toute prédisposition (V. cependant en sens contraire, Kaufmann, *Handbuch der Unfallverletzungen*, p. 278, Stuggard, 1897). Quoiqu'il en soit, l'examen médical ne permet presque jamais de préciser le degré de résistance que les parois abdominales pouvaient offrir à la pression des intestins. Il est donc indispensable de déterminer par l'information s'il se trouve à l'origine de la hernie un événement réunissant les trois conditions essentielles du traumatisme, à savoir : la *soudaineté*, la *violence* et la *cause extérieure*.

[2] Dans ce sens, Cass. req., 8 juill. 1902, précité. Tel est l'effort fait pour soulever et transporter de lourdes pierres. C. Grenoble, 16 juill. 1902, *Gaz. Pal.*, 1903 2. 63.

[3] La violence d'un effort est essentiellement subjective ; tel travail, facile pour un ouvrier exercé, peut être très fatigant pour celui qui ne l'a jamais exécuté ; c'est ainsi que l'Office impérial a pu estimer avec raison que le fait par un ouvrier forgeron de jeter dans le feu des blocs d'acier de 75 kilog. n'exigeait pas un effort immo-

d'un caractère également traumatique, telles qu'un choc, un contre-coup, une chute, etc. [1].

283. — Une simple position défavorable, telle que l'écartement des extrémités inférieures est de nature à favoriser la formation d'une hernie de force. En pareil cas, on doit se montrer moins rigoureux sur le degré d'intensité de l'effort [2].

284. — Les autres causes traumatiques des lésions herniaires sont d'une façon générale tous les accidents qui ont pour effet de comprimer violemment les parois abdominales ou de provoquer la contraction brusque de muscles de l'abdomen spécialement : 1° un coup de marteau ou un coup de pied de cheval dans le ventre ou la région inguinale [3]; 2° les chutes sur la partie antérieure du corps [4]; 3° la chute d'un corps pesant sur l'abdomen d'un sujet tombé à la renverse; 4° le passage d'une roue de voiture sur le corps [5].

b) Relation entre le traumatisme et la formation de la hernie.

285. — Il ne suffit pas au demandeur d'établir qu'il est atteint d'une hernie et qu'il a été victime d'un traumatisme susceptible de la produire; il doit prouver encore qu'effectivement l'un a été la cause génératrice de l'autre.

286. — Tout d'abord la preuve de l'absence de toute hernie

---

déré, parce qu'il avait l'habitude de ce travail et qu'il n'en avait jamais été incommodé (déc. du 10 juill. 1893 (*Rekursentscheidungen des Reichsversicherungsamtes* 7e vol, p. 178).

[1] Dans ce sens, l'Office impérial a décidé que le contre-coup occasionné par le heurt d'une brouette contre un rail accroît assez notablement l'effort de celui qui pousse le véhicule pour déterminer une hernie (21 mars 1894, *op. cit.*, 8e vol., p. 125). Il en est de même encore, si au moment de l'effort, l'ouvrier reçoit un coup ou fait une chute même en arrière (Office impér., 21 oct. 1895; *op. cit.*, 10e vol,, p. 21).

[2] Berger (*Résultats de l'examen de 10.000 observations de hernies*. Paris, 1896); de Quervain (*Semaine médicale*, 14 mars 1900). Dans ce sens, l'Office impérial a décidé que le fait par une victime d'être obligée de se baisser en avant pour vider une cuve, et en même temps de prendre des précautions pour se préserver des atteintes de l'eau bouillante, qui y était contenue, la contraignait à prendre des positions défectueuses, susceptibles de contribuer à l'issue d'une hernie, (26 nov. 1897, S. 1902. 4. 9. et la note de Sachet).

[3] T. de Saint-Gaudens, 11 avr. 1900, S. 1901. 2. 282. Off. imp. d'Allemagne, 21 mai 1896, *op. cit.*, 10e vol., p. 181.

[4] Off. imp., 17 mars 1894, 21 mai 1898, *op. cit.*, 11e vol., p. 4, 12e vol., p. 230.

[5] Berger, *op. cit.*; Kaufmann, *op. cit.*; de Quervain, *op. cit.*

avant l'accident sera fort difficile à faire[1]. D'ailleurs elle implique seulement que la formation de la lésion s'est produite au moment du traumatisme; cette simultanéité des deux événements, bien que constituant une forte présomption de causalité, peut cependant n'être considérée que comme une simple coïncidence, si du moins on ne remarque aucun des autres caractères de la hernie de force.

287. — L'examen médical du blessé après l'accident n'est pas, non plus, de nature à fournir un argument probant. Comme nous l'avons dit, les désordres organiques inhérents à la hernie de ¦force ne diffèrent pas d'une façon essentielle de ceux observés dans la hernie de faiblesse : ceux-là, comme ceux-ci, sont accompagnés en général de relâchement ou d'altération des tissus et de tous les signes extérieurs d'une prédisposition herniaire[2].

[1] On ne peut accepter qu'avec une extrême réserve les dépositions des témoins qui croiraient savoir que la victime n'avait pas de hernie avant l'accident. Une hernie n'est pas une infirmité apparente; souvent elle est ignorée de celui qui en est atteint; à plus forte raison peut-elle l'être de ses voisins, de ses compagnons de travail ou des autres personnes de sa connaissance. Le médecin habituel du demandeur sera, lui aussi, rarement en mesure de se prononcer d'une façon décisive; quelque exercé qu'il soit, il aura pu ne pas s'apercevoir de l'infirmité de son client, si son attention n'a pas été spécialement appelée sur la partie du corps qui en était le siège; et, eût-il même, quelques mois ou quelques jours auparavant, constaté une intégrité parfaite des organes de la région abdominale, on ne pourra jamais en conclure en toute assurance que, depuis son examen jusqu'à la veille du traumatisme, une hernie ne s'est pas déclarée spontanément ou par suite de toute autre cause. Aussi ne trouvera-t-on généralement dans cet ordre de faits que de simples présomptions destinées à corroborer les autres preuves. Dans ce sens, Off. imp., 26 janv. 1894, S. 1902. 4. 9,

[2] L'étranglement, que quelques médecins ont représenté comme une complication nécessaire et caractéristique de la hernie de force, est seulement plus fréquent chez cette dernière et ne saurait servir de critérium (V. de Quervain, *loc. cit.* V. aussi Off. Imp., 26 nov. 1897, S. 1902. 4. 9 et la note de Sachet). Il en est autrement des déchirures qu'une hernie de force produit quelquefois par la soudaineté et la violence de son issue dans les tissus des canaux ou orifices qu'elle traverse (telles que la rupture des parois du canal inguinal avec épanchement sanguin); ce sont là les seules lésions qui, abstraction faite de toute autre indice, permettent d'affirmer l'origine traumatique d'une hernie; mais, outre qu'elles ne se rencontrent que dans des cas tout à fait exceptionnels, elles sont aussi d'une observation très difficile, à raison de leur siège dans l'intérieur des organes abdominaux; c'est seulement par l'ouverture des parois de l'abdomen, c'est-à-dire en pratiquant chirurgicalement l'opération d'une hernie, qu'on peut en constater l'existence, et encore faut-il que l'intervention chirurgicale suive de très près l'accident (Stucki, *Zur Frage der Haftpflicht bei Hernienfallen. Corresp. Bl. f. Schweiz, Ærzte,* 1er oct. 1889, p. 589; de Quervain, *loc. cit.*).

La hernie de faiblesse peut se déduire, elle aussi, d'un ensemble de constatations anatomiques; mais aucun signe caractéristique n'exclut absolument une coopération traumatique dans sa formation. Le relâchement ou l'altération des tissus des parois

288. — Restent les circonstances concomitantes au traumatisme. Ici le terrain est plus solide. L'issue d'une hernie
de force s'accompagne en règle générale de symptômes tout
à fait caractéristiques. La distension soudaine et violente des
orifices provoque chez la victime des douleurs d'une extrême
acuité, à peine tolérables, qui l'obligent à cesser immédiatement tout travail, et la poussent involontairement à une manifestation extérieure de ses souffrances (telle que la demande
d'un secours médical). Autre détail important : une hernie de
force ne peut rentrer spontanément dans la cavité abdominale sans l'aide d'un médecin, à raison du peu de largeur et
surtout des sinuosités du canal inguinal; par suite, la victime
est hors d'état de reprendre son travail, si elle ne se pourvoit
pas d'un bandage. Quand ces douleurs symptomatiques et la
cessation du travail dans les conditions susénoncées accom-
pagnent un effort extraordinaire ou tout autre compression
soudaine et violente de la région abdominale, on peut conclure, à coup sûr, à l'origine traumatique de la hernie [1].

abdominales, manifesté notamment par le ventre trilobé et par la largeur considérable du canal inguinal, l'âge avancé du sujet hernieux, l'existence d'une hernie
antérieure ou d'une prédisposition herniaire du côté opposé, permettront d'écarter
avec beaucoup de probabilité le diagnostic d'une hernie de force (Off. imp., 13 juill.
1899, S. 1902. 4. 9), surtout si le canal inguinal a perdu sa direction oblique (de
Quervain, *loc. cit.*).

La grosseur du sac herniaire mérite aussi d'être prise en considération; mais on
ne saurait aller jusqu'à admettre, comme M. Kaufmann, qu'un volume dépassant
celui d'un citron est un indice certain de hernie de faiblessse. Une observation faite
par M. Bonnet (*Gaz. hebd. de méd. et chir.*, 10 nov. 1898) prouve que la règle
n'est pas absolue.

L'irréductibilité d'une hernie sans coexistence de symptômes d'étranglement est,
en général, d'après M. Kaufmann, l'indice d'anciennes adhérences du contenu avec
le sac herniaire. Ce même spécialiste a également constaté qu'une ectopie testicu-
laire est une affection fréquente chez les sujets prédisposés ou atteints de hernie de
faiblesse.

En résumé, l'observation de l'état anatomique des organes du demandeur fournira
des éléments d'appréciation, à coup sûr précieux, mais rarement concluants dans un
sens ou dans l'autre.

[1] Les autorités médicales les plus compétentes sont sur ce point d'accord avec
la jurisprudence française et allemande (Lyon, 9 janv. 1902 ; Bordeaux, 19 mars 1901,
D. 1902. 2. 435) (*Ærtzlische Sachverstandigen Zeitung*, 1895, n. 19; *Handbuch
der Unfallversich.*, n° 35, Off. imp., 26 janv. 1894 et 26 nov. 1897, S. 1902. 4. 9).

Mais l'application de ces principes est hérissée de difficultés. Les nombreuses décisions rendues sur ce sujet par l'Office impérial vont nous permettre de dégager
quelques règles d'une utilité pratique.

Et d'abord, quand il n'y a eu ni douleurs, ni cessation de travail au moment de
l'effort immodéré ou de l'accident, le rejet de la demande s'impose; c'est la preuve
irréfragable que l'issue de la hernie s'est effectuée sans violence, et que, par suite,

c) Incapacité de travail consécutive à une hernie.

289. — La hernie, étant généralement considérée comme une infirmité incurable, entraîne une incapacité permanente de travail. Cependant s'il se confirme que la chirurgie obtienne, dans certains cas favorables, des cures radicales, on pourra arriver à classer certaines hernies de force au nombre des accidents n'entraînant qu'une incapacité temporaire.

290. — Le degré d'invalidité, consécutif à une hernie, varie suivant la gravité de la lésion et la facilité plus ou moins grande avec laquelle le port du bandage est supporté, et aussi d'après la profession de la victime. Dans quelques cas très favorables, on ne l'évalue qu'à 5 0/0; le taux le plus usuel est de 10 0/0; il peut être aussi de **12, 15, 20, 30,** et

elle n'a été qu'une phase de l'évolution d'un état anatomique préexistant, évolution sur laquelle le traumatisme a été sans influence appréciable (Off. imp., 6 mai 1893, *op. cit.*, 7ᵉ vol., p. 149). Il en est de même si l'ouvrier ne ressent, au moment de la formation de la hernie, qu'une légère indisposition, qui ne l'empêche pas de reprendre son travail et de le continuer les jours suivants, malgré une légère enflure qu'il avait remarquée au côté gauche (Off. imp., 21 mai 1892, *op. cit.*, 6ᵉ vol., p. 104), ou encore si la douleur est postérieure au traumatisme, sans d'ailleurs empêcher la continuation du travail (Off. imp., 26 nov. 1897, S. 1902. 4. 9 et la note de Sachet).

Lorsque le traumatisme est accompagné de douleurs vives et manifestes, qui se calment ensuite un peu au point de permettre d'une façon plus ou moins complète la reprise ou la continuation du travail, il y a doute sur la nature de la hernie; il importe alors de tenir compte des autres éléments d'appréciation. Ainsi, dans un cas de ce genre, la Cour de cassation a rejeté le pourvoi de la victime parce qu'à la continuation du travail se joignait l'extrême modération de l'effort nécessaire à l'exécution de travail et l'insuffisance de cet effort pour déterminer une hernie. Cass. req. (9 juill. 1902, *Gaz. Pal.*, 1902. 2. 181). De même, l'Office impérial a rejeté une demande, parce que le sac herniaire avait pu rentrer spontanément dans la cavité abdominale, ce qui est un indice de hernie de faiblesse (28 sept. 1893, *op. cit.*, 8ᵉ vol., p. 11). Dans les trois cas suivants, au contraire, certaines circonstances de fait révélées par la procédure ont fait pencher la balance en faveur de la hernie de force : la première espèce concernait un ouvrier qui, ayant voulu, malgré ses souffrances, persister à travailler, fut atteint au bout d'une heure ou deux d'un étranglement herniaire et en mourut : or, nous avons vu que l'étranglement d'une hernie nouvelle est une présomption, sinon une preuve, de son caractère traumatique (4 déc. 1893, *op. cit.*, 8ᵉ vol., p. 54), dans la deuxième espèce, il s'agissait d'un homme extrêmement fort et robuste, qui. malgré les violentes douleurs dont il souffrait, avait continué à travailler (1ᵉʳ juin 1895, *op. cit.*, 9ᵉ vol., p. 154); dans la troisième espèce, l'ouvrier avait pu, pendant les trois premiers jours, continuer, quoique avec peine et au milieu de vives souffrances, à faire quelques travaux (28 nov. 1893, *op. cit.*, 8ᵉ vol., p. 48). A noter encore un cas de hernie de force constaté par M. Maréchaire (*Ærtzliche Sachenverstandig. Ztg.*, 1899, nᵒ 17) sur un sujet particulièrement indolent; le blessé n'avait ressenti tout d'abord qu'une forte secousse ; la douleur n'apparut qu'au moment de l'examen médical et devint très violente quelques instants après.

même atteindre 50 0/0 dans les complications graves.

291. — La question de savoir s'il y a lieu de modérer l'indemnité légale à raison d'une prédisposition herniaire plus ou moins marquée touche à la question de l'influence des maladies préexistantes que nous traiterons au chap. V. Constatons simplement qu'en fait, la détermination de cette part est matériellement impossible : une prédisposition herniaire n'est pas une maladie et ne se transforme pas nécessairement en hernie; elle peut rester latente pendant toute la vie ou tout au moins pendant de longues années; et personne n'est en mesure de prévoir à l'avance la date même approximative d'une issue exclusivement morbide du sac herniaire. Les spécialistes ont calculé qu'un prédisposé âgé de vingt-cinq ans avait au moins vingt chances sur cent de ne pas devenir hernieux dans le sens propre du mot[1]. L'indemnité légale doit donc être calculée d'après l'invalidité de la victime, abstraction faite de toute prédisposition préexistante[2].

d) *Des hernies autres que les hernies inguinales, et des aggravations de hernies en général.*

292. — Les règles ci-dessus posées s'appliquent aussi aux hernies *du nombril*[3], aux hernies *ventrales*[4] et aux hernies *crurales*[5], dont le processus est identique à celui des hernies inguinales et qui ne revêtent un caractère traumatique que dans des cas exceptionnels.

293. — Les hernies de la ligne blanche au-dessus du nombril, appelées aussi hernies *épigastriques*, donnent lieu à des divergences d'opinion entre les médecins[6]. Sans nous

---

[1] Berger, *op. cit.*; de Quervain, *op. cit.*

[2] Douai, 12 févr. 1901 et Trib. Nancy, 21 mai 1901, S. 1901. 2. 282. Rouen, 30 nov. 1901, Besançon, 3 déc. 1901, Lyon, 9 janv. 1902, S. 1902. 2. 60. Off. imp. d'Allemagne, 26 janv. 1894, 26 nov. 1897 et 13 juill. 1899, S. 1902. 4. 9 et la note de Sachet.

[3] Off. imp., 21 avr. 1893 et 18 déc. 1893, *Handb. der Unfallversich.*, p. 32, n° 35.

[4] Off. imp., 12 févr. 1894, *Entscheid. der Reichsversich*, 8e vol., p. 84.

[5] Off. imp., 21 févr. 1898, *op. cit.*, 12e vol., n° 69.

[6] D'après M. Follin (*Tr. de pathol. ext.*, t. 6, p. 262), les hernies de la ligne blanche appartiendraient, encore plus que les autres hernies, à a classe des hernies de faiblesse ; tel est aussi l'avis de M. Rinne et de M. König (Kaufmann, *op. cit.*, p. 294; de Quervain, *loc. cit.*). D'autres autorités médicales, au contraire, notamment M. Witzel, leur attribuent, en thèse générale, une origine traumatique. L'Office impérial, se fondant sur cette dernière opinion, estime qu'il n'y a pas lieu de leur

faire juge de la question qui divise le monde médical, qu'il
nous suffise de noter ce fait, sur lequel l'accord est complet, à
savoir que le diagnostic d'une hernie épigastrique, même
d'origine traumatique, est fort difficile ; le blessé accuse des
troubles digestifs et ressent dans la région de l'estomac des
douleurs assez vagues qui ne l'empêchent nullement de travailler, et qu'un médecin même expérimenté confond facilement avec une gastralgie [1]. Dans ces conditions, on ne saurait exiger comme indice de caractère traumatique les douleurs
concomitantes à la formation de la hernie et la cessation de
travail [2].

294. — Enfin les aggravations de hernies sont soumises
aux mêmes règles. Toute cause traumatique de hernie de
force (effort immodéré, chute, coup, etc.) est à plus forte
raison une cause d'aggravation de hernie déjà formée. Bien
plus, un simple déplacement de bandage contenseur par le
fait du travail peut, le cas échéant, constituer un traumatisme ; on y trouve, en effet, les trois éléments de soudaineté,
de violence et de cause extérieure [3].

295. — Parmi les aggravations herniaires qui peuvent
avoir eu une cause traumatique on peut citer : 1° la dilatation des anneaux et l'accroissement du volume du sac herniaire, ce qui rend la contention plus difficile, quelquefois
même impossible à l'aide d'un bandage [4]; 2° l'étranglement
dont l'issue est souvent mortelle [5]; 3° les inflammations diverses et toujours dangereuses du sac hernaire [6]; et quelquefois même la déchirure de ce sac [7].

appliquer les règles relatives aux autres hernies (15 mars 1893, *op. cit.*, 9e vol., p. 153,
21 oct. 1895, *op. cit.*, 10e vol., p. 21; 11 mars 1896, *op. cit.*, 10e vol., p. 119), et
qu'on doit se montrer beaucoup moins rigoureux pour l'admission de la preuve.

[1] Follin, *op. cit.*, p. 263, *Off. imp.*, 15 mars 1893, précité.

[2] Dans ce sens, Off. imp., 15 mars 1893, 21 oct. 1895 et 11 mars 1896, précités.

[3] Ainsi, l'Office impérial a vu avec raison un traumatisme dans le fait par un ouvrier d'avoir eu son bandage déplacé par divers mouvements qu'il était obligé de
faire au cours de son travail (19 oct. 1895, *op. cit.*, 10e vol., p. 21).

[4] Off. imp., 13 janv. 1896, *op. cit.*, 10e vol., p. 78.

[5] Off. imp., 4 déc. 1893, *op. cit.*, 8e vol., p. 54; 21 févr. 1895, 9e vol., p. 97;
14 oct. et 18 nov. 1895, 10e vol., p. 21 et 43; 4 févr. et 31 oct. 1897, 11e vol., p. 54
et 135.

[6] Off. imp., 28 oct. 1895, *op. cit.*, 10e vol., p. 24.

[7] Sick, *Deutsche Zeitsch. f. Chir.*, XLVII, 2-3. Dans le même sens, Lyon, 7 juin
1900, S. 1901. 2. 282.

IV

Des autres affections, tantôt morbides, tantôt traumatiques, qui se manifestent soudainement.

a) Insolation ou coup de chaleur.

296. — L'*insolation* appelée aussi *coup de chaleur*[1] est une affection souvent mortelle ou qui détermine des désordres organiques graves, tels que l'aliénation mentale, la paralysie, etc. Elle consiste dans une congestion des méninges accompagnée d'hémorragie cérébrale ou de rigidité du cœur et du diaphragme, et dont la cause est due généralement à l'action combinée de prédispositions morbides (maladies du cœur, des artères, des centres nerveux, etc.) et d'éléments extérieurs (hautes températures, aération insuffisante, travail excessif, etc.). Suivant la prédominance de la cause interne ou de la cause extérieure, l'insolation est une maladie ou une lésion traumatique.

297. — On reconnaîtra l'action prépondérante de la cause extérieure aux caractères constitutifs du traumatisme, c'est-à-dire à *sa violence* et à sa *soudaineté*. Ces deux mots impliquent, comme nous l'avons expliqué n°s 258 et s., un excès, une anomalie, un trouble se produisant dans un moment précis et déterminé.

298. — Il faut de plus une relation du traumatisme avec le travail ou fonctionnement de l'exploitation. Cette condition étant inséparable de la précédente, on nous permettra ici une brève incursion sur l'objet du chapitre suivant que nous résumerons en deux mots : il est nécessaire que le travail de l'exploitation ait, sinon créé, du moins aggravé sérieusement pour l'ouvrier le risque d'être atteint d'une insolation[2]. En d'autres termes, le risque d'insolation est un risque de la vie courante; mais il peut devenir un risque de l'exploitation dans le cas où la nature particulière du travail

---

[1] Il faut prendre garde de confondre le *coup de chaleur* avec le *coup de soleil* qui est une brûlure toute superficielle de la peau.

[2] Cass. civ., 10 déc. 1902, *Gaz. Pal.*, 1903. 1. 1, S. 1903. 1. 21, D. 1903. 1. 331. V. n°s 306 et s.

ou la disposition du chantier ou de l'atelier expose les ouvriers d'une façon spéciale et dans des conditions défavorables à l'influence de la chaleur solaire[1].

299. — Les éléments de l'accident du travail se trouveront donc réunis :

1° Lorsqu'un travail excessif ou particulièrement pénible aura été accompli par une chaleur solaire intense[2]; tel est le cas du manœuvre obligé de construire une meule de paille sous un soleil torride sans pouvoir se mettre à l'abri[3], du roulier exposé d'une façon toute spéciale dans une circonstance déterminée à l'ardeur des rayons du soleil[4], du contrôleur d'omnibus tenu par son service de rester au milieu de la chaussée sans pouvoir se protéger contre les rayons du soleil[5], du maçon exposé à la fois aux rayons directs du soleil et à leur réverbération contre un mur près duquel il est occupé[6].

2° Lorsque la chaleur naturelle de la température sera accrue par une cause inhérente à l'exploitation, telle que la présence d'un four[7], ou par une insuffisance d'aération[8].

3° Lorsqu'à la chaleur naturelle de la température s'ajoutera l'impureté de l'air, produite notamment par la présence de poussières gênant la respiration[9] ou par un excès de vapeur d'eau.

300. — A l'inverse, il n'y aura pas accident du travail, lorsque, malgré la haute température de l'air, l'ouvrier avait à exécuter un travail facile et dans un endroit suffisamment

---

[1] Off. imp. d'Allem., 17 juin 1895, *op. cit.*, t. IX, p. 161, n° 19. Bordeaux, 30 avr. 1891. S. 1902. 2. 145.

[2] Bordeaux, 30 avr. 1891, *suprà*. Off. imp. d'Allem., 23 févr. 1893, *op. cit.*, t. VIII, n° 194, p. 109.

[3] Trib. Versailles, 20 déc. 1900, D. 1901. 2. 239. Dans le même sens, Off. imp., 2 déc. 1895, t. X, n° 107, p. 54 (il s'agissait d'un ouvrier exposé à une chaleur excessive dans un endroit dépourvu d'arbres et obligé de se pencher en avant pour travailler).

[4] Angers, 5 mai 1900, S. 1901. 2. 199, D. 1901. 2. 239.

[5] Lyon, 7 août 1902, S. 1902. 2. 292. Il en serait de même d'un cocher exposé à l'ardeur du soleil par une chaleur étouffante. Off. imp., 23 févr. 1893, *op. cit.*. t. VIII, n° 193, p. 110.

[6] Off. imp., 24 mai 1887, *Handbuch der Unfallversich.*, n° 34, p. 30.

[7] Off. imp., 5 juin 1894, *op. cit.*, t. VIII, n° 253, p. 135.

[8] Off. imp., 14 oct. 1893, t. VIII, n° 38, p. 24.

[9] Off. imp., 19 janv. 1894, t. VIII, n° 62, p. 140.

aéré ; en pareil cas, l'insolation est due exclusivement à une prédisposition morbide ou aux forces de la nature dont le travail de l'exploitation n'a en aucune façon aggravé les effets [1].

b) *Coups de fouet et autres ruptures musculaires.*

301. — Le *coup de fouet* est une affection qui consiste dans la rupture sous-cutanée de fibres musculaires ou tendineuses du mollet, accompagnée d'une douleur brusque comparée à celle qu'occasionnerait un coup de fouet. C'est toujours un effort qui provoque cette lésion ; mais le moindre effort, tel qu'un simple croisement de jambe, peut suffire. Il n'y aura donc accident que lorsque l'effort générateur aura été immodéré, et c'est à l'ouvrier demandeur qu'il appartiendra de démontrer la violence excessive de cet effort et sa relation avec le travail de l'exploitation.

Les autres ruptures musculaires donnent lieu à l'application des mêmes principes.

c) *Tours de reins.*

302. — Le tour de rein ou entorse de la colonne vertébrale est une lésion très rare qui apparaît aussi après un effort, mais après un effort violent. Il suffira donc à la victime de démontrer la relation de cet effort avec l'exercice de son travail.

[1] Cass. civ., 10 déc. 1902, *Gaz. Pal.*, 1903. 1. 1, S. 1903. 1. 28, D. 1903. 1. 331. T. Troye, 12 déc. 1900, Châtellerault, 31 déc. 1900, Lyon, 3 mai 1901, D. 1901. 2. 339. V. aussi Bayonne, 20 mars 1900 (*Gaz. Trib.*; 12 mai 1900). Bordeaux, 3 déc. 1900, *Gaz. Pal.*, 1900. 1. 556. Dans le même sens, Off. imp., 13 oct. 1888, *op. cit.*, t. III, n° 82, p. 30; 27 févr. 1894, t. VIII, n° 167; 28 déc. 1896, t. XI, n° 152. Tel est le cas d'un cocher mort d'insolation, lorsque le toit de la voiture qu'il conduisait abritait des rayons du soleil la place où il se tenait nécessairement pour conduire et si d'une façon générale il n'est pas établi que les effets de l'insolation qui a entraîné sa mort aient été provoqués ou aggravés par les conditions dans lesquelles il accomplissait son travail (Cass. req., 15 juin 1903, *Gaz. Pal.*, 1903. 2. 68). La circonstance que dès la veille l'ouvrier se plaignait de maux de tête peut aussi servir à démontrer l'évolution progressive qui est la caractéristique d'une cause morbide (Off. imp., 8 janv. 1896, t. X, n° 143, p. 75).

CHAPITRE V

DES ACCIDENTS CONSIDÉRÉS DANS LEUR RELATION
AVEC LE TRAVAIL
C'EST-A-DIRE SURVENUS PAR LE FAIT OU A L'OCCASION DU TRAVAIL.

PRÉLIMINAIRES.

303. — LÉGISLATION ÉTRANGÈRE. — L'art. 1ᵉʳ de la loi *allemande*
et l'art. 1ᵉʳ de la *loi autrichienne* sont conçus en termes identiques. Ils
disposent que tous les ouvriers et employés de certaines catégories
d'industries « sont assurés contre les suites des accidents qui se produisent par l'exploitation ». La jurisprudence des deux pays a donné
la même interprétation à ce texte; elle limite le bénéfice de l'assurance aux seuls accidents qui, survenus pendant le travail et sur le lieu
du travail, sont la conséquence d'un risque créé par l'exploitation ou
tout au moins d'un risque ordinaire de la vie que l'exploitation a spécialement aggravé.

La législation *danoise* reproduit les mêmes dispositions.

La législation *anglaise* exige aussi la double condition de causalité
entre l'accident et l'exploitation et de survenance pendant le travail.
On lit, en effet, à l'art. 1ᵉʳ du titre I : « Si dans un travail auquel s'applique la présente loi, un dommage corporel est causé à un ouvrier par
un accident survenu à raison et dans le cours de son travail, son patron est tenu de lui payer une indemnité conformément à l'annexe
nº 1 de la présente loi. » Les dispositions de cet article sont complétées par celles de l'art. 1ᵉʳ du titre VII dont la teneur suit : « La présente loi ne s'appliquera qu'aux travaux exécutés par des entrepreneurs... dans l'enceinte, dans les dépendances et pour le service d'un
chemin de fer, d'une fabrique, d'une usine, etc. [1] ».

La loi italienne s'applique « à tous les accidents survenus par
suite de cause violente à l'occasion du travail. »

304. — POLICES D'ASSURANCES. — Avant la loi de 1898 les polices
des Compagnies d'assurances limitaient leur champ d'application
dans des clauses qui étaient généralement ainsi con ue : « L'assu-

---

[1] Trad. de l'Off. imp. du trav.. 1897, p. 727.

rance collective a pour objet de garantir au souscripteur des indemnités en faveur de ses ouvriers et employés atteints, pendant leur travail professionnel salarié et par suite de l'exercice même de ce travail, d'accidents corporels provenant d'une cause violente, extérieure, fortuite et involontaire ». La jurisprudence, ayant à appliquer ces conventions, exigeait, elle aussi, la réunion des deux conditions relatées plus haut, celle de causalité et celle de survenance sur le lieu et pendant le temps du travail. Mais elle se montrait très large dans l'interprétation de cette dernière condition ; et par travail, elle entendait non seulement le travail personnel de la victime, c'est-à-dire l'exercice même de ses fonctions dans l'ensemble de l'entreprise, mais encore le travail de la collectivité, en un mot tous les travaux effectués dans l'établissement industriel, alors même que ces travaux se rattacheraient à des branches d'industrie différentes[1].

305. — Travaux préparatoires. — Dans un texte adopté le 18 juillet 1888[2], la Chambre des députés avait décidé que tous les accidents, sans distinction de cause, qui surviendraient dans les établissements assujettis à la loi, donneraient droit à une indemnité au profit des victimes. Rendre inutile la recherche de la cause des accidents, c'était, dans l'esprit des rédacteurs de ce projet, tarir une source de difficultés et de conflits entre patrons et ouvriers, par suite préparer une ère d'apaisement et de conciliation dans le monde du travail. Malheureusement cette pensée généreuse ne répondait pas au vœu de ceux qui l'avaient conçue ; le désir d'éviter un écueil les avait conduits à une solution aussi injuste qu'inacceptable. S'il est vrai que le danger inhérent à l'exploitation de certaines industries est de nature à faire présumer le patron responsable des accidents survenus dans son usine, le bon sens commande de limiter cette responsabilité aux accidents engendrés par le travail industriel. Il serait évidemment contraire à l'équité que la veuve d'un ouvrier frappé par la foudre pût obtenir une pension si son mari travaillait dans une usine classée comme dangereuse et qu'elle n'eût point le même droit si le défunt avait appartenu à une autre catégorie d'industries. Expliquez-nous, disait ironiquement M. Lorois à la séance du 26 juin 1888, pourquoi le patron est responsable d'une tuile qui tombe quand il y a un moteur mécanique dans son usine et, pourquoi il ne l'est pas quand il n'a pas de moteur mécanique.

La Chambre reconnut son erreur, et dans le texte voté le 10 juin

---

[1] Villetard de Prunières, *De l'assur. contre les accidents*, p. 22.
[2] V. spécialement les débats des séances du 22 mai et du 26 juin 1888, *J. O.*, 1888, Déb. parl., Ch., p. 1471 et 1905.

1893, elle supprima la phrase : « *Cette indemnité est à la charge du chef d'entreprise, quelle qu'ait été la cause de l'accident* » et la remplaça par une nouvelle rédaction dans laquelle elle n'admit la responsabilité du chef d'entreprise qu'à raison des accidents « *survenus aux ouvriers dans leur travail et à 'occasion de leur travail* ». Ces expressions parurent à leur tour manquer de précision et après des discussions assez vives, on y substitua les mots « *survenus par le fait ou à l'occasion du travail* [1] ».

La commission du Sénat, appelée à examiner ce projet, jugea à propos de substituer à la conjonctive *et* la disjonctive *ou* entre les deux membres de phrase *dans leur travail* et *à l'occasion de leur travail*. Le Sénat, après de longs débats, rétablit le texte de la Chambre. M. le sénateur Silhol demandait la suppression pure et simple des mots « ou *à l'occasion du travail* » qui avaient, disait-il, le même sens que l'expression « *dans le travail* ». Toutefois, ajoutait-il, on pourrait sans inconvénient les maintenir à condition de les faire précéder de la conjonctive *et* qui en ferait un pléonasme. A cette observation M. le rapporteur Poirrier répondit d'abord que, si l'on introduisait dans l'art. 1er, ces mots : « *dans leur travail et à l'occasion de leur travail* » il faudrait que deux conditions fussent réunies pour donner lieu à l'application de la loi. Or, dans l'esprit de la commission, pour que la loi s'applique, il suffit qu'il s'agisse d'un accident arrivé à l'occasion du travail. Et il cita l'exemple suivant : Un homme de peine, chargé d'alimenter un générateur, est blessé par l'explosion de la machine; peut-on dire que c'est dans l'exercice de son travail que cet ouvrier a été blessé? Nous craindrions, dit le rapporteur, qu'on en décidât autrement. A cela M. Silhol fit remarquer que l'ouvrier victime d'un pareil accident a été blessé dans son travail. Enfin après une discussion, à laquelle prirent part MM. Buffet et Blavier, le rapporteur déclara que la commission, pour donner satisfaction à M. Silhol, consentait à substituer le mot *et* au mot *ou*. « Nous pensons, ajouta-t-il, que l'on peut mettre soit *ou*, soit *et*, indistinctement. Nous ne croyons pas que le sens soit bien différent. La Chambre des députés avait mis « *dans leur travail et à l'occasion de leur travail* ». Avec ces mots il semblerait que l'accident dût s'être produit à la fois par le travail et à l'occasion du travail, tandis que dans la réalité, ce sera alternativement; il sera produit dans le travail ou à l'occasion du travail [2] ». Immédiatement après cette observation du rapporteur,

---

[1] V. séances des 18 mai, 4 et 6 juin 1893, *J. O.*, Déb. parl., Ch , p. 1442, 1579 et 1607.

Séance du 4 juill. 1895, *J. O.*, Déb. parl., Sénat, p. 731.

l'art. 1er avec la modification acceptée par la commission fut adopté. En définitive, dans l'esprit du Sénat, la conjonctive *et* qui séparait les mots « *dans leur travail* » de l'expression « *à l'occasion du travail* » devait être considérée comme synonyme de « ou » ; il suffisait que l'accident se fût produit à l'occasion du travail pour faire naître au profit de la victime un droit à indemnité.

PREMIÈRE SECTION.

Que faut-il entendre par « accidents survenus par le fait ou à l'occasion du travail ».

306. — « *Les accidents survenus, dit l'art. 1er, par le fait ou à l'occasion du travail, donneront droit au profit de la victime à une indemnité, etc.* ».

Dans les divers arrêts[1] par lesquels elle a interprété ce texte, la Cour de cassation a toujours exigé que les accidents garantis par notre loi réunissent la double condition imposée par la jurisprudence étrangère, à savoir : 1° qu'ils soient survenus pendant le temps et sur le lieu du travail ; 2° qu'ils aient un rapport de causalité avec le travail.

Première condition. — Survenance pendant le temps et sur le lieu du travail.

307. — Nous avons exposé (n° **228**) que l'obligation imposée au patron d'acquitter l'indemnité légale est le corollaire et, pour ainsi dire, la sanction de l'obligation de sécurité qu'il a assumée dans le contrat de louage d'ouvrage. Sa responsabilité doit donc être limitée à la durée du temps pendant lequel il a la direction technique de l'ouvrier et au lieu sur lequel il a le droit de le surveiller. En d'autres termes, l'obligation pour le chef d'entreprise d'assurer la sécurité de ses ouvriers, c'est-à-dire de réparer dans la mesure légale les accidents dont ils peuvent être victimes, naît à l'endroit et au moment où commence son autorité et cesse là où son autorité prend fin[2]. Tel est le fondement juridique de cette première condition. Tout endroit où l'ouvrier se trouve par ordre

---

[1] Cass. civ., 17 févr. 1902, *Gaz. Pal.*, 1902. 1. 343, D. 1902. 1. 273. Cass. civ. 23 févr. 1902, 23 avr. 1902, D. 1902. 1. 275. Cass. civ., 8 juill. 1903 (2 arrêts), D, 1903. 1. 510.

[2] Cass. civ., 17 févr. 1902 et 8 juill. 1903, précités.

de son patron est le lieu du travail ; toutes les fois qu'il exécute un ordre de son patron, il est dans le temps du travail. Car dans l'un et l'autre cas le patron a le droit de le diriger et de le surveiller[1].

308. — Le travail ayant été limité dans le temps et dans le lieu, il importe de le déterminer dans sa nature. Tout en étant sur le lieu et pendant la durée des heures de travail, un ouvrier peut se livrer à des travaux étrangers à l'exploitation et, par suite, ne pas être garanti par notre loi contre les accidents consécutifs à de tels travaux. Dans l'examen de la deuxième condition, nous définirons le travail et nous déterminerons les relations de causalité qui doivent exister entre l'accident et le travail ainsi précisé et limité.

Deuxième condition. — Relation de causalité entre l'accident et le travail.

309. — L'indemnité légale, c'est-à-dire le coût de la réparation des accidents mis à la charge d'une entreprise ou exploitation, rentre dans les frais généraux de cette exploitation, au même titre que le salaire comme compensation des avantages que procure le travail de production. Elle n'est donc due que dans les cas où l'accident est issu de ce même travail.

310. — Par *travail*, il faut entendre ici non seulement la besogne assignée à chaque ouvrier, mais encore l'ensemble des moyens mis en œuvre dans l'entreprise pour atteindre une production déterminée[2], en un mot toute l'activité individuelle, collective ou matérielle qui concourt au but de l'exploitation ou de l'entreprise.

311. — Il est nécessaire qu'entre le travail ainsi compris et l'accident il existe une relation de cause à effet. Cette relation peut être *immédiate* ou *occasionnelle*. Elle est *immédiate* lorsque la victime a été tuée ou blessée par le matériel de l'exploitation ; elle est *occasionnelle* lorsque l'accident consiste dans un événement déterminé par le travail.

---

[1] Nous verrons toutefois nos 354 et s. que dans certains cas exceptionnels la responsabilité issue de notre loi s'étend au delà des limites du temps et du lieu du travail.

[2] Cass. civ., 17 févr. 1902 et 8 juill. 1903, précités.

312. — On doit considérer comme survenu par *le fait du travail*, dit la Cour de cassation[1], tout accident *causé par l'outillage ou par les forces qui l'actionnent* et arrivé sur les lieux et pendant le temps où l'ouvrier était soumis à la direction du chef d'entreprise, tel est le cas de l'ouvrier dont la main est broyée par un laminoir[2], ou du voiturier qui a la jambe fracturée par les roues de sa voiture, sous laquelle il est tombé[3].

A contrario, l'accident survient *à l'occasion du travail*, toutes les fois que sa cause, tout en étant inhérente au travail, ne consiste pas dans le choc d'un engin ou d'un moteur de l'exploitation. Tel est le cas d'une ouvrière blessée à l'œil par un projectile que sa voisine de travail avait lancé à une autre de ses camarades dans l'atelier commun. La Cour de cassation[4] a fort justement décidé que, le travail *ayant été l'occasion* d'un tel accident, la loi de 1898 était applicable. En effet, dit l'arrêt, cet accident est survenu au lieu et à l'heure du travail et il est dû à un projectile lancé par une autre ouvrière dont le travail imposait le voisinage.

313. — Envisagé au point de vue du risque professionnel, la détermination de chacune de ces deux catégories d'accidents peut être ramenée à une expression plus simple :

Si la victime a été broyée par un engrenage, heurtée par un engin, écrasée par une roue ou blessée par un outil tranchant, c'est qu'évidemment le fonctionnement de ce mécanisme, la conduite de ce véhicule ou la manutention de cet outil présentait un certain danger ou risque. Or ce danger ou risque, qui est précisément la cause génératrice de l'accident, avait été créé entièrement par l'exploitation, en ce sens qu'il n'existait pas avant elle et qu'il n'aurait pas existé sans elle. Nous sommes donc amenés à conclure que le *fait du travail* est synonyme de *risque créé par l'exploitation*[5].

Dans le second cas au contraire l'ouvrière a été victime

---

[1] Cass. civ., 17 févr. 1902 et 8 juill. 1903, précités.
[2] Cass. civ., 8 juill. 1903, précité.
[3] Cass. civ., 4 août 1903, D. 1903. 1. 510.
[4] Cass. civ., 23 avr. 1902 et 4 août 1903, précités.
[5] V. tout spécialement en ce qui concerne les risques inhérents à la profession de voiturier le n° **341.**

d'un danger ou risque ordinaire de la vie journalière, mais
auquel elle n'aurait pas été exposée à un égal degré sans son
travail dans l'exploitation ; si en effet tout le monde court
plus ou moins le danger de recevoir un projectile lancé par
une tierce personne, ce danger avait été accru d'une façon
toute spéciale pour la victime à raison du travail en commun
qui lui imposait le voisinage d'ouvrières plus ou moins tur-
bulentes ou maladroites. Les risques générateurs des accidents de cette deuxième catégorie sont donc des *risques
aggravés* par l'exploitation. En un mot, le *risque aggravé* est
l'équivalent de ce que le législateur appelle « *l'occasion du
travail* », de même que le *risque créé* correspond au « *fait du
travail* ».

314. — Pour savoir si un accident est ou non garanti par
notre loi, il suffit en définitive de se poser cette double
question. L'ouvrier a-t-il été blessé ou tué pendant le temps
et sur le lieu du travail? A-t-il été victime d'un risque créé
ou tout au moins aggravé spécialement par l'exploitation?

La réponse à la première question soulève des difficultés
fort délicates sur la limitation du travail dans le temps et dans
le lieu. A quel moment commence et finit le travail? Des déplacements de l'ouvrier pour se rendre à son travail ou retourner chez lui? De sa situation pendant les interruptions du
travail. Nous consacrons la deuxième section à l'examen
de ces difficultés.

La deuxième question envisage le travail dans sa nature et
spécialement dans son utilité productrice. Les travaux, auxquels se livre l'ouvrier d'une entreprise assujettie, ne concourent pas tous d'une façon immédiate à la production ; il en est
d'accessoires dont l'utilité est plus ou moins directe, tels
que ceux qui sont exécutés soit dans l'intérêt du chef d'entreprise, soit dans celui d'une tierce personne ou d'une autre
exploitation, par complaisance ou à charge de réciprocité.
Les accidents, qu'engendrent de tels travaux, sont-ils garantis par notre loi? Tel sera l'objet de notre troisième section.

Une autre source de contestations réside dans la multiplicité des causes d'un même accident : souvent la cause inhérente au travail se combine avec d'autres causes étrangères

au travail, cas de force majeure, faute de la victime, faute du patron, faute d'une tierce personne. Nous traiterons cette question dans une quatrième section.

Enfin une cinquième section sera consacrée à la preuve de la relation de cause à effet entre l'accident et le travail.

DEUXIÈME SECTION.

Durée et lieu du travail.

315. — Le travail commence, avons-nous dit, au moment où l'autorité du patron prend naissance et il cesse au moment où cette autorité prend fin[1].

Par lieu de travail il faut entendre tout lieu dans lequel l'ouvrier se trouve ou se transporte pour l'exécution de sa tâche et sur lequel le chef d'entreprise peut exercer sa surveillance. Le domicile d'un client, un chemin public, un endroit isolé peuvent, aussi bien que l'intérieur d'une usine, constituer, le cas échéant, un lieu de travail.

L'ouvrier est réputé dans l'exercice de ses fonctions, même en dehors de toute manipulation technique lorsqu'il se tient à sa place réglementaire dans l'attente des ordres qui peuvent lui être donnés[2].

C'est dans ces limites de temps et de lieu que les obligations dérivant du contrat de louage d'ouvrage reçoivent leur exécution. Si pendant son séjour régulier sur le lieu du travail l'ouvrier est sous la dépendance du chef d'entreprise, il a droit en échange à la garantie légale contre tous les accidents dus à des risques créés ou simplement aggravés par l'exploitation.

316. — Tels sont les trois principes dont nous allons faire application à des cas spéciaux dans lesquels les circonstances de temps et de lieu peuvent être l'objet de controverses. Nous diviserons nos explications en cinq paragraphes : 1° Commencement et fin des travaux, trajet de l'ouvrier pour se rendre de chez lui à l'usine et réciproquement; 2° Dépla-

---

[1] Cass. civ., 17 févr. 1902, D. 1902. 1. 273. Cass. civ., 8 juill. 1903, D. 1903. 1. 510.

[2] Rouen, 26 déc. 1900, *Gaz. Pal.*, 1901. 1. 596, D. 1901. 2. 276.

cement de l'ouvrier au cours du travail; 3° Interruption
du travail; 4° Des accidents dans les cantines ou baraquements installés par l'exploitation; 5° De quelques accidents
qui, survenus en dehors des heures et du lieu du travail,
ont cependant une cause inhérente au travail.

1
Commencement et fin du travail.
Trajet de l'habitation de l'ouvrier à l'usine
et réciproquement.

a) *Commencement du travail.*

317. — En principe, l'autorité du patron et par conséquent sa responsabilité commencent au moment où il admet
les ouvriers dans son établissement industriel, même avant
l'heure fixée pour la reprise effective des travaux. C'est en
effet à partir de ce moment que les ouvriers se trouvent dans
le domaine du risque spécial de l'exploitation, c'est-à-dire
du risque dont le patron doit les garantir. L'entrée même de
l'ouvrier dans l'usine peut quelquefois donner lieu à un accident garanti par notre loi, si cette entrée présente quelque
danger ou risque particulier[1]. Mais au seuil ou dans l'intérieur de l'usine le patron ne saurait être responsable des
accidents sans lien de connexité avec le travail[2].

b) *Fin du travail.*

318. — De même que le droit à la garantie des risques professionnels naît pour l'ouvrier avec son entrée dans l'usine,
il cesse au moment même de sa sortie, c'est-à-dire à partir de

---

[1] Par exemple un ouvrier, ayant cru devoir, dans l'intérêt du service, à raison du
sommeil un peu tardif du chef d'entreprise, franchir par escalade la porte d'entrée
pour l'ouvrir à ses camarades de travail, fit une chute et se blessa; on a pu admettre qu'il avait été victime d'un accident du travail, à raison du mobile auquel il
avait obéi (Dans ce sens, Off. imp., 11 juin 1888, *Handbuch der Unfallversich.*
p. 46).

[2] Dans ce sens, Dijon, 25 févr. 1901, D. 1901. 2. 372. Il s'agissait d'un ouvrier qui, sans
autorisation de son patron et avant l'heure habituelle de l'ouverture de l'usine, avait
fait, en remplacement d'un autre ouvrier, un travail particulièrement dangereux auquel il n'était nullement préposé. La Cour de Dijon a estimé que l'accident survenu
à cet ouvrier au cours de ce travail n'était pas garanti par la loi (V. aussi Agen,
30 juill. 1902, *Gaz. Pal.*, 1902. 2. 637).

l'instant où il n'est plus sous l'autorité et la surveillance de son patron. Ainsi ne tombe pas sous l'application de la loi l'accident survenu à un ouvrier maçon qui, revenu sur le chantier à la nuit tombante plus d'une heure après la cessation du travail, était monté sur un échaffaudage pour y relever une corde qui pendait, alors surtout qu'au moment de la cessation du travail défense expresse lui avait été faite de remonter sur l'échaffaudage comme il en avait manifesté l'intention [1].

319. — Dans beaucoup d'industries, notamment dans celle du bâtiment, il est d'usage que les ouvriers ne quittent l'exploitation qu'un certain temps, parfois même assez long, après le signal donné pour la cessation des travaux. Ce temps, variable suivant les habitudes et les traditions de l'entreprise, est consacré à la préparation du travail du jour suivant, au dépôt des outils, aux changements de vêtements, aux ablutions, au paiement du salaire, au repas du soir ou autres occupations du même genre. Toutes ces actions sur l'emplacement même de l'exploitation doivent en principe être considérées comme faisant partie intégrante du travail et, par suite, comme ayant pour effet soit de conférer aux accidents qu'elles engendrent le caractère industriel, soit de prolonger le temps pendant lequel les ouvriers sont garantis contre les autres risques de l'exploitation [2].

320. — Enfin certains actes accomplis par les ouvriers après la fermeture de l'usine et sans ordre spécial du patron, en vue de protéger l'exploitation contre l'incendie ou d'autre

---

[1] Cass. req., 20 mai 1903, *Gaz. Pal.*, 1903. 1. 755.

[2] Ainsi sont victimes d'un accident du travail : 1° l'ouvrier qui, étant resté une demi-heure environ après la clôture du travail dans les bâtiments de l'entreprise pour y changer de vêtement, se nettoyer et s'y entretenir des travaux à exécuter le jour suivant, fait à sa sortie une chute du haut d'un échaffaudage mal assujetti ; 2° le maçon qui, après avoir touché son salaire, s'assied quelques instants sur une poutre en attendant un de ses camarades non encore payé et tombe dans un trou dont cette poutre servait de clôture ; 3° le maçon, qui, après la clôture des travaux mais avant sa sortie, retourne à sa place de travail pour y chercher un outil et fait une chute en descendant des escaliers. Au contraire, il n'y aurait pas accident du travail dans la blessure que se ferait un ouvrier en retournant dans l'établissement industriel longtemps après sa fermeture pour y chercher un vieux vêtement. Ces quatre espèces sur lesquels l'Off. imp. d'Allemagne a statué (V. *Handbuch der Unfallversich.* p. 49 et 50), recevraient la même solution sous l'empire de notre loi.

fléau doivent être considérés comme des travaux d'exploitation ; et par suite les accidents qu'ils engendrent sont des accidents du travail. Cette question sera plus amplement traitée à la section suivante n°s 373, 376 et s.

c) *Trajet de l'ouvrier pour se rendre de son habitation au lieu de son travail et réciproquement.*

321. — Si en général le contrat de louage d'ouvrage n'a pas d'effet au delà du lieu et du temps du travail, certaines circonstances exceptionnelles font parfois rentrer dans la sphère de surveillance et d'autorité du patron, le trajet parcouru par les ouvriers pour se rendre à l'usine ou pour rentrer chez eux et par suite lui imposent l'obligation de les garantir dans les termes de la loi contre les accidents dont ils pourraient être victimes en cours de route. Cette obligation exceptionnelle de sécurité peut dériver soit de certaines stipulations du contrat de louage d'ouvrage, soit de dangers inhérents à l'accès de l'établissement industriel.

322. — Transport a la charge du patron. — Elle a sa source dans les clauses mêmes du contrat de louage d'ouvrage, lorsque le chef d'entreprise a pris à sa charge le transport de ses ouvriers entre l'usine et leur demeure.

Dans beaucoup d'industries les patrons frêtent des voitures spéciales pour amener le matin les ouvrières de la campagne à l'usine et pour les emmener le soir dans leur famille. Le travail, dans le sens où nous l'entendons, commence à partir du moment où les ouvrières montent le matin dans la voiture ; il cesse à l'instant où elles descendent le soir à leur retour[1]. Qu'un accident survienne en cours de route, il sera garanti par le patron dans les termes de notre loi, à moins qu'il ne soit dû à une cause complètement étrangère au mode de transport ou au travail. La circonstance que les véhicules appartiennent à une compagnie ou société autre que l'exploitation industrielle ne change pas la solution, si du moins c'est le

---

[1] En matière d'assurance contre les accidents, avant la mise en vigueur de la loi de 1898, la jurisprudence était en ce sens : C. Paris, 6 juin 1885, D. 86. 2. 123. Cass., 2 juin 1886, *Gaz. Pal.*, 86. 2. 66. Villetard de Prunières, *Assur. contre les accid.*, n° 20.

chef d'entreprise qui a directement traité avec cette société ou cette compagnie. Dans ce cas, le patron, obligé de payer une indemnité à la victime de l'accident, pourrait avoir éventuellement un recours contre la compagnie de transport, suivant les principes de droit commun; cette action est réservée spécialement par l'art. 7 de notre loi. Si l'action est exercée par la victime, l'indemnité allouée à celle-ci exonère jusqu'à due concurrence le chef d'entreprise.

Lorsque l'ouvrier choisit lui-même son mode de transport, la durée du trajet n'est pas considérée comme rentrant dans les heures du travail, sauf ce qui sera dit plus loin en cas de dangers inhérents à l'accès de l'exploitation.

323. — La circonstance qu'avant son retour à la maison l'ouvrier avait donné son congé à son patron, n'a pas eu pour effet de délier le patron de son obligation d'assurer le transport dudit ouvrier chez lui; et par suite les accidents du trajet n'en sont pas moins des accidents du travail, bien qu'ils se soient produits après la rupture du contrat de louage d'ouvrage [1].

324. — Si incidemment, sans y être contraint par le contrat de louage d'ouvrage, le chef d'entreprise amène un jour son ouvrier en voiture à l'usine ou le reconduit chez lui le soir, sera-t-il nécessairement responsable, dans les termes de la loi de 1898, des accidents qui pourraient survenir pendant le trajet? Ici une distinction est nécessaire. Il importera de rechercher le mobile auquel le patron a obéi. S'il est allé chercher l'ouvrier dans l'intérêt même de l'exploitation pour utiliser plus vite ses services, les accidents du voyage ont un caractère industriel et sont garantis par la loi. S'agit-il au contraire d'un acte de pure complaisance ou de politesse, les relations du patron et de l'ouvrier pendant le trajet sont d'un ordre privé et n'ont rien de commun avec le contrat de louage d'ouvrage; on ne trouve ni l'autorité du patron, ni la dépendance de l'ouvrier qui sont nécessaires pour rendre la loi de 1898 applicable [2].

[1] Trib. Seine, 24 août 1900, *Gaz. Pal.*, 1901. 1. 310, D. 1901. 2. 277.
[2] Dans ce sens, Off. imp., 1892, 1895. *Handb. der Unf.*, p. 64, 65. De même il a pu être jugé en fait que la loi de 1898 était inapplicable au cas où un ouvrier em-

325. — De même si pour rentrer chez lui l'ouvier se sert
d'un véhicule appartenant au chef d'entreprise, mais malgré
la défense de celui-ci, il ne saurait se prévaloir à son encontre
de la garantie de notre loi pour les accidents que ce mode de
transport lui a occasionnés. Tel est le cas de l'employé de
chemin de fer qui, pour se rendre chez lui après la fin de
son travail, au lieu de prendre l'issue réglementaire, s'engage sans autorisation sur une voie ferrée et est renversé à
terre au moment où il essaie de monter sur un train de marchandises en marche[1].

326. — DIFFICULTÉS OU DANGERS D'ACCÈS DE L'EXPLOITATION. —
L'accès de certaines exploitations offre parfois des dangers
propres contre lesquels le chef d'entreprise est tenu naturellement de garantir ses ouvriers. Tels sont, par exemple,
le risque de tamponnement que courent les employés de chemins de fer en suivant ou traversant les voies ferrées pour se
rendre à leur travail, les risques de noyade inhérents à l'em-
barquement ou au débarquement des matelots; les risques
d'être atteints par des débris d'explosion pour les ouvriers
obligés, en se rendant à leur travail, de suivre un chemin
près duquel se trouvent une chaudière ou des matières explosibles appartenant à l'usine.

327. — Les accidents dus à de tels risques revêtent un
caractère industriel, à la condition que la victime ait suivi
le chemin habituel, avec l'autorisation au moins tacite du
patron, sans s'exposer inutilement et par caprice à des risques étrangers à l'exploitation. Ainsi il n'y a pas accident du
travail lorsque l'ouvrier a été écrasé par un train en suivant une voie ferrée dont l'accès lui était interdit[2], ou en tra-

---

ployé comme chimiste est blessé dans un accident de voiture après sa journée de
travail, tandis que, sur le désir de son patron, il accompagnait à la gare un client
de l'usine (Trib. Largentière, 21 déc. 1900, D. 1901. 2. 572).

[1] Cass., Ch. des requêtes, 25 févr. 1902, *Rec. min. comm.*, p. 867. Dans le même
sens l'Off. imp. a refusé le bénéfice de la loi allemande sur l'assurance contre les
accidents du travail à un serre-frein qui, pour rentrer chez lui, avait la permission
de se servir d'un train de marchandises mais seulement jusqu'à une station déterminée
et qui, ayant contrairement à une prohibition formelle, continué son trajet en chemin
de fer, se blessa grièvement en sautant à terre pendant la marche du convoi (déc.
du 12 janv. 1891, *Handb. der Unfallvers.*, p. 47).

[2] Trib. Versailles, 25 janv. 1900, *Rec. min. comm.*, p. 182. Cass. req., 25 févr.
1902, précité. Dans le même sens, Off. imp., 16 déc. 1887, *Handb. der Unfallv.*, p. 46.

versant une voie ferrée au lieu de suivre un passage souterrain[1].

328. — Au contraire, un ouvrier lampiste a pu à bon droit se prévaloir des dispositions de la loi de 1898 contre son patron à raison d'un accident dont il a été victime en suivant la voie ferrée pour se rendre à une gare où il devait faire des travaux de sa profession (placer des becs Auer)[2].

329. — Si pour se rendre à une usine, l'ouvrier avait le choix entre deux chemins (tous deux situés en dehors du domaine de l'exploitation), l'un facile et commode et l'autre dangereux et qu'il ait librement choisi ce dernier, l'accident dont il pourrait être victime en cours de route, serait dû à un risque purement personnel sans lien avec le travail, et par suite ne donnerait pas lieu à l'application de notre loi[3].

330. — L'obscurité ou la solitude du chemin en dehors du domaine de l'exploitation ne saurait être, en principe, du moins, considérés comme des risques dont le patron serait tenu de garantir ses ouvriers[4].

II
Déplacement de l'ouvrier au cours de son travail.

331. — Un ouvrier peut se déplacer ou bien pour aller d'un lieu de travail à un autre, ou bien pour accomplir une mission déterminée.

[1] Cass. civ., 3 mars 1903 (2 arrêts), *Gaz. Pal.*, 1903. 1. 405, D. 1903. 1. 273 et la note de M. Sarrut. Dans l'espèce de ces deux derniers arrêts, il s'agissait d'un ouvrier d'une compagnie de chemin de fer qui, pour se rendre à son poste où il devait prendre son service quelques minutes plus tard, traversa les voies principales de la ligne au lieu de suivre un chemin latéral créé par la compagnie, longeant la voie principale et permettant de la traverser sans danger par un souterrain, et qui fut tué par une locomotive.

[2] Trib. Montluçon, 22 juin 1900, *Rec. min. comm.*, p. 356. Dans le même sens, C. Aix, 14 févr. 1903, *Gaz. Pal.*, 1903. 1. 340. Dans l'espèce de ce dernier arrêt, il s'agissait d'un ouvrier tailleur de pierres employé dans une rotonde de machines, et qui, son travail terminé, avait été heurté par un train en marche en traversant les voies ferrées pour rentrer chez lui.

[3] Dans ce sens, Off. imp., 1889 et 1892, *Handb. der Unfallv.*, p. 60. Dans le même sens, Cass. civ., 2 mars 1903. Il s'agissait, dans ce dernier arrêt d'un ouvrier briquetier, qui, son repas pris hors de l'usine, s'introduisit pour y rentrer dans un tunnel destiné au séchage des briques et non à la circulation des ouvriers et qui se blessa en glissant sur les rails garnissant ce tunnel. D. 1903. 1. 273, *Gaz. Pal.*, 1903. 1. 406.

[4] Dans ce sens, Off. imp. 1880 et 1896, *Handb. der Unfallv.*, p. 65.

a) *Déplacement pour aller d'un lieu de travail à un autre.*

332 — Quand l'ouvrier circule *dans l'intérieur* de l'exploitation pour se rendre d'un lieu du travail à un autre, il ne cesse pas d'être dans l'exercice de ses fonctions et il reste exposé aux risques ordinaires du travail auxquels s'ajoutent ceux inhérents à ses déplacements ; il est donc garanti par la loi de 1898 contre tous les accidents dus à ces divers risques. Ainsi les chutes qu'il peut faire dans un escalier, dans un corridor, ou dans la cour de l'usine, ont le caractère d'accidents du travail quelle qu'en soit la cause : faux pas, glissade, obscurité, obstacles divers, etc.

Ces déplacements peuvent avoir notamment pour but de remplacer un autre ouvrier avec l'assentiment du patron[1].

333. — La circonstance qu'au lieu de suivre un chemin sûr et commode, la victime en a suivi un autre plus court, mais dangereux, ne l'exclut pas du bénéfice de notre loi, alors même qu'il y aurait eu imprudence ou négligence de sa part, si du moins l'accès de ce chemin ne lui était pas interdit[2].

334. — Il en serait autrement si l'ouvrier, sans y être contraint et par pur caprice ou dans son intérêt personnel, avait suivi un chemin dangereux fermé par une grille et dont l'accès était formellement interdit[3]. On pourrait cependant, suivant les circonstances, ne voir dans cette infraction qu'une faute inexcusable susceptible de modérer le chiffre de l'indemnité légale et non un risque purement personnel, exclusif de l'application de notre loi.

335. — Alors même que l'ouvrier, pour aller d'un lieu de travail à un autre, est *obligé de sortir du domaine de* l'exploitation, il n'en reste pas moins pendant ce temps soumis à l'autorité et à la surveillance de son patron et, comme tel, protégé par notre loi contre les accidents dus aux risques du trajet qu'il a à accomplir. Ces risques doivent être appréciés humainement. On ne peut pas exiger qu'un maçon se rendant d'un chantier à un autre ou un vitrier allant poser une

---

[1] Trib. Lorient, 5 juin 1900, D. 1901. 2. 82.
[2] C. Besançon, 24 oct. 1900, *Gaz. Pal.*, 1901. 1. 595, D. 1902. 2. 277. Dans le même sens, Off. imp., 1888, *Handb. der Unfallv.*, p. 46.
[3] Off. imp., 21 avr. 1890, *Handb. der Unf.*, p. 46.

vitre à domicile prenne la démarche rigide du militaire en tenue de parade. S'il monte dans un tramway ou dans un omnibus, s'il accepte l'offre faite par le conducteur d'une voiture particulière de prendre place à côté de lui, si même il fait usage d'une bicyclette, on ne saurait sérieusement lui reprocher d'employer un mode de locomotion interdit par ses fonctions et susceptible d'aggraver d'une façon appréciable les dangers de la route. Dès lors les accidents dus à l'emploi de ces véhicules rentrent dans la catégorie de ceux qui sont garantis par notre loi [1].

336. — Mais il en est autrement si, par caprice ou contrairement à la défense de son patron, l'ouvrier a recours à un mode de transport particulièrement dangereux ou inusité habituellement [2].

337. — De même, le patron ne saurait être responsable des accidents dus à des risques ordinaires de la vie que le trajet n'a en aucune façon aggravés ou à des risques auxquels la victime s'est capricieusement exposée.

b) Déplacement pour faire une commission déterminée et voyages dans l'intérêt de l'entreprise.

338. — Ces déplacements ne peuvent être considérés comme des travaux d'exploitation qu'autant qu'ils ont été, sinon expressément ordonnés par le chef d'entreprise, du moins implicitement autorisés par lui, et en outre qu'ils ont

---

[1] Dans ce sens, l'Off. imp. d'Allemagne a considéré, à bon droit, comme victime d'un accident du travail : 1° l'ouvrier qui, pour se rendre d'un lieu de travail à un autre, profita d'une occasion de transport en voiture et fut jeté à terre dans une collision ; 2° un ingénieur de drainage qui, pour exercer la surveillance des travaux dont il avait la charge, se rendit en *bicyclette* de son cabinet de travail au chantier et fit une chute en cours de route ; 3° un apprenti ramoneur qui pour les besoins de son service circulait en *quadricycle* ; 4° un ingénieur qui pendant l'hiver fit usage d'un *traineau* ; 5° à un maître mineur employé à la construction d'un canal maritime qui, s'étant servi du bateau de l'entreprise, fit une chute dans le canal et se noya (*Handb. der Unfallvers..* p. 56).

[2] Tel est le cas : 1° de l'ouvrier qui, sur un chemin public et malgré une défense formelle, s'assit sur un rouleau non destiné au transport des personnes et avec lequel il n'avait rien à faire à raison de son emploi et qui fit une chute dans laquelle il se blessa (Off. imp., 24 nov. 1890) ; 2° d'un maître-mineur qui, pour circuler dans l'intérêt de son service, s'assit sur une voiture à bras destinée uniquement au transport des marchandises, se fit traîner par des ouvriers et fut à une descente culbuté sous le véhicule par suite de la rupture d'une roue (Off. imp., 17 févr. 1894, *Handb. der Unf.*, p. 55).

été accompli dans l'intérêt technique ou industriel de l'exploitation.

339. — On doit donc exclure tout d'abord tous les voyages entrepris dans un but purement commercial, tels que les déplacements : 1° des commis-voyageurs chargés de vendre les produits manufacturés ; 2° des employés qui vont acheter les matières premières ; 3° même des contremaîtres qui sont envoyés par le patron pour embaucher des ouvriers[1].

340. — D'une façon générale les principes que nous avons posés au paragraphe précédent sont applicables à notre matière ; mais aux risques de déplacement proprement dit s'ajoutent ici les risques inhérents à la mission dont l'ouvrier est investi. Ainsi il y a lieu de considérer comme victimes d'un accident du travail : 1° le contremaître qui, pour découvrir les auteurs de plusieurs vols commis au préjudice de l'exploitation, a accompagné le commissaire de police chargé de pratiquer des perquisitions et fait une chute dans une cave au cours de ces opérations ; 2° le garçon d'une boulangerie mécanique qui, étant allé dans l'intérêt du service réveiller son camarade, est tombé dans l'escalier en redescendant de la chambre de cet ouvrier ; 3° l'ouvrier qui, dans une maison où il est allé faire une commission pour le compte de l'exploitation, s'est rendu au cabinet d'aisance et s'y est blessé dans une chute[2].

340 *bis*. — La circonstance que le déplacement, tout en ayant pour but l'intérêt industriel de l'exploitation, a été incidemment utile à la victime, ne lui enlève pas son caractère de déplacement de service. Ainsi l'ouvrier, qui va chercher des aliments pour les autres ouvriers afin de ne pas interrompre le travail de l'entreprise et qui est victime d'un accident au cours de son trajet, peut se prévaloir des bénéfices de notre loi, alors même qu'il aurait profité de ce déplacement pour prendre lui-même son repas. Il en est de même de l'ouvrier qui, ayant eu ses vêtements mouillés par l'exécution de son travail, va jusque dans sa chambre à quelques mètres de

---

[1] V. plus haut, n° 98. Dans ce sens, Off. imp., 1891, 1892, *Handbuch der Unf.* p 54.

[2] Dans ce sens, Off. imp., 3 févr. 1896, *Handb. der. Unf.* p. 54 et 56.

l'exploitation et fait une chute en descendant les escaliers.

341. — Il est des professions dont le travail consiste en de perpétuels déplacements, telle est celle des voituriers ou cochers. Tant que le voiturier opère des transports pour le compte de son patron, il est dans l'exercice de ses fonctions, quelque soit le lieu où il se trouve. Par suite, les blessures qu'il peut se faire en montant ou en descendant de son véhicule, les coups de pied de chevaux qu'il est exposé à recevoir, les chutes sous les roues de sa voiture sont autant de risques inhérents à ce genre d'exploitation et, comme tels, garantis par la loi de 1898, sans qu'il y ait lieu de rechercher s'il y a eu faute ou imprudence de la part de la victime, la question de faute inexcusable mise à part. Ainsi l'indemnité légale a été, à bon droit, attribuée au charretier qui fit une chute en sautant du véhicule qu'il conduisait et eut la jambe fracturée par une roue, alors même qu'il n'aurait sauté à terre que pour rendre service à un tiers et non dans le seul but de produire le travail convenu dans le contrat passé avec le patron [1].

342. — Toutefois le voiturier cesserait d'être dans l'exercice de sa profession si, par pur caprice ou pour la satisfaction de ses passions ou pour tout autre motif étranger à son service, il abandonnait la direction de sa voiture : les risques nouveaux qu'il se créerait ainsi volontairement ne seraient plus garantis par la loi de 1898. C'est ainsi qu'un conducteur de voiture qui, à raison de son état d'ivresse, ne peut plus conduire sa voiture et en abandonne la direction à une autre personne, est irrecevable à se prévaloir du risque professionnel pour une chute qu'il aurait faite dans cet état sur la voie publique [2].

III

Interruption de travail.

343. — Tant que pendant l'interruption de travail l'ouvrier reste dans l'établissement industriel, c'est-à-dire dans

---

[1] Cass. civ., 4 août 1903, *Gaz. Pal.*, 4 déc. 1903, D. 1903. 1. 510.
[2] Dans ce sens, Off. imp., 1891, *Hand. der Unf*, p. 57.

l'intérieur de la zone des risques de l'exploitation, il est, comme nous l'avons déjà expliqué, protégé contre tous les accidents dus à l'un de ces risques. S'il en sort, sa situation diffère suivant qu'il va accomplir une mission de service ou qu'il agit dans son intérêt purement personnel; il est garanti dans le premier cas et il cesse de l'être dans le second cas.

344. — Tels sont les principes. Les déplacements de l'ouvrier en dehors de l'exploitation ayant été étudiés au paragraphe précédent, nous ne nous occuperons que de son séjour dans l'intérieur de l'usine pendant la durée d'une interruption de travail.

Il importe tout d'abord de faire une distinction entre les interruptions régulières destinées à l'alimentation et au repos des ouvriers et les interruptions purement fortuites.

a) *Interruptions régulières et périodiques.*

345. — Ces interruptions ont pour but de permettre aux ouvriers de prendre de la nourriture et de se reposer. Par suite, tous les actes accomplis dans l'un de ces deux buts, en tant que l'ouvrier reste dans l'exploitation, sont protégés au même titre que des actes de service, et les accidents qu'ils engendrent sont des accidents du travail. Ainsi la jurisprudence a vu avec raison des accidents du travail dans les faits suivants :

1° Pendant une suspension de travail, vers minuit, un ouvrier employé à des travaux du port, après avoir pris un peu de nourriture dans le baraquement des machines, voulut en jeter les restes au dehors; il s'engagea à cet effet sur une jetée dépendant du chantier, mais comme il n'y avait ni lumière, ni barrière, il tomba dans le chenal et s'y blessa[1];

2° Une ouvrière fut blessée par suite de l'effondrement du plancher du local dans lequel elle prenait son repas et qui avait été spécialement affecté à cet effet par le chef d'entreprise[2];

---

[1] Cass. civ., 23 avr. 1902, *Gaz. Pal.*, 1902. 1. 728, D. 1902. 1. 275. V. aussi l'arrêt rapporté plus loin, n° 414.

[2] Nîmes, 19 août 1900, S. 1901. 2. 212, D. 1901. 2. 130. Dans le même sens, Saint-Étienne, 28 oct. 1900, D. 1900. 2. 85. Au sujet des cantines et baraquements installés par les chefs d'entreprise, voir le paragraphe suivant, n°s 349 et s.

3° Pendant une suspension de travail vers 11 heures du soir, un employé de chemin de fer monta dans un wagon pour prendre son repas et comme il sentit le wagon se mettre en mouvement il descendit précipitamment et fut écrasé contre un obstacle très rapproché du wagon[1].

La jurisprudence allemande est en ce sens[2].

346 — A l'inverse, il n'y a pas accident du travail quand un ouvrier profite de la pause pour se livrer par pur caprice et sans utilité pour l'exploitation à des actes dangereux dont l'exécution le blesse ou le tue. Ainsi il a été jugé que la loi de 1898 n'était pas applicable :

1° Lorsque, pendant une interruption de travail sur le chantier, un ouvrier avait, à la suite d'un pari, volontairement touché aux fils conducteurs de la force motrice et avait été foudroyé par le courant[3].

2° Lorsque, pendant le temps alloué pour le repas, un ouvrier a eu le bras gauche arraché par une courroie de transmission en marche à laquelle il s'amusait à se suspendre pour se laisser ensuite retomber sur le sol[4].

3° Lorsque, pendant la suspension, un ouvrier vidangeur s'approche du bord de la fosse d'aisance sans nécessité et uniquement pour y prendre une cigarette qu'il y avait laissée et fait une chute dans l'ouverture béante[5]. Cette décision nous paraît rigoureuse. Le fait de prendre une cigarette est un acte de la vie courante qui n'a, en soi, rien de capricieux. Or, l'accomplissement de cet acte n'a été rendu dangereux que par la disposition des lieux de l'exploitation.

b) Courtes interruptions fortuites.

347. — Il est conforme à la nature des choses que pendant la durée du travail les ouvriers suspendent de temps à

---

[1] Rouen, 28 févr. 1900, S. 1901. 2. 267, D. 1900 2. 180.
[2] L'Off. imp. d'Allemagne a considéré comme victimes d'accidents du travail : 1° un tailleur de pierres qui, pendant la pause de midi, se cassa la jambe en traversant une cour de l'usine; 2° un ouvrier qui, pendant la pause de midi, étant allé dormir dans un réduit de l'établissement industriel, tomba par une lucarne pendant son sommeil et fut tué dans sa chute (*Handb. der Unf.*, p. 45 et 47.
[3] Brive, 13 mai 1900, *Gaz. Pal.*, 1900. 2. 23, D. 1901. 2. 181.
[4] Trib. Havre, 9 mars 1901, D. 1901. 2. 310.
[5] T. Pontoise, 21 mars 1900, *Rec. minist. Comm.*, p. 260.

autre un moment leur tâche et même quittent leur poste pour se rendre dans d'autres parties de l'établissement industriel. Tant qu'ils ne sortent pas de la zone des risques de l'exploitation et qu'ils ne s'exposent pas capricieusemt à des dangers que l'exploitation ne présente pas elle-même, ils sont placés sous la protection de la loi sur les accidents. Par suite, la circonstance que la victime aurait, un instant et précisément au moment de l'accident, cessé de travailler, ne saurait lui faire perdre tout droit à une indemnité, si du moins il est constaté qu'elle a été blessée par l'un des outils ou engins de l'entreprise dans le lieu et pendant le temps où elle était soumise à la direction du chef d'entreprise[1].

Ces courtes suspensions peuvent avoir mille causes diverses, telles que la nécessité de satisfaire un besoin naturel[2], l'envie d'avaler un verre d'eau fraiche[3], le désir de fumer une cigarette[4] etc. (V. aussi p. 397 et s.).

348. — Mais la protection de la loi de 1898 cesse toutes les fois que l'ouvrier s'expose à un risque étranger à l'exploitation, par exemple lorsqu'il se livre, par pur caprice, à un acte dangereux dont l'exécution le blesse ou le tue[5] ou encore lorsque dans son intérêt exclusivement personnel il se

---

[1] Cass. civ., 7 févr. 1902, D. 1902. 1. 273. Dans le même sens, Off. imp., 2 janv. 1888, *Handb. der Unf.*, p. 48.

[2] Ainsi l'ouvrier qui, en faisant usage des lieux d'aisance de l'usine, tombe dans la fosse par suite de l'état défectueux de ce local, peut se prévaloir de la loi contre les accidents du travail. Off. imp., 1888, *Hand. der Unf.*, p. 47 et 68.

[3] Ainsi la loi sur les accidents du travail peut être invoquée par l'ouvrier qui, en se rendant à une fontaine de l'exploitation pour y boire un verre d'eau fraiche, se heurte contre le loquet d'une porte dans un corridor obscur et se fait une blessure à l'œil. Off. imp., 1891, *Handb.*, p. 68.

[4] Ainsi sont victimes d'un accident du travail : 1° l'ouvrier qui, dans l'atelier et à l'heure du travail ayant abandonné un instant son poste pour aller demander à un camarade une feuille de papier à cigarettes, a eu la main prise dans un tour près duquel il passait pour retourner à son poste (Cass. civ., 17 févr. 1902, *Gaz. Pal.*, 1902. 1. 343, D. 1902. 1. 273); 2° l'ouvrier dont les vêtements prirent feu, au moment où il allumait une cigarette sur le lieu de son travail, et furent rapidement consumés à raison de l'huile et des substances inflammables avec lesquelles l'exercice de l'exploitation les avait mis en contact. Off. imp., 1891, *Handb.*, p. 68.

[5] Tel est le cas : 1° de l'apprenti limeur qui, pour s'amuser, monte sur l'arbre de couche à quatre mètres de hauteur, y enroule une ficelle fixée au plafond et se fait prendre le bras dans le mouvement de rotation (Caen, 17 déc. 1900, D. 1901. 2. 131); 2° de l'aiguilleur qui quitte son poste au mépris d'un règlement formel, traverse les voies ferrées par pur caprice pour causer avec un autre employé et est tamponné par un train en rejoignant son poste (T. Seine, 9 juill. 1901, *Rec. min. comm.*, p. 599).

livre à un travail étranger à l'exploitation et qu'il est blessé
par le fait de ce travail[1], ou encore lorsqu'il est victime d'un
accident dû à un cas de force majeure auquel le travail de
l'exploitation ne l'a pas particulièrement exposé[2], ou encore
lorsqu'il sort de l'exploitation ou s'éloigne de son lieu de travail, fût-ce même pour prendre son repas ou pour satisfaire
un besoin naturel[3], et à plus forte raison lorsqu'il s'éloigne
de son lieu de travail par pur caprice[4].

IV

**Des accidents survenus dans les dépendances des exploi-
tations et spécialement dans les cantines et baraquements installés par le chef d'entreprise.**

349. — Le lieu du travail doit être interprété dans son
sens le plus large; il comprend tous les locaux, chantiers ou
emplacement quelconques dans lesquels l'ouvrier se livre à
une activité utile à l'exploitation sous la surveillance et la direction du chef d'entreprise et, d'une façon plus générale encore, la totalité de l'espace dont le chef d'entreprise dispose
en vue de l'exploitation. Les dépendances d'un établissement
industriel font donc, au même titre que l'établissement lui-
même, partie intégrante du lieu de travail.

[1] Dans ce sens il a été jugé qu'il n'y avait pas accident du travail lorsqu'un
employé de chemin de fer quitte son service pour aider, sans nécessité et sans autorisation, le destinataire d'un colis à en opérer le déchargement et est blessé au
cours de ce travail, alors que le déchargement dont il s'agit n'incombait pas à la
Compagnie de chemin de fer (T. Lyon, 22 févr. 1900, D. 1901. 2. 131). Cass. civ.,
24 nov. 1903, *Gaz. Pal.*, 4 déc. 1903.

[2] Par exemple n'est pas victime d'un accident du travail l'ouvrier qui, en se rendant aux cabinets d'aisance situés dans la cour de la fabrique, est mordu par un
chien étranger à l'exploitation. Off. imp., 10 nov. 1890, 27 avr. 1891, *Handb.*, p. 68.
(V. au surplus à la section suivante, n° 403).

[3] Ainsi le bénéfice de la loi sur les accidents du travail n'est pas applicable :
1° au conducteur de tramways qui pendant un arrêt au point de stationnement se
rend à une auberge voisine pour prendre son repas et, chemin faisant, fait une
chute; 2° ni au cocher de fiacre qui profite d'un long arrêt pour satisfaire un besoin
naturel dans une auberge voisine et tombe dans la cave de cette auberge (Off.
imp., 1890 et 1895, *Handb.*, p. 68).

[4] Tel est le cas d'un charretier blessé par la roue de son véhicule au moment où
il avait abandonné la conduite de son attelage et sur un point de la route où il s'était
rendu sans aucun motif ayant trait de près ou de loin à l'exécution du travail dont
il était chargé, uniquement par caprice, pour aller demander une prise de tabac à
un cantonnier et engager avec lui une conversation oiseuse. Cass. req., 27 avr. 1903,
Gaz. Pal., 1903. 1. 630.

350. — Que décider en ce qui concerne les baraquements établis par certains chefs d'entreprise pour nourrir, héberger et loger leurs ouvriers? En principe, ces baraquements sont installés aussi bien dans l'intérêt du chef d'entreprise que dans celui des ouvriers ; car si ceux-ci y trouvent à bon compte des aliments sains et un logement propre, le patron a l'avantage appréciable de tenir tout son personnel sous la main de façon à pouvoir en disposer en cas de nécessité. Par suite, il y a lieu d'admettre que les accidents dus à un risque inhérent à l'installation de ces baraquements sont garantis par notre loi ; tels sont les accidents causés par un vice de construction, par exemple l'effondrement d'un plancher[1], ou une disposition défectueuse (absence de balustrade à un balcon, etc.); car ce vice de construction ou cette disposition défectueuse créent un risque spécial inhérent à une dépendance de l'exploitation et dont par suite le patron est légalement responsable au regard de ses ouvriers[2].

351. — Mais il n'y aurait pas accident du travail si, par exemple, l'ouvrier en montant ou en descendant les escaliers, faisait une chute par suite d'un faux pas ou par maladresse et s'il se blessait à raison de l'obscurité en se rendant aux cabinets au milieu de la nuit[3]; car de tels accidents auraient pu lui arriver aussi bien dans une auberge quelconque, et l'installation du baraquement ou de la cantine n'y a en rien contribué.

352. — La question est plus délicate en ce qui concerne les accidents de force majeure auxquels la disposition des lieux aurait exposé d'une façon plus spéciale les victimes, par exemple si des baraquements, dans lesquels le patron loge ou nourrit ses ouvriers, viennent à être détruit par un éboulement de la montagne à laquelle ils ont été adossés ou par une crue inopinée et anormale du torrent sur le bord duquel ils ont été construits. En pareil cas, il importera surtout de rechercher si cet éboulement ou cette inondation pouvaient être ou non prévus; car, suivant l'une ou l'autre hypo-

---

[1] Dans ce sens, Nîmes, 10 août 1900, et St-Étienne, 28 oct. 1900, cités plus haut.
[2] Dans ce sens, Off. imp., 1892-1894, *Handb.*, p. 69.
[3] Dans ce sens, Off. imp., 27 avr. 1891, *Handb.*, p. 69.

thèse, l'accident sera dû ou bien exclusivement à un cas de force majeure, ou bien à un cas de force majeure aggravé d'un fait d'exploitation. Enfin, on pourra se montrer plus ou moins rigoureux suivant que le séjour dans ces baraquements aura été obligatoire ou facultatif pour les ouvriers; car, la faculté laissée aux ouvriers et la possibilité matérielle pour eux de se loger ailleurs sont de nature à faire admettre que les baraquements ont été installés beaucoup plus dans leur intérêt que dans celui de l'entreprise.

353. — La question de savoir si un abri utilisé par les ouvriers avec l'autorisation expresse ou la tolérance implicite du patron ou de ses préposés pour prendre leur repas ou pour se reposer fait ou non partie intégrante de l'exploitation doit être surtout appréciée en fait. Sans doute on ne saurait méconnaître qu'un patron a l'obligation morale de veiller à ce que ses ouvriers soient abrités avec sécurité pendant le temps qui leur est laissé pour leurs repas ou leur délassement. Cependant cette obligation ne va pas jusqu'à le rendre responsable légalement de tous les accidents dont ils sont victimes sous l'abri mis à leur disposition.

V

De quelques accidents qui, tout en étant survenus en dehors des heures et du lieu de travail, ont cependant une cause inhérente au travail.

354. — Nous avons vu plus haut que l'obligation de sécurité, d'où dérive celle de réparer les accidents du travail, est le corollaire du droit d'autorité et de surveillance qui appartient au chef d'entreprise. Si, en principe, une telle obligation ne s'étend pas au delà des limites de temps et de lieu dans lesquelles s'exerce la direction patronale, il peut se présenter des circonstances rares, à la vérité, où l'accident, tout en ayant sa cause dans un fait d'exploitation, survienne en dehors de cette sphère de surveillance et d'autorité. L'exemple suivant fera saisir cette dualité de situation : Un contremaître reçoit dans l'intérieur d'une usine un mauvais coup d'un ouvrier qu'il a justement réprimandé pour une infraction de service; sa blessure, qui a une cause inhérente à un fait d'exploitation, présente tous les caractères d'un accident du travail : la mission de commander et au besoin de réprimander des ouvriers emporte avec elle le risque d'être l'objet d'une vengeance. Supposons maintenant que l'ouvrier, mécontent de la réprimande ou de l'ordre du contremaître, ait menacé de se venger, mais qu'au lieu de mettre sa menace à exécution dans l'intérieur de l'exploitation et pendant les heures de travail, il attende la fermeture de l'usine et qu'il tende à la victime un guet-apens dans la rue près de sa maison d'habitation. Cette circonstance fera-t-elle disparaître le caractère industriel de l'accident? Pourra-t-on sérieusement soutenir que le chef d'entreprise ne saurait être responsable de cet accident parce que l'endroit où il s'est produit échappait à sa surveillance? Je ne le pense pas. Le contremaître a été dans l'un et l'autre cas, victime du même risque inhérent aux fonctions dont il était investi.

355. — Autre exemple : Dans une fabrique de matières explosibles, un récipient qu'un ouvrier était occupé à remplir fait explosion et le tue. Le caractère industriel de l'accident n'est pas douteux. Là n'est pas la difficulté. Mais supposons qu'une certaine quantité de substance détonante glisse de l'endroit où elle était déposée et tombe, sans qu'on s'en aperçoive, dans la poche d'un vêtement appartenant à l'un des ouvriers de l'usine. L'ouvrier rentre chez lui et, au moment où il porte la main à sa poche, le contact de ses doigts détermine l'explosion. Grièvement blessé par cet accident, aura-t-il droit à une indemnité? Nous le pensons; car c'est le risque inhérent à la manipulation industrielle des matières explosibles qui a été la cause de sa blessure.

Ces faits nous amènent ainsi à faire dans un accident industriel une distinction entre le fait matériel, c'est-à-dire le choc qui blesse ou qui tue, et la cause même qui produit le choc. A la vérité, ces deux éléments sont généralement concomitants et se confondent; c'est ce qui a lieu dans la plupart des accidents survenus à l'intérieur d'une usine. Un engrenage broie la main d'un mécanicien, une goutte de métal en fusion crève l'œil d'un métallurgiste, un éboulement ensevelit un mineur; dans tous ces cas la cause précède immédiatement le traumastisme et révèle le caractère industriel de l'accident. Mais il peut arriver exceptionnellement qu'un fait inhérent au travail ne provoque un accident qu'après un certain temps écoulé et lorsque le travail a lui-même pris fin. L'accident cessera-t-il pour cela d'être garanti par la loi? Non évidemment, les exemples plus haut l'ont démontré.

TROISIÈME SECTION.

Des différents travaux d'une exploitation.

356. — Parmi les différentes occupations auxquelles se livre un ouvrier sur le lieu et pendant le temps de son travail, quelques-unes peuvent être étrangères à l'exploitation et engendrer par suite des risques qui ne sont pas garantis par le chef d'entreprise. Il importe donc de discerner dans les occupations d'un ouvrier celles qui présentent les caractères *du travail*. Le travail, avons-nous dit, comprend non seulement la besogne assignée à chaque ouvrier, mais encore l'ensemble des moyens mis en œuvre dans l'entreprise pour atteindre une production déterminée[1] en un mot toute l'activité individuelle collective ou matérielle qui concourt au but de l'exploitation ou de l'entreprise. La division du travail, les relations nécessaires d'une exploitation avec les exploitations voisines, les devoirs de solidarité qui existent entre les collaborateurs d'une même production multiplient à l'infini les branches de l'activité déployée dans une entreprise et provoquent des actions qui, tout en s'écartant en apparence du but technique, ne sont pas moins les compléments indispensables du travail industriel. Nous étudierons successivement : **1°** les travaux accessoires de l'exploitation; **2°** les actions de dévouement, de complaisance et de réciprocité ; **3°** les travaux de préservation et d'extinction des incendies; **4°** les travaux exécutés dans l'intérêt privé du patron : travaux agricoles et domestiques; **5°** les travaux exécutés dans l'intérêt privé de l'ouvrier.

Les travaux présentant un caractère exclusivement commercial ont été étudiés nos 98 et s., et n° 339.

---

[1] Cass. civ., 17 févr. 1902, précité.

I

Travaux accessoires de l'exploitation.

357. — Dans maintes professions il est d'usage de faire exécuter par les ouvriers ou employés certains travaux accessoires en vue de seconder ou de faciliter l'exercice de la profession. Ainsi, les ouvriers menuisiers chargés de réparer le parquet ou le plancher d'une chambre opèrent eux-mêmes le déménagement du mobilier hors de la pièce où ils doivent travailler. Les blessures qui leur seraient occasionnées par le transport d'un meuble d'une pièce dans une autre présentent donc tous les caractères d'un accident du travail, au même titre que celles dont ils seraient atteints en rabotant une planche ou en clouant une poutre (V. cependant, n° 365).

358. — De même l'entrepreneur, qui construit une maison pour le compte d'un particulier, prend généralement à sa charge les travaux de dessèchement des plâtres et de nettoyage des planchers et fenêtres ; il est par suite responsable, dans les termes de la loi, de l'asphyxie dont pourrait être victime un ouvrier maçon en manipulant un fourneau destiné à l'assainissement intérieur d'une maison neuve ou encore de la chute que ferait une femme de peine en nettoyant les fenêtres de ce bâtiment [1].

359. — Le roulier qui, après avoir déchargé des tonneaux, les transporte, sur la demande du client destinataire, dans la cave de celui-ci, accomplit aussi un travail accessoire de sa profession, dont les risques sont garantis par son patron dans les termes de notre loi [2].

360. — Il arrive souvent que des ouvriers serruriers, ébénistes, tapissiers, etc., allant à domicile exécuter des travaux de leur spécialité, sont invités par les clients de leur

---

[1] Dans ce sens, Off. imp., 7 janv. 1896, *Handb. der Unfallv.*, p. 58.

[2] La jurisprudence française a jugé implicitement la question en comptant dans le salaire de base les pourboires qui, en pareil cas, sont donnés par le client à l'ouvrier pour ce travail supplémentaire. — C. Gronoble, 8 août 1900, S. 1901. 2. 109, D. 1901. 2. 239. Paris, 12 janv. 1901, S. 1902. 2. 68, D. 1901. 2. 253. V. également, l'arrêt rapporté, n° 341. La jurisprudence allemande est aussi dans ce sens, Off. imp., 15 mai 1891, *Handb.*, p. 59.

patron à rendre quelques services de complaisance, par exemple à déplacer un meuble, à clouer un tableau, etc. Ces petits travaux, qui sont d'un usage courant et servent à entretenir la clientèle, doivent encore être considérés comme des travaux accessoires de l'exploitation, et les accidents dont ils pourraient être la cause sont protégés par la loi de 1898. Il ne faudrait pas cependant aller trop loin dans ce sens; il est deux conditions que ces sortes de travaux doivent toujours remplir : c'est le consentement au moins implicite du chef d'entreprise et l'utilité économique de l'exploitation. Nous reviendrons d'ailleurs sur ce sujet dans le paragraphe suivant en traitant des actes de complaisance.

361. — Certains travaux accessoires revêtent parfois l'apparence de travaux tout à fait étrangers. Par exemple pour assurer le bon fonctionnement de son moulin, un meunier peut être dans la nécessité de faire pêcher par ses ouvriers des poissons ou anguilles qui gênent le mouvement de ses artifices ou encore de faire élaguer les arbres dont les racines soutiennent les berges du canal; les accidents causés par les travaux de cette nature sont des accidents du travail[1]. V. également n°s 365 et s.

362. — Les travaux de défense contre les incendies sont des travaux accessoires que nous étudierons séparément, n°s 376 à 384.

363. — Que penser du cas d'un ouvrier carrier blessé en faisant partir des bombes sur l'ordre de son patron, pour concourir à une réjouissance publique? Il a été jugé, avec raison, selon nous, que la victime ne pouvait se prévaloir du bénéfice de notre loi[2]; car le travail, dont le risque a été le générateur de l'accident, n'avait aucune utilité pour l'exploitation et était complètement distinct de l'emploi ordinaire de l'ouvrier. La circonstance qu'il avait été commandé par le patron était, à elle seule, insuffisante pour lui conférer un caractère industriel. Pourrait-on dire du moins que l'emploi de matières explosives faisait rentrer de plein droit ces travaux dans

---

[1] Dans ce sens, Off. imp., 1891 et 1896, *Handb.*, p. 60.
[2] T. Saint-Gaudens, 22 mars 1900, D. 1901. 2. 82.

la catégorie de ceux qui sont protégés par notre loi? Non assurément; car en faisant partie des bombes le patron ne se livrait à l'exercice d'aucune profession; il n'agissait pas dans un but de lucre; il ne se faisait pas entrepreneur de réjouissance publique. La solution eût été toute différente, s'il avait tiré ce feu d'artifice, non par simple amusement, mais pour le compte d'une autre personne, par exemple de la commune. La jurisprudence allemande a eu à se prononcer dans un cas identique, avec cette seule différence que les bombes étaient tirées en l'honneur de la fête nationale. Cette différence a paru suffisante à l'Office impérial pour faire considérer la manifestation comme un travail accessoire de l'exploitation et par suite pour octroyer à la victime le bénéfice de la loi sur le risque professionnel. Les motifs de cette décision méritent d'être rapportés : Les grandes exploitations, y est il dit, ayant besoin et profitant en maintes circonstances, de la protection et de la sollicitude de l'État doivent, lorsque l'occasion s'en présente, manifester publiquement leur reconnaissance et leur estime envers les autorités constituées. Par suite les manifestations, auxquelles elles se livrent le jour de la fête nationale, sont des travaux accessoires dont les risques sont garantis par le patron [1].

II

Actes de complaisance, de réciprocité et de dévouement.

364. — Les limites du travail d'une exploitation n'ont rien d'absolu : elles doivent se concilier avec les exigences et les habitudes de la vie courante et n'excluent pas les services que chacun est tenu de rendre à ses semblables. Les usages de certaines professions, la possession d'un outil qui peut être utile à une autre personne, la réciprocité que l'on se doit entre voisins ou dans les travaux en commun, enfin la nécessité de porter secours en cas de péril sont autant d'occasions qui peuvent provoquer les actions dont nous avons à nous entretenir dans ce paragraphe.

---

[1] Off. imp., 16 mai 1893 et 13 janv. 1896, *Handb.*, p. 59.

a) *Actes de complaisance en usage dans certaines professions.*

365. — Nous avons déjà classé n° 357 au nombre des travaux accessoires les petits services ou *coups de mains* que les ouvriers de certaines professions, tels que les menuisiers, ébénistes ou serruriers ont l'habitude de rendre dans la maison où ils sont appelés à accomplir un travail de leur spécialité. Ces petits services ont cependant des limites que l'ouvrier ne doit pas dépasser sans faire un acte étranger à sa profession et dont les risques restent à sa charge personnelle. Ainsi l'employé d'une compagnie de chemin de fer, qui cesse momentanément ses fonctions pour aider, à l'insu de ses chefs, les ouvriers d'un destinataire de colis à retirer d'un wagon ses marchandises dont le déchargement devait se faire à ses frais, risques et périls, n'est pas garanti par la loi contre les accidents survenus par le fait de ce travail étranger à l'exercice de sa profession[1]. De même, un peintre en bâtiment, qui, le jour où il exécutait un travail de sa profession chez un client de son patron, crut devoir aider un jardinier de la maison à étendre des jalousies sur une serre et fut victime d'un accident, a pu être débouté de sa demande en indemnité légale à raison du caractère extra-professionnel de ce service[2].

b) *Actes de complaisance rendus incidemment.*

366. — Parmi les actes de complaisance qui, sans être dans les habitudes d'une profession déterminée, peuvent être considérés comme des travaux industriels, s'ils sont accomplis pendant les heures et sur le lieu du travail de l'exploitation, il faut citer ceux qui consistent à utiliser les outils ou instruments de l'entreprise pour rendre un service fortuit à une tierce personne. Ainsi seraient admis à se prévaloir à l'encontre de leur patron du bénéfice de la loi de 1898 : 1° le contremaître qui, dans un atelier de construction mécanique, s'est blessé en réparant, avec les outils de l'atelier et du consentement du chef d'entreprise, un fusil de chasse ap-

---

[1] Cass. civ., 24 nov. 1903, *Gaz. Pal.*, 4 déc. 1903.
[2] Dans ce sens, Off. imp., 1888, *Handb.*, p. 71.

partenant à une tierce personne; **2°** le garçon d'écurie d'une
entreprise de transport, qui a reçu un coup de pied du cheval
qu'un voisin a amené, avec l'autorisation du patron, à l'a-
breuvoir situé dans la cour de l'entreprise; **3°** le garçon voiturier qui, sollicité par un cultivateur dont la voiture en-
combrait la route et l'empêchait de passer, a obtempéré à sa
demande et a été blessé en l'aidant à conduire son véhicule
dans un champ voisin[1].

c) *Actes de réciprocité.*

367. — En général, les actes de complaisance réciproques
rendus entre chefs d'entreprises voisines ou similaires, ou
entre ouvriers travaillant dans un même chantier, sont considérés comme des travaux accessoires dont les risques sont à
la charge du patron de la victime. Ainsi un ouvrier brasseur
a été admis, à bon droit, à se prévaloir contre son patron de
la loi de 1898 à raison d'une chute qu'il avait faite en aidant,
avec le consentement de ce même patron, un autre brasseur
à encaver des fûts de bière, ce service ayant été rendu à titre
de réciprocité[2].

368. — Les actes de cette nature sont fréquents dans les
chantiers communs à plusieurs entreprises différentes, par
exemple dans la construction d'une maison où l'on voit travailler ensemble des maçons, menuisiers, charpentiers. Il
arrive fréquemment que l'ouvrier d'une entreprise prête aide
et assistance à son camarade d'une autre entreprise; ce concours fortuit prêté à une exploitation étrangère est considéré,
à raison de la réciprocité, comme un accessoire du travail
professionnel, et les accidents, dont il peut être la cause, autorisent la victime à en demander la réparation légale à son
patron[3].

369. — Dans tous les cas, l'acte de complaisance ne revêt
un caractère professionnel qu'à la condition d'avoir été ac-

---

[1] La jurisprudence allemande est en ce sens (Off. imp., 1888, 1889 et 1891, *Handb.*, p. 71, 73.
[2] T. Lille, 9 août 1900, *Rec. min. Comm*, p. 411.
[3] Dans ce sens, T. Seine, 2 juill. 1900, *Rec. min. Comm.*, p. 370. Dans le même sens, Off. imp., 28 juin 1890, 16 févr. 1891, 12 oct. 1891, *Handb.*, p. 75.

compli avec l'autorisation au moins tacite du chef d'entreprise [1].

370. — Il arrive parfois qu'un chef d'entreprise mette temporairement d'une façon complète un ou plusieurs de ses
ouvriers à la disposition d'un autre chef d'entreprise et que,
pour l'exécution de ce travail, il se dégage de toute autorité
et de toute surveillance sur lesdits ouvriers. En pareil cas
les accidents, qui surviendraient par le fait ou à l'occasion
d'un tel travail, doivent donner lieu à des indemnités à la
charge du patron temporaire; car seul il a la direction et par
suite la responsabilité. Il n'importe que les ouvriers continuent à être payés par le premier patron. L'arrangement
particulier, qui a pu intervenir à ce sujet entre les deux chefs
d'entreprise est sans intérêt au point de vue de la personne
responsable [2].

371. — Si l'entreprise, à la disposition de laquelle les ouvriers étaient ainsi placés, n'était pas assujettie, ils cesseraient
d'être sous la protection de la loi de 1898 pour les accidents
dont ils pourraient être victimes dans ce nouveau travail. A
l'inverse, si le patron habituel des ouvriers n'était pas assujetti et que l'autre le fût, les ouvriers bénéficieraient exceptionnellement des avantages de la loi pour l'exécution de leur
travail temporaire.

372. — Les actes de complaisance et de réciprocité sont
encore plus fréquents entre ouvriers appartenant à la même
entreprise. En principe, il y a lieu d'admettre qu'ils sont accomplis avec l'assentiment du patron; car il importe peu à

---

[1] Ainsi le bénéfice de la loi de 1898 a été refusé à un employé de chemin de fer
qui a abandonné son service, sans ordre de ses chefs, pour aider à une opération de
déchargement incombant au destinataire des marchandises et étrangère à la Compagnie de chemin de fer (T. Lyon, 22 févr. 1900, D. 1901. 2. 131; Cass. civ., 26 nov.
1903, *Gaz. Pal.*, 4 déc. 1903). De même l'Off. imp. d'Allemagne a rejeté une demande d'indemnité formée par l'ouvrier d'un commissionnaire qui, envoyé à une gare
pour charger des tonneaux, alla malgré la défense de son patron, pendant une interruption de travail, prêter main-forte à une opération de déchargement intéressant
une autre personne et fut blessé au cours de cette opération (*Handb.*, p. 51). Au
contraire, l'accident survenu à un employé de chemin de fer en aidant un employé
des postes à décharger un wagon-poste revêt un caractère industriel; car ces actes
de complaisance sont usuels et implicitement autorisés (Off. imp., 21 mars 1892,
Handb., p. 75).

[2] Dans ce sens, Off. imp., 18 juin 1892, *Handb.*, p. 73. V. également n°s 141, 191
et 945.

celui-ci que le travail soit fait par l'un ou par l'autre de ses ouvriers, pourvu qu'il soit bien exécuté. Il en serait cependant autrement pour certains travaux nécessitant des aptitudes spéciales et dont l'exécution particulièrement dangereuse ne pourrait être confiée qu'à une certaine catégorie d'ouvriers. Un ouvrier d'une autre catégorie qui, par complaisance pour un camarade et sans l'assentiment du chef d'entreprise, entreprendrait un de ces travaux et serait victime d'un accident, pourrait se voir refuser le bénéfice de la loi de 1898[1].

d) *Actes de dévouement.*

373. — Nous avons vu que le travail ou plus exactement la fonction de l'ouvrier n'est pas toujours restreinte dans les limites étroites d'une manipulation technique. Les circonstances l'élargissent. C'est ainsi qu'il entre dans ses obligations professionnelles de porter secours à ses camarades en danger et de faire le nécessaire pour protéger l'établissement industriel contre les fléaux qui le menacent (incendie, inondation, etc.) ; et les risques auxquels il s'expose dans l'exécution de ces obligations sont garantis par notre loi.

Ainsi est victime d'un accident du travail le chauffeur qui est asphyxié dans une fosse d'aisance en se portant au secours de plusieurs vidangeurs de l'établissement qui étaient eux-mêmes en danger de mort[2].

374. — Les relations de bonne camaraderie sont aussi de celles qui peuvent engendrer des accidents du travail lorsque leur accomplissement est rendu spécialement dangereux par les dispositions mêmes de l'exploitation. Ainsi on pourrait accorder le bénéfice de la loi aux ayants-droit d'un batelier noyé en se jetant à l'eau pour rattraper le chapeau qu'un de ses compagnons de travail avait laissé tomber dans l'eau ; car là victime obéit en pareil cas à une impulsion naturelle dans la vie commune et l'exécution de cette impulsion était rendue

---

[1] Dans ce sens, Dijon, 25 nov. 1901, D. 1901. 2. 372. Il s'agissait d'un fils qui, pour remplacer son père, était allé, à l'insu du patron, graisser les rouages d'un mécanisme, c'est-à-dire, exécuter un travail particulièrement dangereux. L'accident dont il fut victime à cette occasion, n'a pas été admis au bénéfice de la loi.

[2] Dans ce sens, Off. imp., 28 août 1891, *Handb.*, p. 60. V. n°s 376 et s., les actes de sauvetage ou de préservation en cas d'incendie.

particulièrement dangereuse par la profession du batelier qui oblige les employés à vivre sur une rivière[1].

375. — La caractéristique de l'acte de dévouement est la spontanéité de l'impulsion qui est, en quelque sorte, irrésistible, et qui ne calcule pas le danger. On ne saurait donc y assimiler les commissions de pure complaisance faites par un ouvrier obligeant dans l'intérêt privé d'un de ses camarades et sans utilité pour l'exploitation.

III

Travaux de préservation, d'extinction et de sauvetage en matière d'incendie.

376. — Nous examinerons successivement : 1° les divers emplois d'un ouvrier dans le service de la pompe attachée à un établissement industriel ; 2° les actes individuels de préservation ou d'extinction auxquels il pourrait se livrer ; 3° les actes de sauvetage intéressant les personnes ; et enfin 4° les autres accidents dont il pourrait être victime dans un incendie de l'usine.

a) *Service de la pompe de l'exploitation.*

377. — L'organisation d'un corps de sapeurs-pompiers par un chef d'entreprise rentre dans les travaux de l'exploitation. Par suite, toutes les fois qu'un ouvrier est employé au service de la pompe de l'établissement, il se trouve dans l'exercice de ses fonctions et peut invoquer la protection de la loi de 1898 pour tous les accidents dont il serait victime par le fait ou à l'occasion de cet emploi. Il n'importe que les bâtiments de l'exploitation ne soient ni atteints, ni même menacés d'un incendie.

378. — Des manœuvres d'instruction ou d'essai constituent au plus haut degré le travail professionnel.

379. — D'autre part, le chef d'exploitation, qui a dans son usine une pompe et un corps de sapeurs-pompiers, est tenu de s'en servir pour l'extinction des incendies des maisons voisines et même des bâtiments qui se trouvent à une cer-

---

[1] Dans ce sens, Off. imp., 1889, *Handb*, p. 70.

taine distance. C'est une obligation de bon voisinage et de réciprocité qui se rattache par les liens les plus étroits au travail proprement dit de son exploitation. Par suite, il est garant, dans les termes de notre loi, des risques de l'ouvrier qui prête son concours dans ces conditions à l'extinction de tels incendies[1].

380. — Les accidents de cette nature, survenus en dehors des heures et du lieu habituels de travail, n'en sont pas moins protégés par notre loi, le service de la pompe étant lui-même un travail spécial qui n'est soumis à aucune limitation de temps et de lieu.

b) *Actes individuels de préservation ou d'extinction d'un incendie.*

381. — En présence d'un incendie qui éclate à l'improviste et avant l'organisation d'un secours collectif, la plus grande initiative doit être laissée à chaque ouvrier. Tout acte que lui suggère son dévouement en vue de protéger ou de préserver les bâtiments de l'usine doit être considéré comme un travail professionnel, dont les risques sont protégés par notre loi, sans qu'il y ait lieu de distinguer si cet acte a été accompli pendant ou en dehors des heures habituelles du travail[2]. L'ouvrier doit aide et protection à l'exploitation atteinte ou menacée d'un fléau, quelque soient le lieu ou le moment du péril.

382. — Il pourrait même être considéré comme étant dans l'exercice de sa profession en contribuant individuellement à éteindre l'incendie d'une maison voisine, alors que cet incendie menacerait de se communiquer aux bâtiments de son exploitation. On ne saurait cependant en conclure que le chef d'exploitation est responsable dans les termes de notre loi de tous les accidents dont ses ouvriers pourraient être victimes en prenant part à l'extinction des incendies qui éclatent dans les environs de son usine. Il importe, avant tout, de rechercher en fait si la victime agissant isolément et de sa propre initiative avait en vue la préservation ou l'utilité de

---

[1] Dans ce sens, Off. imp., 2 août 1886 et 5 oct. 1891, *Handb.*, p. 60 et 72.
[2] Dans ce sens, Off. imp., 8 oct. 1886, *Handb.*, p. 50. Dans le même sens, C. Nancy, 21 nov. 1902, *Gaz. Pal.*, 1903. 1. 7.

l'exploitation dont elle dépendait. Le pouvoir d'appréciation le plus étendu est laissé aux tribunaux sur ce point[1]. Tout citoyen a en effet le devoir de prêter son concours, dans la mesure de ses moyens et de ses forces, à l'extinction des incendies ; l'accomplissement de ce devoir comporte des risques inévitables qui n'ont aucun caractère industriel et dont la garantie ne saurait rentrer dans les frais généraux d'une exploitation.

c) *Sauvetage des personnes.*

383. — Puisque la préservation du matériel rentre dans les obligations professionnelles de l'ouvrier, à plus forte raison en est-il de même du sauvetage des personnes dont la vie est en péril dans un incendie de l'usine et les risques inhérents à de tels actes sont protégés par notre loi. Il en serait de même aussi pour le sauvetage des personnes habitant les maisons voisines, si un lien rattachait cet acte de dévouement à l'intérêt ou au service de l'exploitation.

d) *Des autres accidents dont un ouvrier peut être victime dans un incendie de l'usine.*

384. — Un ouvrier peut être, lui aussi, surpris à l'improviste par un incendie des bâtiments de l'exploitation et devenir la proie des flammes. S'il est dans l'intérieur de l'usine pour son travail ou à raison de son travail, l'accident dont il est victime a un caractère industriel. Si sa présence dans l'usine à ce moment est d'ordre purement privé et n'a aucune relation avec le travail, le bénéfice de la loi de 1898 ne lui est pas applicable. Ainsi il a été jugé que l'accident, dont un ouvrier a été victime en rentrant dans les bâtiments en flammes d'une usine pour y chercher ses vêtements, n'engage en aucune façon la responsabilité du patron[2].

---

[1] Pour refuser le bénéfice de notre loi à un ouvrier blessé dans l'incendie d'une maison voisine, un tribunal s'est fondé sur ce double motif qu'il s'était rendu spontanément et en dehors de ses heures de travail sur le lieu du sinistre et que, s'il avait prêté son concours à l'extinction du feu, il ne s'était cependant pas joint aux autres ouvriers qui manœuvraient la pompe de l'usine. T. Melun, 31 janv. 1900, *Rec. min. Comm.*, p. 188.

[2] C. Dijon, 9 mai 1900, S. 1901. 2. 189, D. 1901. 2. 133.

IV

Travaux exécutés dans l'intérêt du patron : travaux agricoles et domestiques.

385. — Il importe de distinguer ici les travaux accomplis exclusivement dans l'intérêt personnel du patron sans que l'entreprise en retire aucun profit et ceux qui présentent le double caractère d'ordre privé et d'utilité professionnelle. En principe, ces derniers seuls ont leurs risques garantis par notre loi.

386. — Toutefois l'application de cette règle comporte quelque tempérament. Quand un ouvrier a été embauché par un chef d'entreprise uniquement en vue d'un travail industriel lui donnant droit, en cas d'accidents, à la protection de la loi de 1898, une occupation à laquelle il peut être incidemment employé par son patron pour le compte personnel de celui-ci pendant les heures et sur le lieu de son travail habituel ne cesse pas pour cela de faire partie intégrante du travail professionnel, lorsque surtout elle ne se distingue pas nettement par sa nature des travaux stipulés au contrat de louage d'ouvrage. Ainsi l'employé d'un entrepreneur de camionnage, qui effectue incidemment un transport de matériaux pour la construction de la maison du chef d'entreprise, est garanti par la loi aussi bien contre les accidents consécutifs à ce travail que contre ceux ayant leur cause dans une occupation exclusivement professionnelle [1].

387. — A part ces cas tout exceptionnels, un travail domestique ou agricole auquel l'ouvrier d'une industrie assujettie aurait été temporairement employé par son patron ne constitue pas le travail professionnel dans le sens de notre loi et l'accident survenu à un ouvrier par le fait ou à l'occasion d'un travail de cette nature ne donne pas lieu à l'indemnité légale [2].

[1] T. Cambrai, 6 juin 1901, *Rec. min. Comm.*, p. 584, Dans le même sens l'Off. imp. d'Allemagne a accordé l'indemnité légale à l'ouvrier vernisseur d'une fabrique blessé en cirant incidemment pendant la durée de son service habituel, un parquet du logement privé du patron, lequel logement était situé dans l'intérieur même de l'usine (Off. imp., 11 nov. 1892, *Handb.*, p. 62).

[2] Caen, 31 oct. 1900, S. 1901. 2. 211, D. 1902. 2. 68. Dans le même sens la ju-

A plus forte raison en est-il ainsi lorsque le patron est à la fois chef d'industrie et agriculteur et a embauché son ouvrier pour exécuter tantôt un travail industriel, tantôt un travail agricole[1].

388. — Par travaux domestiques il faut entendre les travaux qui sont effectués pour les soins de la personne du patron, pour les besoins de son ménage, pour le service intérieur de son logement ou pour l'entretien de son jardin.

389. — Il y a au contraire accident du travail toutes les fois que l'utilité industrielle de l'exploitation se joint à l'intérêt privé du patron comme mobile de l'action génératrice de l'accident, tel serait, par exemple, le fait par un ouvrier de l'exploitation de balayer une cour commune à l'usine et à l'habitation personnelle du chef d'entreprise, ou de décharger une provision de charbon destiné au chauffage de l'usine et du logement du patron[2].

V

Travaux exécutés dans l'intérêt de l'ouvrier.

390. — Les risques auxquels un ouvrier s'expose dans son intérêt privé sans utilité pour l'exploitation ne sauraient rentrer dans les frais généraux de celle-ci ; ils échappent donc à la garantie de notre loi.

En général, les actes ou travaux qui engendrent de tels risques sont accomplis en dehors des heures réglementaires de

---

risprudence allemande a refusé le bénéfice de la loi d'assurance contre les accidents : 1° à l'ouvrier d'une fabrique de machines qui avait été blessé en nettoyant pour le compte personnel de son patron un ciel ouvert de la maison d'habitation ; 2° au maître-verrier qui avait fait une chute en allant chercher une paire de bottes pour le fils de son patron ; 3° aux ayants-droit d'un maître-maçon qui s'est noyé en conduisant une barque dans une excursion faite avec son patron ; 4° au garçon meunier blessé en conduisant sur l'ordre de son maître une vache au taureau (Off. imp., 1888, 1889, 1890 et 1894, *Handb.*, p. 60 et 61).

[1] Rouen, 22 juin 1901, *Rec. min. Comm.*, p. 833. V. pour la détermination des travaux agricoles, chap. XII, nos 906 et s.

[2] Dans ce sens la jurisprudence allemande a considéré comme victime d'un accident du travail un cocher qui a fait une chute en promenant les chevaux de l'exploitation, alors même que la femme du directeur avait profité de cette promenade pour se faire conduire à un dîner privé, ou encore en conduisant le fondé de pouvoir de la société à la fabrique et en même temps les enfants de ce fondé de pouvoir à l'école (Off. imp., 1888, *Handb.*, p. 62).

travail ou tout au moins à l'insu du chef d'entreprise. Un patron est en effet peu disposé à rétribuer un travail qui doit servir uniquement à son ouvrier. Ainsi il y aurait lieu de refuser le bénéfice de la loi : 1° à un ouvrier blessé dans l'usine par une scie circulaire dont il se servait, en l'absence et malgré la défense de son patron, pour faire un meuble à son usage personnel ; 2° à l'ouvrier d'une blanchisserie qui étant revenu dans l'établissement après la clôture du travail et avec l'autorisation du patron, pour blanchir son linge, s'y est fait une blessure à la main en se servant d'une machine à vapeur dont l'usage lui avait été expressément interdit[1].

391. — Par application du même principe les tribunaux ont rejeté la demande d'indemnité formée par : 1° un voiturier blessé au cours d'un transport de service par une arme à feu qu'il avait emportée avec lui, non dans l'intérêt de l'exploitation, mais pour chasser, c'est-à-dire pour accomplir un acte d'ordre privé[2] ; 2° un jeune ouvrier qui, profitant d'un moment où il ne pouvait être aperçu du chef lamineur, voulut par amusement faire laminer une pièce de dix centimes, passa le bras droit par-dessus la machine pour introduire la pièce à l'entrée des cylindres et eut la main mutilée[3]. Il y aurait lieu toutefois de faire des réserves en ce qui concerne cette dernière décision par les motifs que nous exposerons n° 414.

392. — Mais toutes les fois que l'intérêt de l'exploitation se joint à celui de l'ouvrier, l'action ou le travail revêtent un caractère professionnel qui met les risques à la charge des frais généraux dans les termes de notre loi. Ainsi est victime d'un accident du travail l'ouvrier qui est blessé en effectuant un transport de bois dans l'intérêt de l'exploitation, alors même qu'il en a, chemin faisant et avec l'autorisation de son

---

[1] Dans le même sens, la jurisprudence allemande a également rejeté la demande : 1° d'un ouvrier de fabrique qui, exclusivement dans son intérêt personnel, spécialement pour voir si le feu serait dans le voisinage de sa maison, était monté sur le toit de l'usine, alors que l'accès de ce toit était interdit aux ouvriers, et y avait fait une chute ; 2° et aussi la demande d'un charpentier qui, avec le consentement de son patron, était monté au quatrième étage d'une maison neuve pour y prendre des copeaux en vue de son usage personnel et y avait été victime d'un accident par la chute d'un échaffaudage dont il avait lui-même relâché les cordes (Off. imp., 1888-1889-1890, *Handb.*, p. 62).

[2] T. de la Réole, 21 mars 1900, *Rec. min. Comm.*, p. 362.

[3] C. Paris, 30 mars 1901, *Rec. min. Comm.*, p. 784.

patron, déposé un chargement chez lui et pour son usage personnel[1].

393. — Parmi les travaux ou actions qui, à ce point de vue, soulèvent fréquemment des controverses, il faut citer ceux qui ont trait : 1° *au paiement du salaire ;* 2° *à la réparation ou à l'entretien des outils appartenant à l'ouvrier ;* 3° *à la satisfaction des besoins personnels de l'ouvrier.*

a) *Paiement du salaire.*

394. — Nous avons déjà vu en traitant de la *fin du travail* (n°s 318 et s.) que le temps employé à payer le salaire aux ouvriers est compris dans la durée du travail. Le fait de toucher son salaire constitue également une action dépendant du travail professionnel et les risques auxquels l'ouvrier est exposé par l'exploitation en se rendant à la paie ou en attendant sa rémunération sont garantis par notre loi. Ainsi, on devrait considérer comme victime d'un accident du travail l'employé de chemin de fer écrasé par un train en traversant une voie ferrée pour se rendre dans les bâtiments de recette où il devait toucher son traitement[2].

b) *Réparation et entretien des outils de l'ouvrier.*

395. — Quand la réparation et l'entretien des outils appartenant personnellement à l'ouvrier sont à la charge de celui-ci, les travaux afférents à ces réparations ou à cet entretien doivent être exécutés en dehors des heures et du lieu de travail ; par suite les accidents auxquels ils peuvent donner lieu n'ont aucun caractère industriel[3]. Et si, contrairement à la défense du chef d'entreprise, l'ouvrier répare ses outils avec les engins de l'exploitation, il accomplit, à ses risques et périls, un travail d'ordre privé dont les accidents ne sont pas garantis par la loi.

---

[1] Dans ce sens, Off. imp., 2 juill. 1888, *Handb.*, p. 63.

[2] Dans ce sens, Off. imp., 1888, 1890, 1892, *Handb.*, p. 64.

[3] Par exemple, il n'y a pas accident de travail : 1° lorsqu'un ouvrier verrier, qui est tenu de fabriquer lui-même ses pipes et de les mettre en état, se blesse en les réparant dans une forge étrangère à l'exploitation ; 2° ni quand un ouvrier est blessé en fabriquant dans son habitation un appareil de protection dont il doit se servir à l'usine. Off. imp., 11 oct. 1889, 4 et 25 févr. 1895, 9 déc. 1895, *Handb.*, p. 63 et 64.

396. — Il en est tout autrement lorsque l'exploitation met à la disposition des ouvriers les appareils nécessaires à la réparation et à la mise en état de leurs propres outils. Les accidents, dont ils sont victimes par le fait ou à l'occasion de ces travaux de réparation ou d'entretien, revêtent un caractère industriel[1].

c) Satisfaction des besoins personnels.

397. — La satisfaction des besoins personnels de l'ouvrier (tels que le boire, le manger, les soins du corps, les ablutions, les bains, le nettoyage des vêtements, etc.) est au plus haut degré d'un ordre essentiellement privé. En principe donc, les actes accomplis dans ce but n'ont rien d'industriel et ne sauraient avoir leurs risques garantis par notre loi. Ainsi les altérations de la santé provenant d'absorption d'aliments ou de boissons corrompus, les blessures faites par l'usage des ustensiles de table ou pendant la préparation des aliments ne sont pas des accidents du travail[2].

398. — Toutefois le caractère industriel apparaît toutes les fois que le service de l'exploitation oblige l'ouvrier à satisfaire ses besoins dans des conditions particulièrement dangereuses. Ainsi l'ouvrier, qui prend sa nourriture à l'atelier au milieu du matériel de l'exploitation et qui, tout en mangeant ou en buvant, se blesse à l'un des outils ou engins de travail, se prévaut à bon droit des dispositions de notre loi.

399. — De même il y a accident du travail dans le cas d'un ouvrier qui, ayant apporté dans l'usine une boisson pour se désaltérer, saisit par erreur, au lieu de la bouteille contenant ladite boisson, une autre bouteille placée près de là pour le service de l'exploitation et remplie d'un liquide corrosif et se trouve incommodé par l'absorption de ce liquide[3]. On

---

[1] Dans ce sens, Off. imp., 10 févr. 1896 et 16 mars 1896, *Handb.*, p. 64.

[2] N'aurait pas davantage un caractère industriel l'accident dont un ouvrier aurait été victime en nettoyant ses vêtements sur l'ordre d'un contremaître. Off. imp., 14 mai 1895. *Handb.*, p. 67.

[3] Dans ce sens, Off. imp., 1895, *Handb.*, p. 67. A l'inverse, l'Off. imp. a refusé de voir un accident du travail dans le cas d'un ouvrier qui, ayant suspendu son travail pour boire une bouteille de bière, se fit une blessure à la main en débouchant la bouteille dont le goulot se brisa. En vain, l'ouvrier voulut rattacher cet accident à l'exploitation en se fondant sur la hâte qu'il avait eue à reprendre son

pourrait aussi admettre au bénéfice de la loi l'ouvrier qui, logé et nourri par son patron *dans l'intérêt du service de l'exploitation*, aurait absorbé un met empoisonné [1].

400. — En ce qui concerne la satisfaction des besoins personnels pendant une interruption de travail, V. nᵒˢ 347 et s., ou dans les cantines et baraquements (nᵒˢ 350 et s.).

401. — Mais il n'y aura pas accident du travail lorsqu'un ouvrier est empoisonné en absorbant, par pur caprice, malgré une interdiction formelle et en connaissance du danger, de l'alcool méthylique qu'il a pris dans l'exploitation [2].

QUATRIÈME SECTION.

Cause inhérente au travail combinée avec une cause étrangère.

402. — Il n'est pas nécessaire pour l'application de notre loi que le travail constitue la cause *exclusive et immédiate* de l'accident, il suffit qu'il en ait été l'une des causes coopérantes. Tel est le cas de tous les accidents dus à ce que nous avons appelé plus haut des *risques aggravés*, c'est-à-dire des accidents de la vie courante auxquels le travail a plus particulièrement exposé la victime ou dont il a rendu les conséquences plus graves. Les événements étrangers dont on trouve l'influence à des degrés divers dans les accidents du travail sont : 1ᵒ la force majeure qu'il importe de ne pas confondre avec le cas fortuit; 2ᵒ la faute, inexpérience ou maladie de la victime; 3ᵒ la faute du patron; 4ᵒ le fait, la faute ou l'acte de méchanceté d'un compagnon de travail; 5ᵒ le fait ou la faute d'une tierce personne ou d'une exploitation étrangère.

I

Force majeure et cas fortuit.

a) *Force majeure.*

403. — La force majeure est un phénomène naturel de l'ordre physique ou de l'ordre moral, qui défie toute prévi-

---

travail, et qui aurait été, d'après lui, la cause de l'accident. Off. imp., 1890. Cependant il y a une décision en sens contraire du 12 nov. 1894, *Handb.*, p. 66.
[1] Dans ce sens, Off. imp., 12 mars 1894, *Handb.*, p. 67.
[2] Dans ce sens, Off. imp., 1888 et 1891, *Handb.*, p. 67.

sion et dont la cause est complètement étrangère à l'exploitation. Les événements de force majeure sont, dans l'ordre physique, les tremblements de terre, les cyclones, les inondations, la foudre, les intempéries, etc.; dans l'ordre moral, l'invasion étrangère, le brigandage, la guerre civile, etc., en un mot tout ce que la loi anglaise réunit sous les expressions « *fait de Dieu* » ou « *ennemis de la Reine* ». On peut aussi classer au nombre des cas de force majeure les piqûres d'insectes, les morsures de reptiles, etc.

Ce qui caractérise la force majeure, c'est qu'elle a sa cause dans un fait absolument indépendant de l'entreprise. Il suit de là que les conséquences dommageables ne doivent pas, en principe du moins, être comprises dans la loi sur les accidents du travail. Il peut arriver cependant que l'exercice d'une industrie ait pour effet d'aggraver, pour les ouvriers qu'elle occupe, le danger que ces phénomènes naturels font normalement courir. En pareil cas, le principe du risque professionnel devient applicable.

La Cour de cassation exprime la même idée dans les termes suivants : « En principe la loi du 9 avril 1898 ne s'applique pas aux accidents dus à l'action des forces de la nature, même quand ils sont survenus pendant le travail. Il n'en serait autrement que si le juge du fond constatait que le travail a contribué à mettre lesdites forces en mouvement ou qu'il en a aggravé les effets » [1].

404. — Foudre. — Ainsi l'intérieur d'une usine est sillonné de fils électriques destinés à répartir la force motrice entre les divers ateliers. La foudre tombe sur une partie de l'établissement; à l'endroit même où elle touche le sol, elle ne fait aucune victime ; mais elle suit les fils conducteurs et va blesser les ouvriers qui se trouvent à l'autre extrémité des bâtiments. N'y a-t-il pas là un accident industriel ? Sans doute la cause première est une force considérée comme inconjurable et à la production de laquelle l'industrie n'a pas participé ; mais il n'en est pas moins certain que cette force n'a fait des victimes qu'à raison de l'installation dans l'intérieur

[1] Cass. civ., 10 déc. 1902, *Gaz. Pal.*, 1903. 1. 1, S. 1903. 1. 28.

de l'usine d'agents conducteurs d'électricité. Si donc la foudre est la cause initiale de l'accident, l'organisation industrielle de l'usine en a été la cause immédiate et directe, puisqu'elle a spécialement exposé l'ouvrier au risque d'en être victime et que, sans elle, le sinistre n'aurait pas eu lieu. En d'autres termes, la victime a succombé à un risque ordinaire de la vie aggravé par les conditions de son travail. C'est donc bien l'industrie qui est responsable. Il n'importe d'ailleurs que l'installation des fils électriques ait été défectueuse ou conforme aux règles de l'art.

405. — De même, la position qu'un ouvrier occupe dans son travail peut l'exposer tout spécialement au risque d'être atteint par la foudre[1] ; tel est le cas notamment des employés de chemins de fer qui sont souvent contraints par l'exercice de leurs fonctions de rester à proximité de fils ou de poteaux télégraphiques pendant un orage.

Au surplus, si la foudre est une force irrésistible, on n'est pas dépourvu contre elle de tout moyen de protection. Si la démonstration venait à être faite, par exemple, qu'un chef d'industrie eût pu établir des paratonnerres sur les bâtiments de son usine et que ce défaut de précaution a été la cause de l'accident, il ne saurait évidemment se retrancher derrière la force majeure.

406. — Tremblement de terre et inondation. — En amont d'une usine et pour lui procurer la force motrice nécessaire à son fonctionnement, on a créé un lac artificiel en fermant par un immense barrage l'ouverture d'une gorge. Survient un tremblement de terre qui provoque la rupture du barrage. L'établissement est englouti et plusieurs ouvriers surpris au milieu de leur travail périssent dans l'inondation. Les ayants-droit de ces ouvriers sont-ils fondés à se prévaloir des béné-

---

[1] Ainsi la jurisprudence allemande a admis, avec raison, au bénéfice de l'indemnité légale : 1° un maçon frappé par la foudre au moment où il était occupé à placer la toiture d'une maison en construction ; 2° le garçon meunier obligé de se tenir par son travail, dans un moulin isolé, sous une chaîne destinée à la montée des sacs et qui fut, à ce poste, atteint par la foudre (Off. imp., 1887, 1889, *Handb.*, p. 34). A l'inverse, l'obligation de rester en plein air pendant un orage ou le fait de chercher un abri au rez-de-chaussée d'une maison n'ont pas été considérés comme impliquant un danger spécial d'être atteint par le fluide électrique (Off. imp., 11 déc. 1891, *Handb.*, p. 34).

fices de la loi? Je n'hésite pas à répondre affirmativement. Là encore, si le tremblement de terre a été la cause
première de la catastrophe, les conséquences n'en ont été
dommageables que par l'existence des travaux d'art indispensables au fonctionnement de l'usine. Il y a donc entre l'accident et le travail ce lien d'étroite connexité qui est la condition essentielle de l'ouverture du droit à l'indemnité.

Au surplus, il y aurait place pour une autre hypothèse :
on pourrait établir par exemple que le barrage a été mal
construit et que, sans l'existence de certains vices de construction, il aurait résisté au tremblement de terre. Dans ce
cas, la force majeure n'exclurait pas la faute du patron ou
celle de l'architecte. L'ouvrier aurait alors le droit de se prévaloir de cette faute qui a un caractère industriel pour réclamer
le bénéfice de la loi. Les règles du droit commun (art. 1382 et
1386, C. civ.) lui auraient permis, même avant la mise en
vigueur de notre loi, d'intenter une action en dommages-
intérêts.

407. — CYCLONE. — Les conséquences d'un cyclone sont
évidemment de celles qui échappent à la garantie de notre
loi : une toiture emportée, une cheminée renversée par une
tempête blessent ou tuent les ouvriers d'une usine; le patron
n'en saurait être responsable, si du moins le bâtiment présentait des conditions de solidité normales.

408. — INTEMPÉRIES. — Les *insolations* ont été étudiées
n°s 296 et s., et les accidents causés *par le froid* n°s 277 et s.

409. — MORSURES DE REPTILES ET PIQÛRES D'INSECTES. — Dans
certains cas exceptionnels, le travail de l'exploitation peut
exposer d'une façon toute spéciale au danger de ces sortes
d'accidents. On pourrait, par exemple, considérer comme
un accident du travail la *morsure d'une vipère* pour un
terrassier obligé de travailler dans des rochers fréquentés
par ces reptiles, ou la *piqûre d'une mouche charbonneuse*
pour un cocher ou un valet d'écurie attaché à une entreprise
de transports dans laquelle il y aurait eu parmi les chevaux
une épidémie de charbon.

b) *Cas fortuit.*

410. — A la différence de la force majeure qui a une cause extérieure, indépendante de l'entreprise, le cas fortuit est un événement qui, s'il échappe aux prévisions humaines, a sa cause dans le fonctionnement même de l'exploitation. Le cas fortuit est la faute objective, c'est-à-dire la faute non plus du chef de l'industrie, mais de l'industrie elle-même. Un train déraille par suite de l'affaissement de la voie que rien ne pouvait faire prévoir et malgré les précautions les plus minutieuses prises par les ingénieurs les plus compétents — cas fortuit. Une chaudière construite selon toutes les règles de l'art fait explosion — cas fortuit. Un arbre de transmission présentant les meilleures garanties de solidité se rompt — cas fortuit. C'est la faute de la chose ou plus exactement, c'est la révélation de l'impuissance actuelle de la science appliquée à l'industrie. Qu'un progrès survienne et le cas fortuit d'hier sera demain une faute du patron[1].

411. — Le cas fortuit est la cause principale, sinon unique, du risque professionnel proprement dit. L'exercice de toute profession entraîne des dangers inévitables : dans les mines, l'aération des galeries et l'observation des mesures préventives les mieux comprises ne mettent pas complètement l'ouvrier à l'abri des inflammations du grisou; dans les fabriques de dynamite, l'explosion spontanée de la nitroglycérine défie

---

[1] Le Code civil français et les lois postérieures à la promulgation du Code ont eu le tort d'assimiler la force majeure et le cas fortuit. Plusieurs législations étrangères ont évité cet écueil. Ainsi en Suisse, aux termes de la loi fédérale du 1er juill. 1875, quand un accident entraînant mort d'hommes ou lésions corporelles se produit dans un transport par voie ferrée ou par bateau à vapeur, la compagnie est responsable des conséquences dommageables, alors même qu'il y aurait eu cas fortuit; elle ne peut dégager sa responsabité qu'en établissant soit la force majeure, soit la faute d'un voyageur ou d'une personne étrangère à son personnel.

En matière d'assurance, il y a grand intérêt à distinguer le cas fortuit de la force majeure; car, si en principe les conséquences de la force majeure échappent à l'assurance, il en est tout autrement pour le cas fortuit. On peut même dire que le cas fortuit est l'unique risque pour lequel l'assurance a été créée. Au début du fonctionnement des assurances contre l'incendie, une simple négligence de la part du sinistré suffisait à lui enlever tout droit à l'indemnité stipulée. Une disposition de ce genre est encore restée inscrite aux art. 351 et 352 du Code de commerce concernant l'assurance maritime.

toutes les prévisions; le générateur le mieux construit et le
mieux entretenu peut faire explosion; le couvreur le plus
adroit, le plus prudent et le plus expérimenté n'en est pas
moins exposé à tomber du haut d'un toit, sans qu'on puisse
imputer sa chute à une faute quelconque. Tous ces risques
sont des risques de cas fortuit. Chaque jour on découvre des
moyens de prévenir certains accidents ou tout au moins d'en
diminuer la fréquence. Mais comme chaque jour aussi voit
dompter de nouvelles forces élémentaires, de nouveaux dangers surgissent qu'il appartiendra à l'avenir de faire disparaître; c'est la loi du progrès. Si les risques de l'industrie ne
sont pas aujourd'hui ce qu'ils étaient hier et ne seront pas
demain ce qu'ils sont aujourd'hui, il n'est cependant guère
possible de prévoir le moment où la sécurité du travailleur
sera absolue.

412. — Comme on le voit, le cas fortuit est un principe
inhérent au travail. Tantôt il est inhérent au travail de la collectivité, comme dans le cas d'une inflammation de grisou
dans une mine; tantôt il se rattache plus particulièrement au
travail personnel de la victime, comme dans la chute d'un
couvreur. Dans les deux cas il donne droit à l'application de
notre loi.

Le cas fortuit inhérent à un autre établissement industriel
sera étudié plus loin, nº 430.

II

Faute, désobéissance, étourderie ou maladie de la victime.

a) Faute, désobéissance, étourderie de la victime.

413. — Les accidents intentionnellement provoqués par
la victime sont exclus du bénéfice de la loi; et l'art. 20
permet aux tribunaux, dans le cas de faute inexcusable de
la victime, de réduire le montant de l'indemnité. Le dol et la
faute inexcusable seront étudiés plus loin au chapitre VI,
tit. III, nᵒˢ 1381 et s. Nous ne nous occuperons ici que de la
faute proprement dite.

De l'événement fortuit à la faute de la victime il n'y a souvent qu'une faible distance. « La responsabilité, dit M. Saleilles [1], se gradue par teintes insensibles comme l'aube et le crépuscule lors du passage du jour à la nuit ». L'habitude, prise par l'ouvrier de vivre au milieu des dangers qui l'entourent, l'amène peu à peu à négliger les mesures de prudence qui lui sont recommandées. S'il lui arrive aussi d'être victime de sa témérité, cette témérité n'a souvent d'autre cause que son zèle et son dévouement. Enfin, telle faute ou tel acte d'étourderie, qui seraient insignifiants dans la vie journalière provoquent des accidents graves dans une exploitation industrielle. La coopération de cette cause objective liée d'une façon plus ou moins étroite à la faute ou à l'inexpérience de la victime est précisément la raison d'être de la garantie imposée au chef d'entreprise. L'unique question, qui doive nous préoccuper ici, est donc celle de savoir quand la faute génératrice d'un accident est inhérente au travail; c'est à cette condition seulement que la victime est appelée à bénéficier de notre loi.

414. — Tout d'abord, lorsque le traumatisme est produit directement par l'outillage ou par les forces qui l'actionnent, les conséquences en sont garanties par notre loi, quelle que soit la faute de la victime; car l'accident est survenu par le fait du travail, sinon personnel de l'ouvrier, du moins de l'ensemble de l'exploitation ; et la victime ne serait irrecevable à se prévaloir du bénéfice du risque professionnel que si elle avait été atteinte en dehors du lieu de travail et à un moment où elle avait cessé d'être sous la surveillance et la direction du chef d'entreprise. Ainsi on doit considérer comme victime d'un accident survenu « *par le fait du travail* » un jeune ouvrier qui, étant demeuré pendant le repas du personnel de l'usine dans un atelier où fonctionnait un laminoir, s'approcha de cet outil, contrairement aux ordres qu'il avait reçus, et dans un but de curiosité ou d'amusement, pour y introduire quelques morceaux de caoutchouc et eut la main gauche broyée [2].

---

[1] Le risque prof. dans le C. civ., *Réf. soc.*, 16 avr. 1898, p. 634 et s.
[2] Cass. civ., 8 juill. 1903, D. 1903. 1. 510, V. les désobéissances exclusives de l'application de la loi nos 325 et 326 et les désobéissances constitutives de faute inexcusable, nos 1418 à 1421.

414 *bis.* — Dans les autres accidents, c'est-à-dire dans ceux qui ne sont pas dus au contact immédiat de l'outillage ou à l'action des moteurs, le risque est inhérent à la profession lorsqu'il a été aggravé par elle. Pour qu'un acte fautif rende la loi inapplicable, il faut donc qu'il soit exclusif de cette aggravation, c'est-à-dire qu'il ait été accompli par la victime dans son intérêt personnel ou par pur caprice et qu'il l'ait exposée à un danger propre, sans lien avec l'exploitation; tel est le cas du voiturier blessé dans son service par une arme à feu qu'il avait apportée avec lui pour chasser[1].

415. — Les jurisprudences allemande et autrichienne ont une tendance à se montrer un peu rigoureuses à ce point de vue; car les législations de ces deux pays n'ont fait aucune distinction entre la faute ordinaire et la faute inexcusable. C'est ainsi que dans une fabrique, où existait un monte-charge exclusivement destiné au transport des marchandises et dont l'usage était interdit aux ouvriers, le fait par un ouvrier de s'être, au mépris de cette interdiction formelle, servi dudit monte-charge pour se rendre à l'étage supérieur a été considéré par une décision de l'Office impérial comme un acte de pure fantaisie sans lien avec l'exploitation, et l'accident dont l'ouvrier avait été victime pendant le trajet ne lui donna droit à aucune indemnité[2].

Les tribunaux français n'ont pas lieu de faire preuve d'une telle sévérité. Notre législateur a pensé avec raison qu'entre le *tout* et le *rien*, il y avait place pour une *partie*. Le bon sens proteste contre l'idée qu'un ouvrier, victime de sa faute grossière et inexcusable, reçoive la même indemnité que le travailleur blessé par cas fortuit; et cependant la garantie de sa faute ne saurait le priver de tout secours si cette faute se rattache vraiment à son travail. D'après la loi française, la faute inexcusable de la victime ne prive pas celle-ci de toute indemnité; mais elle a pour effet de donner aux tribunaux le pouvoir d'abaisser le taux de la pension dans une mesure qui est laissée à leur entière appréciation. Grâce à cette disposi-

[1] T. La Réole, 21 mars 1900, *Rec. min. Comm.*, p. 362 (V. aussi nᵒˢ 390 et s., et 423.
[2] Off. imp., 1890, *Handb.*, p. 36.

tion fort sage, les juges français peuvent étendre un peu le cercle d'application de la loi et faire entre les victimes une répartition plus équitable du montant des indemnités (V. n°s 1405 et s).

b) *Maladie de la victime.*

416. — Une maladie de la victime peut être aussi la cause d'un accident et un tel accident revêt un caractère industriel si la gravité des conséquences en est due à l'outillage ou aux dispositions matérielles de l'exploitation. Ainsi un ouvrier prend une crise d'épilepsie à côté de la chaudière de l'usine et tombe sur le sol couvert de débris de charbon ardents qui le brûlent grièvement. Un maçon fait une chute par suite d'un étourdissement; mais, comme l'échafaudage sur lequel il se trouve est à plusieurs mètres au-dessus du sol, la chute entraîne des lésions graves. Dans ces deux cas, la victime a droit à l'indemnité légale.

III

Faute du patron.

417. — Par faute du patron, nous entendons tout fait imputable au patron, depuis le fait intentionnel jusqu'à la faute la plus légère. Nous traiterons dans un chapitre spécial (n° **761** et s. et 1432 et s.), des effets du dol et de la faute inexcusable du patron et de ceux qu'il s'est substitués dans la direction. Qu'il nous suffise de savoir ici qu'un accident peut avoir un caractère industriel tout en étant imputable à un fait intentionnel ou même simplement fautif du patron ou de l'un quelconque de ses employés. Un entrepreneur de travaux provoque dans un but criminel la chute d'un échafaudage sur lequel travaille un de ses ouvriers. La cause de l'accident est inhérente au travail, puisqu'elle consiste dans la rupture d'un engin du travail, et en même temps elle est intentionnelle de la part du patron.

418. — Des faits de négligence ou d'imprudence seraient encore plus faciles à trouver : supposons des ouvriers occupés dans l'intérieur de la cour d'une usine à nettoyer une partie du matériel de l'exploitation ; ils sont dans leur travail et, par suite, si l'un d'eux est blessé, il est présumé avoir été victime d'un accident du travail. Le patron survient sur ces entrefaites ; il donne à un ouvrier un ordre intempestif qui entraîne un accident. Ici pas de difficulté, c'est l'accident professionnel. Mais admettons que le patron se contente de traverser la cour en automobile pour se rendre à la promenade ; par suite d'une direction maladroite, son véhicule passe sur le corps d'un des ouvriers. Est-ce là un accident du travail ? Je n'hésite pas à répondre affirmativement. Sans doute l'ouvrier n'a pas été blessé par le fait du travail ; mais le travail a été la cause occasionnelle de l'accident ; car, en travaillant dans une cour servant de passage à une automobile, l'ouvrier était, par l'exercice de sa profession, exposé au danger spécial d'être heurté par ce véhicule. Cela revient à dire que, lorsqu'un ouvrier est blessé par la faute de son patron ou de l'un de ses préposés *pendant la durée de son travail et sur le lieu de son travail,* on peut admettre presque à coup sûr que l'accident a un caractère professionnel ; car, s'il n'est pas survenu par le fait du travail, il s'est du moins produit à l'occasion du travail.

419. — Il est bien entendu qu'un accident survenu pendant l'exécution d'un travail d'ordre purement privé, tel qu'un travail domestique ou agricole, échapperait à la garantie de notre loi, alors même qu'il serait dû à une faute du patron (n° 385) ; il ne donnerait lieu qu'à l'action en dommages-intérêts fondée sur les art. 1382 et s. du Code civil.

IV

Faute d'un compagnon de travail.

420. — Le travail en commun a, lui aussi, ses dangers propres : les fautes, les actes d'étourderie, les maladresses, quelquefois même la méchanceté des autres ouvriers, dont il impose la fréquentation ou le contact, peuvent être des causes ou des occasions d'accidents. Dans quels cas l'influence du travail de l'exploitation sera-t-elle suffisamment prépondérante pour faire classer de tels accidents dans la catégorie de ceux qui sont garantis par notre loi. Telle est la question que nous allons examiner en passant successivement en revue : 1° les actes de plaisanterie ou de taquinerie; 2° les maladresses; 3° les projectiles lancés sur un ouvrier et qui en atteignent un autre; 4° les violences intentionnelles.

a) *Plaisanteries ou taquineries.*

421. — Quand l'acte de plaisanterie ou de taquinerie d'un ouvrier détermine la blessure d'un autre ouvrier, on doit le considérer comme étranger au travail s'il a été provoqué par la victime. En effet, en prenant une part effective à la plaisanterie ou en sollicitant par sa propre attitude l'action de son camarade, la victime s'est placée elle-même en dehors du travail, de telle sorte que le travail cesse d'être la cause génératrice ou occasionnelle de l'accident. Ainsi l'indemnité légale a été refusée à bon droit : 1° à un ouvrier blessé à l'œil par une boule de terre lancée par un autre ouvrier en réponse à une poignée de mastic qu'il lui avait jeté lui-même par plaisanterie[1]; 2° à un ouvrier qui s'est cassé la jambe en tombant sur le sol dans une lutte qu'il avait eue par plaisanterie avec un autre ouvrier[2]. Dans ces deux cas en effet la victime avait elle-même volontairement interrompu son travail lorsqu'elle a été blessée.

422. — Il en est tout autrement si la victime n'a en aucune façon provoqué la plaisanterie de son camarade. Elle était à son poste lorsqu'elle a été blessée; le travail l'a mise en contact avec un autre ouvrier dont l'humeur plaisante présentait des risques; l'accident consécutif à ce risque est, à n'en pas douter, un accident du travail. Ainsi l'indemnité légale ne saurait être refusée à un ouvrier qui, étant à son poste, s'est vu enlever son béret par un camarade passant près de lui et à fait une chute mortelle en courant pour le reprendre[3].

[1] Nancy, 27 févr. 1901, D. 1901. 2. 310. Douai, 9 mai 1900, D. 1901. 2. 86.
[2] Off. imp., 1888, *Handb.*, p. 37.
[3] Cass. civ., 8 juill. 1903, D. 1903. 1. 510, *Gaz. Pal.*, 1903. 2. 386. Par application des mêmes principes, l'Off. imp., a considéré comme victimes d'un accident industriel : 1° l'aide-maçon qu'un de ses camarades avait barbouillé de chaux vive par espièglerie et qui fut ainsi grièvement blessé aux yeux; 2° un ouvrier blessé

423. — La circonstance que la blessure a été causée ou tout au moins aggravée par l'outillage de l'exploitation mérite aussi d'être prise en considération; tel serait le cas d'un ouvrier qui, en courant par plaisanterie, ferait une chute dans une ouverture béante, ou sur des engrenages insuffisamment protégés[1].

b) *Maladresse.*

424. — Les maladresses ou négligences d'un voisin ou compagnon de travail sont en principe inhérentes à l'exercice de l'exploitation; elles ont donc pour effet de conférer un caractère industriel aux accidents qu'elles engendrent. Ainsi se prévaut à bon droit de notre loi l'ouvrier qui, étant à son poste de travail, est blessé par un objet qu'un de ses camarades, étant lui-même à son poste, a lancé par imprudence ou maladresse[2].

c) *Projectile lancé sur un ouvrier et qui en atteint un autre.*

425. — Lorsque, dans une rixe entre deux ou plusieurs ouvriers, l'un d'eux lance un projectile à son adversaire, mais atteint un troisième ouvrier qui, étant à son poste de travail, ne prenait pas part à la lutte ou bien qui, dans l'intérêt même du service de l'exploitation, cherchait à calmer les combattants, la relation entre la blessure de la victime et le travail ne saurait être déniée, et la loi de 1898 est applicable[3].

d) *Violences volontaires.*

426. — Les violences exercées volontairement par un ouvrier sur un autre employé ne revêtent pas le caractère d'accident industriel, si du moins elles ont eu pour mobile une pure animosité personnelle sans lien avec l'exploitation[4]. Mais il

par une explosion qu'un de ses camarades avait provoqué en jetant par plaisanterie une capsule dans un four à river (Off. imp., 25 nov. 1889, *Handb.*, p. 37 et 38).

[1] Off. imp., 23 janv. et 6 oct. 1888, *Handb.*, p. 37 (V. aussi n° 414).

[2] Douai, 7 août 1900, D. 1901. 2. 85. Dans le même sens, Off. imp., 1890, *Handb.*, p. 37.

[3] Valenciennes, 25 mai 1900, *Gaz. Pal.*, 1900. 2. 107. Cass. civ., 23 avr. 1902, précité. La jurisprudence allemande est dans le même sens, Off. imp., 1891, *Handb.*, p. 38 et 43.

[4] T. Montbéliard, 21 juin 1901, *Gaz. Pal.*, 1901. 2. 295. T. Saint-Severs, 14 nov. 1901, T. Laval, 8 août 1901, *Gaz. Pal.*, 1901. 2. 723. Dans le même sens, Off. imp., 13 juin 1894, *Handb.*, p. 39.

en est autrement si l'animosité impulsive de l'acte de violence se rattache à l'exécution du travail professionnel. L'exercice de l'exploitation étant alors une des causes génératrices des blessures, la victime a droit au bénéfice de la loi.

427. — Parmi les actes professionnels qui sont les sources les plus fréquentes de voies de fait, il faut citer les missions de surveillance, d'autorité et de direction dont sont investis les contremaîtres ou quelquefois de simples ouvriers ou employés. Ainsi il y a lieu de considérer comme accidents du travail : 1° les coups portés par un ouvrier à un chef de chantier pour se venger d'une réprimande reçue dans le service ; 2° l'empoisonnement dont un surveillant fut victime de la part d'un ouvrier qui croyait avoir été desservi par lui auprès du chef d'entreprise[1].

428. — Par une juste réciprocité les abus de pouvoir d'un chef de service constituent des accidents du travail, lorsqu'ils se traduisent par des actes de violences sur ses subordonnés. Ainsi l'indemnité légale devrait être accordée à un ouvrier frappé par un contremaître, sur le lieu et pendant les heures de travail, à raison d'un fait de service[2].

429. — D'autres actes professionnels peuvent provoquer des animosités entre ouvriers et dégénérer en violences présentant les caractères d'accidents du travail. Tels sont, par exemple, les trois cas suivants : 1° Un ouvrier, ayant besoin d'un outil qui se trouve derrière un de ses camarades, prie celui-ci de le lui faire passer ; mais l'ouvrier interpellé s'emporte et lance à son camarade un coup de poinçon qui le blesse grièvement ; 2° Deux ouvriers étaient occupés ensemble à soulever un poids lourd. L'un l'ayant laisser tomber par maladresse sur le pied de son camarade, celui-ci, sous l'empire de la douleur, saisit un outil à portée de sa main et le lança à la tête de l'autre qu'il blessa grièvement ; 3° Un ouvrier ayant, pour terminer plus vite son travail, sollicité l'aide d'un compagnon, essuya un refus ; une risque s'en

[1] Dans ce sens, Off. imp., 4 févr. 1890, 13 janv. 1896, *Handb.*, p. 41 et 42. Sur le point de savoir si de telles violences exercées en dehors des heures et du lieu de travail n'ont pas cependant un caractère industriel, V. plus haut n° 354.
[2] Dans ce sens, Off. imp., 4 juill. 1892, *Handb.*, p. 43.

suivit dans laquelle il eut le pied engagé entre deux rails de
fer et les os de la jambe brisés[1].

V

Fait ou faute d'un tiers ou d'une exploitation étrangère.

430. — Les accidents dus au fait ou à la faute d'un tiers
ou d'une exploitation étrangère ne sont garantis par la loi
que lorsque la victime y a été tout spécialement exposée
par l'exécution de son travail. Tel est le cas tout d'abord
de l'employé d'une industrie qui est envoyé par les nécessités de son propre service dans une autre industrie. Par
exemple, l'ouvrier d'une usine ou manufacture chargé de
faire des expéditions, chargements et déchargements de marchandises dans une gare de chemin de fer, y est écrasé par
un train en marche en accomplissant un acte de ses fonctions;
ses ayants-droit peuvent se prévaloir à l'encontre de son patron du bénéfice de la loi de 1898[2]. Il en serait de même
d'un maçon ou d'un menuisier, qui, envoyé par son patron
dans un autre établissement industriel pour y accomplir un
travail de sa profession, y a été blessé par l'explosion d'une
chaudière[3].

431. — Dans les accidents de cette catégorie, on doit
comprendre ceux dont sont victimes les ouvriers qui, par

---

[1] Dans ce sens, Off. imp., 1891, 1892 et 15 avr. 1896, *Handb.*, p. 37, 40 et 41.
[2] T. Rochefort, 6 mars 1900, *Rec. min. comm.*, p. 224. A l'inverse, le tribunal
du Havre (*jugement du 18 janv. 1900, Gaz. Pal.*, 3 mars 1900), D. 1901. 2. 131,
a décidé que la loi n'était pas applicable au cas où un ouvrier envoyé par son patron dans un établissement industriel pour y charger des marchandises, profite d'un
moment où il est inoccupé pour toucher par pure curiosité aux fils électriques d'un
treuil auprès duquel ne l'appelait en aucune façon sa besogne et tombe foudroyé par
le courant auquel a donné passage une fissure dans les isolateurs : car, dit le tribunal, il n'existe aucune relation entre l'accident et le travail. La question est délicate. Est-ce que le fait d'être envoyé dans une usine sillonnée par des fils de transmission de force électrique n'exposait pas spécialement le charretier au danger d'être
foudroyé. Sans doute, la cause immédiate de l'accident est un acte de pur caprice
de sa part, mais cet acte n'est devenu mortel qu'à raison même du milieu industriel dans lequel ce charretier s'est trouvé placé par les nécessités de ses fonctions.
Dès lors, n'eût-il pas été plus équitable de considérer comme une faute, inexcusable
peut-être, et permettant, comme telle, de modérer le montant de l'indemnité, sans
exclure complètement les ayants-droit du bénéfice de la loi?
[3] Dans ce sens, Off. imp., 1888, *Handb.*, p. 51.

complaisance ou à titre de réciprocité, prêtent leurs concours à des ouvriers d'une autre industrie (V. n°s 364 à 373).

432. — Le risque d'être blessé pendant le travail par un événement étranger à l'exploitation est un de ceux auxquels le personnel des entreprises de voitures et de tramways est plus particulièrement exposé; car les employés, ayant leur attention absorbée par les nécessités de leur propre service, négligent par cela même les précautions que l'on prend d'ordinaire contre les risques inhérents à la circulation sur la voie publique. Le conducteur de tramway qui saute à terre pour faire mouvoir une aiguille, le cocher d'omnibus obligé de marcher à reculons pour atteler ou dételer ses chevaux, le préposé à la surveillance des rails qui marche la tête baissée pour accomplir sa tâche, sont, plus que tous autres, exposés à être renversés par des véhicules étrangers, et les accidents dont ils sont ainsi victimes ont un caractère industriel[1].

433. — L'étourderie des gamins est aussi un risque propre à la circulation sur la voie publique. Le cocher atteint à l'œil par une pierre qu'un gamin lançait à son cheval, est victime d'un accident du travail. Il en est de même de l'allumeur de réverbères blessé par des projectiles que des gamins se lancent entre eux dans la rue[2].

434. — Enfin les ouvriers et employés qui, par leurs fonctions, sont tenus de veiller à la sécurité d'une entreprise sont exposés à des actes de malveillance ou de vengeance de la part des tiers, et les blessures, dont ils peuvent être ainsi atteints, constituent des accidents du travail. Ainsi le surveillant de mine, qui reçoit un mauvais coup d'un voleur surpris dans l'exploitation, le conducteur d'omnibus frappé à l'œil d'un coup de canne par un voyageur turbulent qu'il invitait au calme, sont bien fondés à se prévaloir du bénéfice de notre loi[3].

435. — On peut classer encore parmi les accidents industriels dus à la faute d'un tiers ceux qui ont leur cause

---

[1] Dans ce sens, Off. imp., 1890, *Handb.*, p. 52.
[2] Off. imp., 1891 et 1892, *Handb.*, p. 38 et 52.
[3] Dans ce sens, Off. imp., 6 févr. 1888, *Handb.*, p. 43.

dans un vice de construction du matériel (par exemple, d'une chaudière, d'un essieu, d'un moteur, etc.), ce défaut étant imputable au constructeur.

Preuve de l'accident et de ses relations avec le travail.

436. — L'ouvrier, l'employé ou leurs représentants sont tenus, comme demandeurs, de faire la preuve de tous les éléments constitutifs de leurs droits. Ces éléments sont au nombre de quatre : 1° l'assujettissement de l'exploitation dans laquelle s'est produit l'accident ; 2° la qualité de la victime, c'est-à-dire le contrat de louage d'ouvrage ou d'apprentissage qui la liait envers le chef de l'exploitation ; 3° le fait matériel de l'accident ; 4° la relation de cause à effet entre cet accident et le travail[1].

Les deux premiers éléments (assujettissement à la loi et contrat de louage) ont été traités dans les chapitres I et II.

437. — L'existence de l'accident et la relation entre l'accident et le travail étant des faits purement matériels, la preuve peut en être administrée par tous les moyens de droit, même à l'aide de présomptions graves, précises et concordantes[2]. Les difficultés auxquelles peut donner lieu la détermination de l'accident ayant été examinées au chapitre IV, nous n'avons pas à y revenir. Nous supposerons donc l'accident établi d'une façon indiscutable. Quand la victime ou ses ayants-droits auront-ils fait preuve suffisante de ses relations de causalité avec le travail ?

438. — Et d'abord suffit-il de prouver que l'accident est survenu sur le lieu et pendant les heures de travail ? Cette preuve étant faite, y a-t-il au profit de la victime présomption de la relation de causalité avec le travail, présomption qui aurait pour effet de mettre à la charge du patron la

[1] Cass. civ., 10 juin 1902, D. 1902. 1. 275.
[2] Dans ce sens, Angers, 12 déc. 1899, D. 1900. 2. 79. Paris, 19 mai 1900, D. 1901. 2. 9. T. Saint-Gaudens, 21 avr. 1901, D. 1902. 2. 12. T. Grenoble, 13 août 1902, *Gaz. Pal.*, 1903. 1. 59. Nancy, 22 févr. 1902. T. Lyon, 6 août 1901, D. 1902. 2. 396.

preuve contraire, c'est-à-dire la preuve que l'accident a sa cause dans un fait étranger au travail? Nous avions, dans les éditions précédentes, soutenu l'affirmative. Une partie de la jurisprudence s'était ralliée à notre opinion[1]. Mais, en dernière analyse, la Cour de cassation a adopté la thèse contraire : dans plusieurs arrêts[2] elle a décidé que la loi de 1898 n'avait apporté aucune dérogation au principe posé par l'art. 1315, que, par suite, la victime ou ses représentants doivent, en leurs qualités de demandeurs, prouver la relation même de causalité existant entre l'accident et le travail.

439. — Cette relation de causalité exige elle-même (ainsi que nous l'avons montré n°s 306 et s.), la réunion de deux éléments distincts : 1° la survenance de l'accident pendant la durée et sur le lieu du travail ; 2° la cause génératrice dans le travail. L'ouvrier ou ses représentants auront donc, en définitive, à faire, à ce point de vue, une double preuve, c'est-à-dire à établir tout d'abord que la victime a été atteinte sur le lieu et pendant les heures du travail et en outre que le travail a été la cause génératrice de la blessure ou de la mort.

440. — Si nous envisageons l'hypothèse la plus simple, c'est-à-dire celle ou la victime a été frappée par un engin ou un moteur de l'exploitation, il suffira de prouver que ce choc ou ce contact a bien été la cause de la blessure ou de la mort. Et cette preuve, une fois faite, ne pourra être détruite que par la preuve à la charge du défendeur que, si effectivement il y a eu une blessure ou un décès causés par l'outillage, la victime s'y était exposée ou intentionnellement ou par un acte complètement étranger à son travail.

441. — Dans tous les autres cas, c'est-à-dire toutes les fois que l'accident aura eu pour cause un risque de la vie courante auquel le travail aurait pu plus spécialement exposer la victime ou dont il aurait pu aggraver les conséquences, c'est à l'ouvrier ou à ses ayants-droit qu'il appartiendra de

---

[1] Rennes, 17 déc. 1900, S. 1901. 2. 204, D. 1902. 2. 463.

[2] Cass. civ., 10 juin 1902, *Gaz. Pal.*, 1902. 2. 85. Cass. civ., 23 juill. 1902, *Gaz. Pal.*, 1902. 2. 292, D. 1902. 1. 582. Cass. req., 19 janv. 1903, *Gaz. Pal.*, 1903. 1. 269. Cass. req., 27 avr. 1903, *Gaz. Pal.*, 1903. 1. 629.

démontrer l'influence du travail de l'exploitation sur l'aggravation de ces risques.

442. — Quand la victime est vivante et peut fournir des
explications sur l'accident, il est possible d'en contrôler dans
une certaine mesure l'exactitude ou tout au moins de les rapprocher des autres éléments de la procédure pour en déduire
une preuve tirée de circonstances graves, précises et concordantes.

443. — Mais si l'ouvrier a été trouvé mort dans l'intérieur
du lieu de l'exploitation et si la cause du décès, sans pouvoir
rigourcusement s'établir, paraît, notamment à raison de la
situation du corps, devoir être attribuée à une cause professionnelle, ne doit-on pas considérer cette présomption comme
présentant des caractères suffisants de gravité, de précision
et de concordance pour tenir lieu d'une preuve complète? Je
n'hésite pas à répondre affirmativement[1]. Sans doute, toutes
les fois qu'il y a un doute réel sur le point de savoir si la
mort de la victime a une cause naturelle ou traumatique, la
demande des représentants du défunt doit être rejetée; mais
quand différentes circonstances graves militent dans le sens
d'un accident, l'équité et la saine interprétation de la loi commandent de se montrer favorable aux représentants de la
victime.

---

[1] La jurisprudence allemande est dans ce sens. Ainsi l'Office impérial a admis
comme suffisamment démontrée la relation de causalité entre le décès de l'ouvrier
et le travail dans les cas suivants : 1° ouvrier d'une fabrique de sucre trouvé mort
dans le condensateur de la tour à filtrer, où il s'était rendu pour en faire le nettoyage, alors qu'avant de se rendre à ce poste il paraissait être en pleine santé
(*Amtl. Nachricht.*, 1888, p. 280) ; 2° autre ouvrier trouvé mort dans un endroit de
l'exploitation exposé à une haute température et à l'émanation de gaz délétères (déc.
du 21 nov. 1895); 3° cocher trouvé mort avec fracturc du crâne, au pied de
l'échelle conduisant de l'écurie au grenier (*Amtl. Nachricht.*, 1888, p. 189); 4° un
gardien de phare qui la nuit était monté sans cause connue sur la galerie supérieure
et dont le cadavre fut retrouvé ensuite au pied du phare (déc. du 10 févr. 1890).
Handb. der Unfall., p. 48.

CHAPITRE VI

DES ACCIDENTS ÉTUDIÉS DANS LEURS CONSÉQUENCES.

444. — Après avoir étudié les accidents dans leurs éléments essentiels et ensuite dans leurs causes, c'est-à-dire
dans leurs rapports avec le travail, il importe maintenant
d'en examiner les conséquences, en d'autres termes, de considérer les lésions traumatiques qui servent de base à
l'évaluation de l'indemnité. S'il est vrai qu'entre ces lésions et l'accident du travail il doit y avoir une relation de
cause à effet, certains éléments étrangers s'interposent parfois
dans ces relations et en rendent l'étude délicate et complexe :
les uns sont antérieurs à l'accident lui-même, tels que les
infirmités et maladies préexistantes de la victime, les autres
postérieures, tels que les aggravations dues soit à un événement étranger, soit à une maladie survenue depuis lors, soit
à l'inobservation de prescriptions médicales. Ces deux ordres
de difficultés feront l'objet des deux premières sections. Nous
traiterons dans la troisième des lésions traumatiques au
point de vue de leurs effets sur la capacité de travail des victimes et par suite de la classification des accidents.

PREMIÈRE SECTION

Aggravation due à des faits antérieurs à l'accident.
Maladies et infirmités préexistantes.

445. — Les difficultés que soulève cette matière sont
toutes différentes, suivant que l'affection antérieure de la victime était une *maladie* ou une *infirmité*. Nous les étudierons successivement dans deux paragraphes.

I

Maladies préexistantes de la victime.

446. — La *maladie* est une lésion organique à marche
évolutive, c'est-à-dire susceptible de s'améliorer jusqu'à entière guérison ou d'empirer jusqu'à déterminer la mort. Si
un ouvrier déjà malade est victime d'un accident, sa maladie
(par exemple la tuberculose) peut : *ou bien* aggraver l'état
de sa blessure en compliquant une simple fracture, en général
curable, d'une périostite tuberculeuse avec issue mortelle,
ou bien être elle-même aggravée soit directement par le traumatisme, soit par le traitement médical consécutif au traumatisme. Ainsi une phtisie pulmonaire à l'état latent jusqu'à
l'accident est devenue rapidement mortelle à raison de l'immobilité imposée à un blessé dans une chambre petite et insuffisamment aérée pendant la durée du temps nécessaire à la
consolidation de sa fracture. Dans ces divers cas, le décès est
dû à deux causes : l'accident et la maladie. Doit-on dans l'é-
valuation de l'indemnité tenir compte de la maladie préexistante, c'est-à-dire scinder virtuellement la lésion de la victime en deux parts : une part morbide et une part traumatique, et ne calculer l'indemnité que sur cette dernière? Nous
n'hésitons pas à répondre négativement, en nous appuyant
sur trois motifs qui nous paraissent également péremptoires.

447. — Tout d'abord, sans l'accident, l'ouvrier bien que
malade, aurait vécu et continué à travailler pendant un temps
indéterminé, peut-être aussi long, et même plus long que tel
autre de ses camarades jouissant d'une santé florissante. Cette
considération n'est-elle pas déjà à elle seule suffisante pour
justifier le droit intégral de la veuve et des enfants à l'indemnité légale?

448. — Au surplus si dans un accident on voulait tenir
compte de toutes les causes qui ont une influence sur la
gravité des blessures traumatiques, on se heurterait à une impossibilité matérielle, tant dans la vie les événements s'enche-
vêtrent d'une façon complexe et pour ainsi dire inextricable !
Considérons par exemple deux blessures aussi identiques

que possible chez deux ouvriers différents. Mille éléments, abstraction faite du degré de résistance de chacun des corps blessés, influeront sur les deux lésions pour en aggraver ou en atténuer les conséquences dommageables; parmi ces éléments on peut citer le lieu où l'accident s'est produit, l'arrivée plus ou moins rapide des secours, le plus ou moins d'habileté, d'expérience ou de dévouement des chirurgiens, médecins, gardes-malades, les contacts susceptibles de contaminer la plaie, etc. Que de complications mortelles sont dues à l'une de ces causes! Personne ne songe cependant à contester que, quelles qu'elles soient, elles rentrent dans les prévisions du risque professionnel, la loi ayant été précisément faite pour mettre un terme à toutes les incertitudes, à tous les aléas inhérents aux accidents du travail. Si maintenant nous essayons d'envisager les modifications que la constitution physique de la victime peut produire sur sa blessure, nous nous trouvons en présence d'une diversité encore plus grande. Autant d'individus, autant de constitutions différentes. Les diathèses ou maladies constitutionnelles ont toutes un retentissement sur la durée du traitement ou la gravité d'une plaie ou d'une blessure. Or leur nombre est infini : l'albuminurie, le diabète, l'alcoolisme, la tuberculose, le cancer, la syphilis, le rhumatisme, l'arthritisme, l'anémie, la scrofule, les multiples affections des artères, des veines, du cœur, du foie, du cerveau, du tube digestif, de la rate, de la vessie, les prédispositions herniaires, etc. Quel est l'homme qui n'a pas ou n'est pas prédisposé à avoir une ou plusieurs de ces maladies? Dans la conformation physique d'un individu comme en tout, l'idéal et la perfection ne sont jamais atteints. Dès lors la plupart des accidents offriraient matière à discussion sur l'influence des maladies préexistantes; les difficultés s'accroîtraient encore et deviendraient même insolubles lorsqu'on devrait préciser l'étendue de cette influence et en fixer les limites. Entrer dans cette voie, c'est ouvrir la porte à toutes les contestations si nombreuses et si subtiles que faisait naître l'interprétation des art. 1382 et s. du Code civil et que la loi sur le risque professionnel a eu pour but de prévenir.

449. — Enfin, le texte même de cette loi résiste à toute réduction d'indemnité à raison de maladies préexistantes. En effet, l'art. 1er reconnaît à l'ouvrier le droit à une indemnité pour les accidents dont il est victime par le fait ou à l'occasion de son travail. Une fois ce droit acquis, l'application en est réglée d'une façon en quelque sorte automatique par l'art. 3 qui établit quatre catégories d'indemnités suivant l'état de la victime, sans permettre de faire dans cet état une distinction entre la part du traumatisme et celle d'une cause étrangère. Il suffit qu'il y ait effectivement entre l'accident et la lésion existante une relation de cause à effet.

450. — Les travaux préparatoires, que l'on a invoqués à l'appui de l'opinion contraire, ne nous paraissent pas avoir assez de précision ou de netteté pour faire échec au texte et à l'esprit de la loi [1].

451. — Ces considérations nous amènent à poser dans les rapports de l'accident et de la lésion qui sert de base au calcul de l'indemnité une règle identique à celle que nous avons indiquée plus haut dans les rapports du travail et de l'accident. Il faut que l'accident ait été la cause génératrice de la lésion, c'est-à-dire de l'incapacité de travail ou du décès de la victime; mais il n'est pas nécessaire qu'il en ait été la cause unique et exclusive. Ainsi l'indemnité légale a été accordée avec raison aux ayants-droit d'un ouvrier décédé des suites de désordres cérébraux occasionnés par une chute sur la tête dans un accident du travail, alors même que les lésions cérébrales ont été aggravées par un état alcoolique antérieur de la victime et auraient pu ne pas avoir une issue mortelle sans cette diathèse préexistante [2].

[1] C'est en effet en 1893 seulement que la question a été soulevée à la Chambre des députés par M. Dron dont l'amendement était ainsi conçu : « Les indemnités ne seront dues qu'aux conséquences directes et immédiates des accidents et non pour les suites d'une opération chirurgicale qui n'aurait pas été motivée par l'accident lui-même ni pour les aggravations résultant de lésions ou d'infirmités préexistantes ». Le rapporteur se déclara au fond d'accord avec M. Dron ; mais il le pria de retirer son amendement pour ne pas alourdir une loi déjà très chargée (Chambre des députés, séance du 5 juin 1893, *J. off.*, déb. parl., p. 1613). Depuis cette époque jusqu'au vote définitif de la loi en 1898 aucune discussion ne s'est élevée sur ce point ni à la Chambre, ni au Sénat.

[2] C. Orléans, 8 déc. 1900, S. 1901. 2. 191. Dans le même sens, C. Rouen, 27 févr. 1901, *Gaz. Pal.*, 1901. 2. 124. En sens contraire, T. Mans, 4 mai 1900, *Gaz. Pal.*, 1900. 2. 19. Rennes, 6 janv. 1902, *Gaz. Pal.*, 1902. 1. 663.

452. — Il en serait de même si la victime d'un accident du travail venait à succomber des suites d'une blessure qui, offrant peu de gravité en elle-même, avait été aggravée par une diathèse préexistante, telle que le diabète, l'albuminurie, la tuberculose, etc.[1]; car, sans l'accident, la victime aurait continué à vivre et à travailler pendant un temps indéterminé; cela suffit pour faire naître le droit à l'indemnité légale.

453. — Si la maladie préexistante aggrave souvent une lésion traumatique, il peut arriver aussi qu'elle soit elle-même aggravée par ladite lésion ou par son traitement curatif. Ainsi un ouvrier atteint d'une tuberculose à l'état latent a la jambe brisée dans un accident du travail. L'immobilité qu'il est obligé de conserver sur son lit dans l'atmosphère impure d'une chambre de malade a pour effet de réveiller sa tuberculose latente et d'en hâter l'évolution dont l'issue devient rapidement mortelle. Un tel décès ayant sa cause dans l'accident du travail permet à la veuve et aux enfants de se prévaloir du bénéfice de la loi[2]. Il en est de même quand un ouvrier déjà atteint d'une tuberculose peu avancée reçoit, au cours de son travail, un coup violent sur la poitrine qui détermine d'abord une hémoptisie et ensuite une issue mortelle de sa maladie préexistante[3].

454. — Lorsqu'en pareil cas des médecins croient pouvoir affirmer que, sans l'accident, la maladie (par exemple la tuberculose), dont la victime était atteinte, aurait nécessairement entraîné sa mort dans un délai déterminé, les tribunaux peuvent-il limiter à la durée de ce délai le paiement de la rente due aux ayants-droit? Non assurément, et cela pour deux motifs. Tout d'abord la science médicale, quelqu'avancée qu'elle soit, n'est pas en état de prévoir d'avance la durée de la vie d'une personne déterminée. D'autre part, le

---

[1] Off. imp., 19 sept. 1887, 8 avril 1893, *Handb.*, p. 147; 11 juill. 1899, *Rekursentscheidungen des Reichsversisch.*, t. 13, p. 202. V. aussi notre note, S. 1903. 4. 17.

[2] Dans ce sens, Off. imp., 4 mai 1896, *Rekursentsch.*, t. 10, p. 144. V. aussi, S. 1903. 4. 17, et la note de Sachet.

[3] C. Paris, 30 juill. 1902, *Gaz.Pal.*, 1902. 2. 612. — *Contrà*, Trib   eine, 11 janv. 1901, *Gaz. Pal.*, 1902. 1. 574.

texte même de la loi interdit toute réduction ou limitation de
l'indemnité légale[1].

II
Infirmités préexistantes de la victime.

455. — A la différence de la maladie, *l'infirmité* n'est pas
évolutive ; c'est une lésion arrivée à un état immuable, telle
que la privation ou l'ankylose d'un membre, la perte totale
ou partielle d'un œil, etc., et qui amoindrit dans une mesure
déterminée la faculté de travail. L'ouvrier qui, déjà infirme,
est victime d'un accident professionnel, a en réalité subi
deux diminutions successives et distinctes de validité : celle
résultant de l'infirmité préexistante et celle consécutive à
l'accident. La deuxième s'est ajoutée purement et simplement
à la première, le caractère définitif de l'infirmité antérieure
excluant toute idée de complication ou de confusion.

456. — En définitive, toute la difficulté consiste à évaluer
exactement le degré de validité de la victime avant et après
l'accident : la différence entre ces deux situations représentera, à coup sûr, le préjudice dû au traumatisme. Or le législateur s'est chargé de simplifier cette difficulté en choisissant
le salaire comme unité de mesure ; dans son art. 3 il pro-
portionne, en effet, le montant des indemnités à la perte
que l'accident fait subir au salaire. D'après lui, l'importance
du salaire est en rapport direct avec le degré de validité de
l'ouvrier et à chaque diminution de validité correspond une
réduction proportionnelle de salaire. Il suffira donc d'établir
tout d'abord, en se conformant aux dispositions de l'art. 10,
le salaire annuel touché par l'ouvrier immédiatement avant
l'accident et ensuite de déterminer celui qu'il est encore capable de gagner depuis la consolidation de sa blessure. Le salaire antérieur du blessé et ses facultés de travail restantes,
tels sont les deux seuls éléments d'appréciation dont la loi
permet de tenir compte pour la détermination de l'indemnité[2].

---

[1] Dans ce sens, Off. imp., 4 mai 1896, précité.
[2] Dans ce sens, Besançon, 5 févr. 1901, *Gaz. Pal.*, 1902. 1. 491. Besançon,

457. — Ainsi, un ouvrier borgne, ayant une aptitude au travail amoindrie, est légalement censé gagner un salaire inférieur à celui qui lui aurait été alloué, s'il avait eu l'usage de ses deux yeux. Si donc un accident lui fait perdre son œil sain, la cécité dont il sera atteint constituera une invalidité totale donnant lieu à l'allocation d'une rente calculée sur son salaire annuel. En vain, objectera-t-on que sa capacité de travail n'étant pas entière à raison de son infirmité préexistante, il ne saurait avoir droit à une indemnité pour incapacité totale. La capacité de travail, dont la perte constitue l'invalidité entière, n'est pas la capacité de travail, théoriquement envisagée, d'un ouvrier normal, mais la valeur professionnelle spéciale de la victime, telle qu'elle était déjà diminuée par l'infirmité antérieure, et dont le salaire annuel donne précisément la mesure légale[1].

458. — Par suite lorsque la victime touche déjà une rente à raison de son infirmité antérieure, les deux rentes doivent se cumuler, car elles correspondent à des réductions de salaire tout à fait distinctes et qui ne peuvent dans aucun cas se confondre. Il n'importe que la victime ait continué à toucher, après son premier accident, un salaire aussi élevé qu'auparavant ou même ait obtenu une augmentation. Si une perte de salaire se traduit généralement par une diminution effective du montant de la rémunération de travail, elle n'exclut pas un accroissement de cette rémunération, qui eût été seulement plus considérable sans l'accident. En d'autres termes, le salaire qui a servi de base à l'évaluation d'une rente afférente à un premier accident et celui sur lequel on calcule l'indemnité due à raison d'un accident ultérieur

---

11 juill. 1900, S. 1901. 2. 205. Orléans, 8 déc. 1900, S. 1901. 2. 191. Cass. civ., 23 juill. 1902, *Gaz. Pal.*, 1902. 2. 226, S. 1903. 1. 270, D. 1903. 1. 14. Cass. civ., 10 déc. 1902, *Gaz. Pal.*, 1902. 2. 696, S. 1903. 1. 271, D. 1903. 1. 14. Lyon, 27 mars 1901, S. 1903. 2. 49. Cass. req., 30 juin 1903, *Gaz. Pal.*, 3 oct. 1903. — *Contrà*, C. Paris, 16 févr. 1901 et 8 mai 1902, Rouen, 22 mars 1901, S. 1903. 2. 49.

[1] Cass., 23 juill. 1902 et 10 déc. 1902, précités, Besançon, 5 févr. 1901, 11 juill. 1900, Orléans, 8 déc. 1901, Lyon, 27 mars 1901, précités. Caen, 11 févr. 1901, Montpellier, 22 mars 1901, S. 1903. 2. 49. Off. imp., 22 juin 1890, *Rekursentscheid*, t. 4, p. 69; 16 janv. 1893, *op. cit.*, t. 7, p. 92; 23 nov. 1895, *op. cit.*, t. 10, p. 45. — *Contrà*, Jurisprudence italienne, C. cass., de Turin, 31 déc. 1902, D. 1903. 2. 215.

sont deux mesures qui n'ont rien de commun entre elles[1].

459. — L'application de ces principes sollicite quelques observations lorsque le deuxième accident n'entraîne pas une cécité complète de la victime. Par exemple un ouvrier, dont la vue était affaiblie de 40 0/0 par suite d'une infirmité, est victime d'un accident du travail qui lui fait perdre encore 40 0/0 de son acuité visuelle normale, de telle sorte que sa faculté de vision est, en totalité, diminuée de 80 0/0. Sur quelle fraction d'incapacité devra-t-on calculer la rente? Si l'on admettait que le degré de validité d'un ouvrier correspond exactement au degré de son pouvoir visuel, il suffirait de tenir le raisonnement suivant : Immédiatement avant l'accident le blessé avait une faculté visuelle égale seulement à 60 0/0. Le traumatisme, en le privant de 40 autres 0/0 de son acuité entière, lui a fait perdre en définitive les 40/60 ou **2/3**, c'est-à-dire 66 0/0 du pouvoir visuel réduit qu'il avait au moment dudit accident. Donc sa rente sera calculée à raison de 66 0/0 d'invalidité, et représentera le 33 0/0 de son salaire annuel. Mais le point de départ de ce raisonnement n'est pas complètement exact : il n'existe pas une relation absolument proportionnelle entre l'acuité visuelle et la capacité de travail. L'homme dans des conditions normales étant doué d'un pouvoir visuel supérieur à celui dont il a besoin pour ses occupations habituelles, la privation du premier quart, du premier tiers ou même de la première moitié de ce pouvoir visuel, ne représente pas une diminution correspondante d'aptitude au travail, de telle sorte que l'acuité visuelle restante devient plus précieuse. C'est ainsi que la perte d'un œil chez un ouvrier sain est en général considérée comme réduisant sa validité, non de moitié, mais seulement d'un tiers, parfois même d'un quart, de telle sorte que l'organe demeuré intact tient lieu à lui seul, des 2/3 ou des 3/4 d'une capacité normale. En tenant compte de cette considération, nous arrivons ainsi à conclure que l'infirmité préexistante de l'ouvrier, tout en ayant affaibli de 40 0/0 son acuité visuelle n'avait cependant réduit sa capacité de travail que de 20 à 25 0/0,

---

[1] Dans ce sens, Off. imp., 16 janv. 1893, *Rekursentsch.*, t. 7, p. 92. V. aussi, S. 1903. 4. 17, et la note Sachet.

ce qui a pour conséquence d'élever à 72 ou 75 0/0 le degré d'invalidité consécutif à l'accident et de porter la rente à 36 ou 38 0/0 du salaire annuel [1].

460. — De même, lorsque l'infirmité préexistante consiste dans l'amputation ou l'ankylose d'un membre, les membres voisins restés intacts, ayant à suppléer à l'absence ou à l'impotence du premier, acquièrent une valeur fonctionnelle plus grande et, si un accident vient à en priver la victime, leur perte occasionnera à celle-ci un degré d'invalidité supérieur à celui qu'elle aurait éprouvé dans le même accident, si elle avait eu l'intégrité de ses organes. Ainsi, un ouvrier qui, ayant le doigt majeur de la main droite déjà ankylosé, perd dans un accident du travail la première phalange de l'index de la même main, subit une incapacité de travail supérieure à celle qui serait résultée pour lui de la perte de cette phalange s'il avait eu l'usage complet des autres doigts [2].

461. — La circonstance que l'infirmité préexistante aurait été elle-même produite par un accident du travail et aurait donné lieu à l'allocation d'une rente est ici sans influence. Les deux rentes étant afférentes à des réductions distinctes de salaire et se calculant sur des salaires annuels différents doivent se cumuler, ainsi que nous l'avons expliqué plus haut pour les accidents suivis de cécité complète ou d'incapacité totale.

DEUXIÈME SECTION

Aggravations dues à des faits postérieurs.

462. — Les blessures consécutives à un accident du travail sont souvent aggravées par des circonstances postérieures (telles que contamination de plaies, contagion dans les hôpitaux, erreurs commises dans le traitement médical ou dans l'application du traitement, insuffisance de soins, etc. etc.).

[1] Dans une décision du 23 nov. 1895 (*Rekursentscheid.* t. 10, p. 45) l'Off. imp. est allé jusqu'à allouer une rente calculée à raison de 40 0/0 à un ouvrier qui avait perdu 40 0/0 d'acuité visuelle, dont 20 0/0 par suite d'une infirmité préexistante et 20 0/0 seulement par le fait de l'accident litigieux. Il a ainsi admis implicitement que l'infirmité préexistante était insignifiante. (V. aussi notre note S. 1903. 4. 17).

[2] Dans ce sens, Angers, 2 déc. 1901, *Gaz. Pal.*, 1902. 1. 28.

En principe ces aggravations, qui sont en quelque sorte les
accessoires des blessures, dérivent, elles aussi, du traumatisme et entrent en ligne de compte dans le calcul de l'indemnité. Il n'en est autrement que dans le cas où elles se distinguent nettement de la blessure elle même par une cause tout
à fait étrangère ou imputable à la victime elle-même. Nous
traiterons successivement : 1° des aggravations dues à une
cause non imputable à la victime ; 2° de l'inobservation volontaire par la victime des prescriptions médicales et de son
refus de subir une opération.

I

Aggravations dues à une cause non imputable à la victime.

463. — Ainsi que nous venons de l'exposer, ces aggravations sont en général la suite naturelle de l'accident lui-même ;
l'équité et le droit commandent donc de les faire bénéficier
de la réparation légale. Parmi ces aggravations on peut citer :
1° les désordres organiques (tétanos, paralysie, ankylose, etc.),
provenant de l'inoculation purement fortuite d'une substance
infectieuse dans une plaie sans gravité d'origine traumatique[1] ; 2° la mort ou la lésion cérébrale due à l'émotion
ressentie par un blessé dans l'attente d'une opération chirurgicale que l'accident a rendue nécessaire[2] ; 3° d'une façon
générale les aggravations causées, soit par le traitement médical lui-même, par exemple, par suite d'une erreur de
diagnostic, soit par l'intervention chirurgicale (décès dû à la
chloroformisation ou survenu au cours de l'opération, etc.).

464. — L'empoisonnement causé par l'absorption d'un
médicament destiné à l'usage externe (par exemple, acide
phénique) et que le blessé ou son garde-malade ont confondu
avec la boisson prescrite par le médecin peut aussi être considéré comme une aggravation dont les conséquences sont
garanties par notre loi. Il en serait ainsi surtout si l'erreur
avait été commise dans un hôpital où le blessé était en traitement. La question serait plus délicate dans le cas où, le

---

[1] Dans ce sens, Off. imp., 27 nov. 1893 (*Handb.*, p. 148). V. plus haut, n° 271.
[2] Dans ce sens, Off. imp., 1891 (*Handb.*, *loc. cit.*).

blessé étant soigné chez lui, l'erreur serait imputable à un membre de sa famille[1].

465. — La mort due à une maladie épidémique (par exemple le choléra) contractée dans un hôpital où le blessé était en traitement donnerait lieu également à l'application de notre loi, si du moins l'épidémie ne sévissait pas au lieu du domicile du blessé[2].

466. — Un accident nouveau, bien que survenu en dehors de l'exploitation, peut même, dans certains cas exceptionnels, être considéré comme la conséqence d'un accident de travail antérieur. Par exemple, un ouvrier qui, s'étant cassé la jambe dans un accident du travail, avait été guéri sans toutefois être complètement en état de reprendre son travail, se fait une nouvelle fracture juste au même endroit par une chute sur un terrain plat. On peut admettre, en pareil cas, que cette deuxième fracture est due beaucoup plus à une insuffisance de consolidation de la première blessure qu'à la chute elle-même[3]; mais c'est à la victime qu'il appartient de faire la preuve de la relation de cause à effet entre sa nouvelle fracture et l'accident antérieur[4].

467. — Le bénéfice de la loi ne s'étend, bien entendu, qu'aux seules aggravations ayant une relation de cause à effet avec l'accident du travail. Tout événement postérieur, sans rapport avec l'accident, serait sans influence sur la fixation de la rente, alors même qu'il aurait eu pour effet d'aggraver l'état d'incapacité de la victime ou de rendre celle-ci complètement invalide.

---

[1] L'Off. imp. a notamment refusé de considérer comme une conséquence de l'accident un empoisonnement de ce genre imputable à l'enfant du blessé, âgé de huit ans, qui, soignant son père, avait administré à celui-ci de l'acide phénique au lieu de la potion prescrite (1892, *Handb.*, p. 148, 149).

[2] Dans ce sens, Off. imp., 1895, *Handb.*, p. 148. Dans une espèce où le blessé avait contracté la fièvre typhoïde, l'Off. imp. a rejeté la demande (1889, *Handb.*, p. 148).

[3] Dans ce sens, Off. imp., 1890. En sens contraire, 1er avr, 1895 et 2 mars 1896, *Handb.*, p. 148.

[4] Cass. req., 28 janv. 1903, *Gaz. Pal.*, 1903. 1. 270.

II

Inobservation volontaire des prescriptions médicales. Refus de subir une opération.

468. — Si le patron est tenu de prodiguer à son ouvrier victime d'un accident du travail tous les soins nécessaires à sa guérison ou à l'amélioration de son état, le blessé a de son côté le devoir non moins impérieux de faire tout ce qui dépend de lui pour assurer le succès du traitement médical. Si donc il refuse sans motifs plausibles de suivre la médication ordonnée, les aggravations ou complications imputables à sa résistance injustifiée ne sont plus les conséquences de l'accident et ne sauraient dès lors être admises au bénéfice de la loi. Mais quand la résistance de l'ouvrier sera-t-elle ou non justifiée ? Telle est la question qu'il importe d'examiner.

469. — Il est tout d'abord des opérations que l'ouvrier est incontestablement en droit de refuser de subir, ce sont toutes celles qui mettent sa vie en danger [1], car le droit de disposer de sa vie est un droit essentiellement personnel et inaliénable. Et, d'une façon générale, on doit admettre comme dangereuses ou aléatoires toutes les interventions chirurgicales qui nécessitent la chloroformisation [2].

470. — On ne saurait, non plus, contraindre l'ouvrier à subir, en vue d'améliorer sa capacité de travail, une opération qui porte atteinte à l'intégrité de son corps, comme, par exemple, la fracture nouvelle d'un bras dont la fracture traumatique aurait été mal consolidée, l'amputation d'un doigt ayant une obliquité gênante pour le travail, l'extirpation par incision d'une cicatrice, la greffe d'un morceau de chair pris sur une autre partie du corps, etc. [3].

471. — A l'inverse, le blessé est tenu de se soumettre à l'examen d'un médecin [4], de se conformer à ses ordonnances,

---

[1] Dans ce sens, Besançon, 27 nov. 1901, *Gaz. Pal.*, 1902. 1. 187, Off. imp., 28 oct. 1889, 16 sept. 1891, 1er juin 1892, *Handb.*, p. 150.

[2] Dans ce sens, Off. imp., 11 oct. 1888, *Handb.*, p. 150 et 151.

[3] Dans ce sens, Off. imp., 2 mars 1894, *Handb.*, p. 150.

[4] Ainsi il a été jugé qu'au cas où un ouvrier ayant eu l'ongle arraché au cours de son travail, a continué à travailler sans prévenir le patron, ni prendre aucune des précautions de traitement et de repos que nécessitait son état, la mort dudit ouvrier, à la suite d'une atteinte de tétanos survenue quelques jours après l'accident insignifiant

de prendre les médicaments prescrits, de se laisser appliquer les bandages ou appareils orthopédiques dont l'usage a été reconnu nécessaire, de subir les massages ordonnés, de suivre des traitements hydrothérapiques, électrothérapiques, radiothérapiques ou autre semblables [1].

472. — Il ne saurait pas davantage se refuser à tolérer certaines interventions chirurgicales destinées à faciliter le traitement ordinaire de la blessure, telles que la mise à nu du siège de la lésion, le nettoyage de la plaie, et, d'une façon générale, les incisions complémentaires des pansements [2].

473. — Mais il importe de ne pas perdre de vue que le blessé a le droit de choisir son médecin (art. 4). Si donc cet homme de l'art est en désaccord avec ses confrères, on ne saurait faire grief à l'ouvrier de suivre les conseils de celui en qui il a placé sa confiance.

474. — Souvent le refus de suivre un traitement médical aura sa cause, moins dans le mauvais vouloir de la victime, que dans son ignorance ou dans un affaiblissement morbide de sa volonté, tel qu'une crainte irraisonnée de la souffrance. Les préjugés encore si répandus dans le peuple peuvent aussi lui faire préférer les pratiques inutiles, sinon nuisibles, d'un rebouteux, d'un charlatan ou d'un sorcier aux soins éclairés et bienfaisants d'un médecin. Les tribunaux doivent apprécier tous ces motifs essentiellement humains avec une grande modération et n'admettre comme injustifiée qu'une résistance dictée par la mauvaise foi [3].

475. — Il en est de même en ce qui concerne le transport à l'hôpital. Sans doute, cette mesure est de celles auxquelles un blessé ne saurait s'opposer, quand elle est jugée nécessaire par les médecins. Mais il faut tenir compte aussi de la répulsion qu'éprouvent certaines gens à la pensée d'entrer dans un établissement hospitalier. Et si un ouvrier est

dont il avait été victime, ne pouvait être considérée comme ayant été occasionnée par l'accident lui-même, mais comme le résultat d'une imprudence commise dans des circonstances indépendantes du travail. (C. Angers, 11 août 1902, S. 1903. 2. 208).

[1] C. Paris, 14 nov. 1900, *Gaz. Pal.*, 1901. 1. 357, S. 1901. 2. 203, D. 1901. 2. 307.

[2] Dans ce sens, Rennes, 10 déc. 1901, S. 1902. 2. 155, D. 1902. 2. 299.

[3] Dans ce sens, Off. imp., 1890, *Handb.*, p. 150.

marié et père de famille ou s'il habite chez ses parents, on
comprend qu'il hésite à se séparer des siens, au moment
même où il est en droit de compter sur leur sollicitude et
leur dévouement [1].

476. — L'inobservation, par suite d'un mauvais vouloir
manifeste des prescriptions médicales ou le refus injustifié de
subir les petites opérations anodines dont nous avons parlé
plus haut ont leur sanction naturelle et logique dans la su-
pression du droit à l'indemnité pour toute l'aggravation d'incapacité dont cette résistance a été la cause ; car une telle aggravation dérive, non plus de l'accident du travail, mais
d'un acte accompli volontairement et en connaissance de cause
par la victime elle-même. Ainsi un ouvrier victime d'un accident du travail n'a droit à l'allocation d'aucune rente viagère, lorsqu'il est établi que, sans son refus injustifié de se laisser soigner, sa blessure aurait guéri entièrement et n'aurait
entraîné aucune incapacité permanente de travail [2].

477. — Quand le refus de l'ouvrier a eu pour effet d'aggraver simplement une blessure qui, en elle-même, entraînait
déjà une incapacité permanente, il y a lieu de faire dans une
même infirmité, la part du mauvais vouloir de la victime et
la part du traumatisme. Cette répartition tout particulièrement délicate mérite d'être confiée à des hommes de l'art
aussi consciencieux que savants et expérimentés. Il en est de
même dans le cas où l'inobservation volontaire des prescriptions médicales paraît avoir déterminé la mort de la victime.

[1] Ainsi il a été jugé avec raison qu'un ouvrier qui avait déjà suivi un premier
traitement resté sans effet, a pu, à bon droit, refuser de quitter son domicile et sa
famille pour entrer dans un hôpital et s'y soumettre, pendant de longs mois, à un
nouveau traitement sur le résultat duquel les médecins n'étaient d'ailleurs pas entièrement fixés (C. Paris, 14 déc. 1900, S. 1901. 2. 203, D. 1901. 2. 307).

[2] Dans ce sens, des tribunaux ont refusé une rente viagère : 1° à un ouvrier qui,
atteint d'une luxation de l'épaule gauche entièrement guérissable a énergiquemen
refusé, à deux reprises différentes, les soins qu'on lui offrait et a résisté à tous les
conseils, et dont l'état d'incapacité permanente dans lequel il se trouve, est la
conséquence exclusive de son incurie et de son mauvais vouloir (C. Rennes 10 déc.
1901, S. 1902. 2. 135, D. 1902. 2. 99. V. aussi Douai, 14 nov. 1900, D. 1901. 2.
307) ; 2° à un ouvrier qui, à la suite d'une opération chirurgicale nécessitée par l'accident dont il avait été victime, s'est obstinément refusé, malgré l'offre du patron
de subvenir aux frais du traitement, à se prêter à des soins préventifs qui ne présen-
taient aucun danger, ne devaient lui causer aucune souffrance appréciable et lui
auraient assuré sa guérison (Besançon, 31 déc. 1901, S. 1902. 2. 155) Cf. aussi, T.
Narbonne, 17 juill. 1900, D. 1901. 2. 307).

TROISIÈME SECTION

Des lésions traumatiques donnant droit à l'indemnité légale et de leur classification.

PRÉLIMINAIRES.

478. — Nous avons vu qu'un accident du travail peut engendrer les lésions les plus diverses, depuis l'éraflure la plus bénigne jusqu'à la mort, y compris les troubles cérébraux, phsychiques ou nerveux (V. nº 265 et s.). Comment fallait-il réparer le dommage causé par ces lésions? Le législateur qui voulait faire une œuvre pratique entendait réparer seulement les préjudices matériels; et, comme les victimes étaient des ouvriers, l'indemnité devait être proportionnée à la diminution de leur capacité de travail, c'est-à-dire à la perte subie sur leur salaire. Pour établir une échelle proportionnelle entre la gravité de la lésion, le montant de l'indemnité et le salaire, une classification s'imposait.

Tout d'abord il convenait de faire une première division entre les accidents mortels et les accidents non mortels, à raison des règles toutes différentes qui président à l'évaluation du préjudice résultant de ces deux sortes de lésions. En effet, si la victime succombe, les conséquences dommageables s'apprécient au point de vue des parents survivants; en cas de blessures non suivies de mort, elles sont proportionnées à l'étendue et à la durée de l'invalidité du blessé.

Mais l'invalidité elle-même comporte des degrés infiniment variables qui nécessitent des subdivisions multiples. Le législateur a eu le choix entre trois sortes de classifications : l'une établie suivant la nature des lésions; une autre ayant pour base l'importance de l'incapacité de travail et enfin la troisième se fondant à la fois sur l'importance et la durée de cette incapacité. Nous exposerons chacune d'elles avant d'aborder l'examen des travaux préparatoires.

479. — A. PROJET DE CLASSIFICATION SUIVANT LA NATURE DES LÉSIONS. — Cette classification consiste à attribuer à chaque lésion un coefficient correspondant à sa gravité. C'est ainsi que M. Marestaing[1] proposait la répartition suivante, le chiffre de 100 représentant le dommage maximum :

1º perte de la vue, courbature des deux jambes, perte des deux bras. 100

---

[1] Marestaing, *Définition des accid. du trav.*, p. 18; Villetard de Prunières, *Assurance contre les accidents*, p. 51.

2° perte d'une jambe 75

3° perte d'un bras 68

4° perte de l'usage d'une main, de l'index et du doigt du milieu 60

5° perte, bris ou courbature d'une jambe 50

6° bris ou rigidité des deux bras 33 1/2

7° perte d'un œil 33

8° perte des trois autres doigts de la main droite 30

9° perte du pouce ou de l'usage du pouce de la main droite 25

10° perte du quatrième est du cinquième doigts d'une main. 20

11° perte de l'index de la main droite. 15

12° bris d'un bras ou rigidité du bras, perte du troisième et du quatrième doigts d'une main, d'un des trois derniers doigts 12

Cette méthode de classement paraît être la plus rationnelle; elle serait aussi la plus commode et la plus avantageuse s'il était possible de prévoir toutes les variétés de lésions qui peuvent résulter des accidents. Mais quel que soit le soin qui préside à la confection de la liste des blessures ou infirmités, les lacunes sont inévitables et elles deviennent autant de sujets de contestations, quelquefois même de causes d'injustice. D'autre part, l'importance du dommage causé par la même lésion varie suivant que l'ouvrier exerce tel ou tel métier : la perte d'une jambe est beaucoup plus préjudiciable à un terrassier qu'à un tisseur. L'âge, le sexe, l'état de santé du blessé ont aussi leur influence. Or, aucun de ces éléments d'appréciation ne peut entrer en ligne de compte dans l'établissement d'un tarif tel que celui dont il vient d'être parlé.

Ces considérations ont paru décisives a l'Office impérial d'Allemagne qui a interdit aux corporations professionnelles de tarifer à l'avance les lésions entraînant une incapacité permanente de travail[1]. Les mêmes motifs ont fait rejeter ce projet de classification par le législateur français.

480. — B. CLASSIFICATION SUIVANT L'IMPORTANCE DE L'INCAPACITÉ DE TRAVAIL. — Cette classification est, à coup sûr, la plus simple de toutes. Elle n'admet que deux catégories de lésions, en dehors des accidents mortels : *l'incapacité totale de travail* et *l'incapacité partielle*.

---

[1] Off. imp., 7 nov. 1889 et 10 déc. 1892. Dans cette dernière décision, il s'agissait d'une blessure en apparence insignifiante, à l'index de la main droite, mais qui revêtait un réel caractère de gravité, à raison de l'emploi de dessinateur que le blessé exerçait dans une industrie de machines. *Handb.*, p. 168.

L'ouvrier blessé, dans un accident du travail, a droit à une pension qui est proportionnée à son salaire intégral, si l'invalidité est totale, ou à la diminution de son salaire, en cas d'incapacité partielle; puis, au fur et à mesure que le degré de validité augmente, la rente est abaissée jusqu'à suppression complète en cas de guérison, ou bien maintenue indéfiniment si l'infirmité est incurable. Il n'importe, dans ces conditions, de savoir à l'avance si l'incapacité de travail de la victime sera permanente ou temporaire. Il suffit de déterminer le degré d'invalidité; car, suivant que le blessé est plus ou moins apte au travail sa pension est plus ou moins élevée.

Cette classification est celle qui a été adoptée par la législation allemande (art. 6 de la loi du 6 juill. 1884, devenu l'art. 9 de la loi du 30 juin 1900). On la retrouve aussi dans les lois autrichienne, norvégienne et anglaise.

481. — C. CLASSIFICATION SUIVANT L'IMPORTANCE ET LA DURÉE DE L'INVALIDITÉ. — Le caractère distinctif de cette classification consiste dans la séparation établie entre les incapacités temporaires ou lésions curables et les incapacités permanentes ou infirmités incurables.

L'incapacité permanente est elle-même subdivisée, comme dans la classification précédente, en incapacité partielle et incapacité totale. On pourrait encore ranger dans une classe spéciale les blessures incurables qui, sans priver la victime de la faculté de se livrer à tous les genres de travaux, constituent cependant pour elle une gêne et la placent, au point de vue du travail en général, dans des conditions d'infériorité vis-à-vis des autres ouvriers. Cette classe d'invalidité mériterait le nom d'incapacité relative. Dans la pratique on confond dans une même classe les incapacités permanentes partielles et les incapacités permanentes relatives; et on leur donne indistinctement l'une ou l'autre qualification.

L'invalidité temporaire, c'est-à-dire celle qui, après un temps plus ou moins long, est suivie d'une guérison complète, se prête aux mêmes distinctions que l'invalidité permanente; elle peut être totale ou partielle. Cependant les compagnies d'assurance, dès avant l'application de la loi de 1898, n'avaient pas cru devoir admettre cette subdivision. Préoccupées beaucoup plus d'éviter des contestations que d'allouer aux victimes des indemnités exactement proportionelles à la valeur du dommage, elles avaient prévu dans leurs polices rois sortes d'infirmités incurables limitativement énumérées et dont a réparation consistait dans le paiement d'un capital fixe[1]. Toutes les

---

[1] La première catégorie comprenait par exemple, la perte complète de la vue ou

lésions non comprises dans l'énumération de la police étaient considérées comme incapacités temporaires et ne donnaient droit qu'à des
allocations quotidiennes pendant une période de temps expressément
limitée.

Du jour où l'on renonçait à ce système de tarification et de restriction des indemnités pour proportionner exactement la rente ou l'allocation quotidienne à la perte du salaire, la logique et l'équité commandaient de faire une distinction entre l'incapacité tem-poraire
partielle et l'incapacité temporaire totale. Il n'est pas rare de voir des
incapacités temporaires durer plusieurs années ; la guérison est certaine, l'ouvrier peut faire certains travaux peu pénibles, les médecins
lui recommandent même de travailler modérément pour fortifier ses
muscles affaiblis ou assouplir ses articulations encore un peu raides.
Devra-t-il, pendant ce temps, cumuler son salaire avec l'indemnité
temporaire intégrale, ou bien être privé entièrement de l'indemnité
temporaire ? Ne serait-il pas plus juste de lui allouer une indemnité
temporaire réduite ?

482. — Les législateurs étrangers, qui ont fait une distinction entre
l'incapacité permanente et l'incapacité temporaire, n'ont pas hésité
à subdiviser l'une et l'autre en totale et partielle, adoptant ainsi
une division en quatre classes, sans compter les accidents mortels à
savoir : 1° l'incapacité permanente totale ; 2° l'incapacité permanente
partielle ; 3° l'incapacité temporaire totale ; 4° l'incapacité temporaire
partielle. Telles sont les lois *danoise* et *italienne*.

483. — D. Travaux préparatoires. — Dans tous les projets de
loi nous trouvons la première distinction entre les incapacités permanentes et les incapacités temporaires.

La subdivision en incapacité permanente absolue et incapacité
permanente partielle a aussi toujours paru nécessaire. Dans son projet du 10 juin 1893, la Chambre des députés avait essayé de donner
une définition de l'incapacité permanente absolue : « Sont considérés
comme incapacités permanentes absolues du travail, lisait-on à l'art. 3,

---

de l'usage de deux membres, c'est-à-dire les infirmités les plus graves et qui donnent
lieu à l'indemnité la plus élevée.

Dans la deuxième catégorie étaient classées les infirmités ayant un degré de gravité moindre, telles que la perte complète de l'usage d'une jambe, d'un bras, d'un
pied, d'une main ou de la mâchoire inférieure.

Enfin, la troisième catégorie contenait l'énumération des lésions qui, tout en étant
incurables, laissent cependant à la victime une grande partie de sa validité : Ce
sont : la perte d'un œil, d'un pouce ou de deux autres doigts de la main, du gros
orteil ou de deux autres doigts du pied, du mouvement de l'épaule, du coude, de
la hanche, du genou, du cou-de-pied, du poignet, la fracture non consolidée de la
mâchoire, de la rotule, le raccourcissement d'un membre inférieur, lorsque ce raccourcissement atteint au moins trois centimètres.

in fine, la cécité, la perte complète de deux membres ou toute infirmité incurable mettant la victime hors d'état de travailler et de pourvoir à sa subsistance ». Cette définition, qui visait certaines lésions déterminées et laissait pour les autres un pouvoir d'appréciation en quelque sorte illimité, a paru inutile. Le Sénat l'a supprimée et la Chambre n'a pas insisté pour qu'elle fût rétablie dans le texte définitif.

En ce qui concerne les incapacités temporaires, la Chambre des députés les avait très sagement subdivisées en incapacités totales et incapacités partielles. Le Sénat crut devoir supprimer cette subdivion : après avoir recueilli des renseignements auprès des sociétés de secours mutuels et consulté les industries intéressées, il comprit dans une même classe toutes les incapacités temporaires, qu'elles fussent totales ou partielles. « Dès qu'il s'agit d'une incapacité temporaire, dit le rapporteur de la commission, M. Poirrier (séance du 5 juill 1895), toute distinction entre l'incapacité absolue et l'incapacité partielle est purement théorique. En voici un exemple : Un ouvrier quelconque, un mécanicien, par exemple, est blessé à la main droite ; il conserve, à la vérité, une certaine capacité de travail ; mais cette capacité ne pourrait sans doute pas être utilisée dans sa profession, et il faudrait alors le mettre dans l'obligation d'aller chercher du travail ailleurs, peut-être dans une autre localité ; et cela quelques semaines, peut-être même quelques jours après l'accident ; une telle solution n'est pas pratique ».

M. Félix Martin fit remarquer de son côté que, dans toute sa carrière de médecin des compagnies d'assurances, il n'avait pas eu à enregistrer un seul cas d'incapacité temporaire partielle. « Ce sont en effet, ajoutait-il, des *bobos*, des piqûres, des entailles au doigt. Le contremaître dit à l'ouvrier : faites ce que vous pourrez. Il travaille moins bien, mais il touche son salaire intégral ». Ces motifs ont paru péremptoires au législateur.

484. — Nous avons montré plus haut que la conception des incapacités temporaires d'après notre loi était toute différente de celle qu'admettaient autrefois les polices d'assurances. L'incapacité temporaire en effet n'est plus limitée dans sa durée. D'autre part, dans les incapacités permanentes il y a une première période du traitement médical pendant laquelle le blessé a droit à une allocation quotidienne identique à celle qui est due en matière d'incapacité temporaire et qu'on appelle aussi indemnité temporaire. Or cette période est souvent très longue. L'ouvrier, après sa convalescence, commence à travailler : il gagne un salaire d'abord modique, puis de plus en plus élevé jusqu'à son complet rétablissement ou tout au moins jusqu'au jour où son

état plus ou moins amoindri devient définitif. Si pendant tout ce temps
il est resté chez son patron, il peut convenir avec lui d'un *modus vi-
vendi* qui concilie les prescriptions légales avec les intérêts de chacun.
Mais s'il a dû chercher de l'ouvrage dans une autre industrie, ce qui
arrive fréquemment, la réglementation de cette période de transition
devient inextricable.

---

485. — En définitive, la classification consacrée par la loi
de 1898 est la suivante : 1° accidents mortels ; 2° incapacité
permanente absolue ou totale de travail ; 3° incapacité permanente partielle ; 4° incapacité temporaire.

D'autre part, l'art. 1ᵉʳ dispose que les accidents du travail
donnent droit au profit de la victime ou de ses représentants
à une indemnité à la charge du chef d'entreprise, *à la condition que l'interruption de travail ait duré plus de quatre
jours.* Et l'art. 3 ajoute : Dans les cas prévus à l'art. 1ᵉʳ, l'ouvrier ou l'employé a droit : ... Pour l'incapacité temporaire,
à une indemnité journalière ... *si l'incapacité de travail a duré
plus de quatre jours et à partir du cinquième jour.*

486. — De ce texte se dégagent les deux principes suivants :

Considérées au point de vue de leur nature ou de leur
siège, toutes les lésions sans exception sont susceptibles de
donner naissance au droit à l'indemnité légale, si du moins
elles sont consécutives à un accident du travail. Quelque soit
l'organe qu'elles affectent, qu'elles soient internes ou externes,
apparentes ou occultes, d'ordre purement matériel ou d'ordre
psychique, il n'importe.

Les seules restrictions, que le législateur ait faites, concernent l'effet de ces lésions sur la capacité de travail. A ce
point de vue il a exclu du bénéfice de l'indemnité : 1° celles
qui entraînent une incapacité de travail ne dépassant pas
quatre jours ; 2° celles qui, quoique incurables, sont sans influence sur l'aptitude au travail. Nous dirons quelques mots
de chacune d'elles.

I

Incapacité de travail ne dépassant pas quatre jours.

487. — Nous avons dit que les simulations de blessures
légères étaient beaucoup plus fréquentes que celles de blessures graves. On conçoit, en effet, que le contrôle en est plus
difficile; il devient même tout à fait impossible lorsque la
prétendue victime soutient n'avoir besoin que d'un repos de
trois ou quatre jours. Pour prévenir les abus qui n'auraient
pas manqué de se produire, le législateur a pris une mesure
radicale : il a décidé que les accidents entraînant une incapacité de travail de quatre jours au plus ne donneraient droit
à aucune indemnité, et, par le même motif, il a été amené
à disposer que, dans les incapacités temporaires, l'allocation
journalière ne commencerait à courir qu'à partir du cinquième
jour. Si la première disposition n'avait pas été complétée par
la seconde, il serait arrivé que les ouvriers, victimes d'un accident sans gravité, auraient été sollicités à prolonger leur
inaptitude au travail au delà du quatrième jour. Trois ou
quatre jours de chômage n'occassionnent à la victime qu'une
gêne passagère, à laquelle elle pourra aisément faire face. Au
surplus presque tous les ouvriers sont maintenant affiliés à
des sociétés de secours mutuels qui, malgré de nombreuses
défectuosités dans leur organisation, assurent cependant une
modeste allocation lorsque la maladie ne dépasse pas une
certaine durée. Or, dans les sociétés de secours mutuels, la
mutualité est un frein puissant pour réprimer les tentatives
de fraude. Les sociétaires à tous les degrés sont tous intéressés à ce qu'aucun abus ne se produise, et des délégués
spéciaux, des visiteurs exercent à ce point de vue une surveillance incessante.

Le législateur italien, à l'exemple de notre loi, exclut du
droit à indemnité les victimes atteintes d'une incapacité de
travail inférieure à six jours. La loi anglaise s'est montrée
encore plus rigoureuse; elle exige pour l'ouverture du droit à
indemnité que l'accident ait entraîné une incapacité de deux
semaines au moins. En Allemagne, le jour de l'accident et

les deux jours qui suivent, l'ouvrier n'a droit qu'aux soins médicaux.

488. — Les explications qui précèdent nous font connaître le mobile auquel le législateur a obéi en imposant cette condition, à savoir que les accidents ayant entraîné une interruption de travail de plus de quatre jours seraient les seuls à donner ouverture à un droit à indemnité (art. 1, al. **1**, *in fine*). Les mots « *interruption de travail* » sont ici synonymes d'« *incapacité de travail* » ainsi que le montre le rapprochement des termes de l'art. 1er et de ceux de l'art. 3, qui subordonne le droit à l'indemnité temporaire à la condition que l'*incapacité de travail* ait duré plus de quatre jours.

489. — S'agit-il ici de l'incapacité totale de travail? Ou suffit-il d'une incapacité partielle d'une durée de plus de quatre jours? Lorsque le blessé est atteint d'une incapacité permanente partielle, son droit à l'indemnité lui est reconnu expressément par l'art. 3, § 2. Dès lors il n'importe qu'il ait ou non interrompu complètement son travail pendant plus ou moins de quatre jours.

490. — Que décider lorsque l'incapacité, qui est partielle dès le premier ou l'un des quatre premiers jours, ne doit avoir qu'une durée temporaire? Ici une distinction de fait s'impose. Ou bien le patron prendra l'engagement de payer à la victime pendant toute la durée de la maladie son salaire intégral ou une allocation quotidienne supérieure à la moitié de son salaire, ou bien il voudra lui imposer une réduction de plus de 50 0/0. Dans le premier cas, le blessé n'aura aucun intérêt à se prévaloir des dispositions de notre loi. Dans le second cas, il sera incontestablement en droit d'exiger le règlement de son indemnité sur les bases du tarif légal.

II

Lésions traumatiques permanentes n'entraînant aucune incapacité de travail.

491. — Le salaire de l'ouvrier étant l'unité de mesure, dont le législateur s'est servi pour évaluer le degré d'incapacité de travail, on pourrait être tenté d'en conclure que la victime, dont le salaire n'a pas été diminué, est exclu du bénéfice de la loi. Ce raisonnement nous paraît inexact. Sans doute, le chiffre de l'indemnité est proportionné au montant du salaire. Mais le droit à l'indemnité prend naissance toutes les fois qu'il y a *incapacité totale ou partielle de travail,* c'est-à-dire toutes les fois que la puissance de travail de l'ouvrier est diminuée, alors même que cette diminution n'aurait pas de répercussion immédiate sur le salaire.

492. — On doit donc admettre que l'indemnité légale est due non seulement lorsque la lésion permanente affecte les membres ou organes qui servent directement au travail spécial de l'ouvrier, mais encore lorsqu'elle a pour effet d'affaiblir l'état général de ses forces ou de sa santé, ou de porter atteinte à l'intégrité d'un de ses organes essentiels, tels que les organes de la vue.

493. — Comme types de lésions permanentes pouvant, dans certains cas, ne pas faire naître le droit à la rente, on peut citer : la perte de la première phalange d'un doigt de la main gauche, une légère surdité, une légère déformation osseuse en suite de fracture ou de luxation, la perte d'une partie du nez, une cicatrice de la face, etc., etc.

Nous reviendrons sur ce sujet avec plus de développement en traitant des incapacités permanentes partielles, nos 534 et s.

CHAPITRE VII

FIXATION DES INDEMNITÉS.

494. — Ce chapitre sera divisé en quatre sections. La première traitera de la forme des indemnités et des modifications que les parties sont autorisées à y apporter, spécialement de la conversion en capital et de la réversibilité sur la tête du conjoint. La deuxième s'occupera des indemnités dans les accidents non mortels; la troisième des indemnités dans les accidents suivis de mort; et la quatrième des frais médicaux et pharmaceutiques, ainsi que des frais funéraires.

PREMIÈRE SECTION

Formes de l'indemnité et des modifications
que les parties sont autorisées à y apporter :
conversion en capital, réversibilité sur la tête du conjoint.

495. — Les indemnités sont susceptibles d'être payées soit en rentes viagères ou temporaires, soit en capital. Lorsqu'elles sont payables en rentes viagères, les intéressés peuvent convenir, dans certains cas, qu'une partie en sera convertie en capital (art. 9) ou encore que la rente viagère sera, moyennant une légère réduction, réversible pour partie sur la tête du conjoint du crédirentier. Cette double faculté de conversion partielle et de réversibilité fera l'objet de la présente section qui se trouvera ainsi divisée en deux paragraphes.

496. — L'art. 21 contient également plusieurs dispositions modificatives de la forme des indemnités : il autorise la conversion en capital des pensions qui ne dépassent pas cent francs. Quelques auteurs pensent même qu'il crée un nouveau cas de conversion facultative au profit du conjoint survivant non divorcé ni séparé de corps. Enfin, pour faciliter l'application de la loi, il permet aux parties de suspendre provisoirement, d'un commun accord, le service de la pension et de le remplacer pendant ce temps par tout autre mode de réparation qui serait mieux à leur convenance. Le commentaire de ce texte ne pouvant être scindé, nous y consacrerons la première section du chap. VII, tit. III, n°ˢ 1470 et s.

A côté des conversions facultatives, nous trouvons deux cas de conversion obligatoire : 1° lorsque le conjoint d'une victime décédée se remarie ; 2° lorsque la victime, étant un ouvrier de nationalité étrangère, quitte le territoire français (art. 3, *in fine*). Dans les deux cas, le capital est égal à trois fois le montant d'une annuité. La situation du conjoint de la victime sera examinée plus loin, n° 599 ; celle de l'ouvrier étranger a déjà été exposée au chap. II, 3ᵉ section, n°ˢ 204 et s.

Pour être complet dans cet ordre d'idées, signalons encore les versements obligatoires ou facultatifs de l'indemnité en capital à la Caisse des retraites qui, dans ce cas, est chargée d'en assurer le paiement sous forme de rentes aux ayants-droit (art. 28, tit. IV, chap. III, n°ˢ 1591 et s., et 1602 et s.).

I

Conversion partielle en capital.

PRÉLIMINAIRES.

497. — La première question qui se pose est celle de savoir si on doit allouer un capital ou une rente viagère à la victime atteinte d'une infirmité incurable. Il importe tout d'abord de distinguer entre l'indemnité relative aux frais médicaux et pharmaceutiques et l'indemnité proprement dite. La première représentant des sommes dépensées non périodiquement doit être payée en capital ; sur ce point l'accord est complet. La deuxième, qui est destinée à tenir lieu du salaire ou de la partie de salaire dont l'ouvrier a été privé, devrait logiquement être payée sous forme de pension ; cependant les avis sont partagés.

498. — COMPAGNIES D'ASSURANCES. — Généralement les compagnies d'assurances ne garantissaient, avant la loi de 1898, que le paiement d'un capital en cas d'incapacité permanente, et elles se réservaient le droit, si l'ouvrier avait plus de soixante ans, de transformer ce capital en une rente viagère calculée d'après l'âge de l'ouvrier. Quelques-unes stipulaient uniquement des pensions. D'autres enfin laissaient au bénéficiaire le choix entre un capital et une rente viagère.

499. — LÉGISLATION ÉTRANGÈRE. — La loi *allemande* de 1883 n'allouait que des pensions et en prohibait absolument la conversion en capital. Cette dernière disposition a été modifiée par la loi du 30 juin 1900 qui autorise l'ouvrier à solliciter le paiement d'un capital dans le cas où la rente à laquelle il aurait droit ne dépasserait pas 15 0/0 de son salaire (art. 95).

La loi *danoise*, la loi *espagnole* et la loi *italienne* n'allouent qu'un capital. Cette disposition de la loi italienne s'explique par ce fait qu'elle a été mise en harmonie avec les statuts de la Caisse nationale d'assurance qui, fondée en 1888 sur l'initiative d'un certain nombre de caisses d'épargne, fonctionne aujourd'hui à la satisfaction de tous. Le législateur italien a eu soin d'ajouter, dans son art. 13, que l'indemnité liquidée en capital est, en règle générale, convertie en rente viagère auprès de la Caisse nationale de prévoyance pour la vieillesse et l'invalidité des ouvriers et, en attendant que cette institution soit fondée, auprès d'une des sociétés d'assurance sur la vie opérant légalement dans le royaume; c'est seulement dans des cas exceptionnels que le préteur peut autoriser le paiement en capital de l'indemnité.

La loi *anglaise* autorise le patron à se libérer entièrement par le versement d'un capital, toutes les fois que la victime a touché une pension pendant six mois au moins.

Chacun de ces systèmes a ses avantages et ses inconvénients. Il est certain que, pour un ouvrier imprévoyant, paresseux, dépourvu d'initiative ou enclin à la dépense, la pension viagère offre plus de sécurité. A l'inverse, un capital entre les mains d'un homme actif et entreprenant deviendra un ressort puissant qui lui permettra de se créer une nouvelle situation, parfois plus rémunératrice que celle à laquelle son invalidité partielle l'a obligé de renoncer.

La loi *autrichienne* de 1887 a essayé de concilier ces deux ordres d'idées : aux termes de l'art. 41 de cette loi, un accord peut intervenir entre l'établissement d'assurances et l'ayant-droit à une pension en vue de convertir la rente due en une somme capitale correspondante; mais cet accord n'est valable qu'après avis favorable de la commune responsable des secours que l'intéressé pourrait recevoir en cas d'indigence. Il est évident, en effet, que la commune, chargée de secourir les indigents, n'autorisera une telle transformation que dans le cas où l'ouvrier aura, par sa conduite antérieure, donné des preuves suffisantes d'intelligence, d'énergie et de probité.

500. — TRAVAUX PRÉPARATOIRES. — Le législateur français s'est inspiré des mêmes principes. Dans le texte adopté en 1893 par la Chambre des députés et le projet proposé par la commission du Sénat, l'ouvrier avait, dans tous les cas, le droit d'exiger un quart en espèces du capital nécessaire à la constitution de la rente[1]. Le Sénat a pensé, sur la proposition de M. Cordelet, qu'il convenait que ce ne fût pas pour l'ouvrier un droit absolu, mais que ce droit fût subordonné à l'agrément de son patron et qu'en cas de désaccord entre les parties la contestation fût tranchée par le tribunal. « Il est possible, dit en effet M. Cordelet, qu'il ne soit pas sage de confier à l'ouvrier qui vient d'être victime d'un accident et qui est frappé d'incapacité absolue de travail, de lui confier un capital dont peut-être il ne fera pas bon usage »[2]. Et M. Cordelet fait remarquer avec raison que la faculté accordée à la victime de faire convertir en capital la pension qui lui est allouée fait en quelque sorte échec au principe d'insaisissabilité de cette pension, principe qui est proclamé par l'art. 3 de la loi. Ces considérations si justes, après avoir été tour à tour admises et rejetées dans les projets subséquents, ont fini par prévaloir, sur la demande de l'honorable M. Wadington, dans le texte définitif de l'art. 9[3].

MM. les sénateurs Félix Martin et Blavier avaient proposé de limiter à deux cas la faculté accordée à l'ouvrier de convertir sa pension en capital : 1° pour lui permettre d'acquérir ou de construire une habitation ; 2° pour constituer sur la tête de ses enfants des rentes temporaires jusqu'à l'âge de quinze ou seize ans[4]. Les amendements de ces deux honorables sénateurs ont été retirés par leurs auteurs. Il paraît préférable, en effet, de laisser aux parties elles-mêmes et, en cas de désaccord, au tribunal, le soin d'apprécier l'opportunité de cette conversion.

---

501. — Passons maintenant à l'exégèse du texte de l'art. 9 qui est ainsi conçu :

« *Lors du règlement définitif de la rente viagère, après le délai de révision prévue par l'art. 19, la victime peut demander que le quart au plus du capital nécessaire à l'établissement de cette rente calculée d'après les tarifs dressés pour les victimes d'accidents par la caisse des retraites pour la vieillesse, lui soit attribué en espèces* ». — Il est à remarquer tout d'abord que

[1] Ch. des dép., séance du 6 juin 1893, *J. O.*, Déb. parl., p. 1611.
[2] Séance du 8 juill. 1895, *J. O.*, Déb. parl., Sénat, p. 765.
[3] Séances des 4 et 18 mars 1898, *J. O.*, Déb. parl., Sénat, p. 250 et 325.
[4] Séance du 8 juill. 1895, *J. O.*, Déb. parl., Sénat, p. 765.

la demande en conversion ne peut être formulée qu'après l'expiration du délai de révision prévu par l'art. 19, c'est-à-dire lorsque les conséquences de l'accident seront définitives et que l'état du blessé ne sera plus légalement susceptible d'aggravation ou de diminution.

502. — Lorsque le tribunal sera saisi d'une contestation entre une victime et un patron sur le point de savoir si un quart de la pension doit être transformé en capital, il devra se préoccuper du point de savoir quel usage l'ouvrier se propose d'en faire et s'il présente des garanties suffisantes sous le rapport de l'utilisation effective de ce capital. Il est à craindre en effet, comme le faisait remarquer l'honorable M. Poirrier au Sénat (séance du 17 mars 1896), que certains ouvriers, « grisés par la possession d'une somme plus importante que celle qu'ils avaient jamais eue entre les mains et peu experts au surplus sur le choix d'un emploi à la fois sûr et rémunérateur, ne deviennent la proie d'exploiteurs qui ne manqueront pas de faire miroiter à leurs yeux des gains faciles d'exploitations en réalité pleines d'aléas ». M. Poirrier montre aussi les inconvénients de la capitalisation d'une partie des rentes viagères au point de vue des petits patrons qui peuvent être ruinés si on exige le paiement immédiat d'un capital. Cette considération mérite, à coup sûr, de fixer dans certains cas l'attention du tribunal ; cependant il convient de faire remarquer qu'à partir de la promulgation de notre loi tous les petits patrons soumis au risque professionnel ne manqueront pas de contracter des assurances de telle sorte que la conversion dont il s'agit ne saurait les atteindre.

503. — L'art. 9 laisse au tribunal un pouvoir d'appréciation souverain. Les magistrats pourront donc ou bien faire droit à la demande de l'ouvrier, ou bien la rejeter, ou seulement l'accueillir dans une certaine mesure, c'est-à-dire décider que le capital ne sera exigible que jusqu'à concurrence d'un 1/5 ou d'un 1/6, en un mot d'une fraction inférieure à 1/4. Le texte primitif de la commission du Sénat ne portait que ces mots : « la victime peut demander que le quart du capital lui soit attribué en espèces ». Sur une observation de M. Félix Martin, le Sénat, craignant que le tribunal ne se trouvât placé dans l'alternative ou d'accorder la conversion pour le quart intégralement, ou de la refuser pour le tout, fit suivre le mot *quart* de l'expression *au plus;* le texte devint ainsi : « la victime peut demander que le quart au plus du capital... lui soit attribué, etc. ». De cette façon, fit remarquer M. Félix Martin, le tribunal aura les coudées franches [1].

504. — Pour calculer ce capital, on se servira des tarifs dressés par la Caisse des retraites. Sur ce point, notre art. 9 est formel.

505. — Le tribunal, ajoute l'art. 9, statuera en chambre du conseil. Il a semblé que les questions à résoudre dans ces sortes d'affaires pouvaient être plus décemment discutées en chambre du conseil qu'en audience publique; elles portent en effet sur la vie privée du blessé, sur ses goûts de dépense ou d'économie, sur ses habitudes de tempérance ou d'ivrognerie, sur ses relations, sur la fermeté ou la faiblesse de son caractère, sur son degré d'initiative, sur le point de savoir s'il n'obéit pas aux suggestions intéressées de tierces personnes, par exemple d'agents d'affaires, etc. D'autre part, le législateur a pensé que la procédure en chambre du conseil, pouvant s'introduire sur simple requête, comporterait une plus grande célérité.

506. — Mais alors se pose la question de savoir si les affaires de cette nature appartiennent à la juridiction gracieuse ou à la juridiction contentieuse de la chambre du conseil. Dans l'exercice de la juridiction gracieuse, la chambre du conseil ne statue guère que sur des demandes qui n'ont pas de contradicteurs. Ses décisions constituent des actes de tutelle judiciaire et se réduisent soit à sanctionner et à autoriser certains actes, soit à ordonner des mesures conservatoires et d'administration. En matière contentieuse au contraire, il y a nécessairement conflit ou possibilité de conflit de deux prétentions contraires, c'est-à-dire un litige; la chambre du conseil est appelée à y mettre fin soit par une décision donnant gain de cause dans des proportions variables à l'une ou à l'autre

[1] Séance du 18 mars 1898, *J. O.*, Sénat, Déb. parl., p. 325.

des parties, soit par la constatation judiciaire de l'accord intervenu entre elles.

La demande en conversion nous paraît avoir un caractère mixte. Elle se rattache aux matières contentieuses en ce sens qu'elle implique un litige ou la possibilité d'un litige entre la victime et le chef d'entreprise. Le jugement, qui ordonne la conversion, étant destiné à être exécuté contre le patron, on ne comprendrait pas qu'il ne fût pas rendu contradictoirement avec lui.

Nous disons qu'elle ressortit également à la juridiction gracieuse; car, si le patron donne son adhésion à la demande de la victime, le tribunal n'est nullement lié par l'accord des parties; il lui appartient de rechercher si cette demande s'appuie sur des motifs sérieux et si elle est vraiment avantageuse; en cela il remplit le rôle de tuteur judiciaire de la victime.

507. — De ce double caractère nous déduisons les conséquences suivantes :

Si le patron acquiesce dès l'origine à la réclamation de la victime, l'affaire perd sa nature contentieuse pour relever exclusivement de la juridiction gracieuse. Il n'y a donc aucun inconvénient à ce que le tribunal en soit saisi par une requête émanant du patron et de l'ouvrier représentés par un seul et même avoué. Le tribunal pourra même s'abstenir d'entendre les parties; il lui suffira de s'entourer des renseignements nécessaires pour étayer sa décision.

Si la victime n'obtient pas l'adhésion préalable du chef d'entreprise, elle sera tenue de recourir à la voie de l'assignation ou tout au moins, dans le cas où une instance serait pendante entre les mêmes parties, d'appeler le patron en chambre du conseil par des conclusions signifiées d'avoué à avoué. Le ministère de l'avoué est nécessaire pour les deux parties.

508. — Les jugements, rendus dans cette deuxième hypothèse, seront en premier ou en dernier ressort, suivant les règles du droit commun (art. 17 de notre loi). Par suite, si le capital réclamé par la victime est supérieur à 1.500 francs, la décision du tribunal sera susceptible d'appel (art. 1er de la loi du 11 avr. 1838). L'appel sera non recevable dans le cas contraire. Les délais d'appel seront ceux du droit commun. Au surplus, une abréviation de délai ne s'imposait pas, les affaires de cette nature ne présentant pas le même degré d'urgence que les procédures en fixation de la rente ou de la pension.

509. — On pourrait se demander si, en autorisant seulement la victime à solliciter la conversion d'une partie de sa rente en capital, les rédacteurs de notre loi n'ont pas commis un oubli et s'il ne convient pas d'accorder le même droit aux représentants de la victime. Nous ne le pensons pas. En ce qui concerne la veuve, qui seule pourrait avoir intérêt à une conversion de ce genre, une telle faculté serait inconciliable avec la disposition de l'art. 3, qui substitue à sa pension, en cas de nouveau mariage, un capital égal à trois annuités. D'autre part, les enfants n'ayant droit qu'à une pension temporaire ne retireraient de cette opération qu'un capital insuffisant. Quant aux ascendants et aux descendants autres que les enfants, leur rente est déjà si minime qu'on ne saurait songer à la réduire encore par une conversion partielle en capital[1].

510. — Le tribunal compétent pour statuer sur une demande en conversion sera celui qui a été saisi de l'action en indemnité, c'est-à-dire le tribunal du lieu de l'accident.

II

Faculté de réversibilité sur la tête du conjoint.

511. — Le deuxième paragraphe de l'art. 9 est ainsi conçu : « *Elle (la victime) peut aussi demander que ce capital ou ce capital, réduit du quart au plus comme il vient d'être dit, serve à constituer sur sa tête une rente viagère réversible pour moitié au plus sur la tête de son conjoint. Dans ce cas, la rente viagère sera diminuée, de façon qu'il ne résulte de la réversibilité aucune augmentation de charges pour le chef d'entreprise. Le tribunal, en chambre du conseil, statuera sur ces demandes* ».

512. — La demande de réversibilité, comme celle de conversion en capital, ne peut être présentée qu'après l'expiration du délai de révision prévu par l'art. 9.

---

[1] Dans ce sens, T. Seine, 7 mai 1902, *Gaz. Pal.*, 1902. 2. 29.

513. — La pension viagère, présente un très grave défaut. Elle s'éteint par définition même avec le rentier; celui-ci en fait profiter sa famille, sa vie durant, mais la laisse sans ressources après sa mort; sa femme et ses enfants seront dans la misère alors qu'ils auraient eu une faible rente si leur auteur était mort sur le coup[1]. C'est pour parer à cet inconvénient que le législateur a voté le deuxième paragraphe de l'art. 9. L'initiative en est due à M. le sénateur Félix Martin[2].

Cependant un écueil était à éviter. La clause de réversibilité sur la tête du conjoint rendait le service de la pension plus onéreux. Qui devait supporter cette aggravation de charges? La victime ou le patron? Si on la mettait à la charge du patron, on détruisait toute l'économie de la loi en faisant une distinction entre les hommes mariés et les célibataires et en accordant aux premiers une indemnité plus élevée qu'aux seconds. Le législateur a pensé que le blessé devait conserver, pour lui seul, les conséquences de la clause de réversibilité dont il demanderait l'application et, par suite, consentir dans ce cas, une réduction proportionnelle du montant de sa rente.

514. — Le tribunal aura ainsi trois questions à résoudre : Y-a-t-il lieu de faire droit à la demande en réversibilité? Si oui, dans quelle mesure doit-on l'accueillir? Enfin quelle réduction la pension devra-t-elle subir? Sur les deux premiers points, l'ouvrier paraît devoir être le meilleur juge de ses intérêts; et on ne comprendrait pas que le patron pût avoir un motif de résister à la demande. Cependant le tribunal pourrait avoir à rechercher, le cas échéant, si l'ouvrier ne subit pas outre mesure l'influence de sa femme et si vraiment celle-ci est dans une situation qui justifie la mesure sollicitée. La réponse à la troisième question se trouvera dans le travail des actuaires ; le tribunal n'aura qu'à s'assurer que l'on a fait une juste application des tables de réduction.

515. — Enfin la procédure à suivre est, comme dans le cas étudié au paragraphe précédent, celle de la chambre du conseil.

---

[1] Tarbouriech (*Accid.*, p. 215, n° 296).
[2] Sénat, séance du 6 févr. 1890, *J. O.*, Déb. parl., p. 65.

516. — Il est bien entendu que, si la femme meurt avant son mari, celui-ci n'en continuera pas moins à toucher l'intégralité de sa pension. Lors de la discussion de cette disposition au Sénat en 1895, M. Félix Martin avait craint que le prédécès de la femme n'eût pour effet de priver le mari de la moitié de sa pension et il faisait remarquer que cette diminution de ressources allait se produire juste au moment où il avait le plus besoin de secours pour lui et pour ses enfants [1]. Nous estimons que la crainte de M. Félix Martin n'est pas justifiée ; les termes de notre article n'impliquent nullement une réduction de pension dans le cas où le mari survivrait à la femme.

517. — Une autre question a été agitée dans le Parlement, c'est celle de savoir si le blessé, se mariant après l'accident, pourrait demander à user de la clause de réversibilité. Le rapporteur, M. Poirrier, a déclaré au Sénat qu'il ne pensait pas qu'on pût tirer de ce texte cette conclusion que la rente pourrait être déclarée réversible sur le conjoint épousé par la victime après l'accident [2]. Telle n'est point notre opinion. Rien ne nous paraît devoir faire obstacle à ce que l'ouvrier titulaire d'une rente viagère demande postérieurement au règlement du sinistre que cette pension soit déclarée réversible sur la tête de sa femme, mais à la condition qu'il supportera une réduction suffisante de sa rente, c'est-à-dire que cette modification ne soit point à la charge du patron. Décider autrement, ce serait augmenter les difficultés qu'un individu blessé rencontre déjà à s'établir ou mettre obstacle à la régularisation des liaisons illégitimes qui sont si fréquentes dans la classe ouvrière. Au surplus, notre texte est conçu en termes généraux qui ne comportent aucune exception.

518. — Une dernière question reste à examiner sur cette matière, c'est celle de savoir quelle est la nature de la réversibilité d'une partie de la rente sur la tête du conjoint. Doit-on y voir une libéralité? Est-elle l'exécution d'une obligation alimentaire? Et quelles conséquences pratiques découlent de

---

[1] Sénat, séance du 8 juill. 1895, *J. O.*, Déb. parl., p. 766.
[2] Séance du 8 juill. 1895, *J. O.*, Déb. parl., Sénat, p. 767.

l'adoption de l'une ou de l'autre de ses opinions? Deux points
de vue différents méritent d'être envisagés.

519. — Dans les rapports du crédirentier et du patron, la
décision qui prononce la réversibilité a un caractère définitif;
elle consacre au surplus un contrat à titre onéreux; la victime, qui a la qualité de crédirentier, abandonne une partie
de sa rente pour prolonger éventuellement la durée de la
dette d'une partie des arrérages. En conséquence, alors même
que par le fait d'un événement quelconque le conjoint de la
victime devrait être privé du bénéfice de la réversibilité, les
engagements du patron n'en seraient pas modifiés. Il restera
toujours débiteur, pendant la vie de la victime, des arrérages fixés par le jugement, et, en cas de survivance du conjoint et pendant la durée de cette survivance, de la moitié
des arrérages. Seulement le bénéfice de ces derniers arrérages peut être attribué à une autre personne.

520. — Dans les rapports de la victime et de son conjoint,
la réversibilité n'est pas, à proprement parler, une libéralité,
puisqu'il ne dépend pas seulement du mari de la faire; elle
résulte d'une décision de justice. En réalité, elle a son fondement dans les obligations alimentaires qui incombent respectivement aux époux. De là il suit que le conjoint bénéficiaire
cesse d'y avoir droit si le mariage est dissous par un jugement de divorce prononcé aux torts et griefs dudit conjoint
(art. 300, C. civ.); car alors il n'y a plus d'obligations alimentaires. Dans ce cas, le bénéfice de cette réversibilité revient
aux héritiers de la victime.

521. — Le même principe nous porte à penser que le
quart réversible échappe aux droits de mutation par décès;
car le contrat de réversibilité présente tous les caractères
d'une assurance sur la vie stipulée par un des conjoints au
profit de l'autre. Or, l'art. 6 de la loi du 21 juin 1875 ne
soumet au droit de mutation par décès que les bénéficiaires
à titre gratuit des assurances de cette nature[1].

---

[1] Dans ce sens, Cass. civ., 17 juin 1889, S. 90. 1. 276; 21 oct. 1896, S. 97. 1.
148.

DEUXIÈME SECTION

Des indemnités dans les accidents non mortels.

522. — Les accidents non mortels se subdivisent en trois classes, suivant qu'ils entraînent : 1° une invalidité permanente totale ; 2° une incapacité permanente partielle ; 3° une incapacité temporaire. De là trois paragraphes.

I

Incapacité absolue et permanente de trava

PRÉLIMINAIRES.

523. — BASES DE L'ÉVALUATION. — L'ouvrier atteint d'une invalidité totale et incurable se trouve privé de tout le bénéfice que le libre et plein exercice de ses facultés lui aurait procuré depuis le jour de l'accident jusqu'à sa mort. L'évaluation exacte de ce gain exigerait en bonne règle le calcul de toutes les éventualités heureuses ou malheureuses auxquelles l'ouvrier est exposé. Sans essayer de faire un pareil calcul, que personne d'ailleurs n'a tenté, on peut affirmer sans témérité qu'en thèse générale les unes ne compenseraient pas les autres, les circonstances défavorables étant de beaucoup les plus nombreuses. Sans doute l'ouvrier est en droit d'espérer, suivant ses aptitudes et son zèle, améliorer sa situation, voire même arriver à la fortune. Mais, à côté de cette perspective séduisante, que de causes d'échec et de ruines ! Indépendamment des fluctuations du salaire, il faut escompter le chômage, les grèves, la maladie, la vieillesse, etc. En prenant donc le salaire comme base d'évaluation, on est amené à conclure que, dans tous les cas, une indemnité fixée en rente viagère doit être inférieure au salaire. S'il s'agit d'une allocation en capital, le montant de l'indemnité sera inférieur au capital constitutif d'une rente viagère égale au salaire de la victime.

Quelques auteurs font également remarquer que dans le salaire d'un ouvrier se trouve une part destinée à faire face aux dépenses engendrées par le travail lui-même, que dès lors cette part doit encore être retranchée de la pension payée à la victime, celle-ci n'ayant plus à supporter les dépenses de cette nature.

Une autre cause tend à accroître cette différence dans les projets soumis au parlement français comme dans les lois votées en Allemagne et en Autriche. Tous ces textes s'accordent à faire supporter par le chef d'entreprise les charges intégrales ou presque intégrales de l'assurance, de telle sorte que, sans bourse délier, l'ouvrier est garanti contre tous les accidents, même contre ceux imputables à sa faute (y compris sa faute lourde). Si ce traité à forfait imposé par le législateur aux relations du patron et de l'ouvrier procure à celui-ci un avantage appréciable, il est juste que cet avantage trouve sa compensation dans une diminution correspondante de l'indemnité.

Ne pourrait-on pas dire aussi que la différence en moins qui existe entre le salaire et l'indemnité représente en partie la part contributive de l'ouvrier au risque. — Le danger, auquel l'ouvrier est exposé, est, dit-on, un risque de l'entreprise, au même titre que les autres frais généraux : le personnel est soumis aux lois de réparation et d'amortissement qui régissent le matériel — soit. — Mais l'augmentation des frais généraux a une répercussion nécessaire sur tous les éléments de la production, aussi bien sur le capital que sur le travail. Que les frais généraux s'élèvent, ce ne sont pas seulement les bénéfices du chef d'entreprise qui diminueront, c'est aussi le montant des salaires. Par suite, décider que l'indemnité sera égale au salaire ou qu'elle s'en rapprochera davantage, ce serait augmenter les frais généraux et mettre les chefs d'entreprise dans l'obligation de réduire le salaire de leurs ouvriers. Le législateur a préféré diminuer le montant de l'indemnité.

524. — COMPARAISON AVEC LES LÉGISLATIONS ÉTRANGÈRES. — En Allemagne, la victime, devenue impropre à tout travail, a droit aux deux tiers du gain de son travail (art. 5, § 6 de la loi de 1884 devenu l'art. 9 de la loi de 1900). En Autriche, la pension afférente aux invalidités complètes est égale aux 60 0/0 du gain annuel du travail (art. 6 de la loi de 1887); il en est de même en Norvège (art. 4 de la loi de 1894). En Angleterre, la pension hebdomadaire de la victime ne peut pas excéder 50 0/0 de son salaire ni dépasser 25 francs. Au Danemark l'indemnité sous forme de capital est égale à six fois le salaire annuel avec minimum de 2.700 francs (1.800 couronnes) et maximum de 6.662 francs (4.800 couronnes). En Italie, elle est égale à cinq fois le salaire annuel sans pouvoir être inférieure à 3.000 francs (art. 9 de la loi de 1898).

Notre loi française fixe aux 2/3 du salaire la pension due à la victime en cas d'invalidité totale et permanente. Bien que notre texte paraisse avoir adopté sur ce point le tarif de la loi allemande, il n'en est pas moins un peu plus onéreux pour le patron que celle-ci. En Allemagne, en effet, pendant les treize premières semaines qui suivent l'accident, c'est aux caisses de maladies qu'incombe la charge de secourir les victimes. Or les patrons ne contribuent à l'alimentation de ces caisses que dans la proportion d'un tiers. Il importe cependant de ne pas exagérer l'importance de ce surcroît de charge; car si les caisses de maladies sont, en Allemagne, alimentée jusqu'à concurrence des 2/3 par les ressources des ouvriers eux-mêmes, elles ont pour mission de secourir, non seulement la victime des accidents industriels pendant les treize premières semaines, mais encore tous les ouvriers malades, quelle que soit la cause de la maladie, de telle sorte que le tiers payé par le patron contribue dans une certaine mesure à des soins médicaux qui, en France, ne sont nullement à la charge du chef d'entreprise. D'autre part, la caisse des maladies n'allouant aux ouvriers blessés que les 50 0/0 du salaire de base, l'art. 5 de la loi de 1884 impose au patron l'obligation de payer, de ses propres deniers, à partir de la cinquième semaine, la somme nécessaire pour porter l'allocation aux 2/3, c'est-à-dire d'acquitter pendant huit semaines une subvention égale au 1/6 de ce même salaire de base.

525. — CHARGES DE FAMILLE. — On s'est encore demandé, si dans cette catégorie d'accidents, il y a lieu de tenir compte, pour l'évaluation de l'indemnité, des charges de famille. La négative a été universellement admise. Quelque désir qu'on eût de venir en aide aux ouvriers chargés de famille, il n'était pas possible, à moins de bouleverser toutes les règles de l'assurance, de les placer, en cas d'accident, dans une situation privilégiée. Élever le chiffre de leur indemnité aurait eu pour corollaire l'obligation de rendre plus onéreuse la prime afférente à leur assurance, et alors, au lieu de les favoriser, on aurait rendu leur embauchage plus difficile. L'ouvrier blessé devra donc prélever sur le montant de son indemnité, comme il le faisait sur le montant de son salaire, une quote-part destinée à faire face à l'entretien des membres de sa famille.

Cependant une éventualité est susceptible de se produire à laquelle il convenait de porter remède. Un ouvrier devenu invalide à la suite d'un accident peut mourir d'une mort naturelle. Si l'indemnité, à laquelle il a droit, consiste dans une pension viagère, sa femme et ses enfants vont se trouver réduits à l'indigence. Le législateur français a voulu encourager chez les pères de famille un esprit de sage prévoyance, en leur laissant la faculté de rendre leur pension réversible, après leur décès, sur la tête de leur conjoint, mais seulement pour moitié au plus. Cette réversibilité ne peut être obtenue que par une diminution suffisante de la rente viagère, de telle sorte qu'il n'en résulte aucune augmentation de charges pour le chef d'entreprise. L'art. 9 de notre loi, qui traite de la réversibilité, a été étudié dans la section précédente.

526. — L'art. 3 dispose : *Dans les cas prévus à l'art. 1er, l'ouvrier ou l'employé a droit : Pour l'incapacité absolue et permanente, à une rente égale aux deux tiers de son salaire annuel.*

Un ouvrier est atteint d'une incapacité absolue et permanente de travail lorsqu'il se trouve pour le restant de ses jours dans l'impossibilité, non seulement de renoncer à l'exercice de sa profession, mais encore de se livrer à un travail rémunérateur quelconque, en d'autres termes lorsqu'il est devenu une non-valeur absolue[1], une véritable épave humaine[2]. En 1893, la Chambre des députés avait voté un projet qui contenait la définition suivante : « Sont considérées comme incapacités permanentes absolues de travail la cécité, la perte complète de l'usage de deux membres ou toute infirmité incurable mettant la victime hors d'état de travailler et de pourvoir à sa subsistance[3] ». Cette définition a été supprimée comme inutile. Tout le monde s'est mis d'accord pour laisser dans chaque cas particulier un pouvoir d'appréciation absolu aux tribunaux.

527. — La jurisprudence a admis comme incapacité absolue et permanente : 1° la cécité complète[4]; 2° une suppression presque complète de la vue qui, si elle permet à l'ouvrier de se conduire et de manger seul, l'empêche de se livrer à aucun travail lucratif[5]; 3° l'amputation d'une jambe compliquée de la fracture de l'autre[6]; 4° un cas d'hystéro-traumatisme[7].

---

[1] Disc. de M. Henry Boucher, ministre du Commerce, Sénat, séance du 15 mars 1898, *J. O.* du 16. Déb. parl., p. 299.

[2] Disc. de M. Thevenet, rapporteur (même séance).

[3] Chambre des députés, séance du 3 juin 1893, *J. O.* du 4, Déb. parl., p. 1593.

[4] Riom, 4 avr. 1900, D. 1901. 2. 178. Paris, 16 févr. 1901, D. 1901. 2. 257. Lyon, 27 mars 1901, D. 1901. 2. 457.

[5] T. Cherbourg, 11 févr. 1901, D. 1901. 2. 457. Montpellier, 21 mars 1901, D. 1901. 2. 457. Douai, 7 août 1900, D. 1901. 2. 85.

[6] Douai, 5 avr. 1900, *Gaz. Pal.*, 1900. 1. 752.

[7] Douai, 25 mars 1902, *Rec. min. Comm.*, n° 7, p. 59.

II

Incapacité partielle et permanente.

PRÉLIMINAIRES.

528. — Les incapacités permanentes relatives ou partielles sont d'importances extrêmement variables; elles vont de la perte presque complète de l'aptitude à tout travail jusqu'à la simple gêne dans l'exercice de certaines professions. La victime frappée de cette incapacité se trouve privée, non de la totalité de son salaire, mais de la différence existant entre le salaire qu'elle gagnait dans le passé et celui qu'elle pourra se procurer dans l'avenir. On comprend combien il est difficile de déterminer la valeur de cette différence.

Nous avons déjà dit, n° 479 et s., que plusieurs compagnies d'assurances avaient établi une classification des divers cas d'incapacité relative d'après la gravité de la lésion et déterminé à l'avance dans leurs polices le taux de l'indemnité afférente à chaque cas. Ce système qui a l'avantage de faciliter le règlement des sinistres, présente aussi des inconvénients que nous avons déjà signalés et qui ont été jugés assez graves pour le faire écarter tant des législations étrangères que de notre loi française.

529. — LÉGISLATION ÉTRANGÈRE. — Dans toutes les nations qui allouent des indemnités sous forme de rentes ou pensions viagères, la rente afférente aux incapacités permanentes partielles consiste dans la fraction correspondante de la pension qui serait due si l'incapacité avait été totale. Ainsi en Allemagne où dans les incapacités totales la rente est fixée aux 2/3 du salaire annuel, une incapacité partielle de 1/5, par exemple, donne droit à une rente égale au 1/5 de ces 2/3 de salaire, c'est-à-dire aux 2/15. En d'autres termes, ladite rente représente les 2/3 de la diminution du salaire.

De même en Autriche et en Norvège, la rente est égale à 60 0/0 du salaire annuel en matière d'incapacité totale, ou de la diminution de capacité si l'invalidité est seulement partielle. En Hollande cette proportion dans les deux cas est portée à 70 0/0 (loi de 1901).

En Italie le capital, payé à titre d'indemnité, est égal à cinq fois la fraction dont le salaire annuel aura été ou pourra être réduit (art. 9, n° 2, de la loi de 1898). En Angleterre le législateur a fixé un maximum de 50 0/0 du salaire annuel et a laissé au chef d'entreprise la faculté de faire, après six mois, transformer la pension en une somme capitale fixée par arbitre (art. 1 et 13 de l'annexe I de la loi de 1897).

530. — Travaux préparatoires. — D'après la loi française de
1898, la rente due aux victimes atteintes d'une incapacité permanente partielle est égale à la moitié de la réduction que l'accident a
fait subir au salaire, tandis que, dans les incapacités totales, elle est
calculée à raison des 2/3 du salaire. Ce défaut d'harmonie entre les
indemnités afférentes à ces deux catégories d'incapacité permanente
a fait l'objet de nombreuses controverses. Un sénateur, M. Blavier,
l'a vivement critiqué; dans la discussion qui a eu lieu en 1895[1], il a
insisté, non pour qu'on adoptât le système allemand, mais pour qu'on
prît comme unité de mesure commune aux deux catégories de sinistres la moitié du salaire. Il a fait remarquer que le projet français
allait grever l'industrie de charges excessives et qu'en tout cas la
différence du traitement entre ces deux classes d'incapacité était
inexplicable. Le rapporteur de la commission de 1895, sans méconnaître la justesse de ce raisonnement, n'en a pas moins persisté dans
son opinion. Si les dispositions de notre loi blessent la logique, elles
essayent du moins de concilier l'intérêt des patrons et celui des ouvriers. Élever aux deux tiers du salaire la base d'évaluation de toutes
les indemnités, c'eût été imposer à l'industrie des charges trop
lourdes; l'abaisser à la moitié du salaire, c'eût été prendre une mesure
trop défavorable à la classe ouvrière. Le moyen adopté donne une
demi-satisfaction à chacune ·des parties intéressées. Au surplus, ont
fait remarquer non sans raison M. le ministre du Commerce et M. le
rapporteur de la commission du Sénat en 1898, l'ouvrier atteint d'une
incapacité absolue et permanente est dans une situation bien plus
digne d'intérêt que celui dont l'incapacité est seulement partielle.
Privé de tout salaire et obligé non seulement de pourvoir aux besoins
de son existence, mais encore de supporter les frais d'un traitement
médical, il est une espèce d'épave humaine qui constitue une charge
pour sa famille. Il faut, dans ce cas, que l'indemnité compense dans
la plus large mesure possible le préjudice causé. Tout autre est la
situation de l'ouvrier qui conserve une partie ,de sa validité. Enfin il
ne faut pas perdre de vue que le nombre des incapacités absolues et
permanentes est très restreint; la plupart des victimes d'accidents
conservent une certaine aptitude au travail [2].

Cette différence de taux dans le calcul de ces deux sortes de rentes
conduit aussi parfois à des inégalités choquantes entre deux situations
presque identiques. Ainsi un ouvrier dont le salaire annuel est de
900 francs, perd, dans un accident du travail, les 9/10 de son aptitude

[1] Sénat. séance du 5 juill. 1895, *J. O.* du 6, Déb. parl., p. 744.
[2] Sénat, séance du 15 mars 1898, *J. O.* du 16, Déb. parl., p. 298.

au travail; sa pension sera fixée à la moitié de 800 francs, c'est-à-dire à 400 francs. Si l'accident lui avait enlevé aussi ce 1/10 de capacité restant, qui, sans lui être d'une utilité pratique bien appréciable, le distingue cependant des ouvriers totalement invalides, il aurait vu sa pension s'élever aux 2/3 de 900 francs, c'est-à-dire à 600 francs, ce qui représente une augmentation de moitié[1]. Un tel résultat ne blesse-t-il pas l'équité? Ne peut-il pas, le cas échéant, suggérer de mauvais conseils aux intéressés et devenir une nouvelle cause de contestations entre patrons et ouvriers?

531. — La partie de l'art. 2, qui concerne notre matière est ainsi conçue : « *Dans les cas prévus à l'art. 1er l'ouvrier ou l'employé a droit. ..... Pour l'incapacité partielle et permanente à une rente égale à la moitié de la réduction que l'accident aura fait subir au salaire ..... »*.

a) *Définition.*

532. — L'incapacité partielle permanente se définit d'elle-même. Elle consiste dans une diminution réputée incurable de l'aptitude au travail. Cette classe d'incapacité est limitée d'un côté par l'invalidité totale permanente et de l'autre par la validité complète : enfin, elle comporte elle-même une variété infinie de degrés. De là trois ordres de difficultés.

533. — La distinction entre l'incapacité absolue et l'incapacité partielle a été faite au paragraphe précédent. Toute infirmité incurable, d'origine traumatique, qui n'est pas exclusive de tout travail plus ou moins lucratif, mérite d'être classée dans les incapacités partielles permanentes. La même infirmité entraîne parfois une incapacité totale pour un ouvrier et seulement une incapacité partielle pour un autre, suivant l'âge ou les aptitudes de chacun. Ainsi l'amputation des deux jambes peut être classée dans les accidents suivis d'invalidité absolue et permanente, si la victime est un terrassier d'un certain âge et hors d'état de tirer parti de l'usage de ses doigts; on ne doit y voir au contraire qu'une incapacité partielle si la victime encore jeune a une dextérité

[1] Dans ce sens, Chardiny, *Commentaire de la loi sur les accid. du trav.* p. 98.

suffisante pour lui permettre de gagner un certain salaire.

534. — Entre l'incapacité partielle est la pleine validité il n'y a souvent qu'une nuance difficile à saisir. Nous avons vu que les infirmités incurables, qui sont sans influence sur la capacité de travail, doivent être assimilées à un état de validité entière (n° 491). Mais certaines de ces infirmités, insignifiantes pour les uns, peuvent être graves pour les autres. Par exemple, une cicatrice du visage, qui défigure la victime sans diminuer ses forces, est insignifiante pour un terrassier ou un mineur, mais peut causer un préjudice appréciable au salaire d'un cocher qui trouvera plus difficilement un emploi de sa profession[1]. La perte d'une ou de plusieurs dents est généralement considérée comme sans influence sur la validité de travail[2]; peut-être cependant trouverait-on des professions dans lesquelles elle serait une cause d'infériorité. Une légère dureté de l'ouïe, d'origine traumatique, peut ne pas être prise en considération chez un ouvrier mineur[3], mais elle affaiblirait d'une façon appréciable l'aptitude au travail d'un ouvrier ou employé obligé par ses fonctions de circuler sur la voie publique, tels que cocher, balayeur de rues, etc. De même une gêne, dans l'articulation de l'une des phalanges de l'index de la main gauche n'est pas en général une cause d'infériorité dans la faculté de travail d'un ouvrier ordinaire[4]; elle pourrait cependant être classée dans les cas d'incapacité partielle permanente si le blessé était gaucher ou si pour l'exercice de sa profession il avait besoin de toute la dextérité de sa main gauche. Une légère diminution d'acuité visuelle peut aussi suivant les circonstances, ne pas être considérée comme une infirmité permanente surtout si le sujet est jeune[5].

[1] Dans ce sens l'Off. imp. d'Allemagne a accordé une rente calculée à raison de 10 0/0 de diminution de validité à un cocher qui avait eu le nez écrasé par un coup de pied de cheval et à qui on avait fait un nez artificiel avec la peau du front (décis. du 15 janv. 1896, *Rekursentsch.*, t. X, p. 82, n° 156).

[2] T. Seine, 4 août 1900, *Gaz. Pal.*, 1901. 1. 263. T. paix Courbevoie, 8 mai 1900, D. 1902. 2. 68. Off. imp., 18 juill. 1898, *Rekursentscheid*, t. XII, p. 171, n° 247.

[3] Dans ce sens, Off. imp., 24 févr. 1893, *Rekursentscheid*, t. VII, p. 111, n° 198. Dans tous les cas une surdité un peu marquée rentre toujours dans la catégorie des incapacités permanentes partielles.

[4] C. d'Aix, 18 mai 1900, *Gaz. Pal.*, 1900. 1. 801.

[5] Dans ce sens, Off. imp., 15 juin 1887, *Rekursentscheid*, t. XI, p. 246.

535. — Enfin l'incapacité partielle permanente comporte elle-même des degrés infiniment variables non seulement suivant la nature de la blessure, mais encore suivant la profession de la victime, son âge, l'état de sa santé et mille autres circonstances impossibles à prévoir d'avance.

b) Calcul de la rente.

536. — En matière d'incapacité permanente, la rente est égale à la *moitié de la réduction que l'accident fait subir au salaire annuel.* Si, par exemple, l'infirmité incurable consécutive à l'accident diminue de moitié la capacité de travail d'un ouvrier, celui-ci aura droit à une rente égale au quart du salaire annuel : à une réduction des 3/4 de capacité correspondra une rente égale aux 3/8 du salaire annuel, etc.

537. — Que faut-il entendre exactement par *réduction que l'accident a fait subir au salaire annuel?* Une telle réduction comporte la comparaison entre deux éléments : le salaire antérieur à l'accident et le salaire postérieur.

Le salaire antérieur à l'accident est le salaire annuel, tel que l'art. 10 prescrit de le calculer. Nous avons déjà expliqué que le législateur n'admettait pas d'autre mesure de la capacité de l'ouvrier avant l'accident[1]. Il ne pouvait pas en effet trouver un élément d'appréciation plus sûr et plus impartial. C'est ce qui explique pourquoi il a employé l'expression de *réduction de salaire annuel* au lieu de *réduction de capacité.*

538. — Tout autre est la situation du blessé après l'accident. La reprise de son travail est de date trop récente pour que son nouveau salaire puisse être considéré comme définitif, et par suite susceptible de donner la mesure vraie de sa validité. Peut-être ne doit-il son taux relativement élevé qu'à la générosité du patron ou à tout autre motif provisoire? Peut-être au contraire est-il inférieur à celui auquel l'ouvrier pourrait légitimement prétendre, soit parce que celui-ci n'a pu encore se procurer une place en rapport avec ses facultés réelles, soit par suite de toute autre circonstance étrangère au traumatisme[2]. Ce deuxième élément de comparaison doit

---

[1] Voir plus haut n° 455 ce que nous avons dit à propos des infirmités préexistantes.
[2] Seine, 26 mars 1900, *Gaz. Pal.*, 1900. 1. 625. Saint-Étienne, 10 mars 1900,

donc être non le salaire effectif de l'ouvrier depuis l'accident, mais le salaire que ses facultés de travail restantes lui permettent de gagner. En d'autres termes, on doit rechercher dans quelles proportions la capacité professionnelle de l'ouvrier a été diminuée par suite de l'accident et quel abaissement correspondant du salaire doit normalement s'en suivre. Par suite la circonstance que la victime d'un accident du travail gagne un salaire aussi élevé qu'avant le traumatisme n'est pas, à elle seule, suffisante pour faire déclarer la demande du blessé irrecevable : il importe de rechercher si, malgré le maintien du salaire annuel antérieur, l'ouvrier n'a pas été atteint, par le fait de l'accident, d'une infirmité incurable qui diminue dans une mesure appréciable ses facultés de travail[1].

539. — Les deux éléments qui ont servi de base au calcul de la rente allouée à la victime, c'est-à-dire le salaire annuel effectif de l'ouvrier et la réduction que l'accident fera normalement subir à ce salaire, doivent être expressément indiqués dans la décision du tribunal et de la cour d'appel, pour que la Cour de cassation puisse exercer son contrôle[2].

III

Incapacité temporaire.

PRÉLIMINAIRES.

540. — Les lois *allemande* et *autrichienne* ne font aucune distinction entre l'incapacité permanente et l'incapacité temporaire : les indemnités sont calculées sur les mêmes taux, quelle que soit la durée de l'invalidité. Toutefois en Allemagne, pendant les quatre premières semaines, les victimes n'ont droit qu'à une allocation égale à 50 0/0 du salaire et cette allocation est à la charge exclusive de la caisse des maladies. A partir de la cinquième jusqu'à la treizième semaine, l'allocation s'élève aux 2/3 du salaire, avec cette circonstance qu'elle

D. 1900. 2. 230. C. Aix, 3 août 1900, D. 1901. 2. 373. C. Besançon, 4 juill. 1900, D. 1901. 2. 229. Cass. civ., 26 nov. 1901, S. 1902. 1. 130, D. 1901. 1. 552; 7 janv. 1902, D. 1902. 1. 339. Cass. req., 13 janv. 1902, S. 1902. 1. 180, D. 1902. 1. 404; 13 janv. 1903, *Gaz. Pal.*, 1903. 1. 210, S. 1903. 1. 335, D. 1903. 1. 108. — *Contrà*, Toulon, 13 janv. 1900, D. 1900. 2. 297. Montluçon, 18 mai 1900, D. 1900. 2. 449.
[1] Mêmes décisions.
[2] Cass. civ., 21 janv. 1903, D. 1903. 1. 177.

est jusqu'à concurrence des 5/6 à la charge de la caisse des maladies et pour un 1/6 à la charge de la corporation. La caisse des maladies est, ainsi que nous l'avons déjà fait remarquer, alimentée par les cotisations des ouvriers et par celles des patrons. En Autriche la caisse des maladies doit faire face aux indemnités dues pendant les quatre premières semaines.

Les lois *italienne* et *danoise* qui, comme la loi française, ont fait de l'incapacité temporaire une classe spéciale, l'ont en même temps subdivisée en incapacité *partielle* et incapacité *totale*. Pendant la durée de l'incapacité totale, les blessés reçoivent en Italie une allocation égale à la moitié du salaire moyen et au Danemark, une indemnité quotidienne calculée à raison des 3/5 du salaire quotidien avec minimum de 1 fr. 40 et maximum de 2 fr. 80 par jour. Quand l'incapacité temporaire devient partielle, l'allocation quotidienne est réduite proportionnellement, c'est-à-dire fixée en Italie à la moitié de la réduction que cette incapacité fait subir au salaire moyen, et au Danemark aux 3/5 de cette réduction.

541. — Nous avons expliqué les motifs pour lesquels notre législateur n'a pas cru devoir admettre la subdivision des incapacités temporaires en *partielles* ou *totales* (n° 483). Nous ne pouvons que regretter sa détermination qui est, dans la pratique, une source de difficultés. La période de traitement médical est souvent fort longue; il n'est pas rare de la voir durer plusieurs années. Or, surtout quand elle est longue, elle n'exclut pas la possibilité pour l'ouvrier de se livrer à un travail plus ou moins rémunérateur.

Il y aurait grand intérêt aussi à organiser, comme en Allemagne et en Autriche, des caisses de maladies et à mettre à la charge de ces caisses les indemnités temporaires afférentes aux premières semaines qui suivent l'accident. De cette façon, les victimes seraient assurées de toucher sans retard le montant de ces indemnités dont le paiement est actuellement subordonné trop souvent à l'issue de contestations judiciaires. Les art. 5 et 6 de notre loi, qui s'étaient inspirés de cette idée et avaient été votés dans le but de favoriser la création de sociétés d'assurances, sont restés à peu près sans application.

---

542. — La partie de l'art. 3 qui concerne notre matière est ainsi conçue : « *Dans les cas prévus à l'art. 1er l'ouvrier ou employé a droit : ..... pour l'incapacité temporaire, à une indemnité journalière égale à la moitié du salaire touché au* *moment de l'accident si l'incapacité de travail a duré plus de quatre jours et à partir du cinquième jour* ».

543. — La victime d'un accident n'a qu'une incapacité de travail temporaire, lorsqu'elle retrouve intacte, après un temps plus ou moins long, l'aptitude au travail dont elle était douée avant sa blessure.

544. — L'indemnité afférente aux accidents suivis d'incapacité temporaire se distingue des autres indemnités par les quatre caractères suivants :

1° Elle est égale à la moitié du salaire.

2° L'unité du salaire, qui sert de base au calcul est, non le salaire annuel, mais le salaire touché au moment de l'accident. Nous étudierons la composition et le calcul de ce salaire, n° 890.

3° L'indemnité est due à partir du cinquième jour qui a suivi celui de l'accident. Le jour de l'accident la victime touche son salaire intégral et les quatre jours suivants elle n'en touche aucun. Nous avons expliqué n° 487, les motifs de cette disposition. En traitant du traitement médical, n° 605, nous étudierons la question de savoir si pendant ces quatre premiers jours la victime est aussi privée de tout droit aux frais médicaux et pharmaceutiques.

4° En cas de contestation pour le règlement de cette indemnité le juge de paix est compétent en dernier ressort (art. 15).

545. — L'indemnité journalière est-elle due tous les jours, y compris les dimanches ou jours fériés, ou seulement les jours ouvrables ? Cette question, après avoir pendant quelque temps divisé la jurisprudence, a été tranchée d'une façon définitive par la Cour de cassation qui, se fondant sur les travaux préparatoires, a décidé que l'indemnité temporaire était due tous les jours sans exception. A aucun moment de la discussion devant la Chambre, dit la Cour suprême [1] on n'a mis en question le caractère quotidien de cette indemnité.

---

[1] Cass. civ., 27 mars 1901, S. 1901. 1. 521, D. 1901. 1. 161 et la note de M. l'avocat général Sarrut. T. paix Paris, 6 déc. 1899, *Gaz. Pal.*, 1900. 1. 51 et 53; 24 janv. 1900, S. 1900. 2. 212. C. Paris, 8 mars 1901, C. Nancy, 27 févr. 1901, *Gaz. Pal.*, 1901. 1. 499. — *Contrà*, T. Marseille, 2 déc. 1899, S. 1900. 2. 212. T. paix Paris, 1er déc. 1899, J. *La Loi*, 2 et 21 déc. 1899. T. Alais, 8 févr. 1900, *Gaz. Pal.*, 28 févr. 1900.

Lorsqu'en 1895 la commission du Sénat voulut, contrairement au texte voté par la Chambre des députés en 1893, tenir compte des jours de chômage dans la réparation du préjudice causé par les incapacités temporaires, elle proposa, le 28 octobre, de prendre pour base de l'indemnité journalière « le gain réalisé pendant les trente derniers jours qui ont précédé l'accident » ; mais un amendement, voté le même jour, détruisit l'œuvre de la commission, prenant pour base de la détermination du salaire le trentième du gain total, non plus « des trente derniers jours », mais bien « des trente derniers jours de travail ». Or, le texte définitivement voté, qui rappelle celui de 1893 et sur lequel on ne trouve plus trace d'aucun débat, est manifestement conçu dans le même esprit qui animait la Chambre des députés en 1893 et le Sénat en 1895 [1].

546. — Il arrive souvent que les ouvriers sont payés au mois. En pareil cas, on devra tout d'abord rechercher le salaire journalier en divisant le montant de la dernière rémunération mensuelle par le nombre des jours de travail *effectif* pendant le mois. Ainsi une rémunération mensuelle de 120 francs représentera un salaire journalier de 120/30 c'est-à-dire de 4 francs si l'ouvrier travaillait tous les jours sans exception ; elle équivaudra, au contraire à un salaire journalier de 120/25, c'est-à-dire de 4 fr. 80 si l'ouvrier chômait les dimanches et jours de fête. L'indemnité journalière sera donc de 2 francs dans le premier cas et de 2 fr. 40 dans le second ; mais elle sera toujours due les dimanches et jours fériés.

547. — On sait que l'art. 2, al 2, réduit dans une certaine mesure les rentes et indemnités dues aux victimes dont le salaire est supérieur à 2.400 francs. Cette limitation s'étend-elle aux indemnités temporaires. La question était controversée autrefois, le texte primitif de l'art. 2 visant les rentes et *indemnités*. Elle a été définitivement tranchée dans le sens de la négative par la loi du 22 mars 1902 qui a retranché le mot

---

[1] Le projet de loi adopté par la commission du Sénat en décembre 1903 et soumis actuellement aux délibérations de la Haute Assemblée sanctionne expressément sur ce point la jurisprudence de la Cour de cassation ; il énonce à l'art. 3 que l'indemnité journalière est due « sans distinction *entre les jours ouvrables et les dimanches et jours fériés* ».

« *indemnités* » du texte de l'art. 2. La circonstance que le salaire est supérieur à 2.400 francs est donc sans influence sur le calcul de l'indemnité temporaire.

548. — Au point de vue de l'indemnité temporaire et des frais médicaux et pharmaceutiques, l'ouvrier étranger est placé sur le même pied que l'ouvrier français, alors même qu'avant sa guérison complète il viendrait à quitter le territoire français pour aller se faire soigner dans son pays. C'est là une question d'humanité qui n'a pas besoin d'être expliquée. Au surplus, le texte ne laisse aucun doute sur cette interprétation. L'art. 3, qui prévoit l'allocation d'une indemnité égale à trois fois le montant de la rente, ne vise évidemment que les rentes et pensions dues à raison des accidents suivis d'incapacité permanente[1]. Dans les accidents de cette dernière catégorie, l'indemnité temporaire due pendant le traitement de la blessure s'ajoute aux trois annuités de rentes capitalisées.

TROISIÈME SECTION
Des accidents suivis de mort.

PRÉLIMINAIRES.

549. — Nous avons déjà dit que le caractère distinctif des accidents mortels au point de vue de la fixation de l'indemnité est qu'on doit faire abstraction de la victime elle-même pour n'envisager que la perte éprouvée par les ayants-droit survivants. (Est-ce à dire que la situation personnelle du défunt soit sans influence sur le montant de l'indemnité? Non certes. Ne perdons pas de vue, en effet, que le bénéficiaire d'une assurance ne peut revendiquer une part d'indemnité que dans la mesure où il éprouve un préjudice et que, si notre loi ne prononce pas le mot d'assurance obligatoire, elle n'en fait pas moins des patrons les assureurs forcés de leurs ouvriers.

Tout d'abord l'accident mortel nécessite les funérailles de la victime. Les frais funéraires, qui sont en principe à la charge de la succession, doivent être, aux termes de l'art. 4 de notre loi, supportés par le patron. Le même art. 4 dispose que ces frais sont évalués à la somme de cent francs au maximum. Les contestations, auxquelles le règlement de ces frais peut donner lieu, relèvent de la compétence du juge de paix (art. 15).

---

[1] Av., Comité consult., 10 févr. 1900, *J. O.*, 16 févr. 1900, p. 1009.

En dehors des frais funéraires, le préjudice pour les parents survivants de la victime d'un accident consiste exclusivement dans la privation des secours qu'ils recevaient ou qu'ils étaient en droit d'exiger du défunt. Pour évaluer ce dommage, il faut donc admettre que la victime venait en aide à certains membres de sa famille ou qu'elle était tenue envers eux à des obligations alimentaires. Sans examiner les conditions que ces parents ou alliés doivent remplir pour prétendre au bénéfice de la loi, on peut conclure que les secours, sur lesquels ils étaient en droit de compter, sont en rapport avec le montant du salaire du défunt. Il est bien évident qu'un ouvrier gagnant de 5 à 6 francs par jour sera en mesure de consacrer à l'entretien de sa famille une somme plus élevée que ne pourrait le faire un journalier dont le salaire ne dépasserait pas 2 fr. 50. L'âge de la victime n'est pas non plus indifférent. Si l'ouvrier décédé est, par exemple un vieillard n'ayant plus à fournir qu'un temps très restreint de travail utile, le dommage éprouvé par les ayants-droit est évidemment plus faible que si l'ouvrier atteint par l'accident est encore dans la force de l'âge. Ce dernier élément aurait pu sans inconvénient être pris en considération par notre législateur.

550. — Nous arrivons ainsi à la question délicate de savoir si l'indemnité doit varier suivant le nombre et le degré de parenté des ayants-droit du défunt. En matière d'accidents suivis d'invalidité permanente nous avons approuvé la solution négative consacrée par notre loi, car l'ouvrier infirme, touchant une rente égale aux 2/3 de son salaire, peut en prélever une partie pour subvenir à l'entretien de ses proches. Mais ici la situation est différente : le chef de famille lui-même a disparu. Ne convient-il pas de proportionner dans la mesure du possible l'indemnité au préjudice causé? Cela ne me paraît pas douteux. Quoi qu'en disent certains économistes, si les sacrifices que s'impose un ouvrier pour l'entretien de sa famille ont nécessairement des limites, ils ne constituent pas cependant une part immuable du salaire; ils se mesurent généralement aux besoins des personnes secourues et à son degré d'affection pour elles. L'humanité et la justice commandent de faire une différence entre le célibataire et l'homme marié et même de graduer dans une certaine mesure l'indemnité suivant le nombre des enfants. Mais il faut prendre garde que cette progression n'ait pour conséquence de créer une inégalité des ouvriers eu égard aux charges de l'assurance ou à celles qui pourraient en résulter pour les chefs d'entreprise non assurés.

Trois moyens d'éviter cet écueil s'offraient au législateur.

Le premier était de ne faire varier les indemnités que dans des limites très restreintes, de façon que l'intérêt résultant de cette variation soit insignifiant pour les chefs d'entreprise et pour les assureurs. C'est le système adopté par la législation anglaise qui a d'ailleurs laissé aux parties et, le cas échéant, au juge, un pouvoir d'appréciation assez étendu. La même opinion paraît avoir prévalu au Danemark, où la loi nouvelle sur les accidents se contente de fixer le maximum et le minimum de l'indemnité afférente aux accidents mortels.

Le deuxième moyen consistait à rendre l'assurance obligatoire et à la monopoliser entre les mains d'une seule et même association qui serait elle-même tenue d'accepter tous les risques et de ne faire aucune distinction entre les bénéficiaires de l'assurance, quelle que soit leur situation de famille. En pareil cas, l'association d'assurance se fonderait, pour le calcul de ses primes, sur une moyenne de charges de famille, de telle sorte que les réductions opérées sur les indemnités payables en matière d'accidents survenus à des célibataires arriveraient à compenser les suppléments ajoutés à celles dues aux enfants et conjoints des ouvriers mariés et pères de famille. Ce principe a été consacré par les législations allemande, autrichienne et norvégienne.

Enfin, d'après un troisième système, l'indemnité due par le chef d'entreprise ou par l'assureur en cas d'accident mortel est établie sur des bases indépendantes de la situation de famille de la victime; mais au lieu d'être remise directement aux ayants-droit, elle est versée dans une caisse spéciale qui centralise toutes les sommes de cette nature, les fait fructifier et les répartit ensuite entre les parents survivants des victimes dans la proportion des charges familiales de chacune de celles-ci et sous forme de rente viagère ou temporaire. Ce procédé ingénieux, tout en ne mettant à la charge du chef d'entreprise ou de l'assureur qu'une indemnité fixe, arrive à réparer proportionnellement aux charges de famille de la victime les conséquences dommageables d'un accident mortel, conciliant ainsi ces deux idées en apparence contradictoires : la progression de l'indemnité pour les ayants-droit qui la touchent et la fixité pour le patron ou pour l'assureur qui en sont redevables. M. Mirman en a fait la base de son projet[1].

---

[1] D'après le projet Mirman (*J. O.* 1898, Doc. parlem., Chambre, p. 1248), les chefs d'entreprise devraient, après chaque accident mortel, effectuer à la Caisse nationale des retraites dix versements annuels représentant chacun 40 0/0 du salaire annuel de l'ouvrier décédé. A cette condition, la Caisse des retraites assurerait aux ayants-droit les rentes et pensions fixées par l'art. 3. Ce projet ferait ainsi de la Caisse nationale des retraites une sorte de caisse de compensation dans laquelle l'excédent des indemnités payées au décès des célibataires ou des étrangers serait destiné à combler l'insuffisance des indemnités afférentes aux accidents qui privent les familles nombreuses d'un chef ou d'un soutien. Idée ingénieuse et qui, j'en conviens, ne serait pas absolument irréalisable, malgré les difficultés qu'on éprouverait à calcu-

Tels sont les principes. Notre législateur a gradué les indemnités à peu près dans la même mesure que les lois allemande et autrichiénne. Mais, comme il a laissé l'assurance facultative, plusieurs auteurs craignent qu'il ne soit allé trop loin dans la voie de la progression et qu'au lieu de protéger les ouvriers mariés et pères de famille, il ne les ait placés dans une situation défavorable par rapport aux célibataires.

551. — TRAVAUX PRÉPARATOIRES. — Cette question a préoccupé le Sénat dès 1896. L'honorable rapporteur M. Poirrier, répondant à M. le sénateur Buffet, déclara qu'aucune différence ne serait faite par les compagnies d'assurances privées ou par les caisses de l'État entre la situation de l'ouvrier célibataire et celle de l'ouvrier marié. Cette affirmation est rassurante [1]. Si les compagnies actuellement existantes ont pris un tel engagement, il convient de leur en donner acte. Mais cet engagement sera-t-il tenu par les compagnies qui se créeront dans la suite? Et, si le patron devient son propre assureur, n'aura-t-il pas intérêt à préférer l'ouvrier célibataire au père de famille? M. Poirrier fait remarquer que, d'après les calculs d'un actuaire, M. Marie, les charges résultant des indemnités de cette nature seront presque insi-

ler, même approximativement, la proportion existant entre le nombre des ouvriers célibataires ou étrangers se trouvant dans les conditions de la disposition finale de l'art. 3, et d'autre part, le nombre de ceux qui sont chargés de famille! Le plus grave reproche qu'on puisse lui adresser est de nécessiter l'intervention d'une caisse d'État.

Un autre projet émanant de M. le député Dubuisson propose de mettre purement et simplement à la charge du fonds spécial des garanties d'insolvabilité les pensions allouées par le paragraphe B de l'art. 3 aux enfants des victimes décédées (*J. O.* 1898, Doc. parlem., Chambre, p. 1200). Pour être plus simple que le projet Mirman ce texte n'en est pas meilleur. Il s'expose d'abord aux mêmes critiques. Et en second lieu il a le grave défaut d'augmenter les charges du fonds de garanties dont la constitution et l'alimentation sont déjà les points faibles de notre loi, ainsi que nous l'avons fait observer dans notre préface.

[1] Elle a été renouvelée postérieurement dans une lettre adressée le 26 mars 1899 à M. Ricard, président de la commission d'assurance et de prévoyance sociales par le syndicat des compagnies d'assurances à primes fixes contre les accidents. Voici le texte de cette lettre : « Les sociétés d'assurances mutuelles ou à primes fixes ne tiennent jamais compte de l'état civil des ouvriers dans la fixation de leurs primes, qui sont uniquement proportionnelles à la totalité des salaires payés par les chefs d'entreprise, sans que la personnalité des ouvriers intervienne en quoi que ce soit dans le calcul, le coefficient de proportionnalité ne dépendant que de l'industrie exercée et de l'installation plus ou moins satisfaisante des ateliers. Lors même que les sociétés d'assurance voudraient abandonner leurs traditions invariables jusqu'ici sur ce point, elles ne le pourraient pas, car il serait pratiquement impossible de suivre sans interruption l'état civil de tous les ouvriers attachés à une entreprise, soit à titre permanent, soit à titre temporaire, et de contrôler les déclarations qui seraient faites par les intéressés, notamment au point de vue des mariages et des naissances d'enfants que les ouvriers auraient intérêt à dissimuler. Les industriels assurés paient donc exactement la même prime pour leurs ouvriers, quelles que soient la nationalité ou la situation de famille de ceux-ci. Ils n'ont donc pas le moindre intérêt à exclure les uns plutôt que les autres ».

gnifiantes ; elles atteindront cependant, toujours d'après M. Marie, le 8 ou le 10 0/0 des charges totales de l'assurance. Il est vrai que chez les pères de famille on trouve des qualités qui font généralement défaut aux célibataires : régularité dans la conduite, habitudes d'ordre et d'économie, goûts sédentaires, etc.; à tel point que, dans la plupart des industries, les chefs d'exploitation n'hésitent pas à leur accorder des subventions en nature ou à leur procurer certaines commodités (logement, combustibles, écoles, asiles)[1]. Enfin déjà, sous l'empire du droit commun, le patron déclaré responsable d'un accident était exposé à être condamné à payer une indemnité plus élevée à l'homme marié qu'au célibataire, le préjudice éprouvé par celui-ci étant généralement moindre que le dommage causé à celui-là. Et cependant on n'a jamais entendu dire que le fait d'être marié et père de famille eût été, pour un ouvrier, un obstacle à se procurer du travail.

Ces considérations ont déterminé la majorité du Parlement à voter notre texte.

552. — Polices d'assurances. — Avant la mise en vigueur de la législation nouvelle, les compagnies d'assurances françaises étaient divisées sur la question ; mais celles qui consentaient à proportionner l'indemnité au nombre des ayants-droit ne le faisaient que dans des proportions très restreintes et encore n'allouaient-elles qu'un capital tout à fait insuffisant. Quant aux autres, elles n'admettaient que le versement d'une somme fixe plus ou moins élevée, suivant la convention des parties, mais toujours bien inférieure à la valeur du dommage causé. Enfin certains assureurs ne promettaient qu'une seule et même indemnité de mille francs.

553. — Législation étrangère. — D'après la loi *allemande* de 1884, l'accident qui entraîne la mort de la victime ne donne pas seulement droit à une allocation pour frais funéraires d'une certaine somme d'argent égale à vingt fois le salaire journalier moyen et qui ne peut pas être inférieure à 37 fr. 50 ; il fait naître au profit de certains parents le droit à une rente proportionnée au salaire du défunt ; c'est ainsi que la veuve touche, sa vie durant, le 20 0/0 du gain journalier, à moins toutefois qu'elle ne se remarie ; chaque enfant jusqu'à quinze ans révolus peut obtenir le 15 0/0 du même gain[2] ; l'orphelin de père et de mère, le 20 0/0. Les pensions de la veuve et des orphelins ne peuvent, au total, excéder 60 0/0 du salaire. Si la veuve se remarie, elle perd ses droits à une rente ; mais on lui remet

[1] Cheysson, *Congrès de Paris*, II, p. 278. Ricard, rapport du 25 juin 1888, *J. O.*, p. 1882. Tarbouriech, *Accid. du trav.*, p. 197, n° 272.
[2] La loi allemande du 30 juin 1900 a élevé uniformément à 20 0/0 les rentes d'orphelins de père ou de mère.

en capital une indemnité égale au triple de sa pension annuelle.

L'art. 7. de la loi *autrichienne* alloue des frais funéraires dont le montant est fixé d'après les coutumes locales avec maximum de 25 florins (62 fr. 50). Le conjoint survivant dont le mariage est antérieur à l'accident a droit, jusqu'à sa mort ou son remariage, à une pension de 10 0/0, qui, en cas de remariage subséquent, est convertie en un capital égal à trois fois la rente. Chaque enfant légitime est aussi, jusqu'à quinze ans accomplis, titulaire d'une pension égale à 15 0/0 s'il a encore un de ses parents, et d'une pension de 20 0/0 s'il a perdu ou perdra le second de ses parents. Pour chaque enfant illégitime conçu avant l'accident la pension est seulement de 10 0/0. L'ensemble des pensions de la veuve et des enfants ne doit pas dépasser 50 0/0; sinon elle est sujette à réduction proportionnelle. Les ascendants de la victime peuvent également obtenir une pension égale en totalité à 20 0/0, quel que soit leur nombre, mais à la double condition : 1° que la victime aura été leur seul soutien; 2° que le maximum de 50 0/0 n'aura pas été absorbé par les pensions de la veuve et des enfants. Enfin, tout secours est refusé au conjoint survivant qui, par sa faute, se trouve dans une situation irrégulière.

La législation *norvégienne* admet les mêmes bases, avec cette seule différence que les frais funéraires sont fixés à 65 francs.

La loi *anglaise*, tout en consacrant la fixation de l'indemnité en capital, fait une distinction suivant les charges de famille. Si l'ouvrier laisse à son décès des personnes entièrement à sa charge, l'indemnité est égale au total des salaires qu'il a gagnés au service du même patron durant les trois années qui ont précédé l'accident, sans que ladite indemnité puisse être inférieure à 3.750 francs, ni supérieure à 7.500 francs, déduction faite des versements hebdomadaires effectués avant sa mort. Dans le cas où il aurait été depuis moins de trois ans au service de son patron, l'indemnité sera égale à cent cinquante-six fois le montant du salaire hebdomadaire moyen reçu pendant son temps de service effectif. Si l'ouvrier ne laisse à son décès que des personnes vivant partiellement de son salaire, l'indemnité est fixée à l'amiable sans pouvoir dépasser les sommes indiquées ci-dessus, ou, en cas de désaccord, par un arbitrage tel qu'il est réglé par la loi (art. 1er, A, de l'annexe I de la loi de 1897).

En *Italie* et au *Danemark*, l'indemnité en cas de mort consiste dans un capital fixe; elle est égale à cinq fois le salaire annuel en Italie et à quatre fois le même salaire en Danemark. Dans ce dernier pays, le maximum de l'indemnité est fixé à 4.445 francs (3.200 couronnes) et le minimum à 1.665 francs (1.200 couronnes).

554. — Notre loi francaise distingue trois classes d'ayants-droit, en cas d'accidents mortels : 1° le conjoint ; 2° les enfants ; 3° les ascendants et descendants autres que les enfants. Un paragraphe spécial sera consacré à chacune de ces catégories d'ayants-droit et dans un quatrième paragraphe, nous examinerons la situation faite aux autres parents.

555. — Présentons au préalable une observation d'un ordre général. Notre art. 3 ne vise que les pensions à servir aux parents survivants à partir du décès de la victime. Il y a là, nous semble-t-il, une lacune dans la loi. Dans les accidents mortels, le décès de la victime n'est pas nécessairement immédiat ou presque immédiat ; il arrive parfois que la blessure, tout en étant mortelle, ne détermine la mort qu'après plusieurs jours ou plusieurs semaines de maladie. Quelle sera pendant ce laps de temps la situation de la victime? Les lois allemande et autrichienne spécifient expressément que les blessés mortellement atteints recevront, de leur vivant, l'indemnité due aux victimes totalement invalides ; les lois anglaise, italienne et danoise leur allouent également une indemnité hebdomadaire ou quotidienne.

Notre législateur n'a pas prévu cette hypothèse. Il y a lieu de suppléer à son silence en assimilant la situation des victimes de cette catégorie à celle qui est faite pendant la période de traitement médical aux blessés atteints d'invalidité permanente ; les frais médicaux et pharmaceutiques lui seront dus à partir du moment de l'accident et l'indemnité journalière de demi-salaire à partir du cinquième jour.

Dans le cas où la blessure, classée d'abord au nombre de celles entraînant une incapacité permanente, n'aurait causé le décès de la victime qu'après la constitution d'une rente viagère, les ayants-droit du défunt devraient recourir à l'action en révision pour faire régler les pensions leur revenant.

Le conjoint.

556. — En ce qui concerne le conjoint, l'art. 3 de la loi de 1898 dispose : « *Lorsque l'accident est suivi de mort, une pen-*

sion est servie aux personnes ci-après désignées, à partir du décès, dans les conditions suivantes : A. Une rente viagère égale à 20 0/0 du salaire annuel de la victime pour le conjoint survivant non divorcé ou séparé de corps, à la condition que le mariage ait été contracté antérieurement à l'accident ; — B. En cas de nouveau mariage, le conjoint cesse d'avoir droit à la rente mentionnée ci-dessus : il lui sera alloué, dans ce cas, le triple de cette rente à titre d'indemnité totale.

Pour qu'un conjoint survivant ait droit à une pension, il faut qu'il remplisse les deux conditions suivantes :

557. — 1° Qu'il ne soit ni divorcé, ni séparé de corps.

Cette condition est juste, si le divorce ou la séparation de corps a été prononcée contre le survivant ; elle cesse de l'être dans le cas contraire et si surtout le jugement de rupture du lien conjugal a condamné la victime à payer une pension alimentaire à son conjoint. Le projet voté par le Sénat en 1895 contenait une disposition qui remédiait à cette inconvénient. « Cette rente, y était-il dit, ne sera due au conjoint divorcé ou séparé de corps que jusqu'à concurrence du chiffre que lui aurait permis de réclamer soit le jugement qui aura prononcé le divorce, soit la convention qui en aura été la suite ». Il est regrettable que cette disposition si sage n'ait pas trouvé place dans le texte définitif.

558. — 2° Il est en outre nécessaire que le mariage ait été contracté antérieurement à l'accident.

Dans les accidents mortels le décès de la victime ne suit pas toujours immédiatement le traumatisme. Le législateur a craint que des femmes ne se livrassent à la spéculation d'épouser *in extremis* un ouvrier mortellement blessé, à seule fin de profiter des avantages que la loi confère aux épouses des victimes d'accidents. C'est pour déjouer cette fraude qu'il a inséré cette deuxième condition dans notre article.

559. — Nous avons déjà parlé plus haut de la clause applicable en cas de nouveau mariage. Cette clause, qu'on qualifie inexactement de déchéance, est inscrite dans les statuts de toutes les sociétés de secours mutuels. Elle est aussi admise par les législations allemande et autrichienne. Malgré les nombreuses critiques dont elle a été l'objet, elle se justifie pleinement. Le conjoint survivant, qui contracte un nouveau mariage, a besoin beaucoup plus d'un petit capital que d'une rente; son entrée en ménage nécessite des dépenses exceptionnelles auxquelles il doit pourvoir. Les préoccupations de la vie quotidienne passent au second plan, le nouveau conjoint étant désormais là pour subvenir aux frais d'entretien. En accordant une somme égale au triple de la rente, la loi actuelle tient compte dans une juste mesure de cette double considération.

II

Les enfants.

560. — Notre article accorde « *aux enfants légitimes ou naturels, reconnus avant l'accident, orphelins de père ou de mère, âgés de moins de seize ans, une rente calculée sur le salaire annuel de la victime, à raison de 15 0/0 de ce salaire s'il n'y a qu'un enfant, de 25 0/0 s'il y en a deux, de 35 0/0 s'il y en a trois, et de 40 0/0 s'il y en a quatre ou un plus grand nombre. — Pour les enfants orphelins de père et de mère, la rente est portée pour chacun d'eux à 20 0/0 du salaire. — L'ensemble de ces rentes ne peut, dans le premier cas, dépasser 40 0/0 du salaire, ni 60 dans le second*[1].

L'étude de ce paragraphe comporte trois parties : *a*) Qualité des ayants-droit; *b*) Durée, taux et calcul de l'indemnité; *c*) Accroissement et réversion.

a) Qualité des ayants-droit.

561. — Enfants légitimes. — La preuve de la filiation légitime se fera suivant les règles établies par les art. 319 et s. du Code civil.

Il n'est pas nécessaire que l'enfant légitime soit né après l'accident; il suffit qu'il ait été conçu avant cette date. Mais l'action en paiement de la rente au profit de l'enfant simplement conçu peut-elle s'exercer pendant la durée de la gros-

---

[1] La commission sénatoriale, dans son projet du mois de décembre 1903, propose d'apporter à ce texte une double modification : elle assimile les petits-enfants aux enfants, mais elle limite le droit à la pension légale aux seuls enfants ou petits-enfants *qui étaient à la charge de la victime décédée.*

sesse de la mère ou bien ne doit-elle être intentée qu'après la naissance de l'ayant-droit ? Nous estimons que le droit est né par le fait de l'accident, mais qu'il est subordonné à la condition résolutoire de la non-viabilité de l'enfant. L'action peut donc s'exercer pendant la grossesse aux fins de faire triompher ce droit conditionnel. Si l'enfant ne naît pas viable, ce droit sera anéanti rétroactivement et l'action n'aura produit aucun effet. Si, au contraire, l'enfant naît viable, la rente aura son point de départ au jour du décès de la victime, conformément à la loi[1].

561 *bis*. — On doit assimiler aux enfants légitimes les enfants adoptés par acte testamentaire en suite d'une tutelle officieuse (art. 361 et 366, C. civ.), les termes de l'art. 350 du Code civil, sur les effets de l'adoption, ne laissent subsister aucun doute sur ce point.

562. — ENFANTS NATURELS. — Notre loi place sur le même pied les enfants légitimes et les enfants naturels reconnus avant l'accident. Rien n'est plus juste. Un père doit des aliments aussi bien à ses enfants naturels qu'à ses enfants légitimes ; or, la pension allouée ayant un caractère alimentaire, on ne comprendrait pas que les uns fussent plus favorisés que les autres. Cependant, M. Jourdain, dans son rapport au congrès de Paris (t. I, p. 439) estimait qu'on ne devrait faire participer les enfants naturels au bénéfice de l'indemnité que dans les limites où le Code les admet à la succession. C'était confondre le droit à l'aliment avec les droits successoraux. Sans doute, comme un bien successoral, la rente dont il s'agit ne se touche qu'après le décès du père, mais on oublie que ce décès n'est pas survenu naturellement et qu'il est dû à un accident dont la pension est destinée à réparer les conséquences dommageables.

563. — *Quid*, si un enfant naturel, sans avoir été expressément reconnu, a joui d'une possession d'état conforme à

[1] Dans ce sens, T. Seine, 10 oct. 1900, *Gaz. Pal.*, 1900. 2. 711, D. 1901. 2. 308. — *Contrà*, la rente n'a son point de départ qu'au jour de la naissance de l'enfant. C. Paris, 21 févr. 1901, D. 1901. 2. 308. T. Dunkerque, 2 mars 1900, Arras, 29 mars 1900, D. 1901. 2. 308. Enfin, dans une troisième opinion, l'action de la mère doit être réservée jusqu'à l'avènement de son accouchement. T. Dax, 28 févr. 1901, *Gaz. Pal.*, 1901. 1. 404. T. Dunkerque, et T. Arras, précités.

l'indication qui a été faite du nom de sa mère sur son acte
de naissance? Si l'on admet avec la plus grande partie de la
jurisprudence qu'un enfant peut, en pareil cas, démontrer sa
filiation naturelle en rapportant la double preuve du consentement de la mère à l'inscription de son nom dans l'acte de
naissance et de sa possession d'état [1], rien ne s'opposerait à
ce que l'enfant qui se prétend le fils naturel d'une victime
décédée, fît cette double preuve, à la condition que tous les
faits rapportés par les témoins fussent antérieurs à l'accident.
Ainsi on ne pourrait se fonder sur un aveu que la mère aurait
fait devant témoins après l'accident. En définitive, l'enfant
demande à prouver une reconnaissance qui est antérieure à
l'accident; on reste dans les termes de la loi.

b) Durée, taux et calcul de la pension.

564. — A la différence du conjoint, qui a droit à une rente
viagère, les enfants ne peuvent réclamer qu'une pension temporaire. La question s'est agitée du point de savoir si elle devait être servie jusqu'à l'âge de dix-huit ans ou seulement
jusqu'à seize ans. Les avis étaient partagés. On a fini par se
mettre d'accord sur l'âge de seize ans. En Allemagne la rente
n'est payée que jusqu'à quinze ans; il en est de même en Autriche.

565. — Le taux des rentes allouées aux enfants varie
suivant que l'ouvrier tué dans l'accident était déjà lui-même
veuf ou avait encore son conjoint vivant. Dans le premier cas
les enfants se trouvent orphelins de père et de mère; dans le
second cas ils sont seulement orphelins de père si la victime
est du sexe masculin ou de mère si la victime est une femme.
Nous examinerons chacune de ces hypothèses; puis nous
étudierons successivement le concours d'enfants d'un premier
lit, orphelins de père et de mère, avec un conjoint dont le
mariage est antérieur à l'accident et le concours d'enfants du
second lit, orphelins d'un seul parent, avec les enfants du
premier lit, orphelins de père et de mère.

566. — Première hypothèse. — *L'ouvrier tué avait, au mo-*

---

[1] V. Besançon, 6 juill. 1892, S. 94. 2. 61.

ment de l'accident, son conjoint vivant. — Ses enfants ne sont donc qu'orphelins de père ou de mère. Le taux de la pension est alors gradué proportionnellement, suivant le nombre d'enfants.

N'y a-t-il qu'un enfant, il a droit seulement aux 15 0/0 du salaire annuel. Deux enfants ont droit aux 25 0/0 ; trois aux 35 0/0 ; quatre ou un plus grand nombre aux 40 0/0. Une remarque à faire ici, c'est que deux enfants touchent une part inférieure au double de la part d'un seul et trois enfants ont droit à une somme inférieure de la part de deux, augmentée de la part d'un seul. 40 0/0 est un maximum que la pension attribuée aux enfants ne peut pas dépasser dans notre hypothèse. Il est bien entendu que cette pension se cumule avec celle allouée à la veuve, de telle sorte que l'ensemble des deux pensions représente les 60 0/0 du salaire, dont 20 0/0 constituent la pension viagère de la veuve et 40 0/0 la pension temporaire des enfants.

567. — Deuxième hypothèse. — *L'ouvrier tué était déjà veuf au moment de l'accident.* — Les enfants se trouvent alors orphelins de père et de mère ; la rente est portée pour chacun d'eux à 20 0/0 du salaire, sans qu'elle puisse dépasser 60 0/0 dans le cas où le nombre des enfants serait supérieur à trois. A l'inverse de ce qui se passe dans la première hypothèse, la part de chaque enfant est fixée à 20 0/0, quel que soit leur nombre, pourvu que le total ne dépasse pas 60 0/0. Ainsi deux enfants reçoivent deux fois plus qu'un seul ; et trois touchent une somme trois fois supérieure à la part d'un seul. En traitant de la troisième hypothèse, nous montrerons l'intérêt de cette remarque.

568. — Troisième hypothèse. — *Concours d'enfants d'un premier lit, orphelins de père et de mère, avec un conjoint dont le mariage est antérieur à l'accident.* — Il peut arriver que le défunt se soit marié deux fois, que de son premier mariage il ait eu trois enfants ou un plus grand nombre et que, devenu veuf, il ait contracté une nouvelle union demeurée stérile. Dans ce cas, les enfants du premier lit, orphelins de père et de mère, auront droit à une pension temporaire représentant les 60 0/0 du salaire annuel de leur père et la femme à une pension viagère équivalente aux **20** 0/0 de ce salaire. Le patron aura donc à débourser annuellement 80 0/0 de ce qu'il donnait à son ouvrier[1]. C'est là un maximum qui ne doit jamais être dépassé ; il représente les 4/5 du salaire, c'est-à-dire une somme supérieure à celle que l'ouvrier eût touchée s'il avait été atteint d'une incapacité permanente et absolue. Il ne faut pas perdre de vue toutefois que la rente due aux enfants est temporaire, qu'elle prend fin à l'âge de seize ans révolus, tandis que la rente due à la victime pour incapacité permanente est viagère. On ne peut donc faire une comparaison exacte entre ces deux rentes[2].

569. — QUATRIÈME HYPOTHÈSE. — *Du concours des enfants d'un premier lit orphelins de père et de mère avec les enfants d'un second lit orphelins seulement de père ou de mère.* — Pour déterminer le taux de la pension des enfants, le législateur n'a considéré que l'annuité totale mise à la charge du patron, sans se préoccuper de la répartition qui devrait en être faite, le cas échéant, entre les enfants. Cette répartition est, à la vérité, inutile la plupart du temps, puisque les enfants sont en général soumis à la même administration tutélaire. Mais lorsque parmi les enfants il en est quelques-uns qui sont issus d'un premier mariage et d'autres qui sont nés d'une seconde union, ceux-ci sont placés sous l'administration légale du conjoint survivant, ceux-là sous l'autorité d'un tuteur. Cette dualité de gestion engendrera les conflits que nous avons à examiner dans notre quatrième hypothèse.

Cette quatrième hypothèse se subdivise elle-même en un nombre infini de cas différents, dont voici les principaux.

570. — *Premier cas.* — Le défunt a laissé un enfant du

---

[1] T. Compiègne, 26 déc. 1900, S. 1901. 2. 217, et la note de M. Wahl. T. Nantes, 18 juin 1900, *Gaz. Pal.*, 1900. 2. 183. *Contrà*, D'après une autre opinion le total des rentes dues aux enfants et au conjoint ne doit dans aucun cas dépasser 60 0/0 du salaire annuel. C. Rennes, 22 janv. 1901 qui réforme le jugement du T. Nantes cité plus haut, S. 1901. 2. 217.

[2] D'après le projet de la commission du Sénat (décembre 1903), l'ensemble des rentes prévues aux paragraphes A et B pour le conjoint de la victime, ses enfants et petits-enfants ne pourra, en aucun cas, dépasser 60 0/0 du salaire ou devra y être ramené par une réduction proportionnelle de la part revenant à chaque catégorie des ayants-droit. Cette réduction proportionnelle sera supprimée dès que l'ensemble de ces rentes ne dépassera pas ce chiffre.

premier lit et un enfant du second lit. —Le premier orphelin de père et de mère aura droit aux 20 0/0, le deuxième orphelin de père ou de mère ne touchera que 15 0/0. Le total de 35 0/0 sera inférieur au maximum prévu pour les orphelins de père ou de mère. Aucune difficulté ne peut subsister sur cette question.

571. — *Deuxième cas.* — Deux enfants du premier lit et un enfant du second sont en concours. — Si les premiers touchent 40 0/0 et le deuxième 15 0/0, nous arrivons au taux de 55 0/0, qui est inférieur au maximum du taux des pensions des orphelins de père et de mère, mais supérieur à celui des pensions d'orphelins d'un seul parent. N'y a-t-il pas lieu, à raison de cette circonstance, d'opérer une réduction? Nous ne le pensons pas. Puisque l'un des maximum n'est pas dépassé, ce chiffre doit être maintenu.

572. — *Troisième cas.* — On trouve en présence deux enfants du premier lit et deux enfants du deuxième lit. — Les premiers auraient droit à 40 0/0, les seconds à 25 0/0. Ici le maximum est dépassé de 5 0/0. Par qui va-t-on faire supporter la réduction? La solution de ce problème est rendue particulièrement difficile à raison de la circonstance signalée plus haut, à savoir que le législateur n'a pas appliqué des règles symétriques aux enfants orphelins de leurs deux parents et aux enfants orphelins d'un seul de leurs parents : dans la première catégorie, deux enfants ont droit à une annuité double de la part d'un seul, trois à une annuité triple, le tout jusqu'à concurrence de 60 0/0. Dans la deuxième catégorie, deux enfants touchent une annuité inférieure au double de la part d'un seul et trois enfants une annuité inférieure au total de la part de deux augmentée de la part d'un seul, et cela sans que l'ensemble de la pension puisse dépasser 40 0/0. Il nous semble que l'intention du législateur a été, dans notre cas, de faire porter la réduction sur chacune des parts proportionnellement à l'importance de chacune d'elles[1]. C'est d'ailleurs

---

[1] M. le député Mirman, rapporteur d'un projet de loi, formule dans son rapport l'opinion que dans ce cas il n'y a pas lieu à réduction et que les rentes doivent se cumuler sans limitation (Ch. des députés, *J. O.*, Doc. parl., 1901, n° 2350, p. 335). L'opinion contraire a prévalu devant la commission du Sénat (V. n° 568, note 2).

ce qu'il exprime à propos des rentes prévues par le paragraphe C. Chacune de ces rentes, dit-il, est, le cas échéant, réduite proportionnellement. Dans notre espèce, le 5 0/0 qui représente l'excédent sera divisé en deux parties proportionnelles à 40 et à 25, ce qui donnera 3,077 et 1,923. Les enfants du premier lit supporteront une réduction de 3,077 0/0, ceux du second lit, une réduction de 1,923 0/0. ce qui fixera la part des enfants du premier lit à 36,923 0/0, et celle des enfants du second lit à 23,077 0/0.

573. — *Quatrième cas.* — Le défunt a laissé trois enfants du premier lit et deux enfants du second lit. Les premiers auraient droit à 60 0/0, les seconds à 25 0/0. Le maximum fixé par la loi étant dépassé de 25 0/0, la réduction devra s'opérer d'après les mêmes règles ; il en résultera que les 60 0/0 dus aux orphelins de père et de mère seront diminués de 17,942, ce qui les ramènera à 40,058 0/0 ; les 25 0/0 dus aux enfants du second lit seront réduits à 17,942, après avoir subi un retranchement de 7,058, etc.

574. — La solution que nous proposons soulève, il est vrai, une objection de texte. Si les dispositions de notre article, peut-on dire, parlent de réduction proportionnelle, elles ne l'appliquent qu'aux rentes prévues par le paragraphe C, c'est-à-dire aux rentes des ascendants et des descendants autres que les enfants ; mais rien n'autorise à l'étendre au paragraphe B touchant les enfants. A cela nous répondons qu'à défaut d'un texte précis, le bon sens et l'équité commandent de faire cette réduction proportionnelle. Une interprétation judaïque conduirait à admettre que le législateur autorise, en cas de concours entre les enfants du premier lit et ceux du second, le cumul du maximum de pension de 60 0/0 afférent aux orphelins de père et mère et de celui de 40 0/0 afférent aux orphelins d'un seul parent, ce qui, ajouté à la rente de la veuve, porterait la pension totale des ayants-droit à 120 0/0 du salaire de la victime. Un tel résultat est manifestement contraire au vœu de la loi.

575. — On pourrait encore soutenir que le législateur n'a pas considéré comme orphelins de père et de mère les enfants issus d'un premier mariage de la victime lorsque leur marâtre

ou leur beau-père survit à l'accident dans lequel leur dernier
parent a trouvé la mort. Les enfants du premier lit et ceux du
second seraient alors confondus dans une seule et même catégorie et ils n'auraient droit, à eux tous, qu'à une pension calculée sur les bases du premier alinéa du paragraphe B et dont
le maximum ne devrait pas dépasser 40 0/0. Un tel système
ne résiste pas à l'examen. Ni en droit, ni en fait, un beau-
père ou une marâtre ne tiennent lieu d'un père ou d'une mère.
Quand le législateur a parlé d'orphelins de père et de mère,
on ne peut pas admettre qu'au père ou à la mère il ait entendu assimiler la seconde femme du père ou le second mari
de la mère. Qui ne sait qu'en fait un enfant d'un premier lit
entre les mains d'un nouveau conjoint du dernier parent est
en général plus à plaindre que s'il était placé sous l'autorité
d'une personne étrangère? Très souvent d'ailleurs, après le
décès de la victime, les enfants du premier mariage de celle-
ci devront être séparés de ceux du second; il est donc tout
naturel que le législateur ait songé à leur procurer une pension un peu supérieure à celle des enfants qui doivent rester
auprès de leur parent survivant.

576. — Une autre critique pourrait encore être faite. Si
l'on suppose huit ou dix enfants du premier mariage et seulement deux ou trois du second, il arrivera que chacun de ces
huit ou dix enfants, quoique orphelin de père et de mère, touchera une pension de beaucoup inférieure à celle qui sera
réellement allouée à chacun des enfants orphelins d'un seul
de leurs parents. Cette observation est d'un ordre général;
elle ne vise pas seulement le concours des enfants du premier
lit et ceux du second; elle s'attaque au principe de progression de la loi qui s'arrête aux familles de quatre enfants et leur
assimile celle de dix ou douze enfants. Bien que, dans les
familles composées d'un grand nombre d'enfants, on soit en
général habitué à beaucoup plus d'ordre et d'économie que
dans les familles moins nombreuses, il est certain que les
dépenses d'entretien, de nourriture et de logement sont plus
élevées dans celles-là que dans celles-ci. Les difficultés résultant du concours de plusieurs ayants-droit peuvent encore se
compliquer de cette circonstance que les rentes et pensions

sont majorées à raison de la faute inexcusable du chef d'entreprise (art. 20). Nous étudierons cette question au titre III, chap. VI, 3ᵉ section, nᵒ 1458.

577. — *Cinquième cas.* — Concours d'enfants du premier lit avec des enfants du second lit et une veuve. Dans ce cas les enfants auront droit à 60 0/0 répartis proportionnellement entre eux comme il est dit au cas précédent, et la veuve touchera de son côté une rente de 20 0/0, ce qui fera en tout le 80 0/0 comme dans la troisième hypothèse ci-dessus [1].

c) Accroissement ou réversion.

578. — Les pensions ne sont dues que jusqu'à l'âge de seize ans révolus. Par suite, au fur et à mesure que les enfants dépasseront l'âge de seize ans, leur droit à la pension cessera. Il en serait de même si un ou plusieurs d'entre eux venaient à mourir avant d'avoir atteint leur majorité de seize ans. L'extinction progressive de leurs droits profitera-t-elle aux survivants qui sont encore mineurs? Dans quelle mesure y aura-t-il accroissement? Enfin que décider dans le cas où un orphelin d'un seul de ses parents vient à perdre, après la constitution de sa pension, le dernier de ses parents survivants? Deux opinions se trouvent en présence : 1º celle du non-accroissement absolu ou de l'irrévocabilité de la fixation de la rente; 2º celle de l'accroissement dans les limites du tarif légal ou de l'application nouvelle du tarif à chaque modification survenue dans la situation juridique des ayants-droit.

Le premier système part de ce principe que la rente, une fois fixée par décision de justice, constitue une valeur qui se divise de plein droit entre tous les enfants mineurs et qui grossit définitivement le patrimoine de chacun de la part lui revenant. Un enfant meurt-il ou atteint-il sa majorité, son droit s'éteint, celui des autres reste immuable sans augmenter, ni diminuer; mais, en fait, si l'on considère l'ensemble de la rente, elle s'est trouvée réduite de la part de celui qui a cessé d'être ayant-droit. Ce système, qui pourrait s'étayer de forts

---

[1] Nantes, 18 juin 1900, *Gaz. Pal.*, 1900. 2. 183. Paris, 5 juill. 1902, S. 1902. 2. 267. — *Contra*, Rennes, 22 janv. 1901, précité. V. troisième hypothèse ci-dessus, nᵒ 568, notes 1 et 2.

arguments juridiques, doit être, à mon avis, rejeté comme manifestement contraire au vœu du législateur, du moins en ce qui concerne cette catégorie de parents [1]. Pour les familles nombreuses surtout, il conduirait aux résultats les plus iniques : neuf orphelins de père et de mère, ayant eu leur rente fixée à 60 0/0 du salaire de la victime, la verraient diminuer de 1/9 au décès ou à la majorité de chacun de leurs frères ou sœurs, de telle sorte que les trois plus jeunes survivants arriveraient à toucher, à eux trois, une rente de 20 0/0 seulement au lieu de 60 0/0 que leur alloue le tarif.

J'estime avec la deuxième opinion qu'il y a lieu de faire une application nouvelle du tarif légal à chaque décès d'ayant-droit ou à chaque échéance de majorité ou encore à chaque événement modifiant la situation juridique d'un ayant-droit. Ainsi, tant que le nombre des ayants-droit restants sera au moins égal à quatre pour les orphelins d'un seul parent ou à trois pour les orphelins de père et de mère, il y aura accroissement total de la part éteinte en ce sens que, malgré la diminution du nombre des ayants-droit, le montant général de la rente ne sera pas amoindri. En dessous de trois, les orphelins de père et de mère subiront le retranchement intégral d'une part d'enfant, c'est-à-dire de 20 0/0 au fur et à mesure de l'extinction d'un droit. En dessous de quatre, les orphelins d'un seul parent ne subiront qu'un retranchement partiel, la tarification légale ne suivant pas une progression exactement proportionnelle au nombre des ayants-droit [2].

579. — Par application de la même règle, l'orphelin d'un seul parent qui, après la fixation de sa pension, viendrait à perdre le dernier de ses parents survivants, serait fondé à réclamer une majoration de pension. A la différence de l'action en révision, cette demande de majoration peut être intentée plus de trois ans après le règlement définitif de la pension.

---

[1] Nous verrons en effet (nos 583 et 597) que pour les ascendants et descendants (§ c) ce premier système doit prévaloir.

[2] Dans ce sens, Loubat, *op. cit.*, p. 159. T. Vannes, 26 juill. 1900, *Gaz. Pal.*, 1900. 2. 527. C. Rennes, 22 janv. 1901, T. Compiègne, 26 déc. 1900, *Gaz. Pal.*, 1901. 1. 250. T. Vannes, 9 janv. 1902, *Gaz. Pal.*, 1902. 1. 240.

III
Ascendants et descendants autres que les enfants.

580. — Sur cette troisième classe de parents, l'art. 3 s'exprime ainsi : « *Si la victime n'a ni conjoint, ni enfant dans les termes des paragraphes A et B, chacun des ascendants et des descendants qui était à sa charge recevra une rente viagère pour les ascendants et payable jusqu'à seize ans pour les descendants. Cette rente sera égale à 10 0/0 du salaire annuel de la victime, sans que le montant total des rentes ainsi allouées puisse dépasser 30 0/0. — Chacune de ces rentes est, le cas échéant, réduite proportionnellement.*

a) Qualité des ayants-droit.

581. — Pour les ascendants et pour les descendants autres que les enfants, le droit à la pension n'est pas absolu ; il est subordonné à une double condition, à savoir :

1° Que la victime n'ait laissé ni conjoint, ni enfant ;

2° Que l'ayant-droit soit à la charge de la victime.

Enfin, les ascendants ou descendants doivent aussi faire la preuve de leurs liens de parenté en ligne directe.

582. — Victime sans conjoint, ni enfant. — La *première condition* doit être interprétée en ce sens que la victime n'ait laissé ni conjoint, ni enfant ayant droit à une rente ou pension dans les termes de la loi. Ainsi l'existence d'un enfant majeur de seize ans ou d'un conjoint divorcé ne fait pas obstacle à l'allocation d'une rente à un ascendant ou à un descendant autre qu'un enfant.

583. — D'autre part, pour savoir si cette condition est ou non réalisée, il faut se placer au jour du décès de la victime. Dans la séance du 15 mars 1898, M. le sénateur Grivart avait proposé un amendement tendant à permettre aux ascendants ou descendants de réclamer une rente à partir du jour où les parents de la catégorie précédente cesseraient d'y avoir droit. A l'appui de sa thèse, M. Grivart faisait valoir les considérations suivantes : « Il y avait, avant l'accident, un ascendant qui était soutenu par son fils, qui vivait avec ce fils, qui n'avait d'autre moyen d'existence que la vie commune avec lui ; le fils disparaît par suite d'un accident fatal, l'ascendant ne reçoit pas de pension parce qu'à ce moment il y a eu plusieurs enfants en âge de bénéficier de la pension établie par la loi à leur profit. Mais un an ou deux après l'accident, le moins âgé des enfants atteint l'âge de seize ans, c'est-à-dire la limite légale à laquelle prend fin son droit personnel, il me paraît tout à fait juste que dans ce cas sa pension soit réversible sur les ascendants ». Cet amendement a été repoussé. Présenté de nouveau sous une forme un peu différente par M. Félix Martin il a subi le même sort sur l'avis conforme de la commission et du ministre du Commerce. L'intention du législateur n'est donc pas douteuse. Il est certain que tous les événements postérieurs au décès de la victime, alors même qu'il ont pour effet d'anéantir les droits du conjoint ou des enfants (tels que le second mariage, le décès du conjoint, la majorité ou le décès des enfants) sont impuissants à donner naissance au droit des ascendants ou descendants autres que les enfants [1].

584. — Enfin terminons nos observations sur cette première condition par la critique suivante : Aux termes de l'art. 206 du Code civil, les ascendants ne peuvent réclamer des aliments à leur belle-fille devenue veuve que si leur fils a laissé des enfants. Or, il va se produire ce fait anormal que la veuve d'un ouvrier tué dans un accident touchera les 20 0/0 du salaire de son mari et que les père et mère de la victime seront sans droit pour réclamer une pension alimentaire soit au chef d'entreprise, soit à leur belle-fille.

585. — ASCENDANT OU DESCENDANT A LA CHARGE DE LA VICTIME. — La *deuxième condition* imposée par notre article et qui exige que l'ayant-droit ait été à la charge de la victime donnera lieu dans la pratique à de nombreuses controverses. Que doit-on en effet entendre par ces mots « *être à la charge de la victime ?* » Assurément, il faut tout d'abord que les parents soient dans le besoin. Nous nous expliquerons plus loin sur ce qu'on doit entendre par ces mots. Mais cela suffit-il ? Ne faut-il pas qu'effectivement la victime soit venue en aide à ses ascendants ? Un jugement condamnant la victime à payer

---

[1] Pour l'application de ce principe en cas de réduction proportionnelle, voir n° 597.

une pension alimentaire autoriserait-il l'ascendant à se prévaloir de notre texte, alors même qu'il n'aurait pas encore
poursuivi l'exécution de la décision judiciaire? Enfin suffi-
rait-il qu'il ait eu simplement droit à une pension alimentaire,
sans qu'il ait usé de son droit?

586. — Si nous consultons les travaux préparatoires, nous
voyons que trois textes différents ont été proposés. Dans l'un,
il était parlé des ascendants dont la victime était l'unique
soutien (projets du Sénat de 1890, art. 3, § 3). D'après un
autre, il suffisait que les ascendants aient eu droit à une
pension alimentaire (projets de 1895 et 1896). Enfin, le Parlement a fini par adopter la rédaction qu'on trouve dans un
projet de 1893 et il a limité le droit à la pension « aux ascendants qui étaient à la charge de la victime ». Comme on le
voit, ce dernier texte est plus extensif que le premier à un
double point de vue. D'abord il n'exige pas que la victime ait
été seule à soutenir ses parents. En second lieu, en remplaçant
le mot « *soutien* » par l'expression « *être à la charge* », il
semble viser moins un état de fait qu'une idée de droit. Cela
nous fait incliner à admettre qu'il n'est pas nécessaire qu'en
fait la victime soit venue en aide à ses parents, mais qu'il
suffit que les parents aient eu le droit d'exiger une pension
alimentaire et qu'ils aient manifesté l'intention de l'obtenir[1].

587. — D'autre part, si l'on compare les termes de notre
article avec les projets de 1895 et de 1896, d'après lesquels il
suffisait que les ascendants aient eu droit à une pension alimentaire, on voit que le législateur de 1898 n'a pas voulu se placer sur un terrain strictement juridique. Le droit pur et simple
à la pension ne suffit pas ; il faut que les parents aient clairement manifesté l'intention de l'exercer, alors même qu'en

---

[1] Lyon, 24 févr. 1900, *Gaz. Pal.*, 1900. .1. 577, S. 1900. 2. 177.
  D'après un autre système il suffirait que les parents fussent privés de ressources,
c'est-à-dire qu'ils aient été en droit de réclamer au défunt une pension alimentaire.
T. Havre, 11 janv. 1900, Corbeil, 31 janv. 1900, Seine, 14 févr. 1900, S. 1900. 2.
177, et la note. Bourg, 3 avr. 1900, S. 1900. 2. 54. Cette opinion nous semble méconnaître les termes mêmes de notre article qui exige que l'accident *ait été à la
charge de la victime.*
  Enfin un troisième système ne reconnaît le droit des ascendants que dans le cas
où ils ont reçu effectivement des secours du défunt. T. Nancy, 17 janv. 1900
S. 1900. 2. 177. Cette opinion nous paraît trop exclusive.

fait l'exercice de ce droit n'ait encore produit aucun effet utile. Je m'explique. Des parents ont obtenu contre leur fils un jugement condamnant celui-ci à leur payer une pension alimentaire. Avant l'exécution du jugement, le fils est tué dans un accident. Ils sont dans les conditions voulues pour bénéficier de la loi. Il en serait de même s'ils avaient seulement commencé des poursuites judiciaires et que pendant le cours de la procédure l'accident mortel fût survenu.

Nous serions encore d'avis d'admettre la même solution si la poursuite judiciaire n'était même pas commencée et si on se trouvait dans la période des pourparlers amiables aux fins d'obtenir la pension dont il s'agit. Dans le cas où il n'y aurait eu qu'une réclamation extra-judiciaire, il faudrait qu'elle se plaçât dans un temps assez proche de l'accident pour qu'on ne pût pas conclure du laps de temps écoulé à une renonciation ou à un abandon[1].

588. — Tout autre serait la situation si des parents, après avoir commencé une procédure, l'avaient laissé périmer ou si, ayant obtenu un jugement de défaut, ils l'avaient laissé prescrire en n'en poursuivant pas l'exécution dans les délais légaux. Dans ce cas, en effet, la péremption et la prescription impliquent de la part des demandeurs une renonciation à leurs prétentions. De même, si des parents, quoique malheureux, n'avaient jamais songé à réclamer des secours à leur enfant, on ne pourrait pas dire qu'ils aient été à la charge de ce dernier ; et dès lors la condition imposée par la loi de 1898 ne serait pas remplie.

589. — En un mot, notre texte nous paraît devoir être interprété de la façon suivante : pour s'en prévaloir, il ne suffit pas que les parents aient été dans le besoin, il faut qu'ils aient obtenu ou tout au moins réclamé à leur enfant une pension alimentaire ou des secours en nature. Sur ce point les tribunaux auront nécessairement un pouvoir d'appréciation fort étendu[2].

590. — Quand peut-on dire que des parents sont ou non dans le besoin? C'est encore là une question de fait dont la

---

[1] Lyon, 24 févr. 1900, *Gaz. Pal.*, 1900. 1. 157, S. 1900. 2. 177.
[2] Rennes, 28 juin 1900, S. 1900. 2. 192.

solution dépend de circonstances multiples laissées à l'appréciation des tribunaux[1]. Il n'est pas nécessaire que les parents soient dénués de toutes ressources. Il suffit que leurs ressources soient insuffisantes : par exemple, que leur âge avancé, leurs infirmités ou l'état de leur santé les mettent dans l'impossibilité de pourvoir entièrement à leur subsistance[2]. Il en serait autrement s'ils étaient encore dans la force de l'âge, sans infirmités, ni maladies, et en état de subvenir à leurs besoins[3]; en pareil cas, l'abandon que leur fils leur faisait d'une partie de son salaire n'impliquerait pas nécessairement qu'ils fussent à sa charge, si du moins sa contribution aux dépenses du ménage s'expliquait par cette circonstance qu'il était lui-même logé et nourri par ses parents[4]. Il n'importe que de tels versements aient augmenté dans une certaine mesure le bien-être de la famille, lorsqu'il est certain qu'ils ont eu surtout pour objet de couvrir les dépenses personnelles du fils dans la vie commune[5]. Sans doute la remise habituelle par la victime à ses parents de la totalité ou d'une partie de son salaire est faite le plus souvent dans le but de leur venir en aide; mais elle peut avoir d'autres causes; il est donc nécessaire de démontrer l'état précaire, c'est-à-dire le besoin des parents[6].

591. — Des considérations qui précèdent, il résulte *a fortiori* que si les ascendants ou descendants de la victime étaient dans l'aisance au moment du décès de celle-ci et n'avaient eu des revers de fortune qu'à une date postérieure, ils

---

[1] Cass. req,, 23 et 29 oct. 1901, *Gaz. Pal.*, 1901. 2. 543, S. 1903. 1. 17. D. 1902. 1. 383, Cass. req., 10 avr. 1902, *Gaz. Pal.*, 1902. 2. 374, S. 1903. 1. 270, D. 1902. 1. 383.

[2] Cass. req., 29 oct. 1901, précité. Dans cet arrêt la Cour de cassation décide que le droit à la rente de 10 0/0 est suffisamment justifié lorsqu'il est constaté qu'au moment de l'accident qui a causé la mort du fils, le père était atteint depuis plus d'un an d'infirmités graves qui l'avaient obligé à cesser tout travail, que la mère souffrant d'une maladie chronique, se trouvait elle-même dans l'impossibilité de subvenir à ses besoins et que le fils qui rapportait tout son gain à ses père et mère, leur constituait une aide indispensable à leur existence.

[3] Cass. req., 23 oct. 1901, *Gaz. Pal.*, 1901. 2. 544, D. 1902. 1. 383.

[4] Cass. req., 23 oct. 1901 et 10 avr. 1902, précités. Dans le même sens, Seine, 19 mars 1900, *Gaz. Pal.*. 1900. 1. 669. Mâcon, 20 mars 1900, *Gaz. Pal.*, 1901. 1. 788. Seine, 14 févr. 1900, S. 1900. 2. 177. Douai, 16 juill. 1900, S. 1901. 2. 198.

[5] Cass. req., 10 avr. 1902, précité. Pau, 18 févr. et 30 juin 1902, S. 1902. 2. 248.

[6] T. Havre, 11 janv. 1900, *Gaz. Pal.*, 17 janv. 1900. Corbeil, 31 janv. 1900, S. 1900. 2. 177.

n'auraient point droit à la rente prévue dans notre article.

592. — Preuve de la parenté. — Parenté illégitime. — La parenté légitime s'établit conformément aux dispositions des art. 319 et s. du Code civil.

593. — En ce qui concerne la parenté naturelle, la question se pose de savoir si elle donne droit à la rente prévue par notre article. Si la victime était enfant naturel, ses père et mère ont, à notre avis, les mêmes droits que des parents légitimes, à la condition d'avoir reconnu leur enfant avant l'accident. Cette solution, bien que non prévue expressément par notre loi, doit être admise par analogie avec la situation faite aux enfants par le paragraphe B. L'obligation alimentaire qui est en effet le fondement du droit à notre rente, existe entre les enfants illégitimes et leurs père et mère; et l'on admet généralement qu'elle est réciproque, c'est-à-dire que les enfants naturels doivent des aliments à leurs père et mère dans le besoin, de même que ceux-ci étaient tenus de les nourrir dans leur jeune âge.

594. — Pour déjouer les fraudes, et par analogie avec les dispositions du paragraphe B, il est nécessaire que l'acte de reconnaissance de paternité ou de maternité soit antérieur à l'accident, et cet acte doit être authentique. Si une possession d'état conforme à l'indication du nom de la mère sur l'acte de naissance peut servir à l'enfant pour établir sa filiation naturelle, elle ne saurait être invoquée par des père et mère prétendus comme une preuve de leur reconnaissance de paternité ou de maternité naturelles [1].

Par suite, une reconnaissance faite par la mère après l'accident ne lui donnerait aucun droit à la rente de notre article, alors même que le nom de la mère serait désigné dans l'acte de naissance et qu'il y aurait eu de la part de celle-ci une possession d'état prolongée [2].

595. — Aucun lien de parenté n'existant entre un enfant naturel et ses ascendants autres que ses père et mère, les au-

---

[1] Paris, 16 févr. 1889, S. 89. 2. 201, et la note de Labbé. Paris, 11 août 1891, S. 92. 2. 213.
[2] Montauban, 16 févr. 1900, *Gaz. Pal.*, 1900. 1. 637, S. 1901. 2. 53. Nantes, 18 juin 1900, *Gaz. Pal.*, 1900. 2. 173, S. 1901. 2. 53. Cambrai, 5 juill. 1900, *Gaz. Pal.*, 1900. 2. 210. T. Douai, 9 août 1900, *Gaz. Pal.*, 1900. 2. 558.

tres ascendants et les autres descendants ne peuvent dans aucun cas se prévaloir des dispositions du paragraphe C de l'art. 3.

b) *Calcul de la rente. Accroissement.*

596. — La somme allouée à chacun des ascendants ou descendants ayants-droit sera de 10 0/0 du salaire annuel. En cas de concours de plusieurs ayants-droit, la rente totale ne pourra pas dépasser 30 0/0, et elle sera, le cas échéant, réduite proportionnellement. Pour cette réduction proportionnelle, nous renvoyons aux explications que nous avons fournies à propos du concours d'enfants issus de deux mariages différents.

597. — Nous avons vu n°s 583 et 591 que les droits des ascendants et descendants de notre catégorie se déterminent au jour du décès de la victime et que, s'ils ne sont pas reconnus à cette date, les événements postérieurs sont impuissants à les faire naître. Mais, lorsqu'ayant été effectivement reconnus, ils ont subi une réduction proportionnelle à raison du concours de plusieurs parents, le décès ultérieur de l'un de ceux-ci doit-il ajouter à la part des survivants celle du prémourant, dans les limites du moins tracées par la loi ? Nous ne le pensons pas et cela par application du même principe. La volonté du législateur ne résulte pas seulement des travaux préparatoires cités plus haut ; elle trouve sa confirmation dans le texte qui, après avoir alloué à chaque parent isolément 10 0/0 du salaire, ajoute : « Chacune de ces rentes sera réduite proportionnellement ». En limitant l'application de ce paragraphe additionnel aux seuls ayants-droit de la classe *c*, les rédacteurs de notre loi nous semblent avoir voulu montrer que pour ces seuls parents la rente fixée au jour du décès se divisait d'une façon définitive entre chaque ayant-droit *par parts égales et, à partir de ce moment, immuables* [1].

598. — Le caractère d'ordre public de la loi et le principe forfaitaire qui a présidé à la fixation des indemnités font obstacle à ce que les rentes ou pensions subissent d'autres réductions ou modifications, quant à leur quotité ou quant à

---

[1] Dans ce sens, Loubat, *op. cit.*, n° 199.

leur durée, que celles qui résultent expressément d'une disposition formelle. Ainsi la circonstance que l'ascendant était secouru, non seulement par la victime, mais aussi par d'autres enfants ne saurait autoriser une réduction de la rente au dessous du taux fixé par la loi, c'est-à-dire de 10 0/0 [1]. Sans doute cette solution sera parfois un peu avantageuse pour les chefs des familles nombreuses, mais nous avons vu qu'à l'inverse, souvent l'ascendant même dans le besoin ne touche aucune rente. Toutes ces considérations afférentes à des cas particuliers sont impuissantes à faire échec à la loi.

599. — De même si l'ascendant, auquel la victime venait en aide, a d'autres enfants encore jeunes et incapables de travailler, un tribunal ne saurait décider que la rente due à cet ascendant sera temporaire au lieu d'être viagère et qu'elle prendra fin le jour où le dernier de ces autres enfants aura atteint l'âge auquel il pourra par son travail subvenir aux besoins de l'ascendant [2].

IV

Autres parents.

600. — Aux termes de l'art. 2 « *les ouvriers et employés désignés à l'art. 1er ne peuvent se prévaloir, à raison des accidents dont ils sont victimes dans leur travail, d'aucunes dispositions autres que celles de la présente loi* ». Les rédacteurs de la loi de 1898 ont eu pour but évident de restreindre dans les limites par eux tracées la responsabilité du patron à raison de tous les accidents auxquels la loi est applicable. Par suite, ce n'est pas seulement aux ouvriers et employés que l'art. 2 enlève l'action de droit commun contre le patron, mais c'est, d'une façon générale, à toutes les personnes qui se prétendent lésées par les conséquences d'un accident du travail [3].

601. — Ainsi les frères et sœurs ou autres parents non compris dans l'énumération de l'art. 3 ne peuvent récla-

---

[1] Valenciennes, 17 nov. 1899. *Gaz. Pal.*, 10 janv. 1900. Douai, 29 mai 1900. *Gaz. Pal.*, 1900. 2. 140.

[2] *Contrà*, T. Seine, 10 mars 1900, J. *Le Droit*, 27 avr. 1900.

[3] Dans ce sens, T. Seine, 7 nov. 1900, S. 1901. 2. 23. C. Paris, 16 mars 1901, *Gaz. Pal.*, 1901. 1. 507, S. 1901. 2. 143.

mer aucune rente ou indemnité au chef d'entreprise ni en vertu de la loi de 1898 ni en se fondant sur les art. 1382 et s. du Code civil, alors même qu'ils seraient dans la misère et qu'ils auraient eu la victime pour unique soutien (V. n° 754).

602. — Les mêmes principes ont prévalu dans les législations allemande et autrichienne. Cependant en Autriche, le Gouvernement s'était préoccupé de cette lacune ; et, à la date du 27 novembre 1892, il avait prescrit une enquête sur le point de savoir si l'on ne pourrait pas assimiler les frères et sœurs aux ascendants et même leur allouer une indemnité non seulement lorsque la victime était leur unique soutien, mais encore lorsqu'elle contribuait d'une manière « *essentielle* » à leur subsistance[1]. Il n'apparaît pas que cette enquête ait donné de résultat.

En France, M. Mirman, ayant en 1901 proposé d'accorder une pension aux frères et sœurs que la victime avait à sa charge, la commission de la Chambre a repoussé son projet en affirmant sa volonté de ne faire figurer parmi les bénéficiaires de l'indemnité légale que les personnes vis-à-vis desquelles la victime décédée pouvait avoir, de son vivant, une obligation alimentaire, c'est-à-dire le conjoint, les enfants et les ascendants[2].

En Angleterre, l'art. 1 de l'annexe 1 de la loi de 1898 alloue une indemnité en capital dont le montant est proportionné aux charges de famille du défunt, sans distinction entre le degré de parenté des personnes secourues. Trois cas sont prévus : Si l'ouvrier laisse derrière lui des personnes à sa charge qui vivaient totalement de son salaire au moment de sa mort, l'indemnité est égale au total de trois années de salaire avec minimum de 3.750 francs et maximum de 7.500 francs. Si l'ouvrier ne laisse à son décès que des personnes vivant partiellement de son salaire, la somme est fixée à l'amiable ou, en cas de désaccord, par arbitrage. Enfin, si la victime ne laisse après elle aucune personne à sa charge, le patron ne doit que les frais de médecin et de funérailles.

Il est à souhaiter qu'en France la question soit mise à l'étude et qu'on arrive à une solution équitable.

---

[1] Bellom, *Accid. en Autriche*, p. 706, note.
[2] Rapport Mirman, *J. O.*, 1901, Doc. parl., p. 335, n° 2332.

QUATRIÈME SECTION.

Des frais médicaux et pharmaceutiques et des frais funéraires.

I

Frais médicaux et pharmaceutiques.

PRÉLIMINAIRES.

603. — Ces frais sont essentiellement variables : ils dépendent non seulement de la nature et de la gravité des lésions, de l'âge et de l'état de santé antérieurs de la victime, des circonstances et du lieu de l'accident, mais aussi du traitement suivi et du médecin traitant. La difficulté qu'on éprouve à adopter, pour cet élément de dommage, une classification rationnelle et méthodique, avait déterminé la plupart des compagnies à l'exclure purement et simplement des assurances. Quelques-unes cependant consentaient à prendre à leur charge les remèdes et frais médicaux moyennant une majoration de primes qui, d'après M. Villetard de Prunières, atteignaient pour l'une des compagnies le 7 0/0.

En *Allemagne* la gratuité des secours médicaux est assurée pendant les treize premières semaines par les caisses de maladies et ensuite par les corporations professionnelles. Ces secours consistent non seulement dans le traitement thérapeutique et dans les médicaments, mais d'une façon générale dans tous les moyens de guérison et aussi dans les fournitures des appareils destinés à assurer le succès du traitement médical et à alléger les conséquences de la blessure (art. 9 de la loi du 30 sept. 1900).

En *Autriche*, si la loi de 1887 sur les accidents ne prévoit pas les soins médicaux, cette lacune a été réparée par la loi de 1888 sur les caisses de maladie. Les frais médicaux et pharmaceutiques sont à la charge de ces caisses pendant les quatre premières semaines et ensuite à celles des associations d'assurances.

La loi anglaise est muette sur les frais médicaux. La loi italienne se borne à disposer dans son art. 9, *in fine*, que le patron sera tenu de supporter les frais résultant des premiers soins médicaux et pharmaceutiques.

---

604. — L'art. 4 de la loi de 1898 est ainsi conçu : « *Le chef d'entreprise supporte en outre les frais médicaux et*

*pharmaceutiques....... Quant aux frais médicaux et phar-
maceutiques, si la victime a fait choix elle-même de son
médecin, le chef d'entreprise ne peut être tenu que jusqu'à concurrence de la somme fixée par le juge de paix du canton conformément aux tarifs adoptés dans chaque département pour
l'assistance médicale gratuite ».*

Nous diviserons nos explications en quatre parties : 1° durée
des soins médicaux et pharmaceutiques; 2° en quoi ils consistent; 3° choix du médecin. Règlement des honoraires;
4° traitement à l'hôpital.

a) *Durée des soins médicaux et pharmaceutiques.*

605. — Les frais médicaux et pharmaceutiques sont dus
à partir du jour de l'accident. La généralité des termes de
l'art. 4 ne laisse subsister aucun doute sur ce point; mais ils
ne sont dus que pour les accidents entraînant une incapacité
de plus de quatre jours et pour ceux qui sont suivis de mort.
Les accidents entraînant une incapacité de travail de moins
de cinq jours ne donnent en effet pas lieu à l'application de
notre loi.

606. — Les frais médicaux et pharmaceutiques cessent
avec le traitement médical, c'est-à-dire au jour où l'état du
blessé devient définitif, soit qu'il y ait guérison complète,
soit qu'il subsiste une infirmité incurable ne comportant plus
de soins thérapeutiques[1]. A ce moment commence une phase
nouvelle, ainsi que nous l'expliquerons plus loin, n°s 637 et s.
L'indemnité journalière est remplacée par une rente viagère
variant suivant le degré d'incapacité dont il est atteint.
Ainsi, en sortant de l'hôpital, un amputé a droit à un pilon
articulé; mais huit ou dix ans après, lorsque ce pilon sera
usé, il ne pourra en exiger le remplacement aux frais du patron.

607. — Cependant si, à la suite d'une action en révision,
il venait à être démontré que l'accident a nécessité un nouveau traitement médical ou de nouvelles dépenses pharma-

---

[1] Dans ce sens, disc. du min. du Comm. et du rapporteur, séances du Sénat du
15 mars 1898, *J. O.*, Déb. parl., p. 238. Cass. req., 26 oct. 1903, *Gaz. Pal.*, 1903.
2. 478.

ceutiques, ces frais devraient être supportés par le chef d'entreprise; car, en définitive, la victime a droit à la gratuité de tous les soins occasionnés par l'accident (V. n° 1377).

b) *En quoi ils consistent.*

608. — Par frais médicaux et pharmaceutiques, il faut entendre toutes les dépenses nécessitées par le traitement curatif reconnu nécessaire pour la guérison ou l'amélioration de la lésion traumatique, quelle que soit la forme de ce traitement ou la nature des moyens dont il comporte l'usage. Ainsi il comprendra : 1° les honoraires du médecin et le coût des médicaments, le tout réglé comme il sera dit ci-dessous ; 2° les opérations chirurgicales, quelles qu'elles soient, même les soins dentaires[1] ; 3° les traitements électrothérapiques, radiothérapiques, hydrothérapiques, mécanothérapiques, les massages, etc., qui seraient prescrits.

609. — Dans le cas où pour suivre un de ces traitements le blessé serait obligé d'effectuer un trajet en voiture ou en chemin de fer, ses frais de déplacement devraient être mis à la charge du patron comme étant les accessoires du traitement médical.

610. — Un traitement thermal, lorsqu'il est jugé indispensable, peut rentrer dans les frais médicaux et pharmaceutiques[2]. En pareil cas, le chef d'entreprise doit, non seulement acquitter les honoraires du médecin, frais de bains, douches, massages, etc., ainsi que le coût du transport du blessé, aller et retour, de chez lui dans la station thermale, mais aussi lui tenir compte, dans une mesure modeste, à la vérité, de l'accroissement des dépenses inhérent à son séjour dans une ville d'eaux.

611. — Tous les appareils orthopédiques ou autres prescrits au blessé pendant la période de traitement médical sont, au même titre que les médicaments proprement dits, des moyens curatifs dont le coût est à la charge du patron[3]. Mais il en est autrement du jour où l'état de l'ouvrier est devenu

[1] T. Courbevoie, 8 mai 1900 (*Gaz. Pal.*, 1900. 2. 60).
[2] *Contrà*, T. Narbonne, 7 juin 1900 (J. *La Loi*, 22 juin 1900).
[3] Dans ce sens, T. Nantes, 7 mai 1900, *Rec. min. Comm.*, t. III, p. 230. *Contrà*, C. Dijon, 10 mars 1902, *Gaz. Pal.*, 1902. 2. 112.

définitif; les appareils orthopédiques dont celui-ci peut encore
avoir besoin n'ayant plus le caractère de moyens curatifs, il
doit les renouveler ou se les procurer à ses frais.

612. — Si le patron est tenu de procurer à l'ouvrier les
soins médicaux et pharmaceutiques, celui-ci a, de son côté,
l'obligation non moins impérieuse de suivre les prescriptions
ordonnées par le médecin, et les suppléments de dépense que
son mauvais vouloir ou son pur caprice occasionneraient devraient rester à sa charge. Ainsi un patron pourrait à bon
droit refuser d'acquitter le salaire d'un garde-malade dont
l'assistance n'aurait été rendue nécessaire que par le refus
injustifié de l'ouvrier d'entrer dans un hôpital (V. ci-dessous,
Traitement à l'hôpital). Les droits et obligations de l'ouvrier
en matière de traitement médical et d'opérations chirurgicales ont été étudiés, chapitre VI, 2e section nos 469 et s.

613. — En principe, les frais médicaux et pharmceuti-
ques ne sont pas dus d'avance : ainsi un patron ne saurait
être condamné à payer le coût d'une opération chirurgicales qui peut ne pas être faite [1] ou d'un appareil orthopédique
dont le blessé n'a pas encore besoin [2].

c) *Choix du médecin et du pharmacien. — Règlement des frais médicaux
et pharmaceutiques.*

614. — Lorsque le blessé accepte le médecin et le pharmacien désignés par le patron ou plus généralement par
l'assureur de celui-ci, le règlement des frais médicaux et
pharmaceutiques s'opère en dehors de l'intervention de l'ouvrier, vis-à-vis duquel le médecin, ni le pharmacien, n'ont
aucun recours. Nous n'avons donc pas à nous en occuper.

615. — Mais le blessé peut ne pas avoir confiance dans
le médecin qu'on lui propose. La loi lui donne le droit de
solliciter les soins d'un médecin de son choix, à la condition
que les honoraires de ce praticien seront taxés suivant une
règle déterminée que nous examinerons plus loin.

616. — Il est bien entendu que son choix ne peut porter
que sur un médecin ayant la qualité légale d'exercer la mé-

---

[1] T. Doullens, 6 avr. 1900 (J. *La Loi*, 24 avr. 1900).
[2] Dans ce sens, Cass., 25 juin 1902, D. 1902. 1. 341.

decine : les consultations ou les pratiques d'un rebouteux, d'un charlatan ne sauraient entrer en ligne de compte. Le patron pourrait même refuser de prendre à sa charge les soins donnés à l'ouvrier sur le territoire français par un médecin non autorisé à exercer en France. Il en serait autrement si les soins avaient été donnés sur le territoire étranger, soit que l'accident y ait eu lieu, soit que le blessé y résidât pendant la durée du traitement médical.

617. — La liberté pour l'ouvrier de se faire soigner par un médecin de son choix n'exclut pas le droit pour le patron de se faire tenir au courant de l'état du blessé; celui-ci ne saurait donc refuser de se soumettre de temps à autre à l'examen du médecin désigné par le patron ou par l'assureur[1].

618. — Le blessé a-t-il le droit de choisir son pharmacien? Les termes de notre article, sans être formels sur ce point, impliquent cependant une réponse affirmative, puisqu'ils prévoient l'application du tarif de l'assistance publique aussi bien aux frais *pharmaceutiques* qu'aux frais médicaux[2].

619. — Quand la victime a fait choix d'un médecin ou d'un pharmacien, des abus sont à craindre. Pour les prévenir notre article dispose que les sommes, dont le patron sera tenu à titre de frais médicaux et pharmaceutiques, seront fixées par le juge de paix et en outre que ce magistrat devra, pour la fixation de cette somme, se conformer aux tarifs adoptés pour l'assistance médicale gratuite par le conseil général du département en exécution de la loi du 18 juillet 1898.

620. — A défaut de tarif départemental, le juge de paix s'inspirera de la pensée qui a guidé le législateur; par exemple il pourra fixer le taux de la visite aux honoraires que les médecins ont l'habitude de réclamer à leur clientèle ou-

---

[1] Un projet de loi voté par la Chambre des députés, le 23 mai 1901, autorise le patron, en cas d'un refus de cette nature, à provoquer du juge de paix la nomination d'un médecin qui, sans avoir la qualité d'un expert, examinerait le blessé une fois par mois à l'effet de tenir le patron au courant des progrès du traitement médical (*J. O.*, 24 mai 1901, Débats, Chambre, p. 1125). Une disposition analogue a été admise par la commission du Sénat (décembre 1903).

[2] Dans ce sens, T. paix, Marseille, 10 oct. 1898, *Rec. min. Comm.*, t. I, p. 8, Rapp. Mirman, *J. O.*, 1901, Doc. parl., p. 335, n. 2332.

vrière ou peu fortunée[1], ou encore se conformer au tarif des bureaux de bienfaisance ou des sociétés de secours mutuels[2].

621. — Si le blessé de nationalité étrangère est retourné dans son pays pour se faire soigner, il n'en a pas moins droit aux frais médicaux et pharmaceutiques qui seront taxés d'après le tarif du département où l'accident s'est produit[3].

622. — Il est possible que l'homme de l'art mandé par le blessé ne se contente pas des honoraires fixés par le juge; ce sera, à coup sûr, son droit. Mais il n'aura, pour le surplus, aucune action contre le patron; il ne pourra que s'adresser à la victime elle-même[4].

d) *Traitement à l'hôpital.*

623. — Législation étrangère. — En Allemagne, aux termes de l'art. 22 de la loi du 30 juin 1900, les blessés qui sont mariés ou qui habitent chez leurs parents ne peuvent être contraints d'aller dans un hôpital, que si leur état exige une observation continue ou des soins que leur famille est incapable de donner. Les célibataires qui habitent seuls ne peuvent refuser de se faire soigner dans un hôpital.

Pendant le séjour à l'hôpital le blessé n'a droit à aucune indemnité, mais ses conjoints, enfants ou parents touchent la pension à laquelle ils auraient droit en cas d'accident mortel.

En Autriche, le blessé placé dans un hôpital ne reçoit personnellement aucune indemnité, mais ses parents ont droit à la moitié des secours pécuniaires alloués en cas de soins donnés à domicile.

624. — Travaux préparatoires. — Dans son projet voté en première délibération le 5 décembre 1895, le Sénat avait voté une disposition à peu près identique qui était ainsi conçue : « Les blessés qui seront transportés à l'hôpital soit sur leur demande soit sur l'avis exprimé par le médecin, en raison de la nature de leur lésion nécessitant un traitement spécial, y seront soignés aux frais des chefs d'en-

---

[1] T. paix, Paris, 22 nov. 1899, 23 janv. 1900, J. *La Loi;* 11 janv., 8 févr. 1900. T. paix, Paris, 15 avr. 1901, *Gaz. Pal.,* 1901. 1. 795.

[2] T. paix, Courbevoie, 8 mai 1900, *Gaz. Pal.,* 1900. 2. 60. Pour suppléer à cette lacune de la loi, la commission du Sénat (décembre 1903) propose d'ajouter au texte qu'*à défaut de tarif départemental le juge de paix appliquera le tarif de l'un des départements voisins.*

[3] Avis du comité consultatif, 7 févr. 1900, *J. O.,* 16 févr. 1900.

[4] Comité consult., 31 mai 1899, *J. O.,* 6 févr. 1900.

treprise. Dans ce cas et aussi longtemps que le blessé restera à l'hôpital, l'indemnité journalière prévue par l'art. 3 sera réduite de
moitié ».

Cette disposition n'a pas été reproduite dans la loi.

625. — Quand le blessé doit-il être traité dans un hôpital ?
— Il est tout d'abord des cas d'une gravité telle que le transport du blessé à l'hôpital s'impose, quelle que soit sa situation
de famille. En cas de désaccord, si l'opposition vient du patron, l'ouvrier peut passer outre et se faire admettre dans un
hôpital en vertu du droit qu'il a de choisir son médecin. Très
souvent le refus émane du blessé lui-même. C'est alors au
médecin traitant qu'il appartiendra d'indiquer si les soins
hospitaliers sont nécessaires ; cette nécessité peut varier non
seulement d'après la nature de la lésion, mais aussi suivant
que le blessé habite seul ou se trouve chez des parents qui
sont en mesure de lui servir de garde-malade. Enfin, si malgré un avis affirmatif du médecin traitant, le blessé persiste
dans son refus, la contestation peut être valablement portée
devant le juge de paix, à raison de la compétence spéciale que
la loi attribue à ce magistrat en matière de frais médicaux et
pharmaceutiques. Sans doute, une décision du juge de paix
ordonnant un traitement hospitalier ne peut être exécutée par
la force ; mais le refus opposé par l'ouvrier de s'y conformer
sera une preuve de son mauvais vouloir et aura pour sanction
de laisser à sa charge personnelle les suppléments de dépenses et les aggravations d'incapacité de travail (n°ˢ 475 et s.)
que ce mauvais vouloir occasionnerait.

626. — Indemnité temporaire pendant le séjour à l'hôpital.
— En sa qualité de débiteur des frais médicaux et pharmaceutiques, le patron est tenu envers l'administration de l'hôpital des dépenses nécessitées par le séjour du blessé dans
cet établissement. Ces dépenses sont afférentes non seulement
aux soins médicaux et pharmaceutiques, mais encore au logement et à la nourriture du blessé. A ce dernier point de
vue le patron paie plus qu'il ne doit; on ne saurait donc lui
refuser en principe le droit de faire ventiler la part des frais
de logement et de nourriture et de la retenir sur l'indemnité

journalière[1]. Mais pour cette ventilation il importe de tenir
compte non de la valeur réelle du logement et de la nourriture qui ont été procurés à l'ouvrier dans l'hôpital, mais uniquement du profit qu'il en a retiré. Ce profit varie suivant la
situation personnelle de chacun. Quand un blessé, célibataire
et sans charges de famille, n'a en dehors de l'hôpital ni logement à payer, ni ménage à entretenir, l'équité commande de
retenir sur son indemnité temporaire une somme bien supérieure à la part contributive qui pourrait être exigée d'un ouvrier ayant à sa charge femme et enfants ou des parents infirmes. Ce dernier en effet n'en est pas moins tenu, pendant son
séjour à l'hôpital, de conserver son logement et de subvenir
aux besoins de son ménage qui ne sont en définitive que fort
peu allégés par le fait de son absence. En cas de litige le juge
jouira d'un pouvoir d'appréciation très étendu[2].

627. — L'action directe de l'hôpital contre le patron en
paiement des frais complets d'hospitalisation du blessé ne
saurait être contestée si c'est le patron qui a demandé le
transport à l'hôpital[3]. Nous estimons qu'il en serait de même
dans le cas où les soins hospitaliers ont été sollicités par le

[1] Dans ce sens, Lecouturier, *Accid. du trav.*, n° 123.

[2] Dans ce sens, T. paix Havre, 21 nov. 1899, *Gaz. Pal.*, 2 janv. 1900. T. Toulouse, 18 déc. 1900, D. 1901. 2. 176. Rouen, 12 mars 1901, Bourges, 20 janv, 1902,
S. 1902. 2.196, *Pand. fr.*, 1902. 2. 94. — *Contrà*, Nancy, 28 nov. 1900, *Gaz.
Pal.*, 1901. 1. 532. Montpellier, 6 mars 1902, S. 1903. 2. 67. Le comité consultatif
estime que, dans tous les cas, les frais complets d'hospitalisation sont à la charge
exclusive du patron, excepté lorsque la victime, ayant refusé les soins offerts par
l'entreprise, a fait choix elle-même de l'hospitalisation par application de l'art. 4 de
la loi, les frais étant alors réglés selon le mode prescrit dans la deuxième hypothèse
(avis du 30 mai 1899, *J. O.*, 6 janv. 1900. Loubat, n° 220).

Au mois de mai 1902, la Chambre des députés s'est préoccupée de cette question.
Trois propositions lui étaient soumises : celle de la commission était conforme à l'avis
ci-dessus rapporté du comité consultatif; une autre de M. Fernand David réduisait
l'indemnité temporaire aux trois quarts pendant la durée de l'hospitalisation; enfin, la
troisième confiait au médecin traitant, et, en cas de désaccord, au juge de paix, le
soin de décider s'il y avait lieu à traitement dans un hôpital. En présence de ces
opinions divergentes, la Chambre a voté un projet par lequel tous les frais d'hospitalisation étaient laissés à la charge exclusive du patron (séance des 20 et 23 mai 1902,
J. O., p. 1106 et 1120). Ce projet n'a pas été ratifié par le Sénat. Mais en décembre
1903, la commission du Sénat a cru trouver la solution de ces difficultés dans le
texte suivant qu'elle propose à la sanction de là Haute Assemblée : « Le chef d'entreprise est tenu, dans tous les cas, en outre des obligations contenues dans l'art. 3,
aux frais d'hospitalisation jusqu'à concurrence de 1 fr. par jour, tout compris, conformément à la loi sur l'assistance médicale gratuite; cette somme sera portée à
2 fr. 50 à Paris et à 2 fr. dans les villes au-dessus de 100.000 habitants ».

[3] Com. cons., avis du 31 mai 1899, *J. O.*, 6 janv. 1900.

blessé lui-même ; l'administration de l'hôpital a en effet une
créance dont l'objet est indivisible ; on ne peut donc la contraindre à scinder l'action qui en découle.

628. — Lorsque la victime d'un accident du travail est
transportée à l'hôpital sur la demande du patron, doit-elle
être hospitalisée comme indigente ? La loi du 9 avril 1898 ne
contient pas, sur ce point, des dispositions absolument précises ; mais les prescriptions édictées par l'art. 4 en matière
d'assistance à domicile donnent lieu de conclure que le tarif de
l'assistance médicale gratuite doit être également appliqué
en ce qui concerne l'assistance hospitalière. Ce tarif est réglé
par l'art. 24 de la loi du 15 juillet 1893 qui dispose que le
prix de journée, pour les malades du service de l'assistance
médicale, est réglé par le préfet, après avis du conseil général et qu'il ne peut être inférieur au prix de revient constaté pendant les cinq dernières années. En résumé, ni préjudice, ni gain : telle doit être la règle pour les hôpitaux, aussi
bien en matière d'accidents du travail, que pour le service de
l'assistance médicale[1].

629. — Pour prévenir toute réclamation de la part des
médecins et chirurgiens, le ministre de l'Intérieur conseille
aux administrations hospitalières de n'admettre en traitement
dans les hôpitaux que les ouvriers victimes d'accidents du
travail, pour lesquels l'hospitalisation s'impose soit à raison
de la nature de la blessure et des soins qu'exige le traitement,
soit à raison des mauvaises conditions d'installation personnelle de la victime[2].

II

Frais funéraires.

630. — En ce qui concerne les frais funéraires, l'art. 4
dispose : « *Le chef d'entreprise supporte en outre..... et les*

---

[1] Dans ce sens, circulaire du ministre de l'Intérieur du 10 août 1901, *Rec. des
doc. sur les accid. du trav.*, 1903, n° 1, p. 171. — *Contrà*, T. paix, Saumur,
3 juill. 1901, *Gaz. Pal.*, 1902. 1. 88. T. civ. Lyon, 1er avr. 1903, *Mon. jud.
Lyon*, 1er oct. 1903, qui reconnaissent aux médecins et chirurgiens des hôpitaux le
droit de réclamer des honoràires au patron.

[2] Même circulaire.

*frais funéraires. Ces derniers sont évalués à la somme de cent
francs au maximum* ».

631. — Par *frais funéraires*, il faut entendre les dépenses
nécessitées par les funérailles, notamment les frais faits pour
la levée, le transport et l'ensevelissement du corps, ainsi que
les émoluments de la fabrique et les honoraires du ministre
du Culte. Mais on ne saurait l'étendre à toutes les dépenses
dont le décès a été l'origine. La limitation à un maximum de
cent francs montre que le législateur a entendu donner à ces
expressions un sens encore plus strict que dans l'art. 2101
du Code civil. Par suite, on ne doit pas y comprendre le deuil
de la veuve[1], ni les prières ou services religieux postérieurs à
l'inhumation tels que les services dits de neuvaine, anniver-
versaires, etc., ni le prix de la concession du terrain destiné à
la sépulture[2].

---

[1] La Cour de cass., Ch. civ. (arrêt du 15 mars 1897, S. 97. 1. 438 a statué dans
ce sens, en interprétant l'art. 2101 du Code civil.

[2] Baudry-Lacantinerie et de Loynes, *Priv. et hypoth.*, t. I, p. 264; Aubry et
Rau, t. III, p. 130, § 260.

CHAPITRE VIII

PAIEMENT ET NATURE DES INDEMNITÉS.

632. — Ce chapitre comporte trois sections : 1° point de départ du paiement des rentes et indemnités ; 2° mode, lieu et conditions de ce paiement; 3° incessibilité et insaisissabilité.

PREMIÈRE SECTION.

Point de départ des rentes, pensions et indemnités.

PRÉLIMINAIRES.

633. — Les compagnies d'assurances admettaient généralement que les indemnités en capital étaient dues à partir du lendemain de la déclaration de l'accident et que les arrérages des pensions couraient à partir du même jour.

La loi *allemande* distingue quatre périodes : Le jour de l'accident et les deux jours qui suivent, le blessé ne reçoit aucun secours en argent; il n'a droit qu'au traitement médical. Sa situation est la même que celle d'un ouvrier atteint d'une maladie (V. n° 714). Pendant les quatre premières semaines (hormis les trois jours dont il vient d'être parlé), il touche un secours en argent qui ne peut pas dépasser la moitié du salaire moyen. Il est encore, durant cette période, assimilé à un ouvrier malade. Ce n'est qu'à partir de la cinquième semaine qu'il a droit à la pension fixée par la loi sur les accidents : mais, jusqu'à la treizième semaine, la caisse de secours en cas de maladie fait les avances de cette pension, sauf à se faire rembourser par le chef d'entreprise la différence entre le tarif de la caisse et le montant de la rente allouée à la victime. Enfin, le commencement de la quatorzième semaine marque le moment où le blessé est à la charge exclusive de l'association d'assurance.

D'après la loi *autrichienne* de 1887, la pension allouée à titre d'indemnité aux blessés n'est à la charge de l'assurance contre les accidents qu'à partir de la cinquième semaine. Pendant les quatre premières semaines, la victime est secourue par la caisse de maladies.

En *Angleterre*, l'allocation hebdomadaire ne commence à courir qu'après l'expiration de la deuxième semaine qui a suivi l'accident; *en Italie*, l'indemnité quotidienne n'a son point de départ qu'au sixième jour.

634. — Pour l'interprétation de notre loi nous distinguerons l'incapacité temporaire, l'incapacité permanente absolue ou partielle et es accidents mortels.

I

Incapacité temporaire.

635. — Aux termes de l'art. 4, l'indemnité temporaire est due, « *si l'incapacité de travail a duré plus de quatre jours, à partir du cinquième jour* ».

Dans le calcul du délai de quatre jours on ne doit pas compter le jour de l'accident pendant lequel le blessé a droit à son salaire intégral[1]. Ainsi un accident survenu le 5 avril ne donne droit à l'indemnité journalière qu'à partir du 10; si la victime a été en état de reprendre son ouvrage dans la journée du 9 avril, et même le 10 avril au matin, elle ne peut prétendre à aucune indemnité.

Comme l'indemnité temporaire est due les dimanches et jours de fête, il n'importe que le cinquième jour soit un jour férié ou un jour ouvrable ; dans tous les cas le point de départ effectif du paiement a lieu ce jour-là[2].

II

Incapacité permanente.

636. — Dans les cas d'incapacité permanente absolue ou partielle, l'art. 3 dispose que la victime aura droit à une rente, sans en indiquer le point de départ. Ce silence nous laisserait dans un assez grand embarras, si nous n'avions pour expli-

---

[1] Avis du Com. cons. des 19 déc. 1900, D. 1900. 4. 81. 84. T. Alais, 8 févr. 1900, *Gaz. Pal.*, 1900. 1. 381.

[2] Alais, 8 févr. 1900, précité. Paris, 8 mars 1901, S. 1901. 2. 300.

quer notre texte, les paroles autorisées de M. Ricard. Cet
honorable député, répondant à plusieurs de ses collègues qui
demandaient à mettre dans le texte que la pension fût payable
à partir de l'accident, s'opposa à cette rédaction en faisant
remarquer qu'au moment de l'accident on ne sait pas si la
victime sera atteinte d'une incapacité permanente et absolue
de travail. « Il faut d'abord, ajouta-t-il, soigner la victime et
la guérir s'il est possible. Les dispositions de la loi sont for-
melles ; la victime doit recevoir les soins médicaux et pharmaceutiques ; elle reçoit aussi, pendant tout le temps de sa maladie, l'indemnité journalière fixée par l'art. 3 à la moitié du
salaire quotidien. C'est seulement lorsqu'il est certain que
l'ouvrier ne peut pas être guéri, lorsque la blessure est consolidée, lorsqu'il est certain que l'ouvrier est atteint d'une incapacité permanente absolue de travail ..... alors s'ouvre pour
lui le droit à la pension des deux tiers de son salaire. Il se
trouve sous un autre régime que celui sous lequel il était
placé pendant le temps de sa maladie. Jusqu'au moment où
il bénéficiera de sa pension viagère, il touchera, il est bien
entendu, l'indemnité journalière ».

637. — Ainsi dans tous les accidents suivis d'incapacité
permanente absolue ou partielle, il faut distinguer trois
phases :

1° Les quatre premiers jours, où le blessé n'aura droit à
aucune indemnité ; il ne pourra prétendre qu'aux frais médicaux et pharmaceutiques ;

2° La période écoulée du cinquième jour à celui de la consolidation de sa blessure, période pendant laquelle il touchera
l'allocation journalière, c'est-à-dire la moitié du salaire
quotidien avec droit aux frais de médecin et de pharmacien ;

3° La troisième et dernière phase qui commence où finit
la précédente, c'est-à-dire au moment où la blessure ayant
perdu son caractère aigu se transforme en infirmité incurable.
C'est seulement à partir de ce jour qu'il pourra se prévaloir
de la pension viagère afférente aux invalidités permanentes,
pension qui est égale aux deux tiers du salaire annuel, en
cas d'inaptitude totale au travail ou à la moitié de la réduc-

tion que l'accident aura fait subir à ce salaire, si l'incapacité est partielle.

L'obscurité du texte nous avait fait craindre que l'application de la loi ne soulevât sur ce point de nombreuses controverses. L'allocation du demi-salaire pendant la période du traitement curatif devait-elle être considérée comme ayant un caractère définitif ou bien devait-on y voir seulement une avance allouée provisoirement sous réserve de la compléter, si la rente à fixer ultérieurement venait à en dépasser le montant ou, dans le cas contraire, d'en imputer l'excédent sur cette rente. Fort heureusement, cette appréhension ne s'est pas justifiée. Dans la pratique, on s'est généralement mis d'accord pour reconnaître qu'à partir du cinquième jour de l'accident et pendant la durée du traitement de sa blessure, la victime n'avait droit qu'à l'indemnité temporaire du demi-salaire journalier, outre les frais médicaux et pharmaceutiques. Mais à quel moment précis prend fin cette période intermédiaire qui précède immédiatement celle du droit à la rente viagère? Et dans quel sens doit-on interpréter l'art. 16 qui parle de la continuation du paiement de l'indemnité temporaire jusqu'à la décision définitive?

638. — Et d'abord à quel moment précis prend naissance le droit à la rente viagère? Les uns se fondant sur la nature des choses fixent le point de départ de la rente au jour de la consolidation de la blessure, les autres interprétant à la lettre l'art. 16 font courir l'indemnité temporaire jusqu'à la *décision définitive*. Les premiers font remarquer avec raison que le système opposé aurait pour résultat d'inciter les parties à prolonger par des moyens dilatoires la durée des instances; car, suivant que la rente viagère devra être supérieure ou inférieure au montant de l'indemnité journalière, le patron ou l'ouvrier aura intérêt à reculer l'échéance de la décision définitive. A cette objection on répond dans la seconde opinion que, les termes de l'art. 16 étant formels, il n'appartient pas aux commentateurs de refaire la loi.

Nous n'hésitons pas à nous ranger à la première opinion. Le point de départ de la rente ne saurait être subordonné aux éventualités de la procédure; il doit avoir une date indépen-

dante de la volonté du patron et de l'ouvrier; c'est celle où
l'état du blessé est devenu définitif[1], c'est-à-dire le jour où
l'ouvrier a été physiquement en état de gagner un salaire
réduit. Si l'indemnité temporaire a continué à être servie
après cette date pendant la durée de l'instance, le patron est
en droit d'imputer sur les arrérages de la rente l'excédent de
l'indemnité temporaire qu'il aurait payé[2].

639. — Il est vrai que l'art. 16, al. 4, dispose : « *Si la
cause n'est pas en état, le tribunal surseoit à statuer et l'indemnité temporaire continuera à être servie jusqu'à la décision
définitive* ». Tout d'abord la continuation du paiement de l'indemnité temporaire jusqu'à la décision définitive n'exclut pas
un règlement de compte dans lequel le patron impute sur la
rente dont il est débiteur, la portion d'indemnité temporaire payée en trop depuis le jour fixé judiciairement pour le
point de départ de la rente. D'autre part la disposition de
l'art. 16 ne doit pas être considérée comme impérative et applicable dans tous les cas ; elle prévoit seulement ce qui se
passe en général. Mais elle implique nécessairement que le
droit de la victime à une indemnité soit certain, c'est-à-dire
incontesté dans son principe et que le litige porte uniquement sur le quantum de la rente. Par suite on ne saurait contraindre le patron à acquitter l'indemnité temporaire tant
que le demandeur n'a pas fait la preuve de l'accident dont il
a été victime et, en outre, de la relation de cause à effet entre
l'accident et le travail[3].

640. — Il est un autre cas où l'indemnité temporaire

---

[1] Cass. civ., 7 janv. 1902, *Gaz. Pal.*, 1902. 1. 131, S. 1903. 1. 89. Cass. req.,
24 févr. 1902 (2 arrêts), S. 1903. 1. 89, D. 1902. 1. 339 et 1903. 1. 278. Cass.,
25 juin 1902, D. 1902. 1. 341. Cass. req., 30 déc. 1902, *Gaz. Pal.*, 1903. 1. 88,
S. 1903. 1. 270. Cass. civ., 19 janv. 1903, *Gaz. Pal.*, 1903. 1. 210, D. 1903. 1.
108. Douai, 19 mars 1900, *Gaz. Pal.*, 1900. 1. 754. Rouen, 11 mai 1900, *Gaz. Pal.*,
1900. 1. 192. Besançon, 11 juill. 1900, *Gaz. Pal.*, 1900. 2. 248. Dijon, 3 juill. 1900,
Gaz. Pal., 1901. 1. 501. Cass., 17 févr. 1903, D. 1903. 1. 109. — *Contrà*, C. Douai,
5 avr. et 30 mai 1900, *Gaz. Pal.*, 1900. 1. 752 et 2. 195.

[2] Cass. req., 24 févr. 1902, précité. Nevers, 14 mai 1900, *Gaz. Pal.*, 1900. 2.
131. Besançon, 11 juill. 1900, précité. Dijon, 19 juin 1901, D. 1901. 2. 457. Cass.
civ., 17 févr. 1903, *Gaz. Pal.*, 1903. 1. 316, D. 1903. 1. 109. Le projet de la commission du Sénat (décembre 1903) confirme la thèse de la Cour suprême, contrairement à un projet précédemment voté par la Chambre des députés.

[3] C. Besançon, 6 juin 1900, *Gaz. Pal.*, 1900. 2. 160. Douai, 30 mai 1900,
précité.

doit cesser d'être servie, même en cours d'instance, c'est lorsqu'il est démontré que l'état du blessé est devenu définitif, par exemple s'il y a eu reprise effective et continue de travail. Les tribunaux remplacent alors, s'ils le jugent à propos, l'indemnité temporaire par l'allocation d'une provision[1]. Il en serait de même dans le cas où les tribunaux auraient la preuve que l'ouvrier, sans avoir encore repris son travail, est en état de le reprendre d'une manière régulière et définitive.

641. — Il peut arriver qu'après une reprise effective et continue de travail, accompagnée de la cessation du payement de l'indemnité temporaire, une aggravation survienne qui oblige la victime à interrompre son travail; en pareil cas la juridiction saisie allouera une provision[2].

642. — Le moment précis où l'état d'une victime d'accident devient définitif est souvent difficile à déterminer. Les tribunaux devront s'éclairer sur ce point par tous les moyens en leur pouvoir.

643. — Il peut arriver que pendant la durée du traitement médical et, avant que son état soit devenu définitif, le blessé soit capable de faire quelques journées de travail rétribuées; il n'en aura pas moins droit à son indemnité temporaire intégrale, et cela pour deux motifs. Tout d'abord, en effet, la loi ne prévoit pas le paiement d'une indemnité temporaire réduite. Il importe, d'autre part, d'encourager l'ouvrier à faire des efforts pour se remettre au travail. Dans la plupart des cas un exercice modéré favorise la guérison en fortifiant les muscles affaiblis et en donnant de la souplesse aux articulations un peu raidies par une immobilité prolongée[3].

644. — Sans doute une reprise effective et continue de travail est une preuve tangible et indiscutable d'un état définitif, mais l'inactivité d'un ouvrier n'implique pas nécessairement qu'il soit encore pendant la période de traitement médical; cette inactivité peut être intentionnelle. Il appartient aux tribunaux de se tenir en garde contre les simulateurs.

[1] C. Besançon, 6 juin 1900, *Gaz. Pal.*, 1900. 2. 160. Douai, 30 mai 1900, précité.
[2] C. Besançon, 6 juin 1900, précité.
[3] En sens contraire, Dijon, 3 juill. 1902, D. 1902. 2. 250.

645. — L'indemnité temporaire est due pendant toute la durée du traitement médical, quelle que soit la situation de l'ouvrier. Il n'importe qu'il soit appelé à son service militaire [1] ou qu'il soit mis en état de détention. On ne comprendrait pas en effet qu'un patron tirât profit d'une circonstance qui lui est complètement étrangère et que la loi n'a pas prévue comme une cause de libération de son obligation. Au surplus, l'ouvrier sous les drapeaux ou en prison peut avoir des charges de famille auxquelles l'indemnité temporaire est destinée à faire face. On ne saurait comparer cette situation à celle d'un blessé placé dans un hôpital; car en payant les frais d'hospitalisation, le patron prend à sa charge, outre le traitement médical, la nourriture et le logement de l'ouvrier.

III
Accidents mortels.

646. — Dans les accidents mortels c'est toujours à partir du décès de la victime que les parents survivants auront droit aux arrérages de leurs rentes viagères ou de leurs pensions temporaires. Le décès de la victime peut n'être survenu que quelques jours après l'accident : dans l'intervalle qui sépare le décès de l'accident, la victime elle-même touchera, ainsi que nous l'avons expliqué, l'indemnité temporaire et aura droit aux frais médicaux et pharmaceutiques. Si le décès, tout en étant la conséquence directe de l'accident, n'est survenu que longtemps après, il est possible que la victime ait été classée parmi les totalement invalides et qu'elle ait reçu la pension afférente à cette catégorie d'infirmités. Il est bien entendu que le montant de cette pension lui est acquis jusqu'au jour de sa mort.

647. — Les rentes et pensions dues aux ayants-droit sont-elles passibles des droits de mutation par décès? Non, à coup sûr. N'ayant jamais été dans le patrimoine du *de cujus*, elles ne peuvent être considérées comme des valeurs successorales. Tout au contraire elles ne sont nées qu'au décès de la victime et leur naissance a même été subordonnée non seulement à

[1] En sens contraire, Dijon, 3 juill. 1902, précité.

la survivance des parents au profit desquels elles ont été
créées, mais encore quelquefois à certaines conditions d'indigence ou de besoin concernant ces mêmes parents. On ne
saurait donc nier qu'elles sont essentiellement personnelles
aux ayants-droit qui en sont titulaires.

DEUXIÈME SECTION.

Mode, lieu et conditions de paiement.

I

Mode de paiement.

648. — D'après les lois allemande (art. 66) et autrichienne (art. 37),
les pensions des blessés et des ayants-droit survivants sont payables
mensuellement et d'avance ; les frais du traitement thérapeutique et
ceux de l'inhumation dans les huit jours qui suivent leur règlement.

649. — L'art. 3 s'exprime ainsi : « *les rentes constituées
en vertu de la présente loi sont payables par trimestre* ».

Les rentes, dont il est parlé dans ce texte, sont celles qui
sont allouées à la victime dans les cas d'incapacité permanente totale ou partielle et celles auxquelles ont droit les
parents survivants en matière d'accidents mortels. Elles devront être payées par trimestre ; c'est en effet le mode de
paiement le plus commode. Il est en usage dans les administrations pour les pensions de retraite ; personne ne songe à
s'en plaindre.

650. — Le paiement devra-t-il s'effectuer d'avance ou
après l'expiration de chaque période de trois mois ? Plusieurs
projets votés tour à tour par le Sénat et par la Chambre
avaient disposé que le paiement serait fait d'avance. Notre
texte n'a pas reproduit cette disposition. On doit en conclure
que les rentes ne seront pas payables d'avance[1]. De cette façon

[1] T. Nantes, 27 nov. 1899, *Gaz. Pal.*, 1900. 1. 49 ; J. *La Loi*, 25 janv. 1900. C. de
Besançon, 14 févr. 1900, *Gaz. Pal.*, 23 févr. 1900. Rouen, 11 mai 1900, D. 1901.
2. 178. Paris, 23 juin 1900, *Gaz. Pal.*, 1901. 1. 7. C. Dijon, 3 juill. 1900, D. 1901.
2. 250. Besançon, 11 juill. 1900, D. 1901. 2. 457. Cass. req., 28 juill. 1902, *Gaz.
Pal.*, 1903. 1. 67, S. 1903. 1. 83, D. 1903. 1. 252.

les décès qui surviendront au cours d'un trimestre ne donneront lieu à aucune répétition. Tel est, paraît-il, le motif qui a
déterminé le législateur à fixer l'échéance des rentes après l'expiration du trimestre. Cependant la pratique nous a révélé
qu'il serait bien rigoureux d'admettre cette solution. Entre le
dernier jour où l'indemnité journalière est payée et la première échéance de la rente il s'écoule trois mois pendant lesquels le blessé ne touche aucune allocation. Or, c'est le
moment où il a le plus de besoins. A peine sorti de la convalescence, affligé d'une infirmité qui ne lui est pas encore devenue familière, il est gêné dans ses mouvements et il n'est
pas en état de fournir la somme de travail dont il sera bientôt capable. Peut-être même n'a-t-il pas encore trouvé de
l'ouvrage.

Ces considérations tendent à faire fléchir la jurisprudence.
Certains tribunaux puisent dans le silence du législateur le
droit de fixer, suivant les circonstances, la date du paiement
des arrérages de la rente[1]. Le législateur serait bien inspiré,
je crois, en revisant son œuvre sur ce point. Il pourrait, par
exemple, autoriser les tribunaux à ordonner, le cas échéant,
le paiement par anticipation d'une partie des arrérages de la
première échéance, sans que la somme ainsi payée pût être
supérieure à la moitié du montant de la première échéance[2].

651. — La loi est muette sur le mode de paiement des indemnités journalières. Nous pensons qu'elles doivent avoir
les mêmes échéances que le salaire journalier dont elles sont
en définitive une fraction. Il convient d'ailleurs que les paiements de ces allocations s'effectuent à des dates aussi rapprochées que possible, tant dans l'intérêt de la victime, que pour
permettre au patron d'exercer une surveillance sur la marche
de la maladie[3].

652. — Des intérêts. — Les rentes et indemnités dues en

---

[1] Nancy, 12 déc. 1899, *Gaz. Pal.*, 1900. 1. 64.

[2] La commission du Sénat, dans son projet du mois de décembre 1903, est entrée
dans nos vues ; elle propose d'ajouter au texte actuel la disposition suivante :
« Toutefois le tribunal peut ordonner le paiement d'avance de la moitié du premier
arrérage ».

[3] D'après la commission du Sénat, l'indemnité temporaire devrait être payable
« *aux époques de paye usitées dans l'entreprise, sans que l'intervalle puisse
excéder quinze jours* ». Nous ne pouvons qu'approuver cette disposition.

vertu de notre loi ne produisent jamais intérêts avant le jour de la demande en justice ou celui de l'accord des parties devant le président du tribunal ; car la loi n'en a pas fait courir les intérêts de plein droit (art. 1153, du C. civ.).

Par demande en justice il faut entendre ici l'assignation devant le tribunal en ce qui concerne les rentes, pensions et indemnités afférentes aux incapacités permanentes et aux accidents mortels et la citation en justice de paix pour les indemnités journalières afférentes aux incapacités temporaires.

Les rentes viagères étant payables par trimestre, c'est à l'expiration de chaque trimestre que les termes échus produisent intérêts, du moins pour les échéances postérieures à la demande en justice ou à la conciliation devant le président[1].

Les mêmes principes sont applicables aux indemnités temporaires, avec cette différence que les échéances sont, comme nous l'avons vu, à des intervalles beaucoup plus rapprochés.

II

Lieu du paiement.

653. — Notre texte ne prévoit pas le lieu où doit s'effectuer le paiement des rentes et pensions. Nous devons appliquer ici le principe général de l'art. 1217, *in fine*, du Code civil, aux termes duquel le paiement doit être fait au domicile du débiteur. C'est donc, suivant les cas, au domicile du chef d'entreprise, à l'agence de la société d'assurance, ou du syndicat de garantie, ou dans une des caisses du Trésor de l'État que le montant des pensions ou indemnités devra être payé à la victime ou à ses ayants-droit[2] (V. n° 1649, *in fine*).

654. — Toutefois les indemnités temporaires sont toujours payables chez le patron qui en est seul débiteur ou au siège de la société de secours mutuels à laquelle il serait affilié con-

---

[1] Caen, 19 nov. 1900, D. 1902, 2. 364.
[2] C. Dijon, 3 juill. 1900, *Gaz. Pal.*, 1901. 1. 501, D. 1901. 2. 250, Paris, 26 janv. 1901, Nancy, 6 mai 1901, T. Narbonne, 17 juill. 1900, D. 1902. 2. 198. La commission du Sénat propose de rendre les rentes et pensions « payables dans le canton de la résidence du titulaire, ou, si elles sont servies par la Caisse nationale des retraites, chez le préposé de cet établissement qu'il a désigné ».

formément à l'art. 5 [1]. Une assurance ou une affiliation à un
syndicat de garantie n'aurait pas pour effet de dégager le
patron de sa dette d'indemnité temporaire. Quant à la caisse
nationale du fonds de garantie, elle n'est dans aucun cas engagée à raison de ces sortes d'indemnités.

III

Conditions de paiement.

655. — Aux termes de l'art. 1983 du Code civil le
crédirentier ne peut demander les arrérages de sa rente
qu'en justifiant de son existence. L'accomplissement de cette
condition peut être exigé par le patron ou par l'assureur débiteur de la rente. D'après la jurisprudence la preuve de l'existence du crédirentier n'est soumise à aucune formalité particulière; son appréciation est abandonnée à la prudence du
juge [2].

Ordinairement c'est par un certificat de vie que l'existence
est établie. Pour l'exécution des contrats de rente viagère
entre particuliers, les certificats de vie sont délivrés par les
présidents de tribunaux de première instance ou par les maires des chefs-lieux d'arrondissement pour les personnes qui
y sont domiciliées (art. 11 de la loi du 27 mai 1791) [3]; ils peuvent aussi résulter d'un acte notarié.

Pour le paiement des rentes viagères et pensions sur l'État,
les certificats de vie sont délivrés exclusivement par les notai-
res, lesquels sont garants et responsables envers le Trésor
public de la vérité des certificats (déc. du 21 août 1806, ord.
des 30 juin 1814, 20 mai 1818, 26 juill. 1821 et 6 juin 1839).
En cas de maladie des rentiers, les certificats de vie peuvent

---

[1] La Chambre des députés a voté le 20 mai 1902 (*J. O.*, p. 1101 et s.) un projet de
loi fixant le paiement de l'indemnité temporaire à la résidence de la victime. Pour
justifier cette disposition, M. le député Lemire faisait remarquer que, pendant la
période de traitement médical, le blessé est généralement dans l'impossibilité de se
déplacer. Ces considérations n'ont pas paru suffisantes au Sénat qui a refusé de rati-
fier le vote de la Chambre. A son tour la commission du Sénat propose de rendre
l'indemnité temporaire « payable au lieu de paye usité dans l'entreprise ».

[2] Paris, 17 janv. 1860 (S. 60. 2. 53. Aubry et Rau, t. IV, § 389).

[3] Cass., 19 nov. 1817.

être délivrés sur une attestation du maire visée du juge de paix (déc. du 23 sept. 1806).

656. — Pour l'application de notre loi, il n'y aurait pas d'inconvénient à ce que le débiteur de la rente viagère se contentât de l'attestation du maire visée par le juge de paix. Cette attestation serait délivrée sans frais et enregistrée gratis (art. 29[1]).

657. — Un certificat de vie délivré par un notaire pour les pensionnaires de l'État donne droit au profit du notaire à une rétribution de 1 franc pour les sommes à percevoir de 601 francs et au-dessus, de 0 fr. 50 pour celles de 301 à 600 francs, de 0 fr. 35 pour celles de 101 à 300 francs, de 0 fr. 25 pour celles de 50 à 100 francs, et il n'est rien dû pour celles au-dessous de 50 francs (ord. du 12 juin 1817, art. 12). Par analogie, il y aurait lieu d'appliquer le même tarif si le notaire avait à délivrer un certificat de vie en matière d'accident du travail. Le certificat de vie est exempté de tous droits de timbre et d'enregistrement (art. 29).

658. — En ce qui concerne les ayants-droits étrangers ou domiciliés à l'étranger, il y aurait lieu de leur faire application de l'arrêté du 9 frimaire an XI qui permet en pareil cas de fournir des certificats de vie délivrés par les agents extérieurs français, en présence de quatre témoins connus de ces agents qui attesteront l'individualité des créanciers.

TROISIÈME SECTION.

Insaisissabilité et incessibilité.

PRÉLIMINAIRES.

659. — FONDEMENT DU PRINCIPE. — Le principe de l'insaisissabilité du traitement des fonctionnaires remonte à une haute antiquité; on le trouve écrit dans une constitution de Justinien (const. 4, Code de Justinien. *De executione judicatæ*, VII, 53). Admis dans notre ancien droit, il a été réglementé par la loi du 25 ventôse an IX; et l'art. 580 du Code de procédure civile l'a expressément consacré.

Ce principe repose sur un double motif : l'intérêt supérieur de l'État et des considérations d'humanité. Il est à craindre qu'un fonc-

---

[1] Dans ce sens, avis du Com. cons. du 10 févr. 1901, *Bull. off. trav.*, 1901, p. 215.

tionnaire privé de son traitement n'abandonne son poste ou ne soit
hors d'état de continuer à remplir dignement son emploi. De là une
situation dont le service public peut avoir à souffrir; mieux vaut sa-
crifier les créanciers. C'est ce que dit en substance Justinien et ce que
répète Loyseau[1] : « Le service public est préférable à la commodité
d'un ou de plusieurs créanciers ». — D'autre part, les fonctionnaires
sont en général dignes d'intérêts; leur modique traitement constitue
souvent leur unique ressource. L'humanité commande de les protéger contre l'excessive rigueur de leurs créanciers et de leur assurer
une somme suffisante pour leur permettre de subvenir à leurs besoins
et à la subsistance de leur famille.

Ces dernières considérations (et ce ne sont pas les moins puissantes)
s'appliquent avec la même force à tous ceux qui vivent du produit
de leur travail, aux ouvriers, aux employés, aux salariés. L'intérêt,
qui s'attache à cette catégorie de personnes, s'accroît encore lorsqu'un
accident les rend invalides : la faible indemnité, à laquelle elles peuvent prétendre, ne doit-elle pas être légalement mise à l'abri des
poursuites des créanciers?

660. — LÉGISLATION ANTÉRIEURE. — Les rédacteurs du Code
civil et du Code de procédure n'ont formulé à cet égard aucune disposition spéciale : Ils se sont contentés de poser des principes généraux,
laissant à la jurisprudence le soin d'en faire des applications à chaque cas particulier. Ces principes se trouvent énoncés dans l'art. 581
du Code de procédure civile qui déclare « insaisissables... 2° les
provisions alimentaires adjugées par justice... 4° les sommes et pensions pour aliments, encore que le testament ou l'acte de donation ne
les déclare pas insaisissables ».

La jurisprudence a généralisé ce texte dans la mesure du possible
en décidant qu'il s'appliquait non seulement aux sommes et pensions
allouées pour aliments par donations ou testaments, mais encore à
toutes celles qui ont un caractère alimentaire; elle a ainsi reconnu un
caractère alimentaire aux pensions viagères accordées à des ouvriers
à titre d'indemnité, à raison d'un accident, et les a déclarées insaisissables[2]. Certains tribunaux n'admettaient qu'une insaisissabilité partielle et laissaient dans le gage des créanciers la fraction de la pension qui ne leur paraissait pas indispensable à l'existence du débiteur et de sa famille[3].

---

[1] *Des officiers non vénaux*, liv. IV, chapitre VIII, p. 589, n° 61.
[2] Colmar, 29 avr. 1863, S. 63. 2. 103, D. 63. 5. 333. Paris, 5 févr. 1870, S. 70.
2. 53. Caen, 19 juin 1893, S. 93. 2. 216, D. 94. 2. 318.
[3] Caen, 21 janv. 1869, S. 70. 2. 53.

Dans tous les cas, le caractère alimentaire de la dette ne faisait obstacle à la saisie que lorsque la créance du saisissant n'avait pas elle-même une cause alimentaire. C'est ce qu'exprime l'art. 583 dont le premier paragraphe est ainsi conçu : « Les pensions alimentaires ne pourront être saisies que pour cause d'aliments ». Par *aliments*, pour lesquels les provisions alimentaires peuvent être saisies, il faut entendre : la nourriture, le logement, les vêtements et même les visites des médecins et chirurgiens et les médicaments [1].

661. — La question s'était posée de savoir s'il y avait lieu de faire une distinction entre les créanciers qui avaient fourni des aliments au débiteur antérieurement à l'adjudication de la pension ou de la provision et ceux qui en avaient fourni postérieurement. La jurisprudence a également décidé que cette distinction, d'ailleurs non écrite dans la loi, n'avait pas sa raison d'être, et que les créanciers pour cause d'aliments pouvaient saisir les sommes dues à titre alimentaire à leur débiteur, encore bien que leurs créances fussent antérieures aux droits conférés à ce dernier sur lesdites sommes [2].

Le droit de saisir les provisions alimentaires et par suite les pensions allouées en cas d'accident appartenait non seulement à ceux qui avaient fourni des aliments au créancier de la provision alimentaire ou de la pension, mais encore aux parents envers qui celui-ci avait des obligations alimentaires : conjoints, enfants ou ascendants [3]. La jurisprudence a eu maintes fois l'occasion de le décider en ce qui concerne le traitement des fonctionnaires publics qui, aux termes de la loi du 21 ventôse an IX, n'est saisissable que jusqu'à concurrence d'une quotité déterminée. Des tribunaux ont jugé que la saisie-arrêt pratiquée par une femme sur le traitement de son mari fonctionnaire public, pour assurer le paiement de la pension alimentaire et de la provision *ad litem* qui lui ont été accordées dans une instance en séparation de corps, ne doit pas être restreinte à la partie légalement saisissable de ce traitement [4], car, disent ces décisions, le principe d'insaisissabilité a été édicté non pas uniquement dans l'intérêt du

[1] Carré et Chauveau, quest. 1986; Thomine, t. II, p. 86; Jean Sirey, *Code de procédure annoté*, note 111, sous art. 581-582.

[2] Cass. req., 18 janv. 1875, aff. Decamps, D. 75. 1. 360. T. Seine, 28 févr. 1884, J. *La Loi*, du 26 mars 1884.

[3] Carré et Chauveau, *loc. cit.*; Thomine, *loc. cit.*; Bioche, *Saisie-arrêt*, n° 69 ; Rousseau et Laisné, *Saisie-arrêt*, n° 303; Garsonnet, t. III, p. 552, n° 552 ; Jean Sirey, C. *ann.*, *loc. cit.*

[4] Bordeaux, 12 juill. 1880, aff. Cambarot, D. 80. 2. 232 ; T. civ. Caen, 27 juill. 1891, aff. dame Saint-Martin, D. 93. 2. 217. Rennes, 26 avr. 1893, aff. Salacin, D. 94. 2. 317. T. civ. Seine, 28 déc. 1891, *Rép. alph. de Dalloz. Supp.*, *Saisie-arrêt*, n° 69 et 70.

fonctionnaire envisagé seul, mais dans l'intérêt de sa famille, aux besoins de laquelle il est tenu de subvenir et dans l'intérêt du ménage dont la détresse deviendrait la sienne; dès lors, le fonctionnaire doit cesser de pouvoir revendiquer le bénéfice de la mesure lorsqu'il cherche à se défendre non plus contre les prétentions des créanciers visant le pain quotidien du ménage, mais contre le ménage même contre lequel il retournerait ainsi l'arme mise en ses mains pour la protection commune.

Par leurs généralités, ces motifs s'appliquent aussi bien aux ouvriers, créanciers d'une pension à raison d'un accident industriel, qu'aux fonctionnaires touchant un traitement de l'État : la créance de ceux-là, comme celle de ceux-ci, pouvait, d'après la jurisprudence, être saisie sans restriction, soit pour dette alimentaire personnelle, soit pour dette ayant un caractère alimentaire au regard de leur famille.

662. — L'exposé, que nous venons de faire, nous a montré que, si le législateur avait réglementé avec soin le principe de l'insaisissabilité en ce qui touche le traitement des fonctionnaires, il avait omis de régler la situation non moins digne d'intérêt des ouvriers, employés ou salariés en général. Or cette situation peut être envisagée à deux points de vue : 1° au point de vue du salaire proprement dit de l'ouvrier ou de l'employé, c'est-à-dire de la rémunération à laquelle il a droit par son travail; 2° au point de vue de la pension ou de l'indemnité qui peut lui être allouée en cas d'accident.

Les progrès de l'industrie et la sollicitude de plus en plus grande que l'on porte aux humbles et aux faibles devaient arriver à faire combler cette double lacune. Une loi du 12 janvier 1895 dispose que les salaires des ouvriers et gens de service ne sont saisissables que jusqu'à concurrence du dixième, quel que soit le montant de ces salaires et que les appointements ou traitements des employés ou commis et des fonctionnaires ne sont également saisissables que jusqu'à concurrence du dixième lorsqu'il ne dépasse pas 2.000 francs par an (art. 1er); elle ajoute que les salaires, appointements et traitements ci-dessus visés peuvent être cédés jusqu'à concurrence d'un autre dixième (art. 2). — Notre loi de 1898 proclame l'insaisissabilité et l'incessibilité complètes des rentes constituées aux victimes d'accidents.

663. — Il est bon de dire dès maintenant que l'insaisissabilité et l'incessibilité partielles dont sont frappés, aux termes de la loi de 1895, les salaires, appointements et traitements des ouvriers, employés, commis ou fonctionnaires, reçoivent une triple exception : 1° Lorsque les saisies ou cessions ont pour cause des dettes alimentaires prévues par les art. 203, 205, 206, 207, 214 et 249 du Code civil (art. 3 de la loi de 1895); 2° Lorsqu'un patron se prévaut envers son ouvrier de la compensation à raison de fournitures soit d'outils ou instruments né-cessaires au travail de l'ouvrier, soit de matières et matériaux dont l'ouvrier a la charge et l'usage, ou encore à raison des sommes avan-cées pour l'acquisition de ces mêmes objets (art. 4 de la même loi de 1895); 3° Enfin si le patron fait une avance en espèces en dehors des cas prévus par le paragraphe précédent, il ne peut se rembour-ser qu'au moyen de retenues successives ne dépassant pas le dixième du montant des salaires ou appointements exigibles.

Un des traits caractéristiques de ces exceptions, c'est qu'elles com-prennent, non les dettes alimentaires en général, dont il est parlé à l'art. 582 du Code de procédure civile, c'est-à-dire les dettes envers les fournisseurs d'aliment, de vêtement, de logement, etc., mais seulement les dettes alimentaires envers certains parents, telles qu'elles sont prévues par les articles du Code civil relatifs aux devoirs et obligations qui résultent du mariage. Il suit de là que si les fournitures de subsistances faites à un ouvrier ou à un employé continuent à jouir du privilège général de l'art. 2101 du Code civil, elles ne peuvent cependant donner lieu à une saisie-arrêt sur la partie du salaire ou du traitement qui est déclarée insaisissable par la loi de 1895.

664. — Législation étrangère. — Toutes les législations étran-gères ont posé le principe d'insaisissabilité et d'incessibilité des in-demnités dues aux victimes d'accidents industriels. La loi *allemande* (art. 68) ne le fait fléchir que pour les créances ayant leur cause dans les droits et devoirs de famille (créances de la femme et créances des enfants légitimes). La loi *autrichienne* (art. 43) n'y fait échec qu'en faveur des créances relatives à l'entretien immédiat de l'assuré, c'est-à-dire de celles qui ont pour cause les fournitures de subsistances, de vêtement et de logement (boulangerie, boucherie, épicerie, tail-leur, bailleur de logement, etc.). Les lois *anglaise* (art. 14, annexe I) et *italienne* (art. 14) n'admettent aucune exception. Il en est de même de la loi *suisse* de 1881 qui dispose en outre expressément que les fonds provenant de ces sortes d'indemnité ne rentrent pas dans la masse de la faillite de l'ayant-droit (art. 7, *in fine*). La loi *hollan-daise* de 1901 n'admet l'insaisissabilité que jusqu'à concurrence de 540 francs (262 florins).

665. — L'alinéa 12 de l'art. 3 est ainsi conçu : « *Les rentes constituées en vertu de la présente loi sont payables par trimestre ; elles sont incessibles et insaisissables* ».

Les indemnités prévues par la loi de 1898 peuvent affecter cinq formes différentes : 1° la forme des rentes viagères ou de pensions temporaires, dans les accidents entraînant la mort ou une incapacité permanente ; 2° celle d'un capital, dans le cas de conversion facultative ou obligatoire ; 3° celle d'allocations journalières, dans les accidents suivis d'incapacité temporaire, et, dans les autres, pendant la période de traitement médical ; 4° celle des frais médicaux et pharmaceutiques et de frais funéraires.

Dans quelle mesure chacune de ces sortes d'indemnités sont-elles incessibles et insaisissables, tel sera l'objet de cette étude.

I
Des rentes et pensions.

666. — L'alinéa 12 de l'art. 3, vise spécialement ces sortes d'indemnités ; il les proclame incessibles et insaisissables purement et simplement.

Que ces rentes et pensions soient incessibles et insaisissables pour le tout, cela n'est pas douteux. Il est certain qu'une saisie-arrêt pratiquée par un créancier ordinaire sur toute rente viagère ou pension temporaire due par un chef d'entreprise ou son assureur à une victime d'accident ou à ses ayants-droit est nulle ou non avenue pour la totalité. Il en est de même de toute cession faite par le titulaire de la rente à une tierce personne.

667. — Mais cette règle ne souffre-t-elle pas une exception ? Nous avons vu que le Code de procédure civile, dans son art. 582, établissait une dérogation au principe de l'insaisissabilité en faveur de toutes les créances ayant une cause alimentaire. Or les créances alimentaires peuvent être divisées en deux classes distinctes : 1° celles des fournisseurs de choses nécessaires à la subsistance, à l'entretien et au logement du débiteur ; 2° celles des membres de la famille (conjoint, enfants, descendants), qui ont le droit d'exiger des aliments.

668. — Dans l'exposé sommaire que nous avons fait de la loi du 12 janvier 1895 relative aux saisies-arrêts sur les salaires et petits traitements, nous avons expliqué que les créances pour fournitures alimentaires ne faisaient pas échec à l'insaisissabilité et à l'incessibilité partielles du montant de ces salaires et petits traitements. Dans le cours de la discussion de cette loi, on ne manqua pas d'objecter que l'indisponibilité, dont on allait frapper les salaires, au lieu de protéger l'ouvrier, aurait pour conséquence de porter atteinte à son crédit. M. Jules Simon n'eut pas de peine à réfuter cette critique. « Nous envisageons ces conséquences sans aucun effroi, répondit-il dans une séance de la commission du travail. Nous croyons le procédé du comptant préférable au crédit; nous pensons que l'habitude de payer ses dépenses en même temps qu'on les fait est d'ordre moral, et qu'à tous les points de vue il est du plus grand intérêt pour l'ouvrier qu'il en soit ainsi ». M. Brillié[1] qui cite ces paroles les fait suivre des réflexions suivantes auxquelles nous souscrivons sans réserves. « Les bons esprits ont en effet toujours pensé que les dépenses journalières doivent être réglées au comptant, non seulement parce que cette manière de procéder est d'ordre moral, mais encore parce qu'elle est d'ordre économique. Le crédit se conçoit pour la production, pour les entreprises surtout; il est indispensable dans ce cas; car, sans lui, aucune entreprise ne pourrait commencer à moins de capitaux considérables; mais quand il s'agit de dépenses nécessitées par la vie matérielle, de dépenses journalières de consommation, il n'en est plus de même, et l'intérêt bien entendu de chacun exige que les dépenses de cette sorte soient réglées immédiament. L'ouvrier surtout, qui gagne son pain au jour le jour, a tout intérêt à payer au comptant les dépenses qu'il fait pour son entretien et celui de sa famille; pour lui le gain d'un jour doit suffire et même au delà à la vie d'un jour; sans cela la gêne apparaît fatalement à un moment donné ». Les rentes allouées en cas d'accident ne sont autre chose qu'un salaire réduit; elles représentent ce qui est considéré comme le strict

---

[1] *Incessibilité et insaisissabilité des traitements*, p. 185.

nécessaire à l'entretien de la victime et de sa famille. A plus forte raison ne doit-on pas permettre à l'ouvrier de les gaspiller et de solliciter ensuite un crédit chez les fournisseurs. Au surplus, dans les cas exceptionnels où des avances d'aliments auraient été faites, les créances en résultant seraient garanties par le privilège de l'art. 2101 du Code civil. Ces considérations, jointes au silence de notre article, nous font conclure que cette première catégorie de créances alimentaires ne fait pas échec au principe d'incessibilité et d'insaisissabilité des rentes viagères ou pensions temporaires dues en vertu de notre loi.

669. — Tout autre est la situation du conjoint et des parents qui ont contre la victime une créance alimentaire prévue par le Code civil. L'insaisissabilité et l'incessibilité ont été édictées, non pas uniquement dans l'intérêt de l'ouvrier envisagé seul, mais encore dans l'intérêt de sa famille aux besoins de laquelle il est tenu de subvenir et dans l'intérêt du ménage dont la détresse deviendrait la sienne. Dès lors, l'ouvrier victime d'un accident doit cesser de pouvoir revendiquer le bénéfice de cette insaisissabilité lorsqu'il cherche à se défendre, non plus contre les prétentions des créanciers visant le pain quotidien du ménage, mais contre le ménage même et les membres de la famille, à raison de l'obligation alimentaire dont il est légalement tenu. La thèse contraire irait à l'encontre du but du législateur[1]. Aussi nous estimons que, malgré le silence de notre art. 3, il y a lieu d'admettre que, pour obtenir les aliments auxquels ils ont légalement droit, le conjoint et les parents de l'ouvrier victime d'un accident peuvent valablement saisir-arrêter les pensions et rentes allouées à leur débiteur. De même celui-ci, pour se libérer de son obligation alimentaire, a le droit de céder à l'un des parents ci-dessus désignés, tout ou partie du montant de sa pension ou de sa rente.

Le législateur a lui-même consacré expressément cette exception dans la deuxième partie de l'art. 9, en autorisant la victime d'un accident à consentir une réduction du mon-

[1] V. la jurisprudence citée, n° 661, note 3.

tant de sa rente pour rendre celle-ci réversible jusqu'à concurrence de moitié sur la tête de son conjoint.

670. — Les obligations alimentaires sont énumérées par
l'art. 3 de la loi du 12 janvier 1895; ce sont celles qui dérivent : 1° de l'art. 203 du Code civil sur les devoirs des parents
envers leurs enfants; 2° de l'art. 205 sur les devoirs réciproques des enfants envers leurs parents; 3° de l'art. 206 sur les
devoirs des gendres et belles-filles envers leurs beaux-parents;
4° de l'art. 207 sur les devoirs réciproques des beaux-parents
envers leurs gendres et belles-filles ; 5° de l'art. 214 sur les
devoirs réciproques des conjoints; 6° de l'art. 349 sur les devoirs réciproques de l'adoptant et de l'adopté.

671. — Les obligations réciproques d'aliments sont dues
par les époux pendant toute la durée du mariage, y compris,
le cas échéant, la durée de l'instance en divorce. Par suite,
la pension alimentaire qu'un conjoint serait tenu, aux termes
de l'art. 268 du Code civil, de payer à l'autre pendant le cours
d'une procédure en divorce, pourrait être recouvrée sur les
arrérages des rentes ou pensions à lui allouées à raison d'un
accident industriel.

L'obligation alimentaire entre époux prend fin avec la
rupture du lien conjugal. Toutefois il peut arriver que le
jugement, qui prononce le divorce, mette à la charge de
l'un des conjoints une pension au profit de l'autre à raison de
la garde confiée à ce dernier des enfants issus du mariage.
Une telle pension aura sans contredit un caractère alimentaire, puisqu'elle est destinée à faire face à l'éducation et à
l'entretien des enfants.   •

672. — Lorsque les époux ne se sont fait aucun avantage
ou lorsque les avantages stipulés ne paraissent pas suffisants
pour assurer la subsistance du conjoint qui a obtenu le
divorce, l'art. 301 du Code civil permet aux juges d'accorder
à ce conjoint, sur les biens de l'autre, une pension alimentaire
qui ne peut excéder le tiers des revenus de celui-ci. Bien que
cette pension soit légalement qualifiée d'alimentaire, on ne
saurait lui reconnaître ce caractère. Elle a son fondement
non dans les droits et devoirs résultant du mariage, puisque
le mariage a été dissous, mais seulement dans les agissements

quasi-délictueux de l'époux contre qui le divorce a été prononcé. Destinée à réparer un dommage plutôt qu'à acquitter une dette alimentaire, elle ne saurait faire échec au principe de l'insaisissabilité et de l'incessibilité.

673. — De ce que les rentes et pensions sont incessibles et insaisissables, il résulte qu'elles ne peuvent servir à éteindre une dette par compensation; c'est ce qu'énonce expressément l'art. 1293 du Code civil. La compensation est en effet un paiement; or une créance, qui sert à payer une dette, est en réalité une créance cédée jusqu'à concurrence du prix du montant de la dette. Par suite un patron ne peut, sous aucun motif, retenir le montant d'une pension ou d'une rente en paiement d'une somme dont il serait créancier vis-à-vis de son ouvrier victime d'un accident, notamment en paiement des frais auxquels l'ouvrier aurait pu être condamné [1].

674. — La loi du 12 janvier 1895, dans ses art. 4 et 5, avait réglementé avec un soin tout particulier les compensations susceptibles de s'opérer au profit des patrons entre le montant des salaires dus par eux à leurs ouvriers et les sommes qui leur seraient dues à eux-mêmes pour des fournitures ou pour des avances ayant un objet déterminé. Les dispositions de ces deux articles n'ayant pas été reproduites par la loi de 1898 ne sauraient s'étendre à la matière des accidents du travail. La situation du patron, qui a avancé à son ouvrier les sommes nécessaires à l'acquisition des outils ou costumes de travail, est assurément digne d'intérêt. Mais le législateur a pensé, non sans raison, que l'ouvrier victime d'un accident et sa famille avaient encore plus de droit à sa sollicitude et à sa protection.

675. — Signalons en terminant un dernier effet de l'indisponibilité prévue par notre article. Par suite de leur caractère d'incessibilité, les rentes viagères et pensions temporaires dues à la victime ou à ses ayants-droit ne doivent entrer dans la communauté que pour la jouissance des arrérages. Le droit à la rente ou à la pensoin doit être restitué à l'époux

---

[1] T. Seine, 4 juill. 1902, *Gaz. Pal.*, 1903. 1. 321. T. Saint-Étienne, 15 déc. 1902, *Gaz. Pal.*, 1903. 1. 495.

titulaire immédiatement après la dissolution de la communauté[1].

II

De l'indemnité en capital.

676. — Cette indemnité payée sous forme de capital est-elle incessible et insaisissable?

Elle ne peut l'être, à coup sûr, après le versement des espèces entre les mains de l'ouvrier, puisque la conversion a pour but de permettre à celui-ci de disposer du capital au mieux de ses intérêts. Il en est d'ailleurs de cette indemnité comme des arrérages une fois payés. La victime, qui en est nantie, est libre d'en disposer à sa guise.

De là il suit que, si l'indemnité a été payée en capital à l'ouvrier avant la célébration de son mariage, elle s'est trouvée confondue dans son avoir mobilier et par suite elle est devenue un bien commun. Que si, au contraire, elle était encore due à ce moment par le chef d'entreprise ou ses garants, le droit de créance de l'ouvrier, étant, comme nous le verrons tout à l'heure, incessible et insaisissable, est resté dans le patrimoine propre de celui-ci. Si donc le capital est touché pendant la durée de la communauté, il le sera, non comme une valeur commune, mais comme un bien propre.

677. — Tant que le capital n'a pas été payé par le patron, par l'assureur, par le syndicat de garantie ou par la caisse nationale à la victime, peut-il faire l'objet d'une saisie-arrêt ou d'une cession volontaire. Je ne le pense pas. N'étant que la représentation d'une partie de la rente allouée pour incapacité permanente, il doit être, comme elle, incessible et insaisissable. Au surplus les conversions en capital autorisées par l'art. 9, et par l'art. 21, *in fine*, sont des mesures édictées dans l'intérêt exclusif de l'ouvrier et de sa famille; on ne comprendrait donc pas qu'elles fissent échec au principe d'incessibilité et d'insaisissabilité dont le but est identique. Si le législateur a pensé qu'il était dangereux de permettre à des

[1] Aubry et Rau, t. V, § 507, p. 186; Guillouard, *Contrat de mariage*, n° 389; Baudry-Lacantinerie, Le Courtois et Surville, *Contr. de mar.*, n° 278; Chardiny, *loc. cit.*, p. 121. — Cass. req., 30 avr. 1862, S. 62. 1. 1036, D. 62. 1. 523.

tiers de saisir-arrêter entre les mains d'un chef d'entreprise ou d'un assureur les arrérages d'une rente due à la victime d'un accident, à plus forte raison a-t-il interdit la saisie-arrêt du capital représentatif d'une partie de cette rente. De même l'incessibilité des arrérages implique nécessairement celle d'une partie du capital. On doit admettre les mêmes solutions dans les cas de conversion obligatoire (remariage d'une veuve ou départ de la victime de nationalité étrangère).

678. — En Italie, où presque toutes les indemnités consistent en un capital, la loi de 1898 (art. 14) dispose que la créance de la somme capitale, comme celle de la rente, est incessible et insaisissable.

679. — Supposons que la victime soit elle-même déclarée en faillite. Cette hypothèse est moins invraisemblable qu'on ne serait porté à le penser. Il ne faut pas perdre de vue en effet que la conversion d'une rente ou pension en capital ne peut être demandée que trois ans après l'accident. Dans l'intervalle il arrivera assez fréquemment que le blessé aura entrepris un commerce. Or tout commerce est exposé à des aléas. Si donc celui de la victime aboutit à une faillite, la portion d'indemnité, payable en capital, pourra-t-elle être valablement revendiquée par le syndic comme appartenant à la masse des créanciers ou devra-t-elle revenir au failli personnellement? La réponse à cette question comporte une distinction identique à celle que nous avons faite précédemment.

Si la faillite a été déclarée avant le paiement de l'indemnité, celle-ci ne doit pas être versée dans la masse ; car, étant en principe incessible et insaisissable, elle n'est pas le gage des créanciers de l'ayant-droit. Par suite l'ayant-droit peut s'en prévaloir pour ses besoins personnels. C'est ce qu'exprime d'ailleurs la loi fédérale suisse du 25 juin 1881 dans la disposition finale de son art. 7.

Mais, si, au moment de la déclaration de faillite de l'ayant-droit, l'indemnité avait déjà été payée à celui-ci et incorporée dans son patrimoine, on ne saurait l'en distraire pour la mettre à la disposition personnelle du failli.

III
Indemnités journalières.

680. — L'incessibilité et l'insaisissabilité ayant été limitées par l'art. 3 aux rentes payables par trimestre, on ne saurait les étendre aux indemnités journalières dues en cas d'incapacité temporaire, ces sortes d'indemnités n'étant jamais qualifiées de rentes par notre législateur et étant payables journellement ou aux échéances du salaire dont elles sont une quote-part.

Est-ce à dire que ces indemnités doivent être le gage des créanciers de la victime? On ne saurait sérieusement le soutenir. Elles sont, à coup sûr, insaisissables. Mais le sont-elles dans le sens de l'art. 581 du Code de procédure civile ou dans les limites des art. 1 et 2 de la loi du 12 janvier 1895 ? L'une et l'autre de ces opinions sont admissibles.

En faveur de la première, on peut faire valoir les termes de l'art. 581, nos 2 et 4, qui sont assez généraux pour comprendre les indemnités en cas d'accident; la jurisprudence antérieure à notre loi les avait d'ailleurs interprétés dans ce sens[1]. La deuxième s'appuie sur l'assimilation que le législateur semble avoir faite entre l'indemnité journalière et le salaire, l'indemnité journalière n'est en effet que la continuation du salaire après l'accident, avec cette différence que la prise en charge par le patron des frais médicaux et pharmaceutiques et la diminution des besoins de l'ouvrier pendant cette période de maladie en ont motivé la réduction. Nous inclinons vers cette deuxième opinion et nous pensons que l'indemnité temporaire est cessible et saisissable dans la même mesure que le salaire[2].

681. — Les mêmes solutions doivent être admises pour les indemnités journalières dues pendant le traitement médical aux victimes atteintes d'incapacité permanente.

---

[1] T. Pont-Audemer, 5 mars 1902, S. 1903. 2. 219, D. 1902. 2. 300. T. paix Lille, 26 nov. 1902, *Gaz. Pal.*, 1903. 1. 109.

[2] T. paix de La Ferté-Saint-Aubin, 15 nov. 1900, *Gaz. Pal.*, 1901. 1. 74. D'après MM. Baudry-Lacantinerie et Wahl (*Contrat de louage*, 2e éd., no 1981), l'indemnité temporaire serait insaisissable, conformément aux règles du droit commun, c'est-à-dire dans la mesure où elle aurait un caractère alimentaire. Enfin mentionnons une dernière opinion qui considère l'indemnité temporaire comme saisissable dans tous les cas. T. paix de La Ferté-Saint-Aubin, 25 oct. 1900, *Rec. min. Comm.*, no 3, p. 104.

IV
Frais médicaux et pharmacautiques et frais funéraires.

682. — Les sommes allouées dans ces conditions à la victime d'un accident ou à ses ayants-droit ont une affectation spéciale. Dès lors le patron ou l'assureur ne devra s'en dessaisir qu'entre les mains des personnes à qui elles sont destinées (médecin, pharmacien, prêtre, service des pompes funèbres, etc.), ou contre une quittance justifiant du paiement de ces frais. Le législateur a estimé avec raison qu'il était inutile de spécifier que de telles sommes étaient incessibles et insaisissables.

QUATRIÈME SECTION.

Cumul des indemnités.

PRÉLIMINAIRES.

683. — LÉGISLATION ÉTRANGÉRE. — La législation *allemande* prohibe le cumul des pensions de retraite des fonctionnaires publics avec les rentes et indemnités dues en cas d'accidents professionnels. C'est ainsi que l'art. 4 de la loi de 1884 exclut du bénéfice de l'assurance « les fonctionnaires employés avec traitement fixe et droit à une pension dans les exploitations dépendant d'une administration de l'Empire, d'un état confédéré ou d'une commune ». Cette interdiction revêt une forme encore plus précise dans l'art. 7 de la loi de 1900 qui met en dehors de la sphère d'application de la loi, non seulement les fonctionnaires visés plus haut, mais aussi les militaires et assimilés qui en cas d'accidents professionnels ont droit aux secours prévus par la loi du 15 mars 1886 et d'une façon générale les autres employés d'un état confédéré ou d'une commune qui peuvent se prévaloir des mêmes secours.

En *Autriche* la loi de 1887 contient une disposition analogue; l'art. 4 est ainsi conçu : « Cette loi n'est pas applicable aux fonctionnaires qui sont employés dans une exploitation appartenant à un État, une province, une commune ou un établissement public. Si, en cas d'accident professionnel, ils ont droit, pour eux ou pour leurs parents survivants, à une pension égale ou supérieure au montant de la rente fixée par la présente loi ».

684. — TRAVAUX PRÉPARATOIRES. — Un projet voté en 1893 par la Chambre des députés [1], disposait dans son art. 84 que la loi n'était pas applicable aux fonctionnaires, agents ou employés soumis au régime de la loi du 9 juin 1853 sur les pensions civiles ou tributaires d'une caisse de communes ou d'un établissement admettant le droit à la pension en cas d'accident. Ce texte n'a pas été reproduit dans notre loi.

---

685. — Indépendamment des rentes et indemnités allouées par la présente loi, les victimes d'accidents peuvent avoir droit à des pensions de retraite dues par l'Etat, par un département, une commune, un établissement public ou une compagnie de chemin de fer, etc., ou encore à une rente ou indemnité stipulée dans un contrat d'assurance ou dans une convention passée avec le chef d'entreprise. La rente ou pension légale doit-elle se cumuler ou se confondre avec ces autres pensions ou indemnités? Telle est la question que le silence du législateur nous oblige à traiter. Nous l'étudierons successivement au point de vue des rentes et indemnités stipulées dans les contrats d'assurance et ensuite au point de vue des pensions de retraite en général.

I

Des indemnités dues en vertu d'un contrat d'assurance.

686. — Une des principales difficultés de notre matière consiste à concilier le caractère d'ordre public de la loi de 1898 avec le principe de la non-rétroactivité.

Tout d'abord si l'on considère les conventions postérieures à l'application de notre loi, le caractère d'ordre public de celle-ci interdit à peine de nullité, toute stipulation tendant à atténuer l'obligation du patron, c'est-à-dire à réduire le taux de l'indemnité légale; car le législateur de 1898, ayant jugé nécessaire de garantir une réparation aux victimes d'accidents et d'en déterminer les limites, ne pouvait permettre aux parties de détruire même partiellement son œuvre. Il suit de là que toute participation d'un ouvrier au paiement

---

[1] *J. O.*, 1893, Déb. parl., Ch., p. 1681.

des primes destinées à faire face aux indemnités légales est également nulle.

La même nullité d'ordre public frapperait même les conventions assurant aux victimes une indemnité supérieure au taux légal, le législateur ayant voulu, dans un but d'apaisement et de concorde, que le règlement des accidents industriels fût mis au-dessus de toute discussion au moment de la formation du contrat de louage de services (V. n° 1871).

687. — Quant aux contrats *antérieurs*, le principe de la non-rétroactivité des lois n'en autorise l'annulation que dans la mesure où cette annulation serait commandée par l'intérêt général[1]. Supposons tout d'abord que, dès 1896, au moment où les débats du Parlement faisaient espérer le vote imminent de la nouvelle législation, un patron assez prévoyant se soit expressément engagé à payer à ses ouvriers, en cas d'accident, des indemnités prises par lui dans le tarif des divers projets en discussion, et qui, par une coïncidence curieuse, se seraient trouvées exactement celles adoptées définitivement en 1898 par le législateur; de telle sorte que, quand la loi sur le risque professionnel est devenue exécutoire, le patron en appliquait déjà par anticipation depuis trois ans les dispositions principales en vertu du contrat passé avec ses ouvriers. Quel effet la nouvelle loi va-t-elle produire sur un tel contrat de louage d'ouvrage? Le patron sera-t-il tenu de payer, outre l'indemnité conventionnelle à laquelle il avait librement consenti, l'indemnité fixée par la loi, et verra-t-il ainsi son esprit de clairvoyance et d'innovation récompensé par des charges deux fois plus lourdes que celles de ses concurrents moins humains et imbus d'idées rétrogrades? Non évidemment; le bon sens et l'équité protesteraient contre une telle solution. Les dispositions de la loi sur les accidents du travail lui seront seules applicables, et prendront de plein droit la place de ses engagements conventionnels relatifs au même objet. Telle est bien, en effet, la limite même de l'intérêt d'ordre public qui est le fondement de la loi : les ouvriers ont droit, de par le vœu du législateur, aux indem-

---

[1] Pau, 22 juin 1892 (motifs), S. 93. 2. 121. V. aussi note de Lyon-Caen sous Cass., 17 févr. 1896, S. 96. 1. 257.

nités et aux garanties de paiement qu'il a lui-même pris soin de fixer et d'établir dans son texte. Ce vœu est exactement rempli par la substitution ou par la confusion; le cumul est inutile. Au surplus, le contrat de louage d'ouvrage, par les conditions mêmes dans lesquelles il était intervenu, contenait évidemment la clause implicite qu'en cas de vote d'une loi sur les accidents, l'indemnité légale exclurait jusqu'à due concurrence l'indemnité conventionnelle.

688. — Les mêmes raisons commandent la confusion des deux indemnités, lorsque l'indemnité conventionnelle est moins élevée que celle fixée par la loi, ou réciproquement lorsque l'indemnité légale est inférieure à l'autre. Pourrait-on dire du moins dans ce dernier cas que l'indemnité conventionnelle est nulle pour toute la partie qui dépasse le tarif légal? Nous ne le pensons pas ; car les motifs d'apaisement et de concorde qui ont fait prohiber, depuis la loi de 1898, les stipulations majoratives du tarif sont sans valeur en ce qui concerne les contrats antérieurs, ceux-ci étant, depuis la date de leur souscription en dehors de toute contestation, c'est-à-dire dans une situation telle qu'ils ne peuvent devenir une cause de discorde entre employeurs ou employés.

689. — Ces principes posés, nous avons à en faire l'application aux contrats d'assurance dont les ouvriers prétendent réclamer le bénéfice, en dehors de l'application de notre loi. Trois hypothèses différentes sont à envisager suivant que les primes ont une origine patronale, ouvrière ou mixte.

Première hypothèse. — Les primes ont été entièrement acquittées par le patron.

690. — Si l'assurance a été souscrite depuis la mise en vigueur de la loi de 1898, elle est impuissante à modifier en plus ou en moins l'indemnité légale, à raison de la prohibition découlant du caractère d'ordre public de notre législation spéciale (art. 30). Si elle est antérieure à la loi sur le risque professionnel, les deux indemnités se confondent, en vertu des principes exposés plus haut; par suite, une indemnité d'assurance supérieure au tarif légal procure un bénéfice à la victime.

691. — Mais il peut arriver que, si l'assurance collective avait été effectivement contractée par le patron avant la loi du 9 avril 1898, celui-ci n'ait cependant embauché la victime de l'accident que depuis la mise en vigueur de la loi nouvelle? Ne pourrait-on pas dire que, dans ce cas, le bénéficiaire de l'indemnité ne saurait prétendre avoir eu, au moment de la promulgation de la loi, un droit acquis à cette indemnité, puisqu'à cette date il n'avait encore passé aucun contrat avec son patron? — L'objection ne laisse pas que d'être un peu embarrassante. Cependant elle n'est pas irréfutable. En effet, le contrat d'assurance est antérieur à la mise en vigueur de la loi ; or, les assurances de cette nature sont des contrats collectifs s'appliquant au personnel d'une usine pris dans son ensemble, abstraction faite des individus qui le composent, le nouveau-venu se substituant à celui qui part. En un mot, un tel contrat constitue un tout indivisible, qu'il n'est pas possible de morceler en autant de conventions particulières qu'il y a d'ouvriers assurés. Par suite, chaque ouvrier, faisant partie du personnel de l'usine, est membre de la collectivité bénéficiaire de l'assurance, et, en cette qualité, il a le droit de se prévaloir de toutes les clauses du contrat, quelle que soit la date de son entrée dans l'usine ou de la convention de louage d'ouvrage qui le lie envers son patron.

Deuxième hypothèse. — Les primes ont été prélevées exclusivement sur le salaire des ouvriers.

692. — Qu'elle soit antérieure ou postérieure à la loi de 1898, une telle assurance est nulle si, dans l'intention des parties, les primes payées par les ouvriers devaient faire face à l'indemnité légale ; car il est contraire à l'essence même de la législation sur le risque professionnel que les indemnités légales soient à la charge de la victime.

693. — Mais rien ne s'oppose à ce qu'un ouvrier, de ses propres deniers, contracte une assurance en vue d'obtenir une indemnité qui viendrait s'ajouter à la pension légale, car on sait que celle-ci ne le dédommage jamais entièrement. Il appartiendra donc aux tribunaux d'apprécier, suivant les circonstances, s'il y a lieu de prononcer la nullité d'une telle assurance et d'ordonner par suite la restitution aux ouvriers des primes par eux versées ou bien si la validité doit en être reconnue, ce qui donnerait aux victimes d'accidents le droit de cumuler le bénéfice de l'indemnité d'assurance avec la pension légale. Toutefois le total des deux sommes cumulées ne saurait dépasser le montant de la perte résultant de l'accident, les contrats d'assurances ayant uniquement pour objet la réparation d'un préjudice et ne pouvant dans aucun cas servir à l'enrichissement du bénéficiaire.

Troisième hypothèse. — Les primes proviennent en partie des subventions patronales, en partie du prélèvement sur les salaires.

694. — Ici la même distinction s'impose : ou bien la participation de l'ouvrier au paiement des primes ne lui donne droit à aucun supplément d'indemnité, et alors une telle assurance étant nulle, l'ouvrier a droit à la restitution de toutes les sommes qui ont été prélevées sur son salaire. Ou bien les parties ont convenu de cumuler les deux indemnités et alors l'assurance est valable, mais le cumul ne peut être autorisé que dans la mesure de la part contributive de l'ouvrier aux primes d'assurance ; car autoriser le cumul pur et simple équivaudrait à rendre valable une convention imposant au chef d'entreprise une indemnité supérieure à celle fixée par le tarif légal ; or nous avons vu qu'une telle convention est nulle.

II

Des pensions de retraite et des pensions dues par les caisses patronales.

695. — Les règles du paragraphe précédent sur le cumul ne s'appliquent qu'au cas où l'indemnité conventionnelle est payée en réparation d'un accident du travail, c'est-à-dire à raison d'un risque professionnel couvert déjà par l'indemnité légale, du moins en partie. On ne saurait en étendre l'application aux autres indemnités d'assurance, par exemple à une indemnité d'assurance contre l'incendie ; car il s'agit alors de réparer un dommage tout à fait distinct de celui que le législateur de 1898 avait en vue. Il arrive parfois qu'un seul et même contrat d'assurance garantit plusieurs risques, au nombre des-

quels figure le risque-accident. Si l'indemnité due en vertu
d'un tel contrat est payée à raison d'un accident du travail,
elle est soumise à la réglementation du cumul; sinon, elle y
échappe. Dans la pratique, il est souvent fort difficile de caractériser un contrat d'assurance et de déterminer avec netteté
les divers risques qu'il garantit. C'est précisément avec des
difficultés de cette nature que nous allons maintenant nous
trouver aux prises, en abordant l'examen : 1° des pensions de
retraite des fonctionnaires civils; 2° de celles des ouvriers
mineurs; 3° de celles des militaires; 4° de celles qui sont stipulées dans certaines caisses patronales, notamment dans les
compagnies de chemins de fer.

a) *Pensions de retraite des fonctionnaires civils.*

696. — D'après la loi du 9 juin 1853, un prélèvement de
5 0/0 est effectué sur le traitement des fonctionnaires et leur
donne droit, après trente ans de services et s'ils ont au moins
soixante ans d'âge, à une pension de retraite égale à la moitié
de leur traitement avec augmentation proportionnelle en cas
de durée de services supérieure à trente ans. Toutefois toutes
conditions d'âge et de durée de services ont abolies pour le
fonctionnaire qu'un accident grave, résultant notoirement de
l'exercice de ses fonctions, met dans l'impossibilité de les
continuer. En pareil cas, la pension est liquidée, pour chaque
année de services, à raison du 1/60 du traitement.

On trouve des dispositions identiques dans les lois et décrets relatifs aux pensions : 1° des employés et ouvriers de l'Imprimerie nationale (ord. des 20 août 1824, décr. des 24 janv.
1860, 21 mars et 19 mai 1873, 17 déc. 1878); 2° des fonctionnaires et agents, des départements et des communes (lois des
10 mai 1838 et 10 août 1871, décr. des 4 juill. 1806 et 25 mars
1852).

697. — Il peut arriver qu'un fonctionnaire ou agent
d'une administration publique ait, par ses fonctions, à accomplir un travail protégé par la loi de 1898 et qu'il y soit
victime d'un accident grave lui donnant droit à la pension de
retraite prévue par la loi de 1853 et à une rente viagère en
vertu de la loi de 1898. Pourra-t-il cumuler cette pension et

cette rente? Les principes exposés plus haut nous permettent de ramener la question aux termes suivants : La législation sur les retraites des fonctionnaires ne constitue-t-elle qu'une assurance contre la vieillesse et ne garantit-elle pas le risque-accident? Quand le fonctionnaire, rendu impotent par un accident résultant de l'exercice de ses fonctions a droit à une pension de retraite, touche-t-il cette pension à titre de réparation partielle de cet accident, ou bien seulement à raison de son âge et de la durée de ses services? Distinction capitale, à nos yeux ; car, suivant l'un ou l'autre de ces cas, le cumul ne s'opérera que conformément aux principes énoncés plus haut, ou bien échappera à toute réglementation.

698. — La solution de cette question repose sur les caractères essentiels qui distinguent l'assurance contre la vieillesse de l'assurance contre les accidents. A la différence de l'accident, la vieillesse n'est pas un événement aléatoire; elle arrive à terme à peu près fixe, et l'assuré n'y est pas exposé avant l'échéance de cette date; elle ne constitue donc pas, à proprement parler, un risque. Celui qui s'assure exclusivement contre la vieillesse ne paie pas de primes en vue de réparer, le cas échéant, le dommage causé par un événement aléatoire; il accumule des capitaux qu'il retrouvera à une date déterminée sous forme de rente viagère; il ne contracte pas une assurance, il souscrit simplement une constitution de rente viagère payable, non immédiatement, mais à partir d'une date fixe. Ce placement ainsi compris est susceptible de clauses visant le cas de décès ou celui d'invalidité prématurée de l'assuré. On peut, par exemple, stipuler que le compte des primes sera arrêté à l'échéance de l'un de ces événements, et que le montant des sommes versées avant cette date servira à constituer une rente viagère sur la tête de l'assuré lui-même ou sur celle de l'un de ses parents survivants. Une telle convention ne perd pas le caractère d'assurance contre la vieillesse, car la pension, promise même en cas d'accident ou de mort résultant d'un accident, n'a pas en vue la réparation du dommage causé par ledit événement; elle est établie seulement à raison de la durée des services de l'ouvrier dans l'entreprise, ou plus exactement du nombre de primes versées en son nom. La situation serait tout autre si les parties convenaient qu'en cas d'invalidité ou de décès survenus avant le point de départ de la rente viagère, la victime ou ses représentants auraient droit à une indemnité ou pension fixe, quelle que pût être à cette date la durée de ses services. Le caractère de l'assurance ressortirait alors avec netteté, l'indemnité n'étant plus la simple liquidation d'un compte, mais répondant à une idée de réparation du dommage.

699. — Un signe extérieur permet en général de reconnaître la pension de retraite pour la vieillesse : c'est la progression proportionnelle à la durée des services. Sans doute, l'invalidité ou le décès résultant d'un accident font naître le droit à cette pension; mais ils ne sont que de simples échéances, et ils n'ont aucune influence sur le *quantum*, qui est déterminé exclusivement eu égard au nombre et à l'importance des versements opérés.

700. — Or, la loi de 1853 et toutes celles qui réglementent la retraite des fonctionnaires ou employés disposent expressément qu'en cas d'accident grave donnant droit à la liquidation de la pension de retraite, cette pension est liquidée pour chaque année de services à raison du 1/60 du traitement; il est donc bien évident qu'elle n'a nullement en vue la réparation de l'accident. Celui-ci n'est en définitive qu'une simple échéance rendant immédiatement exigible une pension dont le montant est uniquement proportionné aux années de services. Il suit de là que la pension de retraite des fonctionnaires et la rente viagère allouée par la loi de 1898, correspondant à des risques tout différents, ne font pas double emploi, et qu'elles doivent s'ajouter l'une à l'autre sans se confondre.

b) *Pension de retraite des ouvriers mineurs.*

701. — Une situation identique peut se présenter dans les mines. Aux termes de la loi du 29 juin 1894, les ouvriers mineurs ont droit à une pension de retraite dont l'entrée en jouissance est fixée par l'art. 3 à cinquante-cinq ans; mais, en cas de blessures graves entraînant une incapacité absolue de travail, l'art. 11 de la loi du 20 juillet 1886, auquel renvoie

la loi du 29 juin 1894, leur permet d'obtenir une pension proportionnelle même avant cinquante ans. Dans ces conditions,
un ouvrier mineur, devenu complètement invalide à la suite
d'un accident, aura droit à deux pensions : l'une en vertu des
lois de 1894 et de 1886, l'autre par application de celle de
1898. Ces deux pensions se cumuleront par les motifs énoncés
plus haut relativement à la retraite des fonctionnaires. La
pension allouée en vertu de la loi de 1886 est, en effet, une
pension de retraite dont le but et l'objet n'ont rien de
commun avec ceux de la loi de 1898 ; elle est due à l'ouvrier à raison de son invalidité, abstraction faite de la
cause qui l'a produite ; elle serait due aussi bien si l'ouvrier
était devenu infirme à la suite d'une maladie ou de l'âge, que
lorsque l'incapacité de travail est, comme dans le cas présent, la conséquence d'un accident.

Nous avons ouï-dire que, depuis l'application de la loi de
1894, certains ouvriers mineurs, arrivés à l'âge de cinquante-
cinq ans, font liquider leur retraite, bien que se sentant encore
valides, et qu'ensuite ils reprennent du service dans la même
mine ou dans une mine voisine, de telle sorte qu'ils cumulent
leur pension avec leur salaire. Ce n'est pas ici le lieu d'apprécier cette pratique. En admettant qu'elle soit licite, nous
avons à nous demander s'il n'y aurait pas lieu à réduction
dans le cas où la totalité des deux pensions dépasserait le
montant de la perte résultant de l'accident. Je ne le pense
pas. Au moment où il a été blessé, l'ouvrier touchait sa pension de retraite et son salaire. L'accident le prive de son
salaire et lui substitue une indemnité qui n'est qu'une
fraction de ce salaire. On ne peut pas dire qu'il a eu pour
effet d'améliorer sa situation. Et cependant si on envisage
les faits à un point de vue différent, on remarquera que
l'ouvrier, étant âgé de plus de cinquante-cinq ans au
jour de l'accident, ne pouvait pas espérer conserver longtemps son emploi, que, bientôt atteint par la vieillesse,
il allait être obligé de se contenter de sa pension de retraite,
tandis que la rente, à lui allouée en suite de l'accident dont
il a été victime, ayant un caractère viager, lui sera payée
jusqu'à la fin de ses jours. Ces considérations montrent que

notre hypothèse a besoin d'être réglementée par le législateur.

c) *Pensions militaires.*

702. — Les nombreux textes législatifs, qui réglementent les pensions militaires [1], concèdent le droit à une pension, sans condition d'âge ou de temps de services, pour les blessures graves ou incurables provenant d'accidents survenus dans un service commandé. Ces blessures ou infirmités ont été divisées en six classes, auxquelles on ramène par analogie toutes les lésions organiques d'origine traumatique. La première classe donne droit à une pension supérieure au maximum de pension correspondant au grade du blessé ; la deuxième classe donne droit au maximum. La durée des services est impuissante dans ces deux cas à modifier le montant des pensions qui est fixé uniquement eu égard à la gravité de la blessure. Les pensions afférentes à ces deux classes d'infirmités ont donc bien exclusivement le caractère de *réparation,* et, par application des principes exposés plus haut, elles doivent se confondre avec les rentes viagères de la loi de 1898 qui répondent au même but.

703. — Tout autre est le calcul des pensions dans les quatre dernières catégories de blessures : les infirmités étant moins graves donnent droit seulement à un minimum de pension qui est accru suivant l'importance des états de services du blessé. En pareil cas, ce minimum, qui seul est établi en considération de la gravité de la blessure, doit aussi être seul à se confondre avec la rente viagère de la loi de 1898 ; le surplus qui, comme dans les pensions civiles, correspond au risque de vieillesse, se cumule avec cette rente.

d) *Pensions dues par des caisses patronales.*

704. — Quelques compagnies de chemins de fer ont institué en faveur de leurs ouvriers des caisses de retraite dont les règlements présentent une certaine analogie avec les lois sur les retraites des fonctionnaires civils. En général les em-

---

[1] Les principales lois sur cette matière sont celles des 11 avr. 1831, 26 avr. 1855, 1er févr. 1868, 27 nov. 1872, 27 juill. 1873, 23 juill. et 18 août 1881, 18 mars 1889, 15 juill. 1889, 15 nov. et 26 déc. 1890, 26 janv. 1892.

ployés devenus invalides par suite de blessures reçues dans
l'exercice de leurs fonctions ont droit à une pension dont le
montant est proportionné à la durée des services. Souvent
même elle leur est refusée si la durée de leurs services est
inférieure à une limite déterminée qui est de dix ou de quinze
années. Ce double caractère montre jusqu'à l'évidence qu'une
telle pension n'est nullement destinée à réparer le préjudice
causé par l'accident. Par suite elle doit, comme les pensions
de retraite des fonctionnaires civils, se cumuler avec les
rentes viagères allouées par la loi de 1898[1].

705. — D'autres compagnies, telles que celle d'Orléans,
prennent à la Caisse nationale des retraites pour la vieillesse un
livret au nom de chacun de leurs agents commissionnés ; elles
versent en outre tous les ans à ladite Caisse une somme calculée à raison de tant pour cent sur le salaire général et qui
est répartie ensuite au prorata des salaires individuels entre
les livrets des ayants-droit. Les sommes ainsi versées servent
à constituer au profit de chaque titulaire de livret une pension de retraite qui, au gré de l'ayant-droit, est calculée à
fonds perdu ou à capital réservé. Quoi qu'il arrive, le livret
une fois établi devient la propriété de l'ouvrier, ainsi que les
sommes qui y sont portées ; si une cause quelconque l'oblige
à cesser son travail (accident, maladie, décès, démission, etc.),
la somme due par la Caisse des retraites est toujours calculée
sur les mêmes bases, c'est-à-dire proportionnellement à la
durée des services. Ici encore on peut donc conclure, à coup
sûr, qu'une telle somme ne présente aucun caractère de l'indemnité d'assurance contre les accidents et qu'elle devra se
cumuler sans aucune restriction avec l'indemnité légale[2].

[1] Dans ce sens, Bourges, 26 nov. 1900. Toulouse, 28 déc. 1900, S. 1901. 2. 241 et
la note de Sachet, D. 1902. 2. 481. Agen, 28 janv. 1901, S. 1902. 2. 172. C. Bourges, 22 déc. 1902, S. 1903. 2. 46. Paris, 18 juill. 1901, D. 1902. 2. 481.
[2] *Contrà*, Bourges, 17 juill. 1901, S. 1901. 2. 241 et la note de Sachet, D. 1902.
2. 481. A l'appui de sa thèse la cour de Bourges insiste sur cette considération
que les versements effectués à la Caisse des retraites, faisant partie intégrante du
salaire, servaient à augmenter la base d'évaluation de la rente, et ne pouvaient,
dès lors, sans faire double emploi, être transformés eux-mêmes en pension de retraite.
— Loin de nous convaincre, cet argument nous confirme dans notre manière de voir :
s'il est certain qu'il s'agisse de prélèvements sur le salaire, on se trouve en présence
d'économies appartenant personnellement à l'ouvrier. Dès lors, celui-ci a pu valablement les faire fructifier, et on ne saurait sous aucun prétexte l'en dépouiller,

706. — Le comité consultatif des assurances, saisi de la question du cumul des indemnités, a émis l'avis qu'il y avait lieu à cumul quand l'ouvrier avait contribué même partiellement au paiement des primes, et qu'au contraire la confusion s'imposait si le chef d'entreprise avait fait les fonds de l'institution de retraite[1]. Nous avons montré plus haut que la solution de cette question dépendait surtout du point de savoir si la pension de retraite avait en vue de parer au risque d'accident. Comme en général les caisses patronales ne sont que des assurances contre la vieillesse, on doit admettre le cumul des indemnités, alors même que les charges de cette assurance sont supportées exclusivement par le patron. Si une caisse patronale avait garanti le risque-accident, la thèse du comité consultatif mériterait d'être appliquée, avec cette différence toutefois qu'en cas de contribution partielle de l'ouvrier, le cumul des indemnités ne devrait s'opérer que dans la mesure de cette contribution (n° **694**).

surtout pour diminuer les charges légales du chef d'entreprise en matière d'accident de travail. L'équité, aussi bien que les dispositions impératives et d'ordre public de la loi, commandent donc le cumul. V. aussi Poitiers, 8 juill. 1901, Toulouse, 5 août 1901, Bordeaux, 24 juin et 8 juill. 1902, D. 1902. 2. 481 et la note de M. Dupuich.

[1] Avis du 12 juill. 1899, *J. O.* 6 janv. 1900. Dans cet avis, le comité consultatif montre qu'on pourrait éviter toutes difficultés à l'avenir en révisant les statuts des institutions de retraite existantes, pour en éliminer toutes les dispositions et toutes les charges relatives aux pensions d'accidents, les chefs d'entreprise devant par ailleurs supporter, aux termes de la loi nouvelle, la dépense directe et intégrale de ces pensions.

CHAPITRE IX

DES CAISSES DE SECOURS.

707. — Parmi les infortunes, auxquelles est exposée la classe ouvrière, les unes ont leur cause dans l'exercice de la profession, tels sont les accidents du travail, certaines maladies dites professionnelles et le chômage; les autres sont communes à l'ensemble de l'humanité, par exemple, les maladies en général, les infirmités, la vieillesse, la mort prématurée, etc. La loi sur le, risque professionnel, que quelques personnes ont à tort considérée comme une panacée, ne soulage même pas toutes les infortunes de la première catégorie; elle ne s'applique qu'aux accidents du travail, laissant en dehors de son domaine le chômage, les maladies professionnelles et, à plus forte raison, les autres éventualités fâcheuses de la vie.

Tous ces maux relèvent des institutions de prévoyance, au nombre desquelles il faut placer les sociétés de secours mutuels et les caisses de secours instituées dans les mines et dans les grands établissements industriels.

Bien plus, sans le concours de l'assistance mutuelle, l'œuvre réparatrice de notre loi reste elle-même insuffisante et incomplète. Avant que la victime d'un accident ait pu faire reconnaître ses droits et obtenir une indemnité pour elle ou pour les siens, un certain temps s'écoule pendant lequel des soins et des secours sont indispensables. Les sociétés de secours mutuels ou les caisses de fabrique sont là pour les procurer; car, si elles n'apportent en général que de faibles soulagements aux misères de leurs membres, elles ont du moins pour principe de n'en pas rechercher les causes; il n'importe que tel ouvrier ait été ou non blessé dans son travail ou en dehors de ses occupations professionnelles, que le décès de tel ou tel autre provienne d'un accident, d'une maladie ou de la vieillesse, la société ou la caisse acquitte les honoraires du médecin, fournit les médicaments, paie les frais d'inhumation et procure même des secours en argent. Mais, si ces allocations devancent celles qui sont dues par le patron, elles n'en font pas moins double emploi avec elles.

708. — Est-ce-à dire que la victime puisse être autorisée à les cumuler? Non, car ce serait, au mépris de toute équité, lui accorderu ne réparation hors de proportion avec le dommage éprouvé. Faut-il exonérer le patron au détriment de la société ou inversement l'obliger à pourvoir seul à toutes les dépenses? Ces deux solutions sont, chacune dans un sens différent, beaucoup trop exclusives : la première ne tient pas compte de cette circonstance que les sociétés de secours mutuels et les caisses de fabrique sont alimentées en partie par les cotisations des ouvriers; la deuxième s'abstient de prendre en considération les subventions versées de plein gré par le chef d'entreprise. L'une lèse manifestement les ouvriers participants en faisant supporter exclusivement par leur association une charge de l'exploitation; l'autre supprime ou tout au moins diminue l'intérêt que peut avoir le patron à la prospérité des institutions ouvrières de prévoyance et par suite le porte à leur refuser tout concours pécuniaire. Or, ce concours est un élément essentiel de vitalité.

Le législateur a parfaitement compris que la vérité se trouvait dans une solution intermédiaire.

709. — Nous avons vu que la loi du 9 avril 1898 sur les accidents du travail et l'organisation des sociétés de secours mutuels et des caisses de fabrique se complétaient l'une par l'autre, en ce sens qu'elles avaient des sphères d'action tout à fait distinctes, sauf en ce qui concerne les petits accidents et les premiers soulagements à apporter aux victimes. Leur contact à ce point précis ou, suivant l'expression si juste de M. Lecour-Grandmaison (séance du Sénat du 23 mars 1898), leur copénétration unit plus étroitement encore leurs efforts. Les petits accidents sont ceux dont la réparation suscite le plus de difficultés : les chefs d'entreprise et les grands établissements industriels sont mal placés pour connaître exactement l'état et les besoins des blessés; seule, la forme des mutualités se prête à l'organisation d'une surveillance efficace contre les fraudes et les abus. D'autre part, notre loi ne vient en aide aux victimes qu'à partir du quatrième jour qui suit l'accident : il appartient aux institutions de prévoyance de pourvoir aux dépenses nécessitées par les secours immédiats.

Mais pour que cette copénétration ne devienne pas une source de conflit, il est nécessaire qu'elle soit réglementée. Tel a été l'objet des art. 5 et 6.

710. — L'art 5 traite de l'affiliation des ouvriers à une société de secours mutuels et des effets qui en résultent pour le chef d'entreprise. L'art. 6 s'occupe des conditions dans lesquelles le chef d'une industrie minière peut se servir d'une des caisses de secours établies en exécution de la loi de 1894 pour s'exonérer d'une partie de ses obligations légales concernant les accidents du travail. D'autre part la disposition finale du même art. 6 concerne les caisses de secours établies dans les industries autres que les mines.

Pour que le commentaire de ces textes soit plus clair et plus complet, nous commencerons par examiner, dans une première section, la législation étrangère, la législation française antérieure à notre loi et les travaux préparatoires.

PREMIÈRE SECTION.

Législation étrangère. — Législation française antérieure à l'exécution de notre loi. — Travaux préparatoires.

I. Législation étrangère.

711. — Les législations étrangères, obéissant aux considérations que nous avons développées plus haut, ont en général laissé aux caisses de secours le soin de pourvoir à la réparation des petits accidents et aux premières dépenses nécessitées par les accidents graves. Mais, si elles semblent d'accord sur le principe, elles diffèrent beaucoup par les applications qu'elles en ont faites : l'organisation des caisses de secours, l'origine de leurs ressources et la durée de la période pendant laquelle les victimes des accidents sont à leurs charges varient suivant chaque pays.

a) *Allemagne.*

712. — En Allemagne, où l'assurance est obligatoire, les ouvriers ont cependant une certaine liberté dans le choix de leur assureur. Sept types de caisses sont reconnus par le législateur : 1° les caisses communales; 2° les caisses locales; 3° les caisses de fabrique ; 4° les caisses des mines; 5° les caisses d'entreprises de constructions ; 6° les caisses de corporations; 7° les caisses libres.

L'assurance *communale* est la forme la plus rudimentaire de l'assurance; elle est applicable aux communes qui, comptant moins de cent ouvriers industriels, n'ont pas les éléments exigés par la loi pour la création d'une caisse autonome. C'est à la caisse communale que sont tenus de s'assurer les ouvriers qui n'appartiennent à aucune autre caisse.

Les *caisses locales* sont fondées par le soin des communes ou d'associations de communes lorsqu'il se trouve dans la circonscription plus de cent ouvriers d'une ou même de plusieurs industries.

Ces deux premières caisses diffèrent des suivantes par leur caractère régional; elles sont réservées à la petite industrie et aux artisans. Leur importance se trouve beaucoup amoindrie par une loi toute récente du 26 juillet 1897 qui réorganise les corporations dans la petite industrie.

Les *caisses de fabrique* sont celles qui sont attachées aux grandes exploitations industrielles. Elles sont facultatives pour tout chef d'entreprise occupant plus de cinquante ouvriers; un arrêté du président du département peut les rendre obligatoires.

Les *caisses des mines*, qui avaient été instituées par une loi de 1865, ont été modifiées par la loi de 1883 conformément au type précédent sur les fabriques.

Les caisses d'*entreprises de constructions* et de *travaux de terrassement* ont été établies sur le modèle des caisses de fabrique, avec cette différence toutefois que la durée en est limitée à la période de fonctionnement des entreprises dont elles dépendent et qui sont généralement temporaires.

Les caisses de ces trois derniers types s'appliquent à la moyenne et à la grande industrie.

Les *caisses de corporations* ont été instituées par le titre VI du Code fédéral industriel du 21 juin 1869 qui substitua au régime de privilèges et de monopoles, sous lequel les corporations avaient été placées jusqu'alors, celui d'une liberté relative avec contrôle de l'État et bénéfice de la personnalité civile. Livrées à elles-mêmes les corporations cessèrent de prospérer; leur décadence, qui menaçait de compromettre la petite industrie déjà si éprouvée par la concurrence des grandes exploitations, sollicita plusieurs fois l'intervention du législateur. Deux lois, l'une du 18 juillet 1881, l'autre du 21 mars 1884, essayèrent de vaincre, par des avantages et par des contraintes indirectes, l'indifférence des petits patrons; elles furent complétées par une troisième loi toute récente du 16 juillet 1897 qui réorganise entièrement le régime corporatif.

Les *caisses libres* ou anciennes *caisses de secours mutuels* sont celles qui ont été fondées par les ouvriers sans le concours des patrons. La loi les a autorisées à continuer à fonctionner, sous la condition qu'elles mettraient leurs statuts en harmonie avec les prescriptions nouvelles. La plupart des associations ouvrières, dont ces caisses dépendent, ont été fondées sous une influence politique ou religieuse : les unes ont une tendance nettement socialiste, d'autres sont placées sous le patronage du parti catholique. Chez ces dernières, les cotisations des membres honoraires suppléent, dans une certaine mesure, à la participation des patrons.

713. — Les caisses de secours sont alimentées en principe par les cotisations des ouvriers et par celles des patrons; exception est faite en ce qui concerne les caisses libres auxquelles les patrons sont complètement étrangers. Pour la régularité du service, ce sont les chefs d'entreprise qui versent l'intégralité des primes ; mais ils sont autorisés à retenir les 2/3 sur le salaire des ouvriers; de telle sorte que leur part contributive est seulement d'un tiers, En général les cotisations varient entre le 1 et le 2 0/0 du montant du salaire; elles peuvent, dans certains cas exceptionnels, atteindre le 3 0/0; mais dans les caisses de fabrique, si ce taux est insuffisant pour assurer le minimum des secours légaux, les chefs d'entreprise sont tenus de verser, de leurs propres deniers, les suppléments nécessaires (art, 65 de la loi de 1883).

714. — Les secours, que les caisses contre les maladies s'engagent à procurer, sont de trois natures différentes : 1° les secours en argent, en cas de maladie ou de blessures; 2° les soins médicaux et pharmaceutiques dans les mêmes cas; 3° les frais funéraires en cas de décès.

Les secours en argent consistent dans une allocation égale à la moitié du salaire moyen et payable pendant treize semaines à partir du troisième jour qui suit le commencement de l'incapacité de travail. Si la blessure résulte d'un accident garanti par l'association d'assurance, l'allocation en argent s'élève aux 2/3 du salaire à partir de la cinquième semaine et est payée intégralement par la caisse de secours qui, dans ce cas, se fait rembourser par l'association d'assu-

rance la différence entre les 2/3 et la moitié du salaire depuis le commencement de la cinquième semaine jusqu'à l'expiration de la treizième semaine (art. 5 de la loi de 1884). L'association d'assurance peut aussi charger la caisse de maladie de continuer, mais contre remboursement intégral, l'allocation de l'indemnité au blessé au delà du début de la quatorzième semaine et jusqu'à l'expiration de la période de traitement.

Les soins médicaux et pharmaceutiques sont dus également par la caisse de secours depuis le commencement de la maladie pendant une durée de treize semaines; ils comprennent, avec l'assistance du médecin, la gratuité des remèdes et la fourniture des effets de pansement et des autres objets curatifs. Aux lieu et place de ces secours, on peut assurer l'entretien et le traitement médical dans un hospice.

715. — Si la victime traitée à l'hôpital a des proches parents, auxquels elle venait en aide avec son salaire, la caisse de maladie leur alloue, pendant la durée du traitement, une indemnité égale à la moitié du secours dû en cas de soins donnés à domicile. Si le traitement est poursuivi plus de treize semaines après l'accident, l'association d'assurance paie aux membres de la famille une pension périodique égale à celle à laquelle ils auraient droit en cas de décès de la victime; cette pension prend fin lorsque le blessé sort de l'hôpital (art. 7 de la loi de 1884).

716. — En ce qui concerne les *frais funéraires,* lorsque le décès résulte d'un accident du travail, ils sont dus pas l'association ;d'assurance. Si donc la caisse de secours en fait l'avance elle a droit de se faire rembourser.

b) *Autriche.*

717. — C'est la loi du 30 mars 1888 qui a décrété obligatoire l'assurance contre la maladie. A l'instar de l'Allemagne, l'Autriche a créé trois types de caisses de secours :

1° Les *caisses de district* ou circonscription judiciaire, qui tiennent lieu des caisses communales et des caisses locales instituées par la loi allemande. Ces caisses peuvent fonctionner isolément ou se grouper en associations. Elles ont pour but d'assurer toutes les personnes qui, occupées dans l'étendue de leur circonscription, sont soumises à l'obligation de l'assurance sans être affiliées cependant à une autre caisse prévue par la loi;

2° Les *caisses de fabrique.* Ces caisses, facultatives pour tout patron occupant au moins cent ouvriers et non affiliés à une corporation, deviennent obligatoires pour toute entreprise industrielle qui fait courir à la santé des ouvriers des risques particuliers, alors même que le nombre des employés serait inférieur à cent;

3° Les caisses d'*entreprises de constructions*, qui sont, comme en Allemagne, obligatoires pour les travaux de constructions et de terrassement ayant un caractère temporaire.

La législation autrichienne a en outre laissé subsister les institutions de prévoyance préexistantes, mais à la condition qu'elles assureraient à leurs membres les mêmes secours que ceux imposés aux trois caisses nouvellement créées ou des secours au moins équivalents. Ces caisses anciennes peuvent se diviser en trois catégories : 1° les caisses de corporations; 2° les caisses de mineurs; 3° les caisses des sociétés.

Les *caisses de corporations* présentent la plus grande analogie avec celles qui sont instituées en Allemagne. Nous avons eu l'occasion d'expliquer dans notre introduction que les corporations, après avoir été libres pendant la période de 1859 à 1883, ont été rendues obligatoires par la loi du 15 mars 1883, mais seulement pour la petite industrie.

Les *caisses de mineurs* ont été réorganisées par une loi du 28 juillet 1889, elles présentent cette particularité qu'elles assurent à la fois contre la maladie, contre l'invadilité et contre la veillesse.

Les *caisses de sociétés* sont des caisses librement instituées en conformité de la loi du 26 avril 1852 sur les sociétés. Leur organisation se rapproche beaucoup de celle des caisses de fabrique.

718. — Comme en Allemagne, les cotisations sont à la charge des patrons et ouvriers jusqu'à concurrence des deux tiers pour ceux-ci et d'un tiers pour ceux-là. Le versement en est opéré aussi par le chef d'entreprise qui retient sur le salaire la part de l'ouvrier. Le patron supporte intégralement les cotisations des apprentis et ouvriers sans salaire; mais à l'inverse il est dispensé de toute contribution pour l'assurance des employés dont le traitement annuel est supérieur à 1.200 florins.

719. — Les secours alloués par la caisse consistent en allocations pécuniaires périodiques, en traitement thérapeutique et en frais funéraires. Les *indemnités pécuniaires* dues aux malades et aux blessés sont égales à 60 0/0 du salaire quotidien moyen; elles sont payées à partir du quatrième jour qui suit l'incapacité de travail et pendant une durée de vingt semaines calculée à compter du commencement de la maladie. Les *frais médicaux* et les médicaments sont dus à partir du premier jour. Si l'incapacité de travail résulte d'une blessure produite par un accident industriel, la caisse de secours peut exiger de l'association d'assurance le remboursement de toutes les dépenses faites à partir de la cinquième semaine soit pour le paiement de l'allocation périodique, soit pour le traitement médical. Si le malade est placé dans un hôpital, les parents qui étaient à sa charge reçoivent la moitié des secours pécuniaires alloués en cas de soins donnés à domicile. Les *frais funéraires* sont supportés par l'assurance contre les accidents, lorsque le décès de la victime a pour cause un accident du travail.

c) *Autres nations.*

720. — En *Norvège*, l'assurance contre les accidents est obligatoire et monopolisée entre les mains de l'État. L'assurance contre la maladie est facultative, comme en France. Pour engager les chefs d'entreprise à instituer, avec le concours de leurs ouvriers, des caisses de secours, le législateur a édicté les dispositions suivantes : En cas d'accident suivi d'incapacité de travail, l'établissement d'assurance ne doit des soins médicaux et une allocation pécuniaire à la victime qu'à partir du commencement de la cinquième semaine. Pendant les quatre premières semaines, c'est à la caisse de secours et, à défaut, au chef d'entreprise lui-même qu'incombe la charge des frais de traitement médical et de l'allocation pécuniaire qui doit être égale aux 50 0/0 du salaire de la victime.

721. — En *Angleterre* l'assurance contre la maladie, comme d'ailleurs toutes les assurances, est entièrement libre. Ce sont les *Friendly societies* qui correspondent à nos sociétés de secours mutuels : dans la deuxième partie de notre introduction nous avons eu l'occasion d'exposer leur organisation ainsi que celle des *Trade's unions* qui, elles aussi, pratiquent l'assistance et la prévoyance.

Une des particularités de la loi anglaise sur les accidents du travail, c'est que le patron n'est tenu, dans aucun cas, des soins médicaux ou des frais pharmaceutiques envers ses ouvriers blessés; d'autre part, l'indemnité périodique qu'il doit payer, pendant la durée de l'incapacité de travail de la victime, ne commence à courir qu'à partir de la troisième semaine qui suit l'accident. C'est donc aux *Friendly societies* ou aux *Trade's unions* qu'incombe la charge du traitement médical complet et des secours pécuniaires afférents aux deux premières semaines. Les associations d'assistance et de prévoyance sont assez développées en Angleterre, pour que le législateur n'ait pas jugé utile d'en favoriser le développement par une disposition analogue à celle que nous avons relevée plus haut dans la loi norvégienne.

722. — En *Italie*, les sociétés de secours mutuels sont libres; elles sont soumises à un régime qui présente les plus grandes analogies avec notre législation sur la matière. Le législateur italien n'a pas cru devoir les utiliser pour procurer des soulagements immédiats aux ouvriers blessés dans leur travail. Il a pensé que les chefs d'entreprise devaient prendre à leur charge les premiers secours médicaux et pharmaceutiques, sans qu'aucune assurance pût les décharger de cette obligation (art. 9). Il n'en a dispensé que ceux qui, conformément à l'art. 83 du décret réglementaire du 25 septembre 1898, auraient, soit isolément, soit par associations entre eux, organisé, à leurs frais, un service régulier d'assistance médicale ou pharmaceutique remplissant certaines conditions laissées à l'appréciation du préfet du département. L'art. 84 du même règlement ajoute : « Lorsqu'il existe dans un établissement industriel une infirmerie organisée par les soins et aux frais du chef ou du gérant de l'établissement, et que les ouvriers y sont d'habitude soignés, l'établissement assureur devra prélever pour chaque ouvrier, victime d'un accident, qui aura été hospitalisé de son plein gré, un tiers de l'indemnité journalière allouée à cet ouvrier à partir du sixième jour après l'accident et le verser à l'infirmerie ».

Toutefois la loi italienne encourage les sociétés de secours mutuels à payer, pendant les cinq premiers jours, des allocations pécuniaires aux blessés atteints d'incapacité temporaire. A cet effet elle leur alloue une subvention prélevée sur un fonds spécial qui est constitué avec le produit des amendes infligées aux industriels contrevenants (art. 100 du règlement). Par une singulière anomalie, le bénéfice de ces dispositions ne s'étend pas aux victimes dont l'invalidité est permanente. Celles-ci doivent se contenter de la provision, qui peut leur être accordée en attendant le règlement de leur indemnité, c'est-à-dire d'un capital versé généralement à une caisse d'assurances sur la vie pour être converti en rentes viagères (art. 9 et 13 de la loi).

723. — En *Suisse*, la loi de 1881 sur le renversement de la preuve contient une disposition destinée à favoriser la participation des chefs d'entreprise aux assurances collectives des ouvriers contre la maladie et contre les accidents. Dans son art. 9 elle autorise les patrons, qui ont payé au moins la moitié des primes, à déduire du montant des dommages-intérêts dont ils sont redevables l'intégralité de l'indemnité d'assurance. Les autres patrons ne profitent que d'une réduction proportionnelle à leur part contributive. Ces dispositions exceptionnelles ne sont applicables que dans le cas où l'assurance comprend tous les accidents et toutes les maladies.

Malgré l'avantage de cette combinaison, sur laquelle le Conseil fédéral fondait de grandes espérances, un certain nombre de chefs d'entreprise sont restés réfractaires à l'assurance[1].

[1] Raoul Jay, *Études sur la question ouvrière en Suisse*, p. 194.

Au mois d'octobre 1900, les Chambres fédérales ont voté l'obligation de l'assurance contre la maladie et contre les accidents. Cette loi qui, soumise au referendum, a été rejetée par le vote populaire, organisait des caisses de secours par régions, avec faculté pour les patrons de créer des caisses d'entreprise, comme il en existe en Allemagne et en Autriche.

II. Législation française antérieure à l'application de notre loi.

724. — En France, la plupart des chefs d'entreprise n'ont pas attendu la mise en vigueur de notre loi pour s'assurer. Leur assurance avait généralement un double objet : celui de couvrir leur propre responsabilité et en outre celui de garantir aux ouvriers une indemnité en cas d'accident ayant un caractère professionnel. L'indemnité souvent insuffisante consistait, suivant les cas, en un capital assez modique ou en une allocation quotidienne payable pendant un temps limité : à part de rares exceptions, les soins médicaux et pharmaceutiques devaient être procurés par le patron ou par la caisse de secours attachée à l'établissement industriel.

Ces caisses de secours avaient des organisations très variables : les unes étaient exclusivement patronales, d'autres étaient alimentées par des cotisations auxquelles les ouvriers et le patron contribuaient dans des proportions différentes, suivant les exploitations. Les secours consistaient parfois uniquement dans la gratuité des médicaments et des visites du médecin; quelques caisses y ajoutaient de minimes allocations pécuniaires.

725. — De leur côté, les ouvriers étaient souvent affiliés à des sociétés de secours mutuels qui se divisaient en trois catégories : les sociétés reconnues comme établissements d'utilité publique, les sociétés approuvées et les sociétés simplement autorisées. Le nombre des sociétés déclarées d'utilité publique était des plus restreints; il n'était que de neuf en 1887. Les sociétés approuvées, qui étaient de beaucoup les plus nombreuses, ne jouissaient pas de la personnalité civile complète; elles ne pouvaient acquérir que des valeurs mobilières et encore avaient-elles besoin de l'autorisation administrative. Elles jouissaient de certains avantages, notamment d'un intérêt de faveur pour les sommes déposées par elles à la Caisse des dépôts et consignations; elles recevaient aussi de l'État des subventions proportionnées au montant de leurs versements annuels. Les sociétés simplement autorisées étaient dépourvues d'existence légale. Placées sous la tutelle immédiate des préfets qui pouvaient les dissoudre, elles avaient la faculté d'agir dans la limite de leurs statuts ; elles ne recevaient ni subvention de l'État, ni dons, ni legs.

A quelque catégorie qu'elles appartinssent, les sociétés de secours mutuels étaient placées sous le coup d'une série de mesures restrictives qui les empêchaient de prendre toute leur expansion et de rendre tous les services sur lesquels on était en droit de compter. Une autorisation spéciale leur était nécessaire pour étendre leurs opérations au delà des limites de la commune sur laquelle elles avaient été établies. Défense leur était faite de s'unir à leurs voisines. Réparties en une multitude de petites œuvres indépendantes et sans liens entre elles, elles ne disposaient que de ressources insuffisantes pour se livrer à des opérations de prévoyance à long terme ou même pour faire face aux éventualités résultant d'une période critique ; d'autre part elles se trouvaient impuissantes à secourir leurs sociétaires dès que ceux-ci se déplaçaient.

726. — L'exemple des *Friendly societies* a enfin déterminé le législateur à supprimer toutes ces entraves. Déjà depuis l'avènement de la troisième République, la mutualité française avait vécu sous un régime de tolérance qui avait favorisé son développement. La loi du 1er avril 1898 a réalisé la réforme attendue. Les sociétés de secours mutuels restent divisées en trois catégories : les sociétés libres, les sociétés approuvées et les sociétés reconnues d'utilité publique. La distinction entre les sociétés approuvées et les sociétés d'utilité publique ne présente qu'un intérêt secondaire, la personnalité civile étant désormais acquise aux sociétés de ces deux catégories.

Les sociétés libres sont tenues de déposer leurs statuts à la préfecture un mois avant leur fonctionnement ; elles doivent en outre envoyer chaque année à l'autorité administrative un état statistique de leurs membres et de leurs ressources. Enfin leurs statuts sont soumis à quelques règles générales posées par la loi. Moyennant l'accomplissement de ces formalités, elles peuvent ester en justice, faire les actes d'administration qui leur sont propres et même, avec l'autorisation du préfet, recevoir des dons et des legs.

Lorsqu'une société ne se contente pas de déposer ses statuts, mais les fait aussi approuver par l'autorité administrative, elle joint aux droits de la société libre celui de recevoir des dons et legs immobiliers avec l'autorisation du Conseil d'État, et elle est aussi appelée à bénéficier des subventions de l'État. En échange, elle est soumise à un certain contrôle de la part de l'autorité administrative.

Enfin la loi autorise les sociétés de secours mutuels de toutes catégories à former entre elles des unions qui leur procurent les avantages de la fédération si en faveur en Angleterre.

Une autre loi de 1894, sur laquelle nous aurons à revenir plus loin, rend les caisses de secours obligatoires dans les mines.

III. **Travaux préparatoires.**

727. — Depuis 1888, les travaux parlementaires attestent la préoccupation du législateur de favoriser le développement des caisses de secours alimentées par les patrons et les ouvriers[1]. Mais la rédaction de la formule législative, qui devait répondre à cette préoccupation, a donné lieu à d'assez vives discussions. Deux tendances opposées se sont manifestées, l'une sacrifiant les intérêts des patrons à ceux des ouvriers, l'autre trop favorable au chef d'entreprise. La première l'emporta dans le projet de 1893, dont l'art. 9 n'affranchit le patron d'une partie de ses obligations qu'à la condition de lui faire supporter toutes les charges des caisses de secours[2]. On trouve au contraire l'influence de la deuxième dans l'art. 9 du projet de 1895 qui ne subordonne l'exonération du patron qu'à l'affiliation de ses ouvriers à une caisse de secours, quelle que soit sa part contributive à l'alimentation de cette caisse[3].

728. — Cette disposition n'ayant pas été reproduite dans le texte de la commission du Sénat de 1896, M. Lecourt-Grandmaison la reprit à titre d'amendement dans la séance du 23 mars 1896[4]. Elle fut rejetée sur les instances de M. Prevet qui, parlant au nom de la commission, fit valoir les motifs suivants. De deux choses l'une, dit en substance l'honorable sénateur. Ou bien les caisses de secours sont alimentées uniquement par les versements des ouvriers, et alors il est inadmissible qu'elles déchargent le patron de ses obligations. Ou bien les industriels subviennent seuls à leur entretien, et alors il va de soi que les secours alloués par elles le sont à la décharge du chef d'entreprise, sans qu'il soit besoin de l'écrire dans la loi. « On ne demande pas à un patron de payer deux fois, mais simplement de verser une indemnité. Qu'il la paie directement ou qu'il la fasse payer par un tiers chez qui il est allé verser une provision suffisante pour que le paiement ait lieu, peu importe ». Ce dilemme n'était nullement probant. La plupart des caisses de fabrique sont entretenues partie par les ouvriers, partie par les patrons, et, comme le fit remarquer M. Waddington, cette collaboration dans les sacrifices et dans la gestion présente les plus grands avantages au point de vue social. D'autre

[1] Chambre des députés, séance du 26 mai 1888, *J. O.*, Déb. parl., p. 1516.
[2] Chambre des députés, séance du 5 juin 1893, *J. O.*, Déb. parl., p. 1614.
[3] Rapport Poirrier, 28 juin 1895, *J. O.*, Doc. parl., Sénat, p. 297.
[4] *J. O.* Déb. parl., p. 298.

part les caisses de secours ne viennent pas seulement en aide aux
victimes d'accidents, elles procurent aussi des soulagements aux malades et généralement à tous ceux qui sont momentanément dans
le besoin.

Or, à moins de vouloir la dissolution immédiate de ces institutions d'assistance, dont l'utilité n'est pas à démontrer, il faut bien
indiquer dans quelle mesure les secours alloués par elles exonére-
ront le chef d'entreprise, ou tout au moins prévoir l'organisation
d'une société mixte d'un type spécial dans laquelle la part contributive du patron serait assez élevée pour que les secours puissent, sans
préjudice pour les ouvriers participants, s'imputer sur les indemnités
mises à la charge du patron en matière d'accidents du travail.

C'est à ce dernier parti que notre législateur a fini par s'arrêter[1].

DEUXIÈME SECTION.

Commentaire des art. 5 et 6.

729. — La loi du 9 avril 1898 offre aux chefs d'entreprises
deux moyens de se soustraire à une partie de leurs obligations
relatives au traitement médical et au paiement de l'indemnité
temporaire, ou plus exactement de s'acquitter de ces oligations
sous une forme différente : l'un de ces moyens, inscrit à
l'art. 5, est applicable à toutes les entreprises, à l'exception
des mines; l'autre, qui fait l'objet de l'art. 6, est spécial aux
mines, mais peut être adopté par les autres exploitations.
Nous commenterons successivement chacun de ces articles.

J

Commentaire de l'art. 5.

730. — Art. 5 : « *Les chefs d'entreprise peuvent se décharger, pendant les 30, 60 ou 90 jours à partir de l'accident, de
l'obligation de payer aux victimes les frais de maladie et de
l'indemnité temporaire ou une partie seulement de cette indemnité, comme il est spécifié ci-après, s'ils justifient : 1° qu'ils
ont affilié leurs ouvriers à des sociétés de secours mutuels autorisées et pris à leur charge une quote-part de la cotisation qui*

---

[1] Sénat, séance du 18 mars 1898, *J. O.* Déb. parl., p. 322.

aura été déterminée d'un commun accord et en se conformant aux statuts-types approuvées par le ministre compétent, mais qui ne devra pas être inférieure au tiers de cette cotisation ; — 2° que ces sociétés assurent à leurs membres, en cas de blessures, pendant les 30, 60 ou 90 jours, les soins médicaux et pharmaceutiques et une indemnité journalière. — Si l'indemnité journalière servie par la société est inférieure à la moitié du salaire quotidien de la victime, le chef d'entreprise est tenu de verser la différence ».

731. — Il était à craindre que la mise en vigueur de notre loi ne vînt à porter un coup funeste aux sociétés de secours mutuels, ou tout au moins à déterminer les patrons à se désintéresser entièrement de ces œuvres de bienfaisance. Le but de l'art. 5 a été de prévenir cette fâcheuse conséquence. Grâce aux dispositions de notre texte, les chefs d'entreprise seront intéressés à affilier leurs ouvriers à des sociétés de secours mutuels. Un autre écueil était aussi à éviter : il ne fallait pas que les patrons parvinssent, par la création de ces sortes de sociétés, à se soustraire aux obligations que la loi met à leur charge : c'est pourquoi le législateur a eu soin d'exiger que les chefs d'entreprise versent, de leurs deniers, une quote-part périodique au moins égale au tiers de la cotisation totale. Il est en effet avéré, a dit le rapporteur au Sénat (mars 1898), que dans la plus grande partie des sociétés de secours mutuels fonctionnant actuellement, les frais de maladie et d'indemnités temporaires résultant d'accidents ne s'élèvent même pas au tiers des disponibilités.

Mais, dira-t-on, si le patron est tenu de payer aux sociétés de secours une subvention au moins égale au montant des dépenses mises à sa charge par la loi sur les accidents, on ne voit pas bien l'intérêt qu'il pourrait avoir à l'affiliation de ses ouvriers. Ne trouvera-t-il pas plus simple de promettre lui-même la gratuité des soins médicaux, en cas d'accidents professionnels, et de payer directement de ses propres deniers, les indemnités afférentes aux incapacités de travail? Ou bien, s'il veut recourir à un intermédiaire, ne préférera-t-il pas une société d'assurance à une caisse de secours mutuels?

Rien n'est plus inexat qu'un tel raisonnement. L'intérêt du patron à organiser des sociétés de secours dans les termes de la loi est à la fois matériel et moral.

Il est matériel, car avec une société de secours mutuels les fraudes et simulations sont moins nombreuses à raison de la surveillance intéressée des ouvriers, et partant les dépenses sont moins élevées. En second lieu les sociétés de secours mutuels ne se contentent pas de venir en aide aux victimes d'accidents ; elles secourent également les malades ainsi que les ouvriers dans le besoin, et ce, avec les contributions des ouvriers eux-mêmes. Or, lorsqu'il n'existe pas de sociétés de secours mutuels, l'humanité oblige le patron à procurer des soulagements à ces malheureux, alors même que leur état de misère est sans corrélation avec l'existence de la profession.

Nous avons dit aussi que l'intérêt du patron était moral. Les sociétés de secours mutuels ne contribuent-elles pas en effet à entretenir chez les ouvriers un esprit de sage prévoyance et des sentiments de solidarité ? Et ne peut-on pas dire qu'à ce point de vue elles sont des œuvres moralisatrices ?

J'ajoute que les patrons ne sont pas les seuls à tirer profit du développement de ces institutions humanitaires. L'avantage n'est pas moindre pour les sociétés et compagnies d'assurances qui sont désarmées contre les simulations et les abus, quand elles assurent les petits accidents. Aussi devront-elles, par d'importantes réductions de primes, encourager les chefs d'entreprise à l'affiliation de leurs ouvriers dans les conditions prévues par la loi.

732. — Nous examinerons d'abord à quelles conditions est soumise l'organisation des sociétés de secours mutuels qui déchargent le patron de payer les frais de maladie et tout ou partie de l'indemnité journalière ; ensuite nous rechercherons quels sont les effets de l'organisation de ces sociétés pour les chefs d'entreprise.

a) *Conditions exigées pour l'organisation des sociétés de secours mutuels qui ont pour effet d'exonérer le patron d'une partie de ses obligations.*

Ces conditions sont au nombre de quatre :

733. — *Première condition.* — Il faut que la société de

secours mutuels comprenne parmi ses membres les ouvriers
employés chez le patron.

Il n'est pas nécessaire que tous les ouvriers de l'entreprise
en fassent partie. La plupart du temps une affiliation générale
se heurterait à des obstacles insurmontables : on ne peut être
admis dans une société de secours mutuels qu'à la condition
d'avoir certaines aptitudes physiques et d'être agréé par l'assemblée générale. Dans un personnel un peu nombreux, il ne
sera pas rare de voir éliminer un ou plusieurs ouvriers. Vis-à-
vis de ceux-ci le patron ne sera déchargé d'aucune obligation
légale. Toutefois quand une exploitation sera assez importante,
il y aura avantage pour le patron et pour les ouvriers à organiser une caisse de secours spéciale pour le personnel de
l'établissement. Les membres d'une usine, depuis le chef jusqu'au plus humble employé, sont, comme les membres d'une
même famille ; leur association en vue de secours en cas de
maladie ne peut que resserrer les liens de solidarité qui les
unissent.

734. — *Deuxième condition*. — Il faut que le patron prenne,
à sa charge, une quote-part qui ne doit pas être inférieure
au tiers de la cotisation qui aura été déterminée d'un commun
accord.

Quid si le patron n'avait pris envers la société de secours
mutuels aucun engagement de verser des cotisations, mais si
en fait il avait versé à titre gracieux des sommes supérieures
au tiers des cotisations de ses ouvriers ? En pareil cas cette
deuxième condition ne serait pas remplie ; car le patron n'aurait pas pris à sa charge la quote-part légale. Il ne suffit pas
de payer à titre gracieux, il faut contracter l'engagement de
payer[1].

Si la quote-part du chef d'entreprise est fixée d'un commun
accord, il sera prudent de ne l'établir qu'après avoir consulté
les données de la statistique, la société de secours mutuels
n'étant en définitive qu'une société d'assurance. Cette quote-
part peut être calculée, soit par participant et par an, ce qui
est la forme la plus simple, soit par journée de travail de

---

[1] T. paix Paris, 28 mars 1900, *Gaz. Pal.*, 1900. 1. 586.

participant, ce qui pourrait être plus exact, mais moins commode et partant moins pratique. Dans tous les cas, elle est payée à forfait[1].

735. — *Troisième condition.* — Il faut que les statuts de la société soient conformes aux statuts-types approuvés par le ministre compétent.

Cela signifie, non que toutes les sociétés de secours mutuels devront avoir des statuts uniformes de tous points, mais seulement qu'un certain nombre de dispositions reconnues nécessaires leur seront communes. Dans la discussion qui a eu lieu au Sénat, le ministre du Commerce avait d'abord demandé qu'on obligeât chaque société à obtenir l'autorisation administrative. Cette exigence a paru au Sénat exorbitante et contraire à la liberté des conventions. La Haute Assemblée a préféré qu'un règlement d'administration publique fît connaître les clauses qui seront déclarées obligatoires pour toutes les sociétés[2].

Nous avons vu plus haut que la loi de 1852 avait divisé les sociétés de secours mutuels en trois classes : 1° les sociétés autorisées; 2° les sociétés approuvées; 3° les sociétés déclarées d'utilité publique. La loi du 1er avril 1898 a conservé cette division en donnant aux sociétés autorisées le nom de sociétés libres. Notre législateur, s'en référant à l'ancienne classification, parle de sociétés autorisées. Il est évident que les sociétés, qu'il désigne ainsi à l'art. 5, peuvent appartenir à l'une quelconque des trois catégories; il suffit qu'elles aient rempli les formalités imposées aux sociétés libres, sans préjudice de l'obligation qui leur est imposée de se conformer aux statuts-types.

L'établissement par le ministre de statuts-types[3], auxquels chaque société est tenue de se conformer, a surtout pour but de prévenir les fraudes auxquelles les patrons pourraient être tentés d'avoir recours pour éluder la loi. « Il pourrait arriver, a dit le ministre du Commerce au Sénat[4], qu'un patron fonde

---

[1] Circ. du ministre des Travaux publics du 5 mai 1899.

[2] V. amendement Lecourt-Grandmaison, séance du 18 mars 1898, *J. O.*, Déb. parl., p. 322.

[3] Arrêté du ministre de l'Intérieur du 16 mai 1899, *J. O.*, 17 mai 1899.

[4] Séance du 18 mars 1898, *J. O.*, Déb. parl., p. 322.

une société de secours mutuels dont les statuts soient rédigés de telle façon que les ressources de la société se trouvent presque exclusivement attribuées à la réparation des accidents, ces statuts restant muets, par exemple, sur la question des risques ordinaires de maladie. Il en résulterait que la totalité ou la presque totalité des ressources de cette société, subventions de membres honoraires, cotisations des membres participants, donations, sans compter le tiers venant des versements du patron, pourraient être consacrées, aux termes de l'art. 5, § 1, à exonérer le plus longtemps possible ce patron de l'obligation de payer aux victimes d'accidents les frais de maladie et l'indemnité temporaire. Or, c'est ce que n'a pas voulu la loi qui a décidé au contraire que, quoi qu'il arrive, la totalité des frais incomberait au patron ».

736. — *Quatrième condition.* — Il faut que ces sociétés assurent à leurs membres, en cas de blessures, pendant les 30, 60 ou 90 jours, les soins médicaux et pharmaceutiques et une indemnité journalière.

Cette condition établit une différence entre les frais médicaux et pharmaceutiques qui doivent être intégralement à la charge de la société et l'indemnité journalière dont le taux n'est pas déterminé. Il est vrai que l'art. 5 ajoute que, dans le cas où l'indemnité journalière servie par la société serait inférieure à la moitié du salaire quotidien de la victime, le chef d'entreprise serait tenu de payer la différence ou d'en tenir compte à la société.

b) *Effets de l'organisation de ces sociétés de secours mutuels pour les chefs d'entreprise.*

737. — Une société de secours mutuels ainsi organisée produit envers le patron un effet soit en ce qui concerne son obligation de payer les frais de maladie, soit en ce qui concerne celle d'acquitter l'indemnité temporaire.

La société supporte, aux lieu et place du patron, tous les frais de traitement médical, mais seulement pendant un laps de temps limité, suivant les statuts à 30, 60 ou 90 jours. Si la blessure n'est pas consolidée dans ce délai, le chef d'entreprise reprend pour l'avenir la charge des frais de médecin et de pharmacien (voir pour ces sortes de frais le deuxième paragraphe de la section suivante).

738. — La société supporte-t-elle aussi les frais funéraires? Non, l'art. 5 ne parle que des frais de maladie; rien n'autorise à penser qu'on doive en étendre l'application aux accidents mortels, et spécialement aux frais funéraires.

739. — Quant à l'obligation d'acquitter l'indemnité temporaire, le patron n'en est aussi dispensé que dans la mesure où la société en est elle-même tenue. Or l'obligation de la société n'est pas seulement limitée dans la durée, comme en matière de frais médicaux, elle peut l'être aussi dans la quotité.

La durée maxima, pendant laquelle une société de secours mutuels est, aux termes de notre loi, obligée de payer une indemnité quotidienne, est également de 90 jours; il est loisible aux statuts de réduire cette durée à 60 ou à 30 jours. C'est donc, suivant les cas, pendant 90, 60, ou 30 jours que le patron sera déchargé de l'obligation d'acquitter l'allocation journalière.

740. — Certaines sociétés de secours mutuels, actuellement existantes, assurent à leurs membres les frais médicaux et pharmaceutiques, ainsi qu'une indemnité quotidienne, pendant quatre mois et même pendant six mois. L'ouvrier, affilié à une de ces sociétés dans les conditions prévues par l'art. 5, pourrait-il recevoir, après le quatre-vingt-dixième jour, l'indemnité du patron et celle de la société? Rien ne paraît s'y opposer. Toutefois les frais de traitement médical ne devraient être réclamés qu'à l'un des deux débiteurs, au choix du blessé. Je m'empresse d'ajouter que ce cas ne se présentera que fort rarement; avant de consentir à faire partie d'une société de secours mutuels, les chefs d'entreprise ne manqueront pas d'exiger, comme conditions de leur participation pécuniaire, la mise en harmonie complète des statuts avec les dispositions de l'art. 5; car, dans une société qui promettrait à ses membres des avantages supérieurs à ceux prévus par notre loi, la part contributive du patron serait nécessairement plus élevée.

D'autre part, si l'indemnité journalière prévue par les statuts de la société est inférieure à la moitié du salaire de la victime, le chef d'entreprise devra verser la différence.

741. — Qu'arriverait-il si la société de secours mutuels ne s'acquittait pas de l'obligation qu'elle a contractée vis-à-vis de l'ouvrier en remplacement du patron? Nous pensons que, dans ce cas, l'ouvrier n'aurait aucun recours contre le chef d'entreprise[1]. Celui-ci s'est déchargé de son obligation conformément à la loi et sans recours possible. M. Balsan avait proposé, dans la séance du 26 octobre 1897, l'admission de ce recours. Mais sa demande a été rejetée.

742. — Certaines sociétés inscrivent dans leurs statuts une clause astreignant les participants à ne recourir qu'au service médical par elle organisé. Cette clause, permise par l'arrêté sur les statuts-types, a pour effet de faire perdre au mutualiste la faculté que lui donne l'art. 4, n° 2, de notre loi, de faire choix lui-même d'un médecin en cas de blessure résultant d'un accident industriel[2].

II

Commentaire de l'art. 6.

743. — L'art. 6 de la loi du 9 avril 1898 donne aux chefs d'entreprise et spécialement aux exploitants de mines, minières et carrières, un autre moyen de se décharger des mêmes frais médicaux et pharmaceutiques, ainsi que des indemnités journalières. Cet article est ainsi conçu :

« *Les exploitants de mines, minières et carrières peuvent se décharger des frais et indemnités journalières mentionnés à l'article précédent moyennant une subvention annuelle versée aux caisses ou sociétés de secours constituées dans ces entreprises en vertu de la loi du 29 juin 1894.*

« *Le montant et les conditions de cette subvention devront être acceptés par la société et approuvés par le ministre des Travaux publics.*

« *Ces deux dispositions seront applicables à tous autres chefs*

[1] C. Paris, 17 juin 1902, *Gaz. Pal.*, 1903. 1. 25. Chardiny, *loc. cit.*, p. 141.
[2] Art. 7 de l'arrêté du 16 mai 1899, *J. O.*, 17 mai 1899. Circulaire du ministre des Travaux publics du 5 mai 1899.

d'industrie qui auront créé en faveur de leurs ouvriers des caisses particulières de secours en conformité du titre III de la loi du 29 juin 1894. L'approbation prévue ci-dessus sera, en ce qui les concerne, donnée par M. le ministre du Commerce et de l'Industrie ».

744. — Notre texte prévoit deux hypothèses : celle où le bénéfice de ses dispositions est invoqué par un exploitant de mines, minières ou carrières, et celle où un autre industriel désire s'en prévaloir.

Dans le premier cas, l'exploitant de mines, minières ou carrières, ayant sa société de secours organisée conformément à la loi de 1894, n'aura qu'à payer une subvention préalablement acceptée par ladite société et approuvée par le ministre. De son côté, celle-ci sera tenue d'assurer aux victimes d'accidents les soins médicaux et l'indemnité journalière pendant trente, soixante ou quatre-vingt-dix jours, comme il est dit à l'art. 5, c'est-à-dire pendant la période durant laquelle l'exploitant des mines sera exonéré de remplir cette obligation.

Dans le deuxième cas, lorsque le bénéfice des dispositions de l'art. 6 sera revendiqué par un industriel autre qu'un exploitant de mines, le chef d'entreprise devra d'abord créer une société de secours conforme à celle qui est imposée par la loi de 1894 aux établissements miniers. Les conditions essentielles de cette organisation sont mentionnées dans les art. 6, 7 et 8 de la loi de 1894.

745. — Aux termes de l'art. 6, la caisse de chaque société de secours est alimentée par : 1° un prélèvement sur le salaire de chaque ouvrier ou employé, dont le montant sera fixé par le conseil d'administration de la société, sans pouvoir dépasser 2 0/0 du salaire ; 2° un versement de l'exploitant égal à la moitié de celui des ouvriers ou employés ; 3° les sommes allouées par l'État sur les fonds de subvention aux sociétés de secours mutuels ; 4° les dons et legs ; 5° le produit des amendes encourues pour infractions aux statuts et de celles infligées aux membres participants par application du règlement intérieur de l'entreprise.

746. — L'art. 7 oblige les sociétés de secours à déterminer dans leurs statuts : 1° la nature et la quotité des secours et des soins à donner aux membres participants que la maladie ou des infirmités empêcheraient de travailler; 2° en cas de décès des membres participants, la nature et la quotité des subventions à allouer à leurs familles ou ayants-droit. — Les statuts peuvent autoriser l'allocation de secours en argent et des soins médicaux et pharmaceutiques aux femmes et enfants des membres participants et à leurs ascendants. Ils peuvent aussi prévoir des secours journaliers en faveur des femmes et des enfants des réservistes de l'armée active et des hommes de l'armée territoriale appelés à rejoindre leurs corps, enfin des allocations exceptionnelles et renouvelables en faveur des veuves ou orphelins d'ouvriers ou employés décédés après avoir participé à la société de secours.

747. — En cas de maladie entraînant une incapacité de travail de plus de quatre jours avec suppression de salaire, la caisse de la société de secours doit, aux termes de l'art. 8, verser, à la fin de chaque semestre, au compte individuel du sociétaire participant à une caisse de retraites, une somme au moins égale à 4 0/0 de l'indemnité de maladie prévue par les statuts. — L'obligation de ce versement cessera avec l'indemnité de maladie elle-même.

748. — La société de secours une fois établie sur ces bases, le chef d'industrie devra remplir les formalités supplémentaires dont nous avons parlé plus haut, c'est-à-dire prendre l'engagement de payer, outre sa cotisation légale, une subvention dont le montant aura été préalablement accepté par la société et approuvé par le ministre.

749. — Les chefs d'entreprises autres que les exploitations minières doivent, en principe, préférer aux caisses de secours prévues par l'art. 6, l'affiliation de leurs ouvriers à des sociétés de secours mutuels organisées conformément à l'art. 5. Les charges sont moins onéreuses et les avantages sont les mêmes[1].

[1] Comité consult., avis du 21 juin 1899, *J. O.*, 6 janv. 1900.

CHAPITRE X.

EFFETS DE LA LOI SUR LES ACTIONS CONTRE LE PATRON ET CONTRE LES TIERS.

750. — Les effets de la loi de 1898 sur les droits et actions des ouvriers à raison des accidents dont ils sont victimes peuvent se résumer en deux mots : tous les droits et actions contre le patron ou ses préposés sont supprimés et remplacés par les droits et actions dérivant de notre loi (art. 2). Au contraire, tous les droits et actions contre les tiers, c'est-à-dire les personnes autres que le patron ou ses préposés, sont conservés intacts quant au fond, et mis, quant à la forme de leur exercice, en harmonie avec les dispositions de la législation sur le risque professionnel (art. 7). De là une division en deux sections : 1° droits et actions contre le patron; 2° droits et actions contre les tiers.

PREMIÈRE SECTION.

Effets de la loi sur les droits et actions contre le patron.

751. — Art. 2, al. **1** : « *Les ouvriers et employés désignés à l'article précédent ne peuvent se prévaloir, à raison des accidents dont ils sont victimes dans leur travail, d'aucune disposition autre que celle de la présente loi* ».

La loi de 1898 est, avons-nous dit, une disposition additionnelle du contrat de louage d'ouvrage et de celui d'apprentissage pour les exploitations assujetties. Son champ d'application est strictement limité aux rapports des ouvriers et des patrons. D'autre part, comme elle est d'ordre public (art. 30), ses dispositions sont impératives et il est interdit d'y déroger par des conventions particulières. Les droits qu'elle confère à l'ouvrier envers son patron sont donc les seuls dont il puisse se prévaloir; ils excluent tous les autres droits et actions qu'il avait antérieurement à raison des accidents du travail. Tels sont le

sens et la portée de notre article. Nous en ferons l'application
successivement aux accidents dus à la faute ou la négligence
du patron ou de ses préposés et aux accidents intentionnellement provoqués par le patron ou ses préposés.

I

Accidents dus à la faute du patron ou de ses préposés.

752. — Parmi les accidents industriels donnant ouverture
à l'action de la loi de 1898, il en est qui sont dus à la faute du
patron. Le droit commun accordait à la victime une action
fondée sur l'article 1382 du Code civil. D'autres peuvent être
engendrés par la faute d'un ouvrier ou préposé du patron.
La victime avait alors deux actions : l'une contre l'auteur de
l'accident (art. 1382, C. civ.), l'autre contre le patron civilement responsable (art. 1384, C. civ.). L'art. 7 fait à ces divers
cas une application des principes posés par l'art. 2 : il enlève
à la victime le droit d'exercer toute autre action que celle de
notre loi. Il n'importe que l'accident soit dû à une faute
inexcusable du patron ou d'un préposé. Le cas de dol seul,
c'est-à-dire d'attentat criminel, fait exception à cette règle
(V. n°ˢ 761 et s.).

753. — Il suit de là que la victime ou ses représentants
sont irrecevables à exercer l'action de droit commun, quelle
qu'en soit la forme, c'est-à-dire non seulement à introduire
une instance en dommages-intérêts devant un tribunal civil,
mais encore à se porter partie civile devant une juridiction
répressive contre le patron ou un de ses préposés poursuivis
à raison d'une infraction pénale génératrice de l'accident
(par exemple pour le délit de blessures ou homicide par imprudence[1]). Cette fin de non recevoir peut même être soulevée d'office par le tribunal à raison du caractère d'ordre public de la loi.

754. — Cette irrecevabilité n'atteint-elle que les victimes

[1] C. Paris, 27 févr. 1901, *Gaz. Pal.*, 1901. 1. 537. Un député, M. Jules Goujon, a
pensé que l'ouvrier quoique garanti par la loi de 1898 pouvait avoir, dans certains
cas, intérêt à figurer dans l'instance répressive ; il a déposé un projet de loi tendant
à lui donner le droit de s'y faire représenter (*J. O.*, Ch. des députés, séance du
20 mai 1901, p. 1096).

d'accidents et ceux des parents qui sont désignés comme
ayants-droits par l'art. 3, c'est-à-dire le conjoint, les descendants et les ascendants? Les autres parents, tels que les frères
et sœurs, qui sont exclus du bénéfice de la loi et qui cependant
peuvent éprouver des dommages par le décès de la victime,
n'ont-ils pas du moins la ressource de se prévaloir contre le
patron des règles du droit commun, c'est-à-dire des art.
1382 et s. du Code civil? Non. Le législateur a limité à dessein le nombre des ayants-droits, soit pour permettre de calculer avec quelque approximation les primes d'assurances,
soit à titre forfaitaire en compensation de l'extension de la
responsabilité du patron à tous les accidents du travail. En
un mot, si le patron est débiteur de l'indemnité légale dans
tous les accidents du travail, il ne doit rien au delà à raison
des blessures ou du décès de ceux de ses ouvriers qui en sont
victimes [1].

755. — Par les mêmes motifs, la veuve et les descendants
d'une victime de nationalité étrangère qui, au jour de l'accident, demeuraient à l'étranger, ne sont pas compris au nombre des bénéficiaires de la loi de 1898 (art. 3, *in fine*), et ils se
trouvent en même temps exclus par l'art. 2 de l'exercice de
l'action de droit commun en dommages-intérêts contre le
patron de la victime [2].

756. — Ces considérations font aussi obstacle à ce qu'une
compagnie d'assurances sur la vie qui, ayant assuré la victime d'un accident du travail, a versé aux représentants de
cette victime le capital stipulé, exerce contre le patron auteur
involontaire de l'accident une action fondée sur les dispositions des art. 1382 et s. du Code civil. Il est en effet admis
par la jurisprudence (et c'est là un principe de bon sens)
qu'un assureur ne peut réclamer à l'auteur d'un accident une
somme supérieure à la valeur du préjudice effectif éprouvé
par la victime [3]. Or, en matière d'accident du travail, l'éva-

---

[1] Dans ce sens, T. Seine, 7 nov. 1900, S. 1901. 2. 23, C. Paris, 16 mars 1901, S.
1901. 2. 143. Cass. req., 16 nov. 1903, *Monit. jud. Lyon,* 18 déc. 1903.

[2] T. Seine, 2 nov. 1900 et C. Paris, 16 mars 1901, précités. Cass. req., 16 nov.
1903, *Monit. jud. Lyon,* 18 déc. 1903.

[3] T. Seine, 13 juin 1899, *J. des assur.,* 1899, p. 497. Paris, 13 juin 1893, D. 94.
2. 505.

luation de ce préjudice a été fixée à forfait par la loi de 1898 dont les dispositions sont d'ordre public. Ce forfait légal est donc opposable, non seulement à la victime elle-même et à ses parents, mais encore à toutes les personnes, quelles qu'elles soient, à qui son décès a causé un dommage. La compagnie, qui a assuré la victime elle-même sur la vie, est évidemment au nombre de ces personnes[1].

757. — La prohibition de l'art. 2 ne s'applique qu'aux seuls accidents du travail. Par suite un ouvrier viendrait-il à être victime d'un accident dû à une faute du patron ou d'un préposé mais sans relation avec le travail, la loi de 1898, ne serait pas applicable et le droit commun reprendrait son empire[2].

758. — Quand un seul et même accident, ayant sa cause dans le travail, fait plusieurs victimes, dont les unes sont des ouvriers du patron, les autres des personnes étrangères, les ouvriers ou leurs représentants ne peuvent se prévaloir que de l'action de la loi de 1898; au contraire les autres victimes ou leurs représentants ne peuvent exercer que l'action de droit commun dérivant des art. 1382 et s.

II

Accidents dus à un attentat criminel du patron ou d'un de ses préposés.

759. — LÉGISLATION ÉTRANGÈRE. — Aux termes des art. 96 et 97 de la loi *allemande* de 1884, devenus les art. 135 et 136 de la loi de 1900, quand une décision pénale a reconnu un chef d'entreprise ou l'un de ses fondés de pouvoir ou surveillants de travaux coupables d'avoir intentionnellement provoqué l'accident, l'action de droit commun en réparation du dommage causé par cet accident est ouverte à tous les intéressés, sans préjudice du droit qui appartient aux ouvriers ou à leurs représentants de se servir de l'action spéciale de la loi de 1884. Dans ce cas les personnes lésées peuvent réclamer la réparation intégrale du dommage dont elles ont souffert. Si le décès du coupable, son état mental ou sa fuite ont eu pour effet d'é-

---

[1] Dans ce sens, Amiens, 4 déc. 1902, D. 1903. 2. 313 (V. cependant la note de Hitier).

[2] T. Pontoise, 21 mars 1900, *Gaz. Pal.*, 1900. 1. 569. Baudry-Lacantinerie et Wahl, *Louage*, t. II, n° 1993.

teindre ou de suspendre l'exercice de l'action publique et par suite
de rendre impossible ou de retarder indéfiniment sa condamnation
pénale, la victime ou ses parents survivants sont autorisés à ne
point attendre la décision répressive pour exercer l'action de droit
commun.

On trouve des dispositions identiques dans les art. 45 et 46 de la
loi *autrichienne* de 1887.

La loi *anglaise* est beaucoup plus générale : elle dispose, dans
l'art. 2 (*b*) du titre I, que si l'accident est causé, soit par le fait volontaire du patron ou d'une personne pour le fait ou l'omission de
laquelle le patron est responsable, l'ouvrier pourra, à son choix, ou
bien réclamer une indemnité en vertu de la loi nouvelle, ou bien recourir à la procédure qui lui était ouverte antérieurement.

760. — Nous étudierons successivement l'attentat criminel
du patron et celui de ses préposés.

a) *Attentat criminel du patron.*

761. — La loi de 1898 contient à cet égard une grave
lacune. L'art. 20, qui a prévu le dol de la victime, est muet
sur le dol du patron. Et cependant le fait intentionnel du
chef d'entreprise n'est pas exclusif de l'accident industriel.
Par exemple, un entrepreneur de travaux provoque, dans un
but criminel, la chute d'un échafaudage sur lequel travaille
un de ses ouvriers. La cause de l'accident étant inhérente au
travail, l'action de notre loi est ouverte à la victime et à ses
ayants-droit; elle aura sans contredit pour effet de faire condamner le patron à payer une indemnité majorée dans les
termes de l'art. 20, le patron criminel ne pouvant être traité
moins durement que le patron auteur d'une faute inexcusable.
Mais cette indemnité, bien que majorée, peut être inférieure au préjudice causé; on sait en effet que la pension ne
doit pas dépasser le montant total du salaire. D'autre part,
cette majoration ne s'applique pas aux accidents suivis d'incapacité temporaire. Enfin, en dehors des représentants déterminés par la loi de 1898, il se trouve parfois d'autres parents
de la victime qui ont éprouvé un préjudice. Est-ce que ni la
victime, ni ses représentants ou héritiers ne pourront intenter
une action autre que celle de ladite loi? L'intérêt de la question

apparaît clairement. Si on décide que l'art. 7 est applicable
à cette hypothèse, on favorise le patron criminel au détriment
de la victime et de ses ayants-droit. Et cependant il semble
que les termes de cet art. 7 soient formels.

762. — Le silence de notre texte sur tous ces points est
profondément regrettable. Malgré la généralité de ses termes,
je me refuse à admettre que l'art. 7 s'applique au dol du patron. Il ne faut pas perdre de vue que la loi de 1898 est une
loi forfaitaire : elle consacre une transaction entre le capital
et le travail. Cette transaction a pour objet les causes des accidents ; elle comprend parmi ces causes le cas fortuit, ainsi
que les fautes ordinaires du patron et de l'ouvrier, et elle
s'étend même jusqu'aux fautes inexcusables, en ayant soin
d'édicter à ce propos quelques dispositions spéciales ; mais
elle ne va pas et ne peut pas aller au delà. C'est sa limite
extrême. On ne saurait en effet concevoir qu'une loi restreigne
la responsabilité d'un patron criminel. Une disposition qui
établirait un forfait entre un assassin et sa victime révolterait
la conscience publique. Nous ne pouvons prêter une pareille
intention à notre législateur. Dès lors, que conclure? En
cas de crime du patron, la victime ou ses représentants auront d'abord l'action spéciale de notre loi. Cela est certain.
Quant à l'action de droit commun en supplément de dommages-intérêts, on ne saurait la leur refuser. Mais comment
s'exercera-t-elle? Une distinction s'impose : ou bien le patron
aura été condamné par une juridiction répressive, ou bien il
n'aura pas été poursuivi. Dans le premier cas, la victime ou
ses représentants se fonderont sur la décision criminelle pour
demander les dommages-intérêts afférents au préjudice que
l'indemnité forfaitaire n'aurait pas réparé. Dans le second cas
ils auront le choix : ou de mettre en mouvement l'action publique en se constituant partie civile devant le juge d'instruction,
ou d'introduire une instance civile et de demander à prouver
suivant les voies de droit commun le crime du patron. Cette
instance devant les tribunaux civils, sans être précédée d'une
condamnation au criminel, est fort rare ; le ministère public
est assez vigilant pour ne pas laisser dans l'impunité les faits
criminels dont la démonstration est possible. Cependant il est

certaines circonstances qui éteignent l'action publique (par exemple, le décès du coupable) ou qui en suspendent l'exercice (l'aliénation mentale), tout en laissant subsister l'action civile. D'autre part certaines parties lésées, pensant (à tort généralement) que des considérations particulières ont arrêté ou peuvent arrêter le cours de l'action publique, préfèrent saisir directement les tribunaux civils. Pour obtenir l'autorisation de faire la preuve testimoniale du crime dont elles se plaignent, elles doivent articuler des faits précis, pertinents et concluants : et il appartient au tribunal d'apprécier si ces articulations remplissent les conditions exigées par la loi pour l'admissibilité de la preuve. Si donc un tribunal constate à la lecture de ces articulations que la demande est sans fondement ou dictée par la mauvaise foi, il peut *de plano* ne pas autoriser l'enquête et rejeter purement et simplement les prétentions des demandeurs.

b) Attentat criminel du préposé.

763. — Lorsque l'accident a été intentionnellement provoqué par un préposé du patron, la situation est un peu différente. Si la cause en est inhérente au travail, la victime ou ses représentants auront, à n'en pas douter, l'action spéciale de notre loi. La voie du droit commun leur sera aussi ouverte suivant les distinctions que nous avons faites dans la précédente hypothèse, et aussi à raison des mêmes motifs. Cependant il est une des actions de droit commun qu'ils ne pourront jamais exercer, c'est l'action en responsabilité civile de l'art. 1384, car elle est inconciliable avec celle qui résulte de notre loi. Je précise. Y a-t-il eu condamnation criminelle du préposé du patron, la victime ou ses représentants auront la faculté d'actionner le préposé en supplément de dommages-intérêts en se fondant sur l'art. 1383 du Code civil; mais ils ne pourront pas citer le patron comme civilement responsable aux termes de l'art. 1384; car le patron n'ayant, lui, commis aucun dol, ne manquera pas de s'abriter derrière les dispositions de l'art. 7.

S'il n'y a pas eu de poursuite criminelle, la victime ou ses représentants pourront se constituer partie civile devant le juge d'instruction ; il leur sera loisible aussi d'introduire directement une instance devant un tribunal civil. S'ils demandent à faire une preuve par voie d'enquête, ils devront articuler des faits dont la précision et la pertinence seront, avant toute autorisation, appréciées par le tribunal.

764. — De son côté le patron, responsable conformément à la loi de 1898 envers les victimes de l'accident, pourrait se prévaloir des dispositions des art. 1382 et s. du Code civil pour réclamer des dommages-intérêts à son préposé qui, *par son crime*, aurait provoqué ledit accident.

DEUXIÈME SECTION.
Des actions contre les tiers.

765. — Art. 7 modifié par la loi du 22 mars 1902 : « *Indépendamment de l'action résultant de la présente loi, la victime ou ses représentants conservent, contre les auteurs de l'accident autres que le patron ou ses ouvriers et préposés, le droit de réclamer la réparation du préjudice causé, conformément aux règles du droit commun.*

« *L'indemnité qui leur sera allouée exonérera, à due concurrence, le chef d'entreprise des obligations mises à sa charge. Dans le cas où l'accident a entraîné une incapacité permanente ou la mort, cette indemnité devra être attribuée sous forme de rentes servies par la Caisse nationale des retraites. — En outre de cette allocation, sous forme de rente, le tiers reconnu responsable pourra être condamné soit envers la victime, soit envers le chef de l'entreprise, si celui-ci intervient dans l'instance, au paiement des autres indemnités et frais prévus aux art. 3 et 4 ci-dessus.*

« *Cette action contre les tiers responsables pourra même être exercée par le chef d'entreprise à ses risques et périls aux lieu et place de la victime ou de ses ayants-droit, si ceux-ci négligent d'en faire usage* ».

Nous avons vu dans la précédente section, en expliquant l'art. 2, que dans les rapports de l'ouvrier et du patron le législateur avait supprimé tous les droits et actions de droit commun en réparation des accidents du travail et qu'il n'avait

laissé subsister que le droit et l'action dérivant de la loi de
1898. Par contre, en dehors des rapports de l'ouvrier et du
chef d'entreprise, tous les droits et actions auxquels un accident peut donner lieu sont restés intacts; ces droits et actions
sont précisément ceux qui appartiennent à la victime ou à
ses représentants contre les auteurs de l'accident autres que
le patron ou ses ouvriers et préposés. Telle est la signification générale de notre art. 7.

766. — Un accident dû à la faute et même au dol d'un
tiers peut revêtir un caractère industriel et, par conséquent,
donner ouverture à l'action de notre loi. Cela ne fait aucun
doute. Par exemple, une rupture se produit dans le mécanisme d'un métier et blesse un ouvrier. L'enquête démontre
que cette rupture est due à un vice de fabrication : la responsabilité du constructeur-mécanicien peut être engagée. —
Un malfaiteur s'introduit nuitamment dans une usine et dé-
visse par malveillance les écrous d'une chaudière; il en résulte une explosion qui fait plusieurs victimes dans le personnel industriel. L'auteur de cet attentat est arrêté et condamné au criminel. — Ces deux accidents ayant une cause
inhérente au travail, les victimes ont une action contre le
patron aux termes de notre loi; et, en même temps, le droit
commun leur permet de demander à ceux qui les ont provoqués par leur faute ou par leur dol, la réparation du dommage causé (art. 1383, C. civ.)[1].

Nous étudierons successivement : 1° par qui et à quelles
conditions l'action contre les tiers peut être exercée ; 2° contre
quels tiers elle peut l'être ; 3° les formes qu'elle peut revêtir ;
4° ses effets.

I

Par qui et à quelles conditions elle peut être exercée.

767. — Le droit d'exercer l'action de droit commun contre
les tiers est reconnu expressément par l'art. 7 : 1° à la victime ; 2° à ses représentants ; 3° au patron.

768. — Victime. — L'exercice de cette action appartient à

---

[1] Douai, 22 janv. 1901, S. 1901. 2. 208.

la victime dans les accidents suivis d'une incapacité temporaire ou permanente. Il n'importe ici que l'incapacité n'ait
pas dépassé quatre jours ou même que la blessure n'ait en
rien diminué l'aptitude de la victime au travail, (tel serait, par
exemple, le cas d'une cicatrice au visage); il suffit que le demandeur à l'action ait éprouvé un préjudice quelconque.
C'est, en effet, le droit commun de l'art. 1382 du Code civil,
dont il sollicite l'application.

769. — Représentants de la victime. — Les mêmes motifs
nous font admettre que par représentants de la victime il
faut entendre, non seulement les ayants-droit spécifiés par
l'art. 3, mais encore les autres parents survivants et, d'une
façon plus générale encore, toutes les personnes, même
non parentes, à qui le décès de la victime a causé un préjudice, ce préjudice ne fût-il que moral.

770. — Patron. — Comme en définitive le tiers responsable de l'accident doit supporter, dans la limite des dommages-intérêts mis à sa charge, l'obligation dérivant pour le
patron de la loi de 1898, il importait d'assurer à celui-ci son
recours contre ce tiers et, dans cette mesure, de le traiter
comme une caution. On a été ainsi amené à le faire bénéficier
de la subrogation légale, non seulement après un paiement
effectif (art. 1251-3° et 2030, C. civ.), mais encore en cas de
simple poursuite en justice en exécution de l'obligation (art.
2032). C'est ce qu'énonce en termes un peu différents l'art. 7
qui autorise le chef d'entreprise à exercer l'action contre le
tiers responsable, aux lieu et place de la victime, *si ceux-ci
négligent de le faire.* Il suit de là que l'exercice de l'action
du chef d'entreprise est soumise à une double condition, à
savoir :

1° Que l'accident ait eu pour effet de le rendre débiteur
d'une indemnité en exécution de la loi de 1898. Par suite les
blessures sans influence sur l'aptitude de la victime au travail
ou n'entraînant qu'une invalidité ne dépassant pas quatre
jours ne donneraient pas lieu à l'exercice de l'action du
patron.

2° Que la victime ou ses représentants aient négligé d'exercer l'action contre le tiers responsable.

771. — Quand cette dernière condition sera-t-elle remplie? C'est là surtout une question de fait. En principe le patron est recevable à exercer son action dès que l'ouvrier l'a assigné en paiement de l'indemnité légale et tant qu'il n'a pas introduit d'instance contre le tiers responsable [1].

En cas d'urgence, par exemple s'il y avait poursuite correctionnelle dirigée contre le tiers responsable, le patron pourrait exercer son action, en se portant partie civile, même avant toute assignation, au cours de la procédure en conciliation devant le président du tribunal, ou encore pendant l'enquête faite par le juge de paix.

772. — Au surplus la circonstance que le patron a introduit une instance contre le tiers responsable ne fait pas obstacle à ce que l'ouvrier intervienne au cours de cette instance. L'inertie de l'ouvrier n'est pas considérée par la loi comme une cause de forclusion. On ne saurait pas davantage lui contester l'intérêt qu'il pourrait avoir à intervenir en personne : il peut, en effet, réclamer à l'auteur responsable de l'accident des dommages-intérêts supérieurs à ceux que lui alloue la loi de 1898, tandis que l'action du patron est limitée à la garantie de l'obligation que la loi de 1898 met à sa charge.

773. — Enfin, le patron lui-même pourrait avoir le droit d'intervenir dans une instance déjà introduite par l'ouvrier contre le tiers responsable pour faire condamner le tiers à lui rembourser les indemnités temporaires et les frais médicaux et pharmaceutiques qu'il aurait déjà payés (art. 7, al. 3).

II
Contre qui elle peut l'être.

774. — L'exercice de l'action du droit commun est autorisé par l'art. 7 contre toute personne autre que le patron ou ses ouvriers et préposés. En effet, quand un accident ayant un caractère industriel est dû à la faute ordinaire ou même inexcusable d'un ouvrier ou préposé du patron, la victime ou ses représentants ne peuvent agir qu'en vertu de notre

[1] Dans ce sens, C. Paris, 27 mars 1901, *Gaz. Pal.*, 1901. 1. 540.

loi. D'après le droit commun ils avaient une double action : l'une contre l'auteur de l'accident, l'autre contre le patron civilement responsable dans les termes de l'art. 1384 du Code civil. Ces deux actions sont supprimées par l'art. 7 et le législateur y a substitué l'action en indemnité forfaitaire contre le chef d'entreprise seul[1].

775. — Cependant si un préposé avait, par sa faute, provoqué un accident industriel, le patron ne pourrait-il pas se prévaloir des dispositions des art. 1382 et s. du Code civil, pour lui réclamer des dommages-intérêts? Nous ne le pensons pas. Les termes de l'art. 7 paraissent ne réserver au patron qu'une action contre les tiers autres que les préposés. Comment d'ailleurs pourrait-il en être autrement? Puisque la faute subjective a été supprimée par l'adoption du risque professionnel, elle ne saurait être invoquée par le patron pour exiger des victimes la réparation même de l'accident qui leur donne droit à une rente ou à une pension. Une telle action serait manifestement inconciliable avec les dispositions de notre loi et avec le but du législateur. Sans doute elle serait impuissante à paralyser complètement le règlement des indemnités, puisqu'elle ne pourrait se produire sous forme reconventionnelle, à raison du caractère d'insaisissabilité de la rente qui ferait obstacle à la compensation entre les deux dettes. Mais, même intentée par procédure distincte, elle serait susceptible de devenir, entre les mains du patron, un moyen d'intimidation qui nuirait au fonctionnement de notre loi[2].

Il en serait tout autrement en cas d'attentat criminel d'un préposé (V. n° 764).

III

Formes de l'action.

a) Lorsqu'elle est exercée par l'ouvrier ou par ses représentants.

776. — Pour l'exercice de leur action, la victime ou ses représentants peuvent employer toutes les voies qu'ils auraient

---

C. Paris, 17 févr. 1901, *Gaz. Pal.*, 1901. 1. 537.
[2] Dans ce sens, Loubat, n° 393. — *Contrà*, Chardiny, p. 157.

à leur disposition sous l'empire du droit commun, notamment celle de la partie civile devant la juridiction répressive, si la responsabilité du tiers découle d'une infraction pénale[1].

Ils pourraient également la porter devant le tribunal de commerce, dans le cas où l'accident ayant eu pour auteur un commerçant agissant dans l'exercice de son commerce, la juridiction consulaire serait compétente.

777. — Toutefois l'action contre le tiers ne peut, dans aucun cas, être fondée sur le risque professionnel; car un seul et même accident n'est pas susceptible de donner droit à deux indemnités forfaitaires à la charge de deux patrons différents. Ainsi dans les accidents dus à l'usage d'une machine agricole, si l'agriculteur qui était en même temps chef d'industrie, a été déclaré débiteur de l'indemnité légale envers la victime, la loi de 1898 ou celle de 1899 sur les accidents agricoles ne peuvent pas être invoquées contre l'exploitant de la machine[2]. Et réciproquement la condamnation de l'exploitant au paiement de l'indemnité légale exclut l'application de la loi d 1898 à l'agriculteur.

778. — Il n'importe que l'action de droit commun soit exercée avant ou après l'action spéciale de la loi de 1898, ces deux actions étant en la forme complètement indépendantes l'une de l'autre[3].

779. — Une victime d'accident pourrait-elle assigner le tiers responsable et le patron dans une seule et même instance? Nous ne le pensons pas; car d'après les principes universellement admis, deux actions ne peuvent être jointes qu'en cas de connexité, c'est-à-dire lorsque sans avoir le même objet, elles reposent tout au moins sur le même fondement et exigent l'examen des mêmes questions pour apprécier les obligations respectives des parties[4]. Or, ici l'action contre le patron se fonde sur une obligation légale dérivant du contrat de louage et exige l'examen de la loi de 1898, tandis que l'action contre le tiers responsable repose sur un quasi-délit et nécessite l'in-

[1] C. Paris, 27 mars 1901, T. Seine, 2 avr. 1091, *Gaz. Pal.*, 1901. 1. 537.
[2] Cass., 6 août 1902, *Gaz. Pal.*, 1902. 2. 307. V. chap, XII, 2e sect., n° 951.
[3] T. Seine. 2 avr. 1901, précité. C. Paris, 26 mai 1901, *Gaz. Pal.*, 1901. 1. 765.
[4] Cass, 5 mai 1829; 23 févr. 1876, S. 76. 1. 165. Carré et Chauveau, quest. 1320, Rousseau et Laisney, v° *Règl. de juges*, n° 5; Bioche, eod. v°, n° 26.

terprétation des art. 1382 et s. du Code civil. Donc, n'ayant entre elles aucun lien de connexité, elles doivent faire l'objet de deux instances distinctes. Au surplus les règles spéciales auxquelles l'action de notre loi est soumise en ce qui concerne la prescription, la procédure, les délais d'appel, etc., feraient encore obstacle à sa jonction à une action de droit commun.

b) Lorsqu'elle est exercée par le chef d'entreprise.

780. — Quant la victime ou ses ayants-droit négligent de faire usage de l'action contre les tiers, l'art. 7 donne expressément au patron le droit de l'exercer *en leurs lieu et place et à ses risques et périls.* C'est donc, comme nous l'avons vu, en qualité de subrogé légalement aux droits et actions de l'ouvrier que le patron agit contre le tiers [1]. Il suit de là qu'il peut se servir de toutes les voies que la victime ou ses ayants-droit auraient eu sous l'empire du droit commun [2], spécialement de celle de la partie civile devant une juridiction répressive [3]. Il pourrait également porter son action devant la juridiction consulaire, dans le cas où celle-ci est compétente [4].

781. — Le patron pourrait-il exercer son action contre le tiers par voie d'appel en garantie de ce tiers dans l'instance en fixation de l'indemnité forfaitaire? Non, car l'appel en garantie n'est autorisé que lorsque la dette du garant et celle du garanti sont, sinon identiques, du moins indivisibles ou connexes. Or nous avons expliqué que l'obligation du chef d'entreprise est complètement distincte de celle du tiers responsable et qu'il n'existe entre elles aucun lien de connexité. Cette solution a été consacrée par la Cour de cassation, avant le vote de notre loi, dans deux circonstances présentant une grande analogie avec notre matière. Dans la première espèce, il s'agissait d'une action en dommages-intérêts dirigée par un ouvrier contre son patron et celui-ci demandait à appeler en garantie la compagnie d'assurance avec laquelle il avait traité.

[1] T. Seine. 16 févr. 1900, *Gaz. Pal.*, 7 mars 1900.
[2] C. Paris, 27 mars 1901, T. Seine, *Gaz. Pal.*, 1001. 1. 537.
[3] Mêmes décisions.
[4] *Contrà*, T. commerce Marseille, 8 mai 1900, *Gaz. Pal.*, 1900. 1. 121.

Si ces deux actions, dit l'arrêt de la cour, sont en fait exercées à l'occasion d'un accident qui est leur cause commune, elles dérivent en droit de deux obligations sans connexité et toutes deux directes et principales[1]. Dans la deuxième espèce, une partie, qui avait souffert directement un quasi-délit, avait assigné en réparation, non l'auteur du dommage, mais un tiers qui était obligé à cette réparation en vertu d'un contrat. Le tiers avait, de son côté, assigné en garantie l'auteur du quasi-délit. Cet appel en garantie a été jugé par la Cour de cassation non recevable et cela pour des motifs identiques[2],

Peut-on dire du moins que l'art. 7 a créé en faveur du chef d'entreprise une action en garantie spéciale contre l'auteur du dommage? Non, ce texte se borne à conférer au chef d'entreprise les mêmes droits qu'à la victime. Or celle-ci ne peut assigner l'auteur responsable que devant le tribunal de son domicile[3].

782. — Si le chef d'entreprise n'a pas le droit d'appeler en garantie le tiers responsable, est-ce que du moins celui-ci peut intervenir dans l'instance en paiement de l'indemnité prévue par notre loi? Nous ne le pensons pas. On admet généralement que l'intervention dans un procès est recevable de la part de toute personne à laquelle le jugement à rendre pourrait préjudicier, quand même cette personne ne serait pas dans les conditions requises pour y former tierce opposition[4]. Or, quelle que soit la décision qui termine l'instance engagée entre le patron et la victime, elle ne peut en aucune façon nuire aux droits du tiers responsable ou constituer un préjugé contre lui, la question de responsabilité étant complètement étrangère aux débats qui s'agitent entre la victime et le chef d'entreprise. Dira-t-on que l'auteur de l'accident a un intérêt manifeste à assister à l'enquête? Il ne faut pas oublier que

---

[1] Cass., 3 janv. 1882, S. 82. 1. 120, D. 83. 1. 120. Limoges, 11 nov. 1884, S. 85. 2. 182. Cass., 6 juill. 1903, *Gaz. Pal.*, 2 déc. 1903.

[2] Cass., 15 mars 1875, S. 75. 1. 252.

[3] Dijon, 15 mars 1900, *Gaz. Pal.*, 4 avr. 1900. Seine, 7 avr. 1900, *Gaz. Pal.*, 1900. 1. 634. Seine, 28 sept. 1900, *Gaz. Pal.*, 1901. 1. 159. — *Contrà*, Saint-Calais, 12 janv. 1900, *Gaz. Pal.*, 17 févr. 1900.

[4] Cass., 15 juill. 1822, 6 avr. 1830. Carré et Chauveau. q. 1270 et 1270 *bis*; Rodière, t. I, p. 476; Boitard, t. I, n° 531; Rousseau et Laisney, v° *Intervention*, n°s 7 et s.; Bonfils, n° 1180; Garsonnet, t. II, § 384, p. 674.

l'enquête précède l'ouverture de l'instance; ce n'est donc pas par la procédure d'intervention que le tiers responsable pourrait obtenir que l'enquête fût faite contradictoirement avec lui. D'autre part, nous verrons plus loin que le législateur désigne limitativement les personnes dont la présence à l'enquête est autorisée.

IV

Effets de l'exercice de l'action.

783. — Du principe de la subrogation du patron dans les droits et actions de la victime ou de ses représentants, découle cette conséquence que le patron, qui exerce l'action contre le tiers, ne peut réclamer une indemnité supérieure à celle dont il est lui-même débiteur en vertu de la loi de 1898. Au contraire, si la victime ou ses représentants exercent eux-mêmes l'action contre le tiers, ils peuvent obtenir la réparation intégrale du préjudice qui leur a été causé ; or cette réparation consistera parfois dans une indemnité supérieure à celle fixée par la loi de 1898.

Si cette indemnité est supérieure ou égale, il y aura exonération complète du patron, et, dans le premier cas, la victime ou ses représentants auront en outre droit à un excédent. Si elle est inférieure, l'obligation du chef d'entreprise ne sera éteinte que jusqu'à due concurrence.

784. — Le texte primitif voté en 1898 ne prévoyait pas le cas où l'indemnité de droit commun est allouée en capital ; cette lacune était de nature à soulever des difficultés d'application. Dans nos précédentes éditions nous proposions d'y remédier en plaçant ces capitaux en rentes viagères. La loi du 22 mars 1902 est entrée dans ces vues ; elle impose aux tribunaux l'obligation de donner à l'indemnité de droit commun une forme qui soit en harmonie avec les différentes indemnités allouées par la loi de 1898. Nous avons vu que ces indemnités peuvent revêtir six formes différentes : 1° rentes viagères; 2° rentes temporaires aux ayants-droits survivants; 3° allocations journalières; 4° frais médicaux et pharmaceutique; 5° frais funéraires; 6° capital.

a) *Rentes viagères ou temporaires.*

785. — En cas d'accidents entraînant une incapacité permanente ou la mort, l'indemnité mise à la charge du tiers responsable *devra être*, aux termes de l'art. 7, *attribuée sous forme de rentes servies par la Caisse nationale des retraites*. Par rentes, le législateur a entendu parler de rentes viagères ou temporaires suivant les distinctions faites par la loi de 1898 en matière d'accidents mortels et d'incapacité permanente. Les tribunaux devront aussi, autant que possible, admettre au point de vue du taux de ces rentes une proportion identique à celle consacrée par la législation de 1898, de façon à ce qu'il soit possible d'établir le degré d'exonération du chef d'entreprise. Mais, sauf ces réserves de pure concordance, notre loi n'a apporté aucune limite au pouvoir souverain d'appréciation en ce qui concerne l'évaluation des dommages-intérêts dus en vertu de l'art. 1382 du Code civil. Les rentes représentant ces dommages-intérêts pourront être, ainsi que nous l'avons montré plus haut, numériquement supérieures, égales ou inférieures à celles résultant de l'application de la loi de 1898[1]. Il ne faut pas perdre de vue en effet que, pour l'allocation des dommages-intérêts en vertu des art. 1382 et s. du Code civil, les tribunaux n'ont à tenir compte que de deux éléments : la faute du tiers et l'importance de dommage causé, et qu'ils ne doivent en aucune façon se préoccuper du principe forfaitaire de la loi de 1898.

786. — Il suit de là que notre article ne fait pas obstacle à ce que les tribunaux accordent des dommages-intérêts à des parents qui, d'après la loi de 1898, seraient sans droit à en réclamer.

787. — Notre article exige en outre que ces rentes *soient servies* par la Caisse nationale des retraites. Il faut donc qu'elles soient au préalable capitalisées conformément au tarif de cette caisse et que le capital en soit versé par le tiers

---

[1] Toutefois, s'il y avait excédent, cet excédent devra porter d'abord sur l'indemnité temporaire et sur les frais médicaux, pharmaceutiques et funéraires; et c'est seulement dans le cas où l'ensemble de l'indemnité forfaitaire de la loi de 1898 paraîtrait insuffisante comme dommages-intérêts que les tribunaux pourraient élever la rente des ayants-droit au-dessus du taux légal, ainsi que nous l'expliquerons n° 789.

responsable. Cette capitalisation et ce versement ne sont obligatoires que pour les rentes dues aux ayants-droit de la loi de 1898. Les dommages-intérêts accordés par décision de justice aux autres parents revêtent la forme que les tribunaux jugent à propos de leur donner.

b) *Indemnités journalières. — Frais médicaux et pharmaceutiques. — Frais funéraires.*

788. — En outre de cette allocation sous forme de rente, le tiers reconnu responsable *pourra*, dit l'art. 7, être condamné, soit envers la victime, soit envers le chef d'entreprise s'il intervient dans l'instance, au paiement des autres indemnités et frais prévus aux art. 3 et 4 ci-dessus. On remarquera que dans cet alinéa le législateur s'est servi de l'expression *pourra*, tandis que l'alinéa précédent contient celle de *devra*. Cette différence de rédaction montre que, quand des dommages-intérêts sont mis par décision de justice à la charge du tiers responsable, ils doivent tout d'abord revêtir la forme d'une rente viagère ou temporaire; et c'est seulement dans le cas où ils dépassent le taux légal de ces rentes, qu'il y a lieu de les accommoder à la forme d'indemnités temporaires, et de frais médicaux, pharmaceutiques ou funéraires, de façon à pouvoir en imputer le montant sur les indemnités de cette nature. C'était en effet le seul moyen pratique d'arriver à calculer exactement le degré d'exonération des chefs d'entreprise.

789. — Tout en étant tenus de donner à chaque nature d'indemnité la forme adoptée par la loi de 1898, les tribunaux ne seront liés ni par le minimum, ni par le maximum légal.

790. — Notre texte prévoit spécialement l'intervention du patron dans l'instance dirigée contre le tiers responsable; il peut s'y trouver en réalité soit comme partie intervenante, soit comme demandeur. Dans les deux cas sa situation est la même. S'il n'est pas en cause, il a intérêt à intervenir toutes les fois qu'il a commencé à payer une partie de l'indemnité légale; c'est pour lui le seul moyen d'obtenir un titre en remboursement des sommes déjà acquittées.

c) *Indemnité en capital.*

791. — Il faut supposer que le tiers responsable s'est libéré de la condamnation prononcée contre lui en versant à la Caisse nationale des retraites les sommes destinées à faire face au paiement des rentes dues à la victime ou à ses ayants-droits. Ainsi nantie du capital représentatif, la Caisse nationale sera devenue la seule débitrice de la rente. Cette hypothèse étant admise, passons en revue les différents cas de capitalisation.

792. — Tout d'abord, aux termes de l'art. 3, le conjoint en cas de nouveau mariage et l'ouvrier étranger qui cesse de résider sur le territoire français voient leur rente viagère transformée en un capital égal à trois annuités. Ce capital étant manifestement inférieur à la valeur réelle de la rente, la Caisse nationale n'éprouverait donc aucune perte en opérant une telle conversion. Mais peut-elle l'imposer? Nous ne le pensons pas; car il ne faut pas oublier qu'en définitive cette rente est, non l'indemnité légale payée par le chef d'entreprise, mais l'équivalent des dommages-intérêts mis à la charge du tiers responsable. Or, ces dommages-intérêts, pouvant être plus élevés que la rente légale et correspondant exactement au préjudice effectivement causé, ne sont pas soumis à des réductions qui sont sans relation avec une diminution de dommage.

793. — Devrait-elle ou pourrait-elle l'accorder, si le conjoint ou l'étranger la sollicitait, tout en se trouvant dans le cas prévu pour l'obtenir? La question est plus délicate. Il nous semble qu'on ne saurait contraindre la Caisse des retraites à accepter une telle conversion, mais rien ne s'opposerait à ce que les deux parties convinssent valablement de l'opérer; car en définitive elles ne feraient qu'étendre le champ d'application de la loi de 1898, ce qui n'est interdit par aucun texte.

794. — En ce qui concerne les dispositions de l'art. 9 qui autorisent la conversion du quart en capital et la constitution avec le capital restant d'une rente viagère réversible pour partie sur la tête du conjoint, elles sont évidemment conciliables avec notre texte. Il s'agit en effet d'une facilité accordée à la victime de toucher un petit capital et de faire participer son conjoint au bénéfice de sa pension sans augmenter en aucune façon les charges du chef d'entreprise. Cette opération peut donc s'effectuer sans causer le moindre préjudice à la Caisse des retraites ; et il serait vraiment désolant que la victime, dans l'intérêt de qui elle a été autorisée par le législateur, se vît opposer une fin de non recevoir par le motif qu'au lieu d'avoir eu le patron seul comme débiteur de son indemnité légale, elle a trouvé un surcroît de garantie dans la condamnation du tiers responsable. La circonstance que cette conversion ne peut être invoquée qu'après le délai de révision ne saurait être invoquée comme un argument en faveur de la thèse contraire, puisqu'en définitive la Caisse nationale des retraites est substituée ici au tiers responsable et au patron ; la décision de justice interviendra entre la victime et la Caisse nationale des retraites.

795. — Les mêmes considérations nous font admettre que la conversion conventionnelle des rentes ne dépassant pas 100 francs (art. 21), est applicable aussi aux rentes dues par le tiers responsable. Cette conversion peut être convenue indistinctement avant ou après le versement à la Caisse nationale des retraites ; mais ici il s'agit d'une convention qui nécessite l'accord des deux parties.

796. — Reste la suspension provisoire du service de la rente (art. 21). Cette suspension n'est nullement une conversion en capital ; elle constitue simplement une mesure provisoire permettant au patron d'occuper la victime dans son établissement et de lui donner, en rémunération de cet emploi, un salaire plus élevé que la rente dont il est redevable et qui, de l'accord des parties, se confond avec elle. Cet accord entre le patron et son ouvrier ne diminue en aucune façon le dommage consécutif à l'accident et par suite ne saurait avoir une répercussion quelconque sur les obligations du tiers responsable.

797. — DES INDEMNITÉS CONSENTIES PAR CONVENTION. — L'auteur de l'accident peut, avant toute action judiciaire, reconnaître sa responsabilité et prendre l'engagement de réparer le préjudice qui en résulte. Les dommages-intérêts stipulés par convention doivent revêtir les mêmes formes que s'ils avaient été alloués par décision judiciaire ; l'inobservation des dispositions des alinéas 2 et 3 de notre art. 7 entraînerait donc la nullité d'une telle convention, en ce sens qu'elle la rendrait inopérante au point de vue de l'exonération du chef d'entreprise. C'est en effet, sous ce rapport seulement que les dommages-intérêts dus par les tiers ont un point de contact avec l'application de notre loi. Toutes les dispositions de la loi de 1898 étant d'ordre public, la violation des règles de l'alinéa 3 serait une cause de nullité aussi bien que celles de l'alinéa 2, les unes et les autres étant également impératives[1].

---

[1] La différence de rédaction qui a fait adopter à l'alinéa 2 le verbe *pouvoir* au lieu de celui de *devoir* n'implique nullement une faculté, ainsi que nous l'avons montré plus haut, n° 788.

CHAPITRE XI.

DU SALAIRE DE BASE

798. — Le salaire est une valeur fixe ou variable, mais déterminée suivant des bases convenues d'avance, que l'ouvrier reçoit de son patron, en exécution du contrat de louage d'ouvrage, pour la rémunération de son travail. Il peut consister soit dans une somme d'argent, soit dans des denrées, marchandises ou autres objets en nature, soit enfin dans un intérêt au succès de l'entreprise ou dans ce qu'on est convenu d'appeler une participation aux bénéfices. Quelle qu'en soit la forme, le travailleur y trouve sa principale, sinon son unique ressource. Un accident, qui viendrait à l'en priver, serait pour lui d'autant plus coûteux à réparer que le taux en serait plus élevé. C'est l'idée que nous avons exprimée en disant que l'importance du dommage causé par un accident était en rapport direct avec le montant du salaire.

Il est dès lors naturel que les compagnies d'assurances et les législateurs, qui ont eu en vue de garantir la réparation des accidents, aient choisi le salaire de la victime comme mesure du dommage de chaque accident et par suite comme base de l'indemnité correspondante.

Quand un ouvrier travaille régulièrement six jours par semaine et reçoit une rémunération fixe en argent, le calcul du salaire moyen est facile à établir. Mais il n'en est plus de même (et c'est le cas le plus fréquent) lorsque l'industrie, dont dépend la victime, est sujette à des chômages, lorsque les paiements s'effectuent partie en argent, partie en nature, lorsque les salaires sont variables ou collectifs et consistent en intérêts dans l'entreprise, etc.

C'est la solution de ces difficultés que nous allons étudier dans ce chapitre. Les législations étrangères, à l'exception de l'Italie, et les compagnies d'assurances n'admettent qu'un

salaire de base pour le calcul de toutes les indemnités. Notre
loi en admet deux : l'un appelé salaire annuel pour le calcul
des rentes en matière d'accidents suivis de mort ou d'incapacité permanente (art. 10), l'autre appelé salaire journalier pour
l'évaluation des indemnités journalières dues soit aux victimes atteintes seulement d'incapacité temporaire (art. 3), soit
aux autres blessés pendant la durée du traitement médical.

Ces deux unités de salaire seront étudiées séparément dans
deux sections distinctes que nous ferons précéder d'une section préliminaire, consacrée à l'examen : 1° de la législation
allemande ; 2° des autres législations étrangères et des polices
d'assurances ; 3° des travaux préparatoires.

Préliminaires.

I. **Législation allemande.**

799. — Le salaire qui sert de base à la fixation des indemnités est
en principe le salaire moyen d'une année, ce que les Allemands appellent *le gain annuel de travail.* Aux termes de l'art. 3, al. 2, de la
loi de 1884, est considéré comme gain annuel de travail, tant qu'il
ne se compose pas de sommes fixées au moins par semaine, le produit
de trois cents fois la moyenne du gain journalier. Dans les industries
où le mode usuel d'exploitation donne, pour l'ouvrier occupé régulièrement toute l'année, un chiffre de journées de travail plus élevé
ou plus bas, ce chiffre sert de base au calcul du gain annuel de travail au lieu du chiffre de 300.

Ainsi la première des opérations consiste à calculer le montant du
salaire effectivement touché par la victime dans l'année qui a précédé
l'accident. Comme ce chiffre brut pourrait être, sous l'influence d'é-
vénements divers (chômage, maladies, suractivité dans la production), supérieur ou inférieur à la normale, on le divisera par le
nombre de journées de travail que la victime aura réellement effectuées dans l'année, ce qui donnera la moyenne du salaire journalier.
Mais tous les jours de l'année ne sont pas des jours de travail; il faut
tenir compte des dimanches, fêtes et autres causes de chômage ou de
repos; telle usine ne fonctionnera normalement que pendant 200 ou
220 jours, quand telle autre chôme à peine les dimanches et jours fériés. La moyenne du salaire annuel sera donc le produit du salaire quotidien normal par le nombre moyen des journées de travail de l'établissement dans lequel la victime était employée. Les Allemands esti-

ment qu'en moyenne un ouvrier industriel travaille 300 jours par an. C'est par le chiffre de 300 qu'ils multiplient en général le salaire quotidien pour obtenir le gain annuel du travail. Je m'empresse d'ajouter qu'ils ne considèrent pas cette règle comme invariable. Si le mode d'exploitation de certaines industries comporte un nombre habituel de journées de travail inférieur ou supérieur à 300, c'est ce nombre, non le chiffre de 300, qui devra servir de multiplicateur au salaire quotidien. On conçoit immédiatement combien ce pouvoir d'appréciation doit soulever de contestations.

Ces principes posés, nous examinerons rapidement les difficultés qui naissent soit de la nature ou du mode de paiement du salaire, soit du genre de travail de l'ouvrier.

a) *Difficultés qui naissent du salaire.*

800. — Ces difficultés sont de quatre sortes; elles proviennent ou bien de ce que le salaire n'est pas payé en argent — ou de ce qu'il n'est pas évalué à la journée (travail à l'heure, à la semaine, au mois, travail à la tâche) — ou encore de ce qu'il est variable (participation aux bénéfices), ou enfin de ce qu'il est supérieur ou inférieur à un certain chiffre.

801. — 1. *Du salaire en nature.* — Aux termes de l'art. 3 de la loi de 1884, les fournitures en nature faites aux ouvriers sont considérées comme dépendant du salaire et doivent être évaluées pour le calcul du gain annuel. Ce mode de paiement des salaires est devenu fort rare en Allemagne depuis le vote des lois du 17 juillet 1871 et 1er juin 1891 qui imposent au patron l'obligation de calculer et de payer les salaires en monnaie légale et qui leur interdisent en même temps d'effectuer la paie périodique ou même de verser des acomptes dans les auberges, cabarets ou lieux de vente, à moins toutefois qu'une autorisation spéciale ait été accordée à cet effet par l'administration [1]. Les lois de 1878 et de 1891, qui sont calquées sur les législations belge et anglaise, ont eu pour but de réprimer les abus connus sous la dénomination anglaise de *truck-system*. Il est cependant encore dans les usages de la petite industrie que le patron héberge ses ouvriers; dans ce cas la valeur de la nourriture et du logement doit être comptée pour la détermination du salaire.

Il convient d'assimiler aux salaires en nature les rémunérations accessoires qui sont expressément ou tacitement prévues : tels sont notamment les pourboires que l'usage assure aux travailleurs dans

---

[1] V. *Annuaire de législation étrangère*, 1892, p. 167 et suiv.

certaines industries[1]. Enfin au nombre de ces rémunérations accessoires, on doit comprendre les primes ou avantages particuliers qui
sont accordés aux ouvriers à titre d'encouragement ou récompenses,
telles que les primes à l'économie des matières premières, de combustible, etc., ou encore les primes à l'ancienneté des services dans
la même usine.

802. — *2. Du salaire qui n'est pas évalué à la journée.*

Il comprend : le salaire à l'heure, le salaire à la semaine ou au
mois, ou à l'année, le travail à la tâche.

a) *Salaire à l'heure.* — Si le salaire est fixé à l'heure, il appartient
de déterminer, suivant les usages locaux ou suivant la nature de
l'industrie, le nombre des heures de travail dont se compose une
journée. Si en dehors des journées régulières, l'ouvrier a fait des
heures supplémentaires, il lui en sera tenu compte. Toutefois l'Office
impérial a décidé que le nombre annuel des journées de travail ne
pouvait être, par l'adjonction des heures supplémentaires, supérieur
au nombre de jours de l'année, c'est-à-dire dépasser 365 ou 366[2].

b) *Salaire à la semaine, au mois ou à l'année.* — Si le salaire est
fixé par semaine ou par période de plus longue durée (art. 3, al. 2),
le salaire quotidien s'obtient, comme dans le cas général; mais le
salaire de base est calculé en multipliant le salaire quotidien, non
plus par 300 ou par le nombre annuel normal de jours de marche de
l'établissement, mais par le nombre de jours de travail effectif. Si
toutefois le nombre de jours de travail effectif ne peut être déterminé,
on adopte le chiffre 300, tant pour la détermination du salaire quotidien que pour celle du salaire de base[3].

c) *Du salaire à la tâche.* — Dans le travail à la tâche, il est souvent
difficile de connaître le temps consacré par l'ouvrier à terminer la
tâche dont la rémunération a été convenue d'avance. Ce calcul est
cependant indispensable pour évaluer le nombre annuel des journées
de travail effectif. La durée du travail afférent à chaque tâche étant
connue, il suffira d'appliquer les usages locaux et industriels pour
déterminer la longueur de la journée de l'ouvrier.

803. — *3. Du salaire variable et notamment de la participation
aux bénéfices.*

La participation aux bénéfices constitue rarement le salaire unique
de l'ouvrier. Elle est généralement concédée par le patron à titre de
rémunération supplémentaire. Quelle qu'elle soit, principale ou

---

[1] Déc. de l'Off. imp., 26 sept. 1888, Bellom, *op. cit.*, t. II, p. 94.
[2] Déc. du 10 juin 1886, analysée dans Bellom, *loc. cit.*, p. 94.
[3] Déc. Off. imp., 21 mars 1887, Bellom, *op. cit.*, p. 95.

accessoire, la participation aux bénéfices entre en ligne de compte pour l'évaluation du salaire de base; c'est ce qu'exprime formellement le § 1er de l'art. 3 par ces mots « Sont également considérés comme traitement ou salaire dans le sens de la loi *les tantièmes*, etc. ».

804. — 4. *Des salaires qui sont trop élevés ou trop bas pour servir à calculer le salaire de base.*

a) *Salaires qui, à raison de leur taux, subissent une réduction.* — Et d'abord il importe de ne pas oublier que la loi allemande de 1900 n'est pas obligatoirement applicable (sauf une exception prévue par l'art. 2) aux ouvriers et employés dont le traitement ou gain annuel dépasse 3.000 marcs (art. 1er). En admettant une année composée de trois cents journées de travail effectif, 3.000 marcs représentent un gain quotidien de 10 marks. Ainsi les ouvriers qui gagnent en moyenne plus de 10 marks par jour sont en général exclus de l'assurance. On suppose que leurs ressources sont suffisantes pour leur permettre de faire face par eux-mêmes aux éventualités fâcheuses de l'avenir.

Une autre différence est faite au détriment des ouvriers dont le salaire annuel est supérieur à 1.500 marcs. Aux termes de l'art. 10, la portion de gain, qui dépasse ce maximum, n'est comptée que pour un tiers dans le calcul du salaire journalier qui doit servir à constituer le salaire annuel de base.

b) *Salaires qui, à raison de leur modicité, doivent subir une augmentation.* — Tel est le cas des jeunes ouvriers et des apprentis qui viendraient à être victimes d'un accident. L'art. 3 de la loi de 1884 (al. 3) les assimile au point de vue du salaire aux ouvriers adultes ordinaires. Pour obtenir leur salaire annuel de base, il suffira de multiplier par 300 le prix de la journée généralement admis dans la localité.

b) *Des difficultés auxquelles peut donner lieu la nature de la profession de l'ouvrier.*

805. — La principale difficulté naît dans les industries qui, par leur nature, ne fonctionnent qu'à certaines époques de l'année, telles que les sucreries, brasseries, distilleries, etc. Dans le cas des industries de saison, on calcule le salaire de base de la manière suivante : le salaire quotidien s'évalue à raison du travail fourni par le blessé pendant la campagne sans tenir compte du travail qu'il a pu fournir dans d'autres établissements durant le reste de l'année; s'il existe dans l'établissement des ouvriers assimilables au blessé et occupés pendant toute l'année, on doit (art. 5, § 4) prendre pour salaire quotidien du blessé, le salaire quotidien de ces ouvriers; mais, en l'absence de tels ouvriers, on calcule le salaire quotidien du blessé en substituant la durée de la campagne à celle d'une année, c'est-à-dire en adoptant pour salaire quotidien celui des ouvriers assimilables durant la campagne pendant laquelle le blessé a été frappé ou durant la campagne précédente, suivant que l'accident est arrivé au cours ou au début de la campagne. On peut adopter le salaire même du blessé pendant la campagne à la période de laquelle appartient l'accident, si ce dernier s'est produit vers l'expiration de ladite campagne[1]. Le salaire quotidien ainsi obtenu sera multiplié par 300.

Dans certaines industries, qui fonctionnent régulièrement en toute saison, on a l'habitude de chômer un ou deux jours par semaine en dehors du repos dominical; par exemple, il est des établissements qui suspendent le travail pendant toute la journée du samedi. Dans ce cas on doit, conformément à l'art. 3, al. 3 de la loi de 1884, tenir compte de ces journées de chômage et multiplier le salaire quotidien, non par le chiffre de 300, mais par le nombre exact des journées de travail.

II. Autres législations et compagnies d'assurances.

806. — AUTRICHE. — En Autriche le salaire de base est calculé suivant les mêmes principes qu'en Allemagne. Plusieurs particularités méritent cependant d'être notées.

A la différence de l'Allemagne où l'ouvrier gagnant plus de 3.000 marcs est placé en dehors de l'application de la loi, aucun traitement ou salaire, si élevé qu'il soit, ne dispense de l'assurance l'ouvrier ou employé autrichien qui appartient à une industrie visée par la législation spéciale. L'art. 6, al. 6, de la loi de 1887 dispose seulement que, si le gain annuel de travail d'un ouvrier ou d'un employé dépasse 1.200 florins (2.520 fr.), l'excédent n'entre pas en ligne de compte. Une disposition analogue existe en Allemagne pour les salaires quotidiens dépassant quatre marcs; mais l'excédent est compté pour un tiers.

En Autriche comme en Allemagne, c'est le gain de l'année immédiatement antérieure à l'accident qui est considéré pour l'évaluation de l'indemnité. Mais tandis qu'en Allemagne on se sert du gain de cette dernière année pour établir une moyenne, en Autriche on prend directement comme base le gain total de cette année, sauf dans les deux cas suivants : 1° lorsque la victime n'avait point été employée

[1] Off. imp., 31 déc. 1890 et 12 oct. 1892, Bellom, p. 95, note.

dans la même usine pendant une année entière à partir du jour de l'accident; 2° lorsque l'emploi, dont elle était titulaire, est de ceux qui, par leur nature, ne durent pas une année entière, mais seulement pendant une certaine période de chaque année.

Dans la première hypothèse, on adopte comme salaire de base le gain qu'aura obtenu, pendant le même temps, un ouvrier du même genre dans le même travail, — tout au moins dans un travail aussi analogue que possible à celui où s'est produit l'accident.

Dans la deuxième hypothèse (mais seulement dans cette hypothèse) on évalue le gain journalier (comme la loi allemande prescrit de le faire dans tous les cas), et on multiplie ce gain par 300, sans se préoccuper des interruptions accidentelles de travail. Il convient toutefois d'ajouter que certains établissements d'assurance admettent comme salaire annuel, pour les ouvriers qui ont travaillé sans interruption pendant toute l'année, le salaire effectivement gagné par chacun d'eux. Le Gouvernement autrichien s'est préoccupé du point de savoir s'il ne convenait pas de provoquer une modification de la loi dans ce sens, afin de faire cesser ces divergences d'interprétation[1].

Enfin pour les apprentis, les volontaires, les pratiquants et toute autre personne qui, à cause de leur instruction encore incomplète, ne gagnent encore rien ou n'ont qu'un gain tout à fait faible, le gain annuel doit être compté comme égal au moins au salaire annuel moyen le plus faible que gagne un ouvrier ordinaire dont l'apprentissage est achevé ou au salaire annuel le plus faible des employés formés par ce genre d'apprentissage, sans cependant que le gain puisse jamais dépasser annuellement 300 florins (630 francs). La législation allemande est un peu plus favorable à cette classe de travailleurs, en ce qu'elle les assimile en tous points aux ouvriers ordinaires au lieu de les considérer comme gagnant le salaire le plus faible des ouvriers ordinaires; d'autre part elle n'assigne aucun maximum à leur salaire annuel de base.

807. — Norvège. — En *Norvège* la loi du 23 juillet 1894 ne diffère de la loi autrichienne qu'en ce qui concerne le salaire des ouvriers employés dans les exploitations sujettes à des chômages périodiques et celui des apprentis.

Dans le premier cas, le salaire annuel est fixé par le directeur de l'établissement d'assurance, sauf recours devant une commission supérieure; c'est le salaire d'un mois entier qui doit servir à établir le salaire de l'année; et, s'il n'y a pas eu un mois consécutif de travail, on prend comme base de calcul le salaire quotidien moyen que l'on

---

[1] Bellom, *op. cit.*, t. III, p. 703, note.

multiplie par 300, sans que le salaire ainsi déterminé puisse être inférieur à la somme correspondant au salaire moyen des manouvriers de la localité de même sexe et de même âge (art. 6, §§ 2 et 5 de la loi précitée).

Quant aux apprentis et ouvriers dont la rémunération est exceptionnellement faible, on admet dans le calcul du salaire une base quotidienne de 1 couronne 50 ores pour les hommes et 1 couronne pour les femmes. Si l'indemnité calculée sur ces bases vient à excéder le salaire effectif de la victime, on la réduit à la valeur de ce dernier, pourvu que le blessé n'ait pas atteint l'âge de vingt ans et que le minimum prévu pour l'indemnité d'incapacité totale soit observé (art. 6, § 4)[1].

808. — ANGLETERRE. — En *Angleterre* le salaire de base est le salaire hebdomadaire moyen. « On le calcule, dit l'art. 1, B, de l'annexe I de la loi de 1897, sur les derniers douze mois si l'ouvrier a été pendant cette période au service de son patron ou, sinon, sur le temps pendant lequel il a été effectivement à ce service ». Et l'art. 2 ajoute : « En fixant le montant de l'indemnité hebdomadaire, on tiendra compte de la différence qui existe entre le salaire hebdomadaire moyen de l'ouvrier avant son accident et le salaire qu'il est capable de gagner depuis ; on tiendra également compte de toutes sommes, autres que des salaires, que la victime pourra recevoir de son patron, en raison du dommage qu'il a éprouvé, pendant la durée de son incapacité ».

La détermination des valeurs comprises dans le salaire est conforme à celle qui est admise par les autres législations. Pour l'évaluation du salaire de base, deux hypothèses seulement sont envisagées : celle où l'ouvrier a été pendant les derniers douze mois au service de son patron et celle où il l'a été pendant une durée moindre. Dans la première, le salaire hebdomadaire est calculé sur les derniers douze mois ; dans la deuxième il l'est sur le temps pendant lequel la victime a été effectivement employée chez son patron. Tel est le principe général. Le législateur se garde bien de dire comment on effectuera ce calcul. Prendra-t-on la rémunération effective des douze derniers mois et la divisera-t-on par le nombre de semaines? Dans quelle mesure tiendra-t-on compte des périodes de chômage, des interruptions de travail, etc.? Sur toutes ces difficultés, la loi anglaise s'en rapporte à la bonne foi des parties, ou, en cas de désaccord, à l'équitable et saine appréciation de l'arbitre. Pas de règle inflexible, telle est sa devise.

[1] Bellom, *op. cit.*, t. III, p. 1115.

809. — ITALIE. — La *loi italienne* admet, comme la loi allemande que le salaire annuel est égal à trois cents fois le salaire quotidien. Mais pour calculer le salaire quotidien, elle se borne à envisager les cinq dernières semaines de travail de l'ouvrier et à diviser le gain réalisé par l'ouvrier pendant cette période par le nombre des journées effectives de travail de la même période. C'est ce qu'exprime l'art. 10, al. 2 et 3, de la loi de 1898 dont le texte est ainsi conçu : « Pour déterminer la mesure des indemnités fixées aux nᵒˢ 1, 2 et 5 de l'art. 9, le salaire annuel sera considéré comme égal à trois cents fois le salaire ou gain journalier jusqu'à une limite maximum de 2.000 francs. — Ce salaire journalier s'obtiendra en divisant la somme des gains faits par l'ouvrier pendant les cinq dernières semaines de travail par le nombre de journées effectives de travail de la même période ».

Cette loi, simple et claire en apparence, n'est pas exempte de critiques : elle a le tort d'attribuer le même salaire de base à l'ouvrier qui ne se repose que les dimanches et jours fériés et à celui qui chôme plusieurs jours par semaine ou qui a de fréquentes interruptions de travail. La loi allemande, dont elle s'est visiblement inspirée, est plus compliquée, mais aussi plus juste.

810. — ASSURANCES. — Certaines *compagnies d'assurances* ne tenaient compte, dans le règlement de leurs sinistres, que du salaire de la victime au moment de l'accident, tel qu'il était constaté par la dernière feuille de paie sur laquelle l'ouvrier avait été nominativement porté. Ce système, qui aurait été à la rigueur acceptable pour la fixation des pensions de courte durée, exposait les parties contractantes aux mécomptes les plus graves dans les autres cas : il pouvait arriver en effet que, dans les quelques jours qui avaient précédé l'accident, la victime eût touché exceptionnellement un salaire plus élevé ou plus faible qu'en temps ordinaire. Se servir de cette rémunération anormale comme d'une base pour évaluer une indemnité définitive (rente viagère ou pension de plusieurs années) serait consacrer une réelle injustice dont l'assureur, aussi bien que l'assuré, peut avoir à souffrir. D'autre part, la plupart des salaires proprement dits, payables à la journée, à la semaine ou au mois, sont grossis de gratificacations supplémentaires remises à l'ouvrier à des époques indéterminées. Ces sommes souvent assez importantes et qui ont été stipulées, sinon expressément, du moins tacitement dans le contrat de louage d'ouvrage, ne sont pas comptées, dans ce système, pour évaluation de l'indemnité.

Ces considérations ont fait adopter par les législations étrangères le mode de calcul que nous avons développé dans les paragraphes précédents et qui a pour fondement le salaire annuel moyen de la victime. Beaucoup de compagnies avaient aussi suivi cette voie.

III. Travaux préparatoires.

811. — La commission de la Chambre des députés de 1887, ayant comme rapporteur l'honorable M. Duché, s'était approprié, pour la détermination du salaire moyen, les dispositions contenues dans les propositions de loi de MM. Félix Faure et de Mun[1] et qui s'inspirent du principe de la loi allemande. L'art. 10 de ce projet était ainsi conçu : « Le salaire moyen annuel, au sens de la présente loi, s'entend d'une somme égale à trois cents fois le salaire quotidien de l'ouvrier au moment de l'accident. Si une portion du salaire est fournie en nature, le juge fera l'évaluation des choses fournies suivant les usages et les prix du lieu.

« Si l'ouvrier ou l'employé est payé à la semaine, le salaire annuel moyen s'entend de cinquante fois le salaire de la semaine; s'il est payé au mois, le salaire moyen annuel s'entend de douze fois le salaire mensuel.

« Si l'ouvrier est payé à la tâche ou à la pièce, le salaire moyen annuel s'entend d'une somme égale à trois cents fois le gain moyen des quinze jours de travail qui ont précédé l'accident, ou si l'ouvrier était depuis moins longtemps occupé à l'entreprise, des jours pendant lesquels il a travaillé.

« Pour l'ouvrier mineur de dix-huit ans et l'apprenti victimes d'un accident, le salaire moyen annuel ne sert de base à la fixation de l'indemnité que s'il est égal ou supérieur à une somme composée de trois cents fois le salaire quotidien le plus bas des ouvriers de la même profession occupés dans l'entreprise où l'accident a eu lieu. Dans le cas contraire le calcul des indemnités sera basé sur cette dernière somme ».

812. — La Chambre des députés modifia un peu les dispositions de ce texte; l'art. 13 qu'elle vota en deuxième délibération le 7 juillet 1888[2] et qui correspond à l'art. 10 du projet était ainsi conçu : « Le salaire moyen annuel, au sens de la présente loi, s'entend d'une somme égale à trois cents fois le gain quotidien moyen des jours de travail compris dans les douze mois écoulés avant l'accident, ou, si l'ouvrier était occupé depuis moins longtemps dans

---

[1] Projet de Mun, 2 févr. 1886, *J. O.*, 1886, Doc. parl., Ch., p. 891. Projet Félix Faure, 26 juin 1886, *J. O.*, 1887, Doc. parl., Ch. p. 147. Rapport Duché, 28 nov. 1887, *J. O.*, 1887, Doc. parl., Ch., p. 386.

[2] *J. O.*, 8 juill. 1888, Déb. parl., Ch., p. 2019.

l'entreprise, trois cents fois le gain quotidien moyen des jours pendant lesquels il a travaillé. » Ce premier paragraphe reproduit la loi allemande avec cette seule différence qu'il n'établit aucune distinction entre les établissements qui, tout en fonctionnant régulièrement l'année entière, ont l'habitude de chômer plusieurs jours par semaine et ceux qui occupent leurs ouvriers six jours par semaine ou qui les astreignent parfois à des heures supplémentaires de travail.

Le même art. 13 ajouta comme la loi allemande : « Si une portion de salaire est fournie en nature, le juge fera l'évaluation des choses fournies suivant les usages et les prix du lieu. — Le salaire quotidien s'entend du gain quotidien moyen tel qu'il est défini aux paragraphes précédents ». Ainsi, dans ce projet, comme dans la loi allemande, il faut, dans tous les cas, évaluer le salaire quotidien ; puis, le salaire connu, on le multiplie toujours par 300 ; tandis que, d'après la loi allemande, la multiplication se fait, non par 300, mais par le nombre effectif des journées de travail si l'industrie est sujette à des chômages hebdomadaires. C'était, à la vérité, une simplification ; mais on est en droit de se demander si elle était vraiment heureuse. La fin de l'article est la reproduction littérale de la disposition finale de l'art. 10 du projet de la commission.

813. — L'art. 13 de la loi votée en 1888 par la Chambre des députés devint l'art. 3 du texte adopté par le Sénat le 13 mai 1890[1]. Ce qui caractérise le projet du Sénat, c'est la substitution du salaire quotidien moyen au salaire annuel moyen comme base de fixation de l'indemnité. « Le salaire quotidien moyen s'entendra, dit l'art. 3, de la rémunération accordée par le chef d'entreprise à l'ouvrier soit en argent, soit en nature pendant les douze mois écoulés avant l'accident, ladite rémunération divisée par 365. — Les ouvriers occupés depuis moins de douze mois seront assimilés, pour la fixation des indemnités ou des pensions viagères, aux ouvriers ayant le même salaire et visés par le paragraphe précédent. — Pour les industries où le travail n'est pas continu, le salaire quotidien sera calculé d'après la période d'activité de ces industries ».

Ce mode de détermination du salaire de base se rapproche un peu plus du système autrichien que du système allemand. Il ressemble au système autrichien en ce sens que, lorsqu'un ouvrier a travaillé pendant un an dans la même usine avant le jour de l'accident, le salaire touché par lui pendant cette année sert de base à l'évaluation de l'indemnité ; il est vrai que l'unité de salaire est envi-

[1] V. les débats au Sénat des 21 mars et 13 mai 1890, *J. O.*, Déb. parl., p. 310 et 423. V. aussi ceux du 2 juill. 1889, *J. O.*, Déb. parl., p. 856.

sagée par jour au lieu de l'être par année. Mais cette différence est sans intérêt pratique; il importe peu qu'une pension soit calculée par an ou par jour, si l'on entend par jour la 365e partie de l'année, ainsi que le faisait le texte voté par le Sénat. Pour les ouvriers qui au moment de l'accident étaient occupés depuis moins de douze mois, la détermination du salaire de base est à peu près identique aux lois allemande et autrichienne. Quant au troisième paragraphe afférent aux industries où le salaire n'est pas continu, la rédaction en paraît un peu obscure : que faut-il entendre par le calcul du salaire quotidien d'après la période d'activité de l'industrie? Faut-il supposer que l'industrie intermittente fonctionne toute l'année sans interruption et calculer sur cette supposition le salaire quotidien, en divisant le salaire annuel par 365? Ou bien faut-il diviser le salaire touché pendant la période d'activité par le nombre de jours dont se compose ce laps de temps? Il est vrai que les deux solutions diffèrent peu; mais encore le Sénat aurait-il pu préciser le mode de calcul qu'il convenait d'adopter. — Reste le dernier paragraphe de l'art. 3 relatif aux ouvriers âgés de moins de dix-huit ans et aux apprentis. La rédaction en est à peu près identique à la teneur des précédents textes de loi.

814. — Le 28 juin 1890, M. Jules Roche, alors ministre du Commerce et de l'Industrie, déposa sur le bureau de la Chambre un projet dans lequel les pensions allouées à titre d'indemnité sont des fractions du salaire annuel[1]; mais le texte ne définit point ce qu'on doit entendre par salaire annuel et comment on doit le calculer.

Dans la proposition de loi présentée par M. Pierre Richard[2], on lit à l'art. 10 : « La rente sera évaluée en prenant pour base le salaire annuel du blessé pendant l'année qui aura précédé l'accident; et, pour le cas où le blessé n'aurait pas encore accompli une année entière de travail dans la maison où aura lieu l'accident, la rente sera calculée d'après la moyenne de son salaire journalier. Pour tous les ouvriers et employés autres que ceux payés au mois ou à l'année, le salaire annuel sera calculé à raison de 300 jours de travail par an. — Quant aux employés et ouvriers logés et nourris par le patron ou employeur, il sera tenu bon compte du logement et de la nourriture reçus par eux comme d'un complément de salaire pour l'évaluation de la rente servie ». Ce projet est la reproduction, en termes très peu différents, des dispositions contenues dans l'art. 13 de la loi votée en deuxième délibération par la Chambre des députés

[1] *J. O.*, Ch., Doc. parl., p. 1427.
[2] Dépôt, 27 janv. 1891, *J. O.*, Doc. parl., 1891, p. 312.

le 10 juillet 1888. C'est le premier texte qui prévoit expressément le
salaire en nature (nourriture, logement); et cependant ce salaire est
assez en usage dans la petite industrie.

L'art. 9 de la proposition de loi présentée par M. Dron est la copie
littérale de l'art. 13 du texte adopté par le Sénat le 20 mai 1890.

815. — Le 6 juin 1893, la Chambre des députes a adopté, sur le
rapport de M. Ricard, un nouveau texte[1] dont l'art. 11 s'exprime
ainsi : « Le salaire annuel s'entend pour l'ouvrier occupé dans l'entreprise pendant les douze mois écoulés avant l'accident de la rémunération effective à lui accordée par le chef de l'entreprise, soit en
nature, soit en argent. — Pour les ouvriers occupés depuis moins de
douze mois avant l'accident, le salaire annuel s'entend de la rémunération effective qu'ils ont reçue depuis leur entrée dans l'entreprise
augmentée de la rémunération moyenne qu'ont reçue pendant la période nécessaire pour compléter les douze mois les ouvriers de la
même catégorie. Pour les industries où le travail n'est pas continu,
le salaire annuel est calculé tant d'après la période d'activité de ces
industries que d'après le gain de l'ouvrier pendant le reste de l'année.
— Si une portion du salaire est payée en nature, l'évaluation est faite
suivant l'usage et le prix du lieu..... Les indemnités se calculent,
dans tous les cas, d'après le salaire quotidien touché par la victime
au moment de l'accident.

L'innovation introduite par ce texte consiste dans l'adoption de deux
salaires de base : l'un pour les indemnités permanentes, c'est le
salaire moyen annuel; l'autre pour les indemnités temporaires, c'est
le salaire quotidien touché par la victime au moment de l'accident.

Quant à la détermination du salaire moyen annuel, elle ne diffère
des calculs proposés antérieurement qu'en ce qui concerne les industries où le travail n'est pas continu : on établit le salaire annuel non
plus en tenant compte exclusivement de la période d'activité de l'u-
sine ou des industries similaires, mais en se plaçant au point de vue
personnel de la victime. Combien la victime gagnait-elle pendant la
durée du chômage de l'exploitation intermittente? Telle sera la question que l'on devra se poser. Avait-elle un autre emploi lucratif ou
bien passait-elle son temps dans l'oisiveté? Rien n'est plus juste que
de tenir compte de cette considération pour apprécier dans quelle mesure l'accident, qui lui est survenu, devra être réparé.

816. — Le 28 octobre 1895, le Sénat vota un nouveau projet[2] qui,
comme le précédent, admettait deux salaires de base : le salaire

---

[1] *J.O.*, 1893. Déb. parl., Ch., p. 1615.
[2] *J. O.*, 1895, Déb. p arl., Sénat, p. 867.

annuel pour les rentes et le salaire quotidien pour les indemnités temporaires. Mais le salaire quotidien, au lieu d'être évalué, comme dans le système des compagnies d'assurances, d'après la somme touchée journellement par l'ouvrier au moment de l'accident, devait être la trentième partie du salaire du dernier mois, de telle sorte que l'unité de salaire était, en réalité, dans ce dernier cas, le salaire mensuel.

Un autre projet proposa comme unité le salaire hebdomadaire.

Notre texte définitif a maintenu la même distinction entre les deux salaires de base. Mais pour la fixation du salaire quotidien, il a définitivement consacré le système du projet de 1893, qui se rapproche beaucoup de celui en usage dans un certain nombre de compagnies d'assurances.

PREMIÈRE SECTION.

Du salaire annuel.

817. — L'art. 10 de la loi de 1898 est ainsi conçu : « *Le salaire servant de base à la fixation des rentes s'entend, pour l'ouvrier occupé dans l'entreprise pendant les douze mois écoulés avant l'accident, de la rémunération effective qui lui a été allouée pendant ce temps, soit en argent, soit en nature.*

« *Pour les ouvriers occupés pendant moins de douze mois avant l'accident, il doit s'entendre de la rémunération effective qu'ils ont reçue depuis leur entrée dans l'entreprise, augmentée de la rémunération moyenne qu'ont reçue, pendant la période nécessaire pour compléter les douze mois, les ouvriers de la même catégorie.*

« *Si le travail n'est pas continu, le salaire annuel est calculé tant d'après la rémunération reçue pendant la période d'activité, que d'après le gain de l'ouvrier pendant le reste de l'année.* »

Cette section comporte une division en cinq paragraphes. Après avoir étudié dans le paragraphe I les valeurs constitutives du salaire, nous passerons successivement en revue chacune des trois hypothèses envisagées par le législateur :

1° L'ouvrier a été occupé dans l'entreprise pendant les douze mois qui ont précédé l'accident (§ 2);

2° Au moment de l'accident, l'ouvrier était occupé depuis
moins de douze mois dans l'entreprise (§ 3);

3° Le travail de l'industrie n'était pas continu (§ 4);

Enfin le paragraphe V traitera de la situation des ouvriers
âgés de moins de seize ans et des apprentis (art. 8).

I

Des valeurs constitutives du salaire.

818. — L'art. 10 énonce que le salaire annuel s'entend
« *de la rémunération effective qui a été allouée à l'ouvrier soit
en argent, soit en nature* ». La rémunération signifie le prix
du travail. On doit donc comprendre dans le salaire annuel
toutes les valeurs qui représentent le prix du travail; peu importe que ces valeurs consistent en argent, en fournitures, en
aliments, en allocation gratuite d'un logement ou d'un jardin
potager, ou en avantages de natures diverses.

819. — Les expressions *effective* et *allouée* méritent quelques explications. Par *effective*, il faut entendre une *rémunération vraie*, qui n'est ni fictive, ni de complaisance, et que l'ouvrier a réellement eu la possibilité de toucher. Il peut en effet
arriver que, pour trouver plus facilement à embaucher des
ouvriers, un patron promette des avantages qu'il est dans
l'impossibilité de procurer. Ces avantages ne doivent pas entrer en ligne de compte pour l'évaluation du salaire de base.
Cet article a été rédigé alors que le législateur avait organisé
tout un système d'assurance. Sous ce régime il était à craindre
qu'il ne se produisît entre le patron et l'ouvrier une collusion
frauduleuse pour induire en erreur l'association d'assurance.
C'est surtout en vue de cette éventualité que le qualificatif
d'*effectif* a été ajouté au mot *salaire*.

D'autre part, il n'est pas nécessaire que la rémunération
ait été reçue, il suffit qu'elle ait été allouée, c'est-à-dire que
l'ouvrier y ait droit en vertu de stipulation du contrat de
louage d'ouvrage. Un ouvrier peut avoir gagné un salaire très
élevé et en être encore créancier au moment de l'accident,
soit pour le tout, soit pour partie. Tel est le cas où le chef
d'entreprise aurait fait de mauvaises affaires et encore celui

plus rare, il est vrai, où un terme aurait été convenu entre le patron et l'ouvrier pour le paiement du salaire [1]. Enfin ce paiement aurait pu être retardé par une contestation sur le montant de la rémunération. Il est bien certain que, dans ces différentes hypothèses, la déconfiture du patron, la stipulation d'un terme non encore échu ou une instance judiciaire ne sauraient être une cause de réduction du salaire de base. C'est pourquoi le législateur a très justement substitué le mot « *allouée* » à celui de « *reçue* » qui se trouvait dans les premiers projets et notamment dans le texte voté en 1895.

Passons en revue maintenant les différents avantages accessoires ou modes de rémunération qui peuvent donner lieu à des difficultés.

a) *Gratifications du patron.*

820. — Travail supplémentaire. — Pour qu'une gratification soit considérée comme faisant partie intégrante du salaire, il n'est pas nécessaire qu'elle ait fait l'objet d'une clause expresse du contrat de louage d'ouvrage, il suffit qu'elle puisse s'induire implicitement de la convention des parties. Or, lorsqu'un ouvrier s'embauche chez un patron, il est tacitement convenu que tout travail supplémentaire sera rémunéré. En principe donc le bénéfice qu'il en retire fait partie du salaire. Comment d'ailleurs en serait-il autrement? L'ouvrier n'était pas tenu de travailler après les heures réglementaires. Il aurait pu refuser. S'il y a consenti, c'est à raison de la promesse, sinon formelle, du moins sous-entendue, qu'on le rémunérerait d'une façon équitable. L'exécution de ce travail supplémentaire a fait naître à son profit un droit de créance contre son patron. En d'autres termes il s'est formé entre eux un second contrat de louage d'ouvrage, accessoire au premier, et dont la gratification est le prix.

821. — Zèle, activité, etc. — La question est plus délicate en ce qui touche les gratifications accordées, à titre de récompense, pour zèle, activité ou dévouement? L'ouvrier n'a pas, à vrai dire, un droit de créance lui permettant de ré-

---

[1] Voir plus loin un exemple de salaire à terme dans le salaire gradué sur le prix de vente ou salaire à échelle mobile (n°s 838 et s.).

clamer en justice le paiement d'une gratification de cette nature qui dépend uniquement du bon vouloir du patron. Mais, s'il n'y a pas obligation civile de la part de celui-ci, on ne saurait nier l'existence d'une obligation morale. L'ouvrier, qui se distingue des autres par son activité, par son intelligence, par son assiduité, rend, à coup sûr, plus de services que celui qui se contente de faire le strict nécessaire. La récompense qui lui est accordée à raison de sa conduite n'a donc pas le caractère d'une pure libéralité. Elle doit être considérée comme l'accessoire du prix du contrat de louage d'ouvrage. L'ouvrier a fait spontanément plus de travail utile ; en lui offrant un supplément de salaire, le patron ne fait que le payer de sa peine.

822. — Étrennes ou versements périodiques. — On doit encore compter, pour l'évaluation du salaire, les étrennes que les patrons ont l'habitude de payer à leurs employés à certaines époques de l'année, par exemple au jour de l'an, à l'occasion d'une fête patronale, etc. La périodicité de ces paiements leur donne le caractère d'une rémunération sur laquelle l'ouvrier est en droit de compter.

823. — Doit-on comprendre aussi dans le salaire les sommes périodiques que le patron, par exemple une compagnie de chemins de fer, a versées au nom de l'ouvrier et sans retenue sur le salaire, à la Caisse nationale des retraites afin de lui constituer une pension viagère ? La jurisprudence est divisée sur ce point[1].

824. — Dons exceptionnels. — Il en serait autrement d'une gratification exceptionnelle faite à l'occasion d'un événement non périodique et qui n'aurait point pour but de récompenser spécialement le travail ; par exemple, un don fait par le patron à ses ouvriers à l'occasion de son mariage, ou encore de la naissance ou du mariage de l'un de ses enfants. Ici le travail n'est pas la cause déterminante de la gratification ; il n'en est que la cause occasionnelle. Le patron obéit, en pareil cas, à une idée de libéralité provoquée par l'événement qui le

---

[1] Dans le sens de l'affirmative, Bourges, 17 juill. 1901, S. 1901. 2. 241, D. 1902. 2. 481. — *Contrà*, Paris, 18 juill. 1901, D. 1902. 2. 481. V. plus haut, chap. VIII, 4° sect., n° 705, note 1.

comble de joie. La somme qu'il distribue à ses ouvriers n'est point l'équivalent du bénéfice que ceux-ci lui ont procuré par leur travail.

825. — ACTES DE CHARITÉ. — De même on ne doit pas comprendre dans le décompte du salaire les actes de charité du chef d'entreprise : un patron, sachant qu'un de ses ouvriers a à sa charge des parents pauvres ou malades, lui fait de temps à autre des dons en nature ou en argent pour lui venir en aide. Ces dons sont complètement indépendants de la rémunération du travail. Nous traiterons plus loin n° **833** des indemnités pour charges de familles.

b) Pourboires donnés par les clients.

826. — Comme il s'agit ici de sommes données par des personnes autres que le patron, on doit se montrer un peu plus rigoureux que dans le paragraphe précédent pour les admettre comme partie intégrante du salaire annuel. Il ne suffit pas que le pourboire ait été remis à l'ouvrier à titre de rémunération d'un travail spécial ou d'un service rendu, il faut surtout qu'il constitue la rémunération habituelle principale ou seulement accessoire de la profession, de telle sorte que le patron ait pu, aussi bien que l'ouvrier, en évaluer approximativement le montant au moment de la formation du contrat de louage d'ouvrage. Tel est le cas des pourboires qu'il est dans l'usage de donner : 1° aux charretiers, voituriers ou camionneurs pour le déchargement et pour le transport à l'étage des colis livrés à domicile[1]; 2° aux cochers de fiacre, garçons de café, etc., alors même que ces pourboires ne sont pas la rémunération d'un service supplémentaire.

827. — A l'inverse, il n'y aurait pas lieu de tenir compte, dans le calcul de salaire annuel, des pourboires donnés par

---

[1] Grenoble, 9 août 1900, S. 1901. 2. 209, D. 1901. 2. 339, Paris, 12 janv. 1901, S. 1902. 2. 68, D. 1901. 2. 253. Saint-Étienne, 13 mai 1901, D. 1902. 2. 197. — *Contrà*, Douai, 25 juin 1900, S. 1901. 2. 209, D. 1901. 2. 339. Limoges, 17 mai 1901, D. 1902. 2. 297. Ces dernières décisions excluent les pourboires du salaire par le motif qu'on ne peut pas arriver à les évaluer avec une exactitude mathématique, et que, par suite, leur admission dans le calcul du salaire rend toute assurance impraticable. Nous ne partageons pas cette manière de voir : les pourboires peuvent, à notre avis, s'évaluer avec une approximation suffisante pour permettre la conclusion d'un contrat d'assurance.

pure générosité d'une façon accidentelle et clandestine et qui, étant impossibles à prévoir, n'ont pu entrer en ligne de compte dans les conditions du contrat de louage d'ouvrage [1].

c) *Primes.*

828. — Les primes étant en général destinées à rémunérer un surcroît d'attention, d'habileté, de fatigues, de travail, etc., et ayant été stipulées dans le contrat de louage d'ouvrage, constituent à ce double titre un des éléments constitutifs du salaire annuel de base. Les plus usuelles sont celles qui sont allouées aux mécaniciens et chauffeurs des compagnies de chemin de fer pour *économie de combustibles* et pour *bon entretien des machines* [2], ainsi qu'à raison de *la vitesse* [3], *ou de la longueur du parcours* [4]. La *rapidité de la production, la durée des services* dans une même usine peuvent aussi être encouragées et récompensées à l'aide de primes qui grossiront d'autant le salaire annuel : car le patron a un intérêt manifeste à accroître la célérité de sa fabrication et à avoir un personnel attaché à son exploitation.

d) *Indemnités.*

829. — A la différence des primes, les indemnités correspondent en principe à un surcroît de dépenses ; elles sont donc à ce point de vue la compensation d'un dommage plutôt que la rémunération du travail. Mais il arrive souvent que le montant de l'indemnité est supérieur aux dépenses auxquelles il est destiné à faire face ; l'ouvrier bénéficie dans ce cas d'un gain qui a tous les caractères d'un supplément de salaire. Telle est la distinction fondamentale, dont l'application à chaque cas particulier soulève parfois des difficultés assez délicates.

830. — Indemnités de déplacement. — Quand l'indemnité

---

[1] Grenoble, 8 août 1900 et Paris, 12 janv. 1901, précités.

[2] T. Bourges, 7 juin 1900, S. 1900. 2. 309. T. Seine, 3 oct. 1900, *Gaz. Pal.*, 1901. 1. 158. C. Bourges, 26 nov. 1900 et T. Corbeil, 9 août 1900, *Gaz. Pal.*, 1901. 1. 227; D. 1902. 2. 481. C. Paris, 26 janv. 1901, *Gaz. Pal.*, 1901. 1. 409. Poitiers, 8 juill. 1901, D. 1902. 2. 481.

[3] C. Poitiers, 8 juill. 1901, D. 1902. 2. 481.

[4] C. Paris, 26 janv. 1901, *Gaz. Pal.*, 1901. 1. 409, D. 1902. 2. 298.

de déplacement n'est que l'équivalent du coût du transport
en chemin de fer ou en voiture, tout le monde s'accorde à
l'exclure du salaire de base. Mais quand elle représente aussi
le remboursement des dépenses supplémentaires de nourriture et de logement, la jurisprudence est divisée : certaines
décisions judiciaires refusent de la faire entrer, même pour
partie, dans la constitution du salaire annuel[1], d'autres considèrent le remboursement des dépenses supplémentaires
de nourriture et de logement comme l'équivalent d'une allocation en nature dont le salaire de base doit se trouver accrû[2].
La vérité se trouve, à notre avis, entre ces deux opinions
extrêmes. Souvent l'indemnité de déplacement est comptée
très largement et assure à l'ouvrier un bénéfice dont
les tribunaux doivent déterminer le montant pour en tenir
compte dans le salaire annuel. Tout spécialement les frais de
déplacement accordés par les compagnies de chemins de
fer à leurs employés méritent d'être considérés, sinon pour
la totalité, du moins pour une grande partie, comme une rémunération supplémentaire, à raison de la gratuité du transport[3]. L'appréciation du juge du fait sur le caractère de ces
allocations échappe au contrôle de la Cour de cassation[4].

831. — La circonstance qu'une compagnie de chemins de
fer insérerait dans ses règlements généraux ou ses règlements d'ordre intérieur que les indemnités de déplacement
sont uniquement destinées au remboursement des dépenses
résultant des déplacements n'implique pas nécessairement
que ces frais n'aient pas un caractère de salaire supplémentaire. Un patron ne peut pas, par ses propres règlements,
arriver à déroger aux dispositions de la loi qui ont un carac-

[1] C. Dijon, 2 avr. 1900, D. 1900. 2. 253. C. Lyon, 15 juin 1900, T. Toulouse,
26 juin 1900, D. 1900. 2. 478. C. Besançon, 11 avr. 1900, S. 1901. 2. 301. C. Paris,
26 janv. 1901, D. 1902. 2. 298. Nancy, 27 avr. 1901, Lyon, 23 juill. 1900 et 21 janv.
1901, D. 1902. 2. 36.
[2] Angers, 19 mai 1900, D. 1900. 2. 253. Caen, 19 nov. 1900, S. 1901. 2. 301, D.
1902. 2. 364.
[3] T. Laval, 3 févr. 1900, *Gaz. Pal.*, 1900. 1. 284. C. Douai, 29 mai 1900,
D. 1900. 2. 478. Corbeil, 9 août 1900, *Gaz. Pal.*, 1901. 1. 227. Angers, 19 mai
1900, Caen, 10 nov. 1900, *loc. cit.* Grenoble, 5 nov. 1900, D. 1902. 2. 463. Bourges,
6 nov. 1900, D. 1902. 2. 481. Cass. civ., 21 janv. 1903 (2 arrêts). Cass. req., 4 mars
1903 (2 arrêts). *Gaz. Pal.*, 1903. 1. 232, 339 et 428, D. 1903. 1. 105.
[4] Cass. civ., 21 janv. 1903, précité. Cass. req., 4 mars 1903, précité.

tère d'ordre public. Les tribunaux ont toujours le droit d'apprécier en fait et l'ouvrier peut être admis à faire la preuve de ses allégations par tous les moyens de droit.

832. — INDEMNITÉS DE RÉSIDENCE. —·Des indemnités de résidence qui sont accordées par certaines compagnies de chemins de fer à raison de l'enchérissement des vivres et des logements sont en général considérées comme faisant partie intégrante du salaire[1]; car les résidences dans lesquelles les vivres et les loyers sont plus chers sont habituellement, à raison de l'agrément du séjour, considérées comme des postes d'avancement.

833. — INDEMNITÉS POUR CHARGES DE FAMILLE. — Quand une compagnie de chemins de fer accorde à ses employés chargés de famille une allocation spéciale déterminée par un ordre général de service, certaines décisions estiment qu'une telle allocation, donnée non à raison d'une somme plus considérable de travail, mais uniquement en considération des charges de famille du bénéficiaire, constitue de la part du chef d'entreprise une libéralité qui ne doit pas entrer en ligne de compte dans le calcul du salaire annuel[2]. Ce motif repose, nous semble-t-il, sur une conception inexacte de ce qu'on doit entendre par libéralité dans les rapports du patron et de l'ouvrier. Il n'y a de libéralité que lorsqu'un patron donne spontanément à un ouvrier ce dont il n'était pas tenu envers lui. En est-il ainsi lorsqu'un ordre général porte à la connaissance de tout le personnel d'une industrie que les employés remplissant telle ou telle condition recevront tels ou tels secours? Est-ce que ces avantages expressément promis par le patron ne sont pas de nature à attirer dans son entreprise certains ouvriers qui seraient, peut-être sans cela, allés s'embaucher ailleurs? Est-il bien sûr d'ailleurs qu'un patron n'ait pas intérêt à avoir des ouvriers mariés et pères de famille, c'est-à-dire des hommes plus mûrs et moins accessibles aux entrainements que les célibataires? Ce n'est donc

---

[1] Caen, 19 nov. 1900, D. 1902. 2. 364. T. Narbonne, 17 juill. 1900, *Bull. min. Comm.*, n° 3, p. 378. Dans ce sens, Cass. req., 4 mars 1903, *Gaz. Pal.*, 1903. 1. 428. — *Contrà*, T. Narbonne, 2 janv. 1901, *Bull. min. Comm.*, n° 3, p. 497.

[2] Angers, 19 mai 1900, Caen, 19 nov. 1901, S. 1901. 2. 301, D. 1900. 2. 253 et 364.

pas par pur esprit de charité que des faveurs sont faites à cette catégorie de salariés[1].

e) Allocations en nature.

834. — Les allocations en nature fournies gratuitement par le patron constituent, à n'en pas douter, une portion du salaire[2]. Elles consistent généralement dans : 1° le logement à l'usine[3] ; 2° la nourriture[4] ; 3° des fournitures diverses, telles que du combustible[5], des vêtements, etc. Elles doivent figurer dans le salaire pour le prix auquel l'ouvrier les aurait payées s'il avait dû les acheter. Par suite, alors même qu'elles seraient sans valeur pour le chef d'entreprise, elles n'en constituent pas moins, pour l'ouvrier, un gain qui entre dans le calcul du salaire de base.

835. — Il est bien entendu que les allocations fournies à titre onéreux, telles que les fournitures achetées dans une cantine patronale ou un logement dont l'ouvrier est le locataire, ne sont plus des rémunérations accessoires du salaire[6].

f) Participation aux bénéfices et coopération.

836. — La *participation aux bénéfices* est un mode de rémunération du travail qui consiste à intéresser l'ouvrier à la réussite de l'entreprise, pour laquelle il collaboré, en lui assurant une quote-part des bénéfices. La part dans les bénéfices peut constituer ou bien l'unique rémunération de l'ouvrier, ou bien un gain supplémentaire venant s'ajouter au salaire proprement dit. Dans l'un et l'autre cas, elle n'est que l'équivalent du travail fourni et doit par conséquent être comprise dans le salaire annuel.

837. — Quant *à la coopération,* si l'on admet que dans les rapports des ouvriers associés et de l'association, elle n'est qu'une des formes du contrat de louage (V. chap. II, 2⁰ sect.,

---

[1] Dans notre sens, T. Naval, 3 févr. 1900, *Gaz. Pal.*, 1900. 1. 284.
[2] T. Seine, 2 oct. 1900, *Rec. min. Comm.*, n⁰ 3, p. 424.
[3] Paris, 16 févr. 1901, D. 1901. 2. 456.
[4] T. Mayenne, 23 mars 1900, D. 1901. 2. 275.
[5] Douai, 29 janv. 1901, D. 1901. 2. 275.
[6] Douai, 29 janv. 1901, *loc. cit.*

n° 180), le salaire annuel de ces ouvriers consistera dans tout le produit de leur coopération.

g) *Travail à la tâche.*

838. — Dans le *travail à la tâche ou à la pièce*, le calcul de la rémunération ne soulève aucune difficulté.

Le salaire *progressif* qui est une variété du travail à la tâche, comprend, outre le salaire proprement dit, une prime proportionnée à la rapidité de fabrication. Cette prime est, ainsi que nous l'avons dit, le complément du salaire.

839. — Le salaire *gradué sur le prix de la vente* ou *à échelle mobile* est essentiellement variable; il ne peut être calculé que lorsque les prix de vente sont connus. Il comprend parfois deux parts distinctes : l'une fixe comportant une somme minima payable chaque semaine ou chaque quinzaine, l'autre proportionnée aux prix et par suite payable à plus longues échéances[1]. C'est la réunion de ces deux parts qui constituera le salaire annuel.

840. — Parmi les formes du travail à la tâche, on peut encore citer le *marchandage,* c'est-à-dire le contrat d'après lequel un seul ouvrier ou plusieurs associés prennent à leur charge une entreprise pour l'exécution de laquelle ils emploient un certain nombre d'autres ouvriers non associés. Les sous-contrats que l'entrepreneur de marchandage passe avec les ouvriers sont conciliables avec toutes les formes du contrat de louage et toutes les variétés du salaire. Quand le ou les entrepreneurs de marchandage sont eux-mêmes considérés comme des ouvriers au regard du chef d'industrie (V. chap. II, 2e sect. n°s 176 et s.), on doit, pour la détermination de leur salaire, tenir compte de tout le bénéfice réalisé par eux, c'est-à-dire du prix du traité passé avec le patron, défalcation faite du prix par eux payé aux ouvriers non associés.

h) *Salaire conditionnel.*

841. — On peut encore prévoir une hypothèse dont la pratique n'offre que de très rares exemples, c'est la stipulation d'un salaire conditionnel. Comment faudra-t-il calculer

[1] Villey, *Traité d'économie politique*, p. 431.

le salaire de base ? Une distinction s'impose : si la condition s'est réalisée avant l'accident et a fait naître au profit de l'ouvrier un droit ferme à la somme stipulée, celle-ci doit être comprise pour le tout dans le montant de la rémunération. A l'inverse, si au jour de l'accident la condition n'était pas accomplie tout en étant encore susceptible de l'être, il conviendrait de supputer les chances favorables et défavorables de réalisation et de tenir compte de ces probabilités dans l'évaluation du salaire. Enfin, si au jour de l'accident l'événement, auquel était subordonnée la partie conditionnelle du salaire, ne pouvait plus se produire, il y aurait lieu de n'en pas tenir compte.

i) *Retenues sur le salaire.*

842. — Après nous être expliqué sur les valeurs qui, groupées ensemble, constituent le salaire, nous avons à nous demander si certaines éventualités ne commandent pas d'opérer des retranchements à ce total. Il est dans les usages industriels que le patron fasse, à raison de circonstances déterminées, des retenues sur le salaire de ses ouvriers ou leur inflige des amendes[1]. Le montant de ces retenues ou de ces peines pécuniaires doit-il être retranché du salaire annuel ? La réponse à cette question appelle une distinction.

843. — Si la retenue est effectuée pour malfaçon, elle est calculée sur la dépréciation de l'objet fabriqué; elle est ainsi une preuve que l'ouvrier a fourni une qualité de travail inférieure à celle qui avait été prévue au contrat et que la valeur de son travail est, non plus la rémunération stipulée, mais cette rémunération diminuée de la retenue. Les sommes

---

[1] Il est vrai que la Chambre des députés a voté, sur la proposition de M. Dumay, un texte de loi proscrivant dans les établissements industriels les retenues et les amendes. Ce projet de loi, qui était la reproduction presque littérale d'un arrêté de la Commune de Paris du 27 avr. 1871, n'a point été accueilli par le Sénat. Tout porte à croire que les efforts du parti socialiste pour faire revivre cette mesure prohibitive échoueront devant le bon sens de la majorité des membres du Parlement. M. Yves Guyot, qui s'est spécialement occupé de la question des salaires, a montré clairement dans sa « Tyrannie socialiste » que, si l'unique sanction des règlements était désormais la mise à pied ou le renvoi, la situation des ouvriers aurait beaucoup empiré. La seule obligation que l'on puisse imposer au chef d'entreprise, c'est de ne pas tirer un bénéfice personnel des amendes et de les verser dans une caisse de secours destinée à soulager les misères de la classe ouvrière.

retenues pour cette cause par le patron ne doivent donc pas être comprises dans le salaire annuel.

844. — Si l'ouvrier a été puni d'une retenue ou, plus exactement, d'une amende pour une infraction disciplinaire indépendante de la bonne fabrication des produits, par exemple pour refus d'obéissance ou pour une parole grossière adressée à un contremaître, la valeur de son travail n'en étant pas diminuée, il deviendrait injuste de retrancher le montant de cette amende de son gain annuel. Cependant on pourrait induire de ces mots « *rémunération effective* », que le législateur a eu l'intention de ne jamais comprendre dans le salaire de base le montant des retenues, quelle qu'en ait été la cause.

Il va de soi que les retenues, destinées à constituer une pension de retraite ou à entretenir une caisse de secours, ne diminuent en rien le montant du salaire effectif. Elles constituent en effet de véritables placements effectués dans l'intérêt de l'ouvrier et dont celui-ci tire un profit fort appréciable[1].

II
Ouvrier occupé depuis douze mois.

845. — « *Pour l'ouvrier occupé dans l'entreprise pendant les douze mois écoulés avant l'accident, le salaire servant de base à la fixation des rentes s'entend,* dit l'art. 10, al. 1, *de la rémunération effective qui lui a été allouée pendant ce temps, soit en argent, soit en nature* ». Le paragraphe précédent, en traitant des valeurs constitutives du salaire annuel, a précisé le sens et la portée des expressions : rémunérations effectives en argent et en nature.

La caractéristique du présent alinéa consiste dans cette particularité, que la composition du salaire annuel y comprend exclusivement des rémunérations relatives à des travaux effectués pour le compte de l'exploitation. Il peut arriver par exemple qu'un ouvrier, une fois sa journée finie, fasse pour

---

[1] T. Valenciennes, 17 avr. 1899, *Gaz. Pal.*, 10 janv. 1900. T. Alais, 5 janv. 1900, *Bull. min. Comm.*, n° 3, p. 151. C. Dijon, 13 juin. 1900, S. 1901, 2. 293, D. 1900. 2. 495.

le compte d'une autre personne un travail supplémentaire qui lui rapporte un certain bénéfice. Le produit de ce travail n'entrera pas en ligne de compte. C'est seulement dans les industries à chômages périodiques (3e al. de l'art. 10) que les salaires gagnés en dehors de l'usine peuvent être pris en considération.

846. — La principale difficulté que soulève l'interprétation de notre texte est celle relative aux interruptions de travail : 1° Comment calculer le salaire pendant les chômages? 2° De quels chômages doit-on tenir compte? Telles sont les deux premières questions que nous aurons à traiter. Nous dirons ensuite quelques mots ; 3° des augmentations et diminutions du salaire survenues au cours de la dernière année ; 4° des preuves du montant du salaire.

a) *Comment calculer le salaire pendant les chômages.*

847. — Le silence de notre article concernant les interruptions de travail donnerait à penser, à première vue, que quand un ouvrier a été occupé dans une entreprise pendant les douze mois écoulés avant l'accident, on doit prendre comme salaire de base la rémunération qui lui a été effectivement allouée sans tenir compte des interruptions de travail. Une telle solution blesserait manifestement l'équité. Les travaux préparatoires, dont nous donnons ci-dessous un résumé, nous montrent qu'elle a cependant préoccupé le législateur.

848. — Avant de présenter le texte qui devait devenir définitif, le rapporteur M. Poirrier disait au Sénat dans une des séances du mois de juillet de 1895 que, pour calculer le salaire annuel, dans cette première hypothèse, il fallait tenir compte des périodes de chômage ; car, ajoutait-il, l'indemnité, qui est allouée à l'ouvrier en cas d'accident, lui est payée d'une façon régulière et sans que le paiement soit suspendu à raison du chômage auquel les ouvriers de la profession, dont la victime dépend, resteront exposés. Cette considération est fort juste en tant qu'elle vise une interruption de travail ayant une cause normale ; mais elle cesse de l'être dans certains cas exceptionnels qui ne sont pas les moins intéressants. Ce qu'il faut obtenir en toute justice, c'est une moyenne, moyenne de salaire, moyenne de chômage. Or, en prenant en bloc sans discernement le salaire reçu par un ouvrier pendant un an, sans se préoccuper du point de savoir si, parmi les chômages survenus dans le cours de cette année, il n'y en a pas eu d'extraordinaires et si, parmi ceux-ci, il n'en existe pas qui, loin de devoir être une cause de diminution d'indemnité, sont de nature à apitoyer sur le sort de la victime, on risque de s'écarter singulièrement de ce résultat. Qu'un malheureux ait eu la fièvre typhoïde dans les douze mois qui précèdent l'accident, faudra-t-il décider que sa maladie déjà si préjudiciable pour lui ait cette conséquence aussi inique qu'inattendue de faire réduire l'indemnité à laquelle il avait légitimement droit? On ne saurait l'admettre.

849. — La commission du Sénat de 1895 avait été frappée de cet inconvénient; et c'est pour y remédier qu'elle avait complété les dispositions de notre article par le paragraphe additionnel suivant : « Si au cours des douze mois qui ont précédé l'accident, l'ouvrier a chômé plus de quinze jours pour cause de maladie ou de blessure, le salaire annuel s'entendra de la rémunération effective augmentée du gain qu'il aurait réalisé dans l'entreprise s'il n'avait pas été malade ou blessé, en prenant pour base le gain qu'il a reçu pendant la période où il a été occupé ». Ce paragraphe n'ayant pas été reproduit dans le texte de 1898, M. le sénateur Félix Martin proposa l'amendement suivant dont les termes sont encore moins restrictifs : « Lorsque, par suite de maladie, blessure, service militaire, etc., l'ouvrier aura chômé au cours de ces douze mois, le tribunal pourra lui reconnaître un salaire annuel supérieur à cette rémunération effective ». Cet amendement a été rejeté sur la demande de la commission. A ce propos, M. le rapporteur a fait remarquer que le texte de la loi était beaucoup plus général que ne le pensait M. Félix Martin. Le troisième paragraphe s'applique, a-t-il dit en substance, non seulement au cas où un ouvrier est entré dans l'usine depuis moins de douze mois, mais encore à celui où pour un motif quelconque il a été absent de l'usine. Dans les deux cas on prend la moyenne de la rémunération touchée par les ouvriers de la même catégorie[1]. Et, pour mieux marquer l'intention du législateur d'appliquer à l'hypothèse prévue par l'amendement de M. Félix Martin les dispositions du troisième paragraphe de l'art. 10, la commission en modifia un peu la teneur. Au lieu de le faire commencer par ces mots : « *Pour les industries dans lesquelles le travail n'est pas continu...* », elle adopta la rédaction suivante : « *Si le travail n'est pas continu...* ». Malheureusement ce nouveau texte ne tranchait point la difficulté, puisque dans le troisième paragraphe il est dit expressément que le salaire

[1] Sénat, séance du 4 mars 1898, *J. O.*, 5 mars 1898, p. 251.

annuel est calculé tant d'après la rémunération reçue pendant la période d'activité de l'industrie que d'après *le gain de l'ouvrier pendant le reste de l'année*. En admettant que le premier membre de phrase revu et corrigé se prêtât à l'interprétation de M. le Rapporteur, la disposition finale du paragraphe résistait à une telle extension et ne pouvait évidemment s'appliquer ni aux industries dans lesquelles le travail est continu, ni aux ouvriers ayant chômé pour cause de maladie, de service militaire, etc., puisqu'on suppose que, pendant l'interruption du travail, l'ouvrier a réalisé un gain en dehors de l'usine. On ne saurait pas davantage soutenir que, dans ce cas, le deuxième paragraphe de notre article est applicable; car si on peut avoir à cet égard un doute en lisant le premier membre de phrase qui est ainsi conçu : « Pour les ouvriers occupés pendant moins de douze mois avant l'accident... », toute hésitation cesse à la lecture de la phrase principale dont voici la teneur : « .... il (le salaire) doit s'entendre de la rémunération effective qu'ils ont reçue *depuis leur entrée dans l'entreprise* ». L'expression « *depuis leur entrée* » indique clairement qu'il s'agit seulement ici d'ouvriers ayant moins d'un an de présence chez le même patron et que ce deuxième paragraphe ne s'étend pas aux ouvriers qui, occupés depuis plus de douze mois, ont eu, pendant le cours de cette dernière année, des interruptions accidentelles de travail.

M. Félix Martin, avec une insistance digne d'un meilleur sort, en fit la remarque en deuxième délibération à la commission du Sénat, dans la séance du 18 mars 1898, et demanda qu'on prît en considération son amendement qu'il avait modifié ainsi qu'il suit : « Si, par suite de causes accidentelles, l'ouvrier a chômé pendant plus de quinze jours au cours de ces douze mois, le gain habituel dont il a été privé pendant ces chômages sera ajouté à cette rémunération effective pour constituer son salaire annuel ». Cette disposition était très sage; et il est vraiment regrettable que la commission se soit obstinée à la repousser.

850. — M. le Rapporteur, mis en demeure de s'expliquer, dut reconnaître qu'en pareil cas le § 3 de l'article 10 n'était pas applicable; mais, au lieu de donner satisfaction à M. Félix Martin, il se contenta de répondre que ce serait une question d'appréciation. Voici, au surplus, ses propres paroles : « Rien n'est plus clair, dit-il. Voilà « un ouvrier qui est depuis plus d'un an dans une usine; c'est le sa- « laire de l'année écoulée avant l'accident qui va servir de base pour « la fixation de l'indemnité ».

M. Félix Martin : « Et s'il est malade? ».

M. le Rapporteur : « S'il est malade? C'est une question d'ap-

« préciation. Il est incontestable que le tribunal *tiendra compte des*
« *causes accidentelles.* Lorsqu'on calcule un salaire annuel, on ne
« tient pas compte des causes accidentelles qui sont venues inter-
« rompre le travail, et, par conséquent, diminuer le salaire annuel de
« l'ouvrier; on appréciera ce salaire dans son ensemble et non pas
« en le morcelant comme le voudrait M. Félix Martin dans son amen-
« dement ». Et plus loin M. le Rapporteur ajoute : « Notre honorable
« collègue suppose que le travail aura été interrompu par une cause
« accidentelle, c'est le mot dont il se sert dans son amendement. Les
« causes accidentelles n'empêcheront pas la fixation du salaire à l'an-
« née. On appréciera, voilà tout ».

M. Félix Martin : « Vous ne le dites pas ».

M. le Rapporteur : « Et on *remplacera le salaire qui a manqué pen-*
« *dant la durée de l'interruption de travail par une appréciation qui*
« *aura pour base le salaire gagné pendant le reste de l'année.* Rien
« n'est plus clair et c'est vouloir compliquer le texte à plaisir, que de
« demander les modifications réclamées par M. Félix Martin » (très
bien, très bien, sur un grand nombre de bancs).

M. Félix Martin insiste de nouveau et termine par ces mots : « Pour
moi, j'ai fait mon devoir en signalant une fois de plus les défectuosités d'un article qui nous fera peu d'honneur »[1]. M. Félix Martin est
sans doute allé un peu loin dans cette dernière appréciation; mais on
doit convenir qu'au fond il était dans la vérité.

Ce qui a vraisemblablement induit en erreur M. le Rapporteur de
la commission du Sénat, c'est le texte de la loi anglaise qu'il avait
sous les yeux et dont il s'efforçait d'imiter la concision. Nous avons
vu que la loi anglaise ne prévoit que deux cas : celui où l'ouvrier a
été pendant les douze derniers mois employé chez son patron et celui
où la durée de ses services a été moindre. Mais aussi elle s'abstient
d'indiquer comment on calculera le salaire moyen; elle s'en rapporte
sur ce point à la sagacité des parties ou du juge. M. le Rapporteur
aurait voulu, semble-t-il, qu'il en fût de même en France. Malheureusement il avait oublié que son texte résistait à une telle interprétation. Le législateur français ne s'est pas contenté, comme le législateur anglais, de poser un principe général; il a tracé dans chaque
hypothèse les règles à suivre pour effectuer le calcul du salaire de
base; il est donc tenu de prévoir toutes les difficultés et d'en indiquer
la solution.

[1] Sénat, séance du 18 mars 1898. *J. O.*, du 19 mars 1898, p. 326.

851. — Quoi qu'il en soit, l'embarras des tribunaux sera grand, quand ils auront à appliquer notre article : d'une part, un texte clair qui conduit à des conséquences iniques. D'autre part, une interprétation revêtue de la haute approbation de la commission et du Sénat, mais qui est contraire à ce texte. La lettre en opposition avec l'esprit de la loi ; telle est la situation. J'estime qu'après les débats, dont nous venons de rendre compte, il n'y a pas lieu d'hésiter. Les magistrats doivent considérer comme étant la loi, non ce que le législateur semble avoir dit, mais ce qu'il a eu l'intention de dire, lorsque, comme dans notre cas, cette intention n'est pas douteuse.

852. — Ainsi, quand le travail de la victime aura été, pendant les douze derniers mois, interrompu par une cause accidentelle, les tribunaux auront le pouvoir de *remplacer le salaire qui a manqué pendant la durée de l'interruption de travail en prenant pour base le salaire gagné pendant le reste de l'année*. Telle est l'opinion de M. le Rapporteur, opinion dont l'expression a été soulignée par les applaudissements de la Haute Assemblée. En d'autres termes, il y a lieu de faire état des journées perdues et de remplacer le salaire qui a manqué pendant la durée des interruptions de travail par une appréciation équitable ayant pour base le salaire gagné pendant le reste de l'année [1]. Une autre opinion soutient que, quand il y a eu interruption accidentelle de travail, on doit appliquer le § 2 de l'art. 10 et remplacer le salaire des journées perdues par celui des ouvriers de la même catégorie [2]. Nous avons montré plus haut (n° 849) que le texte de ce § 2 résiste à une telle interprétation, les expressions « *rémunération reçue depuis leur entrée dans l'entreprise* » excluant nécessairement tous les ouvriers occupés depuis plus d'un an.

b) *De quels chômages doit-on tenir compte ?*

Nous distinguerons six sortes de chômages :
853. — Dimanches et fêtes. — Si l'exploitation chômait

---

[1] C. Dijon, 3 juill. 1900, *Gaz. Pal.*, 1901. 1. 502, D. 1902. 2. 250. Rennes, 19 mars 1902, *Gaz. Pal.*, 1902. 1. 587. T. Vesoul, 14 nov. 1899, *Gaz. Pal.*, 1901. 2. 283. C. Orléans, 30 mai 1900, *Gaz. Pal.*, 1900. 2. 436, D. 1900. 2. 449.
[2] Besançon, 8 août 1900, *Gaz. Pal.*, 1900. 2. 475, D. 1901. 2. 178.

entièrement ou seulement à partir de midi les dimanches et fêtes, le salaire de ces jours-là ne doit pas être compté ou ne doit l'être que pour moitié dans le salaire annuel qui est autant que possible un salaire effectif moyen [1]. Au surplus les tribunaux ont un pouvoir souverain d'appréciation pour fixer le nombre annuel des journées de travail et le chiffre du salaire pendant ces journées [2].

854. — Si l'ouvrier avait profité de ses loisirs des dimanches et fêtes pour travailler hors de l'exploitation, pourrait-il faire ajouter à son salaire annuel le gain de ce travail supplémentaire? Non, un tel droit ne lui appartient que dans l'hypothèse prévue par l'al. 3 de l'art. 10, c'est-à-dire lorsqu'il s'agit d'exploitation à travail discontinu. Or les chômages périodiques des dimanches et jours de fête ne sont pas considérés comme une discontinuité dans le travail d'une exploitation. Il en serait autrement si le chômage durait plusieurs jours par semaine (V. n° 875-2°).

855. — COURTES INTERRUPTIONS HABITUELLES. — De même les *courtes* interruptions, qui ont un *caractère habituel*, telles que celles qui seraient dues au froid, aux intempéries ou à des indispositions inhérentes au *tempérament* de l'ouvrier ne devraient pas entrer en ligne de compte [3]; autrement le salaire annuel de base serait supérieur au salaire effectif moyen. Si le froid ou les intempéries avaient pour effet de produire des chômages périodiques un peu prolongés, c'est le troisième alinéa de l'art. 10 qui deviendrait applicable.

856. — CHÔMAGES ACCIDENTELS DUS A UNE CAUSE PERSONNELLE A L'OUVRIER. — Parmi ces causes de chômages, il faut citer : les *maladies*, les *blessures*, le *service militaire*, et d'une façon générale toutes celles indépendantes de la volonté de l'ouvrier. Tout le monde est d'accord pour reconnaître la nécessité de faire état des journées ainsi perdues et d'en ajouter le montant au salaire annuel [4]. Il est bien entendu qu'on ne

[1] Cass. req., 9 déc. 1901, S. 1902. 1. 182, D. 1902. 1. 381.
[2] Cass. req., 3 déc. 1901, *loc. cit.*
[3] C. Aix, 3 août 1900, S. 1901. 2. 214, D. 1901. 2. 178.
[4] C. Dijon, 3 juill. 1900, *Gaz. Pal.*, 1901. 1. 501, D. 1902. 2. 250. C. Aix, 3 août 1900, *Gaz. Pal.*, 1900. 2. 474. C. Rennes, 19 mars 1902, *Gaz. Pal.*, 1902. 1. 587. Besançon, 8 août 1900, *Gaz. Pal.*, 1900. 2. 475, D. 1901. 2. 178.

saurait faire entrer dans cette catégorie les interruptions
de travail dues à la paresse ou à une faute personnelle
de l'ouvrier[1]. C'est à celui-ci qu'il incombe de prouver que le
chômage est dû à une cause indépendante de sa volonté
et lui donnant droit à une majoration du salaire annuel
effectif[2].

857. — Chômages accidentels dus au fonctionnement de
l'exploitation. — D'autres circonstances provenant du fonctionnement de l'industrie peuvent aussi interrompre *accidentellement* le travail de l'ouvrier; telles seraient, par exemple,
de grosses réparations à faire dans les ateliers, l'incendie d'une
partie des bâtiments de l'usine, une stagnation exceptionnelle
des affaires. Le caractère accidentel de ces chômages commande de tenir compte dans le salaire annuel des rémunérations qu'ils ont fait perdre à l'ouvrier[3]. Pourrait-on soutenir
qu'en pareil cas, il y a lieu d'appliquer l'al. 3 de l'art. 10 et
faire état du salaire que l'ouvrier aurait gagné en dehors de
l'usine? Nous ne le pensons pas ; car l'al. 3 est spécial aux
industries dans lesquelles le travail n'est pas continu, c'est-
à-dire qui sont sujettes à des chômages périodiques. D'autre
part l'équité, aussi bien que le texte, s'oppose à l'application
de ce 3e al. En effet, un ouvrier, privé momentanément de
travail par suite d'une fermeture temporaire de l'usine, peut
ne pas trouver immédiatement de l'ouvrage ailleurs. Peut-
être même a-t-il intérêt à n'en pas chercher, afin d'être en
mesure de reprendre sa place dans l'exploitation, dès que
celle-ci recommencera à fonctionner. Cette rémunération qu'il
aura pu ainsi se procurer pendant la durée de ce chômage
ne correspondra donc en aucune façon à la mesure de ses
forces et de sa bonne volonté.

858. — Chômages volontaires. — Il faut distinguer entre
les chômages volontaires périodiques et les chômages volontaires accidentels. Les premiers se rattachent, selon nous, au
troisième alinéa de l'art. 10. Quand un ouvrier convient,
avec un patron, de suspendre son travail périodiquement

---

[1] T. Lorient, 29 mai 1900, D. 1900. 2. 449.
[2] T. Lorient, 29 mai 1900, *loc. cit.*
[3] T. Lorient, *loc. cit.* C. Orléans, 30 mai 1900, D. 1900. 2. 449.

pendant un certain temps, l'exploitation a dans les rapports de l'ouvrier et du patron un caractère d'intermittence périodique; nous traiterons donc ce sujet au n° 866.

859. — Si le chômage volontaire est dû à un pur caprice de l'ouvrier, on ne saurait en tenir compte. Il peut arriver que dans le cours de la même année, l'ouvrier qui travaillait depuis longtemps dans l'exploitation ait quitté son patron pour s'embaucher dans une autre entreprise, puis soit revenu quelque temps après dans la première exploitation où il est victime d'un accident. Il ne s'agit plus ici d'un chômage, mais de deux contrats de louage d'ouvrage distincts : le blessé est donc censé n'être employé dans l'exploitation que depuis le jour où il a passé le deuxième contrat de travail, c'est-à-dire depuis moins d'un an; c'est alors l'al. 2 de notre art. 10 qui est applicable (V. plus loin n° 867-2°).

860. — Grèves. — Une question qui se posera fréquemment est celle de savoir si la grève doit être classée au nombre des causes accidentelles de chômage, et si par suite elle autorisera le tribunal à augmenter la rémunération effective d'une somme équivalente à celle que la victime aurait gagnée pendant la durée de la grève. Si nous nous plaçons sur le terrain du droit, la grève ne peut pas être considérée comme une cause accidentelle de chômage; elle est la suspension volontaire du contrat de louage d'ouvrage[1]. Pendant la durée de la grève, l'ouvrier et le patron sont dégagés vis-à-vis l'un de l'autre de toute espèce d'engagement; l'ouvrier cesse d'appartenir à l'usine; dès lors il se trouve dans la situation d'un individu qui, après avoir travaillé pendant les premiers mois d'une année chez un patron, irait s'embaucher ailleurs et reviendrait ensuite au bout de quelque temps chez son ancien patron. On devrait calculer son salaire annuel d'après les règles de l'al. 2 de l'art. 10. Mais alors comme les ouvriers de la même catégorie n'ont rien gagné pendant

---

[1] On a essayé de soutenir que la grève n'était pas une rupture du contrat de travail. Cette opinion, qui est contraire à l'évidence des faits, a été condamnée par la Cour de cassation dans son arrêt du 18 mars 1901 (D. 1902. 1. 324) qui impose à l'ouvrier, à peine de dommages-intérêts, l'obligation d'observer les délais d'usage avant de rompre le contrat de travail par une mise en grève.

la grève, on arrive à ce résultat qu'on ne peut pas tenir compte des journées perdues[1].

861. — A la rigueur de ces principes on peut objecter que, si la grève est, en droit strict, une suspension volontaire du contrat de travail, en fait la volonté des ouvriers n'y joue souvent qu'un rôle secondaire. La plupart d'entre eux la subissent sans la vouloir, dominés qu'ils sont par quelques énergumènes. Ces considérations de fait sont de nature à faire souvent fléchir la rigueur de ces principes[2]. Il arrive souvent aussi que la grève des ouvriers d'un ou de deux ateliers nécessite la fermeture de l'usine entière. En pareil cas, les ouvriers des ateliers non mis en grève, loin de rompre le contrat de travail, se trouvent dans l'impossibilité de l'exécuter : il y a de leur part chômage accidentel indépendant de leur volonté et par suite donnant droit à une majoration du salaire annuel[3].

c) Variation de salaire pendant l'année.

862. — Qu'il nous soit permis de signaler encore une anomalie qui peut résulter de l'application de l'art. 10, dans un cas où la victime n'a pas eu de chômage. Supposons que trois ou quatre mois avant l'accident, l'ouvrier blessé ait obtenu une augmentation de salaire. Est-ce que le dommage que lui cause l'accident n'est pas en rapport avec l'importance de ce nouveau salaire? Et cependant, au lieu de calculer l'indemnité sur le montant de cette rémunération, on prendra comme base une moyenne entre l'ancien et le nouveau salaire, et cette moyenne sera d'autant moins élevée que l'accroissement de salaire sera plus récent. Toutefois si, au lieu d'obtenir une simple augmentation de salaire, l'ouvrier avait eu successivement dans la même exploitation des emplois différents, il serait bien fondé à soutenir qu'il a passé plusieurs contrats de louage d'ouvrage successifs, que par suite il doit être dans la situation d'un ouvrier qui serait entré dans l'entreprise au jour du dernier contrat, c'est-à-dire de la dernière augmentation de salaire. En pareil cas, ce serait l'al. 2, de l'art 10,

---

[1] C. Dijon, 3 juill. 1900, *Gaz. Pal.*, 1901. 1. 501, D. 1901. 2. 250.
[2] C. Aix, 3 août 1900, *Gaz. Pal.*, 1900. 2. 474.
[3] C. Dijon, 3 juill. 1900. *Gaz. Pal.*, 1901. 1. 501, D. 1901. 2. 250.

qui serait applicable, de telle sorte qu'au salaire effectif touché par l'ouvrier depuis sa dernière augmentation, il y aurait lieu d'ajouter pour compléter l'année le salaire des ouvriers de la même catégorie [1].

863. — Qu'on admette le cas inverse. Un ouvrier devenu négligent ou paresseux est frappé par son patron d'une réduction de salaire, et, deux ou trois mois après cette déchéance, il est grièvement blessé dans un accident. L'équité commanderait de le moins bien traiter que l'ouvrier précédent; car l'incorrection de sa conduite fait présumer qu'il n'a pas à espérer de gains importants dans l'avenir. À égalité de degré d'incapacité de travail, le premier éprouve un dommage plus considérable que le second. Et cependant ils recevront tous deux une indemnité identique. Bien plus, si la diminution du traitement de l'un est plus récente que l'élévation du salaire de l'autre, l'ouvrier paresseux sera mieux rétribué que l'ouvrier diligent. De même que, dans le cas précédent, si cet ouvrier négligent, au lieu de subir une simple diminution de salaire, a reçu un emploi différent, le patron pourra soutenir, avec raison, qu'il y a eu un nouveau contrat de travail et que, par suite, le salaire effectif ne doit être compté qu'à partir du jour de l'affectation à ce nouvel emploi, le salaire du surplus de l'année étant celui des ouvriers de la même catégorie (al. 2 de l'art. 10).

d) *Preuve du montant du salaire.*

864. — Les livres de paie de l'exploitation servent en général à établir le salaire annuel. Il peut arriver que ces livres soient mal tenus. Si l'ouvrier est payé à la journée, il suffira de multiplier le salaire d'un jour par le nombre annuel des journées de travail; par suite les chômages habituels n'entrent pas en ligne compte; par exemple, si l'ouvrier ne travaillait pas les dimanches et jours de fête, on ne tiendrait compte que des jours ouvrables soit 300 jours environ [2]. A ce point de vue

---

[1] T. Chalons, 13 mars 1900, S. 1901. 2. 293. Il s'agissait dans l'espèce jugée par cette décision d'un blessé qui avait été successivement, au cours de la même année et dans la même usine, apprenti, manœuvre et ouvrier mineur.

[2] Rouen, 11 mai 1900, Nancy, 4 août 1900, S. 1901. 2. 251. Besançon, 11 avr. 1900, *Gaz. Pal.*, 1900. 1. 616, S. 1901. 2. 300.

les tribunaux jouissent d'un pouvoir d'appréciation absolu [1].

865. — Quand le contrat de louage d'ouvrage n'est pas contesté, les ouvriers peuvent établir le montant de leur salaire par tous les modes de preuve. Si l'existence du contrat de louage d'ouvrage est contestée, voir la question traitée aux n°s 162 et s.

III

Ouvriers occupés depuis moins de douze mois.

866. — « *Pour les ouvriers occupés pendant moins de douze mois avant l'accident, le salaire servant de base à la fixation des rentes doit s'entendre*, dit l'art. 10, al. 2, *de la rémunération effective qu'ils ont reçue depuis leur entrée dans l'entreprise, augmentée de la rémunération qu'ont reçue, pendant la période nécessaire pour compléter les douze mois, les ouvriers de la même catégorie* ».

Cette disposition s'applique, non seulement aux ouvriers employés depuis moins de douze mois dans une exploitation ancienne à travail continu, mais encore aux ouvriers et employés victimes d'un accident du travail dans une exploitation à travail continu qui se trouve encore dans la première année de son fonctionnement.

867. — Elles sont aussi applicables : 1° à l'ouvrier occupé depuis plus d'un an dans l'exploitation mais qui, dans le courant de l'année immédiatement antérieure à l'accident, l'avait quittée pour aller travailler ailleurs et y était ensuite revenu (V. n° 839); 2° à celui qui, dans le courant de la même année, avait occupé dans l'exploitation des emplois différents ne comportant pas le même traitement (V. n° 872). Enfin, une opinion que nous ne partageons pas (V. n° 852), en étend l'application aux ouvriers occupés depuis plus de douze mois, mais qui ont eu, pendant le cours de la dernière année, des interruptions accidentelles de travail.

868. — Dans l'hypothèse de ce deuxième alinéa, le salaire annuel de base comprend deux portions distinctes : 1° le salaire effectivement alloué à l'ouvrier depuis son entrée dans

---

[1] Cass. req., 3 déc. 1901, S. 1902. 1. 182, D. 1902. 1. 381.

l'entreprise; 2° celui afférent à la période nécessaire pour compléter l'année.

Pour la constitution de la première portion de ce salaire, on n'aura qu'à se conformer aux règles posées dans le paragraphe précédent.

869. — La deuxième portion, c'est-à-dire la seule qui sollicite des explications, comprend, dit notre texte, la rémunération qu'ont reçue pendant la période nécessaire pour compléter les douze mois, les ouvriers de la même catégorie.

La définition du mot *catégorie* a donné lieu en 1895 à une discussion assez vive entre deux honorables sénateurs, M. Félix Martin et le Rapporteur de la commission. M. Félix Martin a soutenu que cette expression manquait de précision et pouvait provoquer dans la pratique des divergences d'interprétation. Cette objection a été combattue par le rapporteur et aussi par M. Scheurer-Kestner. De cette discussion il semble résulter que l'on doit entendre par *ouvriers de la même catégorie*, ceux qui dans un établissement industriel ont à peu près le même emploi et touchent le même salaire que la victime[1]. Pour calculer la moyenne de la rémunération de ces ouvriers, on devra d'abord additionner les salaires qui leur ont été effectivement alloués pendant la période complémentaire, puis diviser ce total par le nombre desdits ouvriers. — Si la victime était seule de sa catégorie dans l'exploitation sinistrée, ou si l'exploitation se trouvait dans la première année de son fonctionnement, on prendrait des termes de comparaison dans les entreprises similaires de la localité ou des localités les plus rapprochées.

870. — Nous avons fait remarquer dans l'hypothèse précédente que le législateur avait, avec raison, substitué au mot « reçu » qui se trouvait dans le texte primitif celui de « *alloué* » dont la signification était plus conforme à sa pensée. C'est évidemment par suite d'un oubli que la même correction n'a pas été faite dans notre deuxième paragraphe. Il n'est pas possible d'admettre que le législateur n'ait voulu tenir compte que des salaires effectivement *reçus* et qu'il ait à

---

[1] Sénat, séance du 28 oct. 1895, *J. O.* du 29, p. 870.

dessein écarté ceux dont les ouvriers seraient restés légitimement créanciers de leur patron.

871. — Il est bien entendu que les tribunaux auront aussi, dans le calcul de cette évaluation, la faculté de tenir compte dans une juste mesure des chômages accidentels. Ici se posera encore la question de savoir si la grève est ou non un chômage accidentel ; et il faut reconnaître que les circonstances y seront plus favorables à la victime. Dans l'hypothèse précédente, on pouvait dire : En se mettant en grève, la victime a agi à ses risques et périls ; si son action a des conséquences fâcheuses pour elle, elle ne saurait s'en plaindre. Tout autre est la situation actuelle : la grève dont il s'agit a eu lieu avant l'entrée de l'ouvrier dans l'usine et en dehors de sa participation. Ne serait-ce pas consacrer une injustice que de lui imposer, à raison même de cette grève, une réduction de pension[1] ?

872. — Un exemple fera mieux saisir l'iniquité d'une telle solution. Un ouvrier est embauché par un patron immédiatement après une grève qui a duré trois mois ; il est blessé sept mois après son entrée dans l'usine et sa blessure le rend totalement infirme. Pour évaluer le salaire annuel qui servira de base à la fixation de sa pension, on additionnera la rémunération qui lui a été allouée pendant ces sept mois et la rémunération allouée aux ouvriers de la même catégorie pendant les cinq premiers mois. Seulement, comme dans ces cinq mois il y a eu trois mois de chômage par suite de la grève, la rémunération des ouvriers de la même catégorie ne porterait que sur deux mois ; de telle sorte que la rente de la victime serait calculée sur un salaire, non de douze mois, mais en réalité de neuf mois seulement. Ce n'est certes pas ce qu'a voulu le législateur, et puisque M. le Rap-

---

[1] La nouvelle rédaction proposée par la commission du Sénat dans son projet du mois de décembre 1903 mettra un terme à cette difficulté en donnant aux tribunaux un pouvoir d'appréciation beaucoup plus étendu et en leur permettant de calculer la rémunération moyenne des ouvriers de la même catégorie, abstraction faite des chômages, quelle qu'en ait été la cause. On y lit, en effet, que la rémunération effective reçue par les ouvriers depuis leur entrée dans l'entreprise sera « *augmentée de celle qu'ils auraient pu recevoir pendant la période de travail nécessaire pour compléter les douze mois, d'après la rémunération moyenne des ouvriers de la même catégorie pendant ladite période* ».

porteur de la commission du Sénat reconnaît aux tribunaux un pouvoir d'appréciation très étendu, je conviens que c'est le cas pour eux d'en faire usage, mais avec une extrême modération.

873. — Peut-être y aurait-il un moyen de tourner la difficulté en appliquant le troisième paragraphe de notre article. Mais nous avons indiqué les motifs pour lesquels il nous semblait que ce troisième paragraphe était réservé aux industries à marche intermittente et que les dispositions n'en étaient pas susceptibles de s'étendre à des chômages accidentels survenus dans des exploitations fonctionnant normalement toute l'année.

IV

Exploitations à travail intermittent.

874. — « *Si le travail n'est pas continu,* dit l'al. 3 de l'art. 10, *le salaire annuel est calculé tant d'après la rémunération reçue pendant la période d'activité, que d'après le gain de l'ouvrier pendant le reste de l'année* ».

a) *Quand le travail est-il discontinu ?*

875. — Dans les industries, où le travail n'est pas continu, sont compris :

1° Les établissements qui chôment régulièrement une partie de l'année (c'est ce qu'on appelle les industries à mortes saisons). Ainsi les peintres en bâtiment ne travaillent guère d'une façon normale que pendant huit mois de l'année. Les maçons sont à peu près dans le même cas, ils chôment une grande partie de l'hiver[1]. Dans les fabriques de sucre de betterave, la période d'activité, « la campagne » comme on dit, commence en octobre pour finir en janvier ou février, etc.

2° Les établissements qui, fonctionnant régulièrement toute l'année, ont des jours de chômage plus fréquents que les industries ordinaires, de telle sorte que les ouvriers, qui y sont employés, peuvent simultanément exercer une autre profession; par exemple les houillères des Bouches-du-Rhône ne

[1] Nancy, 20 déc. 1900, S. 1901. 1. 270.

travaillent que trois jours par semaine pendant l'été et quatre jours pendant l'hiver.

3° Les exploitations qui fonctionnent tous les jours, mais seulement une partie de la journée, par exemple, trois ou quatre heures, laissant ainsi à leurs ouvriers la facilité d'occuper fructueusement le restant de leurs journées en dehors de l'usine [1]. Il faudrait se garder d'assimiler à la situation des employés de ces exploitations celles d'un ouvrier qui, occupé dans une industrie à travail normal et continu, emploierait ses moments de loisir à des travaux lucratifs en dehors de l'exploitation (V. n° 845).

876. — Il y aurait lieu d'appliquer les dispositions du présent alinéa au cas où, par suite d'une convention librement consentie entre un patron et un ouvrier, celui-ci obtient l'autorisation de chômer périodiquement pour se livrer à d'autres travaux, bien que l'exploitation du chef d'entreprise fonctionne régulièrement toute l'année. Il s'agit en effet de chômages périodiques spécialement stipulés dans le contrat de louage d'ouvrage et par suite de tous points identiques à ceux nécessités par les intermittences du fonctionnement de l'exploitation. Le patron prévenu d'avance des chômages peut se renseigner sur le gain que réalise l'ouvrier hors de son établissement. Telle serait notamment la situation d'un ouvrier qui conviendrait avec son patron d'une interruption annuelle d'une durée déterminée pour lui permettre de se livrer à certains travaux agricoles [2]. L'application de l'al. 2 répond moins à la pensée du législateur; car les ouvriers de la même catégorie peuvent, eux aussi, avoir été astreints à un chômage périodique ou gagner un salaire tout différent de la rémunération effectivement reçue par le blessé pendant la durée de son chômage périodique [3].

877. — Dans quelle catégorie convient-il de classer les entreprises temporaires dont la durée ne doit pas atteindre un an, par exemple, une entreprise de démolition d'un quar-

---

[1] C. Besançon, 23 janv. 1901, *Gaz. Pal.*, 1901. 1. 607.

[2] Riom, 4 avr. 1900, D. 1901. 2. 178.

[3] Cependant quelques décisions paraissent avoir adopté l'application du deuxième alinéa de l'art. 10. T. Laval, 2 févr. 1900, *Gaz. des Trib.*, 1900. 1. 245. Orléans, 14 févr. 1900, *Gaz. Pal.*, 1900. 1. 506.

tier d'une ville? La question est controversable. On pourrait l'assimiler aux entreprises à travail continu qui sont dans la première année de leur existence et que nous avons considérées comme régies par l'al. 2 (V. n° 866). Il nous semble cependant préférable de les faire figurer au nombre des exploitations à travail discontinu; car, comme celles-ci, elles n'ont aucun de leurs ouvriers qui puisse recevoir d'elles un salaire annuel intégral.

b) Calcul du salaire.

878. — Les dispositions de ce troisième alinéa de l'art. 10 comportent aussi deux portions distinctes de salaire annuel. La première comprend la rémunération effectivement allouée pendant la période d'activité des douze derniers mois et par suite calculée comme il est dit ci-dessus pour l'application du premier alinéa.

La deuxième portion du salaire, celle qui exige les règles spéciales à l'al. 3, est afférente à la durée des chômages périodiques des douze derniers mois. Notre texte dit expressément qu'elle consiste dans *le gain de l'ouvrier pendant le reste de l'année.*

879. — Les expressions *pendant le reste de l'année* sont synonymes ici de « durée des chômages périodiques pendant l'année qui a précédé l'accident ». Elles seraient impropres dans le cas où la victime serait entrée dans l'entreprise à travail discontinu moins d'un an avant l'accident; il y aurait alors trois comptes à faire : 1° celui de la rémunération effective touchée par elle; 2° celui du salaire d'un ouvrier de la même catégorie pendant la période d'activité qui aurait précédé l'embauchage (al. 2 de l'art. 10); 3° celui du gain réalisé par la victime pendant la durée de la morte-saison. Le total de ces trois sommes constituerait le salaire annuel de base[1].

880. — Que faut-il entendre par gain réalisé? C'est évidemment le produit du travail de l'ouvrier. Aucune difficulté

---

[1] Dans ce sens, T. Vesoul, 14 nov. 1899, *Gaz. Pal.*, 10 févr. 1900, *J. La Loi*, 8 févr. 1900.

ne saurait s'élever si celui-ci a travaillé pour autrui; la rémunération, qu'il aura gagnée, sera aisément déterminée. Mais entendra-t-on aussi par gain réalisé le bénéfice qu'il aura fait en travaillant pour son compte? Par exemple, un ouvrier propriétaire d'un champ a consacré ses loisirs à cultiver son bien; ce travail lui a procuré un profit. Devra-t-on lui en tenir compte dans l'évaluation du gain réalisé par lui en dehors de son usine? Sans aucun doute. le mot *gain* dont le législateur s'est servi a un sens plus compréhensif que celui de salaire ou de rémunération; il implique, non seulement le prix d'un contrat de louage d'ouvrage, mais encore tout ce qu'un homme peut gagner par un moyen légitime[1]. Les paroles de M. le Rapporteur de la commission du Sénat ne laissent subsister aucun doute sur ce point (séance du 18 mars 1898). L'honorable sénateur cite l'exemple d'un maçon qui quitte le département de la Creuse, vient à Paris, y travaille pendant six mois et retourne ensuite dans son pays. Son salaire annuel sera calculé, aux termes du § 3, tant d'après la rémunération qu'il a touchée pendant son séjour à Paris, que d'après le gain par lui réalisé pendant le reste de l'année. « Nous mettons le mot « gain », ajoute le rapporteur, parce qu'il ne s'agira plus de salaire pendant le reste de l'année, l'ouvrier ne travaillant plus comme maçon; mais chez lui dans le département de la Creuse, il va cultiver son champ, il va se louer comme manœuvre, il va en un mot faire une série de travaux qui lui constitueront des gains particuliers d'un ordre spécial en dehors de sa profession. C'est la moyenne de ces gains que le tribunal ajoutera au salaire gagné pendant les six mois passés à Paris, pour compléter le salaire annuel ».

881. — C'est à la victime qu'il appartient d'établir soit l'existence, soit l'importance de ce gain. Cette preuve sera faite conformément au droit commun. La preuve testimoniale ou par présomption sera admissible même si le montant du gain doit dépasser 150 francs; car il s'agit ici de faits purs et simples n'impliquant, par eux-mêmes, ni obligation, ni libé-

---

[1] Dans ce sens, Riom, 4 avr. 1900, D. 1900. 2. 178.

ration dans les rapports de la victime et du patron[1]. Mais, pourra-t-on objecter, si le gain, dont la victime entend faire la preuve, est le prix d'un contrat de louage d'ouvrage contracté par elle dans une autre usine, ne devra-t-elle pas établir par écrit les clauses de ce contrat, en admettant qu'il s'agisse d'une valeur supérieure à 150 francs? Non, car l'obligation de recourir à la preuve littérale n'est imposée qu'aux parties contractantes et dans leurs rapports entre elles. Si l'ouvrier, qui plaide contre son patron non commerçant sur un contrat de travail, est tenu de faire la démonstration écrite de l'existence de ce contrat dans le cas où l'intérêt en jeu dépasse 150 francs, il n'en est plus de même s'il se sert de ce contrat contre une tierce personne. Pareillement, celle-ci peut, dans le cas où un texte écrit lui est opposé, prouver par témoins l'existence de faits juridiques modifiant ou complétant les déclarations contenues dans l'acte instrumentaire[2].

882. — Il peut arriver que, dans notre hypothèse, la victime ait eu, dans l'année qui a précédé l'accident, des interruptions de travail ayant une cause accidentelle. Devra-t-on en tenir compte? Une distinction mérite d'être faite entre les établissements qui chôment à certaines saisons et ceux qui, tout en fonctionnant régulièrement l'année entière, ont des jours de chômage plus fréquents que les autres.

S'agit-il des premiers? La maladie de l'ouvrier ou l'interruption accidentelle de son travail a pu se produire pendant la période d'activité de l'usine ou pendant la morte-saison. Si elle est survenue pendant la période d'activité, les tribunaux ont, comme dans les hypothèses précédentes, un pouvoir d'appréciation dont ils doivent user avec modération. La question est plus délicate dans le cas où l'ouvrier tombe malade pendant la morte-saison; car il devient beaucoup plus difficile d'apprécier si sa maladie ou l'événement qu'il invoque l'a empêché de réaliser un bénéfice et de déterminer la mesure dans laquelle il a été lésé. Ce sera, en tout cas, à la

---

[1] Art. 1341 du Code civil; C. 18 mars 1888, S. 88. 1. 424; dans ce sens, Aubry et Rau, Larombière, Laurent, etc.

[2] Req., 23 mai 1887, S. 89. 1. 407; dans ce sens, Demolombe, Laurent, Larombière, Baudry-Lacantinerie.

victime qu'il appartiendra d'en faire la preuve; et les tribunaux ne devront l'accueillir que lorsqu'elle sera faite entièrement.

883. — En ce qui concerne les ouvriers employés dans une exploitation soumise à plusieurs jours de chômage hebdomadaire, la maladie et les interruptions accidentelles de travail porteront à la fois sur les jours d'activité et sur ceux de chômage de l'usine. Supposons, par exemple, une usine ouverte quatre jours par semaine, les mardi, mercredi, jeudi et vendredi. Un ouvrier est atteint d'une maladie qui l'oblige à un repos absolu de quatre semaines, ou bien il est astreint à une période d'instruction militaire de même durée. Il est certain qu'il sera privé de seize jours de salaire ; sur ce point, les tribunaux auront la faculté d'en tenir compte. Mais si cet ouvrier avait un emploi en dehors de l'usine, il a pu aussi, pour les douze jours restants, éprouver un préjudice. Comme dans le cas précédent, il devra en faire la preuve, et les tribunaux apprécieront si elle est suffisante.

APPENDICE.

884. — Les dispositions de l'al. 3 ont été vivement critiquées au point de vue des règles de l'assurance. On a fait remarquer, non sans raison, qu'en adoptant, comme fondement d'une partie du salaire de base, le gain réalisé par l'ouvrier en dehors de l'usine, on mettait le patron dans l'impossibilité de reconnaître exactement d'avance le salaire de ses ouvriers et par suite de traiter d'une façon ferme avec un assureur. Sans méconnaître la justesse de cette critique, nous ne pouvons cependant nous empêcher de défendre notre texte à raison des considérations d'équité qui ont guidé le législateur. Il eût été en effet injuste d'accorder, en cas d'accident, à l'ouvrier, qui reste oisif pendant les périodes de morte-saison, une indemnité aussi élevée qu'à celui dont l'ardeur au travail ne s'est pas démentie un seul instant. Sans doute le chiffre de la rente due aux ouvriers laborieux atteindra parfois un taux qu'il n'était pas possible de prévoir; mais les pertes qui peuvent en résulter trouveront généralement leur compensation dans la modicité des pensions allouées aux oisifs. Les législations étrangères dont nous avons analysé plus haut les textes n'ont pas cru devoir faire fléchir la rigueur des principes de l'assurance.

V

Du salaire annuel des ouvriers mineurs de seize ans et des apprentis.

885. — L'art. 8 dispose que, pour les ouvriers âgés de moins de seize ans et les apprentis, le salaire annuel de base « *ne sera pas inférieur au salaire le plus bas des ouvriers valides de la même catégorie occupés dans l'entreprise* ».

L'apprenti ne touche aucun salaire. L'ouvrier mineur de seize ans ne reçoit qu'une rémunération généralement minime. Et cependant, s'ils sont blessés dans leur travail, leur situation est au moins aussi digne d'intérêt que celle des ouvriers plus âgés. Leur droit à l'indemnité est le même. Au surplus si la valeur de leur travail ne se chiffre pas par une somme d'argent, elle n'en existe pas moins; elle est représentée, a dit fort justement M. le ministre du Commerce (séance du 5 mars 1898), par leur propre éducation professionnelle et aussi par les outils qu'ils usent et les matières premières qu'ils gâchent. Mais comment faire le calcul de ces valeurs. Le législateur a assimilé cette classe de travailleurs aux ouvriers les moins rémunérés.

886. — Par ouvrier *valide* de la même catégorie il faut entendre les ouvriers majeurs de vingt et un ans, c'est-à-dire ceux qui ont atteint la plénitude de leurs aptitudes professionnelles. Sur ce point les travaux préparatoires ne laissent subsister aucun doute [1]. La question est cependant controversée ; une opinion soutient que les ouvriers valides de la même catégorie sont les ouvriers âgés de plus de seize ans [2].

887. — Le mot « catégorie » a donné lieu au Sénat en 1895 à une discussion qui n'a pas contribué beaucoup à en préciser le sens et la portée. La définition qui en a été donnée plus haut, n° 869, est inapplicable ici. Il semble naturel d'admettre que la *catégorie* d'ouvriers visée par notre texte est celle à laquelle l'ouvrier mineur de seize ans ou l'apprenti victime

---

[1] Rapport Duché, *J. O.*, 1887, doc. parl., n° 2150. T. Rochechouart, 18 mai 1900, et C. Limoges, 16 juill. 1900, *Rec. min. Comm.*, n° 3, p. 314 et 651. C. Rennes, 26 déc. 1900, S. 1901. 2. 237, D. 1901. 2. 60.

[2] C. Dijon, 23 juill. 1900, *Rec. min. Comm.*, n° 3, p. 65. Loubat, n° 206.

d'un accident se destine ou se prépare[1]. A défaut d'ouvrier
de cette catégorie actuellement employé dans l'entreprise,
on prendrait pour base de salaire des ouvriers valides de même
catégorie récemment employés dans l'entreprise ou subsidiai-
rement dans des entreprises analogues de la localité ou de
localités similaires[2].

888. — Par les expressions « *ne sera pas inférieur* » le
législateur a assigné aux juges un minimum au-dessous duquel
il ne leur est pas permis de descendre ; mais ils ont la faculté
d'élever, suivant les circonstances, le salaire du mineur ou de
l'apprenti au-dessus du salaire le plus bas des ouvriers de
la même catégorie[3].

889. — Il arrivera fréquemment en matière d'accident
suivi d'incapacité permanente que l'indemnité payée au jeune
blessé sera supérieure au salaire effectif qu'il touchait en
pleine santé. Ce résultat n'a rien qui doive étonner, puisque
l'indemnité est destinée à tenir lieu, non seulement du salaire
antérieur à l'accident, mais aussi et surtout de celui que la
victime aurait gagné dans la suite. Il a d'ailleurs été prévu
dans les travaux préparatoires[4]. Et sur l'objection présentée
par M. Félix Martin, le législateur a disposé que pour les indemnités temporaires seulement la victime ne pourrait pas
toucher une somme inférieure au montant de son salaire ; mais
en matière d'incapacité permanente aucune restriction n'a été
apportée.

DEUXIÈME SECTION.

Du salaire de base des indemnités temporaires.

890. — La partie de l'art. 3 afférente à l'objet de notre
section est ainsi conçue : « *Dans les cas prévus à l'art. 1er l'ouvrier ou l'employé a droit... pour l'incapacité temporaire à
une indemnité journalière égale à la moitié du salaire touché
au moment de l'accident...* ».

---

[1] Comité consult., avis du 7 févr. 1900, *J. O.*, 16 févr. p. 1008. C. Paris, 15 déc.
1900, *Gaz. Trib.*, 26 janv. 1901.
[2] Comité consult., avis du 7 févr. 1900 *loc. cit.*
[3] T. Rochechouart, 18 mai 1900, *Rec. min. Comm.*, n° 3, p. 314.
[4] Sénat, séance du 28 oct. 1895, *J. O.*, du 29, p. 871.

PRÉLIMINAIRES.

891. — Le législateur français s'est écarté des systèmes autrichien et allemand pour la détermination du salaire de base en matière d'incapacité temporaire de travail. Au lieu de se fonder sur le salaire annuel, tel qu'il est calculé en matière d'incapacité permanente, il a cru devoir prendre comme unité le salaire quotidien touché au moment de l'accident[1]. En cela il a adopté le système en usage dans les compagnies et sociétés d'assurances. Je ne sais s'il a été bien inspiré. Son désir de simplifier les calculs l'a peut-être conduit à des difficultés nouvelles.

Le projet le plus rationnel est celui que le Sénat avait voté une première fois le 20 mai 1890 et dont l'art. 3 était ainsi conçu : « Le salaire quotidien moyen s'entendra de la rémunération accordée par le chef d'entreprise à l'ouvrier, soit en argent, soit en nature pendant les douze mois écoulés avant l'accident, ladite rémunération divisée par 365 ». C'était clair et précis. Pourquoi y avoir renoncé? C'est ce qu'il est difficile d'expliquer. « Nous avons pensé, a dit M. Poirrier au Sénat (séance du 28 oct. 1895) qu'il était désirable que ce salaire quotidien se rapprochât d'aussi près que possible du salaire effectif que l'ouvrier gagnait au moment de l'accident. C'est pour cela que dans sa première rédaction la commission avait dit : « Le salaire quotidien qui doit servir à déterminer l'indemnité en cas d'incapacité temporaire correspondra au salaire que l'ouvrier recevait au moment de l'accident ». Mais cette disposition a paru un peu vague. Quel était ce salaire que l'ouvrier gagnait au moment de l'accident? Celui du jour de l'accident, de la veille, de l'avant-veille ou d'un autre jour encore? Pour préciser, dans une seconde rédaction nous avions dit : ce sera le septième du salaire gagné dans la semaine qui a immédiatement précédé l'accident. Certains de nos collègues ont alors fait observer que la base sur laquelle on allait opérer pour dégager le salaire quotidien était trop étroite, qu'elle comprenait un bien trop petit nombre de jours, qu'il pouvait arriver que, pendant la semaine qui a immédiatement précédé l'accident, l'ouvrier ait chômé. C'est alors que l'on est arrivé à proposer, et c'était l'objet de l'amendement Cordelet, de prendre le salaire effectif reçu par l'ouvrier pendant les trente derniers jours qui ont précédé l'accident et de le diviser par 30 ». Bien que ce mode de procéder parût très équitable à l'honorable rapporteur, le Sénat en adopta un autre en deuxième lecture et prit comme base d'évaluation le gain total des quinze der-

[1] Cass. req., 3 déc. 1901, D. 1902. 1. 381.

niers jours, lequel gain devait être divisé par quinze. En 1897, la Chambre des députés reprit le premier texte de la commission du Sénat de 1895, qui n'était autre d'ailleurs que celui voté en 1893 par la Chambre elle-même sur le rapport de l'honorable M. Ricard. C'est ce dernier texte qui est devenu définitif. En matière d'indemnité temporaire, le salaire de base n'est autre que le salaire touché par la victime.

Les hésitations du législateur sur la rédaction de notre texte témoignent de la complexité de la question. Ici encore, au fur et à mesure qu'on a essayé de réglementer, on a vu surgir des difficultés nouvelles; et, dans l'impossibilité où l'on s'est trouvé de les résoudre, on a préféré s'en rapporter à l'appréciation des tribunaux. La tâche n'en est que plus lourde pour les magistrats. Dans notre matière, c'est aux juges de paix qu'elle incombe.

---

892. — La présente section comporte une division en trois parties : l'une relative à l'étude des valeurs qui doivent entrer en ligne de compte dans la détermination du salaire journalier ; — la seconde concernant le mode du calcul de ce salaire ; — et enfin la troisième afférente au salaire des mineurs de seize ans et des apprentis.

a) *De la consistance du salaire de base.*

893. — Le salaire journalier, qui sert de base aux indemnités temporaires, doit comprendre, comme le salaire annuel, les rémunérations en nature, aussi bien que les rémunérations en argent. Il doit cependant être limité aux valeurs dont le paiement est périodique et ne point s'étendre aux gratifications exceptionnelles, alors même qu'elles seraient le prix d'un travail réellement effectué. Cette exception concernant les gratifications exceptionnelles nous paraît résulter du soin que le législateur a pris de ne parler en cette matière que du salaire touché par la victime au moment de l'accident. Les expressions dont il s'est servi témoignent de son intention de simplifier le plus possible la détermination de ce salaire.

Cependant certaines formes de rémunération ne comportent la réduction à l'unité de jour qu'à l'aide de calculs plus ou moins compliqués ; tels sont les salaires à la tâche, le prix de la participation aux bénéfices, les gains résultant de l'association de marchandage, et aussi les salaires à l'heure, etc. Il est certain que ces rémunérations doivent être comprises dans l'évaluation du salaire journalier.

b) *Calcul du salaire de base.*

894. — Si le salaire est payé à la journée, le calcul sera en général d'une extrême simplicité : On prendra la journée de travail qui a précédé l'accident et le salaire touché à raison de cette journée constituera le salaire de base. En d'autres termes, la moitié de ce salaire représentera le montant de l'indemnité journalière de la victime.

Mais il peut arriver que la somme touchée ce jour-là soit, par suite de circonstances diverses, plus forte ou plus faible que le montant habituel de la rémunération journalière. Les parties et, en cas de désaccord, le juge seront-ils liés par le chiffre de ce salaire? Je ne le pense pas. La loi en effet ne dit pas expressément que l'on devra prendre, comme unité de base, le salaire du dernier ou de l'avant-dernier jour; elle parle du salaire touché par la victime au moment de l'accident. Il s'agit évidemment d'une moyenne; le juge aura un certain pouvoir d'appréciation.

895. — Lorsque le salaire sera payable à des dates périodiques, il suffira de diviser la somme touchée par le nombre de journées de travail. On obtiendra ainsi une moyenne qui sera l'unité de base [1]. Mais ici plusieurs difficultés surgissent.

896. — Devra-t-on diviser le salaire total par le nombre des journées de travail effectif ou par le nombre des journées écoulées depuis le dernier règlement de compte? Dans le premier cas, on obtiendrait le gain moyen d'une journée de travail; dans le deuxième, le gain moyen d'une journée en général, y compris les repos et chômages. La question a été vivement discutée en 1895 au Sénat à propos d'un précédent texte, dans lequel il était question du salaire quotidien moyen. Mais avec notre texte actuel, il semble qu'elle est tranchée en faveur de

[1] Dans ce sens, Dijon, 3 juill. 1900, D. 1901. 2. 250.

la première solution ; le législateur, en indiquant comme unité
le salaire touché au moment de l'accident, a entendu parler
du salaire d'une journée de travail et non du salaire moyen
d'une journée quelconque. C'est donc par le nombre de journées de travail seulement qu'il faut diviser le chiffre total du
salaire payé à l'ouvrier pour une période de plusieurs jours.
Au surplus, c'est la solution que nous avons déjà admise plus
haut en traitant du salaire payé à la journée.

897. — Le nombre des journées de travail sera facile à
connaître lorsque l'ouvrier aura été employé dans l'intérieur
d'une usine ou d'un chantier sous l'œil d'un patron ou d'un
contremaître. Mais il arrive souvent qu'un ouvrier est payé à
la tâche. On devra, dans ce cas, diviser le total du salaire,
qui lui est alloué pour une période déterminée, par le nombre de jours de cette période diminué des jours habituels de
repos, c'est-à-dire en général des dimanches et jours fériés.
La période, qui devra servir à établir cette évaluation, sera
en principe celle qui a précédé immédiatement l'accident[1].
Mais, encore une fois, ce n'est là qu'une indication ; il ne sera
pas interdit au juge de rechercher si cette période représente à peu près une moyenne et, dans le cas où la rémunération y afférente serait, par suite de circonstances spéciales,
sensiblement plus forte ou plus faible, d'élever ou d'abaisser dans une juste mesure le salaire de base.

898. — Une autre difficulté devra être résolue lorsque la
victime sera occupée dans une industrie où le travail n'est
pas continu. S'il s'agit d'un établissement sujet à de mortes-
saisons, le calcul s'opérera comme il est dit ci-dessus ; l'accident étant arrivé pendant la période d'activité, l'unité de salaire
sera la rémunération touchée par l'ouvrier pendant une journée de travail. Mais s'il s'agit d'une usine chômant plusieurs
jours par semaine, devra-t-on prendre pour base de l'indemnité le salaire d'une journée de travail? Ne devra-t-on pas
faire la distinction proposée par le législateur, en matière d'incapacité permanente, entre les ouvriers qui réalisent un gain,
en dehors de l'usine pendant les jours de chômage et ceux qui

[1] C. Dijon, 15 juin 1900, S. 1901. 2. 293.

restent dans l'oisiveté. L'équité, à coup sûr, commanderait de
ne pas placer sur le même pied ces deux catégories d'ouvriers;
mais, dans le silence de la loi, il paraît difficile de faire une
différence. Cependant les termes si vagues de notre texte donnent à penser que le législateur a voulu laisser au juge une
grande latitude. Cette latitude irait-elle jusqu'à substituer au
salaire d'une journée de travail dans l'usine le gain moyen
de l'ouvrier entre une journée à l'usine et une journée au
dehors? Nous craignons qu'en adoptant l'opinion affirmative
nous ne prenions notre désir pour la réalité.

899. — Dans certains cas, le salaire à la journée est complété par une rémunération variable payée périodiquement;
c'est ce qui se produit notamment dans la participation aux
bénéfices. Nous avons dit que le produit de cette participation
devait venir s'ajouter au salaire fixe; mais, bien entendu, cette
augmentation ne doit se produire que dans de justes proportions; si par exemple le bénéfice de la participation se rapporte
à une période de six mois, on devra en diviser le total par le
nombre de journées de travail accomplies pendant cette période, c'est-à-dire approximativement 140 ou 150.

900. — Enfin, il peut arriver que la victime soit peu as-
sidue au travail, qu'elle ne se rende à l'usine que d'une façon
très irrégulière. Va-t-on calculer son indemnité sur le salaire
d'une de ses rares journées de travail, de telle sorte qu'elle
arriverait à toucher une somme aussi élevée que l'ouvrier le
plus laborieux et le plus exact? Ici encore la loi ne fait aucune
distinction; mais la concision de son texte n'autorise-t-elle
pas le juge à se fonder sur l'équité?

901. — Nous avons jusqu'ici supposé que, le salaire étant
payé à des intervalles de temps comprenant plusieurs journées,
l'unité s'obtenait à l'aide d'une division. L'inverse peut se produire. Certains salaires sont payables à l'heure. Pour évaluer
l'unité de salaire, on devra multiplier la rémunération d'une
heure par le nombre d'heures de travail journalier. Ce sera là
une difficulté nouvelle. Les parties ou, en cas de désaccord, le
juge devra rechercher quelle était le nombre moyen des heures
de travail de la victime pour chaque jour non férié[1]. Cette

---

[1] Dans ce sens, T. paix Paris, 28 mars 1900, *Gaz. Pal.*, 1900. 1. 586.

moyenne variera suivant les industries et aussi suivant les ouvriers.

c) *Mineurs de seize ans et apprentis.*

902. — Pour les mineurs de seize ans et apprentis, le salaire de base est calculé comme il est dit à l'art. 8 dont nous avons donné le commentaire sous les nᵒˢ 885 et s. Les dispositions de ce texte sont générales et s'appliquent aussi bien aux indemnités temporaires qu'aux rentes et pensions [1].

903. — L'art. 8 est complété ainsi qu'il suit par un paragraphe qui vise spécialement les indemnités temporaires. « *Toutefois*, y est-il dit, *dans le cas d'incapacité temporaire, l'indemnité de l'ouvrier âgé de moins de seize ans ne pourra pas dépasser le montant de son salaire* ». M. Félix Martin avait fait remarquer, en 1895, qu'il pouvait arriver que des jeunes gens blessés dans leur travail touchassent, par application du premier paragraphe, une indemnité cinq ou six fois supérieure à leur salaire. Le législateur a pensé qu'en matière d'indemnité temporaire, c'est-à-dire de blessures sans gravité, il n'y avait pas d'inconvénient à fixer comme maximum le salaire même du jeune ouvrier. Seulement cette limitation ne peut s'étendre aux apprentis dont le salaire est nul ou tout au moins excessivement réduit [2]. Il en résultera cette étrange conséquence, qu'un jeune ouvrier et un apprenti, ayant été, dans un même accident, atteints d'une blessure identique, recevront des indemnités inégales, en ce sens que celle de l'apprenti sera trois ou quatre fois supérieure à celle du jeune ouvrier. Le législateur n'a pas pu tout prévoir.

---

[1] Com. cons., 7 févr. 1900, *J. O.*, 16 févr. 1900, p. 1008.
[2] Com. cons., 7 févr. 1900, *J. O.*, 7 févr. 1900. C. Rennes, 4 nov. 1901, *Gaz. Pal.*, 1901. 2. 380, S. 1903. 2. 94.

CHAPITRE XII

DES ACCIDENTS AGRICOLES.

904. — La question de savoir dans quelle mesure la loi sur les accidents serait applicable à l'agriculture a donné lieu à de vives controverses. Les travaux agricoles présentent deux sortes de dangers : d'une part *les dangers anciens*, c'est-à-dire ceux inhérents à la culture telle qu'elle est comprise depuis les temps les plus reculés, et ce ne sont pas les moindres. Que de chutes mortelles au moment de l'ébranchage des arbres élevés ou de la cueillette de certains fruits! Que de victimes aussi chez ceux qui sont en contact journalier avec les chevaux, les taureaux et autres animaux domestiques! Que de blessures souvent graves chez les faucheurs, les bûcherons et tous ceux qui ont à manier des haches, faux et autres outils tranchants! — D'autre part, les dangers *nouveaux*, dont la cause réside dans l'usage de machines à vapeur et autres moteurs et aussi dans la mise en œuvre d'explosifs. Les accidents survenus dans les travaux d'agriculture, avait dit M. Ricard, rapporteur de la commission de 1892, sont très fréquents; ils sont dus à des causes diverses : les machines employées ont rarement leurs organes dangereux protégés; elles sont peu ou mal surveillées; elles sont servies par des gens inexpérimentés et qui s'offrent au danger avec une inconscience étonnante. Aussi n'est-on pas surpris, en consultant les statistiques, notamment celle qui vient d'être publiée en Autriche, de voir que, dans une période donnée, la proportion des accidents agricoles signalés est notablement plus forte que celle des accidents industriels.

L'accord s'est tout d'abord établi pour éliminer les accidents de la première catégorie qui, bien que faisant de nombreuses victimes, ne peuvent dès aujourd'hui trouver place dans une loi destinée à atténuer les inconvénients du machinisme. Après de longs débats, on finit par assimiler les exploitations agricoles aux autres exploitations en général qui sont assujetties sous condition au risque professionnel. Mais la promulgation de la loi de 1898 souleva les protestations du monde agricole. Le législateur s'émut et vota le 30 juin 1899 une loi spéciale à l'agriculture.

L'article unique de cette loi est ainsi conçu : « *Les accidents occasionnés par l'emploi de machines agricoles mues par des moteurs inanimés et dont sont victimes, par le fait ou à l'occasion du travail, les personnes, quelles qu'elles soient, occupées à la conduite ou au service de ces moteurs ou machines, sont à la charge de l'exploitant dudit moteur.*

Est considéré comme exploitant l'individu ou la collectivité qui dirige le moteur ou le fait diriger par ses préposés.

Si la victime n'est pas salariée ou n'a pas un salaire fixe, l'indemnité due est calculée, selon les tarifs de la loi du 9 avril 1898, d'après le salaire moyen des ouvriers agricoles de la commune.

En dehors du cas ci-dessus déterminé, la loi du 9 avril 1898 n'est pas applicable à l'agriculture ».

Nous diviserons ce chapitre en deux sections : 1° des exploitations agricoles ; 2° réparation des accidents agricoles.

PREMIÈRE SECTION.

Des exploitations agricoles soumises au risque professionnel.

905. — Après avoir assujetti au risque professionnel les accidents occasionnés par l'emploi de machines agricoles mues par des moteurs inanimés, notre article dispose dans son alinéa final qu'en dehors de ce cas, la loi du 9 avril 1898 n'est pas applicable à l'agriculture. Cette double disposition nous conduit à examiner deux questions : 1° Que doit-on entendre par *agriculture*, c'est-à-dire par *travaux agricoles ?* 2° Les exploitations agricoles, qui mettent en œuvre des matières explosives, échappent-elles à l'application du risque professionnel ?

1

Travaux agricoles.

906. — AGRICULTURE EN GÉNÉRAL. — L'agriculture est la source productrice de la matière organique et vivante. A ce titre, elle est la première des industries.

Comme toutes les industries elle comporte une série d'opérations. C'est tout d'abord par la culture proprement dite du sol qu'elle transforme la matière inorganique en matière organique ; et c'est par l'élevage et la reproduction des bestiaux, des poissons, etc., qu'elle produit la matière vivante. Cette transformation une fois opérée, elle en recueille les produits qui sont les uns organiques, tels que les céréales, le foin, les fruits, les coupes d'arbres, les œufs, le lait, etc., les autres vivants, comme le jeune bétail, les porcs, les volailles, les poissons des viviers, les huîtres des parcs d'ostréiculture, etc. Enfin, elle fait subir à certains de ces produits les préparations ou transformations nécessaires pour en tirer parti ; telle est la séparation du grain et de la paille dans les céréales, la fabrication du vin avec le raisin, etc., etc. De là trois sortes de travaux qui, ressortissant à l'agriculture, sont compris sous la dénomination de travaux agricoles.

907. — Les travaux de culture proprement dits sont exécutés généralement à l'aide d'instruments encore à l'état rudimentaire et actionnés par la force humaine ou animale. Tout au plus commence-t-on seulement à faire quelques essais de charrues mues par l'électricité, la vapeur ou le pétrole. Notre loi n'a donc pour le moment que de très rares sujets d'application en ce qui concerne cette première série de travaux.

908. — La récolte des produits périodiques du sol est un peu plus avancée au point de vue mécanique : l'adaptation de la vapeur, du pétrole ou de l'électricité aux travaux des moissons, du fauchage des foins, des transports, est en voie de s'accomplir et élargira peu à peu le champ d'application du risque professionnel dans ce domaine.

909. — Enfin nous arrivons à la transformation des produits en vue de les rendre aptes à la vente. C'est surtout pour cette troisième catégorie de travaux et spécialement pour les batteuses à blé que notre loi a été faite. Ici l'agriculture se rapproche de plus en plus des autres industries; et la difficulté de notre sujet est précisément de tracer avec précision la ligne de démarcation qui les sépare. La distinction entre les travaux agricoles et les travaux industriels a une importance capitale, à raison de ce que la loi de 1899 sur l'agriculture est d'une application beaucoup plus restrictive que celle de la loi de 1898 sur l'industrie. Ainsi tel travail sera protégé par la législation sur le risque professionnel si on lui reconnaît un caractère industriel et ne le sera pas si on le considère comme agricole (V. n°s 915, 916, 923).

910. — DISTINCTION ENTRE LE TRAVAIL AGRICOLE ET LE TRAVAIL INDUSTRIEL. — La distinction entre le travail agricole et le travail industriel peut se résumer dans cette double proposition : Toute opération qui a pour but de faire subir aux produits agricoles la première transformation nécessaire pour leur donner une valeur marchande a un caractère exclusivement agricole, sans qu'il y ait lieu de distinguer si elle est effectuée pour le compte de l'agriculteur lui-même ou pour le compte d'une entreprise indépendante de l'exploitation agricole; tels sont le battage du blé, la dessication ou étuvage des prunes, le cuvage et le pressage du vin, la fabrication du beurre, du fromage, les exploitations forestières, etc. A l'inverse, les transformations ultérieures des récoltes ou fruits de la terre, ont, en principe, un caractère industriel, alors même qu'elles sont entreprises par l'agriculteur propriétaire du sol; elles ne conservent leur caractère agricole que si elles sont exécutées par le propriétaire agriculteur dans les limites des besoins de sa consommation personnelle[1].

911. — On commettrait, à notre avis, une grave confusion en essayant d'appliquer ici la distinction faite par la doctrine et la jurisprudence entre les actes civils et les actes de commerce. La législation de 1898 sur le risque proportionnel vise tout particulièrement l'industrie. Or, les actes indus-

---

[1]. V. cependant, n° 916.

triels ne sont pas nécessairement des actes de commerce.
On peut être industriel sans être commerçant. Pour faire de
l'industrie, il n'est pas nécessaire d'acheter pour revendre ;
il suffit de transformer la matière première, alors même
qu'on l'extrait directement du sol; tel est le cas des mines,
minières et carrières. Or, tant que la transformation d'une
récolte ou d'un fruit est indispensable pour permettre à
l'agriculteur d'en tirer parti, elle constitue un accessoire de
l'exploitation rurale; mais s'il convient à l'agriculteur de lui
faire subir des transformations ultérieures, d'en fabriquer
des produits nouveaux, ils sort de ses attributions d'agriculture pour devenir industriel, si du moins il destine ces produits à la vente. Les travaux préparatoires ne laissent subsister aucun doute sur l'intention du législateur à cet égard [1].
Tels sont les principes. Nous allons en faire l'application à
des cas particuliers.

912. — BATTAGE DU BLÉ. — Le blé en gerbe n'ayant pas de
valeur marchande, l'opération du battage qui consiste à séparer le grain de la paille, rentre dans la catégorie des travaux agricoles ; c'est même tout spécialement pour en garantir
les risques que la loi de 1899 a été votée.

913. — MEUNERIE. — La conversion du blé en farine, n'é-
tant plus nécessaire à l'écoulement des produits agricoles,
constitue en principe un travail industriel qui est soumis au
risque professionnel dans les cas et conditions spécifiés par
la loi de 1898. Il n'y a pas lieu de distinguer si la mouture du
blé est faite ou non par l'agriculteur lui-même. C'est seulement dans le cas où celui-ci limiterait sa mouture au besoin

---

[1] L'alinéa final de l'article unique a été inséré dans la loi sur l'initiative du Sénat. Afin d'en bien préciser la portée, M. Mirman, rapporteur à la Chambre, eut une con-férence avec les membres de la commission du Sénat. Lorsque le texte du Sénat revint en discussion devant la Chambre, M. Mirman fit la déclaration suivante : « Dans la commission extra-parlementaire à laquelle je viens de faire allusion, il a été bien entendu par tous que le mot « agriculture » qui a été employé dans l'ad-jonction que je viens de lire, devait être pris dans son sens exact et limité. Il s'agit expressément de l'agriculture proprement dite; il ne peut s'agir des entreprises an-nexées parfois à l'agriculture, telles que distilleries, sucreries, etc. Je ne me hasar-derai pas à en faire une énumération complète. Personne n'a jamais eu la pensée, pas plus au Sénat qu'à la Chambre, de soustraire aux charges de la loi ces industries agricoles annexes et de priver ainsi ceux qui y sont occupés du bénéfice de la loi du 9 avr. 1898 » (Ch. des députés, séance du 30 juin 1899, J. O., 1er juill., p. 1751).

de la consommation de son personnel agricole qu'il serait
fondé à soutenir qu'il n'a pas fait acte d'industriel et que dès
lors la loi de 1899 serait seule applicable.

914. — MOULIN A HUILE. — Ce que nous venons de dire de
la mouture du blé est applicable aux moulins destinés à fabriquer l'huile d'olive, l'huile de noix et les autres huiles organiques.

915. — FABRICATION DU BEURRE ET DU FROMAGE. — Bien que le
lait ait, en lui-même, une valeur marchande, il n'est pas possible en général à un agriculteur d'en tirer complètement
parti sous cette forme, à raison de la rapidité avec laquelle
il se corrompt. La fabrication du beurre et du fromage a donc
un caractère agricole, lorsque l'agriculteur s'y livre avec le
lait de ses propres bestiaux ou s'il n'a recours que d'une façon tout accidentelle ou accessoire aux produits d'autrui.
Mais il en serait autrement d'une entreprise qui fabriquerait en
grand, pour la revente, du beurre et du fromage avec du lait
acheté aux agriculteurs ; elle revêtirait alors le caractère d'une
exploitation assujettie à la loi[1].

La question est plus délicate en ce qui concerne les *frui-*
tières ou *fromageries*, c'est-à-dire les associations coopératives
de cultivateurs qui mettent en commun le lait de leurs bestiaux pour en faire du beurre et du fromage et qui se répar-
tissent entre eux les bénéfices suivant la quantité de lait
fournie par chacun d'eux. Nous inclinons à penser que la
législation nouvelle leur serait également applicable.

Dans tous les cas on ne saurait contester le caractère agricole aux exploitations des fermiers de pâturages alpestres
qui, pendant la belle saison, font paître des vaches louées
par eux à des propriétaires et fabriquent, avec le lait de ces
vaches, du beurre et du fromage destinés à la vente. La fabrication du beurre et du fromage n'est en effet, dans ces exploitations, que l'accessoire de l'élevage du bétail et de
l'entretien des prairies. Le chef de l'exploitation est, non un
industriel, mais un agriculteur locataire des bestiaux qui
produisent le lait et fermier des pâturages dans lesquels se

[1] T. Rochefort, 6 mars 1900, *Rec. min. Comm.*, t. II, 87.

nourrissent ces bestiaux ; à ce double titre, il échappe à l'application de la loi de 1898.

916. — Fabrication du vin, du cidre, de la poirée. — Le raisin, comme le lait, ne peut trouver un écoulement suffisant sous sa forme naturelle. L'agriculteur est obligé de convertir en vin, sinon la totalité, du moins la plus grande partie de sa vendange. La fabrication du vin, en tant qu'elle est faite par le propriétaire récoltant, est donc un travail agricole. Cesserait-elle de l'être chez le marchand de vin qui achète du raisin pour les besoins de son commerce ? La question serait controversable[1]. Les mêmes principes sont applicables à la conversion des pommes en cidre et des poires en poirée, etc.

917. — Vin sans alcool. — Dans certains pays on commence à fabriquer du vin sans alcool ou plus exactement du jus de raisin conservé par la pasteurisation. C'est là une véritable industrie qui, détournant le raisin de sa destination première, ne saurait se retrancher derrière un caractère agricole.

918. — Distillerie. — La distillation du marc de raisin effectuée par le viticulteur peut aussi être considérée comme un accessoire de son exploitation rurale, le marc trouvant difficilement un écoulement dans le commerce. Mais toutes les autres distillations revêtent un caractère industriel, telles que celles du vin, celles des fruits divers, prunes, cerises, betteraves, etc.

919. — Féculeries, Sucreries, etc. — Les féculeries, sucreries sont, à plus forte raison, de véritables industries que les principes exposés plus haut et les travaux préparatoires s'accordent à exclure de l'agriculture.

920. — Conserves alimentaires. — On ne saurait refuser un caractère agricole aux travaux de dessication de certains fruits, tels que les prunes, lorsque cette dessication est faite par l'agriculteur. A l'inverse tous les autres établissements de conserves de légumes ou de fruits constituent des industries indépendantes de l'agriculture[2].

[1] Le point de savoir si les chais d'un marchand de vin tombent sous l'application de la loi de 1898 a été étudié n° 124.
[2] Toutefois un simple étuvage complémentaire de la part d'un commerçant de pruneaux ne constitue pas un travail de transformation industrielle rentrant dans la sphère d'application de la loi de 1898. Cass. civ., 26 oct. 1903, *Gaz. Pal.*, 1903. 2. 522.

921. — Exploitations forestières. — La sylviculture est, cela n'a jamais été mis en doute, une des branches de l'agriculture, puisque, comme elle, elle produit la matière organique. La coupe des bois constitue la récolte des produits forestiers ; l'exploitation d'une coupe de bois en forêt est donc toujours un travail agricole, indépendamment de la qualité de ceux qui s'y livrent ou pour le compte de qui elles sont entreprises[1]. Par suite, le marchand de bois qui, ayant acheté des arbres sur pied, les fait abattre et exploite la coupe, ne se livre pas à un travail industriel rendant ses ouvriers bénéficiaires, en cas d'accident, de la loi de 1898. Seule la loi de 1899 serait applicable s'il faisait usage de machines mues par des moteurs inanimés.

922. — A quel moment précis cesse le caractère agricole de l'exploitation forestière et commence le caractère industriel ? La question est fort délicate. Tout d'abord, l'exploitation agricole ou forestière de la coupe comporte toutes les opérations qui vont depuis l'abatage jusqu'au sciage nécessaire pour les rendre aptes au transport[2]. Si ce sciage est effectué à l'aide d'un moteur inanimé, la loi de 1899 sera seule applicable.

Mais que décider du sciage effectué sur place, c'est-à-dire en forêt, dans le but de convertir les pièces de bois en planches ? Nous estimons qu'il y a là un travail exclusivement industriel ; car le débit en planches est complètement indépendant de la récolte du produit. C'est une véritable transformation qui n'est nullement nécessaire pour donner au bois une valeur marchande. Par suite le sciage de bois en planches a toujours un caractère industriel, alors même qu'il serait exécuté par le propriétaire de la forêt. Une telle scierie actionnée par un moteur inanimé tomberait donc sous l'application de la loi de 1898. Il en serait de même de l'équarrissage,

---

[1] Conseil d'État, arrêt du 28 févr. 1902, D. 1902. 3. 18 (2 arrêts). T. Saint-Dié, 1er juin 1900, *Gaz. Pal.*, 1901. 1. 130. Nancy, 15 déc. 1900, *Rec. min. Com.*, n° 3, p. 698. — *Contrà*, C. Paris, 2 avr. 1901, C. Pau, 17 mai 1901, *Rec. min. Com.*, n° 3, p. 785 et 816. Comité consult., avis du 21 juin 1899, *J. O.*, 6 janv. 1900.

[2] Dans ce sens, T. Saint-Dié, *loc. cit.* Nancy, 15 déc. 1900, *loc. cit.* Cass., civ., 4 août 1903 et 26 oct. 1903, *Gaz. Pal.*, 1903.2.539. Conseil d'État, 28 févr. 1902, D. 1902. 3. 18. V. aussi chapitre II, n° 117.

cette opération n'étant nullement nécessaire au transport.

923. — Y A-T-IL DES CHANTIERS AGRICOLES. — Le lieu où s'exécutent des travaux agricoles ne constitue jamais un *chantier* rendant applicable la loi de 1898. Mais tous les travaux, qu'un agriculteur fait exécuter sur son propre terrain, même dans l'intérêt de son exploitation rurale, n'ont pas nécessairement un caractère agricole. De même qu'un agriculteur peut, en faisant subir à ses produits certaines transformations, devenir un industriel assujetti à la loi de 1898, de même il peut se livrer à certain travaux du bâtiment ou de terrassement comportant l'installation de véritables chantiers dans le sens de la loi de 1898. Tel serait notamment le cas d'une carrière qu'il établirait sur son propre fonds, alors même qu'il en emploierait les pierres à la construction d'un bâtiment rural. Au surplus la construction d'un bâtiment rural ne saurait être considérée comme ayant un caractère agricole. Elle implique l'installation d'un *chantier* assujetti à l'application de notre loi.

924. — Seuls les réparations courantes aux bâtiments d'exploitation sont des travaux agricoles, lorsque l'agriculteur les fait exécuter par son personnel. Les travaux d'entretien des chemins d'exploitation privés présentent aussi un caractère agricole. On pourrait en dire autant de la construction même de ces chemins, lorsqu'elle ne comporte pas de travaux d'art [1].

Au contraire, l'agriculteur sortirait de la sphère de ses attributions agricoles si, voulant utiliser, à titre de spéculation, une source qui se trouve dans son domaine, il creusait des fossés, plaçait des conduites, construisait des tabourets de jaugeage, achetait des droits de passage et vendait à différentes personnes l'eau ainsi canalisée. La question serait plus délicate si, au lieu de spéculer sur l'eau de la source, l'agriculteur se contentait de l'amener, à l'aide de fossés et de tuyaux, jusqu'aux bâtiments fermiers pour l'usage de son exploitation. Il me semble que là encore il ferait acte d'entrepreneur directeur de chantier et non œuvre d'agriculteur. Il tomberait dès lors sous l'application du risque professionnel.

---

[1] Comp. avec la législation allemande, n° 64 et la note.

925. — On emploie également en agriculture de la tourbe et du sable. Est-ce que l'extraction par l'agriculteur de la tourbe nécessaire à la culture de ses terres ou l'exploitation d'une carrière de sable pour un usage exclusivement agricole pourraient être considérés comme des travaux agricoles, échappant à l'application du risque professionnel? Nous ne le pensons pas, car l'extraction de la tourbe et les carrières de sable rentrent expressément sous la dénomination des mines, minières et carrières spécialement visés par l'art. 1.

926. — HORTICULTURE. — L'horticulture est, elle aussi, une des branches de l'agriculture, sans qu'il y ait lieu de distinguer si elle a un but de pur agrément ou de profit pécuniaire. Par suite les moteurs inanimés qui élèvent l'eau pour l'arrosage des jardins, parcs, etc., sont des machines agricoles dans le sens de la loi de 1899. Il en serait autrement si l'eau ainsi élevée ne devait servir qu'à des usages domestiques[1].

Dans aucun cas les calorifères destinés exclusivement au chauffage des serres ne sauraient être assimilés à des machines mues par des moteurs inanimés, puisqu'ils ne comportent aucun moteur. Quand ils sont à vapeur, la vapeur joue un rôle purement passif; elle n'est qu'un agent de transmission de la chaleur et n'est pas utilisée comme force motrice[2].

927. — ENGRAIS ET VIDANGES. — Personne ne songe à soutenir qu'une fabrication d'engrais chimiques, même entreprise par un agriculteur pour le compte de son exploitation, ait un caractère agricole. Les entreprises de vidanges sont dans le même cas et l'agriculteur, qui va vider les fosses à domicile pour se procurer de l'engrais, se livre à un travail étranger à son exploitation rurale[3]. Il en serait autrement s'il se bornait à vider les fosses d'aisances de son exploitation ou de sa maison pour en utiliser le contenu; le caractère agricole d'un tel travail ne saurait être contesté[4].

---

[1] Dans ce sens, Loubat, *Accidents agricoles*, n° 94.
[2] *Contrà*, Loubat, *loc. cit.*, n° 93.
[3] Sur le point de savoir si les entreprises de vidanges sont soumises à la loi de 1898, V. n° 114.
[4] Dans ce sens, Loubat, *loc. cit.*, n° 81.

II

De l'emploi des matières explosives en agriculture.

928. — Est-ce que l'emploi d'un moteur inanimé est la seule circonstance qui assujettisse l'agriculture aux dispositions de notre loi? Dans quelle situation juridique se trouve une exploitation agricole qui, pour ses travaux de culture, met en œuvre des matières explosives? La réponse à cette question se trouve dans le texte même de la loi, qu'il est bon de rapprocher des circonstances dans lesquelles le législateur est intervenu.

Après la promulgation de la loi du 9 avril 1898, nos cultivateurs se demandaient avec inquiétude dans quelle mesure ils allaient être atteints. Ils insistèrent auprès des pouvoirs publics pour qu'on précisât et limitât, en ce qui les concernait, la sphère d'application du risque professionnel. Leur demande fut entendue. Le législateur se mit à l'œuvre et, par la loi du 30 juin 1899, il spécifia nettement le cas où les exploitations rurales emploieraient des moteurs inanimés; enfin, pour achever de rassurer les esprits, il inséra dans son texte le paragraphe additionnel suivant : « *En dehors du cas ci-dessus déterminé, la loi du 9 avril 1898 n'est pas applicable à l'agriculture* ». On ne pouvait être plus formel. Il résulte avec la plus claire évidence de cette disposition que les accidents agricoles dus à la mise en œuvre de matières explosives sont exclus de la nouvelle législation [1].

Les matières explosives peuvent être utilisées en agriculture dans trois cas principaux, comme insecticides, pour pratiquer des défoncements et enfin pour se protéger contre la grêle.

929. — Insecticides. — Parmi les insecticides qui sont en même temps des explosifs, on peut citer le sulfure de carbone. Les explosions de sulfure de carbone qui pourraient se produire pendant le traitement de la vigne échapperont donc à l'application de la loi sur le risque professionnel. Au surplus

---

[1] Cass. civ., 6 janv. 1903 (motifs), *Gaz. Pal.*, 1903. 1. 161. Cass. req., 5 janv. 1903 (motifs), *Gaz. Pal.*, 1903. 1. 243. — *Contrà*, Loubat, *Tr. sur le risque prof.*, p. 567. Voir cependant, le même auteur, *Accidents agricoles*, n° 84.

on pourrait soutenir que le simple emploi d'une matière explosive ne constitue pas la mise en œuvre (V. n° 146).

930. — DÉFONCEMENT DE TERRAINS. — Nous avons vu plus haut que l'agriculteur qui exploite une carrière sur son terrain cesse de faire œuvre agricole et établit de véritables chantiers protégés par la loi de 1898. Mais il peut avoir à procéder incidemment à des défoncements du sol dans un but exclusivement agricole, par exemple pour planter de la vigne; or un défoncement nécessite quelquefois l'emploi d'un explosif pour faire sauter un morceau de rocher trop proéminent. On ne saurait attribuer à cet acte isolé un caractère étranger à l'agriculture. Nous estimons donc qu'un accident dû à l'usage d'un explosif dans de telles conditions ne serait pas garanti par la législation sur le risque professionnel. Mais, en fait, nous reconnaissons volontiers que l'agriculteur ne trouverait aucun avantage à l'application des règles du droit commun. En effet, si pour un travail de cette nature il avait employé un ouvrier agricole, au lieu d'un spécialiste, par exemple d'un mineur, on ne manquerait pas de trouver dans sa conduite une faute ou une imprudence susceptible d'engager sa responsabilité.

931. — DÉFENSE CONTRE LA GRÊLE. — L'usage des mortiers paragrêles a fait depuis quelques années des progrès très rapides dans la plupart des pays de vignobles. Le bombardement des nuages, même sans projectiles, n'est pas sans présenter des dangers assez sérieux; quelque précautions que l'on prenne, les accidents seront difficiles à éviter. Les victimes seront-elles du moins garanties par la loi sur le risque professionnel? Non, si l'on admet que de tels travaux sont agricoles[1]; oui, dans le cas contraire. Nous devons ici faire la même observation qu'au paragraphe précédent. L'inapplication de la loi de 1898 aux accidents survenus dans les travaux de cette nature ne saurait avoir pour effet de dégager dans tous les cas la responsabilité des agriculteurs. Le droit commun leur commande, en effet, de veiller à la sécurité de leur personnel et, par suite, de n'employer à ces travaux dan-

---

[1] Dans ce sens, T. Cusset, 8 août 1901, T. Villefranche, 14 juin 1902, C. Riom, 6 mai 1902, *Rec. min. Comm.*, n° 7, p. 17, 102 et 226.

gereux que des hommes familiarisés avec la manipulation des explosifs; l'inobservation de ces précautions élémentaires constituerait de leur part une faute quasi-délictueuse qui les rendrait, aux termes des art. 1382 et s. du Code civil, passibles de dommages-intérêts envers les victimes. Que les agriculteurs s'abstiennent donc de mettre les canons grélifuges entre les mains inexpérimentées de leurs propres ouvriers, qu'ils les confient à des spécialistes et, au besoin, qu'ils organisent des syndicats de défense contre la grêle comme il en existe déjà contre les débordements des rivières. De cette façon, les accidents seront évités dans la mesure du possible. Quant aux risques inévitables, ils pourront faire l'objet d'assurances spéciales dont les primes rentreront dans les frais généraux des syndicats.

DEUXIÈME SECTION.

Réparation des accidents agricoles.

932. — Trois conditions sont exigées par la loi de 1899 pour faire naître le droit à l'indemnité légale. Il faut : 1° que l'accident ait été occasionné par l'emploi d'une machine agricole mue par un moteur inanimé; 2° que la victime, quelle qu'elle soit, ait été occupée à la conduite ou au service du moteur de la machine; 3° que l'accident soit survenu par le fait ou à l'occasion du travail.

Il est inutile de revenir sur cette troisième condition qui a fait l'objet des chap. IV, V et VI.

Les deux autres au contraire sont spéciales à l'agriculture et font ressortir deux différences caractéristiques entre la situation des exploitations agricoles et celle des exploitations industrielles au point de vue de l'application du risque professionnel.

933. — Nous avons vu que l'emploi d'une machine à moteur inanimé a pour effet de soumettre à la garantie légale tous les accidents qui surviennent dans l'exploitation industrielle assujettie, ou tout au moins dans la partie d'exploitation où se trouve le moteur, sans qu'il y ait lieu de distinguer entre les accidents causés par le moteur et ceux dus à une

autre cause. Tout au contraire, dans les exploitations agricoles, les seuls accidents donnant droit à l'indemnité légale
sont ceux qui sont occasionnés par l'emploi des machines ou
de leurs moteurs. A ce point de vue, la responsabilité patronale, issue de la loi de 1899, est plus restrictive que celle qui
découle de la loi de 1898. A l'inverse, au point de vue des
victimes, elle est plus étendue; car le bénéfice peut en être
invoqué par toutes les personnes, quelles qu'elles soient,
occupées à la conduite ou au service du moteur, alors même
qu'elles ne seraient pas liées à l'exploitant par un contrat de
louage d'ouvrage[1]. Nous étudierons successivement : 1° les
accidents; 2° les victimes; 3° les indemnités dues aux victimes non salariées; 4° les débiteurs de l'indemnité légale.

I

Accidents agricoles garantis.

934. — Pour qu'un accident donne droit à la réparation
légale, il faut d'abord, dit notre article, qu'il ait été *occasionné par l'emploi d'une machine agricole mue par un moteur inanimé.*

La machine et le moteur sont deux engins différents qu'il
importe de ne pas confondre. S'ils concourent au même but,
ils ont du moins des fonctions distinctes et nettement déli-
mitées. L'un, le moteur, est le producteur de la force; l'autre,
la machine agricole, est l'instrument qui, sous l'impulsion du
moteur, effectue le travail ou opère la transformation. Ainsi,
dans le battage du blé, le moteur consiste dans la locomobile ou machine à vapeur avec sa chaudière, ses cylindres et
ses pistons; la machine agricole est la batteuse proprement
dite, avec ses engrenages qui détachent le grain de la paille.

Ceci étant posé, quand peut-on dire qu'un accident a été
occasionné par l'emploi de la machine ou de son moteur?
Nous envisagerons successivement cinq situations différentes :
1° machine en activité; 2° machine au repos pendant la période écoulée depuis l'allumage des feux du moteur jusqu'à

[1] Cass. civ., 6 janv. 1903, *Gaz. Pal.*, 1903. 1. 161.

leur extinction ; 3° mise en place, montage et démontage de la machine et du moteur ; 4° transport hors de la ferme ; 5° nettoyage et travaux d'entretien.

a) *Machine en activité.*

935. — Il est tout d'abord certains accidents dont la relation de causalité avec l'emploi de la machine ou du moteur ne saurait être mise en doute. Ce sont : 1° ceux dus à l'explosion du moteur, à des jets de vapeur, etc. ; 2° les blessures occasionnées par les escarbilles échappées du foyer de la chaudière ; 3° les incendies produits par ces mêmes escarbilles et qui détermineraient la mort ou la blessure d'un ou de plusieurs aides ; 4° les traumatismes causés par les engrenages ; 5° les lésions de la vue imputables aux poussières projetées par la machine. Il en serait de même si un recul inattendu ou la chute du moteur ou de la machine venaient à blesser quelques ouvriers ; car, en admettant que l'insuffisance du calage, l'inégalité du sol ou la rupture d'un essieu ait provoqué ce recul ou cette chute, il faudrait tenir compte aussi de la trépidation produite par le mouvement du piston ou la rotation des engrenages.

Nous arrivons maintenant à d'autres accidents d'un ordre moins général et susceptibles de soulever des contestations fort délicates. Nous passerons successivement en revue les victimes qui y sont particulièrement exposées.

936. — 1° MÉCANICIEN ET CHAUFFEUR. — Indépendamment des accidents énumérés ci-dessus, le chauffeur ou le mécanicien sont spécialement exposés à se blesser en introduisant le combustible dans le foyer de la locomobile, en versant de l'eau dans la chaudière, en graissant les rouages, en serrant un écrou, en montant sur le moteur pour y faire une réparation, en sautant à terre, etc., etc. Ici encore la relation avec l'emploi du moteur est évidente ; de tels traumatismes sont garantis par la loi de 1899. Mais il n'en serait plus de même d'une chute que ferait le chauffeur en se rendant à une fontaine voisine pour y chercher l'eau nécessaire à l'alimentation de sa chaudière ou en conduisant un véhicule chargé de charbons destinés aussi au foyer de sa locomobile ; car les

risques générateurs de tels accidents sont des risques agricoles ordinaires qui ne sont pas inhérents à l'emploi de la
machine ou du moteur et qui n'ont avec cet emploi qu'un rapport indirect.

937. — 2° OUVRIERS OU AIDES PLACÉS SUR LA PLATE-FORME DE LA
BATTEUSE. — Les batteuses à moteurs mécaniques sont sur-
montées d'une plate-forme sur laquelle se trouvent un ou plusieurs ouvriers chargés de recevoir les gerbes et de les introduire dans les engrenages. La position de ces ouvriers les
expose à un double risque : celui d'être atteint par les engrenages et celui de tomber à terre. Le deuxième de ces risques
est, aussi bien que le premier, inhérent à l'emploi du moteur ;
car l'établissement de la plate-forme est nécessité par le mécanisme même de la machine et d'autre part la trépidation
provenant de l'activité motrice est elle-même une cause d'in-
stabilité. Il suit de là que toutes les chutes faites par un ouvrier
ou aide placé sur cette plate-forme sont garanties par la loi
de 1899 [1].

Les mêmes motifs nous portent à penser que les chutes de
ces mêmes aides ou ouvriers en montant sur cette plate-forme
ou en en descendant constituent des accidents agricoles donnant droit à l'indemnité légale.

Mais il en serait autrement si ces ouvriers ou aides étaient
blessés par une épine qui se trouverait mêlée à la paille, un
tel accident étant sans rapport de causalité avec l'emploi du
moteur [2].

938. — 3° AUTRES OUVRIERS. — Parmi les autres ouvriers,
un seul se trouve en contact avec la machine, c'est celui qui
reçoit les gerbes à la sortie des engrenages. A part les risques
généraux dont nous avons parlé plus haut, et au nombre desquels figure celui d'être atteint par un engrenage, il ne court
aucun risque qui soit particulier à sa position. A plus forte
raison les autres ouvriers ou aides, qui ne sont en contact ni
avec la machine, ni avec le moteur, ne peuvent-ils invoquer le

---

[1] Dans ce sens, T. Soissons, 28 nov. 1900, *Gaz. Pal.*, 1901. 1. 311, D. 1902. 2.
36. C. Grenoble, 3 août 1901, S. 1902. 2. 84.
[2] Dans ce sens, T. Saint-Calais, 25 juin 1900, *Gaz. Pal.*, 1900. 2. 140, D. 1902.
2. 36.

bénéfice de la loi de 1899 que dans le cas où ils sont victimes d'un des accidents énumérés ci-dessus, c'est-à-dire d'un accident dont le rapport de causalité avec l'emploi du moteur ou de la machine est manifeste[1]. Ainsi la loi de 1899 n'est pas applicable : 1° à l'ouvrier qui, préposé à l'enlèvement de la paille, a été piqué par une épine mêlée à la paille[2], ou s'est blessé avec une fourche[3]; 3° à celui qui, monté sur une voiture chargée de gerbes, est tombé par suite d'un faux mouvement sur le plancher de la machine et s'est grièvement blessé[4]; 4° à l'ouvrier qui, monté sur une meule de gerbes et employé à les jeter une à une sur le plancher d'une batteuse, a perdu l'équilibre et s'est blessé dans sa chute[5].

b) *Arrêts momentanés de la machine.*

939. — Nous avons ici à envisager trois périodes de temps; ce sont : 1° celle qui commence à l'allumage des feux de la chaudière et finit à la mise en marche du moteur; 2° les arrêts de la machine pour permettre aux ouvriers de se reposer ou de prendre leur repas; 3° la période qui commence à la fin des travaux de la journée et dure jusqu'à l'extinction des feux de la chaudière.

Pendant ces trois périodes d'inactivité, la force inanimée, cette force aveugle contre laquelle la loi de 1899 a voulu protéger les ouvriers, n'en est pas moins dangereuse. Tout d'abord la situation du mécanicien ou du chauffeur est la même; qu'ils procèdent au chauffage de la chaudière, à l'extinction des feux ou à la mise en marche du moteur, ils sont exposés à des risques sensiblement identiques et, par suite, également garantis par la loi de 1899.

Quant aux autres ouvriers, ils restent, eux aussi, exposés

---

[1] Cass. req., 5 janv. 1903, *Gaz. Pal.*, 1903. 1. 243.

[2] T. Saint-Calais, 25 juin 1900, *Gaz. Pal.*, 1900. 2. 140, D. 1902. 2. 36.

[3] C. Rennes, 26 juill. 1900, S. 1901. 2. 45, D. 1902. 2. 36.

[4] Caen, 31 juill. 1900, S. 1901. 2. 45. Cass. civ., 5 févr. 1902, S. 1902. 1. 181, D. 1902. 1. 231. Il en serait autrement toutefois si, par sa chute sur le plancher de la machine, il avait été mis en contact avec les engrenages et avait subi de ce chef une aggravation de lésion.

[5] Riom, 3 déc. 1900, S. 1900. 2. 110. Cass. req., 15 déc. 1902, S. 1903. 2. 331, D. 1903. 1. 179, *Gaz. Pal.*, 1903. 1. 41. Cass. civ., 24 déc. 1902, *Gaz. Pal.*, 1903. 1. 187, D. 1903. 1. 179. Cass. req., 5 janv. 1903, *Gaz. Pal.*, 1903. 1. 243.

aux mêmes accidents d'ordre général dont nous avons parlé plus haut, tels que, l'explosion de la chaudière, les jets de vapeur, les blessures produites par les escarbilles, etc. Seuls les engrenages sont devenus inoffensifs par suite de l'arrêt du moteur. Mais il est bien entendu que de tels accidents ne sont garantis par la loi de 1899 que dans le cas où ils sont survenus *par le fait* ou à l'*occasion du travail;* le sens et la portée de ces expressions ont été donnés aux chap. IV, V et VI.

c) *Mise en place, montage et démontage de la machine et du moteur.*

940. — Nous supposons que la machine et le moteur ont été amenés séparément dans la cour de la ferme où ils doivent fonctionner. Il s'agit de les mettre en place, de les relier l'un à l'autre par les courroies de transmission, de s'assurer que les roues et engrenages de la machine, le piston et les autres organes du moteur se meuvent librement. C'est évidemment un travail technique qui est de la compétence du mécanicien et pour l'exécution duquel un ou plusieurs aides sont souvent nécessaires. La loi de 1899 ne garantit-elle pas les accidents qu'il peut occasionner? Nous n'hésitons pas à répondre affirmativement; car, bien que tous ces organes ou engins soient encore à l'état inerte, leur manipulation n'en présente pas moins des dangers d'un ordre spécial qui n'existeraient pas sans l'emploi du moteur et de la machine. Il y a donc entre cet emploi et les accidents de cette nature la relation de cause à effet prescrite pour l'application de la loi de 1899.

941. — Il en est de même en ce qui concerne le démontage du moteur et de la machine ; c'est là un travail technique étroitement et nécessairement lié à l'emploi de ces appareils.

d) *Transport du moteur et de la machine.*

942. — Avec le démontage, le travail technique du mécanicien prend fin. Le déplacement et le transport du moteur et de la machine n'offrent aucun danger spécial, étranger aux risques habituels des travaux agricoles. Dès lors, les accidents auxquels ils peuvent donner lieu échappent à l'applica-

tion de la loi de 1899. Ainsi l'indemnité légale a été refusée
avec raison : 1° à des ouvriers agricoles atteints par la chute
d'une machine que plusieurs attelages de bœufs introdui-
saient dans la cour d'une ferme [1]; 2° à un ouvrier blessé au
moment où, poussant à la roue, il aidait au démarrage de
la batteuse, alors que le moteur à vapeur, qui dans la journée
avait actionné cette batteuse, était sorti de la ferme [2].

943. — Il n'importe que, pendant le déplacement ou le
transport de la machine ou du moteur, ce soit le mécanicien
ou le chauffeur qui ait été la victime de l'accident; car, en
procédant à un tel transport, le mécanicien ou le chauffeur
ne sont plus dans l'exercice de leur emploi technique, ils
accomplissent la besogne d'un ouvrier agricole ordinaire.
Ainsi la loi de 1899 a été déclarée inapplicable à l'ouvrier
d'un entrepreneur de battage qui, accompagnant sur l'ordre
de son maître d'un village dans un autre une batteuse dont
il était le chauffeur, avait eu le pied écrasé par les roues de
cette machine à la suite d'un recul occasionné par une rupture d'attelage [3].

e) Travaux de nettoyage et d'entretien des machines et moteurs.

944. — Nous rentrons ici dans le domaine des travaux
techniques du mécanicien et, par suite, des risques garantis
par la loi de 1899 [4]. Il n'importe que le moteur et la machine
soient isolés l'un de l'autre. A plus forte raison, le risque
professionnel serait-il applicable aux accidents survenus pendant les essais de fonctionnement à vide du moteur et de la
batteuse.

[1] T. Montauban, 22 mars 1900, *Gaz. Pal.*, 1900. 1. 733, S. 1900. 2. 211. Tout en
approuvant en fait la solution consacrée par cette décision, nous faisons des réserves
sur les motifs, en ce qu'ils admettent comme principe qu'en dehors de leur période
d'activité les machines agricoles ne présentent aucun risque spécial garanti par la loi
de 1899 (V. n°s 940 et 944).
[2] Cass. civ. 4, août 1902, *Gaz. Pal.*, 1902. 2. 298, S. 1903. 1. 332, D. 1902. 1.
584.
[3] Cass. civ., 6 janv. 1903, *Gaz. Pal.*, 24 janv. 1903, D. 1903. 1. 179.
[4] Conf. Loubat, *loc. cit.*, n° 291.

II
Des bénéficiaires de l'indemnité légale.

945. — Peuvent se prévaloir de l'indemnité légale « *les personnes, quelles qu'elles soient, occupées à la conduite ou au service des moteurs ou machines* ». Ainsi s'exprime la loi de 1899 dont les termes sont, sur ce point, beaucoup plus compréhensifs que ceux de la loi du 9 avril 1898. Il n'est pas nécessaire que la victime soit un ouvrier ou un employé comme on l'exige pour les autres exploitations assujetties, c'est-à-dire qu'elle soit liée envers l'exploitant par un contrat de louage d'ouvrage ou d'apprentissage (V. chap. II); il suffit qu'elle ait été occupée à la conduite ou au service de moteurs ou machines.

Le motif de cette différence de rédaction est mis en lumière par le remarquable rapport de M. Mirman [1]. « Comment les choses se passent-elles? dit l'honorable député. L'entrepreneur de battage vient avec sa machine, accompagné d'un petit nombre d'aides qui sont ses propres salariés; le cultivateur intéressé fait appel au concours de quelques amis et voisins; ceux-ci le lui accordent gracieusement et à charge de revanche; parmi les personnes occupées à l'opération se trouvent donc le plus souvent de petits propriétaires, non salariés au sens exact du mot, mais indiscutablement travailleurs, de ressources infiniment modestes, gagnant leur vie par l'effort quotidien de leurs bras. Quand la batteuse est en activité, quand la cour de la ferme ou la petite place voisine est emplie de bruit et de poussière, les quinze ou vingt personnes, hommes ou femmes, qui servent la machine, vont, viennent, s'agitent, obéissent au même signal, supportent les mêmes fatigues, chantent les mêmes refrains joyeux, sans qu'il soit possible de distinguer à leurs efforts, à leurs fatigues ou à leurs dangers, ceux qui sont salariés et ceux qui ne le sont point. Il serait souverainement injuste en droit et funeste au point de vue social d'établir une différence entre les uns et les autres, de n'accorder les bénéfices de la loi qu'à

---

[1] Ch. des dép., séance du 8 juin 1899, *J. O.*, Déb. parl., p. 1594.

une partie seulement de ce groupe d'hommes, camarades de labeurs besognant en commun, et d'en priver arbitrairement les autres ».

946. — Le législateur ne va pas cependant jusqu'à faire bénéficier du nouveau régime toutes les victimes des accidents occasionnés par les moteurs à force élémentaire ; il limite l'application de la loi *aux personnes occupées à la conduite ou au service de ces moteurs ou machines.* Par exemple, que l'explosion d'une machine fasse plusieurs victimes, toutes employées dans l'exploitation rurale, mais dont quelques-unes seulement étaient spécialement occupées au service ou à la conduite du moteur à force élémentaire ; celles-ci seules seront admises à se prévaloir des avantages de notre loi ; les autres ne pourront réclamer une réparation qu'en se fondant sur les principes de droit commun. La *conduite* concerne le travail technique de la production de la force, c'est-à-dire le rôle du mécanicien et du chauffeur. Le *service* est l'utilisation de la force produite : il vise les fonctions des autres employés ou aides. Il n'est pas nécessaire que ceux-ci soient en contact immédiat avec la machine ; mais il faut que l'accident ait été *occasionné par l'emploi du moteur* (V. n° 934).

Ainsi les ouvriers qui font passer les gerbes à leurs camarades placés sur la machine sont au nombre des personnes « occupées au service de la machine ». Ils sont, à coup sûr, moins exposés que les autres ; mais si l'explosion de la chaudière venait à les blesser, ils auraient incontestablement droit au bénéfice de la loi de 1899. Il en serait de même des ouvriers chargés d'aller chercher l'eau nécessaire à l'alimention de la chaudière[1]. En parlant des quinze ou vingt personnes qui servent la machine, M. le rapporteur Mirman a montré qu'à ce point de vue le législateur entendait se montrer excessivement large.

947. — En définitive, pour qu'une personne ait droit à l'indemnité de notre loi, il faut : 1° qu'elle ait prêté une aide effective aux opérations du battage ; 2° qu'elle ait été, par le fait ou à l'occasion de cette aide, victime d'un accident occa-

---

[1] *Contrà*, Loubat, *op. cit.*, n°s 387 et 389.

sionné par l'emploi de la machine ou du moteur. Nous avons déjà traité de la deuxième condition. Il nous reste à préciser exactement le sens et la portée de la première.

948. — D'après la loi de 1898, c'est le contrat de louage d'ouvrage ou celui d'apprentissage, c'est-à-dire la convention des parties qui fait naître au profit du travailleur le droit éventuel à la réparation légale des accidents. La réparation des accidents agricoles procède d'un principe initial tout différent : au contrat du patron et du travailleur, le législateur de 1899 a substitué le fait matériel du travail, indépendamment de tout accord préalable des parties. Un concours spontanément prêté aux opérations du battage, sans l'assentiment ou même à l'insu de l'agriculteur et de l'exploitant de la machine suffit à constituer un titre donnant droit à l'indemnité légale, en cas d'accident survenu dans les conditions prérappelées. Cette importante innovation sollicite quelques explications.

949. — Tout d'abord, c'est à la victime demanderesse qu'il appartient de produire son titre, c'est-à-dire de prouver qu'elle a concouru effectivement aux opérations du battage.

Si ce concours peut avoir été prêté à l'insu des intéressés, il faut du moins qu'il ait été *utile* aux opérations du battage. Un voisin venu, en curieux et les bras croisés, regarder le fonctionnement de la locomobile, et incidemment brûlé par un jet de vapeur ne saurait être fondé à réclamer l'indemnité légale pour sa blessure.

950. — Mais que penser d'un aide qui s'impose malgré la défense de l'agriculteur et de l'exploitant de la machine ou d'un manœuvre dont les services sont acceptés par l'agriculteur et refusés par l'exploitant ou réciproquement. Il importe ici de délimiter les attributions de ces deux chefs. A raison de sa compétence technique, l'exploitant a la haute main sur tout le personnel qui est en contact immédiat avec le moteur et avec la machine ; c'est-à-dire sur le mécanicien, le chauffeur, les ouvriers placés sur la plate-forme de la batteuse et sur celui qui recueille la paille à la sortie des engrenages ; il doit les choisir, s'assurer qu'ils paraissent en âge et en force d'exécuter la tâche qui leur est confiée ; ce sont en effet les seuls qu'une imprudence, une maladresse ou une inattention expose à un accident garanti par la loi de 1899. Sans doute les autres collaborateurs peuvent aussi être victimes de tels accidents, mais indépendamment de toute faute de leur part, par exemple en cas d'explosion du moteur, de projection d'escarbilles enflammées, etc. Si donc l'exploitant juge à propos de remplacer un de ces aides ou servants immédiats, il doit imposer sa volonté au patron en arrêtant son moteur. Un simple avertissement ou même une protestation de sa part ne suffirait pas à dégager sa responsabilité. Le fait de mettre ou de laisser sa machine en activité implique de sa part l'acceptation de tous ses collaborateurs effectifs, que ceux-ci soient immédiats ou médiats, bénévoles ou régulièrement engagés, eussent-ils même reçu l'ordre de cesser leur travail.

Quant au patron, il n'abdique pas toute autorité sur ses subordonnés; il conserve le droit de leur donner des ordres, mais en tant que ces ordres ne contrecarrent pas les mesures de sécurité et de prudence prescrites par l'exploitant.

951. — Il arrivera quelquefois qu'une des victimes d'un accident de machines agricoles soit aussi un ouvrier industriel protégé par la loi du 9 avril 1898. De quelle loi pourra-t-il se prévaloir? Trois hypothèses différentes sont admissibles.

Un agriculteur, qui est en même temps chef d'une exploitation industrielle assujettie à la loi de 1898, met son chauffeur à la disposition de l'exploitant d'une machine agricole pour le battage de son blé. Si ce chauffeur est victime d'un accident occasionné par l'emploi de la machine agricole, aura-t-il une action contre l'exploitant en vertu de la loi de 1899 ou une action contre l'agriculteur industriel en vertu de la loi de 1898? Ce sera là surtout une question de fait. Mais s'il fait reconnaître son droit à l'indemnité légale au regard de l'un deux, il est déchu de toute action fondée sur le risque professionnel au regard de l'autre; car les dispositions de la loi de 1898 excluent l'éventualité d'une double responsabilité se trouvant engagée vis-à-vis de la victime d'un seul accident [1] (art. **2**).

[1] Cass. civ., 6 août 1902, *Gaz. Pal.*, 1902. 2. 307, D. 1902. 1. 580, S. 1903. 1. 333. V. plus haut, chap. X, n° 777.

L'exploitant peut être, lui aussi, le chef d'une industrie assujettie à la loi de 1898. Son chauffeur ou son mécanicien, blessés dans un accident agricole, auront donc contre lui le choix entre l'action de la loi de 1898 et celle de la loi de 1899. Comme toutes deux tendront à la même indemnité, ils n'auront pas d'intérêt à exercer l'une plutôt que l'autre. Cependant, la loi de 1898 étant plus extensive au point de vue des accidents garantis leur offrira plus de chances d'obtenir gain de cause.

Enfin, on peut supposer que l'ouvrier d'une exploitation assujettie est venu prêter son concours soit spontanément, soit avec l'autorisation ou sur l'ordre de son patron à des opérations de battage n'intéressant en aucune façon celui-ci. La solution de la première hypothèse trouve ici son application. Du jour où l'ouvrier blessé a fait reconnaître son droit à l'indemnité légale en vertu de l'une des deux lois sur les risques professionnels, il est déchu du droit d'exercer l'action de l'autre loi; la responsabilité dérivant du risque professionnel ne comporte en effet qu'une seule action (art. 2).

III

Du calcul de l'indemnité pour les victimes non salariées.

952. — L'admission au bénéfice de la loi des personnes autres que les ouvriers et employés de l'exploitation avait créé, pour le calcul de l'indemnité, une situation nouvelle qu'il importait de réglementer. C'est ce que le législateur a fait dans le troisième alinéa de l'article unique de la loi de 1899, qui est ainsi conçu : « *Si la victime n'est pas salariée ou n'a pas un salaire fixe, l'indemnité due est calculée selon les tarifs de la loi du 9 avril 1898, d'après le salaire moyen des ouvriers agricoles de la commune* ».

Ce texte n'est pas aussi clair qu'il paraît l'être. Une première question est celle de savoir s'il s'applique au salaire quotidien qui sert de base à la fixation des indemnités temporaires, comme au salaire annuel qui est l'unité de mesure des rentes et pensions en cas de décès ou d'incapacité permanente. La généralité de ses termes permet de répondre par l'affirmative.

953. — L'embarras commence en présence de la division des victimes en trois catégories : victimes sans salaire, victimes qui ne reçoivent pas un salaire fixe et victimes à salaire fixe.

La victime sans salaire, c'est le parent, l'ami, le voisin qui a prêté gracieusement son concours. Elle voit son indemnité calculée sur les bases du salaire moyen des ouvriers agricoles de la commune. Cette règle est juste, simple et d'une application facile.

954. — Mais que faut-il entendre par *victime ne touchant pas un salaire fixe?* Nous nous trouvons ici en présence d'une expression vague dont le sens et la portée sont difficiles à préciser. Pour la comprendre, il faut se rendre compte de ce qui se passe au moment du battage du blé. A côté du voisin ou de l'ami dont nous avons parlé plus haut, on voit souvent d'autres aides accidentels moins désintéressés : par exemple un habitant de la commune un peu besogneux, un passant, le domestique d'une ferme voisine, etc. La plupart du temps ces gens-là ne stipulent d'avance aucun salaire, s'en rapportant à la générosité de celui qu'ils obligent. Si par hasard on convient avec eux d'une rémunération, la somme promise est plutôt une étrenne ou une bonne main qu'un salaire régulier susceptible de servir de base à la fixation de l'indemnité.

Dans la pratique ces distinctions ne laisseront pas que de soulever de nombreuses difficultés. Il appartiendra aux juges de paix de faire connaître dans leur enquête les usages du pays et de mentionner tous les renseignements qui seront susceptibles de préciser la nature du contrat intervenu entre l'employeur et l'employé.

955. — Les ouvriers à salaires fixes sont les aides habituels de l'entrepreneur de battage, tels que le mécanicien, le chauffeur et les employés qu'il a engagés à l'année, au mois ou pour une durée déterminée. Ce sont aussi les domestiques et ouvriers attachés au domaine rural et que l'agriculteur affecte au service du battage[1]. Leur indemnité est calculée

---

[1] *Contrà*, Angers, 16 janv. 1900, *J. Le Droit*, 4 févr. 1900, S. 1901. 2. 89.

d'après les règles établies par la loi de 1898. La limitation concernant les salaires supérieurs à 2.400 francs et celle relative aux ouvriers de nationalité étrangère sont, bien entendu, applicables à la loi sur les accidents agricoles, qui ne contient sur ce point aucune dérogation à celle de 1898.

IV
Des débiteurs de l'indemnité.

956. — Le débiteur de l'indemnité, dit la loi de 1899, est l'exploitant du moteur; et, par exploitant, on doit entendre l'individu ou la collectivité qui dirige le moteur ou le fait diriger par ses préposés.

Nous avons vu (chap. III, n° **231**), que, pour être considéré comme *patron* ou *chef d'entreprise* dans le sens de la loi de 1898, il ne suffit pas de diriger et de surveiller des travaux, il faut encore avoir le pouvoir de les diriger à son gré, jouir en un mot d'une entière indépendance dans cette direction. La même définition peut être appliquée à l'exploitant d'une machine agricole. Dans la pratique, deux hypothèses peuvent se présenter : ou bien la machine est étrangère à l'exploitation agricole dans laquelle l'accident s'est produit, ou bien elle dépend du matériel de cette exploitation.

957. — Première hypothèse. — *Machine étrangère à l'exploitation rurale.* — Il s'agit, dans cette hypothèse, d'une machine dirigée par un entrepreneur de battage. Si cet entrepreneur est propriétaire de la machine dont il se sert, il n'a aucun moyen de se soustraire à la responsabilité qui lui incombe. Sa dette d'indemnité envers la victime est certaine.

Mais il arrive parfois que le conducteur de la machine et le propriétaire sont deux personnes distinctes. A laquelle des deux victimes doit-elle s'adresser? La solution de cette contestation dépend de la nature du contrat qui lie le conducteur au propriétaire. Si la machine a été remise à titre de location ou à titre de prêt à usage, la responsabilité du propriétaire est entièrement dégagée, le locataire ou l'usager ayant en pareil cas une indépendance entière en ce qui concerne le fonctionnement du moteur. Le conducteur de la machine n'est-il au contraire qu'un agent salarié du propriétaire, celui-ci conserve la direction de sa machine et, par suite, il reste seul obligé envers les victimes d'accidents. Les rapports du propriétaire et du conducteur ne sont pas toujours aussi simples. Il sera parfois difficile de déterminer la nature de la convention intervenue. C'est surtout dans les faits de chaque cause que les tribunaux trouveront des éléments d'appréciation pour étayer leurs décisions.

Lorsque l'exploitant est reconnu débiteur de l'indemnité, la responsabilité de l'agriculteur est complètement dégagée, même vis-à-vis des employés qu'il aurait mis à la disposition de l'exploitant[1].

958. — DEUXIÈME HYPOTHÈSE. — *Machine dépendant du matériel de l'exploitation.* — Ici les conflits ne sont à craindre qu'entre les différentes personnes ayant des droits sur le domaine rural, telles que le propriétaire, l'usufruitier, le fermier, le métayer. Quand les qualités de propriétaire et de cultivateur sont réunies sur une même tête, aucune difficulté ne peut surgir. Le propriétaire cultivateur, qui fait fonctionner sa propre batteuse, est un exploitant dans le sens de la loi de 1899.

959. — Le domaine est-il affermé, c'est le fermier qui est responsable sans qu'il y ait lieu de distinguer si la machine lui appartient personnellement ou est la propriété de son bailleur; car il jouit d'une entière indépendance vis-à-vis de celui-ci pour l'exploitation technique du domaine dont il est le locataire. Il en serait autrement cependant si, par une clause spéciale du bail, le propriétaire s'était réservé la direction de la machine ou encore si le fermier avait traité à forfait avec un spécialiste pour le fonctionnement du moteur. L'exploitant serait alors, dans le premier cas, le propriétaire, et, dans le second cas, le spécialiste.

960. — La question est beaucoup plus délicate lorsqu'il s'agit d'un métayage ou bail à colonat partiaire. Ce contrat participe à la fois du louage et de la société. Le propriétaire fournit la terre, une partie du capital, quelquefois aussi une

[1] Séance du Sénat du 29 juin 1899, *J. O.*, 30 juin 1899. T. Angers, 12 déc. 1899, *Gaz. Pal.*, 30 déc. 1899.

partie du matériel et, dans une mesure variable, l'intelligence directrice ; le métayer procure la main-d'œuvre, l'autre partie du capital et généralement le matériel, tout en conservant une certaine initiative et une assez grande indépendance pour l'exécution des travaux de culture. L'art. 5 de la loi du 18 juillet 1889 concède au bailleur la surveillance des travaux et la direction générale de l'exploitation soit pour le mode de culture, soit pour l'achat et la vente des bestiaux ; mais il a soin d'ajouter que l'exercice de ce droit est déterminé, quant à son étendue, par la convention ou, à défaut de convention, par l'usage des lieux. Il suit de là que, si le métayer n'a pas une indépendance aussi absolue qu'un fermier, on ne saurait cependant le comparer à un valet de ferme. Sa qualité d'associé lui donne le droit d'exprimer son opinion et de discuter celle du bailleur ; bien plus, en ce qui concerne l'exécution des travaux de culture, son autorité est prédominante sur celle du propriétaire dont les attributions sont d'un ordre plus général. Enfin, si l'on considère les frais généraux, on constate que le métayer en supporte une part au moins aussi importante que le bailleur. Nous devons donc conclure qu'en principe les conséquences des accidents susceptibles de tomber sous l'application de notre loi doivent être supportées moitié par le bailleur, moitié par le métayer, ou tout au moins réparties entre eux dans une proportion variant suivant les clauses et conditions du contrat qui les lie.

961. — Que devrait-on décider si le métayer était lui-même victime d'un accident occasionné par une machine agricole ? Nous avons jusqu'à présent envisagé le colon comme coassocié du propriétaire : au regard de l'association elle-même, il prend la qualité d'ouvrier ou d'employé ; dans tous les métayages, en effet, le colon travaille de ses propres mains, avec ses ouvriers et domestiques ; quelquefois même il est, à lui seul, chargé de toute la main-d'œuvre. Si donc il est blessé par une machine agricole, il aura droit à une indemnité payable par l'association et qui devra être répartie entre les associés dans les proportions indiquées ci-dessus. Son indemnité se trouvera donc diminuée de toute la part mise à sa charge par les clauses du contrat de métayage.

TITRE II

DÉCLARATION DES ACCIDENTS ET ENQUÊTE.

CHAPITRE UNIQUE

PRÉLIMINAIRES.

962. — Lorsqu'un accident se produit, il ne suffit pas de venir en aide aux victimes ; il faut prendre des mesures pour en prévenir le retour. Ces mesures nécessitent la connaissance exacte de la cause du sinistre et la détermination de la part des responsabilités. C'est vers ce but que l'on doit tendre. L'expérience a démontré que l'échec ou l'insuffiance de la plupart des enquêtes étaient dus au retard des premières constatations : lorsque la justice est saisie, l'état des lieux est modifié, la machine, qui a blessé la victime, a été déplacée ou transformée ; les témoins, se trouvant en présence d'un outillage diffé-rent, n'ont plus un souvenir précis des événements ; ils s'expliquent mal, commettent des erreurs et des confusions auxquelles les in-fluences intéressées, qui ont eu tout le temps de s'exercer, ne sont pas toujours étrangères. Ces inconvénients disparaissent quand l'accident est suivi immédiatement d'une information faite sur les lieux mêmes par un homme éclairé et impartial : tout est encore en place, plus de confusion, ni d'erreur possibles, les témoins ne peuvent se retrancher derrière l'indécision de leurs souvenirs, aucune influence n'est encore à craindre. La lumière se fait alors aussi complète que possible. C'est ce que la plupart des législations contemporaines ont compris.

Ces considérations ont déjà depuis longtemps frappé le législateur, tant en France qu'à l'étranger. On en trouve la preuve dans de nom-breux documents législatifs. A l'étranger toutes les législations qui ont réglementé récemment les accidents du travail contiennent des dispositions à peu près identiques à celles de notre art. 11.

963. — L'art. 4 de la *loi fédérale suisse* du 23 mars 1877 dispose que le propriétaire d'une fabrique assujettie à la loi est tenu d'avertir immédiatement l'autorité locale compétente de tous les cas de lésions graves ou de mort violente survenus dans son établissement. Cette autorité doit procéder d'office à une enquête sur les causes et les conséquences de l'accident et en prévenir le Gouvernement cantonal.

964. — Aux termes de l'art. 51 de la *loi allemande* du 6 juillet 1884, tout accident survenu à un ouvrier dans un établissement assujetti doit, s'il a entraîné la mort ou une incapacité de travail de plus de trois jours, faire l'objet d'une déclaration écrite adressée à l'autorité de police locale par l'entrepreneur ou par son préposé. Celui-ci a, pour faire sa déclaration, un délai de deux jours, à partir du moment où il a eu connaissance de l'accident. Un simple retard est puni par le directeur de l'association d'une amende dont le maximum atteint 300 marcs. La déclaration doit comprendre : 1° l'indication de l'établissement dans lequel l'accident a eu lieu, avec désignation exacte de l'atelier ; 2° l'identité de la victime : ses nom, prénoms, âge, adresse et la nature de son travail ; 3° des renseignements sur sa blessure : si elle paraît devoir entraîner la mort ou une incapacité de plus de treize semaines (il est inutile toutefois de joindre un certificat médical) ; 4° l'indication de l'endroit où le blessé a été transporté ; 5° la caisse de maladie à laquelle il appartient ; 6° les jour, date et heure de l'accident ; 7° les causes et circonstances de l'accident ; 8° les témoins de l'accident ; 9° les observations (par exemple indication des mesures à prendre pour éviter le retour d'accidents analogues)[1]. D'autre part les autorités locales de police sont astreintes à tenir un état des accidents qui leur ont été déclarés (art. 52).

965. — La *loi autrichienne* du 28 décembre 1887 (art. 29) impose aussi aux chefs d'entreprise l'obligation de déclarer à l'autorité politique de première instance de la localité tous les accidents survenus dans un établissement industriel assujetti et susceptibles d'entraîner la mort ou une incapacité de travail de plus de trois jours. La déclaration doit être faite dans un délai maximum de trois jours et rédigée conformément aux prescriptions édictées par un règlement d'administration publique. La sanction de ces prescriptions est, aux termes de l'art. 52, une amende maxima de 100 florins qui, en cas de non-paiement, peut être transformée en un emprisonnement de vingt jours au plus.

966. — En *Angleterre*, aux termes de l'art. 31 de la loi du 27 mars

---

[1] Circulaire de l'Office impérial du 11 sept. 188   Bellom, *op. cit.*, t. II, p. 107.

1878 complétée par celle de 1891, tout accident survenu dans une fabrique ou un atelier doit être déclaré quand il a causé la mort de la *victime* ou seulement une blessure de nature à l'empêcher de revenir à l'atelier pour y faire cinq heures consécutives de travail pendant l'un des trois jours qui suivent l'accident. Cette déclaration doit, sous peine d'une amende de 5 livres (125 francs), être adressée par écrit à l'inspecteur et au médecin certificateur du district, elle doit indiquer le domicile de la victime et le lieu où celle-ci a été transportée. L'art. 2 de l'annexe I de la loi de 1897 ajoute qu'elle doit aussi énoncer la date de l'accident.

967. — En *Italie*, l'art. 25 de la loi de 1898 prescrit aux chefs ou exploitants d'entreprises, d'industries ou de constructions, de notifier, dans le délai de deux jours, tous les accidents du travail à l'autorité locale publique, sous peine d'une amende de 50 à 100 francs.

968. — En France on trouve la trace des mêmes préoccupations chez le législateur depuis l'ordonnance du 15 novembre 1846 qui prescrit aux compagnies de chemins de fer de porter immédiatement les accidents à la connaissance des autorités locales. Plus tard un décret du 30 avril 1880 impose des obligations identiques à tous les chefs d'industrie qui emploient des machines à vapeur. Dans tous les cas, l'ingénieur des mines procède sans retard à une enquête. Plus récemment encore, deux lois, l'une du 2 novembre 1892 sur le travail des enfants et des femmes dans l'industrie (art. 15), l'autre du 12 juin 1893 sur l'hygiène et la sécurité des travailleurs (art. 11), édictent, en matière d'accidents, des prescriptions de déclaration qui ont été reproduites à peu près exactement par l'art. 11 de notre loi.

---

969. — Aux termes des art. 11 à 14 de la loi de 1898, tout accident donne lieu à une série de formalités administratives et judiciaires qui engendrent des devoirs incombant : 1° au chef d'entreprise ; 2° au maire ; 3° au juge de paix, et qui permettent en même temps à la victime ou à ses représentants de sauvegarder leurs droits. Nous diviserons ce chapitre en deux sections : la première consacrée aux devoirs du chef d'entreprise et du maire et aux droits de la victime ou de ses représentants ; la deuxième au rôle du juge de paix.

PREMIÈRE SECTION.

Devoirs du chef d'entreprise et du maire. Droits de la victime.

J

Devoirs du chef d'entreprise.

970. — Les devoirs du chef d'entreprise sont tracés par les quatre premiers paragraphes de l'art. 11, dont les dispositions modifiées par la loi du 22 mars 1902 sont ainsi conçues : « *Tout accident ayant occasionné une incapacité de travail doit être déclaré dans les 48 heures, non compris les dimanches et jours fériés, par le chef d'entreprise ou ses préposés, au maire de la commune qui en dresse procès-verbal et en délivre immédiatement récépissé. — La déclaration et le procès-verbal doivent indiquer dans la forme réglée par décret les noms, qualité et adresse du chef d'entreprise, le lieu précis, l'heure et la nature de l'accident, les circonstances dans lesquelles il s'est produit, la nature des blessures, les noms et adresses des témoins. — Dans les quatre jours qui suivent l'accident, si la victime n'a pas repris son travail, le chef d'entreprise doit déposer à la mairie qui lui en délivre immédiatement récépissé, un certificat de médecin indiquant l'état de la victime, les suites probables de l'accident et l'époque à laquelle il sera possible d'en connaître le résultat définitif. La déclaration pourra être faite dans les mêmes conditions par la victime ou ses représentants jusqu'à l'expiration de l'année qui suit l'accident* ».

Le présent article prescrit une déclaration et le dépôt d'un certificat médical. Nous traiterons successivement : 1° de la déclaration; 2° du dépôt du certificat médical; 3° sanctions.

a) *Déclaration d'accident.*

971. — DANS QUELS CAS LA DÉCLARATION EST OBLIGATOIRE. — Trois conditions sont nécessaires pour qu'un chef d'industrie ou son préposé soit tenu de faire la déclaration prescrite par l'art. 11. Il faut : 1° Qu'il y ait eu un accident; 2° Que cet accident ait occasionné une incapacité de travail; 3° Qu'il soit survenu dans un établissement soumis à la loi.

972. — *Première condition.* — Il faut qu'il y ait eu un accident, c'est-à-dire un accident corporel.

L'accident, avons-nous dit avec M. Marestaing, au chap. IV du titre I, est une atteinte au corps humain, provenant de l'action soudaine et violente d'une force extérieure. Nous ne reviendrons pas sur l'interprétation que nous avons donnée de cette définition. Nous nous bornerons à faire remarquer que les morts soudaines causées par une altération naturelle de l'organisme, telles que les attaques d'apoplexie, embolies, angines de poitrine, etc., ne sont point des accidents et ne mettent pas le chef d'industrie dans l'obligation d'en faire la déclaration. Toutefois, un décès affectant une forme foudroyante peut paraître suspect ou avoir une cause indéterminée ; un chef d'industrie avisé ne s'en tiendra pas à l'interprétation littérale de la loi ; il agira dans ce cas, comme en matière d'accident. Il fera constater le décès par un médecin et remettre le certificat médical avec sa déclaration au maire de la commune. La loi exige que tout accident soit déclaré, quelle qu'en soit la cause ; peu importe qu'il ait ou non un caractère industriel. Ainsi, les rixes, les suicides, en un mot tous les traumatismes qui surviennent dans une usine doivent être portés à la connaissance du maire dans les formes prescrites par l'art. 11, à la condition qu'il en résulte une incapacité de travail. Mais quand l'accident paraît ne pas avoir une cause industrielle, le patron pourra, par prudence, insérer des réserves dans sa déclaration.

973. — *Deuxième condition.* — Il faut que l'accident ait occasionné une incapacité de travail.

Par incapacité de travail on doit entendre une invalidité d'une durée appréciable. Il est bien évident que si un ouvrier a reçu un coup qui le contraint à un repos de quelques minutes ou même d'une heure ou deux, on ne peut considérer qu'il y ait incapacité de travail. Les lois allemande et autrichienne fixent le minimum de l'incapacité de travail à trois jours. Le législateur français s'est montré plus rigoureux : il a entendu ne point laisser le chef d'industrie juge de cette durée et l'oblige à déclarer tous les accidents ayant pour effet de priver la victime de son aptitude au travail pendant un certain temps, sauf à faire apprécier dans les quatre jours par un médecin, les conséquences de la blessure (Voir plus loin, n° 985).

Il peut arriver que l'incapacité de travail ne suive pas immédiatement l'accident, que, par exemple, un ouvrier reçoive un coup ou fasse une chute qui ne laisse sur le moment aucune trace apparente et qui n'empêche nullement la victime de continuer son travail, du moins pendant plusieurs jours, voire même plusieurs semaines. Mais, ce laps de temps écoulé, une indisposition se déclare que les médecins n'hésitent pas à attribuer au coup ou à la chute. Dans ce cas, la déclaration, qui n'a pu être faite au moment de l'accident, devra l'être dans les 48 heures de l'interruption de travail.

Si l'accident avait été mortel, à plus forte raison devrait-il être déclaré.

974. — *Troisième condition.* — Il faut que l'accident soit survenu dans une exploitation assujettie à la loi de 1898 sur les accidents industriels (V. n°ˢ 79 et s.), ou à celle de 1899 sur les accidents agricoles (V. n°ˢ 905 et s.).

Souvent le patron ne saura pas s'il est ou non assujetti à la loi. En cas de doute, il doit néanmoins faire sa déclaration pour éviter, le cas échéant, une sanction pénale ; mais alors il agira prudemment en faisant dans sa déclaration des réserves sur l'applicabilité de la loi.

975. — Mais ici se pose une question. Tous les accidents survenus dans un établissement assujetti doivent-ils être déclarés, alors même que la victime elle-même ne serait pas appelée à bénéficier du risque professionnel? Par exemple une personne étrangère à l'industrie vient visiter l'usine avec l'autorisation du chef d'entreprise, ou s'introduit sans autorisation dans l'intérieur de l'établissement; elle est blessée par un moteur ou maltraitée par un ouvrier dépendant du personnel. L'accident devra-t-il être déclaré? Oui, sans aucun doute, la loi ne faisant pas de distinction entre les victimes autorisées à se prévaloir des dispositions de notre loi et les autres. Il serait dangereux de laisser le chef d'entreprise, c'est-à-dire le principal intéressé, juge du point de savoir si la victime est ou non en droit d'invoquer contre lui la présomption dérivant du risque professionnel. Au surplus, quel que soit son emploi et quelle que soit la cause de sa blessure, la victime n'en est pas moins digne d'intérêt et sa situation commande avant tout que la lumière se fasse sur les circonstances dans lesquelles l'accident s'est produit[1].

976. — En résumé la déclaration est obligatoire pour tous les accidents sans exception qui surviennent dans une exploitation assujettie. La victime fût-elle le chef d'entreprise en personne, notre art. 11 serait applicable; et si l'état du blessé, ne lui permettait pas de remplir la formalité légale, ce soin incomberait au préposé chargé de le remplacer.

La loi nouvelle n'a modifié en rien les dispositions qui régissent les mines, minières et carrières. C'est ainsi que, quand un accident grave se produit dans une mine, l'exploitant ou ses préposés sont tenus de faire trois déclarations distinctes : 1° l'une à la mairie (loi de 1898); 2° une autre à l'ingénieur des mines (art. 11 du décret du 3 janv. 1813); 3° la troisième au délégué à la sécurité des ouvriers mineurs (art. 2 de la loi du 8 juill. 1890).

977. — L'art. 11 ajoute : « *L'art. 15 de la loi du 2 novembre 1892 et l'art. 11 de la loi du 12 juin 1893 cessent d'être applicables dans les cas visés par la présente loi* ». Ainsi il est entendu que hors l'industrie minière un accident ne peut donner lieu à deux déclarations; lorsqu'un chef d'industrie sera dans les conditions prévues par la loi de 1898 pour déclarer un accident, il sera dispensé de faire la déclaration que pourrait exiger celle de 1891 ou celle de 1893.

978. — Formes de la déclaration. — L'art. 11 primitif avait omis d'indiquer les mentions que devait contenir la déclaration. Cette omission a été réparée par la loi du 22 mars 1902 et par le décret du 23 mars 1902. Aux termes de ces deux textes la déclaration doit indiquer :

1° Les nom, prénoms, profession et adresse soit du chef d'entreprise, s'il fait la déclaration lui-même, soit de son préposé, en mentionnant son emploi dans l'entreprise;

2° La nature de l'établissement et son adresse;

---

[1] En sens contraire, circ. ministre du Comm! du 21 août 1899.

3° Les nom, prénom, âge, sexe, profession et adresse de la victime;

4° Le lieu précis ou l'accident s'est produit;

5° Sa date avec mention de l'heure;

6° Sa nature, c'est-à-dire l'engin, le travail ou le fait qui l'a occasionné;

7° La nature des blessures : fractures de la jambe, contusions, lésions internes, asphyxie, etc. Spécifier s'il y a eu décès;

8° Les noms, professions et adresses des témoins;

9° Le titre et siège du syndicat de garantie, de la société mutuelle ou de la compagnie à primes fixes qui assure le chef d'entreprise. S'il n'y a pas d'assureur, le déclarer expressément.

10° Dans le cas où la déclaration est faite par les représentants de la victime, ceux-ci doivent mentionner à quels titres ils la représentent (père, mère, conjoint, enfant, mandataire).

Le chef d'entreprise ou ses proposés sont tenus de faire autant de déclarations qu'il y a de victimes (art. 1 du décret du 22 mars 1902).

979. — Lieu de la déclaration. — La déclaration doit être faite au maire de la commune où l'accident s'est produit.

La localisation de l'accident, et, par suite, la détermination de la mairie où la déclaration doit être effectuée n'offrira le plus souvent aucune difficulté. Il se peut cependant, en matière d'accidents de roulage et surtout en matière d'accident de chemin de fer, que l'accident n'apparaisse qu'après coup, souvent même à une grande distance du lieu où il s'est vraisemblablement produit. Dans ce cas, c'est à la mairie de la commune où il est reconnu ou bien à la mairie de la commune où a lieu le premier arrêt que la déclaration devient obligatoire. Le vœu non équivoque du législateur est, en effet, que le maire, et, le cas échéant, par voie de conséquence, le juge de paix saisi se trouvent être les magistrats les plus rapprochés du théâtre de l'accident et les mieux à même, dès lors, au moins d'une manière générale, de provoquer ou de vérifier les premières constatations.

980. — Quant aux accidents survenus dans une mine, minière ou carrière s'étendant sous le territoire de plusieurs communes, ils devront être déclarés à la mairie de la commune où sont situés les bâtiments d'exploitation, par analogie avec la mesure qu'édicte le décret du 6 mai 1811 (art. 21) en matière de redevance minière [1].

981. — Lorsque l'accident se produit sur le territoire étranger, tout en intéressant des victimes de nationalité française et une entreprise ayant son siège social en France, la déclaration de l'accident devra être faite à la mairie du siège social, elle pourrait l'être aussi, pensons-nous, au consulat français du lieu de l'accident. Dans tous les cas, à raison du silence de la loi, le défaut de déclaration en pareil cas serait dépourvu de sanction pénale [2].

982. — Qui doit déclarer l'accident. — L'obligation de la déclaration incombe, dit l'art. 11, au chef d'industrie ou à ses préposés.

Dans une usine, comme dans un régiment, il y a toujours un chef. Un patron ne s'absente pas sans confier la direction du travail à l'employé qui occupe, après lui, les fonctions les plus élevées. Il en est de même si le remplaçant du patron s'absente à son tour. C'est au chef présent au moment de l'accident qu'il appartient de prendre les premières mesures urgentes (transports des blessés, appel du médecin, etc.), et aussi de faire la déclaration prescrite par l'art. 11. Il est bien entendu que, si, sur ces entrefaites, le patron revient, il aura *de plano* la direction du service et sera dès lors tenu de faire la déclaration ou de veiller à ce qu'elle soit faite par son préposé.

983. — En imposant au chef d'industrie le devoir de déclarer l'accident survenu dans son usine, la loi a en même temps accordé la même faculté à la victime ou à ses représentants. Ce droit est un excellent moyen de contrôle. Nous l'étudierons n° 1002.

984. — Délai. — *La déclaration* doit être faite dans les 48

---

[1] Circ. du ministre du Commerce, 21 août 1899.

[2] Comité consult., avis du 7 mars 1900, *J. O.*, 4 avr., p. 2113. Dans ce sens (C. Rennes, 22 déc. 1902, *Gaz. Pal.*, 1903. 1. 81, relatif à un accident survenu dans les colonies). Alais, 27 janv. 1903, *Gaz. Pal.*, 19 mars 1903.

heures. Ainsi le délai court d'heure à heure et a son point de départ au moment où l'accident s'est produit. Pour un accident survenu le 10 janvier à 11 heures du matin, la déclaration doit être faite au plus tard le 12 janvier à 10 h. 59 m. du matin. Lorsque la suspension de travail n'a pas suivi immédiatement l'accident, le point de départ du délai est le moment où l'ouvrier a cessé de travailler.

Si ce délai expirait un dimanche ou jour férié, il serait prorogé de 24 heures; il pourrait même être de 48 heures s'il expirait un dimanche suivi immédiatement d'un jour de fête ou réciproquement, c'est ce qu'exprime le nouvel art. 11 par les mots « *non compris les dimanches et jours fériés* ».

b) *Certificat médical.*

985. — Délai. — Le certificat médical doit être déposé par le patron *dans les quatre jours qui suivent l'accident, si la victime n'a pas repris son travail*. Ce délai correspond à la durée des petits accidents qui ne donnent droit à aucune indemnité pécuniaire. Il court à partir du commencement de la journée du lendemain de l'accident. Pendant ces quatre jours la victime ayant droit aux soins médicaux et pharmaceutiques, le patron est tenu de la faire traiter par un médecin; il est ainsi renseigné exactement sur son état et si dans la matinée du quatrième jour elle n'a pas repris son travail, il doit, sans attendre le lendemain, déposer le certificat médical à la mairie. Il n'importe que le certificat médical constate ou non une complète guérison. Le seul fait que le blessé n'a pas repris son travail le quatrième jour suffit à mettre le chef d'entreprise dans l'obligation de déposer le certificat médical avant l'expiration de ce jour.

986. — Il est bien entendu que les dimanches et jours de fête ne doivent pas être déduits de ce délai. La circonstance qu'il expirerait un jour férié n'aurait point pour effet de le proroger jusqu'au lendemain, car en employant la formule inclusive « *dans les quatre jours* » le législateur a manifesté clairement l'intention que le dépôt doit être fait dans les limites du délai fixé et non le lendemain [1].

---

[1] Dans ce sens, C. 4 avr. 1881, S. 81. 1. 431, D. 81. 1. 364. C. 31 déc. 1883, S.

987. — Forme. — Ce premier certificat médical ne pourra être que très succinct. Il devra cependant indiquer : 1° l'état de la victime ; 2° les suites probables de l'accident ; 3° l'époque à laquelle il sera possible d'en connaître le résultat définitif. Il ne manquera pas de mentionner aussi toutes les constatations qui pourraient avoir quelque importance au point de vue de la détermination de l'origine traumatique ou morbide des lésions. Certaines lésions telles que les hernies, les insolations, les ruptures musculaires, les inhalations de gaz délétères peuvent donner lieu à des contestations fort délicates : les premières observations faites par un homme de l'art et consignées immédiatement sont, dans ce cas, précieuses à consulter.

En cas d'accident mortel, le certificat médical ne sera pas moins nécessaire. L'examen externe du cadavre suffira généralement à faire connaître les causes du décès ; il fournira, dans tous les cas, de précieux renseignements sur les circonstances de l'accident.

Le dépôt du certificat sera dressé conformément au modèle annexé au décret du 23 mars 1902.

988. — Refus du médecin. — Dans le cas où les médecins voisins du théâtre de l'accident refuseraient de délivrer un certificat médical, le chef d'entreprise devrait demander au juge de paix la désignation d'un médecin par justice (art. 23 de la loi du 30 nov. 1893, arg. par analogie de l'art. 13 de la loi du 9 avr. 1898 [1]). Si, à l'inverse, la victime refusait de se laisser visiter par un médecin, celui-ci constaterait le refus dans le certificat.

c) *Sanctions.*

989. — Art. 14 : « *Sont punis d'une amende d'un à quinze francs les chefs d'industrie ou leurs préposés qui ont contrevenu aux dispositions de l'art. 11. — En cas de récidive dans l'année, l'amende peut être élevée de 16 à 300 francs. — L'art. 463 du Code pénal est applicable aux contraventions prévues par le présent article* ».

84. 1. 445, D. 84. 1. 179. Aubry et Rau, t. 1, p. 165. § 49; Carré et Chauveau, quest. 2384.

[1] Com. cons., avis du 7 févr. 1900, *J. O.*, 16 févr. 1900, p. 1009.

La pénalité de l'art. 11 sera donc applicable :

1° Lorsqu'aucune déclaration n'a été faite ou lorsqu'elle a été déposée tardivement, c'est-à-dire après l'expiration du délai de 48 heures ;

2° Si elle a omis une des mentions prescrites par l'art. 11 ;

3° Lorsque le dépôt du certificat médical n'a pas été effectué ou l'a été tardivement, c'est-à-dire après l'expiration du délai de quatre jours, bien que la victime n'ait pas repris son travail le quatrième jour ;

4° Lorsqu'un accident ayant fait plusieurs victimes, le chef d'entreprise n'a fait qu'une déclaration ou a omis de produire un certificat médical concernant une des victimes. La circonstance que le médecin aurait dressé sur une seule feuille de papier un certificat relatif à plusieurs victimes ne saurait constituer une contravention à la charge du chef d'entreprise ; car, quelque incommode que soit ce mode de procéder, le vœu de la loi n'en est pas moins rempli.

990. — Le contrevenant pourrait-il arguer de sa bonne foi? Non, car il s'agit ici d'une contravention pour la répression de laquelle l'intention coupable n'est pas exigée. Toutefois, si l'intention coupable n'est pas une des conditions essentielles de la contravention, il n'en est pas de même de la volonté. Ainsi un chef d'industrie qui, à la suite d'un accident, serait devenu fou, ne serait pas passible d'une pénalité pour avoir omis d'en faire la déclaration légale. De même si le chef d'entreprise et ses préposés avaient été empêchés ou retardés par un événement de force majeure, ils ne tomberaient pas sous l'application de la loi pénale.

991. — A qui la pénalité doit-elle être appliquée? Le contrevenant est, en principe, le patron ou chef d'industrie, à moins qu'au moment où l'accident s'est produit, la direction de l'établissement industriel ne fût confiée à l'un des préposés du patron. Dans ce cas, c'est le préposé à la direction qui est passible de l'amende. Toutefois, la condamnation du préposé n'exclut pas la responsabilité civile du chef de l'industrie, responsabilité civile qui, aux termes des art. 74 du Code pénal et 1384 du Code civil, rend les patrons garants envers l'État des condamnations pécuniaires prononcées contre leurs préposés dans les fonctions auxquelles ils sont employés.

992. — En cas de récidive dans l'année, l'amende peut être portée de 16 à 100 francs. Il résulte de là que, suivant qu'il y a ou qu'il n'y a pas récidive, le tribunal de police correctionnelle ou le tribunal de simple police sera compétent. Les parquets devront donc tenir un casier spécial analogue à celui qui est en usage pour les jugements en matière d'ivresse manifeste et publique.

S'il n'y a pas récidive, l'action publique se prescrira par un an, le fait constituant une simple contravention de police. En cas de récidive, l'infraction étant de la compétence du tribunal correctionnel, la prescription sera de trois ans.

II

Devoirs du maire.

993. — Le maire a une triple mission à remplir. Il doit :

1º Recevoir la déclaration d'accident, en dresser procès-verbal et en délivrer récépissé, recevoir aussi s'il y a lieu, le dépôt du certificat médical et en délivrer récépissé (art. 11, al. 1, 2, 3 et 4) ;

2º Donner avis de l'accident à l'inspecteur du travail ou à l'ingénieur des mines (art. 11, al. 5) ;

3º Transmettre les pièces au juge de paix (art. 12, al. 1).

Chacun de ces rôles sera étudié dans un paragraphe spécial.

a) Réception de la déclaration et du certificat médical.
Procès-verbal et récépissé.

994. — DÉCLARATION FAITE PAR LE PATRON. — Quand la déclaration est faite par le patron ou l'un de ses préposés, le maire en délivre récépissé et en dresse procès-verbal, le tout séance tenante. La déclaration, le récépissé et le procès-verbal doivent être dressés conformément aux modèles annexés au décret du 23 mars 1902. S'il s'aperçoit que la déclaration est incomplète ou irrégulière, il doit en faire l'observation au déclarant et l'engager à réparer l'omission ou à rectifier l'irrégularité. Mais il n'a pas le droit de le contraindre à faire cette modification et il ne peut, dans aucun cas, refuser d'en délivrer récépissé ou s'abstenir d'en dresser procès-verbal.

Lorsque le certificat médical lui est remis, il dresse un procès-verbal de dépôt et en délivre récépissé, le tout également séance tenante et conformément aux modèles prescrits par le décret du 23 mars 1902.

Alors même que la déclaration et le certificat médical seraient déposés tardivement et se rapporteraient à un accident remontant à plus d'un an, le maire est tenu de les recevoir, d'en donner récépissé et d'en dresser procès-verbal ; car un chef d'entreprise peut toujours renoncer librement à une prescription acquise.

995. — Déclaration faite par la victime. — Aux termes de l'art. 11, al. 4, la victime ou ses représentants peuvent faire une déclaration dans les mêmes conditions, *mais seulement jusqu'à l'expiration de l'année qui a suivi l'accident.* Par suite le maire devra refuser, comme tardive et illégale, toute déclaration faite par la victime relativement à un accident remontant à plus d'un an. Dans le calcul de l'année, on ne doit pas compter le jour de l'accident, ni celui de la déclaration. Par exemple un accident survenu le 5 avril 1902 pourrait être encore déclaré valablement par la victime jusqu'à la fin de la journée du 5 avril 1903 (V. tit. III, chap. IV, n°s 1277 et s.). Après l'expiration du délai d'un an, c'est le tribunal seul qui a le pouvoir d'apprécier si la prescription est ou non acquise et, par suite, si la prétendue victime d'accident peut être admise à faire une déclaration valable.

996. — En faisant leur déclaration, la victime ou ses représentants doivent déposer un certificat médical. Cependant rien ne s'opposerait à ce que le dépôt du certificat médical suivît de quelques jours la déclaration. La loi ne prescrit pas expressément que ces deux formalités soient accomplies simultanément. Mais comme la déclaration, le certificat médical ne devrait pas être accueilli après l'expiration de l'année qui a suivi l'accident. Si donc la déclaration est faite le dernier jour, elle doit être nécessairement accompagnée du certificat médical. Les termes de l'al. 4 de l'art. 11 ne laissent subsister aucun doute sur ce point.

Les formalités de procès-verbaux et de récépissés sont les mêmes en cas de déclaration faite par la victime qu'en cas de déclaration émanant du patron.

997. — ACCIDENT NON SUIVI DE DÉCLARATION. — Bien que le législateur ne se soit pas expressément préoccuppé de cette hypothèse, le devoir du maire n'est pas moins clair. S'il apprend qu'un accident susceptible d'être déclaré a eu lieu, il doit immédiatement recueillir d'office les renseignements dont il est parlé à l'art. 11, c'est-à-dire s'enquérir de l'état de la victime, et aussi du motif pour lequel aucune déclaration n'a été faite. Les maires, en effet, ne doivent pas oublier qu'ils sont officiers de police judiciaire, et que, comme tels, ils doivent signaler au juge de paix et au procureur de la République tous les événements qui sont de nature à attirer l'attention de la justice répressive.

b) Avis à donner à l'inspecteur du travail ou à l'ingénieur des mines.

998. — Art. 11, al. 5 : « *Avis de l'accident, dans les formes réglées par décret, est donné immédiatement par le maire à l'inspecteur départemental du travail ou à l'ingénieur ordinaire des mines chargé de la surveillance de l'entreprise* ».

Parmi les industries auxquelles notre loi est applicable, les unes (c'est la généralité) sont surveillées par les inspecteurs du travail, les autres (par exemple industries minières, chemins de fer et appareils à vapeur), sont assujetties au contrôle des ingénieurs des mines.

C'est donc à l'un ou à l'autre de ces fonctionnaires que le maire devra, suivant les cas, transmettre son avis de déclaration d'accident. Cet avis sera dressé suivant la formule indiquée par le décret du 25 mars 1902.

999. — La généralité des termes de l'art. 11 donnerait à penser que cet avis doit être transmis pour tous les accidents, quelle qu'en ait été la gravité. Le modèle annexé au décret de 1902 ne prescrit cependant cette transmission que pour les seuls accidents suivis de décès ou ayant donné lieu à un certificat médical.

1000. — La transmission, dit l'art. 11, doit être *immé-*

diate. Le décret de 1902 (modèle VII) prescrit de la faire, dans le même délai que celle concernant le juge de paix, c'est-à-dire dans les vingt-quatre heures qui suivent le dépôt du certificat et au plus tard dans les cinq jours qui suivent la déclaration de l'accident.

c) Transmission des pièces au juge de paix.

1001. — Art. 12, al. 1 : « *Dans les vingt-quatre heures qui suivent le dépôt du certificat, et au plus tard dans les cinq jours qui suivent la déclaration de l'accident, le maire transmet au juge de paix du canton où l'accident s'est produit la déclaration, et soit le certificat médical, soit l'attestation qu'il n'a pas été produit de certificat* ». En un mot, le maire est tenu de transmettre au juge de paix toutes les pièces qu'il reçoit en matière d'accidents du travail ; il ne conserve dans les archives de la mairie que les procès-verbaux. La seule difficulté est de savoir dans quel délai il doit effectuer cette transmission.

En cas de déclaration accompagnée de certificat médical et dans toutes les déclarations d'accidents mortels même non accompagnées de certificat médical, ce délai est seulement de vingt-quatre heures à partir de la déclaration à la mairie. En cas d'accident non mortel déclaré dans les quarante-huit heures et suivi dans les quatre jours du dépôt du certificat médical, il est aussi de vingt-quatre heures, mais à partir du dépôt du certificat médical.

Si la déclaration régulièrement faite n'a pas été suivie de la production du certificat médical dans les quatre jours à partir de l'accident, le maire est tenu de la transmettre le cinquième jour au juge de paix, en l'accompagnant d'une attestation qu'aucun certificat n'a été produit. Enfin, en cas de déclaration tardive faite après le quatrième jour, la transmission au juge de paix doit être immédiate, même en l'absence du certificat médical qui est remplacé par une attestation de non-production.

Le décret du 23 mars 1902 contient un modèle de transmission au juge de paix avec formule d'attestation négative du dépôt de certificat.

III

Droits de la victime ou de ses représentants.

1002. — Pendant toute la période qui précède l'enquête, l'initiative de la procédure appartient, en principe, au chef d'entreprise dont les intérêts sont opposés à ceux de l'ouvrier. Il importait donc de donner à celui-ci ou à ses représentants les moyens de sauvegarder leurs droits. C'est ce que le législateur a fait en leur permettant de faire eux-mêmes une déclaration (art. 11, al. 4) et aussi de transmettre ultérieurement au juge de paix un certificat médical (art. 12, al. 2). Cette double faculté est destinée à parer à trois éventualités que nous allons examiner successivement : 1° absence de déclaration de la part du patron; 2° déclaration inexacte en ce qui concerne les conséquences de l'accident; 3° aggravation survenue depuis les déclarations. Enfin nous dirons quelques mots des droits de l'ouvrier dans le cas où il penserait que le maire ou le juge de paix ne se sont pas conformés à la loi.

a) Défaut de déclaration du patron.

1003. — Si l'on se trouve encore dans l'année qui a suivi l'accident, la victime ou ses ayants-droit ont la faculté de faire à la mairie une déclaration en l'accompagnant d'un certificat médical (art. 11, al. 4). Nous avons indiqué, n° 978, la forme de cette déclaration et celle du certificat médical, ainsi que le calcul du délai d'un an.

Après l'expiration de l'année qui a suivi l'accident, la victime ou ses représentants ne peuvent plus, sous aucun prétexte, faire leur déclaration à la mairie. L'art. 11, al. 4, est formel. S'ensuit-il qu'ils soient déchus de tous les droits que la loi leur confère contre le patron en cas d'accident? Non évidemment, ce n'est là qu'une question de procédure. Outre les causes d'interruption et de suspension de prescription du droit commun, la loi du 22 mars 1902 prévoit un cas où, après l'expiration du délai d'un an sans aucune déclaration, le droit de la victime d'un accident n'a pas été éteint par la prescription, c'est celui où le patron a payé l'indemnité temporaire tout en s'abstenant de déclarer l'accident. Cette hypothèse n'a rien d'invraisemblable et se présentera certainement quelquefois. L'ouvrier blessé qui touche régulièrement l'indemnité temporaire ne songe pas à user de son droit de faire une déclaration. Plus d'un an s'écoule ; le patron refuse la continuation du paiement de l'indemnité temporaire et prétend qu'il n'y a pas eu d'accident du travail. La victime de son côté, n'étant plus dans les délais légaux pour faire sa déclaration, se trouve dans l'impossibilité d'engager l'action de notre loi. Aura-t-elle un droit purement platonique, sans moyen de le faire valoir ? C'est inadmissible. L'action spéciale de notre loi lui étant refusée, elle aura l'action de droit commun. Elle pourra donc introduire une instance dans les formes prescrites par le Code de procédure civile en vue d'obtenir l'allocation des rentes et indemnités prévues par la loi de 1898.

b) Il y a eu une déclaration faite par le patron.

1004. — Nonobstant la déclaration faite par le chef d'entreprise, la victime ou ses représentants ont toujours le droit de faire eux-mêmes une déclaration accompagnée d'un certificat médical. Ils y ont un intérêt manifeste lorsque le certificat dont ils sont nantis constate, contrairement aux conclusions du certificat déposé par le patron, le décès de la victime ou la possibilité d'une incapacité permanente.

Après l'expiration de l'année qui a suivi l'accident, ils sont déchus du droit de faire une déclaration à la mairie ; mais, comme il y a eu de la part du patron une déclaratiou régulière, l'art. 12 leur donne la faculté de transmettre directement au juge de paix le nouveau certificat médical concluant à un état plus grave que celui relaté antérieurement.

c) Il y a eu une double déclaration du patron et de l'ouvrier.

1005. — Un accident paraissant devoir entraîner une incapacité temporaire a été déclaré à la fois par le patron et par l'ouvrier. Aucune enquête n'est ouverte. Après un temps plus ou moins long l'incapacité paraît s'aggraver; l'ouvrier pense, sur la foi d'un certificat médical, qu'elle sera permanente. Comme il a épuisé son droit de faire une déclaration à la mairie, la loi lui donne la faculté de transmettre directement au juge de paix son certificat médical. A la réception de ce document, le magistrat appréciera, d'après les conclusions qu'il contient, s'il doit ou non ouvrir son enquête.

d) *Autres droits de la victime ou de ses représentants.*

1006. — Enfin il peut arriver que la victime ou ses représentants croient avoir à se plaindre d'irrégularités qui auraient été commises par le maire ou par le juge de paix. En pareil cas ils doivent déposer une plainte au parquet du procureur de la République qui est chargé de veiller à la stricte observation de la loi dans son arrondissement.

DEUXIÈME SECTION.

Rôle du juge de paix.

1007. — En Allemagne les enquêtes en matière d'accidents industriels sont confiées à la police; en Autriche, à l'autorité administrative; en Angleterre, à un médecin, du moins pour les accidents non mortels. Notre législateur a préféré en charger l'autorité judiciaire. L'enquête, a dit M. le rapporteur Duché en 1887, est destinée à servir de base à toute la procédure. Il était donc important de la confier à des hommes entourés de l'estime et de la considération publiques et qui, par leurs fonctions et leurs habitudes, aient été préparés à la conduire avec une intelligente équité. Les juges de paix possédaient les qualités voulues pour cette mission; et c'est sur eux que le choix de la commission s'est arrêté.

Nous diviserons cette section en cinq paragraphes : 1° dans quel cas y a-t-il lieu de procéder à une enquête. Délai; 2° but de l'enquête; 3° procédure d'enquête; 4° expertise; 5° du cas où l'accident donne lieu à une information criminelle.

1

Quand l'enquête est-elle nécessaire? Délai. Compétence.

1008. — Art. 12. 2ᵉ al. (nouveau) : « *Lorsque d'après le certificat médical produit en exécution du paragraphe précédent* *ou transmis ultérieurement par la victime à la justice de paix, la blessure paraît devoir entraîner la mort ou une incapacité permanente, absolue ou partielle de travail, ou lorsque la victime est décédée, le juge de paix, dans les 24 heures, procède à une enquête ... ».*

a) *Des cas dans lesquels il y a lieu à enquête.*

Quatre cas peuvent se produire ; 1° décès de la victime; 2° certificat médical unique; 3° certificats médicaux multiples; 4° absence de certificat médical.

1009. — Décès de la victime. — Toutes les fois que la victime est décédée, l'enquête s'impose, alors même qu'aucun certificat médical n'aurait été produit. Notre texte est formel sur ce point.

1010. — Certificat médical unique. — Si le dossier ne contient qu'un seul certificat médical déposé ou par le patron ou par la victime, c'est sur les constatations et les conclusions de ce document que le juge de paix doit juger de l'opportunité d'une enquête : il suffit, dit la loi, que, d'après le certificat médical, la blessure paraisse devoir entraîner la mort ou une incapacité permanente absolue ou partielle de travail. Il n'est donc pas nécessaire que les conclusions du médecin soient affirmatives ; de simples réserves faites par l'homme de l'art sur la possibilité de complications susceptibles d'entraîner la mort ou une infirmité permanente doivent déterminer le juge de paix à ouvrir son enquête.

1011. — Pour que le magistrat cantonal se dispense de procéder à cette mesure d'instruction, il faut qu'il puise dans le certificat médical la certitude que la blessure n'entraînera qu'une incapacité temporaire. La décision par laquelle il déclare en pareil cas n'y avoir lieu à enquête ne statue ni sur le fond du droit ni sur la recevabilité de l'action ; par suite elle n'a pas le caractère d'un jugement et n'est pas susceptible d'appel[1].

Il peut arriver que le certificat médical, tout en constatant l'existence de lésions incurables, en attribue la cause, non à

---

[1] Cass. req., 9 nov. 1903, *Gaz. Pal.*, 30 nov. 1903.

l'accident déclaré, mais à la constitution ou à l'âge de la victime, par exemple en matière de hernies, de ruptures musculaires, d'hémoptisies, etc. Le juge de paix devra néanmoins faire son enquête et porter tout spécialement ses investigations sur les circonstances propres à rattacher la lésion à l'accident.

1012. — MULTIPLICITÉ DE CERTIFICATS MÉDICAUX. — La blessure qui, au début, paraissait devoir être superficielle, peut s'aggraver inopinément. Un nouveau certificat médical est alors transmis au juge de paix par le patron ou par l'ouvrier. C'est évidemment ce dernier certificat qui doit servir de base à l'appréciation du juge de paix. Mais il peut arriver que le patron et l'ouvrier fassent parvenir au magistrat deux certificats médicaux contenant des conclusions contradictoires, l'un affirmant une blessure aisément curable, l'autre faisant entrevoir la possibilité d'une incapacité permanente. Dans le doute, le devoir du juge de paix est encore de procéder à une enquête.

Il n'importe que le dernier certificat médical concluant à une infirmité incurable ne lui ait été transmis que plus d'un an après l'accident. Le magistrat cantonal ne peut se faire juge du point de savoir si la prescription est ou non acquise ; l'enquête s'impose.

1013. — ABSENCE DE TOUT CERTIFICAT MÉDICAL. — Tant qu'aucun certificat médical n'est produit, si du moins la victime n'est pas décédée, le juge de paix n'est pas tenu de procéder à une enquête ; notre art. 12 est formel sur ce point. Cependant dans certains cas exceptionnels le juge de paix peut acquérir la conviction que, nonobstant l'absence de certificat médical, il y a eu une blessure susceptible d'entraîner une incapacité permanente de travail ; il devra alors insister auprès de l'ouvrier pour que ce certificat lui soit remis dans le plus bref délai et il signalera au parquet la contravention commise par le patron[1].

1014. — Un juge de paix peut-il refuser de procéder à une enquête à raison de ce que l'accident serait étranger au

---

[1] Dans ce sens, Circul. du garde des Sceaux du 22 mars 1902.

travail ou que l'industrie ne serait pas assujettie à la loi? Non,
le tribunal est seul compétent pour trancher ces deux questions[1]. Dans le cas où un juge de paix régulièrement saisi
d'une déclaration d'accident et d'un certificat médical refu-
serait, pour l'un de ces deux motifs, de procéder à l'enquête
légale, il statuerait incompétemment; par suite sa décision
serait sujette à appel si l'une des deux parties avait expressément ou implicitement excipé de l'incompétence[2]; mais elle
ne serait pas susceptible d'un pourvoi en cassation, car l'erreur sur la compétence ne constitue pas l'excès de pouvoir,
qui est seul suffisant pour justifier un pourvoi, en matière
de justice de paix[3].

b) Délai pour commencer l'enquête.

1015. — L'art. 12 dispose que le *juge de paix, dans les
24 heures, procède à l'enquête.* Ce délai est imparti pour l'ouverture de l'enquête. Il court à partir de la réception de la
déclaration d'un accident mortel ou de la réception du certificat médical qui laisse entrevoir la possibilité d'une incapacité permanente totale ou partielle.

c) Compétence.

1016. — Le juge de paix est saisi de la procédure par
l'envoi que lui en fait le maire de la commune où a eu lieu la
déclaration. Comme la déclaration doit être faite au lieu de
l'accident, c'est le juge de paix de ce canton qui est compétent pour procéder à l'enquête. Cette règle souffre toutefois
deux exceptions.

Dans les mines s'étendant sous le territoire de plusieurs
cantons, l'enquête doit être faite dans le canton où sont situés
les bâtiments d'exploitation (n° 980).

Lorsque l'accident a eu lieu sur le territoire étranger, le
juge de paix compétent est celui du siège de la société (n° 981).

1017. — Un juge de paix, qui aurait été incompétemment
saisi par le maire, devrait transmettre immédiatement la pro-

---

[1] Cass. req., 13 juin 1903, *Gaz. Pal.*, 1903. 2. 32.
[2] V. plus loin, tit. III, chap. I, n°s 1130 et s.
[3] Cass. req., 13 juin 1903, *Gaz. Pal.*, 1903. 2. 32.

cédure à son collègue compétent, alors même que les deux parties accepteraient sa compétence (V. toutefois, n° 1208).

II
But de l'enquête.

1018. — L'instruction confiée au juge de paix par la loi de 1898 doit poursuivre un double but : la recherche de la cause et des circonstances de l'accident, — et la détermination de ses conséquences. Ce double but exige la mise en lumière d'un certain nombre de points que le législateur a pris soin d'énumérer dans le deuxième alinéa de l'art. 12. Ce sont :

« 1° *La cause, la nature et les circonstances de l'accident;*

« 2° *Les personnes victimes et le lieu où elles se trouvent, le lieu et la date de leur naissance;*

« 3° *La nature des lésions;*

« 4° *Les ayants-droit pouvant, le cas échéant, prétendre à une indemnité, le lieu et la date de leur naissance;*

« 5° *Le salaire quotidien et le salaire annuel des victimes;*

« 6° *La société d'assurance à laquelle le chef d'entreprise était assuré ou le syndicat de garantie auquel il était affilié* ».

Chacun des points indiqués par le législateur sera étudié dans un paragraphe spécial.

a) *Cause, nature et circonstance de l'accident.*

Nous envisagerons séparément la cause, la nature et les circonstances de l'accident.

1019. — 1° CAUSE DE L'ACCIDENT. — La recherche de la cause d'un accident est un des objets les plus importants de l'enquête. Le juge de paix devra apporter tous ses soins à la mettre en relief.

Un accident a rarement une cause unique : presque toujours il est le résultat direct ou indirect, immédiat ou médiat de faits multiples sur lesquels la lumière la plus complète doit être faite. Le magistrat enquêteur doit se pénétrer de cette idée qu'il n'est point juge de la cause même qui a engendré l'accident; s'il a une opinion sur la détermination de cette cause, il ne

faut pas que cette opinion lui fasse laisser dans l'ombre les
circonstances diverses qui pourraient être considérées par les
tribunaux comme le véritable fait générateur. L'enquête et les
autres mesures d'instruction devront notamment s'appliquer à
faire ressortir les circonstances qui seraient de nature à rattacher la cause initiale de l'accident au fonctionnement de l'industrie ; par exemple la foudre tombe sur une usine et blesse
un ou plusieurs ouvriers. Sans doute la cause première de
l'accident est le feu du ciel ; mais est-ce que l'outillage ou
l'aménagement intérieur de l'établissement n'aurait pas exposé d'une façon toute particulière les ouvriers au danger de
la foudre? Est-ce que la position même du bâtiment industriel sur un point culminant ou la forme extérieure de la
toiture ne commandaient pas l'installation de paratonnerres?
etc., etc.

1020. — Cet ordre d'idées nous amène à faire une autre
recommandation qui nous paraît essentielle. La cause étant
connue, il importe de rechercher si elle constitue une faute, de
la part d'une ou de plusieurs personnes, soit du patron ou de
l'un des contremaîtres, soit d'un autre ouvrier, soit d'un individu étranger à l'usine, soit de la victime elle-même. La faute
de la victime peut consister dans une négligence, dans une
imprudence, dans une inobservation des règlements, dans le
non-usage d'un engin préventif mis à la disposition des ouvriers,
dans un fait inexcusable ou enfin dans un acte intentionnel.
Bien que ces deux dernières causes soient les seules qui aient
une influence directe sur le droit à indemnité, il importe de ne
pas négliger la recherche des autres ; car toutes ont leur
importance. De la part du patron, les fautes susceptibles d'être
relevées ne sont pas moins variées : défectuosité dans la direction générale de l'exploitation ou dans l'installation du matériel, absence de certains appareils protecteurs prescrits par les
lois et règlements ou imposés par les inspecteurs du travail ou
par les ingénieurs des mines ; insuffisance de ces engins ou
vice dans leur fonctionnement ; défaut d'instructions données
aux ouvriers sur la manière d'en faire usage ; fait inexcusable ;
enfin acte intentionnel. La faute d'un tiers peut affecter des
formes identiques.

1021. — 2° Nature de l'accident. — La cause d'un accident sert à en connaître la nature. Ce qu'il importe surtout de rechercher, c'est e point de savoir si l'accident est ou non industriel, c'est-à-dire s'il se rattache par un lien plus ou moins étroit soit au travail personnel de la victime, soit au fonctionnement de l'industrie à laquelle elle appartient. Nous avons vu plus haut que c'est surtout par la détermination de la cause que l'on arrive à ce résultat.

1022. — 3° Circonstances de l'accident. — Par circonstances il faut entendre :

a) *Les circonstances de temps*, c'est-à-dire : — 1) la date de l'accident avec mention du jour de la semaine; il importe en effet de savoir s'il s'agit d'un jour ouvré ou d'un jour férié; — 2) l'heure à laquelle le sinistre s'est produit; — 3) la relation existant entre cette heure et le travail de la victime ou le fonctionnement de l'industrie. Au moment de l'accident l'exploitation était-elle en marche et quelle était l'occupation de la victime? Était-ce une occupation inhérente ou étrangère de l'exploitation? Ou encore ne s'y rattachait-elle que par un lien plus ou moins étroit? On a vu plus haut (chap. V, tit 1) l'intérêt qu'il y avait à savoir si le sinistre avait eu lieu pendant la durée du travail ou en dehors des heures du travail.

Nous avons aussi fait remarquer n°s **354** et s. qu'un accident était susceptible d'engendrer un droit à indemnité, alors même qu'il se serait produit en dehors des heures du travail, si du moins il avait une cause antérieure inhérente au travail et survenue pendant la durée du travail ou du fonctionnement de l'usine. Le juge de paix ne devra donc pas se borner à déterminer le moment de l'accident; il recherchera les divers faits qui paraîtront avoir, avec l'accident, une relation de causalité et il s'attachera à en préciser l'heure.

1023. — b) *Les circonstances de lieu.* — L'enquête doit avoir tout d'abord pour but de déterminer l'endroit où l'accident est survenu. Était-ce dans un atelier, près d'une machine en activité? Y a-t-il un rapport entre cette machine et l'accident? Comment la victime s'y trouvait-elle? Était-ce le lieu de son travail? Si elle a été blessée hors de l'établissement ou de ses dépendances, est-ce qu'elle avait été envoyée à cet endroit pour son travail ou pour le service de l'exploitation? Avait-elle reçu à cet effet l'ordre ou l'autorisation d'un chef ou d'un contremaître? Quel rapport existe-il entre le lieu de l'accident et le travail de l'ouvrier?

Il peut arriver, ainsi que nous l'avons expliqué nᵒˢ 354 et s., qu'un accident survenu hors du lieu de travail, ait cependant un caractère industriel, s'il a pour cause un fait du travail remontant à une date antérieure. Il conviendra donc de rechercher si les faits plus ou moins anciens, qui paraîtraient avoir engendré l'accident, se sont passés sur le lieu du travail.

1024. — c) *Toutes les autres circonstances qui seraient de nature à éclairer sur les responsabilités encourues, sur la nature de l'accident ou sur son importance.* — Il sera utile également de relater si les indications de la déclaration initiale se trouvent confirmées.

b) *Identité des victimes et lieu où elles se trouvent.*

1025. — Immédiatement après avoir eu connaissance de l'accident, le juge de paix doit se préoccuper de connaître les victimes et le lieu où elles se trouvent; car, si les victimes sont vivantes, l'enquête est faite contradictoirement avec elles, en leur présence ou après une convocation à elles adressée d'urgence par lettre recommandée. Bien plus, si elles sont dans l'impossibilité d'assister à l'enquête, le juge de paix doit se rendre auprès d'elles.

L'enquête indiquera aussi exactement que possible : — 1º les noms, prénoms et adresse des victimes; — 2º la nature de leur emploi, s'il existait un contrat de louage d'ouvrage entre elles et le chef d'entreprise et quelles en étaient les conditions; — 3º la date de leur naissance; — 4º en cas de minorité, les noms et adresse de leur représentant légal (père ou tuteur); — 5º si elles sont étrangères, à quelle nationalité elles appartiennent, depuis quelle époque elles résident en France et quels sont ceux de leurs parents qui y habitent.

c) *Nature des lésions.*

1026. — Sur la nature des lésions, le juge de paix sera déjà éclairé par le certificat médical que le chef d'industrie aura joint à sa déclaration. Le magistrat instructeur devra se rendre compte par lui-même si ce certificat présente des garanties suffisantes de sincérité ou si, depuis sa délivrance, une complication imprévue ou une amélioration inespérée ne s'est pas produite. Dans ce cas, l'audition de témoins peut lui permettre de compléter utilement ce certificat médical ; il lui est aussi loisible de recourir aux lumières d'un autre homme de l'art. Nous reviendrons sur ce point dans notre quatrième section en traitant de l'expertise médicale.

Le juge de paix pourra aussi utilement rechercher si la victime n'était pas atteinte d'une infirmité ancienne diminuant sa capacité de travail et si cette infirmité ne lui donnait pas droit à une indemnité.

d) *Identité des ayants-droit.*

Ici trois hypothèses sont possibles : ou bien la victime a été tuée, ou bien elle est vivante, mais en danger de mort ; ou encore ses blessures ne mettent pas sa vie en danger.

1027. — Si la victime a été tuée, il est de toute nécessité que le juge de paix se préoccupe d'abord de rechercher les ayants-droit, puisque, son enquête devant être contradictoire, il doit y procéder en leur présence ou après les avoir convoqués d'urgence ou par lettre recommandée. Toutefois la circonstance que le juge de paix, malgré ses diligences, n'aurait pas retrouvé tous les ayants-droit ne serait pas de nature à vicier l'enquête. Car ceux-ci doivent s'en prendre à eux-mêmes de n'avoir pas usé de la faculté que leur donnait la loi de se faire connaître en déclarant l'accident [1].

1028. — Dans la deuxième hypothèse, si la victime est atteinte de lésions qui fassent craindre une issue fatale, le devoir de rechercher les ayants-droit s'impose également ; car, le décès du blessé étant imminent, il faut que la procédure puisse continuer à suivre son cours contradictoirement avec ceux qui ont qualité pour réclamer une indemnité.

1029. — Dans la troisième hypothèse, cette recherche cesse

---

[1] C. Paris, 19 févr. 1901, *Gaz. Pal.*, 1901. 1. 490. En tout cas, il ne s'agirait pas là d'une nullité d'ordre public. Dès lors l'exception soulevant ce vice de forme devrait être invoquée avant toute défense au fonds.

d'avoir un caractère d'urgence; la nécessité en paraîtrait même contestable. Il peut cependant arriver qu'une victime atteinte d'une blessure, que l'on considérait comme étant sans gravité, succombe subitement d'une lésion interne consécutive à l'accident. Il y aurait, dans ce cas, utilité à connaître les ayants-droit. Le législateur a donc eu raison, en définitive, de prescrire, dans tous les cas, de les rechercher.

1030. — Le *lieu* et *la date de la naissance* des ayants-droit sont aussi des éléments indispensables à la procédure.

1031. — Que faut-il entendre par ayants-droit pouvant, le cas échéant, prétendre à une indemnité? L'art. 3 nous les fait connaître. Ce sont : 1° Le conjoint survivant dont le mariage est antérieur à l'accident et à la condition qu'il n'y ait ni divorce, ni séparation de corps. Il sera par conséquent nécessaire de faire connaître la date exacte du mariage, ainsi que les nom, prénoms et adresse du conjoint;

2° Les enfants légitimes et les enfants naturels reconnus antérieurement à l'accident et âgés de moins de seize ans. La date de la naissance de chacun des enfants devra être indiquée; il faudra également rechercher s'ils sont issus d'un même mariage ou de deux mariages différents;

3° S'il n'existe ni conjoint, ni enfants, les ascendants et les descendants. En ce qui concerne cette troisième catégorie, il ne suffira pas de connaître exactement les noms, prénoms, adresse et degré de parenté de ces descendants ou ascendants; il conviendra de déterminer s'ils étaient à la charge de la victime. Sur cette question nous renvoyons à ce que nous avons dit au chap. VII du tit. I, nᵒˢ 585 et s.

Quant aux héritiers légitimes, il est inutile de les connaître, s'ils ne rentrent pas dans l'énumération qui précède; ils ne pourraient que réclamer le remboursement des frais funéraires, s'ils justifiaient en avoir fait l'avance.

e) Le salaire quotidien et le salaire annuel des victimes.

1032. — Cette partie de l'enquête ne sera pas la moins délicate, ni la moins difficile. Avant d'y procéder, il faut que le juge de paix se rende un compte exact de ce que le législateur a entendu désigner par salaire annuel et par salaire quotidien et comment il exige que ces salaires soient calculés. Nous nous bornerons ici à résumer très succinctement les principes développés plus haut (chap. XI, tit. I).

1033. — SALAIRE ANNUEL. — Et, d'abord on doit comprendre dans le salaire annuel toutes les valeurs qui représentent le prix du travail de l'ouvrier ; peu importe que ces valeurs consistent en argent, en fournitures, en aliments ou en avantages de natures diverses. La détermination de ces valeurs soulève de nombreuses difficultés, suivant les formes si variées auxquelles se prête la rémunération du travail (travail à la tâche, marchandage, participation aux bénéfices, coopération, etc.). Si le salaire est en nature, le juge de paix mentionnera dans son enquête tous les éléments susceptibles de permettre aux parties ou au tribunal d'en faire l'évaluation. L'ouvrier et sa famille sont-ils logés ou nourris gratuitement par le chef d'entreprise, il recherchera dans la commune le prix moyen des logements de même importance, ainsi que celui des pensions. Pour apprécier la valeur des denrées fournies, il consultera les mercuriales, etc.

1034. — Les difficultés s'accroissent encore lorsqu'il s'agit de rechercher le salaire pendant les douze mois qui ont précédé l'accident. Trois hypothèses ont été envisagées par le législateur.

1035. — Si l'ouvrier a été occupé dans l'entreprise pendant ces douze mois, on calcule le salaire qui a été effectivement alloué soit en argent, soit en nature. Il faut avoir soin de rechercher aussi si la victime a eu des interruptions de travail, quelle en a été la cause (maladie, service militaire, grève, paresse, etc.), et d'en faire préciser autant que possible la durée. Le tribunal peut, en effet, avoir à tenir compte de ces périodes de chômage pour l'évaluation définitive du salaire. Nous renvoyons à ce que nous avons dit à ce sujet n⁰ˢ 845 et s.

1036. — Si l'ouvrier a été occupé depuis moins de douze mois dans une entreprise qui fonctionne régulièrement toute l'année, le salaire annuel s'entend, dit l'art. 10, de la rémunération moyenne qu'ont reçue, pendant la période nécessaire pour compléter les douze mois, les ouvriers de la même catégorie. Dans cette hypothèse, l'enquête a un double objet : déterminer la rémunération effective de l'ouvrier dans l'entreprise, rechercher quelle a été, avant son arrivée et pendant la période nécessaire pour compléter ses douze mois de présence, le montant du salaire des ouvriers de la même catégorie. Ces deux points soulèvent des difficultés multiples qui ont été élucidées plus haut, n⁰ˢ 866 et s.

1037. — Enfin si un accident survient dans une usine où le travail n'est pas continu, le salaire annuel est calculé tant sur la période d'activité de ces industries que sur le gain de l'ouvrier pendant le reste de l'année. Ici nécessité de déterminer, comme dans l'hypothèse précédente, le salaire de l'ouvrier dans l'exploitation et en outre de rechercher si, en dehors de l'entreprise, l'ouvrier a réalisé un gain et quel en est le montant. Les nombreuses controverses auxquelles donne lieu l'interprétation de ce texte ont été exposées, n⁰ˢ 878 et s.

1038. — Restent les ouvriers âgés de moins de seize ans et les apprentis. Le salaire, qui servira de base à la fixation de leur indemnité, ne sera pas inférieur au salaire le plus bas des ouvriers valides de la même catégorie occupés dans l'entreprise. L'enquête recherchera : 1° quel est le salaire effectif de la victime, si celle-ci est un ouvrier mineur de seize ans ; 2° quels sont les salaires alloués aux ouvriers de la même catégorie (V. n⁰ˢ 885 et s.).

1039. — Salaire quotidien. — Le salaire quotidien est celui qui sert de base à la fixation des indemnités journalières. Nous avons vu que les indemnités journalières ne sont pas seulement afférentes aux incapacités temporaires, mais encore qu'elles sont dues aux victimes atteintes d'incapacité permanente pendant la période de traitement médical qui précède la consolidation de la blessure.

1040. — Le salaire quotidien est défini par l'art. 3 de notre loi, c'est celui qui est touché par la victime au moment de l'accident. La plupart du temps il suffira de consulter les feuilles de paye de l'usine, pour se renseigner sur le montant de ce salaire ; mais, dans certains cas, l'évaluation en sera plus délicate. Nous nous sommes longuement étendus sur les difficultés inhérentes à ce sujet, n⁰ˢ 892 et s.

1041. — Il peut arriver que le patron nie l'existence de tout contrat de louage d'ouvrage ou d'apprentissage le liant envers la victime, qu'il soutienne par exemple que la victime, étrangère à l'usine, s'y est introduite sans droit quelques instants avant l'accident. Le juge de paix devra porter son enquête sur ce point et entendre tous les témoins qui seraient en mesure de fournir des éclaircissements sur les rapports juridiques existant entre le chef d'entreprise et la victime. On pourra sur ce sujet consulter utilement les développements que nous avons donnés plus haut (chap. II du tit. 1, n° 162).

(¹) La société d'assurance à laquelle le chef d'entreprise était assuré ou le syndicat de garantie auquel il était affilié.

1042. — L'assureur ou le syndicat de garantie devant être en définitive les seuls débiteurs de la rente ou pension vis-à-vis de la victime ou de ses représentants, il est indispensable de les connaître. Mais il peut arriver que le patron ne soit ni assuré, ni affilié à un syndicat de garantie.

1043. — Quelques recommandations d'un ordre général nous paraissent ici nécessaires. Si en matière d'accidents suivis de mort ou d'incapacité permanente, le juge de paix est chargé tout spécialement d'instruire la procédure, c'est-à-dire de faire la lumière sur des faits matériels, il ne doit pas cependant perdre de vue sa mission générale qui est toute de conciliation. Sans doute la loi réserve au président du tribunal seul le droit de consacrer, par un donné acte, l'accord des parties sur les indemnités afférentes à ces sortes d'accidents ; mais le meilleur moyen de faciliter la tâche du président est de commencer, pendant l'enquête, à opérer un rapprochement entre le chef d'entreprise et la victime ou ses représentants. Il est d'abord une première question sur laquelle l'accord peut être établi devant le magistrat cantonal, c'est celle de l'allocation provisoire payable pendant la durée de l'instance. A ce point de vue une distinction doit être faite entre les accidents mortels et ceux qui ont entraîné une incapacité permanente de travail.

En matière d'accidents mortels, les représentants de la victime sont généralement dans un état de gêne, parfois même de misère, qui commande des secours immédiats. Le juge de paix devra s'efforcer d'amener le chef d'entreprise à venir en aide à ces malheureux et à leur servir dès maintenant une pension ayant un caractère provisoire, sauf à se mettre d'accord ultérieurement devant le président sur le chiffre définitif de ladite pension ou à le faire fixer par le tribunal.

En matière d'accidents suivis d'incapacité permanente, le blessé est également dans une situation digne de commisération. La loi lui donne droit immédiatement à une indemnité quotidienne égale à la moitié du salaire journalier. Sur le chiffre de cette indemnité, qui est payable seulement jusqu'au jour de la consolidation de la blessure, les parties peuvent se mettre d'ores et déjà d'accord devant le juge enquêteur qui devra le constater par écrit.

Dans l'application de notre loi, le rôle du juge de paix est un des plus importants ; il demande non seulement du zèle, de l'activité et de l'intelligence. mais encore du tact, de la modération et une impartialité reconnue de tous. Mériter la confiance des deux parties dès le début de la procédure, c'est assurer leur entente et, par suite, empêcher qu'un accident ne devienne une cause de division entre le patron et les ouvriers. Tel est le but poursuivi par le législateur.

III

De la procédure d'enquête.

1044. — « *L'enquête*, dit l'art. 13 de la loi, *a lieu contradictoirement, dans les formes prescrites par les art. 35, 36, 37, 38 et 39 du Code de procédure civile, en présence des parties intéressées ou celles-ci convoquées d'urgence par lettre recommandée. — Le juge de paix doit se transporter auprès de la victime de l'accident qui se trouve dans l'impossibilité d'assister à l'enquête* ». Nous diviserons notre sujet en cinq parties : — 1° A quel endroit l'enquête doit-elle avoir lieu ; — 2° Quelles personnes doivent y assister ou être convoquées à y assister et quelles personnes peuvent, le cas échéant, être présentes ; — 3° Convocation des témoins ; — 4° Forme de l'enquête ; — 5° Clôture et transmission au président.

a) *Du lieu où l'enquête doit être faite.*

1045. — La loi sur les accidents se borne à renvoyer à l'art. 38 du Code de procédure civile qui est ainsi conçu : « Dans tous les cas où la vue du lieu peut être utile pour l'intelligence des dépositions..., le juge de paix se transportera, s'il le croit nécessaire, sur le lieu, et ordonnera que les témoins y seront entendus ». C'est évidemment sur le lieu de l'accident que l'enquête prescrite par notre loi devra, en général du moins, être faite. Il sera même le plus souvent indispensable que le juge de paix fasse précéder ou suivre son information d'un procès-verbal descriptif des lieux, illustré autant que possible d'un croquis.

1046. — Si la clarté des explications exige presque toujours que les témoignages soient recueillis sur les lieux de l'accident, il importe cependant que l'enquête soit contradictoire et que la victime, qui est la principale intéressée, soit en mesure de faire poser des questions aux témoins ou de fournir elle-même des éclaircissements. Mais comment concilier ces deux nécessités, lorsque l'état de la victime l'oblige à garder le lit? Le législateur a résolu la difficulté dans la mesure du possible en prescrivant au juge de paix de se transporter, dans ce cas, auprès du blessé. Lorsque le magistrat a satisfait à cette obligation, que doit-il faire? Doit-il interroger la victime et consigner par écrit ses explications? Doit-il se contenter de les entendre sans les recueillir, et en tenir compte dans son enquête? Doit-il enfin, si cela est possible, faire l'enquête dans la chambre même où le blessé est alité? Sur tous ces points, le législateur ne formule aucune prescription; il laisse au juge les pouvoirs les plus étendus et s'en rapporte à lui du soin de faire la lumière. Quelques conseils généraux au magistrat enquêteur ne nous paraissent pas inutiles.

1047. — Et d'abord, après avoir visité les lieux où l'accident s'est produit et avant d'avoir recueilli par écrit aucun témoignage, le juge de paix doit se transporter au chevet de la victime qui est hors d'état de se déplacer. Là, suivant le degré de gravité de la blessure et *avec l'assentiment du médecin*, il provoque ses explications sur les circonstances de

l'accident. Si ces déclarations méritent, à raison de leur importance, d'être consignées par écrit, le juge de paix a soin
de s'assurer au préalable de l'état intellectuel et mental du
blessé, et, dans le cas où celui-ci paraîtrait être sous l'empire
d'une surexcitation anormale ou d'un abattement dénotant une
altération plus ou moins profonde de ses facultés, le magistrat
aurait pour devoir d'en faire la remarque dans son procès-
verbal de constat. On ne saurait, en effet, attribuer la même
portée aux déclarations d'un malade qu'à celles émanant
d'une personne saine de corps et d'esprit. Au surplus, ce n'est
que dans des circonstances tout à fait exceptionnelles que le
juge de paix devra donner acte par écrit des déclarations
faites par la victime. Notre article, en effet, ne prévoit pas
cette éventualité ; il se contente de prescrire au juge de paix
de se transporter auprès du blessé.

1048. — Il appartiendra aussi au juge de paix d'apprécier si l'enquête peut avoir lieu dans la chambre du blessé,
ou s'il est préférable d'y procéder sur les lieux. Dans ce dernier cas, le magistrat ne devra rien négliger pour que, bien
que faite hors la présence du blessé, elle se rapprochât autant
que possible d'une procédure contradictoire. Si la victime,
tout en étant alitée, est en état de discuter ses intérêts, le juge
de paix devra lui donner connaissance des dépositions des
témoins et poser à ceux-ci les questions sur lesquelles le blessé
aurait appelé l'attention du magistrat.

1049. — Que devra faire le juge de paix si la victime a été
transportée dans un autre canton ? Par exemple, un accident
est survenu dans un village situé à proximité d'une ville, mais
dépendant d'un canton dont cette ville n'est pas le chef-lieu,
et les blessés ont été, par ordre du médecin, transportés dans
l'hôpital de cette ville. Le juge de paix se trouvera alors dans
l'impossibilité légale de se rendre auprès de la victime et de
provoquer ses explications ; il devra se contenter d'envoyer
une commission rogatoire à son collègue du canton où la victime est soignée ; cette commission rogatoire aura pour objet
de mettre le blessé à même de présenter ses observations
sur les circonstances de l'accident, sur l'enquête, sur les questions qu'ils désirerait faire poser à certains témoins et enfin

sur les nouveaux témoignages qui lui paraîtraient devoir être recueillis. Le juge commis profitera de l'occasion pour s'assurer si le premier certificat médical est complet et suffisant; mais il ne pourra ordonner une expertise médicale que si la commission rogatoire l'y autorise; car il n'a par lui-même aucun pouvoir propre, il ne tient ses droits que du juge commettant. Après le retour de la commission rogatoire, le juge de paix enquêteur appréciera s'il convient d'entendre de nouveaux témoins.

b) *Des personnes qui doivent assister à l'enquête ou être invitées à y assister et de celles qui, le cas échéant, peuvent être présentes. — De leur convocation.*

1050. — L'enquête doit être faite par le juge de paix ou, en cas d'empêchement, par le plus ancien suppléant disponible. Le magistrat cantonal est, à peine de nullité, assisté de son greffier; en cas d'empêchement du greffier ou du commis greffier, il fait tenir la plume par un citoyen honorable qui prête, au préalable, serment devant lui.

1051. — Les parties intéressées doivent être invitées, par lettre recommandée, à y assister. Ce sont :

1° Le chef d'entreprise ou son représentant ;

2° Dans les accidents mortels, les ayants-droit de la victime, c'est-à-dire le conjoint survivant, les enfants légitimes et naturels, et, à défaut, les ascendants et les descendants, autres que les enfants. En dehors de ces parents, les héritiers légitimes ou les légataires universels n'auront pas le droit d'assister ou de se faire représenter à la procédure d'enquête.

3° Dans les accidents non mortels, la victime elle-même.

1052. — Si la victime ou, en cas d'accident mortel, les ayants-droit de celle-ci sont en état de minorité et n'ont pas de représentant légal, le juge de paix doit immédiatement, en conformité aux dispositions de l'art. 406 du Code civil, provoquer l'organisation de la tutelle. Dans le cas où les mineurs seraient domiciliés hors de son canton, il doit faire, dans ce but, toutes les diligences nécessaires auprès de son collègue compétent [1].

[1] Comité consultatif, avis du 30 janv. 1901, D. 1901. 4. 83.

1053. — Si la victime est empêchée par son état de maladie, peut-elle se faire remplacer à l'enquête par un mandataire? Sans aucun doute; mais le juge de paix doit exiger la production d'une procuration régulière.

Les ayants-droits présomptifs, c'est-à-dire ceux qui deviendraient ayants-droits en cas de décès du blessé, n'ont point qualité pour assister, sans mandat exprès, à une enquête faite du vivant de la victime.

1054. — Les compagnies d'assurances, les mutuelles et les syndicats de garantie, avec lesquels le patron aurait traité, ne sont pas au nombre des parties intéressées que le juge de paix doive convoquer. Ils n'ont aucun droit d'assister à l'enquête ou de s'y faire représenter. Jusqu'au règlement de l'indemnité, a dit le rapporteur de la commission du Sénat, le patron et l'ouvrier sont seuls en présence [1]. L'assureur n'intervient que lorsque le montant de l'indemnité a été fixé. Mais s'il ne peut pas figurer dans l'enquête, en son nom personnel, rien ne s'oppose à ce qu'il y assiste comme mandataire du chef d'entreprise, si du moins il est nanti d'un pouvoir régulier.

1055. — Il en est tout autrement en Allemagne et en Autriche où l'assurance est obligatoire et monopolisée : dans ces deux pays, les assureurs sont dès le premier jour substitués aux patrons. Seuls débiteurs de l'indemnité envers la victime, ils ont incontestablement le droit de suivre, dès le début, les opérations de la procédure. Quant au chef d'entreprise, il est également appelé à l'enquête soit à cause des explications qu'il est en mesure de fournir sur les circonstances de l'accident, soit à raison des contestations qui peuvent surgir entre l'assureur et lui.

1056. — La convocation des parties intéressées doit être faite, dit la loi, par lettre recommandée. Pour justifier de l'accomplissement de cette formalité, le greffier aura soin de conserver le récipissé de la poste et de l'annexer à son procès-verbal. Si, malgré l'invitation ainsi adressée, l'une des parties ne comparaît pas, le magistrat passe outre et procède à l'en-

[1] Sénat, 7 mars 1898, *J. O.*, 8 mars 1898, p. 669-670.

quête, en constatant toutefois que l'une des parties, quoique régulièrement convoquée, ne s'est pas présentée.

1057. — Enfin le juge de paix peut, s'il l'estime nécessaire, se faire assister pendant tout le cours de l'enquête, d'un expert qui se trouvera ainsi présent aux dépositions des témoins (art. 11). Nous expliquerons plus loin dans quel cas cet expert peut être désigné et quelle sera sa mission.

c) *Convocation des témoins.*

1058. — Tous les témoins, quel que soit l'éloignement de leur demeure, doivent en principe être cités à comparaître devant le juge de paix enquêteur et à l'endroit que celui-ci a choisi pour son enquête.

1059. — Les invitations à comparaître ou citations sont faites comme en matière civile ; rien ne s'oppose à l'emploi, en pareil cas, d'une lettre recommandée.

1060. — Quant aux pénalités pour défaut de comparution, on décide généralement que l'art. 263 du Code de procédure civile sur les témoins défaillants est applicable aux enquêtes faites en justice de paix. Il n'y a pas de motif pour ne pas en étendre l'application aux enquêtes prévues par notre loi. Il eût été préférable toutefois que le législateur se fût formellement expliqué sur ce point. Dans tous les cas, une convocation par simple lettre recommandée n'autoriserait pas le juge à condamner le témoin défaillant.

1061. — Il peut arriver que certains témoins soient dans l'impossibilité matérielle de se déplacer. Dans ce cas, le juge de paix a le droit de les faire entendre par commission rogatoire.

d) *Formes de l'enquête. — Nullité. — Expédition.*

1062. — FORMES. — L'enquête prescrite par la loi de 1898 est une mesure d'instruction destinée à être incorporée à l'instance en règlement d'indemnité. Par suite, comme cette instance, elle jouit de plein droit du bénéfice de l'assistance judiciaire. Malgré le silence du législateur, cette solution ne saurait être douteuse.

Les frais de cette enquête sont avancés par le Trésor ; on doit y comprendre les frais de transport des juges, des officiers ministériels et des experts, les honoraires de ces derniers, les taxes des témoins et enfin les dépenses résultant de la convocation des témoins et des parties intéressées. Le montant de ces frais pourra être ultérieurement répété par le Trésor contre la partie condamnée; il rentrera dans les dépens de l'instance en règlement d'indemnité suivie devant le tribunal[1].

1063. — L'enquête est faite dans les formes indiquées par les art. 35, 36, 37 et 38 du Code de procédure civile.

Au jour indiqué les témoins, après avoir dit leurs noms, profession, âge et demeure, font le serment de dire la vérité, et déclarent s'ils sont parents ou alliés des parties et à quel degré, et s'ils sont leurs serviteurs ou domestiques. Ils sont entendus séparément, en présence des parties, si elles comparaissent. Les parties sont tenues de fournir leurs reproches avant la déposition et de les signer; si elles ne le savent ou ne le peuvent, il en est fait mention; les reproches ne peuvent être reçus après la déposition commencée qu'autant qu'ils sont justifiés par écrit. Les parties ne doivent pas interrompre les témoins : après la déposition, le juge peut, sur la réquisition des parties et même d'office, faire aux témoins les interpellations convenables.

Le greffier dresse procès-verbal de l'audition des témoins; cet acte contient leurs noms, âge, profession et demeure, leur serment de dire la vérité, leur déclaration s'ils sont parents, alliés, serviteurs ou domestiques des parties et les reproches qui auraient été fournis contre eux. Lecture de ce procès-verbal est faite à chaque témoin pour la partie qui le concerne; il signe sa déposition ou mention est faite qu'il ne sait ou ne peut signer. Le procès-verbal est en outre signé par le juge ou le greffier.

1064. — Nullité. — Si l'inobservation de l'une des formalités substantielles de l'enquête était de nature à en entraîner la nullité, c'est le tribunal civil qui serait compétent pour prononcer cette nullité. En pareil cas, l'exception de nullité doit être présentée *in limine litis*, comme toutes les autres exceptions de procédure[2].

---

[1] Circ. du ministre de la Justice du 10 juin 1899. V. n°° 1854 et s.
[2] Cass. req., 9 déc. 1902, *Gaz. Pal.*, 1902. 2. 707.

Si une nouvelle enquête est ordonnée, doit-elle avoir lieu devant le même juge de paix ou devant le tribunal? Cette dernière solution nous paraît de beaucoup préférable en fait et même la seule juridique. En effet, il y aurait de graves inconvénients à charger le magistrat, dont l'enquête a été annulée, ou l'un de ses suppléants, de procéder à une enquête nouvelle. D'autre part la partie, qui demande la nullité d'une enquête, articule en même temps des faits précis qui sont en contradiction avec ceux affirmés par les témoignages de la première enquête. Il faudra donc que la nouvelle enquête porte à la fois sur les circonstances générales de l'accident et tout spécialement sur l'objet de l'articulation de l'une des parties. Or en admettant que le juge de paix fût compétent pour l'enquête d'accident, il cesse de l'être en tant que l'enquête porte sur des faits articulés; car il s'agit ici d'une instance en matière sommaire dans laquelle les enquêtes doivent être reçues à l'audience du tribunal (art. 407, C. proc. civ.). C'est donc au tribunal qui a plénitude de juridiction qu'il appartiendra de faire la nouvelle enquête.

1065. — Expéditions. — A ces dispositions le législateur de 1898 a ajouté la suivante qui concerne la clôture de l'enquête (art. 13, *in fine*) : « *Le juge de paix avertit, par lettre recommandée, les parties de la clôture de l'enquête et du dépôt de la minute au greffe où elles pourront, pendant un délai de cinq jours, en prendre connaissance et s'en faire délivrer une expédition affranchie du timbre et de l'enregistrement* ». Ainsi, le juge de paix ne doit pas seulement aviser, par lettre recommandée, les parties intéressées du jour, de l'heure et du lieu où commencera son enquête; il doit encore leur envoyer une nouvelle lettre recommandée pour porter à leur connaissance la clôture de ladite enquête et le dépôt de la minute au greffe de la justice de paix. Si, dans les cinq jours qui suivent cet avertissement, l'une des parties le réclame, il lui sera délivré par le greffier une *expédition sur papier libre du procès-verbal d'enquête*.

Cette délivrance aura lieu *gratuitement* si elle est demandée par la victime ou ses représentants (art. 29), sauf au greffier à recouvrer, le cas échéant, par l'intermédiaire du receveur d'enregistrement, le montant de ses émoluments (n° 1852). Mais le chef d'entreprise qui le réclame doit en payer le coût d'après le tarif (art. 31 modifié par la loi du 13 avr. 1900), n° 1855.

e) *Clôture.* — *Transmission au président.*

1066. — DÉLAI POUR CLORE L'ENQUÊTE. — L'enquête, dit l'art. 13, doit être close au plus tard dans les dix jours à partir de l'accident, sauf les cas d'impossibilité matérielle dûment constatés dans le procès-verbal. Pour le calcul de ce délai, le jour de l'accident *dies a quo* ne figure pas; mais on doit comprendre le jour de la clôture *dies ad quem.*

Si nous récapitulons les formalités qui s'accomplissent dans les dix jours, nous voyons d'abord que quatre jours sont accordés au chef d'entreprise pour déposer le certificat médical et 24 heures au maire pour en opérer la transmission au juge de paix, de telle sorte que ce magistrat peut ne le recevoir que le sixième jour. Il ouvrira donc son enquête le septième jour et devra l'avoir terminée le dixième. Bien plus, il peut arriver que le chef d'entreprise ait fait une déclaration tardive ou que le maire n'ait pas mis un empressement vraiment légal à la transmission des pièces, qu'en un mot le juge de paix, ne reçoive le certificat médical que le septième ou le huitième jour. Devra-t-il quand même terminer son travail dans les dix jours qui suivent l'accident? A l'impossible nul n'est tenu. C'est ce qu'exprime notre article par ces mots : « sauf les *cas d'impossibilité matérielle dûment constatés dans le procès-verbal* ». Le magistrat enquêteur devra agir avec la plus grande célérité; mais il ne faut pas que cette célérité compromette le résultat de l'information. Ce que le législateur veut avant tout, c'est la lumière sur tous les points qui lui ont paru essentiels; il exige que cette lumière soit faite le plus promptement possible et il indique les délais qui devront être observés. Mais il ne va pas jusqu'à faire de l'inobservation de ces délais une cause de nullité. Les motifs du retard devront être mentionnés dans le procès-verbal.

1067. — Un retard de la part du chef d'entreprise est

suivi d'une sanction pénale. Quant à l'inexécution par le maire ou par le juge de paix des prescriptions légales, elle n'est susceptible que d'une répression disciplinaire ou administrative.

1068. — Délai pour la délivrance de l'expédition. — Ce délai est de cinq jours à partir du moment où les intéressés ont été avertis par lettre recommandée de la clôture de l'enquête. C'est une garantie de plus accordée aux intéressés qui, présents à l'enquête, désirent examiner plus attentivement les dépositions recueillies ou qui, empêchés d'y assister, ont naturellement intérêt à en prendre connaissance.

1069. — Transmission au président du tribunal civil. — A l'expiration de ce délai de cinq jours, ajoute l'art. 13, le dossier est transmis au président du tribunal civil de l'arrondissement. Ainsi, seize jours au plus tard après l'accident, l'enquête terminée et communiquée aux parties est déposée dans les archives du greffe du tribunal civil.

Ce sont les minutes mêmes de l'enquête qui doivent être transmises au président du tribunal civil. La fixation d'un délai aux parties pour se faire délivrer des extraits ou copies des documents déposés au greffe de la justice de paix, l'énonciation qu'à l'expiration dudit délai le dossier sera transmis au président, indiquent que le dépôt fait au greffe de la justice de paix n'a qu'un caractère provisoire. Cette solution, conforme à la lettre de la loi de 1898, rentre également dans son esprit. Elle supprime des écritures dont la nécessité ne s'impose pas[1].

1070. — Il peut arriver que l'enquête et l'expertise faites par le juge de paix donnent la certitude que la blessure de la victime est moins grave qu'on ne l'avait pensé au premier moment et qu'elle n'entraînera qu'une incapacité de travail temporaire. Dans ce cas, la transmission au président du tribunal civil n'a plus sa raison d'être, le juge de paix étant seul compétent pour fixer l'indemnité journalière. Le magistrat cantonal devra donc conserver les pièces et s'assurer que les parties se sont mises d'accord sur le chiffre de cette in-

---

[1] Circ. du ministre de la Justice du 22 août 1901.

demnité, ou veiller à ce que l'instance introduite devant lui se termine dans le plus bref délai.

IV
De l'expertise.

1071. — La loi prévoit deux sortes d'expertise qu'il faut se garder de confondre : l'expertise technique et l'expertise médicale. Leur but est tout à fait différent. L'une a en v~~ a recherche de la cause et des circonstances de l'accident; l'autre doit en déterminer les conséquences dommageables pour la victime. Toutes deux jouissent du bénéfice de l'assistance judiciaire. Les honoraires des experts sont admis en taxe comme en matière civile et avancés par le Trésor (n° 1860).

Chacune de ces expertises sera étudiée dans un paragraphe spécial.

a) *Expertise technique.*

1072. — Deux hypothèses sont à envisager :

Ou bien l'accident est survenu dans une entreprise privée qui n'est point administrativement surveillée ou dans une entreprise de l'État qui n'est pas placée sous le contrôle d'un service distinct et où ne s'effectue aucun travail que la sécurité publique oblige à tenir secret ; — ou bien l'accident est survenu dans une entreprise administrativement surveillée ou encore dans une entreprise de l'État, placée sous le contrôle d'un service distinct du service de gestion, ou encore dans un établissement national où s'effectuent des travaux que la sécurité publique oblige à tenir secrets.

1073. — Première hypothèse. — Cette hypothèse comprend deux classes d'exploitation :

1° Les entreprises privées, à la condition qu'elles ne soient point soumises à la surveillance administrative de l'État;

2° Les entreprises de l'État, qui ne remplissent ni l'une ni l'autre des deux conditions suivantes : a) être placées sous le contrôle d'un service distinct du service de gestion; b) d'effectuer des travaux que la sécurité publique oblige à tenir secrets.

1074. — Quand un accident survient dans un établissement de cette catégorie, le juge de paix a la faculté de recourir à une expertise technique ; mais il ne doit user de cette faculté qu'avec une extrême réserve, c'est-à-dire uniquement lorsque l'enquête doit porter sur des questions ou des faits d'un ordre professionnel que le magistrat n'est pas à même d'apprécier par lui-même.

1075. — Le juge de paix pourrait-il désigner plusieurs experts? Nous ne le pensons pas. Les projets antérieurs à celui de 1893 conféraient au juge de paix le droit de commettre « *un ou plusieurs experts* ». Les mots « ou plusieurs » ayant été retranchés du texte définitif, on doit admettre que cette suppression a été intentionnelle[1]. J'ajoute qu'elle est fort sage. La pluralité d'experts n'aurait d'autre résultat que de ralentir sans profit les investigations de la justice. Toutefois cette disposition n'empêcherait nullement le juge de paix de désigner, outre l'expert technique, un expert médical pour examiner la victime.

1076. — En principe, le rôle de l'expert doit consister à être présent à l'audition des témoins et à fournir, au fur et à mesure que le magistrat les sollicite, les explications techniques que comportent les différentes dépositions. Dans ce cas l'expert assiste le magistrat, suivant l'expression de l'art. 13; il l'éclaire sur le côté scientifique et professionnel de l'information. Sa mission peut être aussi plus étendue. Le juge de paix a le droit de le charger de formuler par écrit son avis sur des questions spéciales et même de dresser un plan des lieux ou de faire le croquis d'une machine.

1077. — Dans tous les cas, qu'il assiste simplement le magistrat enquêteur ou qu'il soit invité à dresser un rapport, l'expert doit au préalable prêter serment. Il est également tenu de terminer ses opérations dans les délais de l'enquête et son travail fait, comme le procès-verbal de constat du juge de paix, partie intégrante de l'enquête. La minute en est déposée au greffe ; et l'expédition en est délivrée, le cas échéant,

---

[1] Voir la différence de rédaction entre le projet voté par le Sénat le 12 mai 1890 (*J. O.*, Déb. parl., p. 419), et le texte adopté par la Chambre le 5 juin 1893 (*J. O.*, Déb. parl., p. 1615).

aux intéressés en même temps que l'expédition de l'enquête elle-même.

1078. — Le juge de paix peut-il donner mission à l'expert de recueillir des témoignages? Non. C'est le magistrat cantonal seul qui a le droit de procéder à l'enquête; il ne peut être remplacé, en cas d'empêchement, que par un de ses suppléants; la loi ne l'autorise pas à transmettre ses pouvoirs à un expert. Sans doute celui-ci peut recueillir auprès des témoins de l'accident des renseignements propres à l'éclairer sur les questions qui lui sont soumises; mais s'il lui arrive de consigner dans son rapport les déclarations de ces personnes, ces déclarations ainsi relatées ne sauraient avoir la valeur d'un témoignagne. Dans tous les cas il n'aurait pas qualité pour faire prêter serment aux personnes entendues dans ces conditions.

1079. — DEUXIÈME HYPOTHÈSE. — L'accident est survenu dans une entreprise qui se trouve dans l'une des catégories suivantes : 1° exploitations privées, mais administrativement surveillées; 2° entreprises de l'Etat placées sous le contrôle d'un service distinct du service de gestion; 3° établissements nationaux où s'effectuent des travaux que la sécurité publique oblige à tenir secrets.

Dans cette hypothèse, il est expressément interdit au juge de paix de recourir à une expertise qui serait en effet *inutile* en ce qui concerne les deux premières catégories d'exploitation et *dangereuse* en ce qui concerne la troisième.

Inutile, car dans les entreprises administrativement surveillées et dans celles qui sont placées sous un contrôle indépendant, les fonctionnaires préposés à la surveillance et au contrôle présentent les garanties les plus complètes d'aptitude professionnelle et d'impartialité pour éclairer la religion des magistrats sur l'exploitation technique de l'industrie.

Dangereuse, car dans les établissements où s'effectuent des travaux que la sécurité publique oblige à tenir secrets, la prudence la plus vulgaire commande de ne laisser pénétrer aucun spécialiste étranger à l'État.

1080. — Dans ces divers cas, dit l'art. 13, les fonctionnaires chargés de la surveillance ou du contrôle de ces établissements ou entreprises transmettent au juge de paix, pour être joint au procès-verbal d'enquête, un exemplaire de leur rapport. Ainsi le juge de paix n'aura pas le droit d'exiger que ces fonctionnaires l'assistent dans son enquête : leur rapport devra suffire. Le magistrat n'en conservera pas moins le droit et même le devoir de se transporter sur les lieux de l'accident, d'y entendre les témoins, de dresser son procès-verbal de constat et de se rendre compte par tous les moyens en son pouvoir des faits et circonstances qui seraient de nature à l'éclairer sur les causes de l'accident et sur les différents objets de son enquête.

Toutefois, s'il s'agit d'un établissement national où certains travaux doivent, dans un intérêt de sécurité publique, être tenus secrets, le magistrat devra se montrer fort circonspect et s'efforcer de concilier l'accomplissement de sa mission avec les nécessités de la défense nationale.

1081. — Les entreprises comprises dans chacune de ces trois catégories sont les suivantes[1] :

1082. — 1° *Entreprises privées administrativement surveillées.*

Rentrent dans cette catégorie : *a)* les mines, les minières et les carrières; *b)* les compagnies de chemins de fer et de tramways; *c)* les appareils à vapeur.

a) Les mines sont surveillées par une administration spéciale en vertu et par application du titre V (art. 47 à 50) de la loi organique du 11 avril 1810, qui charge cette administration de la triple mission de surveiller les exploitations en vue d'assurer la conservation de la richesse minérale, la sécurité de la surface et la sécurité du personnel occupé dans les travaux. En outre, une loi récente du 8 juillet 1890 a créé des délégués à la sécurité des ouvriers mineurs pour visiter les travaux souterrains des mines, minières et carrières dans le but exclusif d'en examiner les conditions de sécurité pour le personnel qui y est occupé, et, d'autre part, en cas d'accident, les conditions dans lesquelles cet accident se serait produit.

Lorsqu'un accident entraîne la mort ou des blessures gra-

---

[1] Rapport de M. Ricard à la Chambre des députés, 1892, *loc. cit.*

ves, le service des mines et le délégué mineur, immédiatement prévenus, doivent, aux termes du décret de 1813 et de
l'art. 2 de la loi de 1890, procéder à une enquête sur les causes
et la responsabilité de l'accident. Le procès-verbal du service
des mines est envoyé au parquet et à l'administration. D'a-
près notre loi, un exemplaire de ce procès-verbal devra être
adressé au juge de paix, ainsi qu'un exemplaire du rapport
dressé par le délégué mineur.

Le régime des minières est, de par la loi organique des
mines (21 avr. 1810) modifié par la loi du 25 mai 1866, identique à celui des mines. Le décret de 1813 est applicable.

Pour les carrières souterraines, la loi du 21 avril 1830
modifiée par la loi du 25 juillet 1880 impose les mêmes prescriptions. Enfin pour les carrières à ciel ouvert, un régime
absolument analogue leur est appliqué par le règlement-type
qui existe dans chaque département en vertu de l'art. 80 de
la loi du 21 avril 1810, modifié par la loi du 27 juillet 1880.

b) Les compagnies de *chemins de fer et de tramways* sont
soumises à un contrôle administratif très complet, dont les
principes ont été posés par l'ordonnance du 15 novembre
1846, rendue en application de la loi du 15 juillet 1845. Tout
accident, si insignifiant qu'il soit, fait l'objet d'une enquête
immédiate de la part du service du contrôle. Le procès-verbal
ou rapport est envoyé au parquet en vertu de la loi du 27 février 1850 (art. 4) et au ministre des Travaux publics. Un
exemplaire de ce procès-verbal sera transmis au juge de
paix, aux termes de notre loi. La construction des lignes
nouvelles est soumise au même contrôle.

c) Pour *les appareils à vapeur* enfin, le service du contrôle
est confié aux ingénieurs des mines par le décret des 27-30
avril 1880, rendu en application de la loi du 21 juillet 1856.
En cas d'accident, quel qu'il soit, la même procédure doit être
immédiatement suivie et les procès-verbaux transmis comme
en matière de mines et de chemins de fer.

1083. — 2° *Entreprises d'État ayant un contrôle distinct
du service de gestion.*

Il n'y a, à vrai dire, *que l'administration des chemins de
fer de l'État*, qui rentre dans cette catégorie. Les décrets des

25 mai 1878, rendus en conformité de la loi du 18 mai 1878, ont organisé le réseau d'État d'une façon identique au réseau des compagnies privées. Le contrôle administratif des chemins de fer de l'État est organisé et fonctionne, par rapport à cette administration, exactement comme vis-à-vis des compagnies privées. En cas d'accident notamment, mêmes enquêtes, même procédure et même transmission des procès-verbaux et rapports.

1084. — 3° *Établissements nationaux où s'effectuent des travaux que la sécurité publique oblige à tenir secret.*

Par établissements nationaux il faut entendre particulièrement les établissements de la Marine et de la Guerre. Mais ces établissements ne rentrent dans notre hypothèse que dans le cas où s'y effectuent des travaux que la sécurité publique oblige à tenir secrets. M. Ricard énumère dans son rapport les établissements de la Marine et de la Guerre. Les établissements de la Marine comprennent, dit-il, en dehors des arsenaux, la poudrerie de Ruelle, les ateliers d'Indret et les forges de la Chaunade. Les établissements de la Guerre : les ateliers de construction de l'artillerie de Tarbes, Vernon, Avignon, Angers, Puteaux, la poudrerie de l'artillerie, la poudrerie de Bourges, les manufactures d'armes de Saint-Étienne, Tulle, Châtellerault, les raffineries, poudreries, dynamiteries de l'administration des poudres et salpêtres ; les ateliers de préparation et manutention des subsistances militaires. Comme on le voit, à part les ateliers de préparation et manutention de subsistances militaires, presque tous ces établissements effectuent des travaux que la sécurité publique oblige à tenir secrets, et, par suite, doivent être classés parmi ceux dans lesquels une expertise ne peut être faite.

A l'énumération mentionnée dans le rapport de M. Ricard, il faudrait ajouter les parcs aérostatiques militaires, notamment le parc de Meudon.

Quoi qu'il en soit, il ne faut pas perdre de vue l'art. **28**, ainsi conçu : « Il n'est rien dérogé aux lois, ordonnances et règlements concernant les pensions ou indemnités accordées aux ouvriers, apprentis et journaliers des arsenaux et usines de la Marine et celles des ouvriers immatriculés des mau ufactures d'armes dépendant du ministère de la Guerre ».

b) Expertise médicale.

1085. — Lorsque le certificat médical ne lui paraîtra pas suffisant, le juge de paix, dit l'art. 13, pourra désigner un médecin pour examiner le blessé.

On a vu que le juge de paix recevait, en même temps que la déclaration de l'accident, un certificat médical que le chef d'entreprise est tenu de faire dresser dans les quatre jours. Ce certificat doit indiquer, aux termes de l'art. 11, l'état de la victime, les suites probables de l'accident et l'époque à laquelle il sera possible d'en connaître le résultat définitif. Or, les conclusions de ce certificat seront parfois contredites par celles du certificat que la victime ou ses représentants sont autorisés à produire de leur côté. L'enquête peut aussi revêtir des inexactitudes. Des complications imprévues ou une amélioration inespérée ont pu se produire. Enfin il arrivera aussi dans certains cas que le chef d'entreprise conteste le caractère traumatique des lésions de la victime prétendue. Ce sont autant de cas dans lesquels le juge de paix aura à apprécier s'il ne convient pas de provoquer un second examen de la victime.

1086. — Le médecin ainsi désigné aura la qualité d'un expert. Il devra au préalable prêter serment et il sera tenu de déposer son rapport avant la fin de l'enquête dans les délais impartis au juge de paix par l'art. 13, *in fine*.

Ses constatations devront porter sur les points suivants :

1° Identité de la victime : il devra indiquer les nom, prénom et âge de la personne dont il décrit l'état et s'assurer qu'elle est bien celle qu'il est chargé d'examiner ;

2° Historique de la blessure et de la maladie consécutive. Cet historique comportera le résumé succinct de l'accident, la description des lésions et l'exposé du traitement appliqué jusqu'au jour du rapport;

3° État du blessé avant l'accident : sa santé et sa constitution. Avait-il subi antérieurement quelques lésions corporelles ou souffrait-il d'une maladie chronique ou d'une infirmité qui ont diminué sa capacité de travail? En cas d'affirmative,

en quoi consistait cette infirmité, cette maladie ou cette lésion?

4° L'état morbide de la victime est-il la conséquence directe
de l'accident? Ou bien une infirmité ou une maladie antérieure
s'est-elle combinée avec lui et dans quelle mesure?

5° Le blessé a-t-il reçu jusqu'à présent les soins que com-
portait son état?

6° A-t-il suivi exactement les prescriptions médicales? En
cas de négative, sa guérison est-elle retardée ou empêchée
par ce motif?

7° L'état du blessé est-il actuellement définitif? Si oui, depuis quelle date? Si non, à quelle époque le sera-t-il?

8° Quel traitement le blessé devra-t-il suivre à l'avenir?
A-t-il encore besoin de pansements ou de soins continus?

9° La blessure résultant de l'accident entraînera-t-elle une
incapacité permanente totale de travail?

10° Entraînera-t-elle une incapacité permanente partielle?
Indiquer dans quelle mesure l'aptitude au travail se trouvera
diminuée et à partir de quelle époque le blessé a pu ou
pourra se remettre au travail?

11° Entraînera-t-elle une incapacité temporaire? En cas
d'affirmative indiquer la date de la guérison ou de la possibilité de reprise du travail?

1087. — Autopsie. — Le juge de paix peut-il ordonner
l'autopsie. La loi du 9 avril 1898 lui confère les pouvoirs les
plus étendus pour éclairer le tribunal sur les circonstances,
les causes et les conséquences de l'accident. S'il doit user de
ses pouvoirs avec modération, il a cependant le devoir de ne
rien négliger pour faire une lumière complète sur tous les
points essentiels. Quand donc il se trouve en présence d'un
cadavre dont la cause du décès n'est pas établie, il doit tout
d'abord commettre un médecin pour procéder à un examen
superficiel. Si l'homme de l'art déclare que cet examen est
insuffisant pour asseoir sa conviction et que l'autopsie est
nécessaire, le magistrat ne doit pas hésiter à l'ordonner[1]; mais
il ne peut le faire qu'avec l'assentiment au moins tacite des

---

[1] Dans ce sens, Circ. du garde des Sceaux du 22 août 1901.

ayants-droit. On ne peut, en effet, hors le cas de présomption
de crime, porter atteinte à l'intégrité d'un cadavre qu'avec
l'assentiment de la famille. Mais, si le juge de paix, jugeant
une autopsie nécessaire, se heurte à une opposition des
ayants-droit, il doit dans son procès-verbal, donner acte de
leur refus et des motifs invoqués pour le justifier. Comme les
ayants-droits sont demandeurs dans l'instance judiciaire, ils
ont à administrer la preuve de la relation de cause à effet
entre le décès de la victime et l'accident ; par suite en s'op-
posant à un mode d'investigation aussi important, ils compromettent leurs intérêts.

1088. — Dans le cas où le cadavre serait déjà inhumé, le
juge de paix peut en ordonner l'exhumation ; mais alors il
doit spécifier dans son ordonnance que l'exhumation s'effectuera dans les conditions que l'autorité administrative croira
devoir prescrire au point de vue de la salubrité publique.

1089. — CHOIX DU MÉDECIN. — Aux termes de l'art. 17,
al. 4, le médecin choisi comme expert ne pourra être ni le
médecin qui a soigné le blessé, ni un médecin attaché à l'entreprise ou à la société d'assurance à laquelle le chef d'entreprise est affilié.

V

Du cas où l'accident donne lieu à une information criminelle.

1090. — Si l'accident signalé au juge de paix, conformément à la loi de 1898, paraît avoir une cause criminelle nécessitant la mise en mouvement de l'action publique, notre procédure va se trouver en conflit avec l'information poursuivie
à la requête du ministère public. Dans ce cas la solution du
conflit n'est pas douteuse : le criminel tient le civil en suspens. Mais à partir de quel moment peut-on dire que l'action
publique est mise en mouvement ? En principe, c'est le réquisitoire du procureur de la République au juge d'instruction
qui est l'acte initial de l'information criminelle. Donc à partir
de ce moment l'enquête civile doit être suspendue. Elle peut
même l'être plus tôt ; par exemple, si un membre du parquet s'est transporté sur les lieux, agissant en cas de flagrant

délit, ou si le juge de paix, estimant lui-même le crime flagrant, a commencé à instrumenter comme officier de police
judiciaire. Ainsi lorsque l'accident paraît être le résultat d'un
crime et donne lieu à une information criminelle, l'enquête
et les autres mesures d'instruction prescrites par la loi de
1898 doivent être suspendues jusqu'à l'issue de la procédure
du ministère public. Il ne serait pas sans péril, en effet, de
laisser deux informations différentes poursuivre un but à peu
près identique, l'une dirigée par le ministère public, l'autre
faite dans un intérêt privé. L'enquête civile est soumise à des
formalités de publicité qui seraient de nature à compromettre
le succès de l'action publique. Au surplus le juge d'instruction et les magistrats du parquet sont armés de moyens plus
efficaces pour découvrir la vérité que ceux dont disposent les
simples citoyens. En admettant donc que l'enquête prescrite
par la loi de 1898 ne fût point nuisible, elle serait tout au
moins inutile.

1091. — La suspension de la procédure ne concerne,
bien entendu, que les recherches communes avec l'objet de
l'information du ministère public, c'est-à-dire celles qui ont
pour but la détermination de la cause, de la nature et des
circonstances de l'accident, ainsi que de l'identité des victimes, du lieu où elles se trouvent et de la nature de leurs
lésions.

Malgré l'ouverture d'une information criminelle, le juge de
paix n'en doit pas moins rechercher les ayants-droit éventuels
à l'indemnité et aussi calculer, ainsi que nous l'avons indiqué plus haut, le salaire quotidien et le salaire annuel des
victimes. Ces deux points, étant complètement en dehors de
l'action publique, peuvent sans inconvénient faire l'objet de
l'enquête civile dont les proportions se trouvent ainsi consi-
dérablement réduites.

1092. — La même solution doit-elle être adoptée lorsque
le ministère public intente des poursuites, non pour crime,
mais pour simple délit? Ainsi il arrive souvent qu'un accident
est dû à une imprudence, à une négligence ou à une inobservation des règlements, soit que la faute soit imputable au patron, soit qu'elle émane d'un ouvrier ou d'une personne étran-

gère. La poursuite est alors exercée sous l'inculpation des déli
prévus par les art. 319 ou 320 du Code pénal relatifs à l'ho
cide et aux blessures involontaires et aussi d'infractions à un
loi spéciale concernant telle ou telle industrie. Cette hypo
thèse comporte une distinction. Le ministère public a deu
moyens de porter l'affaire devant le tribunal; il peut, au préa
lable, requérir du juge d'instruction l'ouverture d'une information régulière. Dans ce cas, la justice criminelle est saisi
à partir du réquisitoire introductif, comme nous l'avons vu
en matière de crime. L'adage « le criminel tient le civil en
suspens » est donc applicable à partir de la date de ce réquisitoire. Mais si, au lieu de procéder par voie d'instruction préalable, le procureur de la République cite directement les prévenus devant le tribunal de police correctionnelle, c'est
l'assignation qui devient le premier acte de poursuite et qui
seule a pour effet de suspendre le cours de la procédure ouverte en matière civile. Sans doute, avant de citer le prévenu
en police correctionnelle, le parquet fait dresser des procès-
verbaux par la gendarmerie et prescrit parfois au juge de paix
de faire une enquête; mais cette enquête, faite en dehors de
la procédure de flagrant délit, n'a que la valeur de renseignements purement officieux. Par suite, alors même que le juge
de paix serait chargé par le procureur de la République ou
ses substituts de procéder à une enquête sur un accident,
dont la cause paraîtrait devoir être un simple délit, cet ordre
du parquet ne saurait dispenser le magistrat cantonal de se
conformer à la loi de 1898 et de faire, dans l'intérêt privé,
une enquête sur tous les points énumérés à l'art. 12. C'est
seulement dans le cas où le juge d'instruction serait lui-même
saisi de l'affaire que le juge de paix devrait surseoir.

1093. — Il en serait de même aussi à partir du moment
où l'affaire serait portée devant le tribunal correctionnel par
voie de citation directe ou encore en matière de flagrant délit
conformément à la loi de 1863. Mais, dans le premier cas, la
citation est toujours signifiée plus de dix jours après l'accident
et par suite après la clôture de l'enquête civile. Quant à la
procédure de flagrant délit, le parquet n'y a point recours
pour les délits d'homicide et de blessures involontaires dont

la démonstration nécessite généralement des renseignements préliminaires assez longs à obtenir.

1094. — L'entrave apportée à l'enquête du juge de paix par l'ouverture d'une information criminelle ne saurait préjudicier aux parties; car le nouvel art. 20 donne expressément à celles-ci le droit d'avoir communication de toutes les pièces des procédures du parquet. Nous interpréterons ces dispositions en traitant des instances devant le tribunal (n°ˢ 1235 et s.).

TABLE ANALYTIQUE DES MATIÈRES

CONTENUES DANS LE TOME I

INTRODUCTION

CHAPITRE VI

CHAPITRE IX

CHAPITRE XII

TITRE II

CHAPITRE UNIQUE

DÉCLARATIONS DES ACCIDENTS ET ENQUÊTE

BAR-LE-DUC. — IMPRIMERIE CONTANT-LAGUERRE.

www.ingramcontent.com/pod-product-compliance
Lightning Source LLC
Chambersburg PA
CBHW052056230326
41599CB00054B/2866